中国社会科学院2000年度重大A类科研课题暨2001年度国家社科基金项目，得到中国社会科学院文库出版资助。

中国社会科学院文库
历史考古研究系列
The Selected Works of CASS
History and Archaeology

彩图1　妇好墓跪坐玉人像

彩图2　妇好墓阴阳同体玉立人（正反）

彩图3　妇好墓象牙杯

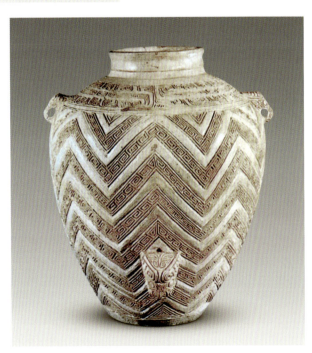

彩图4　殷墟牺首虺龙雷纹白陶罍

彩图5　小屯M331白陶罐

彩图6　殷墟铜箸

彩图7　新乡博物馆藏商代白陶象尊

彩图8　花东M54出土铜牛尊

彩图9　法国巴黎吉美博物馆藏晚商青铜象尊

彩图10　郑州小双桥建筑构件

彩图11　新干大墓带炉门方鼎

彩图12　山西保德林遮峪商代铜贝

彩图13　殷墟出土海贝

彩图14　山西石楼商代虎饰铜匕

彩图15　妇好墓玉耳勺

彩图16　前掌大马车伞盖

彩图17　小屯M331玉人头饰

彩图18　妇好墓玉梳

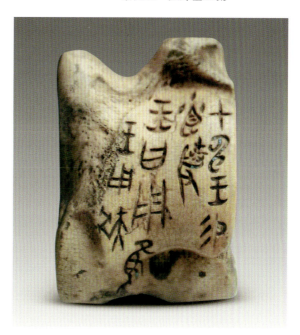

彩图19　绿松石镶嵌髀骨刻辞

彩图20　日本泉屋博古
馆藏商代铜鼓

彩图21　武官大墓虎纹
石磬

彩图22　虎骨和兕骨
记事刻辞

中国社会科学院文库 · 历史考古研究系列

The Selected Works of CASS · History and Archaeology

商代史·卷七

商代社会生活与礼俗

SOCIAL LIVES AND RITUALS IN SHANG DYNASTY

宋镇豪 主编 宋镇豪 著

中国社会科学出版社

图书在版编目(CIP)数据

商代社会生活与礼俗卷/宋镇豪著 . —北京:中国社会
科学出版社,2010.10
(商代史·卷七)
ISBN 978-7-5004-8546-9

Ⅰ.①商… Ⅱ.①宋… Ⅲ.①社会生活—研究—
中国—商代②礼仪—研究—中国—商代 Ⅳ.①D691.9
②K892.26

中国版本图书馆 CIP 数据核字(2010)第 027216 号

责任编辑 黄燕生
特邀编辑 张 翀
责任校对 王兰馨
封面设计 孙元明
技术编辑 戴 宽

出版发行 中国社会科学出版社
社 址 北京鼓楼西大街甲 158 号 邮 编 100720
电 话 010—84029450(邮购)
网 址 http://www.csspw.cn
经 销 新华书店
印 刷 北京君升印刷有限公司 装 订 广增装订厂
版 次 2010 年 10 月第 1 版 印 次 2010 年 10 月第 1 次印刷
开 本 710×1000 1/16
印 张 42
字 数 731 千字
定 价 88.00 元

《中国社会科学院文库》出版说明

　　《中国社会科学院文库》（全称为《中国社会科学院重点研究课题成果文库》）是中国社会科学院组织出版的系列学术丛书。组织出版《中国社会科学院文库》，是我院进一步加强课题成果管理和学术成果出版的规范化、制度化建设的重要举措。

　　建院以来，我院广大科研人员坚持以马克思主义为指导，在中国特色社会主义理论和实践的双重探索中做出了重要贡献，在推进马克思主义理论创新、为建设中国特色社会主义提供智力支持和各学科基础建设方面，推出了大量的研究成果，其中每年完成的专著类成果就有三四百种之多。从现在起，我们经过一定的鉴定、结项、评审程序，逐年从中选出一批通过各类别课题研究工作而完成的具有较高学术水平和一定代表性的著作，编入《中国社会科学院文库》集中出版。我们希望这能够从一个侧面展示我院整体科研状况和学术成就，同时为优秀学术成果的面世创造更好的条件。

　　《中国社会科学院文库》分设马克思主义研究、文学语言研究、历史考古研究、哲学宗教研究、经济研究、法学社会学研究、国际问题研究七个系列，选收范围包括专著、研究报告集、学术资料、古籍整理、译著、工具书等。

中国社会科学院科研局

2006 年 11 月

目　录

彩图目录

插图目录

绪 论

商代社会是以农业经济构成为主体的社会，受当时经济生活形态、信仰观念和精神意识的支配，人们的社会生活俗尚，通常与所谓"礼"相交会，相辅相成，形成所谓礼俗。

《礼记·礼运》云："礼者，傸鬼神，考制度也。"礼源自原始先民对自然神祇及人鬼的崇拜习尚与相关的祭祀仪式，久之演绎为调整人际及伦际间关系的一系列较固定的行为准则。如古代有所谓吉、凶、宾、军、嘉的"五礼"[①]，及序父子、兄弟、夫妇、君臣、长幼、朋友、宾客等七大伦际与人际关系的所谓"修六礼，明七教"[②]，还有所谓冠、婚、朝、聘、丧、祭、宾主、乡饮酒、军旅的"九礼"[③]，等等。礼规范着人们的衣食住行、婚丧嫁娶、生老病死、祀神祭祖、社交待人、伦理道德、教学军训等社会生活的方方面面。

商代社会生活俗尚，有以下八方面的外在表象和内在规律：

（1）自然生态环境对商代人文背景的制衡；

（2）家族本位对社会构成的维护；

（3）族氏内向外展意识对社会行为观念的支配；

（4）政治体制对社会生活秩序的协调；

（5）等级礼制对人际伦际关系的规范；

（6）经济形态对社会物质生活两极分化的推导；

（7）地域文化流动对社会习尚的整合；

（8）宗教信仰对社会存在系统的凝聚。

---

① 《周礼·春官·大宗伯》。

② 《礼记·王制》。

③ 《大戴礼记·本命》。

　　社会生活俗尚是礼的本源，礼则为俗尚的升华，广义的俗尚、风俗、习俗或习尚，其间也包容着礼。礼与俗尚的不同点，在于礼是人为确立和调整伦际或人际间关系的较固定的行为准则，包括社会行为方式外部表现的节仪及其中蕴含的思想，礼落实于节文名物制度，带有人为性、规约性与有意识的性质。但礼在与俗尚的长期交合中，往往吸收俗尚的若干要素，经过人为有意倡导，复又返本于俗，演为礼俗，社会渐惯成自然，如此亦可演绎为一时代的新俗尚。

　　《礼记·王制》云："凡居民材，必因天地寒暖燥湿，广谷大川异制，民生其间者异俗，刚柔轻重，迟速异齐，五味异和，器械异制，衣服异宜，修其教不易其俗，齐其政不易其宜。"俗尚因乎"土地所生习"，礼与俗尚的交合，具有地著性和社会性的特征，故《礼记·曲礼上》有云："礼从宜，使从俗。"礼意节文，经人为规范，有意宣导，因俗制宜，化礼成俗，社会惯成自然，是为礼俗。《周礼·地官·土均》云："礼俗、丧纪、祭祀，皆以地微恶为轻重之法而行之。"郑玄注云："礼俗，邦国都鄙民之所行先王旧礼也。君子行礼，不求变俗，随其土地厚薄为之制丰省之节耳。"《墨子·节葬下》云："上以为政，下以为俗。"《吕氏春秋·执一》云："治四境之内，成训教，变习俗。"云梦秦简《语书》云："圣王作为法度，以矫端民心，去其邪避，除其恶俗。……凡法律令者，以教道（导）民，去其淫避，除其恶俗，而使之于为善也。"以礼对俗尚进行调节与规范，辅之以政令刑法，可发挥俗尚刑法所难以发挥的功能，因此每每被中国古代统治者据为社会政治制度层面的重要补充，并且加以大大张扬。《周礼·天官·大宰》直截了当强调要善于利用"礼俗以驭其民"。礼俗本之礼的俗化及俗尚与礼的交合，早在商时代就构成一种较特殊的社会文化现象，在当时的社会氛围中，成为被缘饰而重复习行的生活实践形式。

　　商自建国伊始，即重视于政令刑法的订立，对社会生活礼俗进行矫纠和制衡。《左传》昭公六年云："商有乱政，而作汤刑。"汤刑是商汤以来制定的国家法律刑罚制度。《史记·殷本纪》载伊尹"从汤言素王及九主之事，汤举任以国政"。长沙马王堆汉墓帛书有《伊尹九主》古逸篇，记伊尹"布图陈范（指竹刑），以明法君、法臣"，"请效之汤"。据《史记·殷本纪》载，汤孙太甲，一度"不遵汤法，乱德"，被伊尹放于桐宫三年使之"悔过自责"，"太甲修德，诸侯咸归殷，百姓以宁"。《孟子·万章上》也说："太甲颠覆汤之典刑，伊尹放之于桐三年，太甲悔过。"商王盘庚迁殷时，告谕诸侯大臣说:"高后成汤与尔之先祖俱定天下,法则可修,舍而弗勉,何以成德。"① 后至祖甲时又曾"重作汤刑"②。可知,商法律刑罚制度并非世守其成,有关立法修订补充活动,几乎贯穿了有商一代,有效规导着社会生活礼俗的实践形式。

据《史记·殷本纪》载:"帝武丁祭成汤,明日有飞雉登鼎耳而呴,武丁惧,祖己曰:王勿忧,先修政事。祖己乃训王曰:唯天监下,典厥义,降年有永有不永,非天夭民,中绝其命,民有不若德,不听罪,天既附命,正厥德,乃曰:其奈何。呜呼,王嗣敬民,罔非天继常祀,毋礼于弃道。武丁修政行德,天下咸驩,殷道复兴。帝武丁崩……祖己嘉武丁之以祥雉为德,立其庙为高宗。"上海博物馆藏楚简《竞建内之》述同事云:

> 昔高宗祭,又(有)雉雊於彝前,诏祖己而昏(问)安(焉),曰:是可(何)也?祖己答曰:昔先君客(格)王,天不见禹(害),地不生孽,则祈者(诸)鬼神曰:天地盟(明)弃我矣。近臣不许,远者不方(谤),则攸(修)者(诸)乡里。今此祭之得福者也。青(请)量之以嗌(益)汲。既祭之后,安(焉)攸(修)先王之灋。高宗命傅鸢(说)量之以祭。既祭,安(焉)命行先王之灋,发古(故)籓(助),行古(故)籍;癹(废)籍者死,弗行者死。不出三年,狄人之怀(附)者七百邦。③

《大戴礼记·少闲》也有一段有关武丁"修政行德"的记载,云:

> 成汤既(一本作卒)崩,殷德小破,二十有二世乃有武丁即位,开先祖之府,取其明法,以为君臣上下之节,殷民更服,近者说(悦),远者至,粒食之民昭然明视。

殷高宗武丁"修先王之法"即成汤故典的具体内容,包括强调"君臣上

---

① 《史记·殷本纪》。

② 《今本竹书纪年》。

③ 马承源主编:《上海博物馆藏楚竹书》(五),上海古籍出版社 2006 年版。又参见刘信芳:《上博藏竹书所载殷高宗政令及相关问题》,《中国历史文物》2006 年第 5 期。

下之节"，与"发故籧（助），行故籍"的具体条款。"籧（助）"类似《孟子·滕文公上》说的"殷人七十而助，周人百亩而彻"，谓田赋民力的役使。"籍"同于上博楚简《容成氏》第 36 简"汤乃専为正（征）籍以正（征）关市"①之籍，谓民生关市轻重之法，涉及商王朝财政来源和社会经济生活秩序的运作，这可补史书记载之阙。

所谓"汤刑"，有何具体内容呢？据《吕氏春秋·孝行》引《商书》说，"刑三百，罪莫重于不孝"。高诱注："商汤所制法也。"商王朝刑罚条文是否多达数百条，未必可信，但不孝重罪殆已有之。这是因为商代社会构成的基本单元，是外观以血缘关系为内聚的宗族或家族组织，其呈现形式是宗族或家族间的统治和被统治，国家政治贯彻的是一种亲贵合一的多层次统治架构，上层贵族统治集团或以血缘关系和婚姻关系序血族或亲族的等级亲疏，各血族或亲族又可有自己的婚友，本诸与王朝直接或间接关系，由此构成社会组织结构的各个大小分层单位，推重孝行，内可事亲敬宗，上可顺从君王，"罪莫大于不孝"，是与维护这种社会结构秩序相契合的。孝的本义是"尊祖爱亲守其所以生者也"②，而其社会功能和政治功能则更注重于"严恭承命不以身恨君，孝也"③。不孝重罪的制定，就是为了强化血族贵族统治集团的世袭统治地位和商王朝王权政体的社会基础，对当时社会俗尚的引导也有一定意义。

"汤刑"还有不遵守社会公德而污染环境卫生之罪。《韩非子·内储说上》云："殷之法，弃灰于公道者断其手。"孔子对此有剖析，"夫弃灰于街必掩人，掩人，人必怒，怒则斗，斗必三族相残也，此残三族之道也，虽刑之可也。且夫重罚者，人之所恶也，而无弃灰，人之所易也，使人行之所易，而无离所恶，此治之道"。弃灰于公道上，本是轻罪，轻罪重判，为的是防微杜渐，怕引起人际矛盾和导致械斗发生，然其中毕竟有防止环境污染的积极方面，对此并不难做到，也就无所谓重判，说明商代刑法已内寓威慑和规导民风两者并重的立法要素。

《尚书·盘庚》记载了商王朝的"正法度"，刑罚触角深入到社会生活的方方面面，起着矫纠官场风气和民间习俗的强制作用。如犯有"不吉不迪，

---

① 马承源主编：《上海博物馆藏楚竹书》（二），上海古籍出版社 2002 年版，第 278 页。

② 《周礼·地官·师氏》："孝德以知逆恶"，郑玄注。

③ 《新序·节士》。

颠越不共，暂遇奸宄"，即心地不善、行为不端、横竖不奉君命、奸险邪诈，将遭受"劓殄灭亡，无遗育，无俾易种于兹新邑"，即刑割诛杀，连其家族的童稚均将杀戮无遗，使其绝后无嗣，不能生存传种接代于新王邑。这是一人犯罪，株连全族而遭灭族的酷刑。

商代矫纠官场风气方面，有"法君、法臣"的自戒自律、内部克制的"官刑"等内容。伪古文《尚书·伊训》说成汤没后，伊尹为太甲"制官刑；儆于有位（百官）"，归纳官场腐败风气与当官者之罪有"三风十愆"，条文云：

> 敢有恒舞于宫，酣歌于室（纵情歌舞，毫无节度），时谓巫风。
>
> 敢有殉于货、色（贪财、好色），恒于游、畋（耽于游玩，沉湎畋狩），时谓淫风。
>
> 敢有侮圣言（简慢君主之言），逆忠直（拒纳忠直者的规谏），远耆德（疏远有德的老年长者），比顽童（与顽劣小人朋比为奸），时谓乱风。
>
> 惟兹三风十愆，卿士有一于身，家必丧（没其在宗族或家族的贵族身份和社会地位）。邦君有一于身，国必亡。臣下不匡，其刑墨。

"三风"是巫风、淫风、乱风，"十愆"指三风所内括的恒舞、酣歌、贪财、好色、游玩、畋狩、侮圣言、逆忠直、远耆德、比顽童等当官者最易犯的十大罪责。此等"官刑"内容亦载见《墨子·非乐上》："汤之官刑有之曰：其恒舞于宫，是谓巫风，其刑君子，出丝二卫"，还指明出于"先王之书"。这说明《伊训》未必全伪，应有所本的。

《尚书·盘庚》中提到有废"灵各（格）"、"违卜"之罪，即背弃神灵意志，不依甲骨占卜行事。其在《尚书书序·商书》，指斥为"自作孽，不可活"。商代法律的时代特征之一是内浸着神判鬼断的神权意识。《汤誓》有云："予畏上帝，不敢不正。"《越绝书》谓："汤行仁义，敬鬼神，天下皆一心归之。"《礼记·表记》云："殷人遵神，率民以事神。"祀神祭祖及甲骨占卜是一套发于宗族或家族，上达国家的信仰系统，演成社会的伦理和礼制，商王朝贵族统治阶级正是凭借神权系统调整其国家政治体制下的社会行为规范，并用相关的礼制整合其政治等级秩序。"礼者，傧鬼神，考制度也"[①]，

---

① 《礼记·礼运》。

"礼，经国家，定社稷，序人民，利后嗣"①。礼制实寓补充刑罚的性质，两者相辅相成，互为表里，只是实施的刚柔强度和适用范围稍有不同而已。废灵格、违卜，等于否定商代社会意识形态的基础，动摇着作为上层建筑重要组成部分之礼制的本身，势必危及贵族阶级在国家政权中的统治地位，故被列为不可容忍的罪状。

《尚书·盘庚》重申，如有"起信险肤"，"胥动以浮言，恐沈于众"，即编造邪言诽语到处散布，摇唇鼓舌，口角生非，造谣中伤，欺世惑众，犯者将有"所讼"，甚至"扑灭"（扑杀）。古谚云："好言自口，秀言自口"②，恶言簧舌，小者会引起聚争斗殴，大者可能造成民情不安，社会动荡，历来为统治者所忌。故商王盘庚有言："罔有逸言，民由丕变"，严厉告诫臣下，"其发有逸口"，失言会带来祸患，又警告其民众要"度乃口"，说话小心，否则就"罚及尔身"。殷墟甲骨文也有云：

> 亡乍口。（《英藏》1897）
> 丙戌，子卜，我亡乍口。（《合集》21727）
> 甲戌卜，亡口。允不。（《合集》22265）
> 辛丑卜，亡疾。
> 辛丑卜，亡口。（《合集》22258）
> 癸巳卜，妇娶亡疾。
> 癸巳卜，妇娶亡至口。（《合集》22248、22249）

"乍口"意谓无端挑起口舌之衅。"亡口"、"亡疾"与"亡至口"，三词同位，意思当相类，至读如致，谓无因口舌致灾疾。妇娶，妇名，问其当不会招致口舌之灾疾。甲骨文又有云：

> 贞勿羲多口，亡忧。
> 多言亡忧。（《合集》22405）

羲读如眚，过失之义。"勿眚多口，亡忧"与"多言亡忧"同卜，意思是说

---

① 《左传》隐公十一年。

② 《诗·小雅·正月》。

慎言语而不至于犯多嘴多舌的过错，会无祸忧的。《尚书书序·商书》云：
"惟口起羞"，也是讲应慎言语，不然可能招致受辱杀身乃至给整个宗族或家族引来难以想象的连累。但在王权专制统治下，"度乃口"实有钳制言论自由的政治效应，造就出"巧言如簧，颜之厚矣"[①] 的社会氛围，迎合拍马之徒可能会应之得其滋生泛滥的沃土，商末"费中善谀"，"恶来善毁谗"[②]，即是深得商末暴君纣王欢心的两位无耻祸国佞臣。

《尚书·盘庚》还重申："无老侮成人，无弱孤有幼"，告诫人们不得狎侮成人，不可轻忽孤幼，否则将"罪伐厥死"。"成人"指的是各大小宗族或家族之长，即《尚书·微子》说的"耇长旧有位人"，亦即商王朝政权系统下各地的大小贵族。《诗·大雅·荡》记周人称商末"殷不用旧，虽无老成人，尚有典刑"，亦可证明商代刑法原有"无老侮成人"之罪名。孤幼应指贵族阶层未成年的后嗣。

《尚书·盘庚》"正法度"，又定了"惰农自安，不昏作劳，不服田亩"罪，即懒事农稼，贪安苟且，不勤劳作，不治田耕。《殷本纪》及《汤誓》也都提及"舍啬事而割政"的夺民农功罪。商王朝称此为"先恶于民"，是知此罪是针对中小贵族阶层说的。至于广大族人，惟有苦作，所谓"耕者用力不农，有罪无赦"[③]，晚世犹如之。对于不勉农功的中小贵族成员来说，商王一般只采取规训诫告，如责怪他们"自生毒（自作孽），乃败祸奸宄，以自灾于厥身（灾咎自取，自作自受）"。

商统治者利用刑法对社会风气进行矫纠和规导的用心，还体现在有量刑定罪的一系列刑罚手段。《汉书·董仲舒传》云："殷人执五刑以督奸，伤肌肤以惩恶。"《慎子》称"殷人罚而不赏"，"斩人肢体，凿其肌肤"。"五刑"是刑法具体实施的五种惩罚手段，《尚书·吕刑》谓"五刑"为墨辟、劓辟、剕辟、宫辟、大辟。墨刑为刺刻罪人面部而涅以墨；劓刑为割鼻之刑；剕或作膑，剕刑为截足，膑刑指凿去罪人的膝盖骨，然而主要为截足；宫刑是毁坏人的生殖器官，施于女子为毁阴，椓于男子为去势，此四种属于残酷摧残人体局部组织器官或肌肤的肉刑。大辟（砍头）则属于强致罪人以死的极刑。

---

① 《诗·小雅·巧言》。

② 《史记·殷本纪》。

③ 《管子·小匡》。

今据殷墟甲骨文所见，商代确有一套"五刑"系统，如：

……刵聝刖。（《德瑞荷比》GSNB S121）

庚辰卜，王，朕剢羌不潚死。（《合集》525）

辛未，贞其𢼊多隶。

其刖多隶。（《屯南》857）

贞刖隶不死。（《合集》581）

刵字像割鼻之意，指劓刑。聝为割耳。刖像用锯截人足之形，亦释刖刑或剕刑。剢字是割男子生殖器的象形，为宫刑的专字，后世有写作剸、斀的。[1] 𢼊字，是刺刻面部而涅窒土墨之表意，为墨刑的专字，一称黥刑。[2]《史记·五帝本纪》《正义》云："墨，点凿其额，涅以墨。"《周礼·秋官·司刑》郑玄注："墨，黥也，先刻其面，以墨窒之。"上举"朕剢羌不潚死"谓商王对羌奴施破毁生殖器的椓刑而以针线缀缝其创口，问其是否能活下来。"刖隶不死"，刖罪隶之足而希望不损其命，是为了继续役用。凡刵（劓）、聝、刖、剢、墨，可谓之商代的五种肉刑，而文献所谓"大辟（砍头）"，则属于五种肉刑系统终端的极刑。

甲骨文所示五种肉刑的轻重等次架构，从"刵（劓）、聝、刖"一辞看，列出了具体的量刑执行轻重类别，专门分出割鼻、割耳一系，又以割鼻为重，可与《尚书·吕刑》说的"爰始淫为劓、刵、椓、黥"相印证。《尚书·康诰》亦记轻于"刑人杀人"的为"劓、刵人"。对于聝刑，清孙星衍《尚书今古文注疏》卷二七持否定意见，认为"五刑本有刖无聝，则刖、聝，字之误也"。王引之《经义述闻》也以为聝是刖的讹字。今据甲骨文可知这些怀疑是大可不必的，从商代到西周割耳的肉刑都是存在的。然则劓、刵、刖三刑一系，再加上椓刑、墨刑，商代刑罚轻重等次的架构，盖视墨、刵（劓）、聝（割耳）、刖（截足）、椓（即宫刑）为级升的，其实也自有一套"五刑"系统，其基本内容与《尚书·吕刑》的墨、劓、剕、宫之肉刑排次

① 赵佩馨：《甲骨文中所见的商代五刑——并释刖剢二字》，《考古》1961年第2期。又胡厚宣：《殷代的刖刑》，《考古》1973年第2期。

② 详见宋镇豪：《甲骨文中所见商代的墨刑及有关方面的考察》，《出土文献研究》第5集，科学出版社1999年版。

和"爰始淫为劓、刵、椓、黥"是相当接近的，显然其间是有因循延替关系的。

古文献中有关"五刑"的轻重排列有下面两说：

《尚书·吕刑》：墨—劓—荆（刖）—宫—大辟
《周礼·司刑》：墨—劓—宫————刖—杀

两者量刑的轻重次序排列略有不同，《尚书·吕刑》把宫刑列为仅次于大辟的酷刑，《周礼·司刑》是把刖刑列为次于极刑的酷刑，而宫刑则降次一等，即孙诒让《周礼正义》说的"宫罪轻于杀刖，而重于劓墨"。前者恐怕与家族本位的子孙繁衍观念不无关系，后者反映了个人本位的社会观念的上升，说明后者的时代性要晚一些。《国语·鲁语上》云："大刑用甲兵，其次用斧钺；中刑用刀锯，其次用钻笮；薄刑用鞭扑。"（《汉书·刑法志》引此文"钻笮"作"钻凿"）大刑的甲兵斧钺指聚兵诛逆而戮其全族；薄刑的鞭扑指鞭挞杖笞，是韦昭注所谓"教刑"。中刑的刀锯钻凿即上文所论四种"肉刑"，据吴韦昭注云："割劓用刀，断截用锯。（《汉书·刑法志》韦昭注：'锯，刖刑也。'）钻，膑刑也。笮，黥刑也。"劓、刖、膑、黥的排列似按先重后轻，但也可能以刖刑为重，语序错综而已。刖刑细分刖足、髌去膝盖骨一系，而以刖足为重，这很接近《尚书·吕刑》，显然晚出些。

商代统治者已利用礼对社会生活和观念意识加以缘饰整合，利用刑罚对社会礼俗进行强制性矫纠和规约。事实上，礼、俗、刑三者，自商代以降，长期紧相纠缠，互相影响，互相渗透，难以割舍，绵延不绝，堪为中国古代传统文化范畴的一大可注意事象，其中尤以礼的广容性、节仪性和对社会俗尚的调节与规范机制，显示出礼在中国历史演进中突出的社会功能。因此不妨这么说，礼是人为理性化的产物，经有意识提倡推广，演为中国文化的纵向线和大传统，俗尚则是社会因地制宜的生活实践产物，构成了社会的横断面和小传统；而刑法的强制机制，无疑成为推动礼俗缘饰整合的有效因素。

第一章

居住礼俗

第一节　度地立邑

商王朝度地立邑以治其民。《尚书》有《明居》一篇，已佚，据说为汤司空咎单制定，在于"执度度地，居民山川沮泽"，"明居民之法"[①]，是讲按地域立邑治理国民，邑的规度构成商代国家统治具体实施的基本载体。

邑作为居民聚居体，在商代具有普遍意义，邑脱胎于原始社会氏族共同体聚落或野蛮社会高级阶段城堡，但本质不能等同。从形式上看，人类社会生活基本表现为集群聚居。《吕氏春秋·恃君》云："群之可聚也，相与之利也，利之出于君也，君道立也。"恐怕"立君利群"的政治内容，是邑与原始聚落的主要区别所在。《礼记·王制》云：

> 凡居民，量地以制邑，度地以居民，地邑民居，必参相得也，无旷土，无游民，食节事时，民咸安其居。

《尉缭子·兵谈》云：

> 量土地肥硗而立邑，建城称地，以城称人。

可见邑非自然形成，一般都经过人为有意识规度。《尔雅·释地》云："邑外谓之郊，郊外谓之牧，牧外谓之野，野外谓之林，林外谓之坰。"这类对邑

---

① 《尚书·书序上》，孙星衍疏。

的整体规模架构作的规范化表述，触及了"地邑民居"的人为性要素。《周礼·地官》云："大司徒之职，掌建邦之土地之图与其人民之数，以佐王安扰邦国"，"而辨其邦国都鄙之数，制其畿疆而沟封之"；里宰"掌比其邑之众寡，与其六畜兵器，治其政令"，说明邦国都鄙与制邑的层级整合，是阶级社会产生和国家出现以后的产物。显然邑是一种具有行政建制单位性质的社会组织，计量或标示着一定的人与地相结合的社会结构，以其一定的框架构成一时代的政治经济及社会生活的一种单元实体。

商代邑中居民，甲骨文称为"邑人"（《合集》799），也有称"众"或"众人"等。邑中居民通常以族氏组织相集群生活，大体由所谓"族"和"氏"两方面人组成。前者指同出一祖的包括若干宗族及各宗若干家族的父系外婚亲族集团，是后世"姓族"之由来，后者指某一族所统治的同族、异族和与统治者无亲系的各阶层居民所组成的大小政治区域性集团。① 族氏的核心组织是宗族或家族，其标志得名于世功官邑，有以世官世邑为族氏名号，有以居地为族氏名号，有以社会身份、等级、经济职能为族氏名号等等，然族氏的组织形式却往往是为非单纯血缘组织的政治地域性团群。可以说，族氏组织是原始社会向阶级社会转化后由氏族公社组织推演而来，新的社会形态又使族氏内部及族氏互相之间在发生的剧烈分化过程中保留了宗族或家族的外观，但呈现形式却是宗族或家族间的统治和奴役。因此族氏组织也可视为一种阶级组织，本宗族或家族的成员之间，也存在着统治和奴役的关系。族氏组织构成的社会学意义，决定了族氏具有封闭和开放的两重性，决定了族氏内向的重祖意识和不同性质的祭所的安排，也决定了邑中分层集群的"大杂居、小聚居"的经济生活居住形式。

《左传》庄公二十八年云："凡邑，有宗庙先君之主曰都，无曰邑。邑曰筑，都曰城。"以宗庙先君神主之有无来区分邑或都，乃西周晚期以降出现的礼制"正名"现象，在商代，邑是居民聚居点的通称，邑虽有规模大小、地缘政治等要素的层级之别，但并无都与邑之类文字命名的性质划分。在殷墟甲骨文中，迄今没有发现"都"字，都邑乃至大小族邑通名之"邑"。"都"字迟见于西周晚期金文（如𪣻钟铭）。王都或诸国之都包括一般邑聚，

---

① 参见杨希枚：《论先秦所谓姓及其相关问题》，《中国史研究》1984 年第 3 期。又朱凤瀚：《商周家族形态研究》，天津古籍出版社 1990 年版，第 10—29 页。又陈絜：《试论殷墟聚落居民的族系问题》，《南开学报》2002 年第 6 期。

两周以来亦每每以"邑"称之。西周成王时卿鼎铭称成周洛都为"新邑"。厉王时散氏盘铭称散侯都城为"散邑"，井侯都城为"井邑"。柞伯鼎铭有"昏邑"。春秋时曾侯乙编钟铭有"楚邑"、"申邑"、"晋邑"。《左传》桓公十一年称郧国伐楚所联合的随、绞、州、蓼四国为"四邑"。《说文》谓"邑，国也。"可见商周无所谓强分"凡邑，有宗庙先君之主曰都，无曰邑"。邑一般总以居室群、农田圃苑、作坊、仓窖、水井、墓地、祭所、族众、隶仆等成为当时国家统治具体实施的基本载体。

凡"度地立邑"，甲骨文称之"乍"、"珡"、"立"，如：

> 贞乍大邑。（《合集》13513 反）
> 乍邑于麓。（《合集》13505 正）
> 王乍邑于牛鼎。（《合集》20275）
> 贞我珡邑。（《合集》13499）
> 甲申卜，我墉于西，多以人。
> 甲申卜，我墉于西。七月。（《缀合编》136，《英藏》1107）
> ……立众人……
> ……立邑墉商。（《殷缀》30＋《合集》20324，林缀 14①）

乍犹言筑，"乍邑"可能指在已辟熟地上筑邑。"珡邑"，或谓是在草莱丛生的荒地筑邑。②但也可能是以玉奠基的筑邑仪式。"立邑"指攻位，测定邑的方位坐标。盘庚迁殷即曾"奠厥攸居，乃正厥位"③。周人营城雒邑，也曾"以庶殷攻位于雒汭"④。利用殷遗民攻筑成周洛邑。墉为城字的初形，《说文》："墉，城垣也。"《诗·大雅·韩奕》"实墉实壑"，毛传："高其城，深其壑也"。甲骨文"我墉于西"、"立邑墉商"，墉用为动词，意谓测定邑的地理标位而攻筑城垣，后者说明当初曾有过众人就位筑商邑城垣

---

① 林胜祥缀合，见《〈殷虚文字甲编〉新缀二十六例》，第七届中国训诂学全国学术研讨会论文，台湾政治大学中文系，2005 年，第十四组。

② 参见彭邦炯：《卜辞"作邑"蠡测》，《甲骨探史录》，生活·读书·新知三联书店 1982 年版，第 277 页。

③ 《尚书·盘庚下》。

④ 《尚书·召诰》。

的工程动意的（图 1—1）。

图 1—1 甲骨文天邑商、立邑墉筑和邑人

（《合集》36535、《英藏》1107、林缀 14、《合集》799）

商代不少邑当有城垣环壕之类的防御性设施，有的邑还有城垣门塾建制。甲骨文云：

> 于右邑塾，有雨。（《合集》30174）

塾为门塾，是门道两旁的建筑，[①] 在此当指城门的门卫房。河南淮阳平粮台龙山文化古城，南城门处即有这类"塾"的出入守备建设设施，[②] 对了解商代城邑的门塾建制是个启示。不过在商代许多邑不见城垣之筑。特别是众多的小邑，恐怕大都没有城垣环壕，设防性能甚差，否则甲骨文中也就不至于

---

① 参见裘锡圭：《释殷墟卜辞中与建筑有关的两个词——"门塾"与"𠂤"》，《出土文献研究续集》，文物出版社 1989 年版。

② 河南省文物研究所等：《河南淮阳平粮台龙山文化城址试掘简报》，《文物》1983 年第 3 期。

有如"……大方伐……鄙廿邑……"（《合集》6798），记载几十个邑一下被敌方侵占抢掠的事件发生。

商代邑有规模大小、地缘政治等要素的层级之别。甲骨文云：

方其敦大邑。（《合集》6783）
戊寅小邑示二屯，岳。（《合集》17574）

方指某方国，敦为敦伐，大邑受敌对方国的侵扰，可知是商王朝政治疆域内的边地重镇。小邑是分布于各地的中小规模邑聚。在商代，大小邑簇集各地，甲骨文有二邑、三邑、四邑、十邑、廿邑、卅邑等等。[①] 邑以群称，一小地域范围竟多达 30 个邑，反映了人口的增衍程度和邑聚的密度，然其邑应该属之中小规模者。甲骨文有云：

……其多兹……十邑……而入执……鬲千……（《合集》28098）

鬲为人鬲，即人数，十邑鬲千，平均一邑为一百鬲（家），则至多算作中下之邑。文献有谓"十室之邑"（《荀子·大略》）、"三十家为邑"（《国语·齐语》）、"邑人三百户"（《易·讼九二》）、"千室之邑"（《论语·公冶长》），邑的规模大体以人口的众寡为准。凡群称的邑，大概都自有其命名的，甲骨文有云"魅、夜、方、相四邑"（《合集》6063），即十分难得地记下了群邑之名。

商代的邑，据其规模及性质可分王邑、方国邑、诸侯臣属邑与普通中小族邑等四大类。

一　王邑

商代王都每以邑名之，有称"大邑商"（《甲》2416）、"天邑商"（《合集》36535），或直称"王邑"（《英藏》344）和"商邑"（逨簋铭）。

今考古发现的商代王邑，已找到四座，两座分别为同位于北纬 34°7′ 的商代前期王都河南偃师商城和郑州商城，另两座是位于北纬 36° 的商代中晚期王都河南安阳洹北商城和殷墟商邑。此外，位于北纬 37° 的河北邢台地区，也发现数十处早于殷墟的大面积商代遗址，其考古学文化内涵有可能为"祖

---

① 分别见《合集》6057、6066、7866、28098、6798、7073。

乙迁邢"提供依据。[①] 商代政治中心王邑的移位，基本是在今河南中部偏北及河北南部一带范围之内，约介于北纬 34°—38°之间。

商代王邑地理环境的选择，除了适宜人们生息休养，主要还兼顾到土质地力、地势地貌、气候水文、矿产物产资源等多重经济因素的利用，及交通与军事防范的总体考虑，基本上贯彻了便于生活、便于生产、便于交通、保障安全的原则。

商代前期王邑的偃师商城遗址（图 1—2），是成汤灭夏立都西亳所在，建于二里头夏代都邑遗址的东北附近，北依邙山，南临洛河，虎牢在其东，函谷在其西，**轘辕**在其南，北面有黄河要津，自古以来就是重要交通辐辏中心，地势平坦，植被在当时尚未受人类活动多大破坏，土壤肥沃，是古今有名的粮食高产区。偃师商城有积极的防御设施，筑有内城外郭及"宫城"三重城垣，具有内城外郭的平面规划配置。外郭之建晚于内城，略呈不规整纵长方形，南北长 1710 余米，东西宽 1240 余米，周长约 5330 米，面积约 190 万平方米，城墙基槽宽 16—25 米。已发现至少有五座城门可供居民出入，

北垣一座、东、西垣各二座，南垣不详，城门之间均有大道相通，纵横交错，形成棋盘式城区交通网络。内城先建，位于大城南半部，平面呈长方形，南北长约 1100 米，东西宽约 740 米，城墙墙体宽约6—7 米，经一段时间使用后，又进一步扩建，形成外郭城，内城的南墙、西墙与外郭城的南、西墙重合，东墙南段亦与外郭城的东墙南段重合，内外两侧的墙体均进行了加宽，又向北修长西墙和东墙北段，再增修北城墙，郭城外挖有城壕。城壕宽约 20 米，深达 6 米。"宫城"呈正方形，置于内城中央，东西最长边为 216 米，南北为 230 米，宫墙

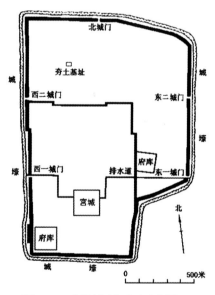

图 1—2　偃师商城平面示意图

①　参见郑绍宗：《河北考古发现研究与展望》，《文物春秋》1992 年增刊。又唐云明：《试论邢台夏商文化遗址及其相关问题》，《邢台历史文化论丛》，河北人民出版社 1990 年版。

底宽 2 米。两座"府库"性质的小城坐落在"宫城"左右两侧，均呈正方形，边长近 200 米。偃师商城南部"宫城"是统治集团王族居住地，城北广地发现普通平民居址、作坊、墓地和水井群，有为数众多的窖穴灰坑、较密集的窖址，还出土冶铸的坩埚碎块。[①] 若以城南多政治色彩和城北多经济功能言，此城规划实已开后世"前朝后市"的先河。

郑州商城是商代前期另一座王邑（图 1—3），北临黄河，西南傍依嵩山余脉，东边毗连豫东平原，土质肥饶，为四方交通辐辏之枢。始建于二里岗下层一期晚段，年代为公元前 1500 年左右，[②] 繁荣于二里岗上层一期，至二里岗上层二期仍继续延用。城址平面形制也是内城外郭及"宫城"三重。内城平面略呈长方形，面积约 317 万平方米，为偃师商城的 1.67 倍，北垣长 1690 米，西垣长 1870 米，东、南垣均为 1700 米，墙基宽约 20—30 米不等，高约 10 米，顶宽约 5 米，四垣共发现 11 处缺口，可能与城门有关。郭城依地势地貌而建，东西长约 4000 米，南北宽约 3000 米，总面积约 1300 万平方米，由南垣、西垣、北垣、城壕及东部大湖包围内城一周，总长度超过 6000 米，外挖宽达 25 米左右护城河，与城东湖沼沟通。内城与外郭间距 600—1100 米。[③] 宫室区坐落在内城北部中央迤至东北部一带，有夯土宫墙与内城区隔开。内城南部为广

---

① 参见中国社会科学院考古研究所洛阳汉魏故城工作队：《偃师商城的初步勘探和发掘》，《考古》1984 年第 6 期。《偃师商城考古再获新突破》，《中国文物报》1998 年 1 月 11 日。中国社会科学院考古研究所河南工作二队：《河南偃师商城小城发掘简报》；杜金鹏、王学荣、张良仁：《试论偃师商城小城的几个问题》，同载《考古》1999 年第 2 期。赵芝荃、徐殿魁：《偃师尸乡沟商城的发现与研究》，《中国古都研究》第 3 辑，浙江人民出版社 1987 年版。赵芝荃、徐殿魁：《偃师尸乡沟商代早期城址》，《中国考古学会第五次年会论文集》，文物出版社 1988 年版。刘忠伏：《偃师商城遗址》，中国考古学会编《中国考古学年鉴》（1991），文物出版社 1992 年版，第 221—222 页。刘忠伏：《偃师县商城遗址》，中国考古学会编《中国考古学年鉴》（1990），文物出版社 1991 年版，第 244—245 页。

② 参见张雪莲、仇士华：《关于夏商周碳十四年代框架》，《华夏考古》2001 年第 3 期。

③ 河南省博物馆、郑州市博物馆：《郑州商城城址的发掘》，《文物资料丛刊》（1），1979 年。河南省文物考古研究所：《郑州商城外郭城的调查与试掘》，《考古》2004 年第 3 期。陈嘉祥：《郑州商城外发现商代夯土墙》，中国考古学会编《中国考古学年鉴》（1987），文物出版社 1988 年版，第 182—183 页。又《郑州商代遗址》，中国考古学会编《中国考古学年鉴》（1988），文物出版社 1989 年版，第 187—188 页。又河南省文物研究所：《郑州商城外夯土墙基的调查与试掘》，《中原文物》1991 年第 1 期。又宋国定、曾晓敏：《郑州商城宫殿遗址发现夏商界标》，《中国文物报》1999 年 8 月 18 日。袁广阔、曾晓敏：《论郑州商城内城和外郭城的关系》，《考古》2004 年第 3 期。

地。内城外周围分布有许多聚居点，作坊区的分布颇具特色，如官方铸铜、制陶和制骨等主要经济坊址置于郭城南北方，而不影响城区环境卫生的制骨作坊则置于宫室区附近，当时似已注意到内城环境的净化。

图1—3 郑州商城平面示意图

商代中丁以后，平均每20年都邑一徙，中丁迁隞、河亶甲居相、祖乙迁邢、南庚迁奄，约在公元前1300年前后，盘庚又把王邑迁至殷。河南安阳洹北商城遗址，约当河亶甲或盘庚时。商代中丁以后"比九世乱，于是诸侯莫朝"[①]，"自祖乙五世，至盘庚元兄阳甲，宫室奢侈，下民邑居垫隘，水泉洿卤，不可以行政化"[②]。王朝政迹不修，规度失控，环境遭严重破坏，自然灾害频发，生态恶化，统治集团内部为权力纷争不已，国力削弱，异姓国族不附，中丁到南庚不得不进行了四次迁都，曾一度退缩回东方故地"奄"（山东曲阜一带）[③]。盘庚时，旧王邑的生态环境破坏曾经导致"万民乃不生生"，人地关系矛盾对早先商城的人文自然体系作出不断的否定，"民用荡析离居，罔有定

① 《史记·殷本纪》。

② 《尚书正义·盘庚》，孔颖达疏引汉王肃说。

③ 参见杨升南：《"殷人屡迁"辨析》，《甲骨文与殷商史》第2辑，上海古籍出版社1986年版。

极"，王邑政治生物圈的再建已是刻不容缓。盘庚"视民利用迁"，果断作出"生生，今予将试以汝迁，永建乃家"的明智决策，再度西进，"厎绥四方"，恢复"先王之大业"①，迁至今安阳一带洹水之滨，再建新商邑。

安阳洹北商城和殷墟商邑（图1—4）分处洹河南北，平均海拔78米左右，是晋、冀、鲁、豫四省交汇的要冲。据卫星遥感摄影，这里位于太行山东侧华北平原南部一冲积扇平原上，卫、漳、洹、滏四水穿流而过，土壤湿润，富含腐殖质，土地肥沃，冲积扇西侧有丰富的煤炭、铜矿资源和良好的森林植被，地理环境得天独厚。② 安阳洹北商城沿洹河之阳而建，是商代中期王邑遗址，使用年代早于殷墟而晚于郑州商城，绝对年代距今约3300年以上。城垣平面呈方形，方向北偏东13度，现深埋于地表以下约2.6米，也是内城外郭形制，已探明东垣长2230米、西垣2200米、南垣2170米、北垣2150米，面积约470万平方米，已知其城墙基宽仅7—11米，③ 与商王朝前期王邑偃师商城和

图1—4　安阳洹北商城与殷墟商邑位置图

① 《尚书·盘庚》。

② 申斌：《宏观物理测量技术在殷商考古工作中应用初探》，《殷都学刊》1985年第2期。

③ 中国社会科学院考古研究所安阳工作队：《河南安阳市洹北商城的勘探与试掘》，《考古》2003年第5期。

郑州商城城墙基宽，不能相比。内城呈长方形，南北长约 800 米，东西宽约 600 米，基宽约 9 米，面积约 48 万平方米，城内为宫室宗庙区，南北中轴线一带发现大型夯土建筑基址群。在郭城内西北部花园庄及其相邻的三家庄、董王渡村一带，也先后发现大片夯土遗迹、铜器窖藏及墓葬。①

商代后期殷墟王邑，大致沿洹水之南而建，早先阶段的范围，东西宽约 3000 米，南北长约 4000 米，面积约 1200 万平方米，武丁至祖甲时期，又向西向南扩大，面积增至约 2400 万平方米，到晚期帝乙帝辛时期，范围进而扩大到 3000 万平方米。② 殷墟王邑经营规模浩大，中心区在洹水弯道南侧今小屯村一带，通过防御性深壕与洹水相结合环绕成宫室宗庙区，在其外围 2—3 公里范围内，分布着许多中小族邑、工业作坊区、王室田庄、农田、大小族墓地和道路等。王陵区置于宫室区西北方，隔洹水相望。宫室区东南方洹南后冈一带，也辟有高级权贵墓葬区。显然，殷墟商邑是经过全面权衡规划的，本之"用永地于新邑"的设想，在建设中贯彻了"奠厥居，乃正厥位"③ 的总体规度原则。与偃师商城、郑州商城、安阳洹北商城的显著不同，是殷墟王邑并未遵循"筑城以卫君，造郭以守民"的内城外郭式或"一城制"建设模式，邑人居住形态呈现中小族邑与田野生态参差相系的"城乡结合型"架构特色。

商代王邑始终以宫室区、寝庙、王陵区或上层贵族墓地构成邑内主体框架，惟邑制的确立每以时势、世态、实用着眼，从而决定城郭的营建与否。随着王邑政治功能的强化，经济功能的上升，以及人口的日益增多，由内城外郭式至后期又出现了中小族邑环绕王邑的"大杂居、小聚居"式"众星拱月"格局。

二　方国邑

商代方国之都一般也以邑名之，如甲骨文金文有云：

---

① 唐际根、徐广德：《洹北花园庄遗址与盘庚迁殷问题》，《中国文物报》1999 年 4 月 14 日。又中国社会科学院考古研究所：《安阳洹北商城遗址背景资料》，《中国文物报》2000 年 1 月 6 日。又《安阳殷墟洹河北岸发现大型商代城址》，《中国社会科学院报》2000 年 7 月 6 日。又刘忠伏：《安阳洹北商城的发现及其意义》，《历史月刊》（台北）第 148 期，2000 年 5 月 1 日。

② 郑振香：《殷墟发掘六十年概述》，《考古》1988 年第 10 期。又中国社会科学院考古研究所编著：《殷墟的发现与研究》，科学出版社 1994 年版，第 40 页。

③ 《尚书·盘庚》。

　　（1）王族其敦夷方邑旧，左右其𩫏。（《屯南》2064）

　　（2）雀克入𨚔邑。（《合集》7076）

　　（3）其既入邑龙。（《合集》9733 正）

　　（4）……卜，丙邑……乎……（《合集》4475）

　　（5）令邑并执𩫏。（《英藏》608 正）

　　（6）邑𣥮（鼎，《三代》2·2·4）

　　（7）利邑。（周原甲骨文 H11：42）

　　（8）辛邑陕。（矛，《文物资料丛刊》3—p.203 图 3）

　　（9）余征三邦方……叀𤔔令邑。（《合集》36530）

夷方邑旧、𨚔邑、邑龙、丙邑、邑并、邑𣥮、利邑、辛邑、𤔔邑等，大抵为方国都邑。如邑龙当为龙方之都，他辞"贞勿乎妇妌伐龙方"（《合集》6585正）。丙邑为丙国之都邑，有学者统计，存世有铭的丙国铜器约有 170 余件，时代约自商代武丁至西周早期康昭之世，其立国至少前后有 300 余年。[1] 邑并为并方之都，甲骨文有"并方"（《合集》6647 正）。山西石楼城关公社肖家塌曾出土并国铜戈，[2] 并国可能就在这一带。[3] 利邑即《商书》"西伯勘𤏳"或《路史·国名记》"黎氏故国"所在，《说文》"𤏳，殷诸侯国"，址在今山西长治县西南。[4] 辛邑矛出土于陕西渭南南堡村西周初墓葬，但辛国铜器晚商已见，山西灵石旌介一座商墓，所出一件铜觯的器内底铸有"辛"字"徽识"。[5]

　　甲骨文所记商代方国或方伯，有的一度服属商王朝，有的则世为敌国，然均与商王朝发生着各种名义的关系。考古发现的商代方国邑，基本分布在商王朝四土及外层周边地区，有的有城郭之筑，有的没有，但无不以宫室区和等次化居宅以及有关生活设施配置，构成邑内主要框架，惟建筑的规模格局大多抵不上商代王邑。

①　参见殷玮璋、曹淑琴：《灵石商墓与丙国铜器》，《考古》1990 年第 7 期。

②　杨绍舜：《山西石楼新征集到的几件商代青铜器》，《文物》1976 年第 2 期。

③　彭邦炯：《并器、并氏与并州》，《考古与文物》1981 年第 2 期。

④　王宇信：《西周甲骨探论》，中国社会科学出版社 1984 年版，第 116 页。

⑤　戴尊德：《山西灵石县旌介村商代墓和青铜器》，《文物资料丛刊》（3），1980 年。

山西垣曲商代前期方国城址，[①] 平面呈平行四边形（图 1—5），东南西北四垣分别长 390 米、350 米、395 米、335 米，总面积约为 12.5 万平方米。西垣偏北有缺口一个，可能是城门遗存。西垣和南垣外 6—9 米发现有平行的"外郭墙"，西垣外 15—20 米处又有一道长 440 米、宽 6—10 米、深 7.5 米的城壕。南垣内侧掘有一道平行的排水沟，已知长度 74 米。

山西夏县东下冯商代方国城址（图 1—6），北部不明，目前仅知南垣总长 440 米，西垣南段残存 140 米，东垣南段残存 52 米，外侧有城壕。[②]

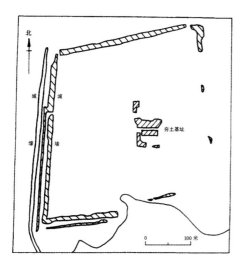

图 1—5　山西垣曲商城平面图

（《文物》97—12）

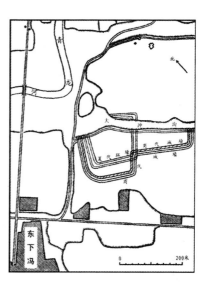

图 1—6　山西夏县东下冯遗址平面图

（参照《夏县东下冯》）

山西潞城县近又发现一座商周时期古城，周长 3000 余米，有两道城垣，

---

① 见中国考古学会编：《中国考古学年鉴》（1986），文物出版社 1988 年版，第 94—95 页；《中国考古学年鉴》（1987），文物出版社 1988 年版，第 113—114 页；《中国考古学年鉴》（1989），文物出版社 1990 年版，第 125—126 页；《中国考古学年鉴》（1990），文物出版社 1991 年版，第 171—172 页。又中国历史博物馆考古部、山西省考古研究所、垣曲县博物馆：《垣曲商城》（1985—1986 年度勘察报告），科学出版社 1996 年版，第 14 页。

② 中国社会科学院考古研究所、中国历史博物馆、山西省考古研究所：《夏县东下冯》，文物出版社 1988 年版，第 148—153 页。

亦与垣曲古城有相似点。从其"外郭城"有五个烽火台看，[①] 军事防御性能甚突出，联系商代后期甲骨文中大量与西北方面方国交战的材料，该城可能为某一方国邑所在。

陕西境内的方国邑，城墙有土石结构者，既不同于北方的石城，也不同于中原地区的夯土城。如清涧李家崖发现的晚商城址，东西长495米，南北宽122—213米，面积约8.3万平方米，依地势起伏而筑其城，平面呈不规整长方形，南北临河，利用其百米崖壁为天然屏障，仅在东西两面筑城墙，城墙用一层石块，一层夯土，层层起筑，某些段面还筑成石块坡面。该城或以为是鬼方所在邑。[②]

湖北黄陂盘龙城（图1—7），[③] 商代前期某方国邑，总体区划形态有异于上述诸城，为内城外郭之制。内城为"宫城"，形制近方形，南北长约290米、东西宽约260米，占地面积约7.5万平方米，四垣中部各有一门，外环

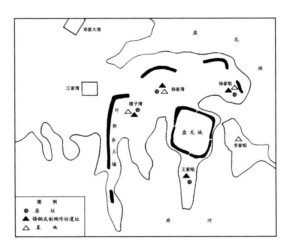

图1—7　湖北黄陂盘龙城平面图

(据刘森淼，2002年)

---

① 《潞城发现商周古城遗址》，《中国文物报》1991年11月17日。

② 张映文、吕智荣：《陕西清涧县李家崖古城址发掘简报》，《考古与文物》1988年第1期。又戴应新、吕智荣：《清涧县李家崖青铜时代墓葬》，《中国考古学年鉴》(1987)，文物出版社1988年版，第259页。

③ 湖北省文物考古研究所编著：《盘龙城——一九六三年——一九九四年考古发掘报告》上册，文物出版社2001年版。又刘森淼：《盘龙城外缘带状夯土遗迹的初步认识》，《武汉城市之根——商代盘龙城与武汉城市发展研讨会论文集》，武汉出版社2002年版，第190—198页。

壕沟。宫城内东北部是人工堆筑高地，上建三座平行排列、面朝正南的土台式宫室建筑。宫前西侧地势低洼，原先可能是池沼景观。该宫城主要为保卫方国上层权贵宫室群体而筑，一般民室在此禁地内并无一席之地。宫城周围104 万平方米范围内，结合人地依存关系，有其全面规度，近年在"宫城"东北、北面及西面 250—500 米处断续发现了宽约 25 米左右的外郭夯土城垣，依盘龙湖汊弯曲多变的地形筑起。郭城南北、东西约各长 800 余米，面积达 60 万平方米。郭城东面湖岛被辟为上层贵族墓地，城南岗地为主要官方手工业作坊区，城西城北地带，分布着许多居民聚居点。

目前所知最大的方国邑，应数四川广汉三星堆商代早期偏晚古城（图1—8），为蜀国早期都邑所在，平面呈长方形，为内城外郭之制，东南西三面均有人工夯筑的外郭城墙，东垣残长 1000 米，南垣 1800 米，西垣残长 600 米，面积约 220 万平方米。城墙基槽宽 40 余米，采用分层平筑，局部在墙中心用土坯垒砌为芯以加大城墙力度，北界以宽逾千米的天然河道鸭子河作屏障，另有牧马河穿城而过。内城城墙发现残存一段，长约 650 米，与外郭西垣北段基本平行等长，城内中轴线上分布着三星堆、月亮湾、真武宫、西泉坎四处台地，以及 1929 年发现的玉石器祭坑和 1986 年发现的两个大型祭祀坑。[1]

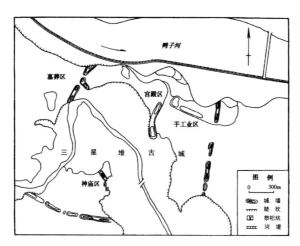

图 1—8 四川广汉三星堆古城示意图

（参照孙华《四川盆地的青铜时代》）

---

[1] 四川省文物考古研究所：《三星堆祭祀坑》，文物出版社 1999 年版。又参见敖天照、刘静、凌玉光：《广汉市三星堆古城墙展示面的修复保护》，《中国文物报》2007 年 9 月 28 日。

　　商代方国中心所在邑，有的并无城垣。如北距广汉三星堆古城约 40 公里的成都十二桥遗址，是成都平原上某一方国贵族统治集团宫室建筑群体所在，面积约 1.5 万平方米。出土陶纺轮上文字，与所谓"巴蜀文字"不同，和殷墟甲骨文字系统相接近，还有甲骨占卜之俗，这里与中原地区应早有交往。宫室群是由形制不一的大中小型房屋组合而成，主体建筑为一座面积达 1248 平方米的大型"干栏式"房屋，带有廊庑，基础以设地梁打槽栽桩，榫卯起架，木板铺地，编竹夹墙，茅茨敷顶，[①] 工程复杂宏大，堪称当地建筑史上的精华。

　　长江以南江西清江吴城商代中晚期方国都邑遗址（图 1—9），面积约 400 万平方米，中心有一土城，面积 61.3 万平方米，城墙残高 5—15 米，基宽 21 米，顶宽 8 米左右，城外有宽达 6 米多的护城壕，南门、西门、北门、东北门、东门等五个城门的两侧，设有高出城垣的方形瞭望台。以城内分布的居住区房址、水井、道路、大面积制陶窑区、铸铜坊址和祭祀区，土城南关外正塘山墓葬区等构成邑内主体框架。出土陶文与甲骨文属同一系统，铜器、石范等既有中原商文化因素，又有地方土著独特风格。中部一带祭祀区，发现一段长 39 米、宽 1.2 米左右的路面，由卵石、陶片羼杂筑成，上覆一层三合土硬面，路面两侧残存对称有序的立柱洞，属一长廊式通道，与西北建筑基址和红土台座、红土台地相连，很可能属于宗庙祭祀建筑群及祭社地。遗址西北坡地，是当时龙窑和其他类型制陶窑址所在。青铜冶铸区位于城内东北部。遗址南部平民居住区，与南关外正塘山墓地相属。[②]

　　江西新干牛头城商代晚期方国邑遗址，平面呈不规则梯形，内外城制。内城置于外城西南部，东西最长 650 米，南北最宽 400 米，面积约 20 万平方米，南、西、北面都有护城河。外城墙总长 3500 米，城内面积 50 万平方米，北垣长约 900 米，残高 3.7 米，宽 14.8 米，有城门一个，东垣长约 500 米，南垣残高 6 米，基宽 15 米，顶宽 11 米。[③]

　　① 四川省文物管理委员会、四川省文物考古研究所、成都市博物馆：《成都十二桥商代建筑遗址第一期发掘简报》，《文物》1987 年第 12 期。

　　② 江西省文物考古研究所、樟树市博物馆编著：《吴城——1973—2002 年考古发掘报告》，科学出版社 2005 年版，第 35—90 页。

　　③ 江西文物工作队、江西省新干县博物馆：《江西省新干县牛头城遗址调查》，《东南文化》1989 年第 1 期。朱福生：《江西新干牛城遗址调查》，《南方文物》2005 年第 4 期。

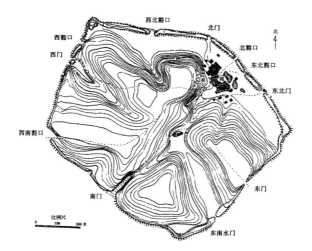

图 1—9 江西清江吴城商代方国遗址平面图

（参照《南方文物》03—3）

江苏江阴佘城商代早中期方国邑遗址，平面近长方形，南北长约 600 米，东西宽约 300 米，东垣中部有一水城门，城外有护城壕，面积约 18 万平方米，北垣中段内侧发现大型干栏式基址遗迹。[①]

商代方国之邑，区划规度多形多姿，规模也有大小之别，但有两大共同表征：一是方国上层统治集团日常生活和发号施令的宫室，多以形制不一的建筑群体相组合，与贵族墓地及其祀神祭祖之所一起，各各占据了邑中显要位置；二是邑内的基层社会组织，是为许多个族氏共同体，以聚居形式分层集群布列于邑内相应去处，各族氏组织的经济生活虽未必一致，却均有自己的公共墓地，由于其内部的阶级分化，居室的两分现象均十分明显。至于有城与无城，并不构成确定方国邑性质的决定性因素。

三 诸侯臣属邑

甲骨文金文中有商代诸侯或臣属贵显一级的邑名，如：

（1）贞甲姚 🔥 于唐邑。（《合集》20231）

[①] 刁文伟、邬红梅：《江苏江阴佘城、花山遗址第二次发掘取得重要收获》，《中国文物报》2004 年 4 月 7 日。

（2）贞行以㞢师眔㞢邑。（《合集》8987）

（3）卤小臣其右邑。（《合集》5596）

（4）小臣邑。（斝，《三代》13·53·6）

（5）丁亥卜，在陷卫酓，邑𝔥典册，有奏方豚，今秋王其……（《合集》28009）

（6）戍邑。（《怀特》550）

（7）𢦔望乘邑。（《合集》7071）

（8）乙酉……好邑。（《合集》32761）

（9）卩尚以邑（《合集》77）

（10）甲子方又兄（祝）在邑南。（《合集》20962＋21022＋19941，《醉古》353）

（11）壬戌卜，子梦见邑执父戍。（《合集》22065）

（12）方来入衣邑，今夕弗震王师。（《合集》36443）

（13）邑鼎（《合集》13529）

（14）邑麦（《合集》7867）

（15）邑析（《合集》21864）

（16）遣邑（《屯南》130）

以上唐邑、㞢邑、右邑、小臣邑、邑𝔥、戍邑、望乘邑、好邑、尚邑、见邑、衣邑、邑鼎、邑麦、邑析、遣邑等（图1—10），大抵为商王朝诸侯或臣属之邑。如唐邑，甲骨文有"侯唐"（《库》201）、"唐入十"（《乙》7206），知为诸侯"侯唐"的领邑。㞢邑即右邑。甲骨文有"王令㞢伯"（《合集》20078）、"令郭以㞢族尹𡴀㞢友"（《合集》5622）。知㞢邑乃㞢伯及其宗族所在邑。邑𝔥，乃陷卫的属邑，卫属外服官，《尚书·酒诰》云："越在外服：侯、甸、男、卫、邦、伯"。戍邑，它辞云："方其至于戍师"（《屯南》728），戍亦指武官，知王朝武官也有领邑领地。望乘邑，望乘是商王武丁时著名军事将领。好邑、尚邑、见邑、衣邑，商

图1—10　甲骨文"望乘邑"和"右邑"

（《合集》7071、36429）

王朝贵妇中有妇好、妇尚、妇见、妇衣。① 殷代铜器有"亚衣父癸"觯（《三代》14·48·4），故此等邑或系贵妇之封邑，也可能是其出生族邑。

一般说来，诸侯或贵显臣属之邑，与商王朝关系远较方国邑密切得多。甲骨文云：

> 贞帝**赉**唐邑。（《合集》14208）
> 甲戌卜，在央，贞右邑今夕弗震。在十月又一。（《合集》36429）
> 甲寅卜，王曰，贞王其步自尚，又去自雨。在四月。 （《合集》24398）

或记商王卜问上帝会否降灾唐邑，或卜问右邑会否发生内部事态，或卜问商王巡视尚邑时能否雨过天晴。凡此可见这类邑与王朝间的密切关系。

从考古遗址上直接确定商王朝的诸侯臣属邑，有时相当困难。异姓方国，也可能接受商王册封，以大邦商的"方国"名义，成为一方藩屏。地处西北方的姬姓周国，其王昌即曾接受商王纣所赐"弓矢斧钺，使得征伐，为西伯"。② 商国四土范围或更远的周边地区发现的贵族墓葬，每伴出青铜钺礼器，墓主生前不是方国君主，就是当地地位极高的贵族和军事首领，礼钺常有得自商王的直接授予，成为大邦商国承认其握有某方军事统率权的象征物。③ 但从地缘政治言，毕竟不能划归商国版图，至多属于商的与国。

所谓诸侯臣属邑，一般布列在王畿区及周近地区，其邑内显贵人物也可能接受商王赐予的礼钺，或出任为王朝重臣，与王朝之间有着实质性的政治经济从属关系和社会人际交往关系。如殷墟妇好墓出有青铜礼钺四件，甲骨文中有"好邑"，邑的性质当为这位王妇的出生族邑或其领邑，无疑可定为诸侯臣属邑一类。目前能考察诸侯臣属邑区划形态的实例，有河南焦作府城村商代早期城址、河北藁城台西、河南柘城孟庄商代中期遗址和辉县孟庄商代晚期城址等。

河南焦作府城村商代早期城址（图1—11），北距太行山约15公里，南

---

① 分别见《合集》10136、7103反，《甲》2815，《京津》2013。

② 《史记·殷本纪》。

③ 参见杨锡璋、杨宝成：《商代的青铜钺》，《中国考古学研究——夏鼐考古五十年纪念论文集》，文物出版社1986年版。

临沁河约 20 公里，是商人控制范围
的前冲。城址平面建制为方形，东
垣长约 280 米，西垣长 280 米，宽
4—8 米，残高约 2 米；北垣长约
284 米，残高 2—3 米；基槽宽约 15
米，深 0.9 米。城内面积约 7.8 万
平方米。城址西北拐角保存较好，
呈圆角，底宽 16 米，顶宽 9 米，高
2 米。城内东北部发现大面积夯土
基址四座，其中一号宫室基址平面
为长方形，坐北朝南，南北长 70
米、东西宽约 50 米，面积 3500 平
方米，分为前后两个院落，由前殿、

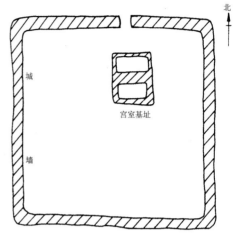

图 1—11　河南焦作府城商代城址平面图
（参照《华夏考古》2000—2）

正殿、北殿和东西配殿组成。前殿位于南院的南部，南北进深 7.5 米，与西
配殿连为一体。西配殿长 20 米、宽 7.75 米。正殿位于南北两院之间，南北
进深 14.8 米。北殿西北部有一个宽 1 米多的偏门，可以出入北院。[1]

河北藁城台西商代中期遗址，地近商国中心统治区范围，面积约 10 万
平方米，以居宅、祭所、作坊、仓窖、土田、墓地、族众、隶仆包括卫士
等，构成邑内主要社会生活内涵。据历年发掘，在 2000 多平方米区域内，
已发现房址 16 座，灶 21 个，水井 6 口，灰坑 234 个，墓葬 166 座。[2] 该遗
址早先为一般居址，约在中商时期沦为墓地，后遭水淹，至殷墟早期又辟为
商的诸侯邑。墓葬出有铜钺五件，内有一件铁刃铜钺，还发现两秉分别为 48
厘米和 39 厘米长的大玉戈。遗址北约 18 公里磁河南岸的藁城前西关，是一

①　杨贵金、张立东：《焦作市府城古城遗址调查报告》，《华夏考古》1994 年第 1 期。《焦作府
城发现商代早期城址》，《中国文物报》1999 年 12 月 19 日。袁广阔、秦小丽、杨贵金：《河南焦作市
府城遗址发掘简报》，《华夏考古》2000 年第 2 期。袁广阔、秦小丽：《河南焦作府城遗址发掘报告》，
《考古学报》2000 年第 4 期。《河南焦作府城商代早期城址》，《1999 中国重要考古发现》，文物出版
社 2001 年版，第 34—36 页。

②　河北省文物研究所编：《藁城台西商代遗址》，文物出版社 1985 年版。又中国考古学会编：
《中国考古学年鉴》（1984），文物出版社 1984 年版，第 78—79 页；《中国考古学年鉴》（1985），文
物出版社 1985 年版，第 109 页；《中国考古学年鉴》（1986），文物出版社 1988 年版，第 87—89 页。

处殷墟中期重要遗址，两者有其连续性。后者出带有"守"字徽识的铜鼎、壶、爵。"守"字徽识，亦见于殷墟第1001号王陵和武官大墓所出铜器上，此外小屯 YH266墓陶罍文字有"妇妌守"。[①] 可见，该诸侯邑与商王朝有长期至密的政治过从关系，其上层贵族成员有为商王重臣或贵妇。占据台西遗址中心位置者，是一组占地面积达1400平方米以上的大型贵族宅落。本处诸侯臣属邑，区划规度与商代分层集群的居住常式相一致，明显是近于商代王邑宫室群体格局模式的一种缩小型。周围紧紧依附的民居，以及公共墓地中贵族墓和平民墓并存，说明邑中基本社会组织，仍维持了族氏生活共同体，唯因贫富的分化和阶级的对立，原族尹家室早已上升为邑内主宰，并相应成为商王朝地方一级行政单位。

河南商丘地区柘城孟庄商代前期遗址，[②] 也是商国中心统治区内一处重要诸侯臣属邑所在。平面呈长方形，南北宽280米、东西长110米，占地面积约3万平方米，邑内包括大型夯土台基、平民生活区、制陶工场、冶铸作坊、墓地等，出土大量制陶、制骨和冶铸生产工具，许多农业生产工具，还有渔猎工具和大量渔猎食物残余，表明本邑以内向型经济为主体，邑组织结构和邑的区划规度安排，大致是在这一经济背景下展开的。柘城孟庄遗址的东南部发现两处夯土台基址和异常密集的灰坑，北部也有一座大型夯土台基址，台基已残，估计面积达336平方米，用一青年女性奠基。推知邑内贵族统治集团组织内部，似分为若干个级次，分居邑中不同位置。紧邻北部夯土台基之南，是邑内的制陶工场和墓地，在150平方米范围内，发现陶窑1座，窑前圆形半地穴式房址1座，堆放燃料的土坑或其他窑穴16个，墓葬7座。房址面积约8平方米，有灶坑，可能是制陶工头或技工家室所居。周围墓葬，大多无随葬品，但有一墓，埋着一位约35岁的女性，身上洒硃砂，填土中有许多有意打碎后放入的陶器，她生前身份可能是这处制陶工场的工头或技工。另外在一些废窑穴内弃置有身首分离的成人骨骸，以及一些被捆缚活埋者，当是毫无人身自由的工奴或奴隶。不过这批人虽有高低之分，却都同埋一地，可见与这片窑场一样，均隶属邑内贵族统治集团。应指出，孟

---

① 石家庄地区文化局文物普查组：《河北省石家庄地区的考古新发现》，《文物资料丛刊》（1），文物出版社1977年版。

② 中国社会科学院考古研究所河南一队、商丘地区文物管理委员会：《河南柘城孟庄商代遗址》，《考古学报》1982年第1期。

庄遗址平民居住区位于遗址南部，族组织聚居点内分布的窖穴，有的同出农、渔、制骨生产工具，有的农、铸铜生产工具与卜骨同出，有的单出农业生产工具，说明族内经济生活主体是农业，辅以渔猎生产，个别务农家庭，间也从事一些如制骨之类的小手工业生产。紧挨上述第一类居室之北，发现冶铸铜器作坊 1 座。这种投资大、技术环节多、知识密集型的青铜工业，当由族内上层平民大家庭主持。从冶铸作坊附近出土的斝、爵内模看，都属贵族用品，而第一类居室根本不出这类用器，故其产品当直接归邑内贵显阶层所有。

此外，商王朝诸侯臣属邑，还有河南辉县孟庄商代晚期城址，坐落在太行山东南山麓冲积扇南部边缘地带，南傍滔滔黄河，正好扼守黄河北岸东西交通的咽喉，城内面积约 12 万平方米，东北部、西南部发现两片族居地的房址。[①]

从上述商国诸侯臣属邑看，居民主体是族氏组织，实行分层集群的聚族居住制，但经济形态有所不同。如藁城台西遗址反映的是贵族家支直接统领本族平民和奴隶，从事邑内农业和其他手工业生产。柘城孟庄遗址和辉县孟庄城址恐不止一个族氏组织，贵族统治阶层又分若干级次，直接或间接治理邑内各族群，族体内部的贫富两分现象也十分明显，邑内经济生活支柱主要有赖于各族组织体。邑的结构规模不同，区划规度也是有其差异的。

四　普通族邑

商代各地还有众多的中小族邑，通常也是以邑名之，有王朝下辖的邑，亦有诸侯臣属邑下领的中小邑，以及方国下属的邑。

甲骨文金文中所见商王朝直接下辖的族邑，如：

（1）王其乍𡎝于旅□邑□其受……（《合集》30267）

（2）贞曰：以厥邑。（《合集》8986 反）

（3）贞燎于西邑。（《合集》6156）

（4）癸酉卜，贞文邑［受］禾。（《合集》33243）

---

①　河南省文物考古研究所：《河南辉县市孟庄龙山文化遗址发掘简报》，《考古》2000 年第 3 期。又河南省文物考古研究所编：《辉县孟庄》，中州古籍出版社 2003 年版，第 306 页。

(5) 于⬛立，王弗悔，又戋。

于⬛立，王弗悔，又戋。

于⬛立，王弗悔，又戋。

于家邑⬛立，王弗悔，又戋。（《美
国》490、《瑞典》附10。图1—12）

(6) 乍邑于麓。

己亥卜，内，贞王侑石在麓北东，
乍邑于之。（《合集》13505 正）

(7) 左其敦柳邑。（《合集》36526）

(8) 贞乎比奠，取炓、夐鄙三邑。（《合
集》7074）

(9) 云奠河邑。（《英藏》2525）

(10) 邑云（殷西出土鼎铭，《殷墟青
铜器》图七七之 15）

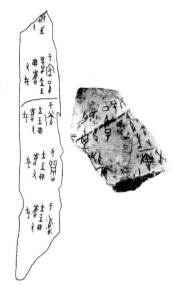

图1—12 家邑官员和族尹邑子

（《瑞典》附10、《法藏》16）

以上旅□邑、厥邑、西邑、文邑、家邑、麓邑、柳邑、夐鄙三邑、炓邑、云
奠河邑、邑云等，应是"王畿区"内的王朝所辖邑。其中（5）同卜辞四
条，"于⬛立"、"于⬛立"、"于⬛立"的"于"字下均省略了"家邑"二字，
为"于家邑某立"的省辞，中间一字皆族氏人名，"立"读如位，有禄位任
官之义，大意是商王反复卜问从家邑中简选的几位武官人选。另外"邑云"
则见于殷墟西区墓地出土铜器，甲骨文有"贞刍于云"（《合集》11407），可
知殷墟王邑中，当分布着众多以族氏组织为主体的小族邑。

商王朝的诸侯臣属所领有的下属族邑，大抵分布在"四土"范围内。甲
骨文云：

乎比臣沚有⬛卅邑。（《合集》707）

沚馘告曰：土方征于我东鄙，⬛二邑。（《合集》6057）

……告曰：舌方征于我……三邑。（《合集》6066）

畓告曰：……魃、夜、方、相四邑。（《合集》6063）

……大方伐……鄙廿邑……（《合集》6798）

甲寅卜，方弗占邑。（《合集》20495）

其⬛邑有戎。

　　邑亡戎。(《甲释》补1，图版212；《合集》22425)

　　癸酉卜，殻，贞令多奠依尔（迩）墉。(《合集》6943。图1—13)

图1—13　令多奠就依于迩近之城
(《合集》6943)

"我东鄙"，似可理解为诸侯臣属邑外的农野。"臣沚有酬卅邑"、"鄙廿邑"等等，"邑"以群称，规模不会太大，最易受到敌对方国的侵扰，故常常会发生"有戎"的非常情况，其际诸侯臣属往往急急向商王朝报告。这类群邑也成了诸侯臣属邑的军事前冲，多少发挥着捍卫王朝"四土"的作用。但因安全防御设施差，有时商王会令多奠就依于迩近的城垣以得到保护。群邑的人地结合关系明显，"邑人"一般都保持着牢固的族氏结构纽带，其所呈现的聚族而居的自然形态，不少从原始聚落直接发展而来的，经商代大小统治阶级的政治规度，从而构成了当时社会最基层实体或社会经济生活的基本组织单元。

　　法国季梅博物馆藏有殷墟出土一残龟腹甲，辞云：

　　甲寅卜，贞令左子罴邑子罴师般受禽〔佑〕。十一月。(《法藏》16)

"邑子"应是这类群邑内的某族尹，同时又是商王朝政权系统中基层行政单位的低级下吏，相当《周礼》"掌比其邑（人口）之众寡"的"里宰"。"左子"疑指某宗族组织的宗子，可能为朝中显臣或高级武官（如师般、沚馘、畐一类人物）设于其领地监管群邑事宜的中级官员，朝中显臣或高级武官是邑子、左子的直属上级，然邑子、左子、师般三者皆得受统于商王，商王可对他们直接发布命令，他们应率其群邑为王朝尽一定的军事、经济等义务。可见这类群邑的所有权乃在商王国，这揭示了当时王权政治的驾驭力度和族氏组织间错综复杂多层次的统治或隶役关系。

　　商代的方国，也有其"经济生物圈"或政治势力范围圈，其鄙地也各自分布着大大小小的族邑，甲骨文中有所揭示：

> (1) 贞勿令师般取［卅邑］于彭龙。(《掇续》147)
>
> (2) ……［令师般］取卅邑［于］彭龙。(《合集》7073)
>
> (3) ……［令师］般［取卅邑于］彭龙。(《合集》14775)

这是一事三卜之例，残辞互补，记商王武丁命令师般夺取彭龙的 30 个邑。彭龙可能即《国语·郑语》说的"大彭、豕韦为商伯"的大彭国，后"商灭之矣"，位于殷东南，约当今江苏徐州铜山县一带。30 个邑应是彭国下辖邑聚，说明当时的彭国至少形成了二级行政网络。商代方邑的周围鄙地，分布着众多的小邑聚，在领属关系方面，与商王朝诸侯臣属邑外鄙地所分布的群邑，有共通点。如：

> □巳卜，其刖四邦，舌卢□，叀邑子示。(《屯南》2510)

示者，视也，有儆示、戒视之义。此"邑子"疑指受统于敌邦卢国的小族邑之族尹，商王对四邦伯和卢伯施刖割之刑时，以儆效尤，邑子同样受连累。这间接揭示了方国所持有的大邑与鄙地群体中小族邑的二级行政统治网络。

考古发现的商代为数众多的中小族邑遗址，大都揭示出居民组织属同一族体或家族，贫富不均现象不甚明显。

山东平阴朱家桥晚商遗址，在 230 平方米范围内，密集分布着 21 座半地穴窝棚式小型居址，建筑平面可分方形、圆形和曲尺形三种，大者面积不足 12 平方米，小者 7 平方米，构筑均甚简单，地基未经夯打，室内有灶坑，若干陶制生活器皿，以及蚌镰、网坠、骨镞、铜镞、纺轮、石杵等一些农渔猎生产工具，又有共同的储藏窖穴和墓地，墓葬为一式小型土坑墓，均几无随葬品。[①] 这里的居民以族体或家族组织为内聚，生活质量是相当低下的。

北京昌平张营商代遗址，在 250 平方米范围内，发现葫芦形带灶坑的 6 平方米上下的半地穴式居宅，出有石制、铜制的农、渔、猎生产工具。[②]

---

① 中国科学院考古研究所山东发掘队：《山东平阴朱家桥殷代遗址》，《考古》1961 年第 2 期。

② 王武任、郁金城：《昌平县张营商代遗址》，中国考古学会编《中国考古学年鉴》(1990)，文物出版社 1991 年版，第 151—152 页。

湖南岳阳对门山商代遗址，发掘面积 256 平方米，居址附近发现陶窑 7座，料坑 4 个，附近 200 米处又有一片墓地，有多人合葬墓。[①] 可见，商代为数众多的小族邑，有其自给自足的群体经济生产手段，保持着各自固有的居住方式和生活习俗，包括葬俗，显然邑中居民组织是以血缘亲属关系为纽带而结合成的族体或家族，当然也不排除外来的收养者。

河北邢台曹演庄、河南孟县西后津两处商代族邑遗址，各发现 3 座房址，也仅为面积不足 10 平方米的半地穴式棚屋。[②] 在这些邑聚中，族体或家族组织的血缘纽带仍起着内聚作用，人们长期共居一地，平等相处，靠群体间的协作从事生产活动，无上下悬殊差别，生活贫困落后，个体家庭虽是一个生活单元，有时也能单独进行某些生产活动，唯经济能力毕竟不能从族体家族组织中独立分离出去。

商代族邑规模一般均甚小，以小型居宅、周围土田生物圈、公共墓地或有一些小型手工作坊、邑人等构成邑聚生活内涵，区划简单，大致保持了由来已久的格局。邑聚人口数量有多有少，决定了邑聚相应的小中有别之异，但安全防御性能均极差，最易遭受外敌侵害，故恐怕每每不得不依附周近强大军事政治势力。

第二节　房屋建筑名类和建筑礼俗

一　建筑物用语

商代贵族统治阶级日常生活或治事朝堂的建筑物，平面建筑形制组合复杂，主次配列，通常呈"四合院"建置，主体建筑择中而立，坐北朝南，附属设施前后左右对称照应。建筑基址有为土台式，如长形、方形、凸形、凹形、曲尺形、圆墩形等等，在空间结构上，有单层排屋，也有双层楼屋的高层建筑空间分割，代表着商代建筑的高层次风格及建筑工艺的高水平。在建筑制度方面，已从宫、庙未有严格区分向宫、庙分立转化，并且开启了前朝

---

① 何钦法：《岳阳县对门山商代遗址》，中国考古学会编《中国考古学年鉴》（1989），文物出版社 1990 年版，第 210—211 页。

② 河北省文物管理委员会：《邢台曹演庄遗址发掘简报》，《考古学报》1958 年第 4 期。河南省文物研究所、新乡地区文管会、孟县文化馆：《河南孟县西后津遗址发掘简报》，《中原文物》1984 年第 4 期。

与后寝、宫廷与池园一体诸建筑礼制的先河。与此礼制性建筑的整饬演进趋势相对应，甲骨文金文中出现了名类繁多的建筑物称名，有宫、襃、𣂴、室、宗、升、𪊽、邑、旦、单、宀、宅、家、祊、亚、庭、寝、阜、宣、㝩、突、窔、家、学、柬、束、窌、𡨄、官（馆）、京、墉（郭）、𡊅（塞）、塾、门、户、仓、廪等 30 多种建筑物名类，揭示了上层贵族集团宫室建筑群组合的繁复与建筑物性质用途的专门化与多样性趋势（图1—14）。

图1—14 甲骨文建筑称名

（1. 右宫《合集》30375　2. 王家《屯南》332　3. 小窌《合集》27818　4. 突、家《合集》30347

5. 馆《安明》2094　6. 南廪《合集》9638　7. 西仓《屯南》3731）

贵族统治者居住生活或治事朝堂通常用"宫室"命名，多以主次相间、大小有序的建筑群体相组合，占据邑中显要位置。《尔雅》、《说文》均以宫、室互训。宫与室，包含了建筑学上形体与空间两大概念。《六韬》云："殷君善宫室。"《庄子·知北游》云："汤武之室。"《史记·殷本纪》说殷纣王"益收狗马奇物，充仞宫室"。《竹书纪年》说"殷纣作琼室，立玉门"。《文选·东京赋》云："殷辛之琼室。"《晏子春秋·谏下》云："殷之衰也，其王纣作为顷宫灵台。"《帝王世纪》说："纣果造寝宫瑶台，饰以美玉。"宫，甲骨文构形作吕、呂、命、宮等，又有"寰"（《合集》32051）、"壴"（《合集》1074），前者显然是建筑群的形体组合，后者乃本自四阿重屋式楼房之形。宫有"我宫"（《丙编》47）、"羌宫"（《合集》7380臼）、"右宫"（《合集》30375）、"从宫"（《屯南》2357、《合集》27768）、"天邑商公宫"（《合集》36541）、"天邑商皿宫"（《合集》36542）、"妣庚示宫"（《花东》490）、"祊宫"（《花东》294。

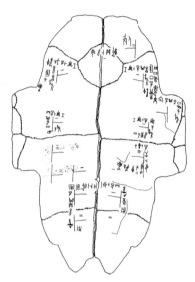

图1—15 甲骨文"祊宫"
（《花东》294）

图1—15）等，宫为贵族统治者的享宴、祭祀、治事和居住之所。从《花东》61妣庚神主之所"妣庚室"可称"妣庚示宫"知，当时宫、室定名有时尚混用。

商代宫又称室。室，是建筑的空间概念，在甲骨文金文中用为居住、治事、宴飨或祭祀之所，有"大室"（《合集》30371）、"𡧧大室"（戍嗣子鼎）、"寝小室"（孟铭[①]）、"后母大室"（《合集》30370）、"后室"（《佚存》843）、"𡨥（丽）室"（《合集》24945）、"血室"（《合集》13562）、"中室"（《合集》27884）、"东室"（《合集》13556反）、"南室"（《合集》806）、"祖丁西室"（《合集》30372）、"北室"（《花东》3）、"大甲室"（《林》2·1·3）、"祖丁室"（《合集》30396）、"妣庚室"（《花东》61）等。如"𡧧大室"，有称"𡧧宗"（戍嗣子鼎。图1—16）的建筑物配置，用为祭祀或藏主之所。它辞云："今日王宅新室"（《安明》133＋237＋340）、"于新室奏"（《合集》31022），

---

① 胡厚宣：《殷虚发掘》，上海学习生活出版社1955年版，图44。

新室既是统治者的房屋居宅，又是享飨之所。又如"大室"，类似后世的"世室"。《穀梁传》文公十三年云："大室犹世室也。"《考工记·匠人》云："夏后氏世室"，郑玄注："世室者，宗庙也。""大（太）室"、"世室"又称"重屋"或"明堂"。戴震《明堂考》云："王者而后有明堂，其制盖起于古远，夏曰世室，殷曰重屋，周曰明堂，三代相应，异名同实。"《考工记·匠人》云："殷人重屋，堂

图1—16　戍嗣子鼎铭

（据《殷墟发掘报告》第3页）

修七尺，堂崇三尺，四阿重屋"，郑玄注："重屋者，王宫正堂，若大寝也。"又云："四阿，若今四注屋。重屋，复笮也。"所谓重屋在建筑学上是指四面坡屋顶带两重防雨房檐形制的建筑物。《礼记·月令》云："天子居明堂。"《礼记·明堂位》云："朝诸侯于明堂。"蔡邕《明堂月令章句》指出，"明堂者，天子大庙，所以祭祀、飨功、养老、教学、选士，皆在其中"。《三辅黄图》卷五《明堂》云："明堂所以正四时，出教化，天子布政之宫也。"戴震亦谓："明堂在国之阳，祀五帝、听朔、会同诸侯，大政在焉。"阮元《揅经室初集》卷三《明堂论》云："粤惟上古水土荒沉，橧穴犹在，政教朴略，宫室未兴，神农氏作始为帝宫，上圆下方，重盖以茅，外环以水，足以御寒暑，待风雨，实惟明堂之始。明堂者，天子所居之初名也，是故祀上帝则于是，祭先祖则于是，朝诸侯则于是，养老尊贤教国子则于是，飨射献俘馘则于是，治天文告朔则于是，抑且天子寝食恒于是，此古之明堂也。""宫室"、"世室"、"大（太）室"、"重屋"、"明堂"、"瓦室"、"琼室玉门"之类的称名，在指属贵族统治阶级日常生活、治事或祀典朝堂的同时，又揭示出有关建筑群的形体组合、规模性质及建材档次。

宗，为祖先宗庙建筑群体或自然神祇的祭所。有"王宗"（《合集》13542）、"中宗"（《京津》1170）、"北宗"（《合集》38231）、"西宗"（《合集》36482）、"右宗"（《合集》28252）、"大宗"（《合集》34044）、"小宗"（《合集》34045）、"秦宗"（《合集》27315）、"峀宗"（《合集》30298）、"唐

宗"（《合集》1339）、"河宗"（《合集》13532）、"戮宗"（《合集》30299）、
"右宗夔"（《合集》30318）、"老宗"（《京人》763）、"旧宗"（《合集》
30328）、"㜋宗"（《屯南》287，《合集》30326）、"亚宗"（《合集》30295）、
"文武宗"（《合集》36149）、"祖乙宗"（《合集》33108）、"妣庚宗"（《合集》
23372）、"嚻宗"（戍嗣子鼎）等。

升，一释必，藏主之庙。有"武丁升"
（《明》557）、"祖丁升"（《粹》267）、"父庚
升"（《粹》323）、"父丁升"（《粹》330）、
"武祖乙升"（《合集》36164）、"文武丁升"
（《合集》36166）、"文武帝升"（《合集》
36169）、"文武升"（《合集》36165）、"二升"
（《合集》30360）等。

囿、邕，指池苑类建筑设施。有"小囿"
（御沚簋，《集成》3990。图1—17）、"左邕"
（《合集》30757）等。偃师商城宫殿区北部有
王家池苑遗迹。殷墟小屯宫室区西侧近年也
发现了深达 12 米的大面积池邕，[1] 相当于甲
骨文说的"左邕"。湖北黄陂盘龙城的宫城内
西南方也有池沼景观。

图1—17　御沚簋铭"小囿"
（《集成》3990）

旦，陈梦家疑借为坛，[2] 有人工夯筑基址的高坛式建筑物。有"庭旦"
（《屯南》60）、"南门旦"（《合集》34071）、"喜旦"（《合集》1074）、"毓祖
丁旦"（《合集》27308）、"祖丁旦"（《合集》27309）、"父甲旦"（《合集》
27446）等。

单，墠也，可能是利用自然高地在其上筑土修整成的祭所。单与旦的区
别在于，单是自然而经修整的墠式祭所，旦是人工构筑的夯土坛。《尚书·
金縢》"为三坛同墠，为坛于南方，北面"，孙星衍疏引郑注《礼记·祭法》
云"封土曰坛，除地曰墠"，指出三坛同墠，意思说"既除地为墠，又加三坛
其上"。除地即平整土地，封土则谓人工层层夯筑的祭坛，前者为墠，后者

　　① 岳洪彬、岳占伟、何毓灵：《小屯宫殿宗庙区布局初探》，《三代考古》（二），科学出版社
2006 年版。

　　② 陈梦家：《殷虚卜辞综述》，科学出版社 1956 年版，第 472 页。

为坛。有"小单"（《合集》31683）、"东单"（《合集》36475）、"南单"（《合集》28116）、"西单"（《合集》9572）、"𠊪單"（《合集》30276）等。

宅，为居室。有"我宅"（《乙》2256）、"兆宅"（《殷缀》295）、"洒宅"（《合集》14249）等。

宀，乃人字形顶的宅屋，可能即宅字之省形。有"东宀"（《京津》4345）、"乍宀于兆"（《合集》13517）等。

家，乃家室或宫室宗庙建筑之一部。有"王家"（《屯南》332）、"新家"（《合集》28001）、"亚家"（《合集》21224）、"上甲家"（《合集》13581）、"妣庚家"（《合集》19894）、"丁家"（《合集》3096）、"牛家"（《合集》6063）等。

祊，亦宗庙之属，可能为大型建筑的东西偏房，在商代流行的四合院式建筑中或指东西庑室。有"祊西"（《合集》23340）、"庭祊"（《前》1·26·5）、"祊宫"（《花东》294）、"祖甲祊"、"武祖乙祊"（《怀特》1593、1694）等。

亚，或用为宗庙之属，有的可能指墓上享堂。有"父甲亚"（《合集》30297）、"戊亚"（《明续》445）、"亚宗"（《合集》30295）、"二亚"（《合集》23398）、"三亚"（《郭人民》3）等。

庭，隶写作耵、莭，于省吾释廷或庭的初文，谓"宗庙太室之广廷"[1]。《玉海》卷一六二《宫室》云："堂下至门谓之庭。"《通雅》卷三十八《宫室》云："《说文》曰：廷，朝中也。庭，宫中也。古者廷不屋，诸侯相朝雨沾衣失容则废，后世屋之加广焉，实无二也。"廷或庭在商时指宫室正殿前至大门之间中央一整片有边墙的露天封闭庭院。有"盂庭"（《合集》31014）、"召庭"（《合集》37468）、"召大庭"（四祀𠀉其卣，《集成》5413）、"庭阜"（《合集》10405 正）等。

阜，人工夯筑的露台基面。有"宦阜"（《合集》3901 正）、"庭阜"（《合集》10405 正）、"阜辟"（《怀特》1391）、"阜西"（《合集》30284）等。庭与阜的考古实例，可参见洹北商城面积达 1.4 万平方米以上的一号建筑，中间的封闭式庭院，相当于甲骨文所谓"大庭"（图 1—18），一号基址主殿通向大庭有 9 个木构踏阶，主殿前廊与踏阶之间形成一宽 3 米、高 0.6 米的露台基面，相当甲骨文中的"庭阜"；西配殿前与土质踏阶之间的露台基面，即相当甲骨文中所称的"阜辟"。

---

① 于省吾：《释耵、莭》，《甲骨文字释林》，中华书局 1979 年版，第 85—86 页。

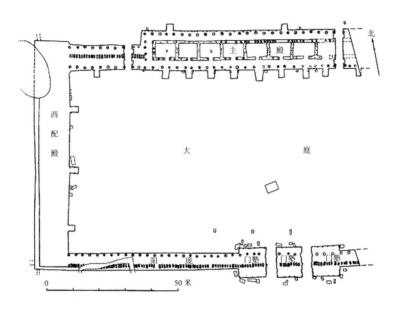

图 1—18　洹北商城一号宫室之"大庭"

（据《考古》03—5）

　　寝，为起居寝室，亦有用指放置祖先神物及举行祭典的寝庙。有"王寝"（《合集》32980、《怀特》1595）、"大寝"（《骨文化》[①]）、"新寝"（《合集》13571）、"东寝"（《合集》13570）、"西寝"（《合集》34067）、"祖乙寝"（《屯南》1050）等。

　　宧，为宗庙建筑群之一部。《说文》云："宧，养也，室之东北隅，食所居。"有"宧"（《合集》721正）、"宧阜"（《合集》3901正）、"玄宧"（《合集》34158）等。

　　宣，为室名。《说文》："宣，天子宣室也。"有"南宣"（《合集》30374）等。

　　宎，为宗庙建筑之侧室。有"王宎"（《合集》27164）、"文宎"（《合集》27695）、"𧊒大宎"、"𧊒小乙宎"（《合集》30386）等。宎字从宀从矢，陈梦

　　① ［加拿大］William Charles White（怀履光）：*Bone Culture of Ancient China-An Archaeological Study of Bone Material from Northern Honan*（《中国古代的骨文化》），the University of Toronto Press，Canada，p. 65，1945.

家谓"矢"通"侧"，引《礼记·内则》："居侧室"，注云："谓夹之室"；又引《尔雅·释宫》："室有东西厢曰庙"，注云："夹室前堂"，郝疏云："按庙之制，中为大室，东西序之外为夹室，夹室之前小堂为东西厢，亦谓之东西堂。"夹室、侧室在大室的两旁，大室在正中。[①]

突，从宀从矢。《合集》30347："癸亥卜，彭，贞冀其又于突。癸亥卜，贞于宎。"突与宎对贞，突殆亦宫室宗庙建筑之一部，也可能为射礼进行中的颁功贶赐之室。

宎，读如陔，《说文》："陔，阶次也。"有"母辛宎"（《合集》23432）、"妣辛宎"（《合集》23372）等。

学，晚商王朝直接掌管的学校名，以右序其方位。[②]有"大学"（《屯南》60）、"右学"（《合集》3510）等。《礼记·王制》："殷人养国老于右学。"郑氏注云："右学，大学也，在西郊。"《通典》卷五十三《大学》："殷制，大学为右学，小学为左学，又曰瞽宗。"这类的说法，与甲骨文可相印证。

𡩍，也为学校或礼仪场所。有"右𡩍"（《屯南》662）。学校还有称"右⌘"（《合集》30518）者。

束，为宗庙建筑或礼仪场所，或即𡩍字之异写。有"新束"（《合集》4788、《花东》9）、"戊束"（《花东》249）等。[③]

宨，从宀从射，钟柏生谓即后世榭字，台上架木起屋名之榭。[④]有"宨"（《合集》27124）、"小宨"（《合集》27818）。宨似为与祭祀活动相关的行射礼之宫。《合集》39460"射豪兕"三字聚一团，组合成一座重屋外一豕一兕被矢射的文字画，此类建筑物殆即宨，相当于周代的"射宫"、"射庐"。

雇（《沐》68），像一重屋下有一隹，疑亦为上述"射庐"之类的建筑设施。

官，馆也，官方设立的馆舍，有的可能专门提供来宾饮食住宿和服务招待，有的指治事之所，有的或也指一般性祭所。有"公官"、"戊官"（《安明》2094）、"东官"（《花东》81）、"舌官"（《合集》34158）、"先官"（《合集》4576）、"刿官"（《花东》286）、"雇官"（《花东》351）、"丁（祊）官"

---

① 陈梦家：《殷虚卜辞综述》，科学出版社1956年版，第472页。

② 详见宋镇豪：《从甲骨文考述商代的学校教学》，《夏商周文明研究之六·2004年安阳殷商文明国际学术研讨会论文集》，社会科学文献出版社2004年版。

③ 参见姚萱：《殷墟花园庄东地甲骨卜辞的初步研究》，线装书局2006年版，第185—190页。

④ 参见钟柏生：《释"宨"》，《甲骨文论文集》第2辑，台中，1998年。

（《花东》384）等。

京，似指有木架支承的高床式建筑物。有"主京"（《安明》2478）、"雄京"（《屯南》100）、"义京"（《甲》3361）、"北京"（《佚存》374）、"爵京"（《合集》1138）、"企京"（《合集》32291）、"苣京"（《屯南》108）、"酓京"（《合集》10921）等。

墉，一释郭，写作⊕、⊕，或用指城郭。从建筑学看，墉或郭是多个建筑物组合的形体概念，为望亭或城垣堞楼组合之象形，或像城垣两亭相对，或像城墙上四垣之四亭，两两为对。有"我墉"（《南上》4·7）、"尔（迩）墉"（《合集》6943）、"雀墉"（《合集》13515）、"妇庐墉"（《合集》13516）等。

傻，一作偁、廑，或释塞之初字，是人工构筑于高畅地的防守据点、军事要塞或馆舍行宫类建筑。有"傻單"（《合集》30276）、"王傻"（《合集》30277）、"牢傻"（《合集》30275）、"下傻"（《合集》28231）、"盂傻"（《合集》30270）、"桼傻"（《合集》30269）、"傻桼"（《合集》30266）、"远傻"、"迩傻"（《合集》30273）、"囚傻"（《屯南》2636）、"麓傻"（《合集》30268）、"阑偁"（版方鼎，《文物》05－9）、"醫廑"（绿松石镶嵌骨片刻辞，《2005 中国重要考古发现》）等，指不同地望、不同族落、不同性质的要塞和堡垒，或商王临时行幸的馆舍，但一般与王邑中的宫室建筑群无关。

塾，为宫室宗庙的门卫房，也有指城邑城门之门卫房者。《尔雅·释宫》云："门侧之堂谓之塾。"[1] 有"庭门塾"（《合集》30284）、"右邑塾"（《合集》30174）、"塾圃"（《合集》5976）等。

门，作双开门形。有"乙门"（《合集》12814 正）、"丁（祊）门"《合集》13602）、"丁（祊）宗门"（《屯南》737）、"宗门"（《合集》32035）、"父甲宗门"、"父甲升门"（《屯南》2334）、"南门"（《合集》13607）、"尹门"（《合集》13604 正）、"三门"（《粹》73）、"入出门"（《安明》2098）、"霾门"（《合集》20770）、"叙门"（《合集》30286）、"围辟门"（《合集》21085）、"夯门"（《合集》4853）、"夜门"（《合集》13606）、"设门"（《合集》13605）、"祖丁门"（《合集》30282）等细分。

户，为单开门之形。如上述门名中，有别称"丁（祊）宾户"（《怀特》1267）、"宗户"（《屯南》3185）、"南户"（《屯南》2043）、"三户"（《合集》

---

[1] 参见裘锡圭：《释殷墟卜辞中与建筑有关的两个词——"门塾"与"𠂤"》，《出土文献研究续集》，文物出版社 1989 年版。

32833＋34467＋34219＋33321，《醉古》296）、"庭西户"（《合集》27555）之类，殆特指单门。

仓，可能指地下粮窖，窖口有"∧"形攒尖顶式窝盖。有"西仓"（《屯南》3731）、"寻仓"（御沚簋，《集成》3990）等。

廪，像露天的谷堆之形，可能类似今北方农家有在麦场上作一圆形低土台，上堆麦秆麦壳，顶作一亭盖形，涂以泥土。廪有"南廪"（《合集》9638）、"陕廪"（《合集》5708 正）、"崔廪"（《合集》20485）、"公廪"（《合集》27999）、"廪三"（《合集》583 反）等。

甲骨金文中如此名类繁多的建筑物称名，揭示了商代建筑物性质属性的专门化、建筑功能的多样性、宫庙建筑群体的有序组合与建筑礼制的强化。当时建筑风貌和建筑工艺技术已相当高明，特别是"宙（庭、廷）"与"圃"、"邑"，宫廷与池园相辅相成，成为两大功能性截然不同的建筑礼制要素。"庭"对外，从耳从口，统治者耳听朝政，祭祀和发号施令在庭，围绕庭出现了"庭阜"、"庭祊"、"庭旦"、"庭门塾"、"庭西户"等许多建筑称名，建筑功能有其外向性和社会性的一面；"圃"和"邑"对内，是人主居常消闲，与天地自然交接场所，是生活理念与个性追求的产物，略略呈私密内向的意涵。李济曾推测过殷商时期建筑状况，归纳为 14 个方面：（1）有高台；（2）有广大的地基之平台；（3）有以木板或版筑建墙壁，壁内加以装饰；（4）有大小木柱支持之屋架；（5）有人字形之屋顶，或木杠横排之平顶；（6）可能有双层楼阁之建筑；（7）有系统的沟渠制度；（8）有土堆或木搭之台阶；（9）有穴居；（10）有窖藏用的窨或方坑；（11）有带墓道之墓葬；（12）有正位、定向之准绳；（13）有沼泽、园囿之可能；（14）有城邑之设计。[①] 这一阐述已得到了甲骨金文及地下考古发现的充分证实。

二 建筑营造仪式

建筑营造仪式，指人们在营建城郭、居室或墓葬等建筑施工的前后过程中，进行的一些仪式，是人们固有信仰观念与生活行为规则结合的产物，它的出现，已可追溯到原始时期，其后在一定社会条件下，积习相沿，有的演成以野蛮残忍戕害人身为特征的风习。

---

① 参见李济：《殷虚出土的工业成绩》，《中国上古史待定稿》第二本《殷商篇》，中研院史语所 1985 年版。

　　商时代的建筑仪式，因阶级的严重对立和王权政治的强化，用人畜现象十分酷烈，仪式开始贯穿于营建房屋或城郭建设的前后过程中，繁复而系统，并呈建筑仪礼等级化的趋势。

　　商代建筑仪式用人畜作祭品相当普遍，在王邑、方国邑、诸侯臣属邑、一般族邑均有所发现。商代除上层贵族统治集团的宫室外，就连一般中上层平民的居室，甚至一些官方手工业坊址，营建过程中也往往用人畜致祭，成为有商一代的流行恶俗。

　　《尚书·盘庚》云："盘庚既迁，奠厥攸居，乃正厥位。"记盘庚迁都，在建设新王邑时的头一件大事就是奠居正位。奠是用人畜奠基，正位是测定建筑物方位，以太阳定座向。《诗·鄘风·定》云："定之方中，作于楚宫；揆之以日，作于楚室。"测度日影的方法由来已久，殷人已能运用自如。周人灭殷后，还曾一度利用过殷人的这门传统技术。《尚书·召诰》记周人营城洛邑，"乃以庶殷攻位于洛汭"，讲的即是让殷遗民揆日度影正厥位，依位攻筑。成王时新邑鼎铭记"王来奠新邑"，系同时事。城邑或宫室的正位、奠基等建筑仪式，已被古代统治者利用其内在的信仰观念，用作强化自己权威的借力。

　　建筑仪式用犬牲，始见于东方。山东寿光边线王龙山时期古城遗址，其城墙东北角西侧的基槽填土中，即发现用人牲和猪、犬牲等奠基。[①] 在商代用犬牲奠基与用人牲同为盛行。甲骨文云：

　　　　……卜，争，□翌乙亥方帝十犬。（《合集》14298）
　　　　己亥卜，贞方帝一豕一犬二羊。（《合集》14301）

犬牲大抵用于祭四方自然神祇的场合。"方帝"的"方"当寓意于正方位。它辞云：

　　　　方𢆶，惟牛。（《安明》1786）

许进雄谓𢆶"象手持才，才疑为坐标之形"[②]。此辞"方𢆶"指测定建筑物的具

---

　　① 吴汝祚：《初探龙山文化的社会性质》，《文物研究》1989年第5辑。又张学海：《寿光县边线王龙山文化城堡遗址》，《中国考古学年鉴》（1985），文物出版社1985年版，第157页。

　　② 许进雄：《明义士收藏甲骨释文篇》，加拿大多伦多皇家安大略博物馆1977年版，第133页。

体方向标位，当与"奠厥攸居，乃正厥位"的建筑仪式有关，用牛牲作祭。总之，商代建筑仪式的正位，必借标杆测度日影为之准则，主要祭牲是犬，又兼用牛、羊、豕等。考古发现还可补充许多这方面的事象。

河南偃师商城，城内五号宫室基址至少埋置了 11 条犬牲，[①] 可分三种场合：一种是台基中部发现的 1 个大坑（G11），可能是奠基仪式的遗存；第二种是正殿南侧柱基槽附近呈东西一线排开的 3 个犬坑（G8—10），可能是正位仪式的遗存；第三种是顺沿正殿基址南部边缘布列的 7 个犬坑（G1—7），坑与坑间有踏阶残存，每坑 1 犬，有的蜷曲，有的侧卧，头皆南向，示意守卫，可能是安宅仪式的遗存。是知商初宫室建筑过程中用犬牲，不限于用于正位仪式场合，举行奠基或安宅仪式时亦用之。

郑州商城营筑过程中，也曾大量用犬牲致祭。北城墙内发现 8 个犬坑，共瘗埋犬 92 条，每坑多者 23 条，少者 6 条，排列方向大体呈北偏东，接近太阳的南北纬度方向。西城墙内发现一个方形犬坑，坑内四角共埋 4 犬，也显出序四方的意义。[②]

大凡说来，商代建筑营造礼俗的等级差异，随着王权政治的强化和统治阶级内部关系的调整，已逐渐制度化，成为"经国家，定社稷，序人民"的所谓"礼以体政"的重要方面。

安阳洹北商城近年发现的宫室基址群，呈成排分布，方向均北偏东 13 度，与当地太阳南北纬度方向一致。在南北中轴线南段发掘的一号"回"字形大型宫室基址，在基址夯土中及庭院内外发现 40 余处祭祀遗存，普遍发现羊、猪、犬等祭牲。如主殿正室台基夯土中有一殉狗坑，似属奠基遗存。门塾内外发现的 20 余处祭祀坑，均是压在路土之下，打破基址的基槽，也属于建筑过程中的祭祀遗存，有人祭坑和属于酒祭或血祭之类特殊祭祀仪式的方形"空坑"，人祭坑中的人牲年龄仅 14—15 岁，伴出玉器等细小饰品。在靠近庭院的 2 号门道处有一个长方形人祭坑，里面埋着一具被砍去半个头颅的人架，似属于安门仪式的遗存。主殿台阶前 10 多个祭祀坑，有的埋人，一坑一人，有 4 个坑内同出玉柄形饰；西配殿台阶前的祭祀坑，靠北的埋

---

① 参见《考古》1988 年第 2 期，第 129 页图一《偃师商城五号宫室发掘平面图》。其中第 3 种大坑似应有 8 坑，G1 与 G2 间距过大，中间似少 1 坑，8 坑左右相对称。

② 河南省博物馆、郑州市博物馆：《郑州商代城遗址发掘报告》，《文物资料丛刊》(1)，文物出版社 1977 年版。

猪，中部的埋羊，靠南的出个体较大的哺乳动物遗骨，还有一些"空无一物"的祭坑，殂酒祭或血祭之类的遗迹，此等似均属于落成仪式的遗存。另外在5号基址也发现一个柱础石下有用孩童进行置础仪式的遗存。①

商代的一般贵族和中上层平民居室的营造仪式，以用孩童为多，兼用成人或畜兽。

1955年郑州商城发现两座房址，一座居住面下用两个孩童和一条犬奠基，另一座正位奠居时埋入三个孩童和三个成人，骨架与房基方向一致。②

20世纪70年代中期在郑州商城内城根发掘一座小型居室，面积仅5平方米左右，居住面下埋了一俯身屈肢人架和一个人头，北壁下埋一猪。③

殷墟苗圃北地发现一座房址的奠基坑内，有两个孩童的头骨，东西并列，头顶朝南，还有一根肋骨和一枚牙齿。④

1975年小屯村北发现一座殷王室手工作坊，室内有一祭坑，埋一肢解人骨，头骨放在一铜器盖上，面朝东方，是房子建成后所祭人牲，⑤ 可能用于安宅。

1976年小屯北地发现一座房址，室内柱洞下有一幼童，站置于柱洞中，⑥ 似立柱仪式的遗迹。

商代各地的中上层贵显宅落，营造过程中仪式也较复杂，大多用成人致祭，兼用孩童、牲畜和其他器物。如河南柘城孟庄商代诸侯臣属邑遗址，贵显阶级的宅落曾用青年女性奠基。⑦ 河南荥阳市豫龙镇关帝庙晚商聚落遗址一座

---

① 中国社会科学院考古所安阳队：《洹北商城发现大型宫殿基址》，《中国文物报》2002年8月23日。又《洹北商城的考古新发现》，《中国社会科学院古代文明研究中心通讯》第5期，2003年。又《河南安阳市洹北商城宫殿区1号基址发掘简报》，《考古》2003年第5期。

② 河南省文物工作队第一队：《八个月来的郑州文物工作概况》，《文物参考资料》1955年第9期。

③ 河南省博物馆、郑州市博物馆：《郑州商代城遗址发掘报告》，《文物资料丛刊》（1），文物出版社1977年版。

④ 中国社会科学院考古研究所编著：《殷墟发掘报告》（1958—1961），文物出版社1987年版，第19页。

⑤ 中国科学院考古研究所安阳发掘队：《1975年安阳殷墟的新发现》，《考古》1976年第4期。

⑥ 中国社会科学院考古研究所安阳工作队：《1979年安阳后冈遗址发掘报告》，《考古学报》1985年第1期。

⑦ 中国社会科学院考古研究所河南一队：《河南柘城孟庄商代遗址》，《考古学报》1982年第1期。

房址的地面下，发现有排列有序、填土纯净的小圆坑，坑底则分别放置了陶器、蚌、石块等奠基物品。[①] 藁城台西遗址发现的商代诸侯臣属大型宅落，北院一座南北向房址，西墙基槽内埋一陶罐，内有幼童尸骨一具；西墙南北两端对称埋置水牛角各一件，两点间直线方向约北偏东 14 度，接近太阳南北纬度方向，从埋置位置看，有"正其位"意义，从物类形态看，又寓"镇物安宅"的性质。在墙基沟槽两侧还发现用云母粉划的笔直线条，转折处棱角规整，显然经过认真测度定位。房前还有四个祭坑，三坑分埋牛、羊、猪三牲，一坑埋捆缚成年男性三具，似属落成仪式遗存。[②] 该房建筑过程中，至少过有正位、奠基、安宅、落成等四套仪式，前后一系，礼程规整有序。

近代西南地区民间的建房之俗，石璋如曾作过描述，[③] 对认识上古建筑仪式甚有启示，转录于下：

> 现在昆明的乡间，对于建筑房子，从起首到完成，举行着搁盘定向、破土、发马、竖柱上梁、安龙奠土等一套隆重的典礼。搁盘定向是建筑房子的初步；破土是开始动工；发马是请鲁班师父；竖柱上梁时较为隆重，亲戚朋友皆送礼物；而最重要的是最后的安龙奠土一幕。安龙是把房顶上所留的一片瓦补起来，而奠土则甚重要，请和尚或道士念经三日，杀一只白鸭与一头黑羊，把鸭头与羊角钉在大门的头上，把四只羊蹄钉在墙的四角，然后大宴宾客。

殷墟王邑高级权贵的建筑群体营造仪式，最为繁复；或因建筑物的性质不同，礼仪规格也有所不同。如 1976 年小屯妇好墓侧发现的一座南北向长方形房址，可能属寝庙享堂一类建筑，至少用了三个孩童正位奠基，特别是西墙边的两具，一南一北，间距约 4.5 米，在南者头向北，在北者头向南，相互呼应，[④] 十分类似上述藁城台西一房在西墙南北对称埋置水牛角的礼俗

[①]　李素婷：《河南荥阳关帝庙遗址商代晚期聚落》，《2007 中国重要考古发现》，文物出版社 2008 年版，第 34—37 页。

[②]　河北省文物研究所编：《藁城台西商代遗址》，文物出版社 1985 年版，第 19—20 页。

[③]　石璋如：《小屯后五次发掘的重要发现》，《六同别录》上册，1945 年。

[④]　中国社会科学院考古研究所安阳工作队：《1976 年安阳小屯西北地发掘简报》，《考古》1987 年第 4 期。

类型。1989 年小屯村东发掘一座凹字形大型宫室基址，主殿坐北朝南，面积约 450 平方米，殿前中部有 3 个向南的门道，门道约宽 2 米，门道两侧各有一排柱础石。在中、西门道之间埋有东西排列两个大陶罐，东边一个紧邻柱础石，西边一个陶罐内放着 1 件带"武父乙"铭文的封口盉的铜礼器。这很可能与正位奠基或置础、安门仪式相关。在西门道的西侧，又发现 2 个东西排列的祭坑，每坑各埋砍头人骨 3 具，人头置于坑内，头朝东方，还埋有砸碎的陶盆、罍、尊等生活用器及骨镞 10 余枚，[①] 似与安宅魇胜仪式有关。

"国之大事，唯祀与戎。"殷墟王邑内最系统、最具典型性的建筑仪礼，集中见诸祀神祭鬼的宗庙建筑群体的前后营造过程中。著名的乙组 21 座基址组合群体，是殷王室一处规模极大的宗庙建筑群所在，东边的一部已被洹水毁去。建筑步骤可分挖基坑、置础、安门、布内四个程序。[②] 按其程序，大致举行过奠基、置础、安门、落成等四种仪礼。[③]

第一种奠基，先挖基坑，再于坑底挖小坑，瘗埋孩童或犬，填土夯筑。乙组基址中有 7 座举行过这种仪式，共用孩童 4 个，犬 15 个。应指出，乙组基址重心在最北部中央的黄土台基"乙一"，是用土质纯净的泥土筑起，石璋如曾形容为"司令台"，它的形制近方形，南北线顺太阳子午线而定，以它为中轴的整个宗庙群体也保持了与当地地界的太阳纬度相一致的方向，就是说黄土台起了极重要的建筑标位作用。甲骨文有"于本"（《安明》962），后一字像以土堆垒标位之形，可能即指这类具有正方位性状的测影土台。正方位乃本之揆日测度日影，与太阳崇拜的祭礼也有关系。因此奠基仪式中，基坑的挖成，当还包括了《尚书·盘庚》说的"奠厥攸居，乃正厥位"的实质内容。

第二种置础，当基址填土夯打到一定高度，又要挖破基址，埋入人畜，再进行置础竖柱。有 3 座举行过这种仪式，共挖坑 19 个，用人牲 2 具，犬 98 条，牛 40 头，羊 107 头。值得注意者，这一仪式中用犬数，约占全部仪式中的用犬总数的 77%，用牛牲也仅见于这种仪式。以"乙七"基址为例，置础时祭埋了 20 犬、10 牛，牛坑与犬坑的组合呈东西一线排列，特别是牛

---

① 郑振香：《安阳殷墟大型宫殿基址的发掘》，《文物天地》1990 年第 3 期。又王立早：《殷墟发掘一处大型宫殿基址》，《中国文物报》1990 年 2 月 22 日。

② 石璋如：《殷代的夯土、版筑与一般建筑》，中研院史语所《集刊》第 41 本 1 分，1969 年。

③ 参见胡厚宣：《中国奴隶社会的人殉和人祭》（上篇），《文物》1974 年第 7 期。

坑序方位与前引甲骨文"方𠭖惟牛"意义相合，可见置础是严格按事先的设计和已确定的方位进行的。

第三种安门，一般在大门的内外左右，瘗埋成人和犬。有五座举行过安门仪式，共挖坑 30 个，埋人牲 50 具、犬 4 条。人牲或持戈，或执刀，有佩贝或带头饰者，身份都是武士。通常是门外埋 4 人，其中居前者 1 人，左手执盾，右手持戈，面朝门而北向跪，身边带犬，似为领队人；居后者 3 人，呈左中右，皆手持武器，面南而跪。门内所埋武士，列左右两侧，执刀，相向而跪，带犬。[①] 长短兵器交加，人犬护守，门卫森严，当是门卫制度的再现。故安门仪式，恐出人鬼相扰观念，有魇胜安宅意义。

第四种落成，房屋建成后，在屋前场地举行庆典，仪礼最为隆重盛大。共发现 128 坑，分为北、中、南三组。北组 47 坑，埋车五辆，马 14 匹，犬一条，羊 10 头，人牲 198 具；中组 80 坑，埋马一匹，犬五条，羊三头，人牲 378 具，以及铜礼器、兵器等一批器物；南组一坑，出 4 犬 9 人和铜石陶漆玉器等。[②]

总计乙组宗庙建筑仪礼，前后挖坑 189 个，用车 5 辆，马 15 匹，牛 40 头，羊 120 头，犬 127 条，人牲 641 具，以及众多器物。从这些数字与现象，足见商代最高级别的建筑仪礼是何等森严可怖。

商代最高级别的建筑仪礼，除上述考古发现的重要几种外，由甲骨文尚另有一些补充。出于当时信仰观念和前兆迷信的支配，统治者在营造过程中常卜以问疑，如：

乍邑于麓。（《合集》13505 正）

甲子卜，争，贞乍王宗。（《合集》13542）

甲申卜，弜𤳊，乍宗。（《合集》34043）

在兹乍宗。（《合集》34139）

其乍亚宗。（《合集》30295）

……乍亚……（《屯南》1347）

---

① 石璋如：《小屯殷代的跪葬》，中研院史语所《集刊》第 36 本上册，1965 年。

② 石璋如：《小屯·殷虚墓葬之一：北组墓葬》、《小屯·殷虚墓葬之二：中组墓葬》、《小屯·殷虚墓葬之三：南组墓葬·附北组墓补遗》，中研院史语所 1970、1972、1973 年版。今按，此三组葬坑未必尽为落成仪礼之遗存，其中当有别类祭祀遗存。

　　癸巳，贞乍多亚。（《合集》21705）

　　我乍多亚。（《合集》21707）

　　丁卯卜，乍宀于兆。

　　勿乍宀于兆。四月。（《合集》13517）

　　辛未卜，乍宀。（《合集》22246）

　　王其乍僯于旅□邑□其受……（《合集》30267）

　　其乍王僯于兹道。（《宁沪》2·113）

　　……僯于兹丘□……（《合集》30272）

　　乍学于入（内），若。（《合集》16406）

　　贞其有乍既兹家。（《合集》13587）

　　乙巳卜，宕，贞王去乍寝。（《合集》13568）

　　乙亥卜，出，贞乍王寝，告……（《合集》24953）

　　□□□，尹，贞乍王寝于……（《合集》24952）

上揭辞中的乍，是与建筑营造有关的一个动词，意为筑造、建造。上辞大体
均是建筑开工前相地之宜的占卜，分别问在某处、某地、某邑、某道、某
丘、某家适宜建造某种需要的建筑物。邑、宗、亚宗、亚、多亚、宀、僯、
学、家、寝，均为建筑物名。又如：

　　癸酉子卜，高乍不若。（《合集》21826）

高可能是高台或居宅，若谓顺利。卜宅以求营造顺利。开工前又有令监工官
员之卜，如：

　　壬申卜，贞宙邑令司工。（《合集》5628）

　　己酉，贞王其令火司我工。（《合集》32967）

　　甲午，贞其令多尹乍王寝。（《合集》32980）

　　丁亥卜，宕，贞令羸奇右尹工于垂。（《合集》5623）

　　丁卯卜，贞令追奇右尹工。（《合集》5625）

"司工"、"司我工"是主管商王朝营造建筑之工官，同如后世的"司空"。
《史记·周本纪》："营筑城郭室屋，而别邑居之，作五官有司"，《集解》引

《礼记》云："天子之五官曰司徒、司马、司空、司士、司寇"。《诗·大雅·绵》云："乃召司空，乃召司徒，俾立室家，其绳则直，缩版以载，作庙翼翼。"司空掌营筑，司徒掌徒役，司空下属还有百工。《考工记》"国有六职，百工与居一焉"，郑氏注："百工，司空事官之属。司空掌营城郭，建都邑，立社稷宗庙，造宫室、车服、器械，监百工者"。甲骨文中也有"百工"（《屯南》2525）的群称，或称"多工"（《合集》32981）。"多尹"为尹官的群称，亦掌管工业建设诸事，"右尹工"是多尹之一。甲骨文中还有"左工"（《合集》21772）、"右工"（《合集》19436、28971、29685、29686）、"众右工"（《屯南》599＋682），亦皆为工官之属。是知商王朝设有大小工官。以上各辞谓命令司工、我工、多尹、右尹工等担任监工官员督察有关建筑物的建造。

安门或安宅亦有占卜，如：

丁未卜，其工祊宗门，叀咸劦……（《屯南》737）

工意为营造，指安门。（图1—19）建筑落成后又有迁宅之卜，如：

图1—19　令多尹乍王寝和工造祊宗门

（《合集》32980、《屯南》737）

丁未卜，贞今日王宅新室。

贞勿宅。三月。（《安明》133＋237＋340）

宅，居住之意，在此指迁新居，正反对贞是否当天迁入新室。唯有关相地之宜、卜宅、令监工官、迁宅等王朝建筑仪礼的具体内容，已难周悉。

要而述之，商代建筑仪式以规范化、系统化为要征，贯穿于营造的全过程，成为一种带有社会普遍意义的等级制礼俗。最具代表性的，是晚商王朝的建筑仪礼，包括有相地之宜、卜宅、择令工官、正位、奠基、置础、安宅（安门）、落成、迁宅等前后一系列的高规格繁礼，用活人、活畜量之多空前绝后，社会财富聚敛规模和王权政治的强化，可谓最鲜明不过。

三 定其人神所居

上古时代注重邑的"人神合一"，度地立邑之际，十分重视规划人神所居场所，设置具有一定社会功能或政治功能的各类宗教性或礼仪性设施。凡邑的性质档次越高，有关"人神合一"的祭所设置也愈多，工程规模则愈浩繁。

《礼记·祭法》云："天下有王，分地建国，置都立邑，设庙祧坛墠而祭之。"《诗·大雅·崧高》云："有俶其城，寝庙既成。"毛传："作城郭及寝庙，定其人神所居。"《墨子·明鬼下》云："昔者虞夏商周三代之圣王，其始建国营都日，必择国之正坛，置以为宗庙，必择木之修茂者，立以为菆位（社）。……故古圣王治天下也，故（固）必先鬼神而后人者此也。"由"置宗庙、立菆位（社）"来看，可知上古时代王邑设置的祭所，最主要的有两类：一类是祖先宗庙，属于所谓内祭，即"宗庙之礼，所以祀乎其先也"[1]；另一类是立社。《淮南子·齐俗训》云："有虞氏之祀，其社用土（旧注：封土为社）。夏后氏其社用松（所树之木，皆所生地之所宜也）。殷人之礼，其社用石（以石为社主也）。周人之礼，其社用粟。"虞夏商周之社的设置，或为土台，或以树为标识，或以石主，或以粟穗，各不相同。后世邑亦立社，如《战国策·秦策》"赌之二社之地"，高诱注："邑皆有社……二社即二邑"。社是土地崇拜的产物，属于所谓外祭，后世演为"郊社"礼。《礼记·仲尼燕居》有云："郊社之义，所以仁鬼神也。"

《周礼·春官》云："小宗伯之职，掌建国之神位，右社稷，左宗庙。"《考工记》也说："匠人营国……左祖右社。"左东右西，祖谓祖先宗庙，社谓社稷，即戴震《考工记图》说的"宗庙作宫于路寝之东，社稷设坛墠于路

---

[1] 《礼记·中庸》。

寝之西"。"左祖右社"指的就是"右社稷，左宗庙"，《祭法》所谓"设庙祧坛墠而祭之"，庙祧是言宗庙，坛墠是言社稷，两者意义是相通的，均强调统治者在营建国邑时应使庙祧坛墠等各类国家级的祭祀场所制度化，在强化"作城郭及寝庙，定其人神所居"的同时，又充分利用社会俗信的积极因素，进行精神羁縻，有意扩大祖先神的社会覆盖面，用来突破族类障碍，在精神领域人为制造各族氏、家族间的血缘联系纽带，提升王权政治的力度，达到维系社会凝聚不散的后效。

那么，商代是否具有注重邑的"定其人神所居"要素？据《礼记·表记》云："殷人尊神，率民以事神，先鬼而后礼。"郑氏注："先鬼后礼，谓内宗庙、外朝廷也。礼者，君臣朝会，凡以挚交接相施予。"讲殷商统治者强化王权与神权的结合，善于利用宗教信仰的内聚力，率民先事鬼神，而后人事。今据地下考古发掘资料，知商时"率民以事神，先鬼而后礼"，确有立宗庙以祭祖先，辟专祭地以祀社会崇信诸神。

比如说，偃师商城宫城布局由南往北，按功用可分宫殿（朝堂、寝宫、宗庙）区、祭祀场和池苑区三大部分（图1—20）。祭祀场横亘宫城北部，东

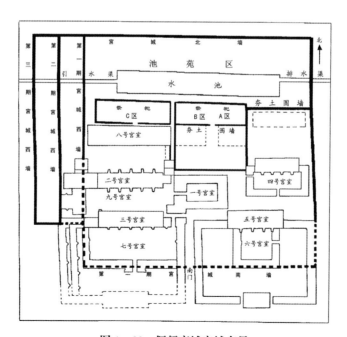

图1—20　偃师商城宫城布局

（参考杜金鹏《偃师商城初探》、王学荣《古代文明研究》）

西达 200 米，主体部分由东往西大致分 A、B 和 C 区。①

A 区，面积近 800 平方米，由若干平面形制不一的祭祀场和祭祀坑组成，用作牺牲的有人、牛、羊、猪、犬、鱼及农作物等。祭祀场的规模比较大，延续使用时间比较长。面积大的，如一处以稻谷、小麦等农作物为主的祭祀场，平面大体为圆形，面积达 130 多平方米，主体部分深约 1.4 米；面积略小的，如 H282，该祭祀场的形制呈斗状，平面为长方形，面积近 30 平方米，自深 3 米。祭祀坑则面积比较小，使用时间相对比较短，形状有圆筒状、方形竖穴状和不规则形等。

B 区和 C 区实际是两个相对独立且自成一体、规模庞大的祭祀场。二者布局、形制和结构等基本一致，位置东西并列，平面形状为长方形，四周有夯土围墙，进出门道位于南夯土围墙中部。B 区总面积近 1200 平方米，C 区总面积约 1100 平方米。祭祀场主体部分为一沟状遗存，由南往北，大体分三个区域，即"观礼区"、焚烧（燎祭）区和献牲区。焚烧区和献牲区基本局限于一东西走向的大沟中，焚烧区位于沟的南坡，献牲区位于沟的北坡（阳面）；"观礼区"位于南围墙和大沟之间，地面经过铺垫并夯打处理。B 区和 C 区皆是以猪为主要牺牲的大型祭祀场，猪牲总数不少于 400 头，完整的猪牲皆挖以小坑单独埋葬，个体一般较小，多属幼小的猪，也有同一坑内埋 2 至 3 头者。而被肢解的猪牲则个体略大，往往与陶器共出。又有多种动物牺牲共埋的，出现猪、牛、羊三牲的组合。针对不同祭祀对象的祭祀坑，坑中的堆积物不同，有的坑里堆积的基本全是松软的黑灰，伴出被打掉底部的陶器数件；有的利用废弃水井，每间隔一定深度埋入狗一条及一定数量的石块；有的单独使用牛头为祭牲，又埋入大量的鱼骨；有的埋入陶龟或陶盆、陶罐、陶盖形器之类；还有的祭坑带有数组壁龛，坑中不同层位埋入不同的祭品，或为被腰斩的人牲，或为人头，或为被肢解后散放的牛骨，或为成堆的石块以及较多的陶器。

通过对祭祀规模和用性情况的分析判断，祭祀活动第一期时相对集中于 B 区、C 区，从第二期开始，又扩大到 A 区。这片大型露天祭祀场，对应于

---

① 参见王学荣：《2000 年偃师商城遗址考古新收获》，《中国社会科学院古代文明研究中心通讯》第 1 期，2001 年。又王学荣、杜金鹏、李志鹏、曹慧奇：《偃师商城发掘商代早期祭祀遗址》，《中国文物报》2001 年 8 月 5 日。又王学荣：《河南偃师商城商代早期王室祭祀遗址》，《考古》2001 年第 7 期。

东区历经第一期到第三期的四号宗庙基址，东西并列，与文献所谓"左祖右社"似有演绎关系。

郑州商城出土牛肋骨刻辞云：

侑土（社）羊。

记用羊牲侑祭社，说明郑州商城有社祭场所。在郑州商城内城东北部的北城垣东段内侧，有一片平坦高地，即是一处以立石堆为主体的社祭遗迹，其西南约150米处就是宫室区，立石堆共有6块大石，中心一块最高，四周放5块，围绕中心石，有序排列着犬坑8个，犬牲100余条，以及人祭坑14座、烧土坑2个、房址1座。其中一个犬坑内，埋犬14条，夒纹金饰片一团。还有两个犬坑内，各埋犬16条，一坑底有零星人骨，另一坑底有人骨2具。据郑州商城历年来的考古发掘，还发现了各种不同性质的祭祀遗迹。如内外城垣之间偏东南的二里岗附近一处台地上，有一片祭祀场地，分布着一些祭祀坑，坑内埋着人和兽骨架，有的人双手捆绑，手指与足趾被剁掉。其中一个祭祀坑内，竟分层填埋了被捆绑的成人2个，儿童6个，猪5具，幼猪3具，犬1具，犬头1个，还有一些人的零星盆骨、股骨等等。有的坑内填埋了完整的陶罐、瓮、鬲、鼎等，瓮内有牛肩胛卜骨，瓮下也压着牛卜骨和一堆狗骨。在东距宫室区约200多米处，也发现一个祭祀方坑，四角各埋1犬，放置作侧身姿，犬头两两相对。在西垣外约200米处，发现祭祀坑两个，一个瘗埋着一具完整猪骨架；另一个上下分层瘗埋着一完整犬骨架和一具完整猪骨架。西垣外约500米处高漫坡上，在25平方米范围内，发现4个殉牛坑，3个呈三角形排列。南垣外也发现殉猪坑祭祀遗迹。内城外西南角还发现人祭坑遗迹。此外，内城外周又发现几处大型祭礼后瘗埋的青铜礼器坑，先后出有大方鼎、大小圆鼎、羊首罍、牛首尊、卣、觚、盂、盘等一批重器。[①]

在郑州商城西北约20公里处石佛乡小双桥村一带，有一处面积约140万平方米的商代遗址，时代属郑州二里岗上层第二期（即白家庄期），发现夯土墙、夯土建筑基址两座，奠基狗坑、人祭坑和3个丛葬坑等。夯土墙位

---

① 河南省文物考古研究所编著：《郑州商城——一九五三—一九八五年考古发掘报告》，上册第483—519页，中册第885—886页，文物出版社2001年版。

于遗址中心区偏北,长达 55 米,宽约 2.6 米,呈西南—东北向,方向 8°。夯土建筑基址在夯土墙南部,基址的周围,发现大批牛头器物祭坑、牛角祭坑、狗祭坑和其他类祭坑。牛头、牛角祭坑位于主体夯土基址南北两侧,其中一个大坑,分三层叠埋带角牛头 70 多只,属于黄牛。一般的坑用牛数量在 10—30 头之间,有三坑各埋 1 只牛头。一些综合类祭坑分布在主体夯土基址南侧,出有象牙、猪、鹿、狗、鸟等动物祭品,以及特磬、玉器、石圭、青铜簪、原始瓷尊、薄胎陶缸、海贝、朱书陶文等。又发现大批人祭遗存,有的埋在夯土基址的垫土中,有的散埋,肢体大多残缺不全,有明显外伤,有的身首异处。其中一个人祭坑中埋了 4 人,两人仅存部分头盖骨,另两人缺小臂或左腿,其中有两人系 16 岁左右的女性。丛葬坑在夯土墙南部有两个,北部有一个,丛葬坑内的人骨近百具,以青壮年男性为多,均呈肢解分离状,分层叠置,一般上层多头颅,下层多肢骨,有被锐器或钝器暴力砍击、戳击、砸击痕,每个坑内的头骨和肢骨均非对应,有一坑的头骨数目远远多于肢骨,另一坑则相反。北部一个丛葬坑内埋人骨个体近 60 个。[①] 这里可能是郑州商城"体国经野"的有机组成部分,盖属之"畿"内的商王室寝庙或专门性祭地所在。

由上述可知,偃师商城或郑州商城均有文献中讲述的"作城郭及寝庙,定其人神所居",以及"汤践天子位⋯⋯尚白,其社用石,葬树松,牲用白"[②]之类的祭政内涵,重视"人神合一"的鬼神崇拜系统及各类相关祭所的设置。

文献所传"祖乙迁邢"的河北邢台市一带,近年也有一系列考古新发现,位于市区西南隅的葛家庄遗址,有大面积的商代中期遗存,在一处南北

---

① 陈焕玉:《郑州市石佛乡发现商代青铜器》,《华夏考古》1988 年第 1 期。又《郑州发现商代前期宫殿遗址》,《中国文物报》1990 年 11 月 22 日。又见《光明日报》1990 年 11 月 26 日。又河南省文物考古研究所等:《1995 年郑州小双桥遗址的发掘》,《华夏考古》1996 年第 3 期。又河南省文物研究所:《郑州小双桥遗址的调查与试掘》,《郑州商城考古新发现与研究》,中州古籍出版社 1993 年版。又宋定国、曾晓敏:《郑州小双桥商代遗址》,中国考古学会编《中国考古学年鉴》(1996),文物出版社 1998 年版,第 169—170 页。又宋定国、李素婷:《郑州小双桥考古发掘又有新收获》,《中国文物报》2000 年 11 月 1 日。又李素婷:《郑州市小双桥商代遗址和战国至汉代墓地》,《中国考古学年鉴》(2001),文物出版社 2002 年版,第 199—200 页。又宋定国:《郑州小双桥遗址出土陶器上的朱书》,《文物》2003 年第 5 期。

② 《资治通鉴外纪》卷二《夏商纪》。

长约 50 米、东西宽约 22 米、厚约 0.4 米的夯土基址东面约 8 米处，发现一批与祭祀有关的人祭坑、兽祭坑和燎祭坑。其中一个 H118 椭圆形祭坑中，瘗埋了一具完整的母牛骨架，近髋骨处发现有清晰可辨的胎牛骨。与该坑相距不远的另一 H72 圆形祭坑内，分层瘗埋鹿、羊、牛头、狗骨、粟以及大小石头三块。①

殷墟王邑也重视"定其人神所居"。甲骨文中，有一类为高祖远公，其神性介乎山川之神与先王先妣宗庙之主间，② 王邑中曾经为之立庙，即《礼记·曲礼下》云："措之庙，立之主"，有"夒宗"、"嵜宗"、"河宗"（《屯南》1276）、"芍宗"（《明续》423）、"即宗于岳"、"夒即宗"（《合集》28207）等六宗。宗者当为放置这些高祖远公神主的宗庙，各宗自有其名，可见是独立的宗庙建筑体。如辞云：

> 将河六示西。（《燕京》760）
>
> 将河□□西。（《合集》8763）
>
> 贞于南方将河宗。（《合集》13532）
>
> 癸亥卜，河其即宗。（《合集》34058）
>
> 辛巳卜，贞王亥、上甲即宗于河。（《屯南》1116）
>
> 即右宗夒，有雨。（《合集》30318）
>
> 于帝臣，有雨。
>
> 于嵜宗酚，有雨。
>
> 于夒宗酚，有雨。（《合集》30298）
>
> 贞王其酚于右宗夒，有大雨。（《合集》30319）
>
> 其束岳，有大雨。
>
> 弜束，即右宗，有大雨。（《合集》30415）
>
> 即宗于岳，有大雨。（《合集》30410）

"河六示"，似指以河为首的上述立有宗庙的六位高祖远公神主之群称，可能

---

① 参见李恩玮：《商王祖乙居邢建都新考》，《纪念殷墟甲骨文发现一百周年国际学术研讨会论文集》，社会科学文献出版社 2003 年版，第 547 页。河北省文物研究所、吉林大学边疆考古研究中心、邢台市文物管理处：《河北邢台市葛家庄遗址 1999 年发掘简报》，《考古》2005 年第 2 期。

② 陈梦家：《殷虚卜辞综述》，科学出版社 1956 年版，第 345—352 页。

这些独立的宗庙建筑体，由于有"右宗夒"、"戠于右宗"、"岳右宗"之类的关联词，殆以集群建制聚之一处，或者说在这些独立的宗庙一带有其合祭祀所，合称之"右宗"，"河六示西"乃表明其方位所在位置。古代以西为右，如《后汉书·张衡传》注云："右社稷，西曰右。"五期甲骨文有称"西宗"（《合集》36482），所指当即"右宗"。商王朝将高祖远公的宗庙群置于邑中的偏西，似出辨血统亲疏远近的观念。从上揭"王亥、上甲即宗于河"看，商王朝有意取王亥、上甲这两位先公近祖神主纳入高祖远公河的"右宗"受祭者，似与当时的配祭制度有关。

事实上以河为首的这些高祖远公原先当属于土著氏族神，其神性与自然神无大异，社会属性还是很明显的，很难说与商王室有真正的血统关系，故与商族的先公先王近祖相比，相对要疏远些。河宗、戠宗、善宗、芍宗、岳宗、夒宗这六位高祖远公，明显具有与土地相结合的神性，如甲骨文有云：

奏四土于芍宗。（《合集》33272）

乙卯卜，不雨，戠宗禾率……（《合集》30299）

其奏年河眔岳酚，有大雨。（《合集》30415）

辛巳卜，亘，贞祀岳，求来岁受年。（《合集》9658 正）

在芍宗用歌乐奏祭四土，可见芍宗正具有与土地相结合的自然神性。"戠宗禾率"、"奏年河眔岳"、"祀岳受年"，也均揭示出其与农作土地相结合的神性。商王朝大概即是将这类农耕异族崇拜的自然神纳入高祖远公系列，有意拓宽血统意识，以达到与归附或征服异族间在宗教意识上的融合。进而言之，当时有的农耕氏族神即已嬗变为分主某方的"社"神而专设祭地受祭者，如：

取岳石，有从雨。（《合集》9552）

甲申卜，又土。（《合集》34031）

其燎于土。（《合集》34187）

贞帝龏于凵于土。（《合集》14773）

贞勿奏年于邦土。（《合集》846）

于亳土御。（《合集》32675）

其奏于膏土。（《屯南》59）

岳石用指社主，意同《淮南子·齐俗训》说的"殷人之礼，其社用石"。土、邦土、亳土、膏土，土谓封土之社，分指设置于某处的社祭之坛，常用于牵年祈雨求丰收之祭（图1—21）。《孝经》云："社，土地之主也。地广不可尽敬，故封土为社以报功；稷，五谷之长也，谷众不可遍祀，故立稷神祭之。"①《白虎通义》卷二《社稷》云："王者所以有社稷何？为天下求福报功。人非土不立，非谷不食。土地广博，不可遍敬也；五谷众多，不可一一祭也。故封土立社，示有土尊。稷，五谷之长，故封稷而祭之也。"《郊特牲》云："社稷必受霜露风雨，以达天地之气。社稷所以有树何？尊而识之，使民人望见师敬之，又所以表功也。"古代所谓"社稷"神，因由自然神性的农耕氏族神嬗变而来，故仍极为明显地保持了与农作土地相结合的神性。

图1—21　郑州商城牛肋骨社祭卜辞和殷墟甲骨文"右宗""邦土"

（1.《殷虚卜辞综述》图版拾伍上　2.《合集》30415　3.《合集》846）

殷人习惯左右为对，与"右宗"、"西宗"相对应，先公先王近祖的宗庙群每设在王邑的左方即东面。上揭"将河六示西"、"于南方将河宗"，参照别辞"将示于南"（《合集》34130），述所在方位在西及南。殷墟小屯附近发

现的大型建筑群遗址，位于西南偏的丙组基址 17 座，大多有台无础，属于
坛墠式一类建筑遗迹，是祀天地神祇人鬼场所。其西南又有数十座房基，似
即高祖远公"右宗"或"西宗"所在，与甲骨文可相印证。其东北面的乙组
21 座基址，以最北的方形高台为建筑核心，周围分布着祭祀坑，规模宏大，
组合有序，配置严密，呈现出左右对称，南北贯通的平面布局规划特色，与
甲骨文所见名类繁多的有关建筑名称是相合的，当为先公先王近祖的宗庙及
朝堂建筑群所在。两者东西为对，后者的建制规模又超过"右宗"或"西
宗"，显然更见亲近，如此的神位配置，与前述偃师商城大型露天祭祀场对
应于东区四号宗庙基址，建制格局有相似性。

可见，商代王邑的规度，融政、祭、生活为一体，充分围绕"定其人神
所居"而展开，借重神权以强化王权的政治思想，在王邑的建制和布局中得
到相应贯彻和体现。

"定其人神所居"，商代普通族邑或各地诸侯方国也不例外。如殷墟甲骨
文有云：

> 己亥卜，内，贞王侑石在麓北
> 东，乍邑于之。（《合集》13505 正。
> 图 1—22）

"侑石"相当《淮南子·齐俗训》说的
"殷人之礼，其社用石"，以石为社主，
是商王在麓北东筑邑时侑祭社主。立邑
祭社，是重视邑与周围土地相依相存关
系的认识使然。

安阳白家坟东地一处殷墟文化四期的
普通族邑，发掘面积 3000 余平方米，发
现 35 座地面式房址，烧土遗迹 10 处，灰
坑 77 个，水井 3 眼，墓葬 466 座（有两
座为一墓道"甲"字型墓，瓮棺葬 50
座），祭祀坑 3 座，还出土习刻甲骨 2 片。

图 1—22　甲骨文筑邑祭社

（《合集》13505 正）

其中一座长方形大型宗庙性质的夯土建筑基址，面积约 187 平方米，南北长约
17 米，东西宽约 11 米，门朝东，前堂面积约 55 平方米，为祭祀活动场所，沿

墙基一带的夯土中瘗埋了18座儿童瓮棺葬。堂的左、右、后均为窄长间，互相连通。[1]《左传》襄公四年引《虞人之箴》云："民有寝庙，兽有茂草，各有攸处。"可知商代一般性族邑也是有其宗庙性质的祭祀设施的。

河北藁城台西诸侯邑遗址，发现的商代大型贵族宅落，其北院西侧一座南北向建筑，屋内柱上及檐下挂人头四个，[2] 显示出神圣可怖的宗教色彩，似为邑内宗族或家族特设的祀先祖祭所。

再如湖北黄陂盘龙城方国邑遗址，在城南王家咀遗址，发现两个祭祀坑，南北并列，间距1.5米。其中一个祭祀坑，长10.25米，宽3.5—5米，坑内口沿处，放置了两组石头，东北角一组两块，坑南一组一块；坑内为黑灰土，铜爵、觚、斝各一件，绕成一周放置，铜戈、锛、刀及玉戈、玉柄形器、石斧、卜骨等，置于铜器间。另一祭祀坑，口长5.6米、宽3米、深1.5—1.7米，坑内是烧燎的黑灰烬土，出土铜戈、锛、刀、钺、镞等15件，以及陶鬲、斝、盆、壶、罐、大口尊、瓮等。[3]

江苏铜山丘湾发现一处商代某方国的邑聚遗址，除发现居址、窖穴和大量农业生产工具外，又在遗址偏南处发现一片面积约75平方米的祭祀场所，中心立有4石，周围埋有人牲20具，人头2个，犬牲12具。[4] 这里属于当地族人祀地神的遗迹。（图1—23）

长江以南江西清江吴城商代中晚期遗址，在中部一带发

图1—23　江苏铜山丘湾商代立石祭社遗迹

(据《考古》73—2)

---

① 中国社会科学院考古研究所安阳工作队：《殷墟考古又有重大突破》，《中国文物报》1997年8月31日。又唐际根：《安阳白家坟东地殷代遗址》，《中国考古学年鉴》(1998)，文物出版社2000年版，第154—156页。

② 河北省文物研究所编：《藁城台西商代遗址》，文物出版社1985年版，第20页。

③ 湖北省文物考古研究所编著：《盘龙城——一九六三年——一九九四年考古发掘报告》上册，文物出版社2001年版，第126—128页。

④ 南京博物院：《江苏铜山丘湾古遗址的发掘》，《考古》1973年第2期。又俞伟超：《铜山丘湾商代社祀遗迹的推定》，《考古》1973年第5期。

现一段长 39 米、宽 1.2 米左右的路面，路面两侧残存对称有序的立柱洞，属一长廊式通道，自东而西走向，与西北建筑基址和红土台座、红土台地相连。① 这组建筑基址是宗庙祭祀建筑群，红土台座则属于当时的祭社地，红土台地似为"观礼区"。所出陶文"入土（社）崇田"，可相印证。

长江以北安徽滁州市何郢晚商聚落遗址，坐落在一处三面环水的圆形台地上，面积约 4000 平方米，发现房址 8 座、墓葬 11 座、祭祀遗迹 21 处，聚落布局大体分为居住区、祭祀区和墓葬区。祭祀区中已发现不少祭祀坑和出土 20 余具猪、犬、羊等动物骨骼，被砍去头的动物牺牲，常以石块代替头颅埋葬，有的动物骨骼经烧燎过。还发现两具有明显砍削痕的人头骨，其周围散布了许多破碎的陶器与鹿角。② 种种迹象表明，该聚落在祭祀区的祭祀活动是十分频繁的。

商代邑的有关祭所之设，实是一套发于宗族或家族，上达国家的"人神合一"的礼仪系统。如祭祖的寝庙之设，在宗族或家族中起着敬奉先人及凝聚邑人的伦理规范作用。社祭亦因由各级贵族统治者专擅，得以使上层社会权力的运作经由神权的肯定而强化，同时又借助于社会固有的精神信仰观念，发挥着稳定社会人心和维护国家政治秩序的功能。

显而易见，商代王邑和方国邑的祭所设置最具规模，功能也相应大备，这里自有其深刻的社会原因和政治原因。由于商代社会结构的主体是族氏组织，而其精神的主导形态则在于其宗教信仰，整个社会活动和社会伦理皆不能与之相分离。从这一意义而言，族氏组织也即宗教组织，所谓"殷人尊神，率民以事神"的殷礼，本质上是指随着商代族氏组织的阶级分化，凡握有宗教祭祀权，也就握有了对族氏组织间的统治和羁縻权。商王朝和强大方国统治者要想确立其统治体系，就必须适应社会结构形态而在其宗教领域表现出相应的兼容性，将原所在地人们崇拜的神，有条件有目的地纳入其祭祀系统，以保证其统治权力的运作和下层社会凝聚不散，"坛场之所，上下之

---

① 李家和、李玉林：《清江县吴城商代遗址》，《中国考古学年鉴》（1987），文物出版社 1988 年版，第 168—169 页。又龚学峰：《我国商代就有陶瓷窑——清江县吴城遗址考古新发现》，《人民日报》1987 年 7 月 23 日。又周广明、赵碧云：《吴城商代宗教祭祀场所探究》，《南方文物》1994 年第 4 期。

② 张爱冰、宫希成：《滁州发掘商代大规模聚落祭祀遗址》，《中国文物报》2002 年 11 月 29 日。

神，氏姓之出，而心率旧典者为之宗"①，这大概也是商代度地立邑时注重规划人神所居场所的用意所在。

四　殷人祀门之礼

对房屋建筑之神的崇拜，乃产生自人们冀望房屋居所平安无灾的信仰观念，可追溯到史前社会，商代犹见。

比如说，门卫之制早在夏代就有之。《吕氏春秋·音初》记夏后氏孔甲"入于民室，主人方乳……后乃取其子以归……子长成人，幕动坼橑，斧斫斩其足，遂为守门者"。刖者守门，上古习行。1989年山西闻喜出土一西周青铜六轮小车，车厢前门旁即铸一断左足拄杖人，扶其门闩。②《韩非子·外储说左下》云："刖人足，所踘者守门。"《周礼·秋官·掌戮》云："刖者使守囿。"此囿指苑囿之门。利用刖足者守门，这颇与后世宫中太监皆用阉割者类似，商代早已有之。1971年殷墟后冈发现的一座三期贵族墓，二层台上殉一生前被刖去一足的守者，随带着青铜兵器戈。③ 以刖者守墓圹，当是刖者守门事象的衍生，也是门卫信仰的祭祀行事在葬俗中的再演。

商代武丁时甲骨文有云：

　　　己巳卜，忧宀。
　　　不忧宀。（《合集》22259）

宀像人字形顶宅屋之形，指居宅。正反对贞房屋住宅的居住是否平安无忧，反映出一种视建筑物亦有神性的信仰意识。同期甲骨文又有云：

　　　……雍示。（《合集》14909）

雍字形作昌，为房屋建筑群的形体概念，与廱字通。示者神主也。"雍示"当为房屋建筑之神主。随着晚商门塾守卫制度的完善，又产生了门卫之神，如

---

① 《国语·楚语下》。

② 中国文物交流服务中心《中国文物精华》编辑委员会编：《中国文物精华》（1990），文物出版社1990年版，图版52。

③ 中国科学院考古研究所安阳发掘队：《1971年安阳后冈发掘简报》，《考古》1972年第3期。

三四期甲骨文有言：

> 庚寅，门示若。（《合集》34126）

"门示"为门神之主。若有顺利、平安义。意谓门神可否保佑平安无灾。

《淮南子·齐俗训》云：

> 有虞氏之祀……祀中霤。夏后氏……祝户。殷人之礼……祀门。周人之礼……祀灶。

中霤原指半地穴式居室中所掘地坎以潢积屋溜雨水之处。[①] 近年安阳孝民屯发掘一处殷代居地，有房址130余组，以半地穴式住宅占绝大多数，房屋结构紧凑，组合有序，布局错落有致，包括一室一厅、二室一厅、三室一厅等，门道朝南或朝东，房屋设计很强调门厅概念，各室一般都有睡炕及烧灶。有的房屋门厅近门道牖壁处，又挖一洼坎，坎内遗留一把水勺，又有一条流水浅槽自厅中央流向其坎。[②] 余以为此即中霤遗迹也。《释名·释宫室》云："中央曰中霤，古者复穴后室之霤，当今之栋下直室之中，古者霤下之处也。"阮元《揅经室续集》卷一《明堂图说》云："圆屋之下，方屋（即四堂之背）之上，必可虚之以吸日景而纳光也，其每一方屋，皆有四阿，前阿水外霤，后阿水内霤（内流在堂背，与室之间必有沟水出四角，此最古最大之中霤），而圆盖之霤，又流于四方堂屋之上也。"孝民屯前室内洼坎之流水浅槽，正有助于对所谓中霤之"后阿水内霤"的理解。

《吕氏春秋·季夏纪》："其祀中霤。"高诱注："霤，室中之祭。"汉蔡邕《独断》卷上云："季夏之月，土气始盛，其祀中霤；霤神在室，祀中霤，设主于牖下也。"包山二号楚墓出土五块木主，[③] 上面分别书"灶"、"室"、"门"、"户"、"行"五大生活职能神，中霤神相当包山二号楚墓的室神。门为双开门，户为单开门，殆门神亦分内外门或大小门之神。如《礼记·祭

---

① 参见顾颉刚：《中霤》，《史林杂识初编》，中华书局1963年版，第140—145页。

② 2003年7月1日应中国社会科学院考古研究所杜金鹏研究员邀请参观安阳孝民屯考古发掘工地所见。又参见王学荣：《殷墟孝民屯大面积发掘的重要收获》，《中国文物报》2005年6月15日。

③ 湖北省荆沙铁路考古队：《包山楚墓》，文物出版社1991年版。

法》有所谓"天子为群姓立七祀，曰司命，曰中霤，曰国门，曰国行，曰泰厉，曰户，曰灶，王自为立七祀。诸侯为国立五祀，曰司命，曰中霤，曰国门，曰国行，曰公厉，诸侯自为立五祀"。"七祀"中分祀"国门"与祀"门"两类。《礼记·曲礼下》云："天子祭天地，祭四方，祭山川，祭五祀，岁徧。诸侯方祀，祭山川，祭五祀，岁徧。大夫祭五祀，岁徧。"郑氏注："五祀，户、灶、中霤、门、行也，此盖殷时制也。"《白虎通德论·五祀》云："五祀谓门、户、井、灶、中霤也。"前说之路神"行"，后说换为井神，稍有不同。有虞氏是否祀"中霤"，夏人是否祀户，不得而知，然殷人祀门之礼，在甲骨文中确有揭示，如：

帝乇燎门。（《合集》22246）

己亥卜，庚子𡿮燎于门，羊白豕。（2002 年南地 H57：33）

己巳卜，王，于围辟门燎。

己巳卜，王，燎于东。（《合集》21085）

贞奏尹门。（《合集》13604 正）

己巳卜，其启庭西户，祝于姁辛。（《合集》27555）

其用在父甲升门，有正。吉。

于父甲宗门用，有正。吉。

（《屯南》2334）

丙申卜，勿蕭，𡇉于门，辛丑用。十二月。（《合集》19800。图 1—24）

辛丑卜，贞禽以羌，王于门𡇉。（《合集》261）

于南门饒美。（《合集》13607）

于南户𡿮王羌。（《屯南》2043）

王于南门逆羌。（《合集》32036）

于宗户𡿮王羌。（《屯南》3185）

图 1—24　"门示"与坎牲祀门神

（《合集》34126、19800）

帝乇燎门，又用帝乇即禘祭时割解牲体之礼祀门神。❀是时称，相当于暮时，庚子❀燎于门羊白豕，谓庚子傍晚暮时用羊及白豕燎祭门。围辟门与方位东对卜，围辟门疑指宫室两偏之门，辟者偏也，围辟门乃东偏门。尹门用奏乐之礼。又言开启庭西户祝于妣辛。升门和宗门是父甲宗庙的两处门，问在两门的祀礼，能否有福，占语得到吉。"勿蠚"意思是勿祥，❀为坎牲之坎，字像一女瘗埋入坎坑中之意，小点表示填土。《左传》昭公十三年云："坎用牲。"因不祥而挖祭坑瘗埋女牲祀门神，问是否于辛丑日举行。❀、❀即寻字，与逆对文，有逆迎之义。南门、宗户皆祭门场所，卜问迎献美或羌奴举行门祭。

祀门不仅行诸家门及宫室宗庙之门，还有祀城邑城门者。如山西垣曲商代前期方国城址，内城西垣城门内侧 4 米当道处，发现一具被击杀肢解的人骨架和敲碎的陶片，上压一堆大小不一的鹅卵石。有学者指出，此为"城门磔人"的遗迹。[①]

殷墟小屯宗庙建筑群体的建筑营造过程中有一种安门仪式，是在大门的内外左右，瘗埋成人和犬。所埋人牲，身份都是武士，佩带刀戈。门外埋四人，其中一人居前，左手执盾，右手持戈，面朝门而跪，身边带犬，居后者三人，呈左中右，皆手持武器，面朝外而跪。门内两侧埋执刀武士，相向而跪，也带犬。[②] 这是商王朝森严的门卫制度的再现，有魔胜安宅意义，对了解商代的祀门之礼有所启示。

祀门礼俗行事，在上古时期官方及民间皆十分流行。《国语·周语中》有云："门尹除门"，谓上古有门尹之官，负责扫除门庭御除灾殃之祭。《礼记·丧服大记》有云："巫止于门外，君释菜。"郑氏注："巫主辟凶邪也，释菜礼门神也。"《艺文类聚》卷八十六引《庄子》云："插桃枝于户，连灰其下，童子入不畏，而鬼畏之。"上古时期有插"桃弧棘矢"于大门来避邪祛怪，乃源出"插桃枝于户"的民间俗信。《左传》庄公二十五年云："秋，大水，鼓，用牲于社、于门。"言发生水灾，官方举行社神和城门神之祭。《礼记·月令》云："命国难，九门磔攘，以毕春气。"难即傩，是一种化妆戴假面具驱鬼逐疫的祭祀行事，规模大者达上百人，如《周礼·夏官》有谓"方相氏掌蒙熊皮，玄衣朱裳，执戈扬盾，率百隶时傩，以索室殴疫"，"百隶时傩"，场面热闹可

---

① 董琦：《城门磔人——垣曲商城遗址研究之三》，《文物季刊》1997 年第 1 期。

② 石璋如：《小屯殷代的跪葬》，中研院史语所《集刊》第 36 本上册，1965 年。

以想见。包山楚简卜筮祭祷类 233 简记"阅于大门一白犬"，击杀伏埋白犬祭门神。九店楚墓竹简 28 有云："利以解凶，叙（除）不羊（祥）；利以祭门、行，叙（除）疾。"[①] 新蔡葛陵楚墓竹简甲三·56 云："就祷户一羊，就祷行一犬，就祷门□□。"[②] 是知上古时期人们心目中，凡国门、城门、宫门、室门、家门、房门等等，皆有门神。[③] 这一套俗信，今知已可追溯到商代。

商代祀门之礼流行，是人们殆冀望得到门神的佑护而安宅弥凶邪，然则商人从建筑崇拜中产生出"门示"之神，正与祀门求吉和门塾安全守卫制度的完善相应的。

第三节　居所设施和作息生活

一　宫室与贵族宅落建制

商代统治者"治为宫室"，上层贵族集团的居所已合居住、祭祀、行政为一体，建筑平面布局大都呈"四合院"式配置，出现了多单元连间、多隔室空间分割、高层建筑及发挥着多重社会功能的大型建筑组合群体，建筑向着华贵、奢侈、舒适和宏大壮观的规模发展。

商代前期王邑的偃师商城，正方形的宫城居于内城偏中，占地约 4.5 万平方米，约占城区总面积 190 万平方米的 2.37%。"宫城"内设施分布，由南而北依次为宫室区、祭祀区和王家池苑区。宫室区经过多次扩建，10 余座大型夯土基址群，坐北朝南，呈东西两区布局，分置在"宫城"中轴线左右两侧，[④] 以正殿、中庭、庑室、门塾、门道等构成各座宫室建筑的"四合院"式配置格局，并已开后世宫、庙东西分置及前朝后寝制度的滥觞。其中一号宫室基址属于西区二号宫室的"东厨"，横跨东西两区宫室基址的中轴线要位。二号基址主殿东西长 90 多米，南北宽 11 米，其西厢是一楼阁式的高床建筑，设楼梯上下出入（图 1—25），其东厢分别有通道通向前面的三号宫室

---

① 湖北省文物考古研究所、北京大学中文系编：《九店楚简》，中华书局 2000 年版。

② 河南省文物考古研究所编著：《新蔡葛陵楚墓》，大象出版社 2003 年版。

③ 参见宋镇豪：《中国春秋战国习俗史》，人民出版社 1994 年版，第 231—234 页。

④ 参见王学荣：《偃师商城"宫城"之新认识》，《中国商文化国际学术讨论会论文集》，中国大百科全书出版社 1998 年版。又杜金鹏：《偃师商城初探》，中国社会科学出版社 2003 年版，第 82、86—93、121—124 页。

图1—25　偃师商城二号基址楼阁式建筑

（采自《宫殿考古通论》）

院落及东面宫室区。应注意者，东区东北部的四号基址，位于祭祀区东偏，独立成一体，使用时间较长，历经第一期到第三期，平面呈长方形，东西长51米，南北宽32米，总面积达1632平方米左右，包括有北部正殿、东庑、南门、西侧门等建筑，构成有机组合整体，中间形成一封闭式庭院，面积有575平方米，[①] 类似《考工记》说的"匠人营国……左祖右社"之"左祖"。东区南部五号宫室建筑形制大体与四号基址相似，但其内方形庭院面积更宽大，达650平方米。[②]（图1—26）宫室形制除台基式外，还有宫室的建材与建筑技术也别具匠心，如宫室的外墙一般采用夯土墙体，以加强建筑物的承重力和坚固性；内墙体则采用木骨泥墙，工序通常是挖坑立柱，扎成篱笆墙，附上苇束，外敷草泥，再反复多次刷成白灰墙皮。而宫室建筑的横梁与立柱交接处还有用绳索束扎的。其立柱除原木柱外，还有细加工的方柱。立柱与墙体的结合有不暴露的暗柱及半暴露在外的半明柱。越过宫室区北部祭祀区，再北就是当时人工挖掘的王家池苑，水面达2000多平方米，呈长方形，东西长约130米，南北宽约20米，深约1.5米，周围用大小不等的自

---

① 中国社会科学院考古研究所河南二队：《1984年春偃师尸乡沟商城宫殿遗址发掘简报》，《考古》1985年第4期。又杨鸿勋：《宫殿考古通论》，紫禁城出版社2001年版，第43—52页。

② 中国社会科学院考古研究所河南二队：《河南偃师尸乡沟商城第五号殿基址发掘简报》，《考古》1988年第2期。

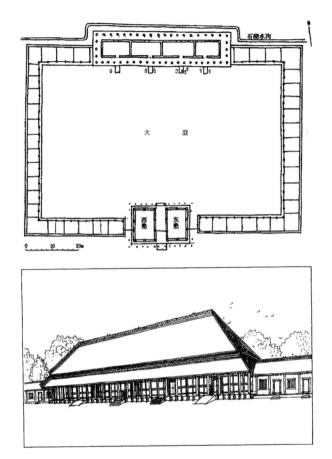

图1—26 偃师商城五号宫室透视示意图

（采自《宫殿考古通论》）

然石块砌成缓坡状，池中还发现当时王室成员游戏渔乐而遗落的汉白玉网坠捕鱼具。池苑西端有石筑引水渠，东端有石筑排水渠蜿蜒穿城而出，与城外护城河、自然湖河等相通，形成一颇具特色的城区循环水系。①

郑州商城宫室区坐落在内城东北部一带，附近发现一道北偏东走向的夯土

① 中国社会科学院考古研究所洛阳汉魏故城工作队：《偃师商城的初步勘探和发掘》，《考古》1984 年第 6 期。又《偃师商城考古再获新突破》，《中国文物报》1998 年 1 月 11 日。又杜金鹏、张良仁：《偃师商城发现商早期帝王池苑》，《中国文物报》1999 年 6 月 9 日。

墙，宽 6.8 米左右，残高 2 米，已探明长度 110 米，[①] 把宫室区与城区隔开形成"宫城"，范围约 50 余万平方米，约为内城总面积 317 万平方米的 15.78％。宫室区由 60 多处夯土基址建筑组成，土台一般高 1—2 米，面积小者百余平方米，大者达 2000 多平方米。夯土基址都以成组分布，已知至少有四组：

1. 东里路东段南侧一组，约有 10 座基址组成，是郑州商城宫室区建筑最集中的地点。[②]

2. 东里路东段北侧一组，约有 7 座基址，其中一座（C8G10）南北长约 34 米，东西宽约 10 余米，以 35×37 厘米的方形石头为柱础，地坪采用料礓石粉铺垫，质地坚硬，还出土了铜簪、玉簪等贵族头饰品。

3. 东里路西段南侧一组，至少有 3 座基址群，最大的一座（C8G15）东西长 65 米以上，南北宽 13.6 米，面积 884 平方米，为一座面阔九间的重檐带回廊式宫室，可能采用大叉手（人字木）支承檩、椽的建筑法，屋顶似属四坡重檐式（图 1—27）。房基面上尚存在两排柱础槽。北面一排有 27 个柱础槽，皆为长方形，一般南北长 1.50 米，东西宽 0.80 米，现存深度约 0.40—0.70 米；南面一排的东段柱础槽（中段和西段被现代建筑所压）也为长方形，一般南北长 1.20 米，东西宽 0.85 米；槽内有深灰色的圆形木柱痕迹，柱径约为 0.30—0.40 米。木柱下面有石柱础，有的是红色砂岩，有的是青灰色河卵石，平面向上，但形状不甚规整，长、宽约 0.30—0.50 米、厚 0.24 米。柱与柱之间相距约 2.10 米，两排柱子之间相距 9 米。值得注意

图 1—27　郑州商城宫室复原

（据《文物》83—4）

---

① 陈嘉祥：《郑州黄委会食堂商代遗址》，《中国考古学年鉴》（1987），文物出版社 1988 年版，第184 页。

② 河南省文物研究所：《1992 年度郑州商城宫殿区发掘收获》，《郑州商城考古新发现与研究》，中州古籍出版社 1993 年版。

的是，在北面一排柱础槽的外侧，还发现 4 个排列有序的较细的木柱痕迹，直径约 0.15—0.20 米，其下没有石柱础，应是擎檐柱的遗存。这座大型宫室修建的大致程序：先挖一个东西横长的大型房基槽，在房基槽内填土分层夯实，筑成一座夯土台基，然后在其上挖两排柱础槽，槽内放进柱础石，然后立木柱，把柱础槽填土夯实，使木柱固定。这两排木柱是起檐柱的作用。接着在两排檐柱的内侧修筑房子的木骨泥墙或夯土墙，最后再上梁架，修茅草屋顶，即文献所谓的"茅茨土阶"。根据 C8G15 号房基南北两排柱础槽外侧留有较宽的夯土台面以及北面一排柱础槽外侧尚有四个擎格遗存来看，可复原成"四阿重屋"式的建筑。

4. 城北路中段南侧一组，也是由若干基址组成，内一座（C8G16）南北长 38.4 米，东西宽 31.2 米，面积达 1198 平方米，夯土台基现存最厚处约为 1.50 米，夯层明显，每层厚约 10—16 厘米。房基面上发现三排距离很近且又相平行的圆形柱础槽，直径为 0.95—1.35 米，槽内中部灰色的圆木柱痕，直径为 0.30—0.40 米，柱础都是青白色的河卵石，平面向上，径长为 0.34—0.45 米。排与排柱础槽之间相距 1.20—1.60 米，同一排的柱础槽之间相距 0.50—1.50 米左右。柱础槽口大底小，槽壁斜直，石柱础平置于底部中间，其上木柱灰痕明显，为一座面阔多间的带宽回廊重檐高台式大型宫室。[①] 建筑方法和 C8G15 宫室相似。

洹北商城宫室区，坐落在城内南北中轴线的南段，范围南北不少于500 米，东西宽远在 200 米以上，占地面积在 10 万平方米以上，为城内总面积 470 万平方米的 2.13％ 左右。经钻探表明，仅偏东一部就有 30 余处夯土建筑基址群，形制都为东西向（东西长、南北宽），南北成排，方向皆 13°左右，严整有序。其中至少有 2 座基址的南北纵向宽度超过 19 米，1 座约 14 米，4 座 11 米，3 座在 8—10 米之间，10 座为 5 米左右，2 座的南北宽度在 3 米以下。基址普遍选用了土质上好的夯土，柱础直径一般都在 0.35 米以上，有的甚至达 0.5 米。已发掘的一号"回"字形"四合院"

---

① 河南省博物馆、郑州市博物馆：《郑州商代城址试掘简报》，《文物》1977 年第 1 期。又河南省文物研究所：《郑州商代城内宫殿遗址区第一次发掘报告》，《文物》1983 年第 4 期。又杨育彬：《郑州商城初探》，河南人民出版社 1985 年版。又河南省文物考古研究所编著：《郑州商城——一九五三——一九八五年考古发掘报告》上册，文物出版社 2001 年版。

式配置的大型宫室建筑，位于宫室区东南部，基址东西长 173 米、南北宽 85—91.5 米，是目前所知规模最大的一座，面积达 1.6 万平方米，坐北朝南，由北部正中主殿与两旁的双面廊庑、东西配殿、中庭、南庑单面廊、门塾、门道构成。主殿与南部门塾遥相对应，中部是一块约 1.4 万平方米以上的封闭式庭院。主殿南北宽 14.4 米、东西长 90 米以上，墙体以双木柱为骨，用土坯垒砌或版筑，白灰墙壁，有的立柱采用三分之二暴露在外的半明柱形式。正殿 9 开间，每间宽 7.6—8.4 米、进深 4.9—5.4 米左右，均南开门，周围为 3 米宽的回廊，对应于 9 个通向中庭的踏阶。踏阶宽 2 米左右、斜面长 3 米，与中庭落差 0.6 米，结构别致，底部先竖铺原木两根，上面再用三四根横木做成木质踏步，台阶的两侧还有木质支撑的顶棚。主殿两旁有 30 米长的双面廊庑与东西配殿连接（东配殿尚未发掘，情况不明）。配殿以土坯筑墙，宽 13.6 米，朝庭院方向的南北长度达 68 米，设有三个顶棚支护的土质踏阶。南庑西段总长 65 米，廊宽约 3 米。门塾建筑长 38.5 米、宽 11 米，有门道两条把门塾分成东、中、西三塾，三塾的台基边缘皆有贴边立柱。平行于一号宫室基址之北仅 27 米处的二号宫室基址，东西长 90 多米、南北宽约 70 米，面积近 6300 平方米，平面结构与一号基址相似。①

洹北商城宫室区的平面布局，基本延续了偃师商城宫室区宫、庙东西分置及前朝后寝之制。一号宫室位于宫室区东南，性质接近戴震《考工记图》所云"宗庙作宫于路寝之东"，相当所谓"左祖"，但其功用，当如蔡邕《明堂月令章句》说的"天子大庙，所以祭祀、飨功、养老、教学、选士，皆在其中"。比如说，中间封闭式大庭面积达 1.4 万平方米以上，完全可以按《尚书·盘庚》描述的"曷震动万民以迁"，"王命众悉至于庭"进行拟想。一、二号宫室平面配置呈现"前朝后寝"意味，特别是居南的一号宫室，建筑营造仪式曾用大量人畜祭品，建筑规格极高。

据《考工记》云："匠人营国，方九里，旁三门……王宫门阿之制五雉。"又云："门阿之制以为都城之制。"关于王宫三朝五门还是三朝三门之辨，历来

---

① 中国社会科学院考古所安阳队：《洹北商城发现大型宫殿基址》，《中国文物报》2002 年 8 月 23 日。《洹北商城的考古新发现》，《中国社会科学院古代文明研究中心通讯》第 5 期，2003 年。又《河南安阳市洹北商城的勘探与试掘》、《河南安阳市洹北商城宫殿区 1 号基址发掘简报》，同载《考古》2003 年第 5 期。

众说纷纭。《朱熹文集》卷第六十九《天子之礼》云："何谓三朝五门？曰：王宫之外门，一曰皋门，二曰雉门，三曰库门，四曰应门，五曰路门。其朝在雉门之外者曰外朝，在路门之外者曰治朝，路寝之廷曰内朝。"但《戴东原集》卷二《三朝三门考》则云："天子诸侯皆三朝，则天子诸侯皆三门欤？礼说曰：天子五门：皋、库、雉、应、路；诸侯三门：皋、应、路。失其传也。天子之宫有皋门、有应门、有路门。路门一曰虎门，一曰毕门，不闻天子库门、雉门也。诸侯之宫有库门、有雉门、有路门，不闻诸侯皋门、应门也。皋门，天子之外门；库门，诸侯之外门。应门，天子之中门；雉门，诸侯之中门。异其名，殊其制，辨等威也。天子三朝，诸侯三朝，天子三门，诸侯三门，其数同，君国之事侔体合也，朝与门无虚设也。"洹北商城一号宫室正殿九开间、中庭及南大门三塾二门建制，与《考工记》所谓"内有九室，九嫔居之，外有九室，九卿朝焉"的外朝九分制宫室建筑形制，及戴震分析的"天子之宫三朝三门"建制，其间似存在有传承演绎轨迹。

殷墟王邑与前几座王邑建制不同，呈大小族邑拱卫"宫城"的"卫星城"式总体格局，宫室宗庙区坐落在遗址中部偏东南的今安阳小屯村一带高畅地，背托洹河弯道，辅以人工挖掘深壕，壕宽 7—21 米，深约 3—10 米左右，南北长约 1100 米，东西长约 650 米，北端与洹水沟通，南经今花园庄偏南，再东折通达洹水，构成"宫城"的封闭性安全防御屏障，[①]其面积近 70 万平方米，占殷墟遗址总面积早晚期的 5.83%—2.33%，约分别为偃师商城、郑州商城、洹北商城宫室区面积的 15.56 倍、1.4 倍和 7 倍。著名的甲、乙、丙三组 53 座夯土基址，组合复杂，主次有别，主体建筑居中，附属建筑左右对应，聚为宏大而作用功能各异的建筑群体（图 1—28）。甲组 15 座，门向大多朝东或朝西，配置有左右对称的特点。乙组基址 21 座，组合有序，浑然一体，由南而北贯通六组庭院式建筑群，前后走距约 200 米，才直抵最北面的长方形朝堂式基址"乙五"。丙组 17 座，组合配置可概为"大五、小五、南五、二路"八字，"大五"指主体布局面貌，即中心为一座 20×17 米的土台，外围四隅各配置以一座方基；"小五"指中心土台上有五座呈呂形布列的小型基址；"南五"指中心土台南面有一座基址居中，东西两侧各分列两座长方形基址；"二路"指两座

---

① 中国社会科学院考古研究所编著：《殷墟的发现与研究》，科学出版社 1994 年版，第 44 页。

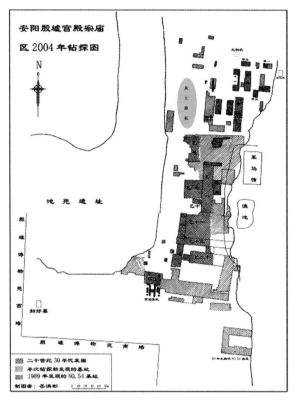

图1—28　殷墟小屯宫殿区钻探图

（考古所岳洪彬提供）

狭长形基址相夹峙，可能为长廊式建筑。^①乙、丙两组基址与甲组基址自北而
南簇集一地，既有区别，又形成有机联系整体。乙组基址东南约80多米处又
发现一组面积达5000平方米的大型宫室建筑基址群，由3座长方形基址组成，

---

　　① 石璋如：《殷墟最近之重要发现附论小屯地层》，《田野考古报告》第2册，1947年。又石璋
如：《小屯第一本·殷虚建筑遗存》，中研院史语所1959年版。又石璋如：《河南安阳小屯殷代的三组基
址》，《大陆杂志》第21卷第1、2期，1960年。又石璋如：《小屯殷代丙组基址及其有关现象》，中研
院史语所《集刊外编》第四种下册，1961年。又石璋如：《殷代的夯土、版筑与一般建筑》，中研院史
语所《集刊》第41本1分，1969年。又石璋如：《殷代的坛祀遗址》，中研院史语所《集刊》第51本3
分，1980年。又石璋如：《殷虚地上建筑复原第八例兼论乙十一后期及其有关基址与YH251、330的卜
辞》，中研院史语所《集刊》第70本4分，1999年。又陈志达：《安阳小屯殷代宫殿宗庙遗址探讨》，
《文物资料丛刊》（10），1987年。

长度为 50—60 米不等，进深均 7.5 米左右，呈凹形配列，缺口东向，面对洹水，主殿坐北朝南，面积达 450 平方米，中间的庭院面积达 2100 平方米，形成一自成一体的半封闭"三合院"式宫室建筑群体。[①]

殷墟王邑宫室建筑的形制和布列位置不同，性质功能当有所分。特别是甲组基址，有的为铜础立柱，显得庄重华贵，似属商王室最高统治者居住、享飨和治事之所；有的当为附属官署或为王室专属作坊；有的屋内有灶，似为近亲或僚属住所。乙组基址以最北的方形高台为建筑聚焦，附近密布祭祀坑，可能为宗庙朝堂建筑群（图 1—29）。甲组基址位于乙组基址北部，具有"后寝"建筑群的配置功能。丙组基址大多有台无础，土台上残存有玉璧、人牲、兽牲、柴灰、燎牲、谷物、陶器、空坑等八种不同的祭祀遗迹，是一些不同的祭坛遗存。殷墟王邑宫室建筑形制的奢靡庄重与浩大气势，代表着商代后期首屈一指的国家级建筑层次。

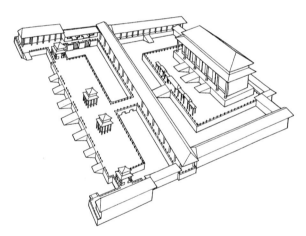

图 1—29　石璋如复原的乙组基址

（据史语所《集刊》70—4）

商王邑的宫室宗庙建筑群体，组合复杂，主次有别，通常是主体建筑择中而立，坐北朝南，附属建筑前后左右对称照应，基本可以代表那一时期建筑的最高层次风格及建筑工艺的最高水准，已开后世宫、庙分立及前朝后寝制度的先河。

---

① 郑振香：《安阳殷墟大型宫殿基址的发掘》，《文物天地》1990 年第 3 期。

　　诸侯臣属或方国一级的邑，其贵族宅落或宫室，亦无不以错落有致的房屋相组合。如藁城台西商代遗址，贵族宅落由 7 座大小形制不一的房屋（即编号为 F1—6、F12）组合而成，均为地面式硬山顶或平顶建筑，房屋之间有狭道相通。东西向和南北向房屋有机搭配，形成三片庭院，中心主体建筑为曲尺形，其南部构成东、西两片三合院，东院约 200 平方米，西院约 100 平方米；其北部构成一片四合院，北院面积约 100 平方米。7 座房屋中的 4 座是双连室，有的还带明暗套间，面积 25—49 平方米不等；2 座为单室，面积分别为 6.8 平方米和 11 平方米，室内有土台、壁龛、风窗之类，坐落在这组宅落的东北和西南两侧，门道均东向，成为西、东两院的两个配房；中央的一座曲尺形主体建筑，开面 6 间，面积近 150 平方米，墙体高 3.38 米，有风窗，曾用一青年女性人头奠基。整个宅落簇立于邑内中心位置，房屋成群，组合有序，主次分明，有大小庭院，配以小型化祀神祭鬼之所，有水井、储藏窖，包括垃圾坑的卫生配套设施，房屋的性质用途也有细分。主体建筑居中一间，门向南开，门道前有凸出的门楼式建筑，室内有土台，其屋梁、门道、檐下悬挂人头 4 个，这里很可能是邑内权贵处理要务之处，旁边的 5 间侧室偏室，似为居住、宴燕之所。北院西侧有宗教色彩浓厚的先祖祭所。分布在三片庭院的其他一些双室建筑，可能是贵族家支成员所居。至于两座单室配房，据位置所在，可能为近侍或门卫房。在大型宅落的最北部，还有酿酒作坊。[①]（图 1—30）

图 1—30　藁城台西商代贵族宅落复原示意图

（采自《藁城台西商代遗址》）

<hr />

　　①　河北省文物研究所编：《藁城台西商代遗址》，文物出版社 1985 年版。

　　山西垣曲商城城内中部偏东部有宫城,由一长方形宫墙相围,南北长约88米、东西宽约50米,宫城内宫室由两座大型夯上台基组成,坐北朝南,间距11.5米,自南向北构成两进院落,第一进宫室基址呈长方形,东西33.3米、南北11.7米,带回廊,面积约390平方米,第二进宫室基址大于第一进宫室基址。前后庭院的地面均用白料礓石经过铺垫处理,平坦坚硬又防水。[1] 湖北黄陂盘龙城,宫城内东北部高地,上建前后三井坐北朝南的大型土台式宫室,构成前堂后寝格局,东西两侧还有配殿和廊庑,[2](图1—31)宫前西侧似为池沼景观。陕西清涧李家崖商代城邑内的主体建筑群,院内房子布局呈品形,面积达1000平方米。[3] 四川广汉三星堆古城,宫室区位于城中部月亮湾一带,出土有凹型瓦状有孔套接的陶质建筑构件。发现的甲、乙两组宫室,由10余座房基组成,包括穿斗式或抬梁式榫卯结构厅堂、带屏墙的地面木构建筑,以及一些木骨泥墙房屋。[4]

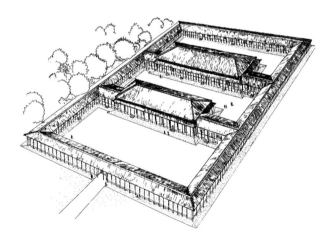

图1—31　湖北黄陂盘龙城宫室鸟瞰图

(采自《盘龙城》)

---

①　佟伟华:《垣曲商城宫殿区再次发掘明确整体形状和布局》,《中国文物报》2003年6月27日。

②　参见王劲、陈贤一:《试论商代盘龙城早期城市的形态与特征》,《湖北省考古学会论文选集》(一),1987年。湖北省文物考古研究所编著:《盘龙城——一九六三年——一九九四年考古发掘报告》上册,文物出版社2001年版。

③　张映文、吕智荣:《陕西清涧县李家崖古城址发掘简报》,《考古与文物》1988年第1期。

④　四川省文物管理委员会:《广汉三星堆遗址》,《考古学报》1987年第2期。

不难看出，商代臣属诸侯或方国邑内的贵族统治者宅落或宫室，也无不以建筑的高规格和群体组合，占据邑内要位，其规模虽不及商王邑，但明显近于王邑宫室群体格局模式，而呈现为一种略逊于王邑国家级最高建筑层次的亚型。

二 族居形态

商代邑中保留着族氏组织结构的邑人，通常以一定的经济生活方式和聚族而居形式分层集群分布在邑内相应去处，聚居点内居室的两分现象十分明显。

偃师商城南部"宫城"是统治集团王族居住地，城北广地发现普通居址和水井群。[①] 说明城南多政治色彩，城北多经济功能，已开《考工记》所谓"面朝后市"的营国制度的先河。邑中居民各成体系，保持着以族为纽带的较严密分层集群的聚居形式，邑人在各自的族氏组织中或有其家室，但在族氏共同体从事官方手工业作坊时，个体家室显然隶属于族氏组织和官方两方，受到双重役使。

郑州商城的内城南部为广地，居民聚居点分布在内城根和郭城中工业作坊区，各与小面积墓地相属，大致均维持了分层集群的族居形态。邑人据其所在族氏的大小、社会技能、经济实力，以及与商王朝关系的疏近等等，在邑内的居住位置、居住条件和安全保障系数方面，有其相应的安排，存在着某些差异。

洹北商城的城址布局与偃师商城有相似处，宫室区的整个北部、西北部以及东部，是普通族居生活区，在近 200 万平方米范围内分布着密集的居民点，有大量的房基、灰坑、水井等，墓地也往往在附近。各居民点的房基，相对聚集在一起，有的房基面积达到近 300 平方米，显示出聚族而居的特征。居民点之间有道路相通，一些居民点之间的空地，还建有单独存在而不

---

① 参见刘忠伏：《偃师县商城遗址》，《中国考古学年鉴》（1990），文物出版社 1991 年版，第 244—245 页。

属于任何单个居民点的较大型基址，修筑颇为考究，[①] 似为一种行政级别的建筑设施，城内统治者有效地实施着分层分区管理的体制。

这种分层集群的族居经济生活体系及其相关的行政管理体制，后为晚商王邑殷墟所继承。殷墟王邑经营未遵循城郭建设模式，由于当初的规度着意于"用永地于新邑"（《尚书·盘庚》），王邑范围的确定也就十分广大，"视民利用迁"和"永建乃家"的营都安排，凡王邑内的聚居点，一般都持有各自的居宅群、宗庙、土田圃苑、作坊、仓窖、水井、墓地、族众、隶仆等等，保持了相对的独立性，并以与商王朝之间的关系及自具的经济实力，占据王邑各个去处，邑人居住形态总体呈现为"大杂居、小聚居"与田野生态参差相系的"城乡结合型"特色。殷墟一些成片群系的墓地，分别出有带族氏徽识的铜器，标示着王邑内那些聚族而居的中小族邑的相应位置。

殷墟小屯村西北、徐家桥村北、大司空村、王裕口村西、八里庄村北、刘家庄村北、苗圃北地、薛家庄村南、孝民屯南、小庄村南等处先后发现了一批商王邑下属族邑的夯土建筑基址群。如安阳市文物工作队在殷墟小屯村西南约2公里处北徐家桥村北发掘的一处夯土建筑基址群，范围南北长170余米，东西宽约160米，占地面积约27000平方米。这处族邑的建筑群体规模宏大、建筑密集，分布有规律。中心建筑群体排列有序，布局规划严谨，分为6排，南北纵向排列，每排4—5组，约近20组，多为"四合院"式建筑单元，其间有大小人行便道通行（图1—32）。四合院式建筑单元可分两类：一种是由四座不相连接的夯土基址围合形成的四合院式。如位于第二排最北部的3号建筑单元，南北长30米、东西宽25米，由东、南、西、北四座基本不相连接的夯土建筑基址围合形成。另一种是由四面夯土基址相连为一体的"围屋"式四合院。如位于3号建筑单元南侧约5.5米处的4号建筑单元，南北长20米、东西宽25米，由院门、角门、庭院、北堂屋、厢房、西屋、南屋等部分组成，整体平面呈"回"字形；四房进深均为3.5米，中间的庭院呈东西长方形，长11米、宽6.7米，面积达70多平方米。又如13号基址南北长15米，东西宽19.5米。由院门、庭院、台阶、堂屋、东西厢房及门塾组成，坐北朝南，堂屋位于院落北侧，东西长18米，进深3.5米，

---

① 参见中国社会科学院考古研究所安阳工作队：《洹北商城的考古新发现》，《中国社会科学院古代文明研究中心通讯》第5期，2003年；又《河南安阳市洹北商城的勘探与试掘》，《考古》2003年第5期。

堂屋有前檐廊，三进门台阶，中间及东侧台阶为三步台，西侧台阶为两步台；庭院长方形，东西长 9.2 米，南北宽 3.7 米，面积约 34 平方米；南房中部有院门三道，门宽均 2.4 米，进深 3.5 米，门塾两侧均与东西厢房相连。这群四合院式建筑物的构筑普遍采用了挖槽夯打的礓磋暗础技术，在房基夯筑完成之后，先在基面上挖柱坑，柱坑内用鹅卵石作基石。当时是将支撑屋柱的水平点放在柱头上，使上端等高，故柱坑挖得深浅不一，这主要因生产工具简陋，砍锯一段木材要比基面上挖槽困难得多的缘故。[①] 这群四合院式建筑群，很可能是商王邑下属的一处族邑贵族阶层宅邸及治事要所。

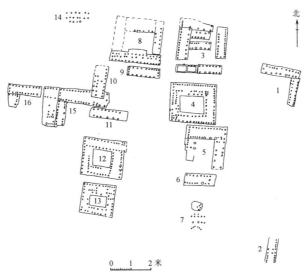

图 1—32   殷墟北徐家桥"四合院"式建筑基址群

（采自《安阳殷墟考古研究》）

商代的方国邑、臣属诸侯邑或其他类型邑，邑人大致也均保持了分层集群的族居体系。如山西垣曲商城，宫室区位于城内中部偏东，两片族居地位于城

---

① 孟宪武、李贵昌：《殷墟北徐家桥村四合院式建筑基址考察》，见王宇信、宋镇豪主编《2004 年安阳殷商文明国际学术研讨会论文集》，社会科学文献出版社 2004 年版。

内东南隅和西南隅，各有较密集的灰坑、居址、墓地或制陶作坊址。[①] 湖北盘龙城，在"宫城"外围的郭城范围内，分布着许多聚居点，各以其居宅、作坊、农田、墓地，构成相对独立的社会经济生活实体，同时又紧紧隶属于方国上层贵族统治集团，族氏间又有实力强弱和等级高低的差异，如"宫城"外东北一支，居宅最密集，作坊内涵甚丰，墓葬中小型兼具，成为该方国邑中强有力的一支族氏生活共同体，而其内部的阶级分化也是严重的。

商代还有一些穷困的小邑，如前述山东平阴朱家桥、河北邢台曹演庄、河南孟县西后津、北京昌平张营、湖南岳阳对门山等商代族邑遗址，大体皆以族居为内聚，保持着个体家庭的"单干"和族共同体协作生产的社会生活二重性，呈现出一种自给自足的自然经济倾向，邑人平等相处，无贫富悬殊差别，私有制发展缓慢。这同时又表明在商代社会发展进程中，既有地区间的种种差异，又有演进系统的局部滞后性，在社会构成方面是有嬗变上的不平衡性的。

三 住宅生活起居

人类在适应、控制和改造自然环境的进程中，最富有创造性意义的一项成就，就是房屋住宅建筑的发明。人们通过建造房屋住宅，把自身很大一部分社会生活与大自然隔离开来，有效地提高了对付自然界风雨炎寒气候变化和野兽蛇虫侵害造成生命威胁的能力。《墨子·辞过》云："古之民未知为宫室时，就陵阜而居，穴而处，下润湿伤民，故圣王作为宫室。为宫室之法，曰：室高足以辟润湿，边足以圉风寒，上足以待雪霜雨露，宫墙之高足以别男女之礼。"房屋住宅的蔽荫功能，既保障了人身的生存安全，也为生活起居的改善奠定了基础。《说文》云："宅，人所托尻（居）也。"《玉篇》云："人之居舍曰宅。"人们的饮食宿息，婚姻家庭、生儿育女、交往言谈、崇尚追求，以至有些生产活动等等，很多是在房屋住宅的生活场所中展开的，房屋住宅成为人们最基本的物质生活资料。

上古时期房屋住宅泛称为室。如《管子·轻重戊》说："夏人之王……民乃知城郭门闾室屋之筑，而天下化之。"《礼记·月令》云："寒气总至，

---

① 中国历史博物馆考古部、山西省考古研究所、垣曲县博物馆编著：《垣曲商城》（1985—1986年度勘察报告），科学出版社 1996 年版。又中国考古学会编：《中国考古学年鉴》（1986），文物出版社 1988 年版，第 94—95 页。

民力不堪，其皆入室。"《释名》云："室，实也。人、物实满其中也。"从建筑学而言，室是居住空间实体。

商代的住宅，在考古发掘中发现不少。住宅的环境选择，一般都取靠山面水或高畅之地。住宅的坐向，基本取向阳背风方向，要以适应气象利弊为准。从建筑平面言，大体有方形、圆形、葫芦形、不规则形等式，方形中又有长方形或曲尺形等。从建筑结构言，有单间、前后套间、左右并联间、三合院和四合院式，等等。从居住空间言，可分地面式建筑、半地穴式建筑、地穴式建筑三类，尤以前两类为流行。从居住面积言，有一居室、二居室、三居室等，面积大小不一，显示出很大的社会性贫富悬殊分化现象。从墙体建筑材料及建筑技术言，有植物枝干编织的"篱笆"墙，有植物茎秆作里而外抹泥土的所谓木骨草泥墙，有不用木骨而用草泥堆砌成的泥垛墙，有用夹板版筑法层层加高筑成的夯土墙，还有土坯墙。从屋盖形态言，有半地穴式或地穴式建筑常见的圆尖顶窝棚式，有人字形屋顶，有所谓"硬山式"建筑，即两侧山墙略高出的人字形屋顶，以及屋面超出两侧山墙的所谓"悬山式"建筑，还有平顶式、斜坡式和四面坡式屋顶，等等。

偃师商城城北广地发现的普通居址，有平地起筑的中型双室，也有小型长方形单室，附近有为数众多的窖穴灰坑、水井群、较密集的窑址或墓葬群。[①]

郑州商城的民居分布在内城根和城外工业作坊区，各与小面积墓地相属，大致维持了分层集群的族居形态。内城根的民室，居住面积不如城外民居大，通为一些半地穴式小住所，但有人畜奠基现象，如有一座面积不足 5 平方米的住所，地坪下奠一俯身屈肢人架和一人头，北壁下埋一猪，[②] 住所主人的社会地位未必很低。而城外民居，有不少虽优于城内民室，却未见人畜奠基现象，如城北铸铜作坊区发现六座工官及其家族住的双连室地面式建筑，分东西两排聚之一地，每排 3 座，门均南向，每座面积达 25 平方米左右，室内有土床，居住条件显然要略好于城内民居。不过城外民居群的两分现象也俨然存在，如城西北制陶窑址周围 1400 平方米范围内，发现 17 座简陋的半地穴式住宅，均为单间，面积仅 5 平方米左右，门向不一，室内有炊

---

① 参见刘忠伏：《偃师县商城遗址》，《中国考古学年鉴》（1990），文物出版社 1991 年版，第 244—245 页。

② 河南省博物馆、郑州市博物馆：《郑州商代城遗址发掘报告》，《文物资料丛刊》（1），文物出版社 1977 年版。

事或取暖火池，个别的有床台。①

河北藁城台西中商遗址的居址，大多呈长方形，有一类是半地穴式简陋居室，面积4平方米上下，通为单室带灶坑，有的室内还挖有供储藏用的小窖穴，出有陶鬲、残石器之类，似为下层平民或隶仆所居。还有一类是地面式双室房屋，有用土坯筑墙体者，面积通常在8平方米以上，居住空间有增大，屋顶常采用墙体支承梁架，木檩束苇涂抹草泥的构筑法，有"硬山式"、"悬山式"、平顶式和斜坡式屋盖等。双室内的生活设施，一般是一室中有灶坑和炊事小灶，并列的另一室内有储物窖穴，可能属于中层以上平民家庭所居。这两类房址都分布在邑内次要位置，属于普通民居。②

河南内乡黄龙庙岗商代遗址，在650平方米范围内，发现房基7座，灰坑18个，房基普遍呈圆形，分半地穴式和平地起建两种，室内均有灶，有的灰坑尚存有谷物遗痕。③

河南柘城孟庄遗址平民居住区位于遗址南部，在250平方米发掘范围内，发现房址7座及一些房基柱洞残迹，窖穴和灰坑若干个。④ 房址分二类，一类是有夯土台基的泥墙架梁式两面坡人字形顶房屋，为数不多，其中1座台基面积近70平方米，三室并联，各开门户，均朝南，中室最大，有18平方米多，室内有供炊事的长方形灶坑，东、西室分别为6.5和7.5平方米，均无灶，西室放有石钺、陶瓮、缽等，三室共一灶，组成一有机结合的生活实体（图1—33），可能属之由几个子辈小家庭合成的一个父系大家庭。另一类是为数较多的无夯土台基房屋，似为中下层平民个体家庭的居室，大致保持了聚族而居的形式。

黄河以北的河北北部及内蒙古一带，结合当地自然条件，又有土石结构的建筑，与中原地区夯筑建筑略为有异。如陕西清涧李家崖晚商城址，城墙

① 河南省文物研究所：《郑州市商代制陶遗址发掘简报》，《华夏考古》1991年第4期。

② 河北省文物研究所编：《藁城台西商代遗址》，文物出版社1985年版。

③ 杨宝成：《内乡县黄龙庙岗商代遗址及战国秦汉墓葬》，《中国考古学年鉴》（1989），文物出版社1990年版，第179—180页。

④ 中国社会科学院考古研究所河南一队：《河南柘城孟庄商代遗址》，《考古学报》1982年第1期。

用一层石块，一层夯土，层层起筑，外壁细缝平整，十分坚固。[①] 此建筑技术也可用于房屋建筑。如内蒙古敖汉旗城子山古城，时代为夏家店下层文化时期。城内发现 12 座直径 7—9 米的石砌圆形房址及 30 座石砌"方院"，每座"方院"内又均有 1—2 座石砌圆形房址，直径 5—9 米。"方院"一般为三五座连在一起，各有门串通，"方院"周围是些小型圆形房址，直径均为 5 米，共 37 座，都是因地制宜，利用自然石块垒筑成的。[②]

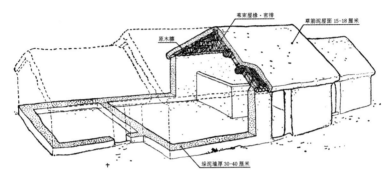

图 1—33   河南柘城孟庄泥墙架梁式房屋复原图

（据《考古学报》82—1）

上述北方黄河流域中下游地区的建筑，为适应其自然环境和自然条件，充分利用黏性黄土的特性，注重夯筑；或者是利用自然石块，具有以土或石为要素的"土木工程"的特色。但南方长江流域地区气候湿润，土质亦不同于北方地区，其建筑技术往往又体现在木构方面。

如成都十二桥遗址发现的商代早期"干栏式"木构建筑遗存（图 1—34），以圆木、方木、木板、竹子、竹篾、茅草为基本建筑材料，建筑构件采用竹篾绑扎、榫卯结合、榫卯与绑扎并用三种建造技术。在建筑工艺架构方面，凡大型建筑通常是以地梁作基础，再在地梁上立柱，柱上用榫卯穿梁，再架屋结顶；小型建筑则大都以桩柱作基础，先将原木桩下端削尖打入土中，组成桩网，再在木桩上端纵横绑扎条木，构成主龙骨架，上面铺木板以作居住面，再

---

① 张映文、吕智荣：《陕西清涧县李家崖古城址发掘简报》，《考古与文物》1988 年第 1 期。又戴应新、吕智荣：《清涧县李家崖青铜时代墓葬》，《中国考古学年鉴》（1987），文物出版社 1988 年版，第 259 页。

② 《敖汉旗发现一处夏家店下层文化城址》，《中国文物报》1988 年 2 月 26 日。

用竹子、竹篾、圆木纵横交错扎成墙体，然后茅茨敷顶。如此形成一套主要见诸南方长江流域地区的设地梁打槽栽桩、榫卯起架、木板铺地、编竹夹墙、茅茨敷顶的木构建筑工艺技术。①

　　四川广汉三星堆遗址，房屋建筑一般也都是地面式木骨泥墙建筑，有圆形、方形、长方形等几类，面积在 14—35 平方米之间，建材采用竹木土结合，建筑方法主要有榫卯与分段搭接的穿斗式骨架及抬梁构架两种技术，墙基先挖沟槽，槽宽 17—37 厘米、深 20—60 厘米，再立柱，柱间插竹木小棍，编缀竹木条，两面涂草拌泥。②

图1—34　四川成都十二桥商代"干栏式"木构建筑复原图

（据《文物》87—12）

　　商代贵族阶层的居室，建筑材料讲究，建筑装饰趋于华美。如郑州商城宫室区范围，出土了二里岗上层二期绳纹陶板瓦。③ 郑州西郊与小双桥遗址，

　　① 四川省文物管理委员会、四川省文物考古研究所、成都市博物馆：《成都十二桥商代建筑遗址第一期发掘简报》，《文物》1987 年第 12 期。

　　② 四川省文物管理委员会：《广汉三星堆遗址》，《考古学报》1987 年第 2 期。又江道元：《四川广汉文化的居住建筑初探》，《香港建筑》1988 年第 6 期。

　　③ 杨育彬、孙广清：《殷商王都考古研究四题》，《殷商文明暨纪念三星堆遗址发现 70 周年国际学术研讨会论文集》，社会科学文献出版社 2003 年版。

发现纹饰精美的大型青铜建筑构件两件，有一件重达6公斤，为门枕木前端的饰件。① 殷墟甲十一基址用铜础立柱架梁。西北冈王陵区1001号大墓出有白色大理石立体雕像的柱础装饰建筑构件。② 王陵区1003号大墓出有白色大理石浅雕门臼。③《说苑·反质》称商代"宫墙文画，琱琢刻镂，锦绣被堂，金玉珍玮"。甲骨文有"丽室"（《合集》24945）之称。《竹书纪年》谓"纣作琼室，立玉门"。可以设想当时宫室内部的装潢艺术也一定很富丽堂皇。甚至连殷墟的王室手工业作坊，白灰面墙壁也绘有红色花纹和黑色圆点组成的图案。④ 盘龙城商代方国贵族墓葬，棺椁雕花，阴线涂朱，阳面涂黑，色彩斑斓。⑤ 洛阳东郊商代地方贵族的墓内，曾发现红、黄、黑、白四色布质画幔，⑥ 可能即是居室装饰艺术的再现。居室的美观与舒适，已成为商代贵族阶级消费生活奢侈的象征。

商代人们为改善居住条件和提高生活质量，在居室组成格局方面，每每建有仓房、壁龛、窖穴、畜阑等辅助性生活设施。同时，还比较注意屋内的排烟，以使空气洁净不混浊，如把灶设在近门道处，以利于空气对流，烟道直通室外。人们对于居室的采光也很用心，如河北藁城台西商代遗址的房址，发现有长方形及三角形风窗，有的房屋还有木棂窗牖之设，窗槛宽达1.9米，高1米，⑦ 均十分利于通风和白天的采光。

至于居室夜间的照明，最初时期可能受启于火的使用，人们很早就想出了专门的火光照明设备，宁夏海原菜园遗址发现的4000年前窑洞式房址，有的窑壁密布许多壁灯遗迹，先民用含树脂高且耐燃的木条插入壁孔，以火照明。⑧ 人们在生活实践中，先后想出了各种适用于不同场所的照明法，有固定式的，有可移式的；有光度亮而大的，也有照明度偏小的。如《周礼·

①　《郑州发现商代前期宫殿遗址》，《中国文物报》1990年11月22日。

②　邹衡：《商周考古》，文物出版社1979年版，第70、121页。

③　中研院史语所：《来自碧落与黄泉》，2002年，第61页。

④　中国社会科学院考古研究所安阳工作队：《1975年安阳殷墟的新发现》，《考古》1976年第4期。

⑤　湖北省博物馆、北京大学考古专业盘龙城发掘队：《盘龙城1974年度田野考古纪要》，《文物》1976年第2期。

⑥　郭宝钧、林寿晋：《一九五二年秋洛阳东郊发掘报告》，《考古学报》1955年第9册。

⑦　河北省文物研究所编：《藁城台西商代遗址》，文物出版社1985年版，第21、24、26页。

⑧　陈斌：《灯具的鼻祖——四千年前窑洞的壁灯》，《文物天地》1989年第2期。

天官·宫人》云:"凡寝中之事,埽除、执烛。"《仪礼·燕礼》云:"宵则庶子执烛于阼阶上,司宫执烛于东阶上。"《礼记·檀弓》云:"童子隅坐而执烛。"凡此大抵是指居室内外照明的人执可移式小烛。又如《燕礼》云:"甸人执大烛于庭,阍人为大烛于门外。"《周礼·秋官·司烜氏》云:"凡邦之大事,共坟烛庭燎。"郑注:"坟,大也。树于门外曰大烛,于门内曰庭燎,皆所以照众为明。"这是指公共场所或庭院照明的大烛,火大光亮,不比小烛可人执移动,故往往固定一处。甲骨文枫字,本意即指人持燃木照明,当系小烛爇火。

床笫茵席的坐卧之具,早已见诸商人的日常生活中。近年安阳孝民屯发现的一处殷代居地,有房址130余组,屋内一般都有睡觉的土炕和烧灶。[①]《荀子·礼论》云:"越席床笫几筵,所以养体也。"《说文》云:"笫,床箦也。"笫即所谓床板。《说文》又谓"筵,竹席也"。《史记·礼书》"越席",《集解》云:"越席,结括草以为席也。"《释名》训席"可卷可释"。甲骨文有日字(《合集》19599),为床榻之初形。另有一字,可释为寱,本意指室内一人在床上呵呼嘘吸的睡眠状,可知商代已有床榻之类的木制睡卧家具。有宿字作宿(《粹》1199),为编席之形,意为一人卧于室内席上。又有字(《乙》3472),像一人跪坐席上之形,大概为宿字异体。可见商代已确实以席为坐卧用品。居室的防潮、室内装饰到床席的发明,人们的居息条件之改善由此可见一斑。

商代人们的日常进食,好采用跪坐式,如甲骨文飨字作,像两人对食器跪坐地上而食。陕西绥德墕头村出土商代铜钺,有铭飨字作,[②] 取意两人跪坐于地上对食,其中一人正伸手抓取皿中食物,形象极为生动。人们在居常生活中也惯于跪坐式,殷墟出土玉石人物雕像,作跪坐式的不少,双手或抚膝、抱膝和按地,或曲臂手支颔下。[③] 跪坐玉石人物雕像,有的衣饰华丽,穿戴讲究,神态倨傲,为权贵形象;有的虽衣着梳妆不俗,但缺乏生气,犹似在全神贯注等候主人差遣状,可能为亲信近侍;有的赤条条无所衣饰,貌态呆滞,可能是身份低卑的家奴或贱人的形象。殷墟大墓墓底人牲和

---

① 参见王学荣《殷墟孝民屯大面积发掘的重要收获》,《中国文物报》2005年6月15日。

② 《文物》1975年第2期,第85页图九。

③ 参见陈志达《殷代王室玉器与玉石人物雕像》,《文物》1982年第12期。又杨涨:《中国古文物中所见人体造型艺术》,《文物》1987年第1期。

建筑仪式瘗埋武士，每呈跪姿，最常见的是竖跪姿，上身直挺，双腿跪曲，股部下坐，双脚置股两侧或一侧，足面着地，手臂下垂足旁，或一手搭在另一臂上，或按膝部。石璋如称此为跪坐，是日常生活中坐姿的再现。[①] 有时坐姿顺乎自然而不致吃力体累，如1994年安阳刘家庄 M681 殷墓出土一个绿松石圆雕人像，大光头，腆肚，双手弯曲上举于两耳侧，左腿自然下垂，右腿屈膝，盘于左腿下，股重心坐落在小腿上。[②] 此种坐姿显得十分随和舒缓，也为居常坐相之一。

李济曾把殷墟出土玉石人物雕像归为跪坐、蹲和箕踞三类。关于跪坐，他引朱子语为释："跪有危义，故两膝着地，伸腰及股而势危者为跪；两膝着地，以尻著蹠而稍安者为坐。"《释名》亦云："跪，危也，两膝隐地，体危倪也。"跪而不坐，即《史记索隐·范雎传》所谓"长跪"。蹲居是虚坐，股不着地，屈膝下蹲。箕踞是屈膝坐。《礼记·曲礼》"坐毋箕"，孔颖达疏云："箕谓舒展两足，状如箕舌也。"《汉书·陆贾传》"尉佗魋结箕踞见贾"，颜师古注："箕踞谓伸其两脚而坐，亦曰箕踞其形似箕。"李济认为，蹲居和箕踞系出于东方夷人的习惯，可能也是夏人的习惯，而跪坐则是殷人固有的起居法，并演成一种供奉祖先、祭祀神祇，以及待人接客的礼节。[③]

商代的跪葬和玉石人像雕刻表明，跪坐确是当时最常见的起居仪节，但应注意的是，当时下人侍候主人时，通常是不能跪坐的，甲骨文有字写作𤔲（《合集》27522），像一人跪坐息止，另一人侧立而伺之，说明这种跪坐式在主人与下人共处时，并非是对等的，一般总是尊者跪坐而贱者侍立。商代许多立式人像雕塑，贱者和罪隶占了绝大多数，就是很好的说明。

商代还有一种嘴巴张开而舌头外伸的居常生活相见礼，见诸商代铜饰件上的人面像。[④]

四 纪时制

随着中原地区筑室而居的农业定居生活的确立，作息起居习俗即大致同

---

① 石璋如：《小屯殷代的跪葬》，中研院史语所《集刊》第36本上册，1965年。

② 中国社会科学院考古研究所编著：《安阳殷墟出土玉器》，科学出版社2005年版，图版第32页。

③ 李济：《跪坐、蹲居和箕踞》，中研院史语所《集刊》第24本，1953年。

④ 见上海博物馆青铜研究组编《商周青铜器纹饰》，文物出版社1984年版，第987页。

时形成。史传尧时有壤父 50 人,"日出而作,日入而息,凿井而饮,耕田而食"。① 舜时有善卷,"冬日衣皮毛,夏日衣葛绨,春耕种,形足以劳动,秋收敛,身足以休养,日出而作,日入而息"。② 人们在按照大自然安排的"作息时间表"进行生存活动的同时,自觉将"日作、夜息"作为约定俗成的社会生活准则。

人们最初的纪时,大概本之"日照昼,月照夜"③,看到白天和黑夜循环交替,慢慢有了把白天和黑夜作为计量时间的一个基本概念,于是产生了"日"、"夕"的时间单位,后来又有更小时间单位的确定。在殷商时期纪时已十分系统化和制度化,有较为规范的纪日、纪月、纪季、纪年和纪一天中的不同时间之法。

甲骨文中有时单指白天为"日",但在一般情况下通括一天的白天和黑夜两大时间段。当天称"今日"、"终日"、"即日",夜晚通称"夕",也有称"今夕"、"终夕",未来日称"翌日"、"来日"、"翌夕"、"来夕"、"生夕",前日称"先日",过去日称"昔日"。

商代纪日法最通用的是干支纪日法,即把甲乙丙丁戊己庚辛壬癸的所谓"十天干",与子丑寅卯辰巳午未申酉戌亥的所谓"十二地支"依次搭配,组成六十个干支单位,用来纪日。甲骨文中有干支表:

甲子	乙丑	丙寅	丁卯	戊辰	己巳	庚午	辛未	壬申	癸酉
甲戌	乙亥	丙子	丁丑	戊寅	己卯	庚辰	辛巳	壬午	癸未
甲申	乙酉	丙戌	丁亥	戊子	己丑	庚寅	辛卯	壬辰	癸巳
甲午	乙未	丙申	丁酉	戊戌	己亥	庚子	辛丑	壬寅	癸卯
甲辰	乙巳	丙午	丁未	戊申	己酉	庚戌	辛亥	壬子	癸丑
甲寅	乙卯	丙辰	丁巳	戊午	己未	庚申	辛酉	壬戌	癸亥

(《合集》37986)

甲骨文干支表是中国最古老的"时宪书",起着历日备查作用。一天用一个干支,自甲至癸,每十天称为一旬,六十个干支也即六旬。有称"今旬"、

---

① 《逸士传》。

② 《庄子·让王》。

③ 《国语·鲁语下》韦注。

"来旬"或"旬又几日干支"、"几旬又几日干支"等，丝毫不乱。干支纪日也有省为单用十干纪日的，如："更今日己酚。更来日己酚。"（《屯南》4240）有时还有用十二支纪日的，如：

> 贞丙午□来。
> 至于午先来。（《合集》419 反）
> 今辛未王夕步。
> 今未勿夕步。（《合集》7772）
> 贞己巳勿宜。
> 贞翌巳勿宜。（《合集》40521）

"丙午"与"午"、"辛未"与"未"、"己巳"与"巳"同版对文，故午为丙午、未为辛未、巳为己巳之省，均是十二支纪日的例证。

商代实行一套适合农业定居生活的以太阴纪月、太阳纪年的阴阳合历，平年十二月，闰年十三月，闰月的安排采用年终或年中置闰，年终置闰称之"十三月"（《合集》33082），置闰目的为调节太阳年与朔望月的关系，以使朔望月与四时的节候相合，确保不误农时。甲骨文金文中还有三例称"十四月"（一期武丁时，《合集》21897；二期祖庚祖甲时，《合集》22847）或"十月四"（帝乙时，《殷周金文集成》4138 小子𤔲簋铭）的，虽极鲜见，然仍说明殷历置闰尚有失闰加补现象。月长已有大小月之分，大月为 30 日，也有 31 日的，如《补编》4939，此版二月有癸亥、癸酉、癸未、癸巳四个癸日，知是 31 天的大月，[①] 小月通常为 29 日，月份一般为大小月相间。当时的历月是以观察月象为准的太阴月，也即以朔望月调整四时成岁，以新月初见之日即朏为月首。历年长度有云在 360 日至 370 日之间。[②] 晚商历年中，还有连大月或连小月现象。据五期甲骨文云：

> ①癸巳卜，贞在黄林师……天邑商公宫卒，[兹月亡畎宁]。

① 参见魏慈德《十三月对甲骨文排谱的重要性》，《第十三届全国暨海峡两岸中国文字学学术研讨会论文集》，2002 年，第 557 页。

② 参见常玉芝《殷商历法研究》，吉林文史出版社 1998 年版，第 425 页。

②壬戌卜，贞在獄天邑商公宫卒，兹月亡畎宁。

③辛卯卜，贞在獄天邑商公宫卒，兹月亡畎宁。

④辛酉卜，贞在獄天邑商公宫卒，兹月亡畎宁。

⑤辛卯卜，贞在獄天邑商公宫卒，兹月亡畎宁。（《合集》36544+
36541+《英藏》2529+《合集》36547）

裘锡圭解释此版①所卜之月应起自癸巳，终于②卜日壬戌的前一天辛酉，是
29 天的小月；②所卜之月起自壬戌终于庚申，也是 29 天的小月；③所卜之
月起自辛卯终于庚申，是 30 天的大月；④所卜之月起自辛酉终于庚申，也
是 30 天的大月。他由此推测，"殷历既有连大月，也有连小月，而且其连大
月与连小月可以紧接着出现"。①

殷历小月有称"小三月"（《合集》20803、《东北》②13）、"小五月"
（《合集》21637）、"小生七月"（《合集》7790、7791），疑殷历大小月之分
可能是逢单月为小月，双月为大月，与当代历法单月大、双月小的大小月配
置正相反。如五期甲骨文有云：

①甲午卜，贞在獄天邑商皿宫卒，兹［月］亡畎宁。

②乙丑卜，贞在獄天邑商公宫卒，兹月亡畎宁。在九月。

③甲午卜，贞在獄天邑商公宫卒，兹月亡畎宁。（《蔡缀》256）

裘锡圭指出，①辞的卜日甲午至②辞九月乙丑有 32 天，则甲午应是八月的
首日，终于甲子共 31 天，为大月；若九月起自乙丑终于癸巳，则九月是 29
天的小月。③ 这为殷历单月通常是小月又增一例证。

甲骨文中当月称"兹月"、"今月"、"今一月"、"今十月"、"今十三
月"之类，下月称"生月"、"生一月"、"生四月"、"生十一月"、"今生十
月"等等。从有关季候的知识看，当时人们是把一年分为春、秋两季，如

---

① 裘锡圭：《从一组卜辞看殷历月的长度和大小月的配置》，《揖芬集——张政烺先生九十华诞
纪念论文集》，社会科学文献出版社 2002 年版。

② 宫长为：《东北师大所藏甲骨选释》，《纪念殷墟甲骨文发现一百周年国际学术研讨会论文
集》，社会科学文献出版社 2003 年版。

③ 见上揭裘锡圭文。

辞云：

> 叀今秋。
> 于春。（《粹》1151）

陈梦家曾据此片指出："卜辞近称的纪时之前加虚字'叀'，远称者加虚字'于'。'叀'、'于'是相对的，秋春是相对的。由此可证卜辞只有春秋两季而无冬夏。"[1] 常玉芝统计了甲骨文中兼记月份名的"春"、"今春受年"及"秋"、"今秋受年"等卜辞，认为殷人的春季相当于殷历的十月到三月，即夏历的二月到七月，秋季相当于殷历的四月到九月，即夏历的八月到一月，当时的岁首交接是在种黍和收麦之月，相当于夏历的五月。[2]

《尔雅·释天》云："夏曰岁，商曰祀，周曰年。"但从甲骨文得知，商代纪年不只称祀，也称岁或年，而称祀多见于晚期。[3] 如：

> 受来年黍。十一月。（《合集》7457）
> 年十月用。（《合集》14770）
> □戌卜，出，贞自今十年又五，王燮…… （《合集》24610）
> 辛丑卜，大，贞今岁受年。二月。（《合集》24429）
> 来岁不其受年。（《合集》8659）
> 贞今来岁我不其受年。九月。（《合集》9654）
> 癸丑卜，贞二岁其有忧。（《合集》20795）
> 辛未卜，贞自今三岁毋执。（《合集》20796）
> 贞其于十岁，乃有正。（《英藏》1300）
> 其隹今九祀正（征），戋。王占曰：引吉。（《合集》37854）
> 在二月，隹王十祀彡日，王来正（征）盂方白。（《合集》37398）
> 叀廿祀用，王受□。
> 用十祀。（《合集》29714）

---

① 陈梦家：《殷虚卜辞综述》，科学出版社 1956 年版，第 227 页。

② 参见常玉芝《殷商历法研究》，吉林文史出版社 1998 年版，第 366—369 页。

③ 胡厚宣：《殷代年岁称谓考》，《甲骨学商史论丛初集》第二册，成都，齐鲁大学国学研究所专刊之一，1944 年版。

以上"今十年又五"、"二岁"、"今三岁"、"十岁"、"佳今九祀"、"佳王十祀"、"廿祀"等，皆指商代时王在位之年。[1] 当年称"今岁"，下一年称"来年"、"来岁"；"今来岁"似为今年与来年之合称。年、岁、祀皆已含有太阳年之义。

而一天中不同时间单位的纪时，甲骨文中是以一批代表不同时间段的名称词即"时称"来表示的。甲骨文中的时称，以三四期廪辛康丁武乙文武丁时代和一期武丁时代所见最详备，其次是二期祖庚祖甲时代，而五期帝乙帝辛时代所见最少。三四期甲骨文中常见一种语辞与祭名动词相组合的"叀……酚"辞例，介于中间的几个字往往用于纪日纪时，如纪祭祀时间段的，如：

> 祝，叀今旦酚，正。（《珠》625）
> 叀朝酚。（《合集》30837）
> 叀食日酚，王受又。（《屯南》2666）
> 叀今壬…中日酚。（《爱米》2）
> 叀督酚。（《合集》30894）
> 叀昃酚。（《合集》30835）
> 叀𣇄日酚。（《殷拾》10·4）
> 叀莫酚。（《合集》30886）
> 叀今昏酚。（《合集》30838）
> 叀枫酚。（《合集》27052）
> 叀𣇄酚（《合集》27522）
> 叀夕酚。（《合集》27401）
> 叀今夙酚。（《安明》1685）

通过上举辞例，可以确定旦、朝、食日、中日、督、昃、𣇄日、莫、昏、枫、𣇄、夕、夙等13个时称。食日或又称食（《粹》700）或大食（《库》209），时间介于朝与中日（也称日中，见《粹》682）之间，与昃、昏之间的小食（《乙》478）是对应的。这样可得14个时称，下面只对督、𣇄日、枫、𣇄、

---

① 参见常玉芝《殷商历法研究》，吉林文史出版社1998年版，第344、351页。

夕、夙 6 个略加说明。

督字写作❀、❀、❀、❀、❀等形，从手持蓻而日影投地，本意是揆日定方位，因恒行于日中，后又成为日中时分的专字。①

❀日之❀，丁山释"失之初文，像人失足而血溢於趾形"。② 李家浩进而谓失读如昳，用为时称。③ 王蕴智释市，证以《兮甲盘》市字写作❀，字形接近，谓用为"记时之称"，与云梦秦简"下市申"（日书乙，简 156）、"壬午市日以行"（日书甲，简 99 背）的"时辰概念互为印照"，"是日中过后太阳开始偏西的一段时间"，又指出这个记时名的市字，秦以后或写作失或昳。④ 甚确。季旭昇谓市为禅纽之部字，失为审纽质部字，古韵之质对转。⑤ 甲骨文"市日"也可单称"市"，如"今日丁市日王其迟，亡戋"（《合集》28754）、"今日市王其迟，亡戋"（《合集》28751）。市日或市用为时称，可能源自市场交换交易时间的约定俗成有关。《周礼・地官・司市》："大市，日昃而市，百族为主。"云梦秦简"下市申"相当太阳过午后 15 至 17 点间。

枫字写作❀、❀等形，有释苣、蓻、烛等说，莫衷一是。⑥ 唐兰云："其本义则人持中木为火炬也……为蓻之初字，而其义则当于后世之热若蓻……或以纪时……殆如上灯时候矣。"⑦ 此说最为得之。然则甲骨文枫从木从丮，像人执火炬之形，实是后世蓻、热若蓻的初字。《诗・大雅・桑柔》云："谁能执热，逝不以濯。"执热物而濯以解热，犹残遗着枫字的执火炬的初意。枫为时称，辞云：

　　王其田，枫入，不雨。

---

① 另详宋镇豪《释督昼》，见《甲骨文和殷商史》第 3 辑，上海古籍出版社 1991 年版，第 34—49 页。

② 丁山：《商周史料考证》，中华书局 1988 年版，第 197 页。

③ 李家浩：《读〈郭店楚墓竹简〉琐议》，《中国哲学》第 20 辑，辽宁教育出版社 1999 年版。

④ 王蕴智：《释甲骨文"市"字》，《古文字研究》第 25 辑，中华书局 2004 年版。

⑤ 季旭昇：《说文新证》上册，台北艺文印书馆 2004 年版，第 447—448 页。

⑥ 参见《甲骨文字集释》，中研院史语所专刊之五十，1965 年版，第 869—876 页。又王献唐《古文字中所见之火烛》，齐鲁书社 1979 年版，第 17—52 页。

⑦ 参见《天壤阁甲骨文存考释》，辅仁大学丛书之一，1939 年版，第 48 页。

　　夕入，不雨。（《合集》28572）

夕通常是指整个夜间，但有时也指夜晚某个专门时段，上举两辞同卜，枫、夕对文，枫是天黑后掌灯之时，夕当更晚些。

　　忪字从人从人踞形，从▮亦声。传世商器有"▮庚"爵（《三代》15·27·8），▮即忪字所从。《说文》云："▮，有所绝止，▮而识之也。"段注《说文》谓"▮、主，古今字……凡主人，主意字本当作▮。"忪字人形一跪一立，像一人跪坐息止，另一人侧立而伺之，主人与侍者的身份俨然可见，中间一点意在定上下等级之分。《吕氏春秋·审分》云："人主必审分。"《韩非子·扬权》云："审名以定位。"以▮求之，殆即后世的住字初形，唯甲骨文住乃表意兼声字，而后世住乃形声字。后世住从一人，此从二人形，乃繁简省变现象。① 住的本义是伺主息止，用为时称是取"日入而息"（《庄子·让王》）或"昏定"（《礼记·曲礼》）之义，指夜间人定息止之时。甲骨文云：

　　　　其又妣庚，叀入自己夕裸酚。
　　　　叀忪酚。
　　　　叀入自枫裸酚。（《合集》27522）

三辞同卜，忪、枫为彼此相近的两个时间段。枫在天黑后掌灯时，忪当在稍晚人定安息之时，夕统指己日的整个夜间，是总起卜问提前一天己日夜间裸酚祭妣庚，忪、枫则具体落实到己日夜间举行祭祀妣庚的两个特指单位时间段。忪类似后世的"人定时"。汉简云："人定时使坞上苣火一（通）。"② 《后汉书·耿弇传》云："自旦至昏……人定时步果引兵去。"汉代的人定时约当今之 21 至 23 时。准此，姑定晚商的枫时约当今之 19 时前后，忪时当 21 时前后，夕或统指整个当晚。③

　　凤字写作▮，为祈月之形。《说文》云："凤，早敬也。从丮，持事虽夕不休，早敬者也。"《诗·鄘风·定之方中》云："星言凤驾。"《诗·召南·

_____

　① 《说文》住字缺录，但立部有"立，住也"，知古文有住字。
　② 参见《居延汉简甲编》，科学出版社 1959 年版，第 1781 号。（以下简称《居》）
　③ 参见宋镇豪《释住》，《殷都学刊》1987 年第 2 期。

行露》云："厌浥行露，岂不夙夜。"《笺》云："夙，早也。"露水之降约在清晨 3 时前后，天未启明而星月犹见，夙时是下半夜至天明前之间的时段，为殷人早起祈月时。又《周礼·鸡人》云："夜呼旦以叫百官"，郑注："呼旦以警百官使夙兴"，是用夙字早敬之义，但由此也反映出夙应在旦前，却仍属夜间。

除了以上 14 个时称外，在三四期甲骨文中还可找到 8 个时称。

1. 昼

> 甲午卜，𨾴……
> 二卣。大吉。
> 叀牛。
> 牢。
> 今日。
> 𣅊。（《屯南》2392）

𣅊字从聿从日，应释畫，简体作昼。以上六辞同事异卜，今日与昼对卜，昼必指该日的某个时间段。《玉篇》云："昼，知又切，日正中。"① 昼为日中时段。

2. 日西

> 叀日饺。
> 于入自日西饺。（《合集》29713）

"入自日西"与甲骨文"入自日"、"入自夕"、"入自枫"例同，日西也是时称。日西约同于汉简"日西中时"（《居》1705），在饺祭当日的午后，可能与日昃前后相当（今按，一释西为廼字，义亦通，则"日西"非时称，姑记存疑）。

----

① 陈松长编著《香港中文大学文物馆藏简牍》（2001 年海天印刷有限公司印）之《吏篇》简 89："旦见人有怒，晏食有美言，昼见人有怒，日失（昳）见人听言，夕见人怒。"简 84："辰旦兑，晏食吉，日中、日失（昳）兑，夕吉。"两简五个时段旦、晏食、昼、日失（昳）、夕与旦、晏食、日中、日失（昳）、夕相对文，昼正对应于日中。

3. 郭兮

郭兮也称郭（《宁沪》1·8），或称兮（《通别二》东大3），是介于昃和昏之间的时称。

4. 会

其🖹酒。（《合集》30956）
更丁亥🖹。（《合集》31824）

战国玺印文字会字作🖹，①与此形同。《尔雅·释诂》云："会，合也。"据它辞"其枫酒"（《安明》1768），辞例与"其会酒"同，知会也是纪时之字。但会字从合，意义不显，疑与后世昆字义近，《说文》云："昆，望远合也，从日比，比，合。"段注："与杳字义略近。"《说文》云："杳，冥也。"甲骨文会字，从日从合，用作时称，与杳字义近，殆指暮色苍茫之时。裘锡圭谓此字可能从日，合声，读为晻。②另备一说。

5. 杏、杲、梦、粼

丁巳卜，更今夕酒宜。
丁巳卜，于杏酒宜。（《合集》32216）
己亥卜，庚子杲燎于门，羊白豕。（2002 年小屯 H57：33）
己丑贞，于梦酒。（《合集》34544）
于粼告。（《合集》33015）

杏、梦、粼，均一字之异构。以杏为常见。从木从月，与莫、杳为同类字。又今夕与杏同卜，知杏亦时称，或与莫时邻接，今夕是当天夜间，杏则进一步落实到当天夜间的某一个时辰。杲为杏的异构，"庚子杲"指庚子日傍晚之杲时。

6. 勳

……今……昏……
丙寅卜，狄，贞盂田，其迋散，勳又雨。（《美国》S424）

---

① 见《古文字类编》，中华书局 1980 年版，第 9 页。
② 裘锡圭：《古文字论集》，中华书局 1992 年版，第 43 页注［43］。

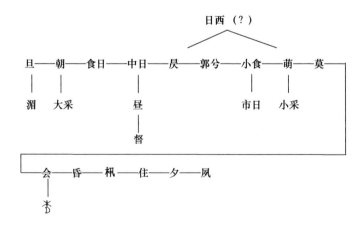，从日从月从二木，从木与从艸同，像日没入莽原而月始出之意，应释萌的本字。《汉书·历律志上》云："孼萌万物。"颜师古注："萌，始生也。"萌或指日落而月出之时。此版萌、昏同卜，萌与昏的时区应相邻近。

7. 采（大采、小采）

> 甲子卜，弜至采用。（《屯南》4432）

采为一期大采或小采（见后）的省称，唯不知确指。

8. 湄

> 湄至昏不雨。（《合集》29803）

湄、昏皆纪时词。湄读如昧，谓昧旦、昧爽之时，参照"旦至于昏不雨"（《合集》29781），湄为天未明的日出之际。《左传》昭公三年云："昧旦不显。"《礼记·内则》云："昧爽而朝，日出而退。"知昧旦、昧爽在日始出前的当刻，视觉上为太阳尚未露出地平线的东方欲启明之际，然在晚商大致属于旦的时间段范围，在今 4 时前后。

综上，三四期甲骨文中所见的时称略约为 22 个，分别代表了一天之中不同的时间段。这些时段若按时辰区隔顺序排列，大致上是互相衔接的，但也有一个时区跨另外两个时段的。如日西并跨了昃和郭兮两个时段。除此之外，还有某些时段是相交重叠的，如旦与湄、朝与大采、萌与小采，日中时分的中日、昼、督三称。现把整理结果排列如下：

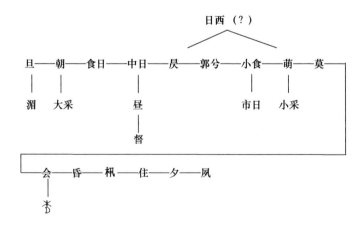

从 22 个时称所代表的时段中，去其重叠交叉的部分，可知当时是把一天分为十五时段。据《管子·庙会》云"日有旦莫，夜有昏晨"，《国语·鲁语下》韦昭注"日照昼，月照夜"，则上述一天十五时段，代表白天的，自旦至莫（暮）共有九段，占 15 个时称，代表夜间的，自会至夙共有六段，占 7 个时称。这是三四期甲骨文所揭示的纪时情况。

再看一期武丁时的时称，同于三四期的有旦（《乙》64）、食日（《库》511）、大食（《合集》13450）、中日（《乙》478）、昃（《菁》4）、小食（《乙》478）、莫（《花东》265；一作暮，见《花东》314）、会（《京津》2560）、枫（《安明》S157）、夕（《乙》6665）、夙（《北美》29 反）等 11 个，另有异于三四期的时称 16 个：　　1. 眉

丙辰卜，争，贞□见眉不雨，受年。（《合集》10144）

"见眉不雨"，犹言天见明时不雨。眉旧释蔑，谓细雨，恐不确，该字示意人目之眉形，当释为眉，读如昧旦、昧爽之昧，即三四期所见时称湄，谓日尚未出的天明前后。

2. 丧

甲子卜，争，翌乙[亥]不其雨。王占曰：其雨。乙丑夕雨小。丙寅㸚雨。（《合集》6037 正反）
翌乙亥㸚，乎子饮。（《合集》880 正）

㸚为丧字，读为昧丧之丧。《小盂鼎铭》云："佳八月既望，辰在甲申昧丧，三左三右多君入服西。明，王格周庙……大采，三□入服西。"昧丧即昧爽（《牧誓》）。"昧丧—明—大采"，可与三四期甲骨文"旦—朝—大采"的时间位序相对照。㸚相当于日出前，在今 4 时前后，与眉时亦相当，大致均交叠于旦的时间段范围。

3. 晨

贞亩得令二人，晨。（《合集》21493）

蔉，本意是以蜃器披除杂草，即《淮南子·氾论训》所谓"摩蜃而耨"。这个字即《说文》蔉字引古文农，旧释晨字，不确。农为农作，用为时称，盖取意"日出而作"（《庄子·让王》），大体指日出清晨之际。

4. 日出、出日

> 癸巳卜，翌甲岁祖甲牡一，取㘱一，于日出。用。（《花东》426）
> 乙巳卜，在麗，子弜迟彝弓，出日。（《花东》37）

卜日是癸巳，日出属新一天甲午日太阳升起之时。"日出"在《花东》或作"出日"。

5. 日雋

> 壬卜，于日雋餗牝妣庚，入右亩于丁。用。（《花东》106）

黄天树谓雋有举、起之义，"日雋跟日出一样，也是时称，指日出之时"。[①]

6. 明、日明

> 甲寅卜，觳，贞翌乙卯易日。王占曰：之㬎勿雨。乙卯允明阴（阴，一释雾），迮点，食日大星（晴）。（《合集》11506 正反）
> 丙申卜，翌丁酉酚伐启。日明阴，大食日启。一月。（《库》209）

两辞均为卜晴启之事。明可称日明，食日也称大食日。明或与三四期的朝时相当。又严一萍认为，㬎也是纪时词，指明日。[②] 按占辞"之㬎勿雨"，而验辞记到了次日乙卯明时果然无雨只天阴或起雾一段时间，食日时就大晴了，可见，"之㬎"所纪时间约相当明时或明时之后，疑㬎为上文说到的眉的别构，读如昧旦、昧爽之昧，谓天明之际。

7. 叉

---

① 黄天树：《殷墟甲骨文白天时称补说》，《中国语文》2005 年第 5 期。
② 参见严一萍《食日解》，《中国文字》新 6 期，1982 年。

甲辰，叉祭祖甲友白豿一。

乙巳，叉祭祖乙友白豿一。（《花东》267）

叉，读如蚤，早也。蚤相当于关沮周家台秦汉墓出土简牍之时称"平旦、日出、日出时、蚤食"[①]，在日出天明之后，约在上午 7—9 时间。

8. 大采

癸亥卜，贞旬。一月庚雨自东，九日辛未大采，各二云自北，雷征，大风自西，刜二云率雨，允，萧日……（《合集》21021）

〔癸〕亥于大采克。（《合集》21493）

大采与朝、明时相当。《国语·鲁语下》云："天子大采朝日……少采夕月。"可证。

9. 𣅱

己巳卜，王……𣅱雨。之……（《合集》13044）

𣅱字疑三四期𣅱即督字之一形，为立槷测影之构形，系日中时分的时称。

10. 日牧中、羞中日

己卜，于日牧中奴三牛妣庚。（《花东》286）

戊寅卜，阴，其雨。今日羞中日允雨。（《合集》20908）

牧，黄天树释羞的异体，从牛与从羊通作，日牧中是"逼近正午时分"。[②] 甚确。羞有进义，《左传》隐公三年云"可荐于鬼神，可羞于王公"，杜预注"羞，进也"。日羞中、羞中日谓进逼日中时分，这是出于观测太阳周日视运动，测度日影位置定时辰。

11. 黄昃

---

① 《关沮秦汉墓简牍》，第 156—181 简，中华书局 2001 年版。

② 黄天树：《殷墟甲骨文白天时称补说》，《中国语文》2005 年第 5 期。

　　……黄昃。（《合集》20260）

　　……蓍日大启。昃亦雨自北，黄昃启。（《合集》20957）

　　乙丑黄昃雨自北。（《合集》20962+21022+19941，《醉古》353）

　　癸酉，万入，畎。余女曰：宜。黄昃雨自东。休敝大寝。（《骨文化》① p. 65-A）

从第二例看，黄昃晚于昃，当在太阳落下前后天色昏黄的暮时。　　12. 𝄢

　　甲子卜，贞今𝄢王勿累归。九月。（《合集》10719）

𝄢，黄天树隶定为㵗，谓"可读为'黄'，所指时段估计就是黄昏"。② 可从。

13. 𝄢

　　癸卯卜，般，于翌𝄢酚燎。（《合集》15738）

　　贞翌丁𝄢，不其易日。（《合集》3521 正）

或谓𝄢乃丧字，同于西周出现的时称昧丧，但𝄢与上揭丧字形迥异，余疑𝄢为三四期时称𝄢的异构，殆在傍晚杳冥时。

14. 𝄢

　　丙午，𝄢卜，侑岁于父丁羊。（《合集》22093）

　　己亥卜，庚又雨。其𝄢允雨。

　　于辛雨。庚𝄢止雨，辛启。（《合集》20957）

　　癸亥卜，贞旬。乙丑夕雨，丁卯𝄢雨，戊小采日雨，止风，己明启。（《合集》21016）

<hr />

① 见［加拿大］William Charles White（怀履光）：Bone Culture of Ancient China-An Archaeological Study of Bone Material from Northern Honan（《中国古代的骨文化》），the University of Toronto Press, Canada，1945。

② 黄天树：《殷墟甲骨文所见夜间时称考》，《黄天树古文字论集》，学苑出版社 2006 年版，第 178—179 页。

李宗焜认为《从二夕，与夕应是不同的两个字，系夜里的一个时段。① 可能专指下半夜。

15. 小采

> 癸巳卜，王，旬。四日丙申昃，雨自东，小采既，丁酉小（雨）至东□□□。二月。（《合集》20966）

"小采"一称"少采"（《合集》20800）。昃为太阳西偏之时，小采当在昃之后。

16. 𤕙、𤔫

> 癸丑卜，王，贞旬。八（原脱日字）庚申𤕙，允②雨自西，少，《既。五月。（《合集》20966）
> 癸丑卜，贞旬。庚申𤔫，允雨自西，《既。五月。（《合集》20964+21310）

上举 15、16 引《合集》20966 两辞乃同版异日卜旬刻辞，与《合集》20964+21310 是同日同事同卜。验辞"八日庚申𤕙"与"四日丙申昃"对文，故知𤕙必为时称无疑。𤕙像一人睡在室内床上呵呼嘘吸之意，从可亦声，盖寐的初文。𤔫乃𤕙的省形。《汉书·董仲舒传》云："朕夙寐晨兴"，颜师古注："夙，早也；寐，寐之觉也；兴，起也。"上两辞的《，均指下半夜而言。前面已经提到，甲骨文夙是早起之时，属于夜间的纪时。而这两条卜辞又记寐是"《既"亦即夜间结束之前的纪时，那么寐是睡而未觉，似醒非醒之时，自当在夙之前。③ 两条卜辞的验辞谓庚申日的夜间寐时，果然从西面下起小雨，直到夜间终了才停止。根据这两条卜辞，知寐在下半夜至天明之间的黎明前。

---

① 李宗焜：《卜辞所见一日内时称考》，《中国文字》新 18 期，1994 年。

② 有学者把允字释为人，谓"人"作时称连读。也通。但原版藏日本京都大学人文科学研究所，字首有一小圈，《京人·本文篇》有摹本，可参照。《合集》20965 "丁酉卜，今二日雨。余曰：戊雨。昃，允雨自西"，句式与此同。

③ 另详宋镇豪《释寐》，《殷都学刊》1984 年第 4 期。

一期武丁时代的纪时整理排列如下：

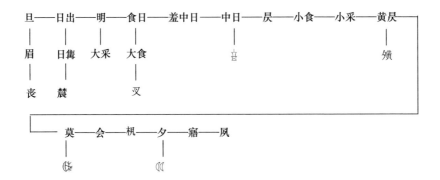

武丁时代的时称有 27 个，将一天分为十六时段，其中白天自旦至黄昃分为十段，占 19 个时称，夜间自莫至凤分为六段，占 8 个时称。

二期祖庚祖甲时代甲骨文中的时称所见不很多，只有 10 个，其中同于一期或三四期的有蔑（农）（《合集》23226）、昼、日西、暮（《合集》23148）、萌、枫（《掇》2·137）、夕等 7 个，另有妹、稟、 3 个为该期始见。下面举例略述。

1. 妹

　　辛未卜，□，贞夕卜不同，宙其□。王占曰：宙□隹其妹……于
……（《合集》24118）

妹借为昧丧之昧。《小盂鼎铭》云："辰在甲申昧丧，三左三右多君入服西。明，王各周庙。"则妹在明前。

2. 稟

　　贞妣庚岁，宙稟酻，先日。（《合集》23326）

疑即三四期朝即朝的异构，从禾与从中无别。

3. 昼

　　……卜，大，贞□□于父丁……今……（《合集》22942）

昼见于前揭三四期卜辞，为中日时分。

4. 🕯

> 甲子卜，大，贞告于父丁，叀今🕯酚。（《合集》23259）
> 壬申卜，即，贞兄壬岁，叀晨。
> 贞其🕯。（《合集》23520）
> ……于……🕯……（《合集》18528）

🕯字像日西沉而人就盘浴洗住歇之意，可能与三四期甲骨文沈时相当，类于关沮周家台秦简、马王堆帛书隶书本《阴阳五行》及《淮南子·天文训》的"定昏"时，约在19—21时之间。裘锡圭认为，🕯字几乎都见于二期甲骨卜辞，是昏的异体。[①] 亦备一说。

5. 萌

6. 蕃。萌与蕃同见以下一版刻辞：

> 癸丑卜，行，贞翌甲寅毓祖乙岁，萌酚。兹用。
> 贞蕃酚。（《合集》23148）

蕃即莫的异构，即今之暮字。此版癸丑贞问次日甲寅提前一天的傍晚预先酒祭祖乙，萌、莫同卜，与前揭昏、萌同卜，足证萌为傍晚日落月始生时。

二期所见9个时称的时间顺序如下：

……妹──农──稟……昼……萌──蕃──枫──🕯……夕

五期帝乙帝辛时代甲骨文中的时称出现更少，不成系统。

要之，甲骨文中的时称，一期有27个，将一天分为十六时段，白天为十段，夜间六段。三四期有22个，将一天分为十五时段，白天九段，夜间六段。至于二、五期，缺载甚多，难窥全貌。

甲骨文中的时称，就其性质，可分自然与人文两大类。属自然者，如旦、朝、稟、日出、日隽、日羑中（羑日中）、中日、昼、督、昃、黄昃、媻、日西、莫（蕃）、会、昏、🕯、明、萌、煝、𣱟、夕、𩂣，都是与日月运行相关。

殷人十分注意对于太阳周日视运动的观察，即根据太阳在一天中移动的

---

① 裘锡圭：《殷墟甲骨文字考释七篇》之五，《湖北大学学报》1990年第1期。

不同位置及其在地面上不同的投影变化而来。由于太阳在黄道上的周年视运动不是等速的，又由于地球自转的运动规律，导致了太阳在地球上每天的投影变化的不固定性。这种不固定性在日出、日落点上表现得尤为明显，夏天日出早、日落迟，冬天日出晚、日落早，日夜的时间也不平均，这些变化是可以直接感受到的。①

在甲骨文中的纪时远未定型，尤其在日出日落点上，前后期的时称变化波动比较大，重合的时间区段较多。表示日出前后的时称，一期有旦、眉、丧、日出、日隽、晨、明、大采，而旦、眉、丧及日出、日隽、晨三者，明与大采，食日与蚤（早食）的时间段是重合的；至三四期时称有旦、湄、朝、大采，而旦与湄、朝与大采的时段又各相重合。表示日落前后的时称，一期有小采、𤉲、黄昃、莫（暮，暮）、𣄫、会，而会与𣄫的时段是相重合的；至三四期时称有萌、小采、莫（暮）、会、𣄀、昏等 6 个，其中萌与小采、会与𣄀的时段是各相重合的。围绕日出日落前后所见的时称变化，前后期有如此的不同，这正是由于殷人已经感受到太阳周日视运动的每天时间（主要指白天）并不是固定不移的。

调整时间分段以适应太阳周日视运动的不固定性，是晚商纪时制度中的一大特征。日出日落点前后的纪时日趋细密，而一天中其他时段的纪时却显得疏阔。从整体上看，白天的分段比夜间密；一期白天十段，夜间六段；三四期白天九段，夜间六段，夜间的分段从来没有超过白天。从个别时间区段范围看，一期上午有旦、日出、明、食日（大食）、日羞中（羞日中）五段，三四期调整为旦、朝、食日三段，这就说明，晚商的时间分段不是等时的，时段之间的时间区划是不均匀的，晚商采用的只是一种尚未定型的不均匀的分段纪时制度。

但是，尽管晚商的纪时制度受太阳周日视运动不固定性的影响，表现为不均匀的分段纪时，然而，日中的时间却是比较恒定的。殷人对于日中的认识，其意义十分重大。代表日中的时称，一期有中日、督两个，至三四期增至中日（也称日中）、昼、督三个。昼字写作𦊆，从手持一竿而日在下，是"立木为表以视日影"②的意思，指立木测度日影以定时辰。甲骨文字督，是置槷揆日以测方位。古代测度日影，恒在日中进行。《周髀算经》卷上云："日中，立竿

---

① 参见《中国天文学简史》，天津科学技术出版社 1976 年版，第 140—141 页。

② 参见《史记·司马穰苴列传》，《索隐》。

测影。"《周礼正义·匠人》疏据《玉烛宝典》引《孝经》佚文云："立八尺竿于中庭，日中度其日晷。"立竿测影定时辰和置槷揆日正方位，内容不同而形式相同，以其恒行于日中，故昼和督又成为日中时分的专字。[1]

日中三时称，中日的时间区段要稍长些，甲骨文云：

> 辛亥卜，翌日壬旦至食日不雨。
>
> 食日至中日不雨。
>
> 中日至郭兮不雨。（《屯南》824）

上述卜辞，旦—食日—中日—郭兮，占了几乎一个白天，它们之间的时间区段很大，中日恰代表了整个中午的一大段时区。昼、督的时间范围不会太大，昼是根据日影变化来测定时间，督是"考日景以正四方"[2]，都需以特定时间内的日影变化为其依据，因此昼、督虽然都是日中的时称，但它们所代表的时段要比中日的时区小些。从昼、督的时间测定是以原始天文仪器圭表测度日影为之准则，这表明，当时虽然实行的是一种不均匀的分段纪时制度，但某些时段已渐趋恒定。这是殷人天文知识的积累在纪时制度中的反映，也是我国古代在认识自然规律方面迈出的一大步。

在晚商的纪时制度中还反映着殷人对于月的观察。时称明、萌、㶄、㫮、夕、㔿等均与月有关，其中明、萌也与日有关。《诗·齐风·鸡鸣》云："东方明矣，朝既昌矣，匪东方则明，月出之光。"这是古人对于日月的自然现象的观察和描绘。在甲骨文中，明指日出月落，萌指日落月出，二字对应，足见殷人观察之细微。可注意者，与月有关的时称均以半亏的月形为构字要素，与日有关的时称以太阳周日视运动的位置或投影变化为构字要素全然不同。这大概因为太阳的显著特征在其东起西落，月亮的显著特征不在其位置而在其盈亏，又以亏月为常见，故因特征相异而时称约定俗成基点亦异。

此外，甲骨文中时称属于人文一类的有㷉（农）、㫗（丧）、叉、大食（食日）、小食、市日、住、寙、郭兮（郭）、枫（爇）、㿝、妹、眉、湄、大采、小采、夙等，来之于人们的生产活动和生活习俗的用语。如大食、

---

[1] 别详宋镇豪《释督昼》，《甲骨文与殷商史》第 3 辑，上海古籍出版社 1991 年版。

[2] 参见《诗·大雅·公刘》，《诗集传》注。

小食，反映了商代一日两餐制的生活习俗。☀日或源自约定俗成的"日昃而市"的市场交换交易时间。"郭"，《说文》云"郭，度也，民所度居也"，是个筑室而居的生存活动用语。☀字与日西沉后人沐浴住歇有关。它们之所以被用来纪时，在于它们实际包含的内容，不外具有以下两个因素：第一，既与当时的生活习俗和生产实践密切相关；第二，同时也是约定俗成，有广泛的社会基础。因此，这部分时称也是研究晚商社会风貌的好材料。

今制晚商分段纪时制一览表如下：

时代	商 代 分 段 纪 时 制										
武丁时	旦眉☀	日出日隻晨-明日明大采	食日大食日叉	日羞中	中日日中☀	昃	小食	小采-黄昃艭-莫☀	会枫	夕☽	寤-夙
祖庚祖甲时		农羍			昼	日西		萌-鼖	枫	夕	
廪辛至文武丁时	旦湏	朝-大采	食日大食		中日日中昼督	日西昃郭兮	市日小食	萌-小采采-莫	会☀-昏-枫	住	夕	夙
十二时辰	寅	卯	辰	巳	午	未	申	酉	戌	亥	子	丑
今24时	3—5	5—7	7—9	9—11	11—13	13—15	15—17	17—19	19—21	21—23	23—1	1—3

第 二 章

饮 食 礼 俗

饮食是人类赖以生存和繁衍的最基本物质条件之一。《淮南子·主术训》云："食者，民之本也。"[①]《释名·释饮食》说："食，殖也，所以自生殖也。"饮食往往在总体上构成一时代一地区社会经济动态和人们消费生活水平高低的直观表征。商代的饮食，是在以农业为主要生业的社会经济大背景中展开，但同时也应该看到，商代社会的饮食，已与国家政治意识相纠合。《洪范》追叙商王朝时把"食"列为"八政"首位。商代饮食内蕴的社会功利取向和饮食价值观，具有显而易见的"礼"内容。《礼记·礼运》云："夫礼之初，始诸饮食。"作为商代饮食之礼的核心部分的"食礼"，从其礼器名数组合到使用中表现的节仪，从肴馔品类到烹饪品位，从进食方式到筵席宴缮等等，其中所反映的一系列礼意与蕴涵的思想，也已明显强调着阶级之严别，等级之序次，贵族集团间人际关系之谐修，社会人伦教化之倡导，显示了缘饰规范中"寓礼于食"的实际功能。

第一节　商代人的食品

一　谷类粮食

黄河中下游流域中原大地，史前先民很早就进入了农业定居生活阶段，粮食作物主要有粟（小米）、黍、大麦、小麦、高粱和大豆等，有的地区还种植稻。这些谷类粮食，通常也称为"粒食"。如《尚书·舜典》孔疏云："民生在于粒食。"《大戴礼记·少闲》谓商纣"以为民虐，粒食之民，憯焉

---

① 《尚书大传》卷三《洪范》云："食者，万物之始，人事之本也。"

几亡。"明宋应星《天工开物》云："凡粒食，米而不粉者。"商代谷类粮食最普遍的熟食法，是"米而不粉"，以呈粒状，故直称"粒食"，也就有"粒食之民"的称名了。

早在夏代，商人已立足于豫、鲁、冀之间，位于豫西地区"有夏之居"的东部及偏北部范围，农业已成为其决定性的生产部门。商人的先公冥还被夏王朝委任为主管农业水利的水官，死在任上。《国语·鲁语上》云："冥勤其官而水死。"韦昭注："冥，契后六世孙，根圉之子也，为夏水官，勤于其职而死于水也。"

成汤时，伐灭夏朝，商王朝以农业立国，人们的主食大体基于以淮河流域为过渡地带的"北粟南稻"经济地理架构，但由于统治者极重视农业生产的发展，如《尚书·盘庚上》记商王盘庚告诫民众应该"若农服田力穑，乃亦有秋"，只要努力进行农田耕作，就会有收获保障；而甲骨文中亦记有近百个农业地名或王室田庄，大都分布在王畿区内外，如种黍农田区即有丘商、敦、庞、龙囿、鲁、北田、南囿，等等。商代中原地区的粮食品种既有来之当地的农业生产领域，还有来之流通领域，粮食种类并不是很单调的。《尚书·盘庚上》云："惰农自安，不昏作劳，不服田亩，越其罔有黍、稷。"训责那些懒事农穑、不勤勉农功、不治田耕者，肯定不会有黍和稷的收获。这里提到商人有黍、稷两种主粮。《尚书·酒诰》也提到商人善于"纯其艺黍、稷，奔走事厥考厥长"。《诗经·商颂·玄鸟》称商人"大糦是承"，毛传云："糦，黍、稷也。"《史记·宋微子世家》记述商灭国之后，远走他国的箕子曾回过殷墟旧都，见到往日的繁华地全成农田，作了一首伤感诗云："麦秀渐渐兮，禾黍油油。"可见保持着农业传统的商遗民除种植稷、黍外，还有麦、禾类作物。

从文献资料透露的情况看，商中心统治区的谷类作物种类有稷、黍、麦、禾等。禾本义指谷子，即粟，去皮是为小米，也称小黄米。稷为何种作物，农学家们意见不一，然《说文解字》徐灏笺云："黍为大黄米，稷为小黄米"，故我们以为上述文献提到的稷，主要是指粟，是商民的日常粒食种类。《史记·周本纪》谓武王灭商，"发钜桥之粟，以振贫弱萌隶"。钜桥是商代的粮仓所在，储藏粮食品种主要是粟。通过上述文献，能了解到的商代谷类作物，其实只有粟、黍、麦三种。

从考古发现资料看，河北邢台曹演庄、藁城台西等商代遗址曾出土过炭化黍。[1] 河南安阳殷墟后冈圆形祭祀坑，在坑西南部伴随第一层人骨架，曾经发现谷物一堆，另外在同坑所出陶罐的腹内底以及铜鼎、铜戈上均发现了谷物的遗存，有些谷物保存较好，能看出其籽粒形态，据观察似为粟类。[2] 在殷墟小屯遗址，20 世纪 30 年代的考古发掘中还出土过稻谷的遗存。[3] 商代人种植稻类作物可推到更早阶段，郑州商城白家庄遗址中即曾发现商代前期二里岗文化时期的稻谷遗存。[4] 由此可知，商人尽管以粟类粮食为主，但粒食种类并不单一，特别是同一遗址而有几种谷物出土，正说明了当时粮食作物的多样性。

据河南偃师商城 3 个人骨样品测定数据，δ^{13}C 最高值为 -7.08，最低值为 -8.48，平均值为 -7.613，C_4 类和 C_3 类的百分比分别为 99.4%、0.6%；88.6%、11.4%；95.3%、4.7%。河南安阳殷墟遗址 39 个人骨样品测定数据，有 38 个趋近于 C_4 类，δ^{13}C 最高值为 -5.88，最低值为 -11.963，平均值为 -7.868，只有一例显示出 C_3 类的结果，C_4 类和 C_3 类的百分比分别为 93.3%、6.7%。可知偃师商城与殷墟的居民均是以 C_4 类植物中的粟、黍为常食。偃师商城 C_4 类平均为 94.433%，殷墟平均为 93.3%，两者基本一致。应注意者，殷墟人骨样品仅一例的 δ^{13}C 值为 -20.7，与 C_3 类植物的 δ^{13}C 值相近，其 C_4 类和 C_3 类的百分比分别为 0% 和 100%，这位墓主人生前似长期以稻米或小麦为主食。[5] 这种食物多样性形态与文献及考古发现吻合。

商的"四土"方国，粮食也不限为黍、粟、稻、麦。如位于"西土"的陕西泾河流域长武县碾子坡先周文化遗址，距今 3000 年前，年代略当殷商

---

① 唐云明：《河北商代农业考古概述》，《农业考古》1982 年第 1 期。

② 中国社会科学院考古研究所编著：《殷墟发掘报告》（1958—1961），文物出版社 1987 年版，第 278 页。

③ 李济：《安阳最近发掘报告及六次工作之总估计》，《安阳发掘报告》第四册，1933 年。又收入张光直、李光谟编：《李济考古学论文选集》，文物出版社 1990 年版，第 283 页。

④ 许顺湛：《灿烂的郑州商代文化》，河南人民出版社 1957 年版，第 7 页。又杨育彬：《郑州商城初探》，河南人民出版社 1985 年版，第 22 页。

⑤ 张雪莲、王金霞、冼自强、仇士华：《古人类食物结构研究》，《考古》2003 年第 2 期。又张雪莲：《同位素分析在食物结构研究中的应用》，《中国文物报》2003 年 7 月 11 日。

时期周国迁岐前，在一半竖穴式房址的壁龛内发现炭化谷物，经鉴定属于未去皮的高粱米（*Sorghum bicolor Moench*）。[①] 渭水流域以南的西安丰镐遗址出土了先周时期的炭化粟米。[②] 泾渭流域一带早在史前已是旱作农业经济区，出土谷物种类有粟、黍、大麦、小麦、大豆、高粱等。近年考古工作者又通过浮选法获取到周原遗址龙山和先周时期炭化的栽培谷物种子，有粟、黍、小麦、大豆和稻谷等，其中少量稻谷只见诸龙山样品，先周未见，但小麦比重则大大超过前者，两个时期农业经营结构表现出一些变异。[③]《诗·大雅·生民》咏周先民的"以就口食"，粮食多样性，有荏菽（大豆）、禾（粟）、麻、麦、瓜、秬（黑黍）、秠、穈（赤粱粟）、芑（白粱粟）等。这说明商代各地区保持着自史前以来基本一贯的不同区域经济文化传承和多元性的饮食生活形态。

殷墟甲骨文中记有不少谷类作物名（图 2—1），列举如下：

1. 禾

甲骨文禾字的写法有三形：𣏟、𣏟、𥝠，均作穗聚而下垂之形。辞云：

　　　　贞禾亡害。（《合集》33341）
　　　　贞今秋禾不遘大水。（《合集》33351）
　　　　……𥝠。（《花东》393）

𥝠字从禾从米，实乃禾之异写。禾有广狭两义，广义指谷物，狭义指谷子，即小米，一称粟，是殷商平民的主要食粮，为贱食。[④]

2. 黍

甲骨文黍字写法有三形，一形从水写作𥝣、𥟌等，一形不从水写作𥞤，一形从米写作𥠖。从水一形辞例云：

<hr>

① 中国社会科学院考古研究所：《陕西长武碾子坡先周文化遗址发掘记略》，《考古学集刊》第 6 集，1989 年。

② 王兆麟：《西安丰镐遗址考古取得重大突破》，《光明日报》1998 年 7 月 29 日。

③ 周原考古队：《周原遗址（王家嘴地点）尝试性浮选的结果及初步分析》，《文物》2004 年第 10 期。

④ 陈梦家：《殷虚卜辞综述》，科学出版社 1956 年版，第 525—533 页。裘锡圭：《甲骨文中所见的商代农业》，《农史研究》第 8 集，1989 年。

禾（粟）

黍

稌（糯稻）　　菽（大豆）　　齌（高梁）　　来—棘（小麦）

麦　　　　　　粱

图 2—1　甲骨文谷类作物

（《合集》33351、9991、9951、32014、《蔡缀》201、

《合集》9565、37517、10040、9946）

丙辰卜，**殻**，贞我受黍年。

丙辰卜，**殻**，贞我弗其受黍年。四月。（《合集》9950）

不从水一形辞例云：

> 癸未卜，内，贞我受黍年。
> 贞我不其受黍年。（《合集》9947）

从米一形辞例云：

> 丙辰卜，子夬叀今日畇黍于妇。若。用。
> 丙辰卜，子夬其畇黍于妇。若永。用。（《花东》218）

黍为黄米或大黄米，在殷商属贵重粮食。杨升南以为，甲骨文黍字作散穗形，但有两个不同变种，从水一形的，即《说文》"黍"字条引孔子说"黍可为酒，故从禾入水"，是"禾属而黏者"；另一形不从水的，可按《说文》写作穄或麇，当指不黏黍。[1]

今按，杨说甲骨文黍字分黏性与不黏性两个不同变种，甚有创意。黍的栽培自史前到晚商，至少已有 4000 年历史，品种定然不少。但黍的变性区分，既可按黏黍（*Panicum miliaceum var. contractum*）与不黏黍（*Panicum miliaceum var. effusum*）的性质相分，也可按成色或形态特征为别，况且甲骨文黍字既有从水不从水者，还有从米写作黍者。据元王祯《农书·百谷谱》"黍"字条云：

> 秬，黑黍也。《书》曰：秬鬯一卣。秬，黍之别名。此言黍之为酒，尚矣。今有赤黍，米黄而黏，可蒸食。白黍酿酒，亚于糯秫。《广志》云：黍有牛黍，有稻尾黍、马革大黑黍。此黍之异名也。

可见，古人有按黍的成色或穗形特征区分其变性，必未斤斤于黏与不黏。杨氏从常识指出，"凡谷类作物，黏者比不黏者优。黏者种植要细心，而收获量在同一面积的土地上，黏者要低于不黏者"。但甲骨文不从水的黍字未必就指种植稍易、产量稍高、黏性稍次的一类，从水和不从水的黍字，出现在"受黍年"场合的次数均在 60 例左右，还都用为祭祀品，故不从水的黍很可

---

[1]   杨升南：《商代经济史》，贵州人民出版社 1992 年版，第 116—120 页。

能指另一类米质较佳的黍。即使把不从水的黍释为穄，但文献中说的穄也非指米质次的黍，《农书·百谷谱》云：

> 穄，禾从祭，谓可以供祭也。其苗、茎、穗、叶，与黍难别，故言黍必及于穄者，其米用有异也。种治之法，与黍俱同。凡穄，味美者，亦收薄，难舂……其米疏爽……其色鲜黄，其味香美，然所种特少，为农家之稀馔也。

由此来看，穄的色味反比黍优，产量也薄，是祭祀的上品或席上的稀馔。倘若能从商代遗址出土谷物中仔细鉴别出黍的不同种类及确定其相关学名，必将有助于甲骨文黍字三形的考订，这应该成为今后的一个研究课题。

3. 粱或秫

甲骨文中有一谷类作物写作🌾、🌾、🌾、🌾、🌾、🌾。辞云：

> 乙亥卜，受🌾禾。（《合集》33260）
> 辛丑卜，于一月辛酉酚🌾登。十二月。（《合集》21221）
> 癸未卜，其征登🌾于羌甲。（《合集》32592）
> 叀白🌾登。（《合集》32014）
> 叀白🌾。（《合集》34601）
> 庚寅，岁妣庚小窜，登自丁🌾。一
> 庚寅，岁妣庚小窜，登自丁🌾。二　（《花东》416）

🌾从米从🌾，为🌾之同字异构。这类谷物陈梦家释为粱或粟类，"字象禾穗上下谷的颗粒之形"，"'白🌾'即白粱，今之白苗谷，米粒小而略扁，用之作饭，最可口，而产量不多"。[①] 杨升南释秫，字加小点示意禾的别种，为粟中上品，即稷之黏者，"白秫"当又是一新品种。今按，这类谷物的字体歧出，以上部穗形聚而下垂为特征，当以释粟类较妥，商王每每用来登荐宗庙先王，因此释为粟的优良品种粱或秫，最有说服力。王祯《农书·百谷谱》有"粱秫"一类，其品属中"有白粱"，并记述粱秫云：

---

① 陈梦家：《殷虚卜辞综述》，科学出版社1956年版，第528页。

> 其禾茎叶似粟，其粒比粟差大，其穗带毛芒，牛马皆不食，与粟同
> 时熟，收割之法亦同。舂而为米，圆滑如珠，炊之，香美胜于粟米，世
> 谓之"膏粱"，号食饭之上品也。

可知，粱秫属于粟类作物中的佳品，因其是糯性粟，故又被誉为"膏粱"。周代金文及先秦文献中"粱秫"恒以"粱"名之。如周代仲戠父盘铭云："黍粱来麦。"春秋时姬姓曾国礼器曾伯簠铭云："用盛稻粱。"陈国礼器陈公子甗铭云："用蒸稻粱。"戴国礼器叔朕簠铭云："自作荐簠，以乎（覆）稻粱。"《诗·小雅·甫田》云："黍稷稻粱，农夫之庆。"《荀子·礼论》云："礼者，养也。刍豢稻粱，五味调香，所以养口也。"《汉书》卷二十四《食货志上》"食必粱肉"，颜师古注："粱，好粟也，即今之粱米。"粟有粳糯之分，粳性粟是不黏，古代通为贱者之食；糯性粟是黏粟，是粟的上品，称为粱及粱米，常被用于礼仪场合。粱在汉代有被称为粢或粢秫的。如马王堆一号汉墓西边箱出土盛粮食麻袋上有书"白粢"的竹牌，所出遣策中也有记：

> 黄粢二石，布囊二。（简 142）
> 白粢二石，布囊二。（简 143）[1]

江陵凤凰山一六七号西汉墓出土遣策中有记：

> 粢秫二石。（简 60）
> 粢粺米二石。（简 62）

同墓出土品中有盛放粮食的绢袋，其上正各附有书写着"粢秫二石"、"粢粺米二石"的木牌，绢袋里残存的粮食是粟。[2] 马王堆一号汉墓遣策的"白粢"当即凤凰山一六七号汉墓遣策的"粢秫"，"黄粢"即"粢粺米"，应均属糯

---

[1] 湖南省博物馆、中国科学院考古研究所编：《长沙马王堆一号汉墓》上下集，文物出版社1973 年版。

[2] 凤凰山一六七号汉墓发掘整理小组：《江陵凤凰山一六七号汉墓发掘简报》，《文物》1976 年第 10 期。

粟，成色不同而已。秫字后世都写作秫，秫或秫林皆指黏性粟，《说文》云
"秫，黏稷也"，特别强调秫的黏性。

甲骨文这类谷物名可释为粱或秫，品种类于后世的粱米、秫和膏粱，为
糯粟，其中名"白粱"或"白秫"者，与后世的"白秫"、"秫林"、"白粱"
相当，尤为糯粟之佳品。

4. 麦

甲骨文麦字写作𝕩。辞云：

> 月一正，日食麦。（《合集》24440）

甲骨文麦字以穗形直上为特征，麦到底指大麦抑为小麦，学界尚有争议。

5. 来

甲骨文来写作来，专指谷类作物名者如下辞：

> 辛亥卜，贞或刈来。（《合集》9565）
> 求年来，其卯上甲䇘，受年。
> 其卯于示壬，弜受年。（《合集》28272）

陈氏以为"来"或专指小麦。于省吾说同，并谓"来"是"秾"的初文，而甲
骨文麦则指大麦。[1] 今按，甲骨文麦、来或指谷类作物的两个品类，可成定论。
麦是否专指大麦（*Hordeum vulgare L. emend Lam.*），来专指小麦（*Triticum
aestivum L.*），从文字传承角度推考，是一途径。《诗·周颂·思文》"贻我来
牟"，唐陆德明《毛诗音义》云："牟，字书作麰，音同牟，字或作䅘。孟子
云：䅘，大麦也。《广雅》云：䅘，小麦；麰，大麦也。"今本《孟子·告子
上》云"麰麦播种而耰之"，汉赵岐注："麰麦，大麦也。"宋朱熹《诗集传》
卷十九注"贻我来牟"云："来，小麦；牟，大麦也。"近人齐思和撰《毛诗谷
名考》，考证来为小麦，牟即麦，为大麦。[2] 此均是释甲骨文来、麦分指小麦、
大麦之所本。甘肃民乐东灰山四坝文化遗址和洛阳关林皂角树二里头文化遗址

---

① 于省吾：《商代的谷类作物》，《东北人民大学人文科学学报》1957 年第 1 期。又于省吾：《甲
骨文字释林》，中华书局 1979 年版，第 242—252 页。

② 齐思和：《毛诗谷名考》，《燕京学报》第 36 期，1949 年。

已出有炭化大麦、小麦籽粒。[①] 甲骨文中有来、麦两种谷类作物命名的区分，与小麦、大麦的地下考古发现可相印证。若从中国文字意义的约定俗成而具有延绵嬗递的传承特质言，释来为小麦、麦为大麦，大致是不误的。但据新出《花东》34：“甲辰卜，于麦乙又祖乙宰。用。”“于麦乙”即“于来乙”，麦与来可通作，由此却引发出殷人语言中麦是否专指大麦、来专指小麦的问题，麦、来分指大小麦是否在殷商社会已经成为共识，尚有待检讨。

6. 秜

甲骨文写作，辞云：

> 丁酉卜，争，贞乎甫秜于姐，受有年。（《合集》13505 正。图 2—2）

秜字仅此一见。陈氏释秜。于氏同陈释，并谓秜是野生稻专名，商人已加人工培植。张秉权说秜是人工栽培稻的一种。[②] 王贵民认为秜是野旱稻。[③] 杨升南认为既然命令甫这个人在姐地种秜，它就不是野生稻的“专名”，而是栽培稻的名称。

图 2—2　甲骨文谷类作物秜（稻）

（《合集》13505 正）

---

① 甘肃省文物考古研究所、吉林大学北方考古研究室：《民乐东灰山考古——四坝文化墓地的揭示与研究》，科学出版社 1998 年版，第 140、190 页。洛阳市文物工作队：《洛阳皂角树——1992—1993 年洛阳皂角树二里头文化聚落遗址发掘报告》，科学出版社 2002 年版，第 106—113、123—135 页。

② 张秉权：《殷代的农业与气象》，中研院史语所《集刊》第 42 本 2 分，1971 年。又张秉权：《甲骨文与甲骨学》，台北编译馆 1988 年版，第 463—464 页。

③ 王贵民：《商代农业概述》，《农业考古》1985 年第 2 期。

今按，从黄淮流域中原地区自史前至商代屡屡发现稻谷遗存推测，则上述卜辞中用为动名词的秏字，应指一种栽培稻（*Oryza sativa*）的种植事象，然而若结合自然气候与水文条件变迁诸因素考虑，恐怕商代稻的种植还不很普遍，产量也不会很大，否则也不至于甲骨文秏字仅一见。春秋时孔子云："食夫稻，衣夫锦。"[①] 可见稻米很早就已成为中原地区人们饮食生活中的珍美食粮了。

7. 秫

甲骨文写作𥝢。辞云：

> 丁酉卜，在𠂤……秫芳，弗悔。（《合集》37517）

秫，王贵民谓糯稻。今按，《农书·百谷谱》云，"稻之名不一，随人所呼，不必缕数。稻有粳、秫之别，粳性疏而可炊饭，秫性黏而可酿酒"，是知元代稻名尚且随人所呼，商代或亦如此。甲骨文秏与秫应是商人对栽培稻类作物不同变种的命名，种植均未必普遍。秫可能指黏性稻，秫、糯一声之转，故秫为糯稻（*Oryza sativa var. glutinosa mats.*），可从。

8. 𧆞

甲骨文写作𡴀、𧆞、𧆞。有与黍同卜，辞云：

> 癸未卜，争，贞受𧆞年。
> 贞弗其受𧆞年。三月。
> 癸未卜，争，贞受黍年。
> 贞弗其受黍年。三月。（《合集》10047）

𡴀、𧆞、𧆞，众释纷纭，现择几种主要说法。唐兰释穲，读如稌，稻也。[②] 学者多从其说。但钱穆疑之，又引《诗·大雅·生民》"实覃实吁"，毛传："覃，长；吁，大"；认为𧆞字从覃，乃指米粒之大者，未必指稻。[③] 于氏早年释菽或豆的古字，即大豆；后又放弃此说。彭邦炯赞同于氏早年之说，谓字读如菽，指大豆，

---

①　《论语·阳货》。

②　唐兰：《殷虚文字记》，中华书局 1981 年版，第 34 页。

③　钱穆：《中国古代北方农作物考》，《新亚学报》第 1 卷第 2 期，1956 年。

《说文》段注："麦豆亦得云米"，古代豆可称米，此字从米在陶罐中。[①]

今按，⚬、⚬、⚬与黍并卜，当均属于旱地农作物种类，于氏早年之说可从。中原地区豆科作物大豆（*Glycine max* ［*L.*］*merrill*），已在洛阳关林皂角树二里头文化遗址有出土，商代当也有栽培。《诗·小雅·小宛》云："中原有菽，庶民采之。"《诗集传》云："菽，大豆也。"《礼记·檀弓》有云："啜菽饮水。"《广雅·释草》云："大豆，菽也。"菽是后世称大豆的异名，但释⚬为菽于形未安，不如直接释⚬是商人称豆的专字，盖未能被沿用下来而成为佚字。钱氏云⚬为米粒之大者，恰恰暗证了大豆之说。

9. 䵚

甲骨文写作⚬。也有与黍同卜的，辞云：

> 贞我受⚬年。在⚬。
> 己巳卜，㱿，贞我受黍年。在⚬。（《合集》9946）

陈氏隶写为䵚，疑粢的或体，一名稷，谷子之精米。裘氏释⚬，读作稷，认为字像植于田中的穗形大而直的农作物，似指高粱。

今按，⚬与黍同卜，则⚬当亦为旱地农作物之一。陈氏释为稷的初字，并进而推测是谷子（粟）之精米，似受齐思和在《毛诗谷名考》一文中对稷字考订的影响。但稷到底指何种谷物，一直是历史之谜。清人程瑶田有《九谷考》（载见《通艺录》），力主稷就是高粱。此说虽遭齐氏反对，却未必无可取处。《农书·百谷谱》有云：

> 蜀黍，春月种，（不）[②] 宜用下地。茎高丈余，穗大如帚，其粒黑如漆，如蛤眼。熟时收刈成束，攒而立之。其子作米可食，余及牛马，又可济荒。其梢可作洗帚，秸秆可以织箔、夹篱、供爨，无可弃者。亦济世之一谷，农家不可缺也。

---

①　彭邦炯：《甲骨文农业资料考辨与研究》，吉林文史出版社 1997 年版，第 548 页。

②　据日本天野元之助在《中国农业史研究》一书中第 31 页说，"不宜用下地"的"不"字，可能为"尤"字的讹误，原句盖作"尤宜用下地"（日本东京农业总合研究所刊行物第 231 号，1962 年版）。缪启愉在《东鲁王氏农书译注》（上海古籍出版社 1994 年版）第 517 页则指出："'不'，《农政》卷二十五引本书无，衍文，应删。"此从缪说。

"蜀黍"其实就是高粱（*Sorghum bicolor moench*）。[①] 所谓"（不）宜用下地，茎高丈余，穗大如帚"的高粱种植和生长习性及形态特征，亦正与甲骨文🗲字所示暗合。现代植物分类学上，通以穗形的形态特征区别不同谷物种类，如圆锥花序较密，主穗轴弯曲呈侧穗型者，为禾本科粟类作物（*Setaria italica Beauv.*），即中国民间说的穗头聚而下垂的谷子，一称小米、粟子，古文献中有时以稷名之。但在另一种黍类作物（*Panicum miliaceum L.*）中，也有一型的圆锥花序较疏，主穗轴直立，穗的分枝向四面散开，是以稷型（*Panicum miliaceum var. effusum*）名之，即俗指的米质黏性甚弱的不黏黍。高粱的穗形兼有上二者的某些特征，圆锥花序紧密而大，主穗轴直立而挺，穗的分枝张开如帚，这都与甲骨文🗲所示作物形态特征符合，故释为高粱是恰当的。

应指出的是，陈、裘两氏都读此字为稷，但陈主谷子之精米说，合于齐思和说而疏于作物形态辨析；裘主高粱说，等于补充了清程瑶田之说证据的不足。这意味着稷字作物归属旧讼的重提。我们认为，稷有广狭二义，广义指米质较次的旱地谷类作物，主要指粟、不黏黍及高粱之类；狭义专指禾，即粳性粟；概言之，稷是黄河领域广大地区古代平民日常生活中最普通的粮食作物。因此把甲骨文𪛈释读为稷，从广义而言不误，倘若就具体农作物品属言，则应专指"穗大如帚"的高粱，可释为𪛈、从齐，帚形也。高粱在河南郑州大河村、洛阳皂角树、陕西长武碾子坡等史前至先周遗址均有出土。甲骨文𪛈指高粱自非凿空之说。但甲骨文言"受𪛈年"仅数例，与"受黍年"之数比约为4∶100，说明在商代人们的日常生活中，高粱的地位远低于黍，大概只是贱食。

商代社会构成存在着严重的二分现象，阶级之别和等级之分相当鲜明，作为"人之所本"的"粒食"，也是有贱者食粮与贵者食粮的区分的。禾本科粟类作物，俗称谷子，去皮称小米，自史前至商代一直是中原地区最主要的粮食作物，甲骨文中禾字一般都是指粟，是普通平民日常生活中最通泛的主食，即贱者之食。但粟类作物中的黏性粟，甲骨文称为粱或秫，其中有专称"白粱"或"白秫"者，更属糯性粟之上品，常用于祭祀，还用来酿酒，可见是贵重"粒食"。麦类作物中有大麦和小麦。大麦或单称麦，小麦或称来（秾），种植量可能不太大，似为时令食粮。前揭甲骨文："月一正，曰食

---

① 参见上揭天野元之助：《中国农业史研究》第一编第一章第三节"蜀黍"，日本东京农业总合研究所刊行物第 231 号，1962 年版，第 21—33 页。

麦"(《合集》24440），与《礼记·月令》孟春之月"食麦于羊"相应，大概因其种植和收获量有限，故不能成为经常性食粮。

稻类作物分秜与稌，种植也不见得很广泛，尤其是稌似属糯稻，为珍稀美馔。豆科作物大豆，甲骨文写作𡤡，出现频率虽较多，但鲜用于祭祀场合，大概同于《诗·小雅·小宛》所云："中原有菽，庶民采之。"《农书·百谷谱·谷属》说元代大豆尚是"济世之谷"，"食而充饥，可备凶年；丰年可供牛马料食"。高粱称𪎭，也鲜用于祭祀场合，当也不会是贵重食粮。禾本科的黍类作物，俗称穈子，去皮称大黄米，商代似有好些变种，在甲骨文中地位均非常突出，提到的次数比其他种类作物多得多，极受统治者重视，商王每每令臣下或贵妇督促众人种黍，甚至还亲往视察其种植和长势。黍还经常用于酿酒、祭祀及筵席宴飨场合，说明在当时人的心目中，黍是一种贵重食粮，主要为统治阶级所享用，一般平民怕难吃到。贵黍贱粟、高粱等"稷"类谷物，后世亦然，如《诗·周颂·良耜》云：

> 或来瞻女，载筐及筥，其饷伊黍。

孔疏：

> 《少牢》、《特牲》大夫、士之祭礼，食有黍，明黍是贵也。《玉藻》
> 云：子卯稷食菜羹；为忌日，贬而用稷，是为贱也，贱者当食稷耳。

元王祯《农书·百谷谱·谷属》"黍"字条也说：

> 凡祭祀以黍为上盛。

可见，贵黍贱稷，至周代以降长期如此。

要之，甲骨文中主要有禾（粟）、黍（可能有黏与不黏的品种之分）、粱（秫；黏性粟。又有白粱，为黏性粟之上品）、麦（大麦）、来（秾；小麦）、秜（栽培稻）、稌（糯稻）、𡤡（大豆）、𪎭（高粱）等九大类。其中粟最为普遍，通常是贱者之食。黍、粱、白粱是当时的贵重粮食，常用于祭祀场合。麦、来（秾）为时令食粮。秜种植不很广泛。稌似为珍品。𡤡是重要的辅佐性"济世之谷"。高粱可能也属于贱食。

中国古代人们的主粮，有五谷、六谷、九谷等成说。如五谷说，《周礼·夏官·职方氏》"谷宜五种"，汉郑玄注："五种：黍、稷、菽、麦、稻也。"又《孟子·滕文公上》"树艺五谷"，汉赵岐注："五谷谓稻、黍、稷、麦、菽也。"这是汉代以前的五谷说。黍即今黄米之黏者，稷指小米，菽是大豆，麦指小麦，稻为水稻。再如《汉书·食货志上》"种谷必杂五种"，唐颜师古注："种即五谷，谓黍、稷、麻、麦、豆也。"姑且不论五谷说的成数乃与古代五行思想关系甚密，恐怕随着黄河流域农业水文的变迁，唐人又把汉代以前五谷说中的稻换成了麻。

所谓六谷说，如《周礼·天官·膳夫》"食用六谷"，郑玄注："六谷：稌、黍、稷、粱、麦、苽。"《周礼·春官·小宗伯》"六齍"，郑玄注："齍读为粢，六粢谓六谷，黍、稷、稻、粱、麦、苽。"稻一作稌，稌乃稻的不同变种之一，可能为糯稻。又把五谷中菽换成了粱，即黏粟，另又增入了苽，苽同菰。《淮南子·诠言训》云："菰饭犓牛，弗能甘也。"菰饭以菰米为之，菰米即今江南水乡所见茭白子实。湖北荆门包山战国楚墓出土"遣策"竹简，记有菰，[1] 菰即苽。

所谓九谷说，见《周礼·天官·太宰》"生九谷"，郑司农云"九谷，黍、稷、秫、稻、麻、大小豆、大小麦"，郑氏注："九谷无秫、大麦而有粱、苽。"即六谷加麻、大豆、小豆。元代官撰《农桑辑要》卷二"收九谷种"亦从郑司农之说云："九谷之种，黍、稷（禾）、秫、稻、麻、大麦、小麦、大豆、小豆。"

甲骨文中的谷类作物名，若按文献中谷类的成数，约略来看，五谷或九谷中的麻，在商代主要是作为纤维植物加以种植的，殷墟曾出土不少麻布织品和成束的麻绳。[2] 麻的籽实油性重，不宜多食，《务本新书》谓麻可"收子打油，燃灯甚明，或熬油以油诸物"[3]。麻子也可用做泄内火泻药，河北藁城台西商代遗址即发现用麻子入药的遗存。[4] 麻似尚不成为商人的主粮。六谷说中的苽，甲骨文中尚未发现有此种食粮。尽管如此，我们仍可按五谷、六谷、九谷的成数，规范甲骨文中的谷类粮食作物，举凡稷（粟、高粱之类米质较次的旱地谷类作物）、黍、

①　湖北省荆沙铁路考古队编著：《包山楚墓》下，文物出版社 1991 年版，第 255、258 简。

②　中国社会科学院考古研究所编著：《殷墟发掘报告》（1958—1961），文物出版社 1987 年版，第 278 页；又图版八〇之 3、6—8。

③　缪启愉校释本：《元刻农桑辑要》卷二"麻子"条引，农业出版社 1988 年版。

④　河北省文物研究所编：《藁城台西商代遗址》，文物出版社 1985 年版，第 196 页。

麦、稻、菽（大豆），称得上是商代的"五谷"。略略别之，粟、黍、麦、稻、高粱、大豆，可称之商代的"六谷"。再细言之，则甲骨文中所见的禾（粟）、黍、粱（秫；指糯性粟）、麦（大麦）、来（秾；小麦）、秜（稻）、秫（糯稻）、藿（大豆）、齋（高粱），堪称为商代社会生活中的九大"粒食"种类。

二　肉食、水产和蔬果

《夏书·益稷》有云："奏庶根食、鲜食。"讲到上古人们生活中主要有两大类食物，一类是植物性的"根食"，即根生之食，通指谷类粮食作物，也包括一些蔬果品；还有一类是"鲜食"，凡鸟兽新杀为鲜，指动物性的肉类食品，其中又包括了水产品。

（一）肉类食品消耗

商代人们日常生活的主食是谷类粮食的所谓"根食"，但对于肉类食品的"鲜食"需求量也极大，几乎所有商文化遗址，都有相当数量的动物遗骨及骨制品出土。如郑州商城二里岗遗址，曾在探沟中发现骨料达 3 万块以上，猪骨最多，牛羊骨次之，还有少量马与犬骨等。[①] 河北藁城台西商代中期墓葬，有 17 座随葬祭食，一般都置于近墓主头部的陶器内，祭食种类以犬居多，其次是猪腿之类，再次是羊，其中 M102 还残留着三牲的遗骨，有水牛角 1 对，羊肩胛 1 对，猪腿骨 4 只。[②] 河北定州商代墓地，大型墓内随葬牛腿。[③] 陕西泾阳高家堡村商墓出土的 2 件铜鼎内有兽骨，鼎耳缠麻布，估计是把肉煮好后趁热放进墓穴的。[④] 安阳殷墟晚商王都一些中上层平民墓，甚至也每每随葬牛羊腿骨或鱼类食品。[⑤] 殷墟大司空村和北辛庄两处晚商制骨作坊遗址，出土骨器半成品、骨料及废料总共已达 4 万块以上。[⑥] 诸如此类，不胜枚举。

商代肉类食物每成为侈享的消费品，大量见诸权贵们的日常饮食生活及

---

①　河南省文化局文物工作队：《郑州二里岗》，科学出版社 1959 年版，第 36 页。

②　河北省文物研究所编：《藁城台西商代遗址》，文物出版社 1985 年版，第 111 页。

③　《定州发现商代大型方国贵族墓地》，《中国文物报》1991 年 12 月 15 日。

④　《泾阳商末古墓群出土一批礼器》，《中国文物报》1991 年 9 月 15 日。

⑤　中国社会科学院考古研究所编著：《殷墟发掘报告》（1958—1961），文物出版社 1987 年版，第 213、261 页。

⑥　中国社会科学院考古研究所编著：《殷墟发掘报告》（1958—1961），文物出版社 1987 年版，第 79—80、87—89 页。

王家宴飨赏赐等场合。再者，社会的丧葬礼俗，意识形态的卜用甲骨，以及毛皮制革、制骨手工业作坊生产等方面，均要消耗掉不知多少的牲畜兽禽，特别是祀神祭祖中，动物类的"鲜食"祭品，耗量更是达到令人吃惊的程度。如甲骨文有云：

图 2—3　惊人的"鲜食"
祭品

（《英藏》1256）

　　用五十兕。（《合集》18910 正）

　　用鹿、牛二百。（《合集》18910 反）

　　登大甲牛三百。（《怀特》904）

　　丁巳卜，又燎于父丁百犬、百豟、卯百牛。（《合集》32674）

　　……卜，争，贞燎曹百羊、百牛、百豕、毂五十。（《英藏》1256。图 2—3）

　　庚卜，在麓，岁妣庚三羘，又牝二，至御曹百牛又五。（《花东》320）

　　甲戌卜，用大牛于祖乙。（《后》上 26·4）

　　甲午岁祖甲牝一，权牝一，□祝大牝一。（《花东》149）

　　贞尞禾河，沉三牛，宜大牢。（《南明》448）

　　入商，兄丁延三百牢，大雨，□宗牢。（《合集》22274）

　　甲午，贞其御雍于父丁百小宰。（《屯南》4404）

　　乙亥，岁祖乙小羘，子祝，左麗。（《花东》354）

　　己丑卜，御于卅少宰。（《乙》4603）

　　庚申卜，贞其大宰。（《合集》30519）

　　以象侑祖乙。（《合集》8983）

　　以上辞例，祭祖御灾或祭山川求丰年，用牲有兕、鹿、牛、犬、豟（公猪）、羊、豕、毂、象等，牛又分大牛、大牝、牢、大牢，羊亦别分宰、小宰、小羘、少宰、大宰。或谓牢或大牢指一对公母牛，宰或小宰指一对雌雄羊，后世文献说的"大牢"、"少牢"，源本此。[①] 但《花东》354 宰有写

---

　　① 胡厚宣：《释牢》，中研院史语所《集刊》第 8 本 2 分，1939 年。

作牷的，《合集》3167 有写作牷的，明言属于公羊或母羊，则宰是否指一对雌雄羊，就难说了，牢、宰可能专指牢栅豢养的牛羊祭牲。卜辞的用牲数，自个位数至百位数不等，祭仪有侑、御、卯（剖杀）、岁（刿割）、燎、沉、宜（割肉陈于俎案）等。古人"事死如生，事亡如存，终始一也"（《荀子·礼论》），动物类祭品的大量消耗，正是现实生活中人们对肉类食品侈享追求心理的写照。凡此，充分表明当时对动物类祭品的消耗量是何等可观了。

1. 家畜家禽

商代肉类食品之"鲜食"，大体来自三个方面，一是家畜家禽，二是野生走兽飞禽，三是鱼类水产等。

家畜种类基本承自史前，主要有猪、犬、羊、牛、马、兔、鹿、象等，家禽有鸡、鹅、鸭等。鸡在甲骨文有云："贞亩鸡。"（《京津》4456）又有写作鸡（《粹》1563），像雄鸡高冠之形。殷墟后冈 91M39 殷墓腰坑内埋有一鸡。[①] 四川广汉三星堆遗址祭祀坑出土有青铜公鸡。河南罗山天湖晚商墓 M18 葬随葬有玉鸡。[②] 甲骨文鹅、鸭字未见，但殷墟花园庄 54 号墓、郭家庄殷墓及 93 新安庄 M305 出有玉鹅，[③] 殷墟西区 M861、M701、86 苗圃 M138 及 94 大司空 M7 出有圆雕玉鸭，[④] 小屯北地一座编号为 F10：1 的房址内出有石鸭，[⑤] 河南辉县琉璃阁殷墓出有晚商铜鸭，[⑥] 均体态肥硕，造型明显具有家鸭及家鹅的特征。[⑦] 殷墟妇好墓出有玉鹅、玉鸭、石鸭、玉卧牛、

---

① 中国社会科学院考古研究所安阳队：《1991 年安阳后冈殷墓的发掘》，《考古》1993 年第 10 期。

② 信阳地区文管会、罗山县文化馆：《罗山蟒张后李商周墓地第二次发掘简报》，《中原文物》1981 年第 4 期。

③ 徐广德、何毓灵：《安阳殷墟发现高级贵族墓葬》，《中国社会科学院院报》2001 年 2 月 8 日。又中国社会科学院考古研究所安阳工作队：《1987 年夏安阳郭家庄东南殷墓的发掘》，《考古》1988 年第 10 期。又中国社会科学院考古研究所编著：《安阳殷墟出土玉器》，科学出版社 2005 年版，第 114 页。

④ 中国社会科学院考古研究所安阳工作队：《1969—1977 年殷墟西区墓葬发掘报告》，《考古学报》1979 年第 1 期。又中国社会科学院考古研究所编著：《安阳殷墟出土玉器》，科学出版社 2005 年版，第 115—117 页。

⑤ 中国科学院考古研究所安阳发掘队：《1975 年安阳殷墟的新发现》，《考古》1976 年第 4 期。

⑥ 中国科学院考古研究所编著：《辉县发掘报告》，科学出版社 1956 年版，第 26 页。

⑦ 参见陈志达：《商代晚期的家畜和家禽》，《农业考古》1985 年第 2 期。

石牛、玉马、玉犬、玉鹿、玉兔与玉象等，[①] 安阳王裕口、新安庄、大司空等地殷墓均有玉兔出土，[②] 具有家养特征，几乎集中展示了当时主要的家畜家禽种类。《周礼·天官·膳夫》说的"膳用六牲"，指牛、羊、豕、犬、马、鸡等六种家畜家禽，也称"六畜"，在商代已不鲜见，其中牛、羊、豕、犬、马占显位。

由于社会生活中对家畜家禽的需求量甚大，特别是国家祭祀中以牛、羊、猪为主牲的祭品，往往动辄以几十、数百计，因此必须得有可靠稳定的来源，这就育成了当时相当发达的畜牧饲养业经济生产。一方面，如鸡这类家禽饲养，当已成为农业经济社会中的副业时，平民阶层的养鸡应很普遍。河北藁城台西商代中期遗址，一些平民墓内发现有盛放着鸡骨的陶豆。[③] 殷墟小屯东北地发现的一个鸟禽遗骸坑内也出有鸡骨。[④] 殷墟一些末流贵族及平民墓内随葬的陶盛器中也往往残存有鸡骨。[⑤] 这表明养鸡已可能成为平民家庭的副业，是普通社会肉类食品的一大来源。再如猪一类繁殖能力旺盛、易于饲养而经济效益来得快的牲畜，可能已向小规模饲养发展，成为一般社会阶层肉食品的基本来源。但另一方面，如牛、马之类的大牲畜，经济效益并不能在短期内迅速获得，却又是王朝祭政或军政中的重要畜产，当已成为王朝经济体制支配下的畜牧业生产。[⑥] 如甲骨文有记养马诸事云：

图2—4 卜问小雌马产仔白不白

（《合集》3144）

　　　王畜马在兹厩。（《合集》9415）
　　　骍毓白。（《乙》1654）
　　　少（小）驴子白。不白。（《合集》3411。图

---

① 见中国社会科学院考古研究所编著：《殷墟玉器》，文物出版社 1982 年版。

② 中国社会科学院考古研究所编著：《安阳殷墟出土玉器》，科学出版社 2005 年版，第 78 页。

③ 河北省文物研究所编：《藁城台西商代遗址》，文物出版社 1985 年版，第 111 页。

④ 中国社会科学院考古研究所安阳工作队：《1987 年安阳小屯村东北地的发掘》，《考古》1989 年第 10 期。

⑤ 参见陈志达：《商代晚期的家畜和家禽》，《农业考古》1985 年第 2 期。

⑥ 日本冈村秀典在《中国古代の动物供牺》一文持有类似的观点，见其《青铜器の图象记号ちゐ殷后期社会の研究》补论 2，京都大学人文科学研究所 1997 年版。

2—4）

厩指圈养马舍。《说文》云："厩，马舍也。"《尔雅·释兽》："骊马黄脊，騳。"《说文》："骊，马深黑色。"《诗·鲁颂·駉》："有骊有黄。"騳指背脊黄色的黑马，"騳毓白"谓此种马是否能育产白马崽。又问小雌马出生的马子白不白。

商代畜牧业的规模在甲骨文中有反映：

> 丁巳卜，争，贞降曹千牛。
> 不其降曹千牛千人。（《合集》1027＋《乙补》4919，《醉古》350）

日本白川静曾指出，商周之际青铜器铭有许多"册"字与鸟兽之形相组合的款识文字，表明册的初义指栅，即牢闲阑橛之意，甲骨文的"降曹千牛"，是说把千牛补充入牢栅中饲养，以择其毛色等，洁净修被，备他日祭祀之用。[①] 此说精确。从"降曹千牛千人"的对贞可知，晚商畜牧业不仅规模大极，畜养牲畜有达千牛以上，而且还有众多的饲养者。

商代有择牲礼俗。《墨子·明鬼下》讲到夏商周三代之王，"必择六畜之胜脠肥倅，毛以为牺牲。"《礼记·檀弓上》有云："夏后氏尚黑……牲用玄。殷人尚白……牲用白。"《明堂位》有云："殷人白马黑首"、"殷白牝"。择牲礼俗表明了古人对畜类品种的关注。甲骨文所涉择牲极为细致，别雌雄而名之牝牡、牝牡、牝牡、牝牡等，察大小有麑（幼鹿）、驸（小马）、大牝诸称，辨牛龄或在牛角上刻短道，去势之豕称豕，肥嫩幼豕为豚，识毛色有黄牛、白牛、幽（苍青色）牛、玄（青黝色）牛、黑牛、物（杂色）牛、幽物牛、黄物牛、白牝、黑牝、黑牡、白牡、物牝、白牝、白牝、白豕、白豲、白貜、黑豕、黄豕、白马、黑马、赤駓、赤駓、钖（铜色马）、白羊、黑羊、白鹿、白麋、幽鹰、白兕、骰（赤黄色）兕等用语，而尤崇尚白色。如有言："奚来白马。王占曰：吉"（《合集》9177正），"乎取白马"（《合集》945正）。裘锡圭曾指出，殷人在占卜"取马"、"以马"、"来马"诸事时，一般不指明马的毛色，惟有白马却屡屡出现，知殷人崇尚白马，文献所谓"殷人尚白"说，是有根据的。[②]

① 白川静：《作册考》，《甲骨金文学论集》，日本京都朋友书店1973年版，第111—119页。
② 裘锡圭：《从殷墟甲骨卜辞看殷人对白马的重视》，《殷墟博物苑苑刊》创刊号，1989年。

据《周礼·地官》说，古代专门有负责祭牲牧养的官员群，如：

牧人，掌牧六牲……凡祭祀，共其牺牲，以授充人系之。

牛人，掌养国之公牛……凡祭祀，共其享牛求牛，以授取人而刍之。

充人，掌系祭祀之牲牷，祀五帝则系之于牢，刍之三月。

羊人，掌羊牲。

晚商官方畜牧业不仅也有众多的饲养者，而且还有为数众多的牧场，见于甲骨文者，如"左牧"、"右牧"（《合集》28769）、"南牧"、"北牧"（《合集》28351）、"中牧"（《合集》32982），等等。

商王朝的畜产品除来自直属牧场外，各地诸侯族落均有义务贡纳各自牧养的畜产品，以随时补充入王室牢闲供祭政及侈享之需。甲骨文云："贞乎牛于北土"（《合集》8783）、"以牛四百"（《合集》8965）、"禽见百牛"（《合集》102）、"以百牛"（《合集》8966）、"以牛五十"（《合集》8968）、"画来牛"（《丙编》74）、"登羊三百"（《合集》8959）、"兹以二百犬"（《合集》8979）、"贞象以三十马"（《合集》500）等，以义为贡纳，见义同献，皆关各方进贡畜产事。当然这类贡品中也包括野味，如甲骨文云："以象"、"以猴"（《合集》8984）、"来兕"（《合集》9172）、"见（献）麋"（《英藏》215）、"以豕"（《合集》8981）、"入龟"（《合集》9774）等，这些大概都是猎获品。

2. 猎自野生动物的"鲜食"

《尚书大传》卷五云："禽兽多则伤五谷，因习兵事，又不空设，故因以捕禽兽，所以共承宗庙，示不忘武备，又因为田除害。"讲到古代统治者狩猎的目的。商代贵族统治者好田猎，甲骨中田猎区大多又为农田区，其中确有为田除害，保障农作物收成的意义。商开国之君"成汤好田而天下用足"[①]，武乙"畋于河渭之间"，帝辛"才力过人，手格猛兽"。[②] 甲骨文有记田猎"振旅"（《合集》38177）。凡此也揭示了狩猎有军事操练、炫耀武力以震慑远方或盘游追求"淫溢康乐"的性质。

商代统治者的田猎，并非纯以上目的，还有"共承宗庙"的祭政和扩充肉类食品来源等方面的需要。《诗·小雅·车攻》："大庖不盈"，毛传即指

---

① 《汉书·扬雄传》。

② 《史记·殷本纪》。

出田猎所获野味可供三方面之需，"一曰乾豆，二曰宾客，三曰充君之庖"。说的是野味一可为盛于豆器中的祭品供宗庙，敬祖先，二可用来宴飨宾客，三可成为君主的美食。《礼记·王制》也说："天子、诸侯无事，则岁三田，一为乾豆，二为宾客，三为充君之庖。无事而不田，曰不敬。""岁三田"指的就是统治者居常田猎的这三大收益。田猎除能扩大肉类食品或祭牲来源外，还能提供手工业制骨、制革等生产原料及其他生活用品。

《尔雅·释天》云："春猎为蒐，夏猎为苗，秋猎为狝，冬猎为狩。"[①] 验以甲骨文，虽一年四季皆有田猎之事，但并无蒐、苗、狝一类专用语，只是早晚期对田猎的称法上有某些习惯性的变异，早期以"田"、"兽"、"逐"之称为多，也有称"禽"者。如：

图2—5　猎获丰美的野生动物
（《醉古》369）

　　丁卜，其涉河兽。
　　丁卜，不兽。
　　不其兽，入商。在⁂。
　　丁卜，在⁂，其东兽。
　　其逐河兽，至于⁂。
（《花东》36）
　　庚午卜，⁂，贞田⁂，
⁂。（《合集》110）
　　翌戊午焚擒。
　　戊午卜，殸，贞我兽⁂，
擒。之日兽，允擒。〔获〕
虎一，鹿四十，狼百六十
四，麚百五十九，蔺交有友
三，交小□三□。（《合集》
10198 正 ＋《乙》507 ＋
《乙补》318＋306，《醉古》
369。图2—5）
　　丙申卜，殸，我其逐
麋，获。（《丙编》291）

———————————

① 《左传》隐公五年说同。经传中还有其他诸如此类的说法，用词略有不同。

戊午卜，在斿，子立于录中□。子占曰：企楉。

戊午卜，我人禽。子占曰：其禽。用。在斿。（《花东》312）

禽豕。子占曰：其禽。用。（《花东》378）

"田"谓田猎，义同文献中说的"畋"。甲骨文"兽"字从干从犬，意为持干驱犬以猎，即后世"狩"字。"兽"属于互相配合呼应的大规模围猎，故猎物一般均较多。"逐"为追逐，通指逐兽，但亦逐飞禽，如"往逐磬鹰弗其擒。擒获鹰十、豕一、麂一"（《合集》10500）。盖"逐"属狩猎中的连续行为，追逐被伤及而难远飞的猛禽。"禽"读如擒，禽虽属狩猎行为，但往往用于有所猎获场合。中晚期以降，又有"田兽"、"田省"之称，称"射"也大大超过前期，如：

王其田兽，亡戈（《屯南》226）

辛，王叀田省，亡戈。

于壬，王乃田，戈。

其兽，亡戈。（《屯南》271）

王其田斿，不遘大雨。

弓射斿鹿。（《遗珠》674）

"田兽"义同"田狩"。第二例三辞，第一辞"田省"指王出巡中的田猎活动，是总叙，第二辞单言"田"是专指该番出巡中举行的田猎活动，第三辞的"兽"指采取围堵的狩猎方式。第三例记商王在斿地田狩，方式同上例，"射"为狩猎的手段之一。

从甲骨文得知，当时比较常用的狩猎手段有狩（围猎）、小狩（《屯南》2326，小规模围猎）、射、焚、阱（设陷阱）、冥、网、罩、袁（搏）、鲁（兜捕）、围（几人围捕）、罗（设罗网）、窆（圈陷）、弹（投石）、合、衣逐（合逐），等等。[1] 田猎所获，大至猛兽，小至禽鸟，且择例列举于下：

乙未卜，王狩擒。允获虎二，兕一，鹿十二，豕二，麂百二十七，豹二，兔二十三，雉二十七。一月。（《合集》10197）

---

[1]　参见黄然伟：《殷王田猎考》，《殷周史料论集》，三联书店（香港）有限公司1995年版。又杨升南：《商代经济史》，贵州人民出版社1992年版，第275—304页。

辛未王卜，贞田畫，往来亡灾。王占曰：吉。获象十，雉十又一。（《合集》37364）

□子卜，殼，贞王逐百兕，阱，（《续补》）

丁亥卜，今日合兕获。允获六。（《合集》20726）

□□卜，王，令网兕六。（《合集》20729）

擒，兹获兕四十，鹿二，犰一。（《合集》37375）

己卯卜，庚辰王狩……擒。允擒，获兕三十又六。（《屯南》2857）

己亥卜，贞王田于□麓，往来亡灾。获鹿四，虎三，麂二。（《合集》37463）

……麇七十一，麑四十一，麂百。（《合集》20723）

壬申允狩，擒获兕六，豕十又六，麂百又九十又九。（《合集》10407）

王擒犰卅又七。（《合集》28314）

允获麋四百五十一。（《合集》10344 反）

□□，贞乙亥阱。擒七百麋。（《屯南》2626）

……擒获鹿百六十二。（《合集》10307）

……狩获擒麃五十又六。（《前》4·8·1）

……获犰八十又六。（《合集》37471）

……获鹿……麂二，白犰一。（《合集》37499）

……其射牛，亡□。（《宁沪》390）

……麋七十又四，豕四，兔七十又四。（《合集》40125）

……获鹰五十。（《合集》10499）

癸未卜，殼，贞……多子逐麇。（《合集》10501）

……获隹二百五十，象一，雉二。（《合集》41802）

获麑五，象一，雉六。（《英藏》2539）

甲寅卜，乎鸣网鸟，获。丙辰风，获五。（《合集》10514）

以上所举，有象、兕、虎、豹、麇、豕（野猪）、鹿、麑（幼鹿）、麋（四不像鹿）、麃（即豹）、犰（狐，一释狼）、牛（野牛）、兔等10余种野生哺乳动物，还有鹰、麇、隹、雉、鸟以及前举的"蔺炎"等飞禽。实际上当时人们狩猎的动物种类肯定还要多得多，由考古出土的禽兽遗骨鉴定可以为证。比甲骨文时代要早的河北藁城台西商代遗址所出土的兽骨，据裴文中、李有恒鉴定，有斑鹿（梅花鹿）、麋鹿（四不像鹿，三叉型角，北方代表性动物）、圣水牛（水牛，可能为驯养，今见于长江流域南方地区）、狍子等。[①] 末一种甲骨文未见。殷墟出土的兽骨，昔日德日进、杨钟健、刘东生诸氏鉴定，有象、犀牛、虎、豹熊、肿面猪、野牛、扭角羚、獏、狐、貍、獾、獐、斑鹿、麋鹿、兔、猴、猫、竹鼠、黑鼠、田鼠等 20 多种野生动物，[②] 其中近半数以上为甲骨文所未载。禽鸟方面，1987 年春在殷墟小屯村东北地的宫室区内曾发现一个大灰坑，出土有大量鸟骨，经鸟类专家侯连海鉴定，至少有隼、鸡、鹤、鸮、翠鸟等五目五科六属八种鸟类，其中包括有猛禽鹰、雕以及雉。[③] 这与甲骨所示基本相合，但甲骨文田猎卜辞所获最多的禽鸟是隹，为短尾鸟，唯难以确知是什么鸟，很可能是鸟的泛指；其次是鹑鸡目的雉，有一次获 50 只（《合集》40834）；前举鹰也有一次获 50 只的。甲骨文中的夒、蔺灸也难知是何种鸟。

就甲骨文所见，田猎野味每成为宴飨之品，如云：

> 王来狩自豆麓，在襆帥，王飨酉。（宰甫簋，《愙斋》11·26）
> 王先狩乃飨，擒有鹿。（《合集》28333）

狩猎后有酒宴、鹿宴。"飨酉"即飨酒。这类似《诗·小雅·吉日》所咏"发彼小豝，殪此大兕，以御宾客，且以酌醴"。此外，确有许多猎获品用于祭祀：

> 于祖乙侑兕。（《丙编》349）
> 乙未卜，叙虎陟于祖甲。
> 乙未卜，叙虎于父甲祼。（《合集》27339）
> ⋯⋯用犴于丁。（《合集》10254）
> 庚申卜，狄，贞王叀荐麋用。（《合集》27459）
> 乙卯贞，酚肜于父丁，叀鹿。（《合集》32083）

① 裴文中、李有恒：《藁城台西商代遗址中之兽骨》，河北省文物研究所编《藁城台西商代遗址》附录一，文物出版社 1985 年版。

② 德日进、杨钟健：《安阳殷虚之哺乳动物群》，中国古生物志丙种第十二号第一册，1936年。又杨钟健、刘东生：《安阳殷虚之哺乳动物群补遗》，《田野考古报告》第 4 册，1949 年。

③ 侯连海：《记安阳殷墟早期的鸟类》，《考古》1989 年第 10 期。

以上祭祖乙、祖甲、父丁、丁等先王的用牲，有兕、虎、犳（狐或狼）、麋、鹿等，均为猎获品。1976 年殷墟武官大墓南墓地发掘发现殉葬有马 27 匹、犬 11 只、猴 3 只、鹿 1 只，有的当属于猎获品。王陵区东区祭祀坑 M3，里面瘗埋猪 1 头，个体甚大，长约 1.6 米、高 1 米，獠牙较大，似为野猪。M217 祭祀坑中瘗埋 1 人及鹰 5 只。[①] 次年又在王陵区西区祭祀坑 M2 中出土狗、羊、河狸各 1 只，M17 中发现瘗埋狐狸 1 只。[②] 《尚书大传》卷四云："已有三牲，必田狩者，孝子之意以为，己之所养，不如天地自然之性逸豫肥美。"这一观念是否商代已有，虽未敢必，但当时确是有用野味荐鲜的。

（二）水产与蔬果食品

商代文化遗址大多有当时人们食余的鱼鳖贝蚌螺蛤等水产品以及捕鱼工具鱼钩、网坠之类遗物出土。殷墟王都的一些中上层平民墓，往往发现随葬陶器中盛有鱼类食品的遗骨。甲骨中有云：

王鱼。

勿鱼。（《丙编》156）

其渔。（《安明》2099）

弜渔。（《粹》1565）

戊寅，王狩膏鱼，擒。（《合集》10918）

甲申卜，不其网鱼。（《合集》16203）

丁卯卜，王大获鱼。（《遗珠》760）

癸卯卜，豕获鱼其三万，不□。（《合集》10471）

□丑，贞王令□□取祖乙鱼，伐告于父丁、小乙、祖丁、羌甲、祖辛。（《屯南》2342）

"王鱼"、"勿鱼"的"鱼"用为动词，意为渔捕之渔字。王亲自莅临捕鱼，说明了对渔业的重视。膏读如郊，捕郊外河湖之鱼言"狩"，亦可见商代渔

---

① 中国科学院考古研究所安阳发掘队等：《安阳殷墟奴隶祭祀坑的发掘》，《考古》1977 年第 1 期。

② 中国社会科学院考古研究所安阳工作队：《安阳武官村北商代祭祀坑的发掘》，《考古》1987 年第 12 期。

狩规模有时几与田猎同，可能还借鉴了田猎的某些手段。据杨升南考证，商代人们捕鱼的方法大致有网捕、垂钓、弓箭射鱼、竹笱筌鱼、鱼鹰捕鱼等。[1] 所谓"狩鱼"及"网鱼"，揭示了当时多种渔捕技巧。豕是商王武丁时的一位渔官，在其率领下能捕鱼3万尾，这足以表明当时的渔业已相当发达。末一辞可知鱼鲜水产品在当时不仅被人们大量食用，还被商王用来荐祀先王。

　　商代的鱼类资源十分丰富，自然生态环境遭人类生存活动的破坏程度甚微，人们食用的鱼鲜水产品大都为居地附近的天然河湖所产。如湖北沙市周梁玉桥商代遗址出土不少当时人们食后所弃的鱼骨，经鉴定有鲤鱼、青鱼、大口鲶鱼和鳜鱼，[2] 均属长江流域南方地区的常见鱼类。河南安阳殷墟出土的鱼骨，经鉴定有黄颡鱼、鲤鱼、青鱼、草鱼、赤眼鳟和鲻鱼（Mugil sp）等，前五种鱼类皆当地所产，分布很广，今河南北部尚盛产之，唯末一种鲻鱼，则产于江海交汇的咸水区。[3] 可以推知，当时人们饮食生活中的鱼鲜食品，主要产自本地；但对于王都的贵族统治者来说，又享受着来自异地远方的进贡品。如郑州商城曾出土过鲟鱼骨。[4] 1987年春殷墟小屯村东北地宫室区内发现的鸟骨坑中，也有一块鲟鱼的侧线骨版。[5] 这种鲟鱼可能来自长江流域的中华鲟或达氏鲟，是特富营养价值的珍贵鱼类品种，体长可达3米左右，重可达1000斤，肉质鲜美，当属贡品。《尸子》云："夏桀商纣，纵欲长乐，以苦百姓，珍怪远味，必……东海之鲸。"此说信而有征，殷墟即出土有来自遥远海域的鲸骨，[6] 与上面提到的海产鲻鱼，也都属于外来品，而为贵族统治者所专享。

　　甲骨文中鱼类一般都泛称"鱼"而不细别，但也有例外，如：

　　乙未卜，贞豕获鲧。十二月。允获十六。（《合集》258）

---

① 参见杨升南：《商代经济史》，贵州人民出版社1992年版，第328—332页。

② 彭锦华：《沙市周梁玉桥商代遗址动物骨骸的鉴定与研究》，《农业考古》1988年第2期。

③ 伍献文：《记殷虚出土之鱼骨》，《田野考古报告》第4册，1949年。

④ 杨育彬：《河南考古》，第106页，中州古籍出版社1985年版。

⑤ 中国社会科学院考古研究所安阳工作队：《1987年安阳小屯村东北地的发掘》，《考古》1989年第10期。

⑥ 李济：《安阳遗址出土之狩猎卜辞、动物遗骸与装饰文样》，《台湾大学考古人类学刊》第9、10期合刊，1957年。

　　　　乙未卜，王，贞三卜，豙执鲞。（《合集》5330＋10494）

豙为武丁时渔官。获与执同义，辞中用为捕捉意。鲞应属殷墟一带河湖中所产的鱼，从验辞记捕获 16 尾看，似乎个头不小，且年末 12 月前后是较佳的渔捕期，为当时所熟晓，故商王为此进行预卜，但属于什么鱼，是否即《大戴礼记·夏小正》说的“（二月）祭鲔……鲔之至有时，美物也”。《周礼·天官·鳖腾人》“春献王鲔”，郑注：“王鲔，鲔之大者。”鲔鱼肉白味鲜，大者可至七八尺。此有待后考。这是甲骨文中极少数有具体命名的鱼。

　　商代的鱼类水产品主要渔自天然河湖，但似乎很早就已出现人工养鱼。偃师商城宫室区北部发现一片经人工挖掘，又用石块垒砌成缓坡岸的长方形池苑，东西长 130 米、南北宽 20 米、深约 1.5 米，面积 2600 平方米，池底有成片、成层的螺壳。① 殷墟小屯宫室区西侧近年也发现了深达 12 米的大面积池邕。湖北黄陂盘龙城的宫城内西南方是池沼景观。宫苑池中养鱼，古代通例，如西周遹簋铭云“穆王在茮京，呼渔于大池”，可能商代已如此。甲骨文有“王兑省鱼”（《屯南》637），同如“省牛”、“省羊”、“省象”，所省视者大多为人工养殖的动物，可以想见商代养鱼是有传统的。

　　关于商代的蔬果食品，这方面资料非常少，但当时饮食生活中植物类的“根食”，应占有相当大比重。史传辅助商汤的伊尹是一位烹调里手，《吕氏春秋·本味》载他曾经向商汤开具了一份菜单，其中有云：

　　　　肉之美者：猩猩之唇，貛貛之炙，隽觿之翠，述荡之掔，旄象之约；流沙之西，丹山之南，有凤之丸，沃民所食。

　　　　鱼之美者：洞庭之鲔，东海之鲕；醴水之鱼，名曰朱鳖，六足，有珠百碧；雚水之鱼名曰鳐，其状若鲤而有翼，常从西海夜飞游于东海。

　　　　菜之美者：昆仑之苹，寿木之华。指姑之东，中容之国，有赤木、玄木之叶焉。余瞀之南，南极之崖，有菜，其名曰嘉树，其色若碧。阳华之芸，云梦之芹，具区之菁。浸渊之草，名曰土英。

　　　　和之美者：阳朴之姜，招摇之桂，越骆之菌，鳣鲔之醢，大夏之盐……

　　　　果之美者：沙棠之实。常山之北，投渊之上，有百果焉，群帝所

---

　　① 杜金鹏、张良仁：《偃师商城发现商早期帝王池苑》，《中国文物报》1999 年 6 月 9 日。

食。箕山之东，青岛之所，有甘栌焉。江浦之橘，云梦之柚。

这份菜单罗列了上古时期各地的许多土特名产，肉食嘉品有猩唇、獾肉、鸟雀、走兽、旄牛、象腰子、凤卵；水产品有鲔、鲡（鱼子）、鳖、鳐鱼等；调味品有姜、桂、菌、醢（酱）、盐；蔬菜有苹（水藻）、木实、木叶、树菜、芸蒿、水芹、菁、土英等；瓜果有棠实、百果、甘栌、橘、柚之类。山珍野味、蔬果土产。有的物名今已难考，有的在考古遗址有发现，当有一定依据。《礼记·内则》有记"芝、栭、菱、椇、枣、栗、榛、柿、瓜、桃、李、梅、杏、楂、梨、姜、桂"17种果品，其中桃、李、梅、杏、枣通谓之"五果"。河北藁城台西商代遗址发现罐装桃仁、李核、枣核、草木樨等果酒原料。一些商代遗址出有梅核、花椒这类调味品，同样可归入根生之食。

据甲骨文云：

　　乙未卜，贞黍在龙圃，来丁受有年。二月。（《合集》9552）
　　□酉卜□贞翌……王往□圃，亡□。（《合集》9488）

圃是商代王家或权贵们的种植园圃。《说文》云："圃，苑有墙也。""圃，种菜曰圃。"《大戴礼记·夏小正》云：正月"圃有见韭"、二月"荣堇（苦菜）采蘩（白蒿）"、三月"采识（蘵，黄蒢，可作菹食）"、四月"圃有见杏"、五月"始食瓜，煮梅"、六月"煮桃"、七月"为将（芷，茭白）"、八月"剥瓜，剥枣"、十月"采芸（芸蒿）"、十二月"纳卵蒜"。商代的龙圃，可能分别以种植谷物与蔬菜瓜果为主，似乎当时园圃蔬果种植与大田谷物栽培已经有了一些分工。

三　饮料——酒的酿制与品种

（一）酒的社会消费和酿酒业

商代酒的消费量十分之大，社会生活中几乎随处皆见酒。民间的"族食、族燕之礼"，要"为酒以合三族"。[①] 祀神祭祖，则"既载清酤，赉我思

---

① 《尚书大传》卷三。

成"。^① 甲骨文酒字作酓，如辞云：

> 叀岳先酓，乃酓五云，有雨。大吉。（《屯南》651＋671＋689）
> 戊午卜，宑，贞酓粦年于岳、河、夒。（《合集》10076）
> 辛酉，酓四方。（《续存》上 1829）
> 癸亥卜，酓上甲。（《合集》1192）

求雨、求农业年成丰收于天神"五云"及山川自然神岳、河、夒等，要用酒。祭四方、祭祖先上甲等，仍旧少不了酒。

再如，当时国家政治生活中的宴飨方国来宾、军戎饯行、战胜献俘、封侯任官、养老教子，等等，也每每以酒为礼。贵族统治阶级的居常饮食生活，酒酐醉饱，更为常见。商代祖甲以后各王，"生则逸，不知稼穑之艰难，不闻小人之劳，惟耽乐之从"^②，商纣王"以酒为池，悬肉为林，使男女倮相逐其间，为长夜之饮"^③，真是史不绝书。至于商亡国前"庶群自腥闻在上"^④，已成了后世统治者治国的前鉴。

商代社会对酒需求如此之高，固然与当时农业生产的发展及可有大量粮食剩余产量能用来制酒有直接关系，但节节攀高的酒的消费量无疑又反过来刺激着酿酒业的持续发展。

目前所知酿酒的历史可以追溯到距今 9000 年前后，据对河南贾湖裴李岗遗址出土碎陶片上残留沉淀物的化学分析，含有酒类挥发后的酒石酸，其化学成分与现代稻米、米酒、葡萄酒、蜂蜡、葡萄丹宁酸包括山楂的化学成分相同，表明这些陶器盛放过以稻米、蜂蜜和水果为原料混合发酵而成的饮料。^⑤ 这种既能当饮料又能做调味品的甘甜的酒，可能属于谷物天然酒，谷米受潮发芽生霉菌，由微生物作用而引起糖化和酒化。酿制这种酒，无须太复杂的技巧。

至商代酿酒业的发展十分迅速，已由谷物天然酒化进入人工培植曲蘖发

---

① 《诗·商颂·烈祖》。

② 《尚书·无逸》。

③ 《史记·殷本纪》。

④ 《尚书·酒诰》。

⑤ 蓝万里：《我国 9000 年前已开始酿制米酒》，《中国文物报》2004 年 12 月 15 日。

酵造酒的新阶段。《商书·说命下》佚文有记商王武丁之言云："若作酒醴，尔惟曲糵。"用酒曲发酵造酒，不仅产量可以大大提高，酒的质量也要比单纯让谷物潮霉而自然酒化容易把握。

商代酿酒已发展到作坊的批量生产，酿酒作坊林林总总，不仅王都有，地方也很多，有属王家的，也有属各地贵显阶层的。如郑州商城在 20 世纪 50 年代初东南郊二里岗的发掘中，曾在一片不小的范围内发现了相当多的大口尊，通高大都在 30 厘米以上，侈口深腹，形体硕大，陶质坚硬，器表有烟炱痕，器内粘有白色水锈状沉淀物，考古工作者曾推测这处遗迹遗物似与酿酒有关。① 这一范围很可能属于商王都的王家酿酒作坊。日本林巳奈夫认为，郑州二里岗出土的商代通高约 35 厘米以上的大口尊及通高 28 厘米以上的釉陶有肩尊是用来酿酒的容器，这类大口尊的器形即甲骨文酉字之由来，后盛酒器酉又被卣字替代，但卣容量显然小些。他同时又指出商代那种高度通常在 24—35 厘米的喇叭口有肩的圈足青铜尊及截头有肩尊（又称罍），也是由大口尊演变而来的酒容器。② 大口尊的容器都较硕大，容量可达 5 公斤以上，由此可以追想那时的酿酒作坊规模已经不小。

河北藁城台西商代中期遗址也发现一处酿酒作坊，位于一组大型贵显宅落的最北部，其酿酒作坊为两座高台式斜坡顶建筑物，面积近 50 平方米，呈南北一列而稍有错位呈曲尺形，朝西一面皆无墙，有踏阶可进入坊屋内。屋内排放了 46 件陶器，以瓮和大口罐占多数，还有罍、尊、壶、豆、"将军盔"、漏斗等。陶瓮内也发现留有与郑州二里岗出土大口尊内相同的白色水垢状沉淀物，共达 8.5 公斤之多，另外还在 4 件大口罐内发现分别装有桃仁、李核、枣、草木樨与大麻子。科学工作者对这次发现的白色沉淀物作了分析鉴定，确定是人工培植的酵母，即用来制酒的曲糵，今俗称酒曲。由此得知这两座屋子是属于商代贵族阶级的酿酒作坊，坊屋内所出器物皆与酿酒有关。罍、尊、壶、豆是储酒及品酒之具，陶瓮为曲糵发酵制酒之容器，"将军盔"可能是蒸煮酿酒原料之具，漏斗用于灌注酒，大口罐内的果仁是为酿制果酒的原料。③

商代地方贵族阶级酿制的酒除供自家饮用外，还当做进贡品敬献君王。甲骨文有云：

---

① 河南省文化局文物工作队：《郑州二里岗》，科学出版社 1959 年版，第 29 页。

② ［日］林巳奈夫：《中国古代の瓮》，《考古学杂志》第 65 卷第 2 号，1979 年。

③ 河北省文物研究所编：《藁城台西商代遗址》，文物出版社 1985 年版，第 175—176 页。

　　贞以卣。（《东京》286）

　　以，进贡之义。青铜卣是专用于盛贮鬯酒的容器，通常又成为鬯酒的容量单位，如甲骨文有"丙寅卜，其一酌"（《合集》28593反）、"其一酌五十牢"（《合集》30888）、"贞鬯三卣缢"（《合集》30910）、"鬯五卣。十卣"（《合集》30815），晚商斝彝铭有"鬯廿卣"[①]、毛公鼎铭有"秬鬯一卣"、《尚书·洛诰》有"鬯五卣"之类的熟语。酒鬯以卣为容量单位，"一酌"犹言一卣酒。一卣的酒容量大体在3公斤左右。1983年安阳郭家庄M1、1984年戚家庄东M269和刘家庄M1以及山东滕州前掌大M11四座殷墓出土的四件铜卣内，均盛有白色透明液体，郭家庄一卣及刘家庄一卣的液体内均含有植物纤维状杂质，含乙醇（酒精）成分。[②] 河南罗山蟒张天湖晚商息族墓地，出土一件密封良好的青铜卣，也装有酒，经色谱测试，每百毫升内含甲酸乙酯8.239毫克，并有果香气味，是为浓郁型香酒。[③] 上举的"以卣"，当也包括了卣内的美酒，用今天的话说，就是进贡了一卣酒。此犹西周臣辰盉铭所说的"赏卣鬯"，赏了一卣鬯酒。

　　商代除王家及地方贵族阶级有酿酒作坊外，民间平民阶层中的富有者也私家酿酒自用，有的甚至还酤酒出售。《古史考》即讲述了商末吕望曾经"卖饮于孟津"，卖饮即卖酒，指在黄河古渡口孟津开酤酒铺，其酒当为自酿以售。

（二）商代酒的品种

　　商代酒的品种主要有以下5种近10多个品类：

1. 酒

　　通常泛指粮食白酒，是普及社会上下而消费量最大的一种酒，当主要用粟酿制。甲骨文酒从酉从彡，写作酌，酉即上述林巳奈夫说的酿酒容器大口

---

　　① 《捃古录金文》2·3。

　　② 中国社会科学院考古研究所安阳工作队：《安阳郭家庄的一座殷墓》，《考古》1986年第8期。又中国社会科学院考古研究所安阳市文物工作队：《殷墟戚家庄东269号墓》，《考古学报》1991年第3期。又《中国文物精华》编辑委员会编：《中国文物精华》（1997），文物出版社1997年版，第211—212页。又安阳市文物工作队：《1983—1986年安阳刘家庄殷代墓葬发掘报告》，《华夏考古》1997年第2期。

　　③ 《三千年前古酒尚飘香》，《人民日报》1987年12月24日。

尊之形，彡表示酒液。酒液在殷人看来不是水，是奇妙的圣液，甲骨文酒字并不从水，水旁作《等，与彡有别。前引甲骨文"丙寅卜，其一酓"（《合集》28593 反）、"其一酓五十牢"（《合集》30888），"一酓"之酓，显非祭名动词，而是用指名词，犹言一卣酒，可见酓即酒字。甲骨文中有直接用酒器酉字借指酒的辞例：

> 戊卜，以𨡠橘神。（《花东》53）
>
> 丙午卜，其入自酉祭，若，于妣己酉。用。（《花东》355）
>
> 戊午，贞酉求禾于岳，燎三豕，卯……（《屯南》2626）

酉字写作𨡠，刘一曼、曹定云指出："酉为盛酒的器皿，其内有小点，表示器内盛了酒，应为酒字。"[①]"酉求"即"酒求"，可参照下辞："辛巳卜，酓求于祖乙用于丁巳。"（《京人》3003）。商周金文也有酉酒通假之例，如：

> 乙亥，王既在熊师，王飨酉。（尹光鼎，《小校》13·2）
>
> 酉无敢酖。（大盂鼎，《三代》4·42·1）
>
> 穆王在葊京，呼渔于大池，王飨酉。（遹簋，《善斋》78）
>
> 用盛旨酉。（季良父壶，《三代》12·28·2）

四辞中的"酉"均由酒器而借为"酒"。"王飨酉"，在大鼎铭云："大以厥友守，王飨醴，王呼膳夫驭召大"（《三代》4·33·1），醴字一壶一酉两件酒器并列，与"王飨酉"的用例意义无别，也借为酒字。《尚书·无逸》"酗于酒"，魏三体石经古文酒作"酉"。《释名·释饮食》云："酒，酉也。"凡此均可证明，甲骨文的酓即后世的酒字，通指粮食白酒。

2. 醴

前揭《商书·说命下》武丁之言云："若作酒醴，尔惟曲蘖。"醴与醪同为稻米酿制的浊甜酒，不同之处是醪的度数高，而醴只是一宿而成的米酒。《说文》云："醴，酒一宿熟也。"前引徐灏笺云："（醴）味至薄。"《周礼·天官·酒正》郑氏注："醴，犹体也，成而汁滓相将，如今恬（甜）酒矣。"

---

① 中国社会科学院考古研究所编著：《殷墟花园庄东地甲骨》第6册，云南人民出版社 2003 年版，第 1582 页。

是知醴相当于今江南民间用糯米酿制的"酒酿",制法是将糯米蒸熟后稍停,拌入酒曲,置于缸中,捂盖使保持一定温度,若遇天热,一夜可成。如制时再放些桂花,连米合液饮尝,更香甜可口。凡用束茅过滤过的醴酒,甲骨文称为"酸"(《合集》377),如下辞云:

> 乙酉卜,贞来乙未酒酸于祖乙。十二月。(《合集》1594)
>
> 丁□,贞乙亥酒酸。(《屯南》1089)
>
> 丁丑卜,酸其酒于父甲,有庸,叀祖丁用。(《屯南》1055)

酸,甲骨文一形作𣂕,从西从束从又,意为手持束茅过滤去糟滓以制成清醴酒。《周礼·春官·司尊彝》"郁齐献酌,醴齐缩酌",郑玄注:"煮郁和相鬯以醆酒,摩莎沛之,出其香汁也。醴齐尤浊,和以明酌,沛之以茅缩去滓也。"又《礼记·郊特牲》"缩酌用茅,明酌也",郑玄注:"醴尤浊,和之以明酌,沛之以茅缩去滓也。""酒酸"、"酸其酒"均指用束茅过滤酒。

3. 鬯

鬯是用黍酿制的酒,在商代属于高档酒,为统治阶级所专享,大都用于重要礼仪场合,且每以"若干卣"为其容量计量单位,此乃因鬯为上品常用高级青铜卣礼器盛贮之故,如甲骨文有云:

> 丁酉卜,贞王宾文武丁,伐十人,卯六牢,鬯六卣,亡尤。(《合集》35355)
>
> 丁卯,……百羊。
>
> □亥,贞王侑百鬯,百牛。(《合集》32044,图2—6)
>
> 丁亥卜,𣪊,贞昔乙酉籫奔,御自大乙、大丁、大甲、祖乙,百鬯、百羌,卯三百宰。(《合集》301;《缀续》444即《合集》1477+302)
>
> 贞左鬯。(《合集》30519)
>
> 右鬯□卣。(《合集》30520)

图2—6　祭品百鬯百牛

(《合集》32044)

上举五例,或记商王祭祀先王,祭品中皆有鬯;或记祭品鬯分列左右,有的明记盛贮器是卣。凡鬯以卣计量，卣数量不多者，常明言"鬯若干卣"，如"鬯六卣"之类，为确指，是实有六件铜卣盛着鬯，但像"百鬯"，其数甚大，恐未必能备齐上百件青铜卣，其不明言"鬯百卣"者，盖鬯的计量单位为百卣的量，但实际未盛在铜卣中，很可能是统装在若干更大的容器之内的。

鬯酒又可分为秬鬯和郁鬯两类。《诗·大雅·江汉》云："秬鬯一卣。"毛传："秬，黑黍也。鬯，香草也。筑煮合而郁之曰鬯。"对此，汉郑玄注《周礼·春官·郁人》"凡祭祀宾客之裸事，和郁鬯以实彝而陈之"，则持有不同说法，其云："筑郁金煮之，以和鬯酒。"清儒孙诒让《周礼正义·春官·鬯人》归纳这两种说法云："依毛义秬与鬯为二，郁与鬯为一，意谓筑煮鬯草，合之秬鬯，蕴郁而酿之，是为鬯酒；则郁非草名，而鬯乃草名。依后郑则郁是郁金，秬鬯是黍酒，二者相合乃成郁鬯。"他又引黄以周之说云："黄以周云：《鬯人》曰共秬鬯，《郁人》曰和郁鬯，是秬鬯可单称鬯，而郁未和鬯只单称郁也。《郊特牲》曰：殷人尚臭，灌用鬯臭，阴达于渊泉。曰郁合鬯……以二物相合。然则经之单称鬯，皆秬鬯也；经之单称郁，皆未合鬯者也；经之单称秬鬯者，亦鬯之合郁者也。"孙氏认为"黄说是也"。《说文》"郁"字条段玉裁注亦云："凡以郁和鬯谓之郁鬯，如《郁人》云郁鬯以实彝是；不和郁者但谓之秬鬯，如《鬯人》掌供秬鬯而饰之是也。"其说与黄、孙两氏同。简言之，用黍为原料酿制成的酒，通称为鬯。甲骨文中有"新鬯"、"旧鬯"[①] 之别，新鬯指新近酿成的鬯，旧鬯指陈鬯。鬯又可细分出两类高档酒，一类是专用黑黍酿制，不和入郁金香草，名之秬鬯，另一类是和入郁金香草的香鬯，尤为名贵，称之郁鬯。前揭殷墟及前掌大墓葬出土三铜卣，内存白色透明液体，又含植物纤维，罗山天湖商墓出土铜卣内的酒，有浓郁型香味，从质、色、味看，似都属于郁鬯。郁鬯以郁和鬯而得名，上述郑玄注谓郁是"郁金"，《说文》亦云："郁，芳草也。"郁金香草（学名为 *Curcuma aromatica*），主要生长于四川及江汉平原以南的南方温湿地带，其叶柄长约 5 厘米左右，叶长 15—37 厘米、宽 7—10 厘米，近似美人蕉叶而小些。[②] 日本林巳奈夫曾注意到，《诗经》中有咏采苹祭祖，有歌种黍酿酒祀祖，却没有咏郁的采集与收获，尽管郁是制作祭祀场合最上品酒的原料，故

---

① 《粹》910、《屯南》1088。

② 参见江苏新医学院编：《中药大辞典》，上海人民卫生出版社 1977 年版，第 1316 页。

他推测商周时期郁是从南方输入，因此特别贵重。①

今人通谓郁鬯是以鬯酒加郁金香草浸泡而成，这是出于臆想，其实不然，制作郁鬯有前两道手序，即捣筑和鬻煮。《说文》"郁"字条有云："筑以煮鬯之为郁。"前引郑玄说亦云："筑郁金煮之，以和鬯酒"，他还引郑司农说云："郁，草名，十叶为贯，百二十贯筑以煮之鐎中，停于祭前"，意思说郁草每 10 片叶子称一贯，捣上 120 贯即 1200 片叶子，放在鐎中煮，置于祭前以备和鬯酒。按照《周礼》的记载，这前两道手序是由"郁人"专门掌管，而另有"鬯人"负责提供鬯酒，但"郁人"并不亲自动手"筑以煮"，他似乎只负责把煮好的郁浆和入鬯中调成郁鬯。至于"筑以煮"，自有他人来干，即《周礼》所述"肆师"，在"祭之日……及祼，筑鬻"或"大宾客，莅筵几，筑鬻"。筑者，指用杵臼捣筑郁叶；鬻者，煮之成浆液也。日本林巳奈夫据此指出，调制郁鬯当非事先完成，而是临祼祭的当天或在飨贵宾的筵席上捣郁煮汁和鬯，颇似茶道的客前点茶，成为一种仪式。② 此说可信。甲骨文有"鬯小臣"（《合集》27876），应是管理或从事调制鬯酒的臣僚。

甲骨文有云：

丁丑卜，子御于妣甲，曹牛一，又鬯一，□灾，入商酓，在麗。一二三四五六七八九十

丁丑卜，子御于妣甲，曹牛一，鬯一。用。一（《花东》176）

两辞同卜，记子御祭于妣甲，入献祭品中有鬯和商酒两种高档酒。鬯似为秬鬯之专指。商酒之商，疑读为章。③《说文》"商，从外知内也"。段注："商之言章也。物成熟可章度也。"商酒盖指"煮郁金和鬯而成浆液"的郁鬯。

黄濬《邺中片羽》初集卷下第 19 页著录有一件殷商时的玉杵，若据《礼记·杂记上》说的"畅（郁鬯）臼以椈（柏），杵以梧"，则这件玉杵似为祭祀场合用来捣制郁鬯的仪礼用具。郑州商城西 300 米处杜岭，曾出土商

---

① ［日］林巳奈夫：《殷周时期青铜器の研究·殷周青铜器综览一》，日本东京吉川弘文馆 1984 年版，第 168 页，注 45。

② 同上书，第 124 页。

③ 《荀子·王制》"审诗商，禁淫声"。王引之云："商读为章。"

代前期一坑王室重器，主要有大方鼎 2 件，石臼、杵 1 套，其中 1 件方鼎内又放铜鬲 1 个。石臼已残缺，石杵长 23 厘米，臼中及杵头均留有朱砂色的捣研痕，而两方鼎底腹下及足部有烟炱痕。[①] 或许这即是"筑鬻"调郁鬯仪式的遗征。殷妇好墓也出土过 1 套玉制品的臼、杵，臼高 27 厘米、孔径 16 厘米，杵长 27 厘米，[②] 大概也是"筑郁金"的礼具。值得注意的是，玉臼内及杵头上同样留有朱砂色，这是否与当时"筑郁和鬯"的佐料有关，存疑有俟后考。

由于郁鬯是商代最高档的礼仪酒类，故有特定的铜酒器，如捣筑郁草用玉石臼、杵，煮郁和鬯用盉，盛郁液用壶，贮郁鬯用卣，献宾有觯，品尝用爵、角，裸郁鬯用瓒，等等，构成了商代上层社会中的高档酒礼器。

4. 果酒

前述河北藁城台西商代中期遗址发现的酿酒作坊内，出土了不少成罐的酿制果酒的原料，有桃仁、李核、枣核等。这些果仁果核，有的原当是鲜果或干果品，唯因果肉难以保存下来而仅见其核。从色、味言，果酒有色酒，有果香甜、酸五味酒等。概言之，果酒基本上是为营养酒或药补酒。如蔷薇科桃属的去核桃仁，据古代药书记载，是活血化瘀的代表性药物，有止咳逆上气、杀小虫、下瘀血、通经、治腹中结块、通润大便、症瘕邪气等作用。同科樱属的郁李仁，可通便、泻腹水、治浮肿，能破血润燥。李实可除痼热，桃仁可治面野黑子。枣能健脾益血，枣核有酸收益肝胆药效。[③] 但商代未必已了解其药性，然有桃仁酒、李酒、枣酒等果酒则为地下考古发现所确知。

5. 药酒

《尚书·说命下》佚文有商王武丁之言："若药不瞑眩，厥疾不瘳。"意思说服药后感觉不到头晕目眩的药物反应，病就不会痊愈。《礼记·曲礼上》云："有疾则饮酒食肉。"《说文》云："医之性然，得酒而使，酒所以治病也。"这是讲饮酒食能舒筋活血，加速血液循环，利于新陈代谢，抵御病毒。在商代社会生活中，确有一类酒是制成而当药酒服用的，藁城台西商代遗址

①　河南省博物馆：《郑州新出土的商代前期大铜鼎》，《文物》1975 年第 6 期。

②　中国社会科学院考古研究所编著：《殷墟妇好墓》，文物出版社 1980 年版，第 149 页。

③　参见耿鉴庭、刘亮：《藁城台西商代遗址中出土的植物》，《藁城台西商代遗址》，文物出版社 1985 年版，附录三。

的酿酒作坊里，另出有成罐的草木樨和大麻籽的制酒原料，草木樨能清热解毒，大麻籽能润肠通便，有祛风、活血通经功效，其仁浸泡酒可治骨髓风毒和大风癞疾等，但此等物制成的酒苦涩而难饮，且不宜多服用，有的有缓泻等强烈副作用，由此推知当时制这类酒是视作药酒的。

总之，商代酒的品种，有用粟酿制的粮食白酒，用谷米酿制的薄味酒"醴"，用束茅过滤去滓的清醴酒，用黍酿制的"鬯"及调入煮郁液的"郁鬯"，有果酒桃仁酒、李酒、枣酒，还有草木樨、大麻籽所制的药酒，其中"鬯"与"郁鬯"属高档酒，为统治阶级专享的礼仪酒类，"郁鬯"尤属名贵酒，"鬯"与"郁鬯"通以卣为容量计量单位。

第二节　烹饪俗尚

一　粮食加工和食品储藏

在农业社会中，作为"火食之道成"的主要食粮是谷食，早先通常为"米而不粉"，蒸煮后犹呈米粒状，故也称"粒食"。至商代，仍基本维持着这种"粒食"的习惯。谷类粮食要成为能熟煮蒸烹的"粒食"，一般得经过脱粒除壳或精白之类的粮食加工。最原始的粮食脱粒除壳方法是用手揉搓，用脚踩压，用棍棒捶捣，用卵石碾磨。久之，乃有磨盘、碾棒、杵臼等粮食加工工具的发明。《易·系辞下》云："黄帝尧舜氏作……断木为杵，掘地为臼，臼杵之利，万民以济。"元代王祯《农书·农器图谱集之九》有云："昔圣人教民杵臼，而粒食资焉。"

各地出土的商代磨盘、磨棒、杵臼等类的粮食加工遗物屡见不鲜，民间社会最普遍使用的当是木杵、石杵及石臼、陶臼之类。如日本天野元之助在《中国农业史研究》[①] 的巨著中，就曾列举了河南郑州商城出土的臼，[②] 从图观察，似属陶制品。1950 年春安阳殷墟四盘磨村也曾出土有石臼。[③]

殷墟甲骨文有秦字写作𥟋（《合集》27315），像双手持杵直舂禾谷之意。另

①　［日］天野元之助：《中国农业史研究》，日本东京农业总合研究所刊行物第 231 号，1962 年版，第 844—849 页；又东京御茶の水书房 1979 年增补版。

②　参见许顺湛：《灿烂的郑州商代文化》，河南人民出版社 1957 年版，图版 19。

③　参见郭宝钧：《一九五〇年春殷墟发掘报告》，《中国考古学报》第 5 册，1951 年，图版四二：一。

有一字写作🔯（《安明》999），余释曰或春字，像手持杵春其曰，[1] 即《说文》所云："曰，春也，古者掘地为曰，其后穿木、石，像形；中，米也。"再如商代铜瓿上有刻🔯字标识者，[2] 裘锡圭释建字，[3] 字像一人春作之形，杵下两小点，若非指版筑所夯之泥土，则亦可能指谷粒。总的来说，商代以来各地出土的磨盘、磨棒、杵曰等粮食加工工具，以及甲骨文金文中所见的春曰之类的用词，大抵均属意于脱谷壳的粒食加工，而并非指粉食加工。

至于粉食的起源，尚无明确的考古证据可追溯到商代。20 世纪 90 年代陕西泾阳高家堡村发掘一批晚商墓葬，在两件铜方鼎内发现留有一层厚厚的面糊状物，表面凹凸不平，干燥龟裂的纹路纵横分布，据说依稀可辨当时"沸腾流动焦煳冷凝的轨迹"。或推测其"既有蒸食的粒食食物，也有煮食的粉食食物"[4]。但我们认为指其为"粉食食物"，未免草率，凹凸不平有龟裂纹的"面糊状物"，是三千多年后地下出土时所看到的状态，未经过正式的科学鉴定，如何能径然断定为"粉食食物"？表面凹凸不平，又有龟裂纹，视为当时的"饘粥之食"[5]，即厚饘稀粥，也没有什么不妥，稀粥同样可呈"流动焦煳冷凝的轨迹"。总之，要结合各方面材料进行综合考察，才能有比较客观的正确认识。

粉食加工器古称䃺，又称硙，《说文》："䃺，石硙也。"后世称磨，即上下曰对合，接触面刻槽线，中心安轴，上曰又有注粮孔，如上揭《农书》所云："凡磨……利齿旋转，破麦作麸，然后收之筛罗，乃得成面，世间饼饵，自此始矣。"另据《世本》云："公输般作硙。"公输般为春秋鲁国人。但今见硙的最早考古出土品都属汉代，则粉食之起可以上推到汉代之前。[6]

商代用磨盘、磨棒、磨石、杵曰等把粮食谷物加工为粒米，费时费力，工效颇低，故不大可能在短期内把收获的谷物尽数加工成粒米后再储存起来，大概人们仍保持着史前以来的农作生活传统方式，束穗或不脱壳储存，

---

① 参见宋镇豪：《夏商法律制度研究》，《夏文化研究论集》，中华书局 1996 年版。

② 陈仁涛：《金匮论古初集》，香港亚洲石印局 1952 年版，第 13 页。

③ 裘锡圭：《释"建"》，《古文字论集》，中华书局 1992 年版，第 354 页。

④ 陕西省考古研究所编著：《高家堡戈国墓》，三秦出版社 1994 年版，第 135 页。

⑤ 《孟子·滕文公上》。

⑥ 参见前揭天野元之助一书，第 868—887 页。又林巳奈夫编：《汉代の文物》，京都大学人文科学研究所 1976 年版，第 283—285 页，插图六 57—62。

等到闲时或现食前再取出加工。犹如甘肃东乡林家仰韶文化遗址所见，一些居室的先民是把大批量的扎成小把的黍穗整齐码起堆放在储粮地窖内，而把已加工好的小量黍、粟粒米装在陶罐里。[①]

商代的粮食包括其他物品的储藏，大体可分地上与地下两种。甲骨文中的廩，就是地上储藏设施，而地下则有地窖。中原地区的地下储藏窖穴，很早就注意到防潮防霉防雨雪、坚固、取用方便、安全等实用功能。偃师商城、郑州商城、安阳殷墟等遗址发现的储藏窖穴，坑口平面有方形、长方形、圆形、瓢形、椭圆形、不规则形等，窖穴形状有直壁、斜壁、内凹壁等，口径小者1—2米，大者达5米以上，一般深2米左右，最深的有达9米左右者，坑壁、坑底大都经拍捶夯实，再经火燎烤而呈红色。凡口大底小、口小底大的中浅窖，一般都有台阶可拾级出入，但若是深井式直壁穴，则在坑壁适当部位对称挖两排脚窝，以供双脚能递踏上下。[②] 有的储藏窖挖在居室内一隅，可能坑口用板材之类覆盖，于室外者，大概原有窝棚或屋盖遮拦风雨，唯今已难周悉。

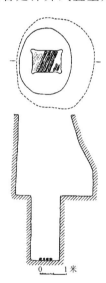

河北藁城台西商代一诸侯邑落遗址发现一个编号为132的室外储藏窖，窖口小底大，坑口椭圆形，径1.9—2.5米，深5.4米，窖内分两层，即上穴平底，中部又向下挖一方井式竖穴，四角安立柱，内底经拍实，再敷圆木10根，方井口径1.1×0.8米，深2.4米。据推测，原方井式竖穴四角的立柱是盖的遗迹。（图2—7）[③] 杨升南认为，这个套穴式且加盖的特殊窖穴，"很有可能是用以藏冰的凌阴"[④]。"凌阴"即冰窖，按常识应有排泄冰融积水的设施。如春秋时秦都雍城宫殿区发现的"凌阴"建筑遗存，即由窖穴、

图2—7　商代冷藏井
（采自《藁城台西商代遗址》）

---

①　《甘肃东乡林家遗址发掘报告》，《考古学集刊》第4集，1984年。

②　参见河南省文化局文物工作队：《郑州二里岗》，科学出版社1959年版，第10页。又《殷墟发掘报告》（1958—1961），文物出版社1987年版，第25页。又石璋如：《小屯殷代的建筑遗迹》，载中研院史语所《集刊》第26本，1955年。

③　河北省文物研究所编：《藁城台西商代遗址》，文物出版社1985年版，第37—38页。

④　杨升南：《商代经济史》，贵州人民出版社1992年版，第466页。

槽门、屋架、屋盖、泄水道等部分构成。此井式套箱竖穴，井口架盖，穴底平敷原木，出于隔水防潮及卫生考虑，显然亦为保藏物品，并无泄水功能，故疑这类大小套式窖穴，性质接近春秋战国时的井藏式冷库，即《说文》说的"窨，坎中小坎也，《易》曰：入于坎窨"。利用了地下深处恒温夏凉。如韩都新郑宫殿区地下冷库，内铺地砖，又挖一溜五井，有大量猪、牛、羊、鸡骨同出。易县燕下都发现的冷藏屋，内挖三眼井，同出牛、羊、鸡等食品。① 藁城台西这个特殊结构的井藏式窖穴，不仅能储存谷类粮食，还能保藏肉类食品或菜蔬果类。2004年春夏之交考古工作者在安阳大司空村也发现了一个晚商井藏式窖穴，此窖穴深约2—3米，穴底再向下挖一深达6米以上的长方形井式竖坑，坑底与地面温差低6℃—10℃。据推测"应是当时夏天贮藏易腐物品之所"②。

　　商王朝尤重视粮食的储备，因这直接与国计民生相关。国家的粮仓，一期甲骨文中有"南廪"（《合集》9641）、"陕廪"（《合集》5708正）、"崔廪"（《合集》20485）、"廪三"（《合集》583反），三四期有"西仓"（《屯南》3731）、"公廪"（《合集》27999）等，其以方位命名者，似属王都附近所置仓廪，以具体地名相称的，似属各地的粮库。如辞云：

　　　　戊寅卜，方至不。之日有曰：方在崔廪。（《合集》20485）
　　　　于公廪，其祝于危方奠。（《合集》27999）

"方"指敌对方国。既然验辞记敌方出没于"崔廪"周近一带，可见是外地储粮库。"公廪"当亦靠近危方。甲骨文恒见商王亲自或委命臣属省视粮库之辞，如：

　　　　己巳卜，贞令吴省在南廪。十月。（《合集》9638）
　　　　乙亥卜，贞令多马亚、伲、遘、祝省陕廪，至于仓侯，从椆川，从垂侯。九月。（《合集》5708正）

---

① 参见宋镇豪《中国春秋战国习俗史》，人民出版社1994年版，第111—112页。
② 岳洪彬、岳占伟、何毓灵：《河南安阳殷墟大司空遗址发掘获重要发现》，《中国文物报》2005年4月20日。

吴是武丁时重臣。"多马亚"是武职官，同受王命一起前往"陕廪"省巡者还有多马亚、伲、遒、祝等几位要臣，仓侯当是守护这处储粮重地的官员。王臣驾临，惊动各地方诸侯，楁川、垂侯等纷纷陪同前往。由此推测，当时王都及各地的粮库重地，关系国家安危，故极受商王关注，有专职官司掌出纳，有重兵守护，还不时受到朝廷的省视。此等粮库的命名，从仓、廪两字的构形看，仓可能指地下粮窖，窖口有"∧"形攒尖顶式窝盖。廪者当指地上储粮设施，屋顶亦为斜坡顶，可减小风雨之侵。陈梦家谓廪像露天的谷堆之形，今北方农家有在麦场上作一圆形低土台，上堆麦秆麦壳，顶上作一亭盖形，涂以泥土，与此相似。[①] 商代国家级地上粮库是否为专门性质的建筑库房，还是如陈说为这类短期性的简陋设施，有待后考，倘若参以偃师商城内西南偏小城，里面遍布军营及储藏粮食军需的排房式建筑，[②] 则前说更切实些。

商代还有专门的王家仓储，以供统治者吃喝享受。《史记·殷本纪》载商纣王"厚赋税，以实鹿台之钱，而盈钜桥之粟"，《集解》引服虔云："钜桥，仓名。""鹿台"是王家金库，而"钜桥"是王家粮仓。凡王家仓储中贮藏的食品，除了供王朝贵族统治集团日常之需外，还备于祭祀等重大礼仪场合之用，故品类丰美嘉珍，非寻常平民之食可及。甲骨文有云：

> 壬午卜，争，贞令登取湿黍。（《怀特》448）
> 庚申卜，馨粱其祼兄辛。（《合集》27632）

登、祼一义，荐献食品之祭。馨，于省吾释声的省体，读为馨香之馨。[③] 我们知道，黍、粱在商代人的心目中是最好的食粮，是嘉品，主要为贵族统治者享用，故"馨粱"未必是特别形容粱之佳美，与"湿黍"参核，很可能指两个具体贮藏地点的粮食，后者似为选址于水道附近的粮仓，取其交通运输之便，类似文献所述钜桥粮仓。

总之，商代粮食包括其他食品的贮存，大致可分地上和地下两种储藏设

---

① 陈梦家：《殷虚卜辞综述》，科学出版社 1956 年版，第 536 页。

② 赵芝荃、徐殿魁：《偃师尸乡沟商城的发现与研究》，《中国古都研究》第 3 辑，浙江人民出版社 1987 年版。

③ 于省吾：《甲骨文字释林》，中华书局 1979 年版，第 246 页。

施，在甲骨文中有称地上粮库为"廪"，称建有窝盖的地下粮窖为"仓"，并十分注意仓廪的防潮、防霉、加固、护藏及取用之便，有其相应的选址、建造等技术性知识，已发明了井藏式的窖穴。国家所有的粮库，不仅王都有，在各地也有设置，并每每委任专职官员司掌护藏出纳诸务，王常常亲自或委派重臣前往巡视省察，可见对这类关系国家安稳的物资重地的重视。商代还有直属王室及地方各个社会层面的贮藏设施，有精心构建的，有简陋或临时性的等等。王家仓储中贮藏的粮食或其他食品，除供王室成员享用外，还备用于祭祀等重大礼仪场合。

二　食品的烹制

商代高级权贵有的懂得较好的烹饪技巧，往往在重大飨饮场合充当主厨角色。此乃源出原始时期体现人与人关系的酋长掌勺，"合族以食，序之以礼"[①] 的古老饮食俗尚。

传说燧人氏裹肉而燔，黄帝蒸谷为饭与烹谷为粥，尧时彭铿好和滋味及善斟雉羹。《天问》："彭铿斟雉帝何飨。"王逸注云："彭铿，彭祖也，好和滋味，善斟雉羹，能事帝尧。"也可理解为那些不同时代的族落酋首，在各自的生活实践中发明或总结出的与其时代相应的不同烹饪法。商代开国君王汤，也很知晓食品制作。《淮南子·泰族训》称"汤之初作囿也，以奉宗庙鲜轿之具"。鲜指新割杀的鸟兽家畜之肉类，轿指干肉。古代有一种生脯制法，取牛羊鹿类牲肉之精者，搦去血水，加调料，溺溺时以木棒轻轻捶捣，令其坚实，制成条形肉干，《礼记·内则》称之"腶脩"，郑玄注："腶脩捶脯施姜桂也"，又称"腶脯"，据说可长期保存。一期甲骨文有云：

令多尹腶。（《合集》5613）

腶字像一手持棒捶一肉块形，可知商王武丁也懂得生脯制法，亲自命令众朝臣制"腶"。"腶"也是一种精细的肉类食品保藏方法。

商汤的一位重臣伊尹，是著名的烹饪里手。《墨子·尚贤上》云："汤举伊尹于庖厨之中，授之政。"《史记·殷本纪》谓伊尹"负鼎俎，以滋味说汤，致于王道"。其烹饪在于细察"鼎中之变"，尽炊器妙用。《吕氏春秋·

---

① 《礼记·大传》。

本味》载有一段伊尹"说汤以至味"的烹饪理论：

> 夫三群之虫，水居者腥，肉玃者臊，草食者膻，丑恶犹美，皆有所
> 以。凡味之本，水最为始。五味三材，九沸九变，火为之纪。时疾时
> 徐，减腥去臊除膻，必以其胜，无失其理。调和之事，必以甘酸苦辛
> 咸，先后多少，其齐甚微，皆有自起。鼎中之变，精妙微纤，口弗能
> 言，志不能喻。若射御之微，阴阳之化，四时之数。故久而不弊，熟而
> 不烂，甘而不哝，酸而不酷，咸而不减，辛而不烈，澹而不薄，肥而
> 不腻。

大意说食物皆有本味，要去其腥臊膻臭，使之美味可口，一要巧妙利用水火
木三材烹之，细察鼎镬之变，掌握火候；二要善调，把握调味品投放次序、
分量和时机。虽出后人附会，但商代以前人们对于烹调关系已有认识，却可
举出种种证据。

商代的一些烹饪仪式乃至食品制作加工，每由上层权贵主其事。如四祀
邲其卣铭云：

> 乙巳，王曰：障文武帝乙宜。在
> 召大庭，遘乙翌日，丙午舄，丁未煮。
> （图2—8）

李学勤谓舄读如"写"（寫），《说文》
"写，置物也"，段注"谓去此注彼也"，
是讲将食物自一器颠倒入它器。[①] 铭文记
商王帝辛在召大庭举行障宜的祭祀父王文
武帝乙的行事，亲自操持烹饪礼仪，从乙
巳日开始，到次日丙午主持了将食物或调
料投放入炊器的仪式，到第三日丁未又用

图2—8　四祀邲其卣铭

---

① 李学勤：《邲其三卣与有关问题》，《全国商史学术讲座会论文集》，《殷都学刊》增刊，1985年。

煮的烹饪法，文火炖烧，熟而敬献神灵。前后进行了三天，颇如《礼记·内则》说的"八珍"之一"炮豚"的部分烹饪操作，牲体经宰杀切件和初步烧炮后，又"钜镬汤，以小鼎，芗（香）脯于其中，使其汤毋灭（没）鼎，三日三夜毋绝火，而后调之以醯醢"。

此铭中的"宜"是一种肉食祭，字像分格陈肉块于俎案上，正关及牲肉的割切加工和分类。甲骨文恒见"宜牛"、"宜牝"、"宜羊"、"宜牢"、"宜大牢"、"宜小宰"等。可见当时颇讲究对牲体的解剖分品类。有一片三期甲骨文云：

> 王其即敝麋。（《合集》29405）

是记商王亲自操刀剖解猎自敝地的麋鹿。它辞又有：

> 叀肵牛用。（《屯南》1051）

肵字从肉从斤，意为剁析。《仪礼·特牲馈食礼》云："举肺脊加于肵俎。"旧释肵为盛放牲肉及心舌肺之器，当是引申义。肵牛是屠牛而剁析之。甲骨文还有一祭名卯字，初义是对剖牲体。另有一字作㔯（《粹》1223），从肉从刀，疑裁的初字。《礼记·曲礼上》"左肴右裁"，旧注："裁，切肉也。"裁指切成块的肉。从中均反映了对食品刀工技巧的注重，而王者也常常是主持其事的。

总的说来，以粒食为主的商代人，又每以蔬果肉食相佐，肉食或取自畜养，或猎自自然界，或渔自水域，来源不一。在择选牲体和食品刀工技术等方面都颇有一套知识。其加热中调味，重视火候，把握投放调料时机，已有复合味，构成了当时烹饪的四大特色。

这四大特色实乃本之围火灶或炊器坐食的原始俗尚导演而出。从本质上看，此种俗尚体现着人与人之间的早期"礼"关系，故其掌烹饪者身份必高。商代君王或其他贵显至少在形式上仍握有此种承自原始时期而形成的亲和力，并随之确立了一系列相关的烹饪礼俗。事实上，尊者主厨，在以后颇长岁月犹保留着。《礼记·乐记》云："天子袒而割牲，执酱而馈，执爵而酳，冕而揔干，所以教诸侯之弟子。"《周礼》谓："膳夫掌王之食饮膳羞，以养王及后世子，王燕饮酒，则为献主。"膳夫同于西周金文中的"善夫"，虽以掌膳羞名其官，却又宣示王命，位列公卿，是掌仪礼的尊职。可见三代烹饪礼仪的演化，要在"寓礼于食"，然高级权贵每在其中充当主厨角色，这与儒家所主张的"君子远庖厨"①是不同的。

随着"火食之道"的大备，饮食器类的繁化，商代人们对于炊事的操作技巧也在不断推陈出新，总结规范，产生了各种各样的烹制方法。

首先，从谷类粮食的烹制方法来看，由于商代仍保持着史前以来"米而不粉"的"粒食"习惯，故其烹制法大体不外乎水煮和汽蒸两种状态。当时最常见的水煮"粒食"炊器是陶鬲，分档三款足，纳粮少许，加水，下面受火，即所谓"瓦鬲煮食"②。罐、鼎、甗、鬶等陶器，也每多用于煮"粒食"。最常见的汽蒸炊器是甑或釜甑形器，通体两层，中隔箅孔，粒粮置上，底层蒸汽可通过箅孔蒸熟饭食。还有一种分体甗，上甑下鬲分体，与汽蒸原理相似。殷墟妇好墓即出土了两套青铜分体甗，是高档蒸炊礼器。（图2—9）《古史考》说："黄帝始蒸谷为饭，烹谷为粥"，就是指汽蒸与水煮两种"粒食"炊事烹制而言。但若细细道来，饭食未必尽属汽蒸而熟，水少米多，水煮可为饭，全在"水火之齐"③，古人在长期的炊事实践中自然不难觉察到。

0　　5　　10厘米

图2—9　青铜分体甗蒸炊礼器
（采自《殷墟妇好墓》）

"五谷"的粒性不同，炊烹的方法及名称用语也有区别。《尚书·费誓》云："我惟征徐戎，峙乃糗粮，无敢不逮。"《孟子·尽心下》云："舜之饭糗茹草。"《周礼·天官·笾人》"糗饵、粉餈"，汉郑司农注云："糗，熬大豆与米也；粉，豆屑也……餈，谓干饵饼之也"，郑玄则认为，糗饵、粉餈，"此二物皆粉，稻米、黍米所为也。合蒸曰饵，饼之曰餈。糗者，捣粉熬大豆为饵。餈之黏著以粉之耳"。两说不同。日本青木正儿认为，糗指炒大豆或米之类谷物而制成的粉末，饵是除麦之外以米黍粟豆等谷粉为原料的食品的总称，粉

① 《孟子·梁惠王上》。

② 《孔子家语·致思篇》。

③ 《周礼·天官·亨人》。

是由谷物及豆制成的淀粉，餈是蒸米粒捣而成饼。但他又再三强调说，如果考虑到粉食勃兴于汉代这一事实，那么上古时代的糗饵不是粉食，应仍是指粒食食品，所谓粉糗，其粉状只能说是达到了某种程度，恐怕也还是粒食。[①]今按，《左传》哀公十一年云："进稻、醴、粱、糗、腵脯焉"，杜预注："糗，干饭也。"唐陆德明以为糗"以粱为之"。"糗"的食品又载见湖北荆门包山二号楚墓出土战国中晚期竹简"遣策"[②]，商代甲骨文未见其字，大概当时的谷类粮食烹制法，主要有粥、饭。考虑到春秋战国时人们尚保持着把米饭捏弄成饭团而食之的习惯，有"抟饭"、"抟米"、"抟黍"的用词，[③] 则性质接近的蒸米粒捣而成饼的"餈"，可能早在商代已有之。

　　其次，从烹制方法来看，商代社会饮食生活中的主食是"粒食"，其他食品相对来说可视为肴馔，肴馔的烹制法一般要比谷类食物复杂，讲究烹饪调味技巧，商代四祀𠨰其卣铭作煮字作𤔲，即像鬲下燃火而匕在鬲中调制肉羹之意。甲骨文有鬲中纳禽鸟及菜蔬之字𩱠、𩱦，殷墟及各地遗址出土的陶鬲、铜鼎等炊器，常发现里面残存着鱼骨或牛羊等兽类肢骨以及梅核等，可知当时的肴馔食品有荤素水产野味蔬果等。

　　肴馔的烹饪熟食法，有的与谷类主食的水煮汽蒸法有共同性。如殷墟妇好墓出土一件带"好"字铭的甗形器，重 4.7 公斤，腹腔内有一中空镂孔汽柱，直透器底，上作花开形（图2—10）[④]，使用时，把肴馔放入器

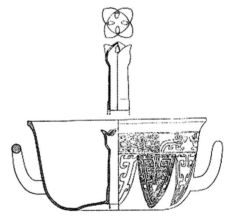

图 2—10　青铜汽柱甑形器
（采自《殷墟妇好墓》）

　　① ［日］青木正儿：《支那における粉食の历史》，载日本东方学术协会编《东亚に於ける衣と食》，1946 年。此文后经补充，改题为《粉食小史》，收入《华国风味》，弘文堂 1949 年版。其说引自天野元之助：《中国农业史研究》，日本东京农业总合研究所刊行物第 231 号，1962 年版，第 75—77 页。

　　② 湖北省荆沙铁路考古队编著：《包山楚墓》，文物出版社 1991 年版，简 256。

　　③ 详见宋镇豪：《中国春秋战国习俗史》，人民出版社 1994 年版，第 126 页。

　　④ 中国社会科学院考古研究所编著：《殷墟妇好墓》，文物出版社 1980 年版，彩版五：1。

中，可架在火上水煮，注水不要溢过汽柱，又能用来汽蒸，当腹腔纳入食物及调味品后，可盖上盖子，置于火上，蒸汽可通过汽柱直贯器内，高温蒸熟食品。

殷墟妇好墓还发现一件重达 138.2 公斤的青铜三联甗，是由一件长103.7 厘米，重达 131 公斤的长方形六足甗架和三口大甑组合成。据中国社会科学院考古研究所研究人员的观察实验，三甑若同时正放，则甑耳会互相挤撞，故使用时，可将中间一甑正放在甗上，左右两甑侧放，也可三甑同时侧放。[①] 这是一件巨型炊蒸器，宛如一座多眼烧灶，但又能随时搬移，使用时，可将先期煮熟的三种肴馔分别盛入三甑，又在方甗内盛水，下加炊火，甑中肴馔自温，[②] 它直接用于上层权贵举行的盛大宴飨场合，也可以许多人同时围器品食。

肴馔的烹制法除水煮、汽蒸及炊煮后隔水温诸法外，当还有其他烹饪法，如史前时期就有的把食物直接加火上烧的"燔"、把食物串起来近火烤的"炙"、将食物涂上草泥丢在文火中烧烤的"炮"。大凡说来，史前人们那种简单的有烹无调"火食"法，臻至商代，烹饪技巧已达到了一定的时代高度。先秦文献中有燔、炙、炮、烙、蒸、煮、爆、脍、烧、炖、熬、溜、煨、渍、脯、脍、醢、腊、齑、羹等一系列有关烹饪的术语，具体操作法今已难表述清楚。如《周礼·天官·膳夫》有云："凡王之馈食用六谷，膳用六牲，饮用六清，羞用百二十品，珍用八物，酱用百有二十瓮。"里面就涉及从食馔种类到调味品的选择、主副食的搭配、食品的刀工活、烹饪操作及口味之适等众多内容。举"珍用八种"而言，一称"八珍"，《礼记·内则》述其专名为淳熬、淳母、炮豚、捣珍、渍、熬、糁、肝膋，并详细开列了有关制作过程，是上古难得保存至今的八种有名食馔谱。据学者考证，淳熬为稻米肉酱盖浇饭；淳母为黍米肉酱盖浇饭；炮豚为烧烤炖乳猪或羊羔，包括有宰杀、净腔、酿肚、炮烧、挂糊、油炸、切件、慢炖三日三夜等八道工序；捣珍为脍肉扒；渍为酒香牛肉；熬为烘肉脯；糁为三鲜烙饭；肝膋为烤网油包狗肝。[③] 一般认为，"珍用八物"揭示了周代烹饪与调味技巧的高境界

①   中国社会科学院考古研究所编著：《殷墟青铜器》，文物出版社 1985 年版，第 443—444 页。

②   参见陈志达《妇好墓三种罕见的殷代青铜炊蒸器》，《文物》1981 年第 9 期。

③   参见陶文台《中国烹饪史略》，江苏科学技术出版社 1983 年版，第 18 页。又林乃燊：《中国饮食文化》，上海人民出版社 1989 年版，第 54—56 页。

代表作，其实这是出于后人对夏商周所谓"三代"烹制水平的追记，但其中一些烹饪法，在商代当已有之。

三　调味品

商代人们对烹与调两者的奥妙关系有着较深的领会。《尚书·说命下》佚文记商王武丁之言云："若作酒醴，尔惟曲糵；若作和羹，尔惟盐梅。"注谓："酒醴须曲糵以成，盐咸梅醋，羹须咸醋以和之。"商代最基本的烹饪调味品有五，曰盐、梅、酒、饴糖和植物香料花椒。

1. 盐

盐中的氯化钠是咸味所自来，主要作用能调节细胞间渗透平衡及正常的水盐代谢，是人体血汗中不可缺少的成分，又能调增食品滋味。盐的始用当甚早。《世本》称炎帝时"宿沙作煮盐"（一说宿沙，春秋时齐灵公臣）。甲骨文有云：

壬戌［卜］，令弜取🜔。二月。（《合集》7022）

🜔即卤字。《说文》谓卤"象盐形"；又云："盐，卤也。"卤与盐互训，知卤为盐一种。《一切经音义》云："天生曰卤，人生曰盐。"《广韵》亦云："卤，盐泽也。天生曰卤，人造曰盐。"卤是自然界天然盐块，而非人工熬煮之盐。《玉篇》云："卤，咸也。"《吕氏春秋·本味》述伊尹烹饪理论，有"咸而不减"之说。《尚书·洪范》记商末箕子言，有"润下作咸"。凡咸、苦、酸、辛、甘"五味"，咸为其一。可见卤盐是人们饮食生活中必不可缺的重要调味品，自古一贯。甲骨文中又有云：

己未卜，□，贞燎酚、卤曹大甲。（《合集》1441）

这是商王用酒、卤作祭品，燎祭先王大甲，并进行曹告。由此也说明卤在人们日常生活中是何等重要的必需品。甲骨文中又有"卤小臣"（《合集》5596）一名，知晚商已有盐官之设，专门负责盐政管理，对卤盐进行官方控制。但当时的王都并不产盐，一般都是外来品，甲骨文有云：

以卤。（《合集》19497。图2—11）

庚卜，子其见（献）丁卤，以。（《花东》202）

图 2—11　征取与贡致卤盐

（《合集》7022、19497）

以卤、卤以，以读如致，有进贡、献纳之义。两辞未明言贡纳的卤盐来之何方。今知黄河中游自古以来最大的自然卤盐盛产地，是山西省西南部黄河由北向南折而东流一隅的解州盐池，登高远望，白茫茫一片皆系卤泽，即《说文》"盐"字条说的"河东盐池，袤五十里，广六里，周一百十四里"，这里在商代均属于中原王朝控制领地或军事必争之地，疑商代卤盐之大宗主要来自该地。[①]

除此之外，当也有来自东部地区人工熬煮的海盐。据《尚书·禹贡》云"海岱惟青州……厥土白坟，海滨广斥……厥贡盐𫄨，海物惟错"，孔安国传引《说文》云"东方谓之斥，西方谓之卤"，又郑氏云"斥谓地咸卤"。是知东部滨海地区先民很早就掌握了人工熬煮海盐，并且成为流通交换或贡纳品。山东滨州兰家村曾出土晚商铜卣，有族氏地名徽识"𪭔"[②]，方辉释卤字，"像内盛盐粒的圜底盉形器之形"，在渤海沿岸一带的商周遗址，有一种盉形器（圜底尊）出土甚多，他认为原应用于海盐生产。[③] 如此，则该族很可能是以熬煮海盐为族氏名号。这种盉形器主要流行于殷墟文化时期，出土

① 杨升南持有相同看法，见《从"卤小臣"说武丁对西北征伐的经济目的》，《甲骨文发现一百周年学术研讨会论文集》，台湾师范大学国文系暨中研院史语所 1998 年版。

② 山东省文物管理处、山东省博物馆：《山东文物选集——普查部分》，文物出版社 1959 年版，图版 87。

③ 方辉：《商周时期鲁北地区海盐业的考古学研究》，《考古》2004 年第 4 期。

地分布在渤海西南岸不适合农业垦殖的沿海滩涂地带，如阳信县李屋、兰家、大郭、雾宿洼、棒槌刘，沾化县杨家村，滨县堡集高家及小赵家，利津县陈家村、南望参等商代遗址，规模面积在数万至上百万平方米不等，有的遗址盔形器几占出土陶器总数的百分之七八十以上，已形成了以制海盐为主要生业的聚落社会组织。据对阳信李屋晚商聚落遗址出土的盔形器样本分析，Na 元素和 Cl 元素含量明显偏高，器表附着土样溶解后滤液结晶体的 XRD 和体视显微镜分析，可看出主要成分为 NaCl（盐）的白色晶体，表明这里的盔形器应是海盐生产的用具。[①]《史记·货殖列传》谓海岱之间膏壤千里，其民"通鱼盐"，显然由来已久。

2. 梅

利用梅的果酸作调料，称之为梅醋，即前引古人说的"盐咸梅醋"。梅酸具有收敛固涩、健脾胃、增强肝脏功能的作用。安阳殷墟西区 M284 墓中随葬一铜鼎，内尚存一梅核。[②]陕西泾阳高家堡村晚商墓葬，所出好几件铜鼎中留有兽骨和数量不等的梅核及梅果实，而且其数与鼎实的多少成正比，如一大鼎中盛一未成年羊之前臂，伴出梅核多达 34 颗，另一鬲鼎仅盛兽骨小段，梅也只有 2 颗。[③]

据《商书·说命下》佚文："若作和羹，尔惟盐梅。""和羹"是礼书中说的"三羹"之一。所谓"三羹"，即"大羹"、"和羹"、"铏羹"，可称是中国古代北方食馔风味的代表。其中，不调入酸苦甘辛咸五味的肉汤称为"大羹"，每多用来祀神祭祖，示其质朴自然之性。用不同调味品烹调成的羹汤称为"和羹"，"铏羹"则指调入五味的菜汤，因盛于铏器而得名，这两种是日常生活中每见的肴馔。[④]《周礼·天官·庖人》云："和用醯，兽用梅。"醯是酱制品，讲调制一般的羹汤加入醯即可，若是肉类食肴，则须加梅。《左传》昭公二十年云："和如羹焉，水火醯醢盐梅，以烹鱼肉，燀之以薪，宰夫和之，齐之以味，济其不及，以泄其过。"讲到

---

①　燕生东等：《山东阳信李屋发现商代生产海盐的村落遗址》，《中国文物报》2004 年 3 月 5 日。又燕生东、赵岭：《山东李屋商代制盐遗存的意义》，《中国文物报》2004 年 6 月 11 日。

②　中国社会科学院考古研究所安阳工作队：《1969—1977 年殷墟西区墓葬发掘报告》，《考古学报》1979 年第 1 期。

③　陕西省考古研究所编著：《高家堡戈国墓》，三秦出版社 1994 年版，第 135 页。

④　参见宋镇豪《中国春秋战国习俗史》，人民出版社 1994 年版，第 107—108 页。

"和羹"的食品原料、调味佐料、具体的烹调操作要领。"和羹"的主要的食品原料是肉类和鱼类，调味佐料为醓醢即肉酱制品、盐、梅，烹调法是水煮，须掌握水的用量及火候，趁热中适当时机投放调料，特别是梅，可解除肉汤中的腥臊膻臭，使之更为美味可口。由此看来，梅属于复合味佐料，通常与盐一并使用。

3. 酒

商代酒为饮料，已见前述，酒还是烹饪调料，可解去牲肉鲜品的腥臊味。前揭甲骨文"燎酊、卤酉大甲"，酒与调味品卤盐并列为两大供祭品，可见酒已以调料视之。

4. 花椒

商代还有一味常用的植物性香料调味品花椒。《诗·周颂·载芟》云："有椒其馨。"《荀子·礼论》云："刍豢稻粱，五味调香，所以养口也；椒兰芬苾，所以养鼻也。"花椒能刺激味觉，减除腥腻，增加菜肴肉食的美味。花椒味辛而香烈，还可用酒浸泡，古称椒酒、椒浆，又可作药用。花椒调味。河南固始葛藤山发掘的晚商六号墓，墓主头旁发现放有花椒数十粒。[1]值得注意者，同一地区考古发掘发现的固始侯古堆春秋晚期一号墓，曾出一件制作精美、有盖紧扣的铜盒，盒内盛大半盒花椒。[2]似本地区先民一直持有花椒调味的食癖。再进而言之，嗜椒好辛味，自古以来就是江淮流域以南地区的南味特色之一。《楚辞·招魂》云："大苦咸酸，辛苦行些。"辛即指椒、姜、葱之类的植物性调料。河南光山县淮河支流潢河侧宝相寺发现的春秋早期黄国夫人孟姬墓，棺底有许多花椒。[3]湖北随县战国前期曾侯乙墓，出土花椒500余粒。[4]河南信阳战国中期一号楚墓，在墓室等处发现花椒四五百粒，以及梅、杏等果品。[5]湖北荆门包山战国中期晚段二号楚墓，出有

---

① 信阳地区文管会、固始县文管会：《固始县葛藤山六号商代墓发掘简报》，《中原文物》1991年第1期。

② 固始侯古堆一号墓发掘组：《河南固始侯古堆一号墓发掘简报》，《文物》1981年第1期。

③ 河南信阳地区文管会、光山县文管会：《春秋早期黄君孟夫妇墓发掘报告》，《考古》1984年第4期。

④ 湖北省博物馆、中国社会科学院考古研究所：《曾侯乙墓》上册，文物出版社1989年版，第452页。

⑤ 河南省文物研究所编著：《信阳楚墓》，文物出版社1986年版。

调味品花椒、姜、梅等，同出简牍"遣策"，记有姜、葱、菹（酸菜）等。[①]显而易见，味辛而香烈的花椒等一类调味品，代表着南方楚地饮食文化风味的基本特色，而这一特色的形成，已可追溯到商代。

5. 糖

糖作调味品大概也甚早。《洪范》"五味"中有甘。《诗·大雅·绵》述晚商时周人古公亶父迁周原，称"周原膴膴，堇荼如饴"。《礼记·内则》有"枣栗饴蜜以甘之"。河北藁城台西商代中期遗址酿酒作坊内出土有罐装枣核。饴是麦芽糖，蜜是蜜糖。五味之甘，可能指这类糖，适量食之，能补气血，养阴和中，解除疲劳。

第三节　器用名物制度

一　饮食用器

陶器是商代人们主要的日常生活用器。商代前期，常见陶炊器主要是鬲、鼎、甗、罐、甑等；饮器有斝、爵、盂、觚、杯等；食器有簋、豆、钵等；盛储器有盆、瓮、大口尊、深腹罐、壶、缸等；食品加工器有擂钵等。商代后期，饮器中陶爵、陶觚显著增多，陶斝锐减，又增加了卣、尊、觯等；食器中陶簋、陶豆数量大增，又有陶盘；盛器中陶盆、陶瓮明显减少，大口尊逐渐消失，陶罍、陶瓿大量出现。与青铜礼器的大量铸造和使用相应，出现了许多制作精致的仿铜陶器，如安阳殷墟出土的敞口带柱、有流有尾、圜底带鋬陶爵，圈足陶觚，鼓腹带鼻陶卣，双立耳三足陶鼎，双立耳陶斝，敞口高圈足陶尊，均属上等仿铜陶器。[②] 饮器中酒器特多，反映出商人嗜酒的风习。

商代的"蜀"地，人们日常使用的陶器与中原地区有所不同，炊食器不用鼎、鬲，却有异形三足器，三空足分裆高而宽，似三个尖底杯粘在一个颈圈下，颈圈外又有一圈宽沿，犹如今日四川泡菜坛子的口沿。又有小平底罐、高把豆形器、空足而瘦高之盉、高领广肩罐、马头把勺、簋、盘、长颈

①　湖北省荆沙铁路考古队：《包山楚墓》，文物出版社 1991 年版，简 255、258。

②　中国硅酸盐学会编著：《中国陶瓷史》，文物出版社 1987 年版，第 61—67 页。

壶等。酒器有瓶形杯、平底瓿、尖底盏等。[1]

商代的南方地区，江西新干发现的大型商墓，出土青铜器 475 件，完整陶器 139 件，[2] 器物组合以炊食器鼎、鬲为主，没有中原常见的爵、觚、斝等酒器，似反映了"重食"的习尚，这与"蜀"地也是有其差异的。

商代陶制品已呈两极分化的极端发展趋势。作为一般平民使用者，种类趋于简单化，制作亦不精，常见的无非是鬲、簋、豆、盘、罐、瓿、觚、爵、盆等近 10 种。[3] 而贵族阶层享用陶器则趋于礼仪化，不仅造型众多，纹样别致，器类齐备，并且烧制工艺有所提高。如最早出现于长江中游湖南岳阳坟山堡遗址皂市下层文化时期（约公元前 6000 年—前 5000 年）的白陶，[4] 在河北藁城台西、河南安阳殷墟、辉县琉璃阁、山东济南大辛庄等商代遗址均有发现，主要器种有鼎、爵、豆、簋、尊、卣、觯、壶、盘、罍等，是用较纯净的高岭土作坯料，经 1000℃ 左右高温烧成，质地坚硬洁白，纹样精细，是贵族阶层享用的陶礼器（图 2—12）。早见于夏县东下冯龙山晚期遗址的原始青瓷器，在郑州商城、郑州小双桥、湖北黄陂盘龙城、河南柘城孟庄、河北藁城台西、安阳殷墟、山东济南大辛

图 2—12　殷墟白陶豆

庄、滕州前掌大、洛阳东马沟、辉县琉璃阁、益都苏埠屯、江西清江吴城、新干大洋洲、荆南寺、鹰潭角山、万年斋山、万载仙源、湖南宁乡黄材、安徽肥西、来安、浙江上虞李家山等一批商代遗址都有出土，器种有盂、尊、

---

① 林向：《殷墟卜辞中的"蜀"——成都平原商代遗存初析》，《殷虚博物苑苑刊》创刊号，1989 年。

② 江西省文物考古研究所、江西省博物馆、新干县博物馆编著：《新干商代大墓》，文物出版社 1997 年版，第 8 页。

③ 中国社会科学院考古研究所安阳考古队：《1969—1977 年殷墟西区墓葬发掘报告》，《考古学报》1979 年第 1 期。

④ 参见任式楠《长江中游新石器时代的显著成就和特色文化现象》，《中国社会科学院古代文明研究中心通讯》第 6 期，2003 年。

豆、碗、盆、盂、罐、瓮等，用瓷土作坯料，经 1150℃—1200℃ 高温烧成，表面施釉彩，颜色有酱黄色、黄褐色、黄绿色、淡黄色、灰绿色、青色或浅褐色，吸水率小，扣之有清越悦耳声，也大体属于贵族社会享用品。

应看到，自有人工制作器皿以后，在最初相当长时期内，并无严格的炊器、食器、盛肉器、盛菜器、盛汤器、饮酌器、沃盥器等等的品类之分，一器多用和饮食不分现象，甚至到商代依旧普遍存在。

陶鬲，分裆三款足，利于受火，通常说法为煮谷食的炊器。《孔子家语·致思篇》云："瓦鬲煮食。"然殷墟苗圃北地和大司空村七座殷墓出土的陶鬲，其内均留有鱼骨；又发现一些陶鬲，里面留有羊腿骨或别有兽类肢骨，腹底残留烟炱痕。[1] 甲骨文鸁，[2] 为鬲中有佳，禽鸟之属。另一鼎字，[3]像鬲中有菜蔬意。可见，鬲不限于煮谷食，也煮肉类鱼禽蔬菜，凡荤腥素食不拘，一器多用。

罍，小口，广肩，深腹，圈足，有盖，通作盛酒的容器。《诗·周南·卷耳》："酌彼金罍。"但殷墟花园庄 54 号墓出土的 8 件陶罍，对器中积土样品经过物理观察与元素含量中子活化聚类分析，其中一件积土中有许多小片破碎兽骨，当时盛的可能是一种肉羹类食物，而另几件陶罍盛的可能是果羹类食物，出土时还能见到土内均匀散布着梅核。[4]

盘，周代常用来承水，多与匜配套，用匜舀水浇手，用盘下承污水。但商代人或用来盛食。殷墟出土陶盘，其内有残留动物牲畜肢骨者；小屯M233 内出土漆盘，也留有牛羊腿骨。[5]

豆，圜底高足，上承盘体，《说文》云："豆，古食肉器也。"河北藁城台西商墓 M105，随葬陶豆，留鸡骨在其盘。[6] 殷墟出土陶豆，也发现盛有

---

① 中国社会科学院考古研究所编著：《殷墟发掘报告》（1958—1961），文物出版社 1987 年版，第 213、216 页。

② 《前》6·45·8。

③ 《京津》2120。

④ 赵春燕、徐广德、赵志军：《中子活化分析在陶器分析中的应用》，《中国文物报》2003 年 7 月 11 日。

⑤ 中国社会科学院考古研究所编著：《殷墟发掘报告》（1958—1961），文物出版社 1987 年版，第 205—206、213 页。

⑥ 河北省文物研究所编：《藁城台西商代遗址》，文物出版社 1985 年版，第 111 页。

羊腿或其他兽类肢骨。[①] 可知《说文》所言确然。但也并非完全如此，《诗·大雅·生民》："印盛于豆，于豆于登，其香始升。"毛传："木曰豆，瓦曰登，豆荐菹醢也。"孔疏："木豆谓之豆，瓦豆谓之登，是木曰豆，瓦曰登，对文则瓦木异名，散则皆名豆。瓦豆者，以陶器质故也。"陶豆荐菹醢，菹是咸菜、酸菜一类食品，醢是肉酱之类。说明周代不仅用陶豆盛肉食，也盛菜蔬。《周礼·冬官·梓人》云："食一豆肉，饮一豆酒，中人之食也。"《孟子·告子上》云："一箪食，一豆羹，得之则生。"表明在一般平民的生活中，陶豆既是盛食器，又是食器和饮器。

簋，传统说法谓盛煮熟的黍、稷等饭食之器。《说文》云："簋，黍稷方器也。"不少商代遗址有陶簋出土，大都为圆器而非方器，即圆腹圈足。殷墟出土陶簋，里面有盛羊腿者，知不一定专作饭器。

鼎，《说文》云："鼎，象析木以炊。"考古发现商代陶鼎或铜鼎，有的底下留有烟炱痕，是为炊器；但有的没有，是作食器或盛器用的。殷墟西区1713号墓出铜鼎4件，里面都有动物骨头。[②] 郭家庄西发掘的160号中型墓，所出的1件带提梁四足方鼎，尚留有未完全腐烂的肉食。[③] 殷墟还出过1件铜鼎，里面盛有已炭化的梅核。[④] 甲骨文𤔲，[⑤] 像盛一隹于鼎内。可见鼎也有炊、食、盛多种实用功能。甲骨文和金文中有字作𤔲、𤐨、𤐨，器下作燃火形，器内有鼎实，并置一匕形，指批取食物意，有"烹于斯，食于斯"的意义，知炊器的鼎又兼作食器，炊食并一体而不严分。这与礼书说的"羹饪实鼎"[⑥]，把已煮熟肉羹放入鼎内，多少是不同的。《周礼·天官·内饔》云："陈其鼎俎，实之牲体鱼腊。"《亨人》云："掌共鼎镬，以给水火之齐。"郑注："镬所以煮肉及鱼腊之器，既熟，乃脀于鼎，齐多少之量。"在这种场合，鼎已非炊器，成为专门的盛食器，应是"炊食并体"向炊、食器两分的

---

① 中国社会科学院考古研究所编著：《殷墟发掘报告》(1958—1961)，文物出版社1987年版，第213页。

② 中国社会科学院考古研究所安阳工作队：《安阳殷墟西区一七一三号墓的发掘》，《考古》1986年第8期。

③ 《殷墟发掘——商代贵族墓》，《中国文物报》1991年1月20日。

④ 佟屏亚：《梅史漫话》，《农业考古》1983年第2期。

⑤ 《乙》2762。

⑥ 《仪礼·特牲馈食礼》。

食俗变迁现象。

大体说来，物质生活的丰富和饮食之礼的确定，是器类繁化和器皿功能专用性的促动力。器皿之作缘出生活实践经验积累，器皿之用视实际使用需要而为，初无定制，随着社会物质生产的丰富和饮食生活的充实，器类也日益繁化，器皿功能渐有细分。商代人们膳食观念和进食方式的演进，渐为各类器皿向专门化的深层次方向演进，起了约定俗成的推动作用。

二　进食方式和餐具

商代人进食时主要采取抓食或利用餐具将食物饮料送入口中两种方式。

陕西绥德出土一件商代铜钺，上有飨字作

图2—13　陕西绥德出土
商代飨字铜钺
（采自《陕西出土商周青铜器》一）

🔼，①像二人膝隐地，跪而对食，一人正伸手抓取盘中食，就是抓食吃法的示意（图2—13）。抓食起自原始时期，商代以后很长时期仍沿袭，还产生了一些相关的礼节。《礼记·曲礼上》云："共饭不泽手。"汉代郑玄注："为汗手不洁也。"唐代孔颖达疏："古之礼，饭不用箸，但用手，既与人共饭，手宜洁净。"古人注意到抓食时手应干净，故饭前盥洗手的卫生细礼也就产生。《礼记·丧大记》云："食粥于盛不盥，食于篹者盥。"孔颖达疏："食粥于盛不盥者，以其歠粥不用手，故不盥；食于篹者盥者，谓竹筥饭盛于篹，以手就篹取饭，故盥也。"喝粥不洗手而抓饭洗手，也仍是出于卫生的变宜考虑。甲骨文有盥（《乙》8077），字像皿中洗手形，可知商代已有洁手之礼。

与抓食吃法并行的，是商代人利用餐具的进食方式，也在逐渐推而广之，有关餐具主要为匕、柶、勺、斗、瓒、刀、削、叉、箸等（图2—14），试加述之。

---

①　陕西省考古研究所、陕西省文物管理委员会、陕西省博物馆：《陕西出土商周青铜器》（一），文物出版社1979年版，图版八八，图版说明，第13—14页。

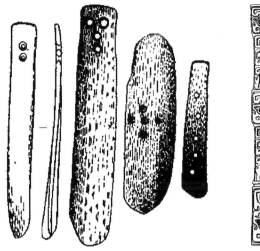

郑州商城骨柶　　　　　　殷墟雕花象牙柶　河北藁城青铜柶

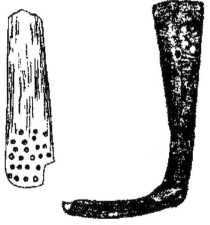

山东平阴漏柶与殷墟青铜漏匕　　　　殷墟花园庄 54 号墓铜手形匕

陕西延川晚商青铜匕

图 2—14　商代餐具（1）

殷墟青铜匕

江西吴城青铜匕

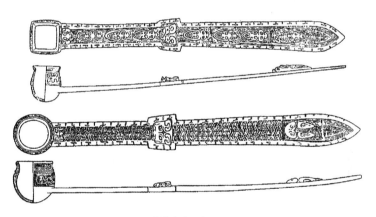

殷墟妇好墓铜斗

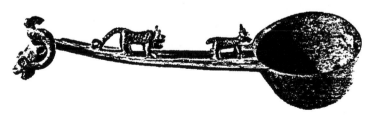

陕西清涧解家沟晚商青铜立虎立犬勺

图 2—14 商代餐具 (2)

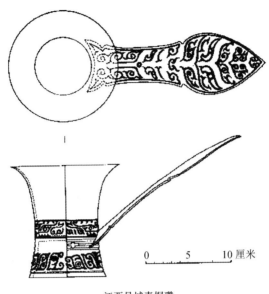

江西吴城青铜瓒

图 2—14　商代餐具（3）

1. 匕、柶

匕、柶是餐匙一类进餐具。《说文》云："匕，亦所以用匕取饭，一名柶。"匕、柶互训，似一物而异名。

通常认为匕捄柄尖头，柶直柄方头；匕用来批取鼎中牲体，柶用于饮醴。但匕、柶形制的区别，未必在捄柄、直柄之分，柶也有作曲体者，如《礼记·丧大记》"角柶"，唐代孔颖达疏云："柶，以角为之，长六寸，两头曲屈"，知曲体者也可称柶。从考古实物看，柶的形制确与匕十分接近，有的前端有浅凹槽和薄刃，有扁条形和曲体形等，质料有骨制、角制、木制等，后又出现铜、玉制者。从柄部和头部来区分匕与柶，固然可行，但莫如从通体看去更为简明，即扁条形而两头梢向内翻者为柶，柄和头部有明显界分者为匕。日本林巳奈夫谓柶是细长薄板状之匙或杓一类的挹取器。[①] 其说十分妥切。

---

① ［日］林巳奈夫：《殷周时代青铜器の研究——殷周青铜器综览一》，日本吉川弘文馆 1984 年版，第 60—61、133—135 页。

　　柶在实用中可能略有别于匕。① 《仪礼·聘礼》："宰夫实觯以醴，加柶于觯。"《周礼·天官·浆人》云"清醴医酏糟而奉之"，郑注："饮醴用柶者，糟也；不用柶者，清也。"大概柶主要用于饮酒场合，用来抉取酒糟，为便于从酒容器中抉取，故制成曲体内翻形。《商周金文录遗》著录了一个商代徽识文字，上半部字形作𩰫。② 林巳奈夫认为，这是一跪坐人手持觚形尊，尊为敞口，其上一垂直的匙形，即《仪礼·士冠礼》所云："冠者即筵坐，左执觯，右祭脯醢，以柶祭醴三，兴，筵末坐，啐醴，建柶兴"，说明当时这类觚形尊并不适宜饮酒，因口太开，饮时酒容易旁溢，应该是"建柶"饮糟的盛器。③ 由此看来，文献中说的"实觯（当指觚形尊，下同）以醴，加柶于觯"，用柶把甘醴送入口中，至少在商代已如此。

　　匕的实用场合更广得多。《易·震卦》"不丧匕鬯"，注云："匕，所以载鼎实。"《仪礼·士昏礼》"匕俎从设"，郑注："匕所以别出牲体也，俎所以载也。"湖北荆门包山战国楚墓出土一件端头为铜质，柄为木质髹黑漆的匕，遣策称作"金比"，通长144厘米，重0.37公斤，即是用于"别出牲体"的大匕。同出还有一种窄面的小俎，遣策称"小房"，木质，长仅34厘米、宽19厘米，④ 是与上述"金比"配合使用的，以匕从器中把牲肉擗取出，置于小俎上，持俎而进献之，即礼书所谓"匕俎从设"。《礼记·杂记上》"枇以桑，长三尺，或曰五尺"，郑注："枇所以载牲体者。""枇"与匕乃一物之异写。可知匕可以把肉类食物从容器中擗取出。又用于批取饭食，《仪礼·少牢馈食礼》云："雍人概鼎匕俎于雍爨，廪人概甑甗匕与敦于廪爨。"贾疏："匕，所以匕黍稷者也。"殷墟出土戍嗣子鼎铭，有鼎的异体字作𩰫；陕西沣西出土殷周之际大鼎的鼎字作𩰫，⑤ 意为鼎中有实，煮而以匕取之。甲骨文有𩰫，⑥ 为同字之异构，鼎下之燃木移入鼎中，实乃文字讹变使然。值得注意的是，上举鼎中的匕均写作𠤎或𠤎，像捄柄匕的纵断面，唯字形的短线很不好

　　① 参见凌纯声《匕鬯与醴柶考》，《中央研究院民族学研究所集刊》第12期，1961年。

　　② 于省吾：《商周金文录遗》，第189号，科学出版社1957年版。

　　③ ［日］林巳奈夫：《殷周时代青铜器の研究——殷周青铜器综览一》，日本吉川弘文馆1984年版，第132页。

　　④ 湖北省荆沙铁路考古队编著：《包山楚墓》上册，文物出版社1991年版，第110、128页。

　　⑤ 张亚初：《记陕西长安沣西新发现的两件铜鼎》，《考古》1983年第3期。

　　⑥ 《佚》895。

理解。林巳奈夫认为其短线是表示匕置于器内所突出口缘外的部分。[1] 可从。商末帝辛时四祀卲其卣铭有煮字作 <!--像-->，像鬲下燃火而匕取鬲中肉羹形，甲骨文简写作 <!--字-->（《撝续》183）、<!--字-->（《怀特》1402），意同。可见匕主要是为批取饭食、擗取肉食或捞取羹食的进食餐具。

有商一代，利用匕、柶进食风气渐开。各地商代遗址几乎都有骨、角制的匕、柶的发现。1935 年安阳西北冈王陵区 1567 号假大墓出土过数量多达 700 余件的骨柶丛，[2] 大概是当时王室贵族大型飨礼备用的餐具。吕承瑞曾对殷墟出土 2575 片骨柶的材料和形制作过详细分析，发现大都是取牛的桡骨、胫骨、肋骨、上膊骨等管状或条形骨，切其一部分，前端尽量利用原骨的圆状凹槽，以利于抉取。[3]

商代中期以降，权贵好以铜、玉制匕、柶进食，匕部有贝形、尖叶形、平刃凹槽形、弧刃槽形、箕形、手形等等，造型纹饰风格多样多姿，制作达到一时代的高度。河北藁城台西商代中期遗址，出土了一件十分少见的青铜柶，通体如长方形薄板，端部略呈弧形，微微内凹，柄部饰一大饕餮面，显出一股庄重之气，大概类似于礼书说的"锎羹"之柶。该遗址又出土一件长 25.5 厘米的羊首柄铜匕，两侧安有圆钮套环。[4] 这类造型的铜匕以陕北晋西黄河两岸一带发现最多，工艺最精。如陕北延川马家河一座商代中晚期墓葬，随葬鼎、斝、瓯、爵、瓿等铜器 11 件，其中有一件铜匕，平刃凹槽，通长 27 厘米、槽宽 5.9 厘米、柄宽 3.5 厘米，也是羊首柄端，在柄面上前后铸有跪坐人和立虎，柄背乳钉纹。[5] 清涧解家沟出土的晚商青铜羊首勺，柄面铸饿虎前瞟立犬，极别致。[6] 当地还常出一种蛇首有阑柄端的铜匕，长 25—36 厘米上下，蛇首可转动，柄或镂空。在

---

① ［日］林巳奈夫：《殷周时代青铜器の研究——殷周青铜器综览一》，日本吉川弘文馆 1984 年版，第 59—60 页。

② 陈梦家：《殷代铜器》，《考古学报》1954 年第 7 册。

③ 吕承瑞：《殷虚骨柶形制之分类》，《台湾大学考古人类学刊》第 35、36 期，1965 年。

④ 河北省文物研究所编：《藁城台西商代遗址》，文物出版社 1985 年版，图六：6；又第 135 页，又图版八九：1。

⑤ 《延川出土商代铜器》，《中国文物报》1991 年 2 月 24 日。

⑥ 陕西省考古研究所、陕西省文物管理委员会、陕西省博物馆编：《陕西出土商周青铜器》（一），文物出版社 1979 年版，图七八。

陕北绥德墕头村、清涧寺墕，以及晋西石楼地区后蓝家沟、义牒、褚家峪等地均有发现。[①] 用动物为造型，间接反映了当地部落方国的狩猎畜牧经济生活，其文化也曾影响中原地区，大概藁城台西的羊首柄铜匕就是这种文化传播的产物。

不过，中原地区也有各自的匕、柶风格。山东平阴朱家桥遗址发现一种骨制"漏柶"，前端匕部弧刃，上面钻了约 25 个漏孔。[②] 安阳王陵区殷墓曾出土过一件曲尺形铜"漏匕"，原安有长木柄，已不存，勺面有数条漏空，[③]其性质类似今之漏勺，捞取羹肉菜肴且能滤去汤水。近年殷墟花园庄东地 54 号墓又出土了一种青铜手形匕，长 13.2 厘米，宽 6.8 厘米，形似小孩右手，五指张开微屈，手背刻有兽面纹，端部原安木柄，[④] 也具有"漏匕"的作用。《礼记·明堂位》："夏后氏以龙勺，殷以疏勺。"郑注："龙，龙头也；疏，通刻其头。"此说可疑。疏有通义、洞义。《说文》："疏，通也。"桂馥《义证》云："《大戴记》作'通越'，《荀子》注引《史记》'洞越'，今《史记》亦作'通越'。""殷以疏勺"，应指勺部漏通而能滤去汤水的勺，此固由考古发现的商代"漏柶"、"漏匕"而得知。

殷墟晚商王都历年均出土了不少骨制雕花匕、柶，如著名的"宰丰骨柶"，柄部一面雕龙纹等华饰，一面刻辞铭功。殷墟妇好墓出土的匕、柶，基本上集中体现了晚商的制作风格。[⑤] 有一件白玉簋内，出土时里面放着铜匕一件、骨匕（原释勺）二件。铜匕长 10 厘米，匕部为贝形，细长柄；骨匕长近 15 厘米，匕部为尖叶匙形，制作甚精。另又有玉匕二件，一件长 14.7 厘米，匕部平弧刃、凹槽，柄端钻一小孔，可系穿，通体纹饰华美，由蝉纹、夔纹、饕餮纹、目雷纹、三角纹巧妙搭配合成；另一件长 18.8 厘米，

---

①　黑光、朱捷元：《陕西绥德墕头村发现一批窖藏商代铜器》，《文物》1975 年第 2 期。高雪、王纪武：《清涧县又出土商代青铜器》，《考古与文物》1983 年第 3 期。郭勇：《石楼后兰家沟发现商代青铜器》，《文物》1962 年第 4、5 期合刊。杨绍舜：《山西石楼义牒发现商代铜器》，《文物》1972 年第 4 期。杨绍舜：《山西石楼褚家峪、曹家垣发现商代铜器》，《文物》1981 年第 8 期。

②　中国科学院考古研究所山东发掘队：《山东平阴朱家桥殷代遗址》，《考古》1961 年第 2 期。

③　陈梦家：《殷代铜器》，《考古学报》1954 年第 7 册，第 25 页，又图版拾贰：图 16 乙。

④　中国社会科学院考古研究所安阳工作队：《安阳花园庄东 54 号墓》，《中国社会科学院古代文明研究中心通讯》第 2 期，2001 年。

⑤　中国社会科学院考古研究所编著：《殷墟妇好墓》，文物出版社 1980 年版，第 104、150、206、207 页，又图版六八：3，一二七：1，一七九：1。

匕部宽薄而略外凸，通体抛光；显示了极高的玉作工艺水平。还出骨匕、骨栖 16 件，通长 9—13 厘米上下。其中一件骨匕，束腰而两端外突，平刃弧槽，柄首钻三小孔，柄身纹饰类似玉匕，形制风格却相异。一件骨栖，状如簸箕，腰部刻一半环。诸如此类，也从一个侧面反映了当时上层权贵的饮食生活状态。

晚商匕、栖，有的柄身腰部有节饰或刻环，其作用颇如上引甲金文字所从匕字之短线所示，恐怕亦为阻碍匕、栖一下滑入容器之内而设，其柄端应该是露在器口之上的。然栖腰部的节饰作用同如匕字短线所示，大概又表明匕、栖在实际使用中，初无定分，饮酒场合可用，批取肉食、饭食、菜肴时也可用，栖专用于饮醴、铏羹等礼仪场合，实乃后制，但当缘起于商代。

2. 勺、斗

勺与斗，两者功用都是用来挹酒舀汤的挹饮器。

勺一作杓，斗或又写作枓、钭，从木从金，皆分别示意质料或木制，或铜制。考古发现品又有陶制、玉制者等。《说文》云："勺，枓也，所以挹取也。"又云："枓，勺也。"勺、枓互训，两物形制应有相近处，即两者都有柄连接前端的舀头或小杯。《玉篇》云："勺，饮器也。"又云："枓，有柄形如北斗星，用以斟酌也。"另外，《周礼·地官·梓人》有云："梓人作饮器，勺一升。"《诗·大雅·行苇》云："酌以大斗。"是知勺与斗都见于饮酒场合，还有大小之分。斗或枓除用于斟酌外，又用来挹水。《礼记·丧大记》有云："浴水用盆，沃水用枓。"

勺与斗的区别，主要在柄的部位及杯舀的形状。一般说来，勺的柄是从前端小杯的口缘部位引出，且杯作瓢形或半球形，可挹可饮可注。斗的柄则通常是从前端舀子的腰腹部位或底侧引出；其柄大都较长，有直柄的，也有曲柄的；其舀子的形状，有直筒形的，有鼓形的，有方斗形的，也有外鼓口方形的，等等。比较而言，斗舀虽腹深而容积有限，勺杯圆口而深度稍次，却容积颇大，与上节匕的浅匙形相比，则此两物容积自大大居上。

商代后期，铜勺、铜斗在贵族生活中大为流行，尤以用于饮酒场合为多。如上海博物馆藏晚商貴弘觥，附有一貴弘勺，前者为酒器，后者可挹而饮之。^① 商代贵族墓葬，除通常随葬以酒器为主体的青铜容器外，又每出铜勺、铜斗。如 1931 年传出自山东益都苏埠屯大墓的，有铜勺一件，与觚三、爵一、角二、鼎二、斝二等同出。^② 1957 年山东长清兴复河一座出五爵三觚二卣三斝二鼎的墓葬，同出铜斗一件。^③ 1959 年山西石楼桃花庄发现一墓，出有龙头觥、觚、爵、斝、卣、斗等。^④ 殷墟西区 M907，除随葬觚、爵、斝、斝、鼎、簋等酒食器外，还出大小铜斗三件，^⑤ 等等。

晋西陕北一带发现商代勺、斗，与上述匕、枓情况一样，也是好以动物为造型，如晋西石楼地区曾出 2 件铜勺，柄部蛇首带环，通长分别为 9 厘米、11 厘米。^⑥ 陕北清涧解家沟曾发现一批商代铜器，有鼎、觚、盘、甗、簋、壶、鐎、勺等，勺通长 27 厘米，柄尾作曲角羊头形，柄面前后各铸立犬、立虎 1 只，柄前接一半球形小杯，^⑦ 构思奇特，与前述延川出土铜匕，同属一格，而为殷墟所不见。

殷墟出土勺、斗，其杯主要有筒形和方形两式，大都为圜底，平底不多，柄把头有尖尾形、钺形、平头形、宽尾形等等，柄中部或有兽头饰，有的通体或局部饰有纹饰，大小均具。如 20 世纪 60 年代于后冈 M1 墓发现一件铜斗，通长 18.4 厘米，筒杯口径 2.6 厘米、底径 2.2 厘米，柄作三弧曲上翘，柄尾铲形特宽，柄面腰部铸一兽头。^⑧ 此为小斗。殷墟妇好墓所出土的八件斗，则大了许多，通长在 55—66 厘米之间，杯径 6 厘米上下，杯高有的在 8 厘米以上，扁平长柄，纹饰也颇华美，重量有 2 公斤左右。^⑨ 如果

---

① 马承源主编：《上海博物馆藏青铜器》附册，上海人民出版社 1964 年版，图一六。

② 祁延霈：《山东益都苏埠屯出土铜器调查记》，《中国考古学报》第 2 册，1947 年。

③ 山东省博物馆：《山东长清出土的青铜器》，《文物》1964 年第 4 期。

④ 谢青山、杨绍舜：《山西吕梁县石楼镇又发现铜器》，《文物》1960 年第 7 期。

⑤ 中国社会科学院考古研究所安阳工作队：《1969—1977 年殷墟西区墓葬发掘报告》，《考古学报》1979 年第 1 期。

⑥ 杨绍舜：《山西石楼新征集来的几件商代青铜器》，《文物》1976 年第 2 期。又杨绍舜：《山西石楼褚家峪、曹家垣发现商代铜器》，《文物》1981 年第 8 期。

⑦ 绥德县博物馆：《陕西绥德发现和收藏的商代青铜器》，《考古学集刊》1982 年第 2 集。

⑧ 中国社会科学院考古研究所编著：《殷墟发掘报告》(1958—1961)，文物出版社 1987 年版，第 243 页，又图版六三：13。

⑨ 中国社会科学院考古研究所编著：《殷墟妇好墓》，文物出版社 1980 年版，第 89—91 页，图版五九、六〇。

说小勺、小斗可挹而饮之，则这种长半米以上又很沉重的大斗，恐怕主要是用来挹酒舀汤，并不适宜直接用作进食餐具。

3. 瓒

瓒是由勺、斗发展而来的用于汲饮的酒礼器。《礼记·郊特牲》云："灌以圭瓒。"唐孔颖达疏引汉王肃说云："以圭璋为瓒之柄也，瓒所以斟鬯也。"意思说瓒这种用于灌礼的名物，是用圭璋为其柄，而用类似斗的舀头斟鬯以酌饮。又《诗·大雅·旱麓》云："瑟彼玉瓒，黄流在中。"毛传："玉瓒，圭瓒也。"郑笺："黄流，秬鬯也。圭瓒之状，以圭为柄，黄金为勺。"这里又讲瓒的前端像勺子，前有流可注，或以黄金铸造，而柄用玉圭相饰。

日本林巳奈夫认为瓒是一种有曲折板状把手的饮酒器，用于汲郁鬯献祖先或飨上等宾客等场合，即《周礼·春官·典瑞》所云："裸圭有瓒，以肆先王，以裸宾客。"他指出，瓒的勺形通为圈足青铜容器，有近似觚形者，能平置而不易翻倒；瓒的板状青铜把手之柄端水平面的梯形部位，都附饰圭形玉器，《礼记·明堂位》云："瓒圭，殷以大圭，周以裸圭"，它可追溯到殷和西周早期。[1] 这一考证十分精到。传殷墟出土"玉题铭"云：

> 乙亥，王锡小臣腐瓒，在大室。[2]

知晚商已有"瓒"的名物。晚商乙卯尊铭云：

> 乙卯，子见（献）在大室白戈一，绸琅九。侑百牢。王赏子黄瓒一，贝百朋。子光赏□丁贝，用作己障盘。冀。[3]

此尊通高 25.3 厘米，重 2.7 公斤，铭记子朝见商王于大室，进献白玉戈一、

① 详见林巳奈夫：《中国古代の祭玉、瑞玉》，《东方学报》（京都）第 40 册，1969 年；又林巳奈夫：《殷周时代青铜器の研究——殷周青铜器综览一》，日本东京吉川弘文馆 1984 年版，第 79、125—127 页。

② 《佚存》，唐兰序，第 3 页下。又陈邦怀：《记商小臣腐玉》，《天津社会科学》1984 年第 2 期。

③ 王慎行、王汉珍：《乙卯尊铭文通释译论》，《古文字研究》第 13 辑，1986 年。

玉珥饰九；商王率子侑祭百牢，设飨赐饮，赏给子"黄瓒"一、贝百朋。子
觥赏某人贝铸造此铜器。末一字"冀"为徽识。铭中提到的"黄瓒"，是一
种用以挹取鬯酒的勺子。李学勤认为因瓒是黄金勺，故以色称；如果是以圭
为柄的，则称圭瓒，以璋为柄的称璋瓒。[①] 瓒在商代是王裸酢宾客的礼器，
但"黄瓒"是否以黄金为勺，仍可商，甲骨文中有称铜块为"黄吕"，[②] 似铜
为勺头说更适切些。

地下出土实物有商代的汲饮礼器"瓒"。江西新干大洋洲商代大型墓
葬出土一件青铜觚形器，[③] 敞口圈足，从圈足部位斜上引出一板状柄，柄
端平面为贝叶形，通体造型灵洁壮美，不失端穆之气。此即商代"瓒"的
一型，柄斜上而不是折形，可补充林已奈夫说，唯板状柄上未见玉饰，是
其异者。但商王朝之"瓒"当已有圭璋饰柄者，上举"玉题铭"，形近
"大圭"，疑原即瓒的柄形饰。

4. 刀、削

地下考古发现的商代铜刀、铜削、石刀、玉刀、蚌刀等等甚多，其
中有的可能曾作餐刀之用。1980 年偃师二里头遗址三区发掘的 M2 墓
中，随葬品有铜爵、陶盉、陶爵、陶盆、漆盒等一批饮食器，同出两把
单面刃铜刀，短柄的一把长 18.4 厘米，有环首柄的一把长 26.2 厘米，
尖部上挑，[④] 视为兼作切割肉食之餐刀，也未尝不可。1949 年前安阳殷
墟小屯发掘的 186 号墓，出铜刀多件，其中一件置于一张木俎上，[⑤] 可
见是作厨刀用的。

5. 叉

叉为餐叉，又别名毕。《仪礼·特牲馈食礼》云："宗人执毕先人。"
郑注："毕形如叉。"叉之用，始见于新石器晚期，以甘肃武威娘娘台齐家

---

① 王慎行：《瓒之形制与称名考》，《考古与文物》1986 年第 3 期。李学勤：《沣西发现的乙卯
尊及其意义》、连劭名：《汝丁尊铭文补释》，同载《文物》1986 年第 8 期。

② 燕耘：《商代卜辞中的冶铸史料》，《考古》1973 年第 5 期。

③ 江西省文物考古研究所等：《江西新干大洋洲商墓发掘简报》，《文物》1991 年第 10 期。

④ 中国社会科学院考古研究所二里头队：《1980 年秋河南偃师二里头遗址发掘简报》，《考
古》1983 年第 3 期。

⑤ 石璋如：《殷虚墓葬之四：乙区基址上下的墓葬》，中研院史语所 1976 年版，第 52—68
页。

文化遗址出土的餐叉为最早，骨质，扁平形，三齿。[①] 商代餐叉，郑州商城曾出土骨叉一把，扁平形，三齿，齿长 2.5 厘米、通长 8.7 厘米、宽 1.7 厘米，齿柄间无明显分界，同出还有一件骨匕，[②] 可见是作餐具使用的。但餐叉之用，在商代远不及匕、柶、勺、斗流行。

6. 箸

箸，即筷子。中国人善使筷子由来已久，但筷子的今称乃始于宋代，[③] 在此之前，文献中有箸、櫡、梜、筴、挟提、筯等称，而箸的称法最为悠久普遍。箸有竹、木、骨、象牙、铜、银制者等。

20 世纪 30 年代殷墟西北冈 1005 号殷墓发现过铜箸三双，箸长 26 厘米、粗细为 1.1—1.3 厘米。[④] 梁思永曾据同出器物推测说："以盂三、壶三、铲三、箸三双之配合，似为三组颇复杂之餐具。"[⑤] 陈梦家则认为，"这组似可分为两种：一种是盂壶；一种是'匕'、'铲'、'箸'，皆原有长形木柄。后者似为烹调的用具，其中《出品目录》称为'漏勺'的'匕'，则为自鼎取肉之具"[⑥]。准此，这种安长形木柄的铜箸，视为烹调的厨具比较合适，属于大箸，还不是直接用来进食的小筷。但商代既有大箸，小箸理应有之，犹勺、斗有大小之分，大者用于挹酒舀汤，小者用为餐具，箸当亦如之。文献有殷人用箸进食之说，《韩非子·喻老》云："昔者纣为象箸而箕子怖，以为象箸必不加于土铏，必将犀玉之杯，象箸玉杯必不羹菽藿。"此外，《史记·宋微子世家》、《史记·十二诸侯年表》、《淮南子·说山训》均谓："纣为象箸。"《论衡·龙虚篇》云："传曰：纣作象箸。"《新书·连语》云："纣损天下，自箸而始。"若商末纣王用贵重象牙箸进食属实，则应本之于一定的饮食方式，才能出现这种低级向高级、量变到质变的箸质之升华，箸的起始年

---

①　甘肃省博物馆：《甘肃武威娘娘台遗址发掘报告》，《考古学报》1960 年第 2 期，图版四：6。

②　河南省文化局文物工作队第一队：《郑州第五文物区第一小区发掘简报》，《文物参考资料》1956 年第 5 期。

③　参见陶文台《中国烹饪史略》，江苏科学技术出版社 1983 年版，第 88 页。

④　见中研院史语所：《来自碧落与黄泉》，2002 年版，第 51 页。

⑤　梁思永：《国立中央研究院参加教育部第二次全国展览会出品目录》，见《国内学术界消息（二十五年一月至六月）》转载，《燕京学报》第 21 期，1937 年，第 289 页。

⑥　陈梦家：《殷代铜器》，《考古学报》1954 年第 7 期。

代可能还要早些。

我国先民很早就学会了使用餐具进食的方式，相继有各种匕、柶、勺、斗、瓚、刀、削、叉、毕、箸等等的餐具、厨具之作，但用手抓食的古习却长时期内沿袭不衰。《礼记·曲礼上》云：“饭黍无以箸，羹之有菜者用梜，其无菜者不用梜。”汉代郑玄注：“梜犹箸也，今人或谓箸为挟提也。”由此推之，饭食或其他干食，古人通常用手抓而食之；刀、削用来割碎肉块而食之。

大凡这些餐具，质地有异固不待言，形制也有大小之别，实际功用自有不同。如叉、毕一类，考古发现的小叉是用来叉取肉食送入口腔的餐具，但《礼记·杂记》有云“毕用桑，长三尺”，孔疏“主人举肉之时，则以毕助主人举肉”，如此大毕，又得起全牲，是用于盛大礼仪饮食场合的礼具，就算不上是餐具了。礼书中还有挑匕、牲匕、饭匕的名物，前两者是大匕，专用于礼仪宴飨中的载鼎实、别出牲体，而饭匕是小匕，直接用于进食。[①] 这正有助于对商代大小匕、柶、勺、斗以及大箸等的实际功用的理解。

古人使用餐具进食，一般习惯于使右手。《管子·弟子职》云：“右执挟、匕。”《礼记·内则》云：“子能食食，教以右手。”《礼记·曲礼上》有云：“凡进食之礼，左殽右胾，食居人之左，羹居人之右。”郑注：“殽，骨体也；胾，切肉也；食，饭属也。殽在俎，胾在豆。”此左俎右豆，也是合于使右手的进食礼的。

三　名物礼器

古人世态务实，对待物质生活有名物辨用之好。如品辨肉类食物的胜腶肥倅皆有名数物相，故按“六畜六兽六禽，辨其名物”[②]。识别六谷之香美粗糙贵贱，而致“辨六齍之名物与其用，使六宫之人共奉之”[③]。考量饮食器具的形制功用及享用者的身份地位，乃有“六尊六彝之位，诏其酌，辨其用与

---

① 参见王仁湘：《中国古代进餐具匕箸叉研究》，《考古学报》1990 年第 3 期。

② 《周礼·天官·庖人》。

③ 《周礼·春官·小宗伯》。

其实"[1]，"辨六彝之名物，以待果（祼）将；辨六尊之名物，以待祭祀宾客"[2]。饮食器具功能的规范和名物辨用，也是社会等级分层礼制深化的表征。

商代已全面呈现炊食并器向炊器和膳食器有所细分的演进趋势，就食器餐具而言，渐有专门的盛粒食、盛肉食、盛菜蔬、盛羹汤、盛酒、储食、饮酌、挹舀、挟取、沃盥等的器具，名目甚多，类型繁化，各具实效。除广泛使用陶制品外，又有木、竹、骨制等等。原始青瓷器以及稀珍的白陶器、漆器、象牙器等，亦已上升为贵族阶层的专享品。特别是青铜器，自产生之日起，即成为社会等级名分制度的重要物质标志，赋予了"明贵贱，辨等列"的特殊时代意义，被视为"器以藏礼"[3] 的所谓名物礼器（图 2—15）。

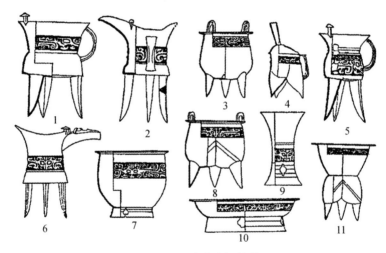

图 2—15　商代青铜礼器

（1、5. 斝　2、6. 爵　3、8. 鼎　4. 盉　7. 簋　9. 觚　10. 盘　11. 甗）

礼器主要使用于贵族统治阶级宴饮或祭祀等各种礼仪场合，从本质上说

---

① 《周礼·天官·司尊彝》。

② 《周礼·春官·小宗伯》。

③ 《左传》成公二年。

是"寓食于礼"的具体体现，"名位不同，礼亦异数"①，礼器的数量、品位、种类、称名、组合，包括其材料、工艺、造型、质量、功用等，均可用以表明使用者的社会身份地位和成为衡量贵族阶层等级关系的准则。

其实在青铜礼器出现之前，"器以藏礼"即已伴随着社会形态的演进而日益强化。《韩非子·十过》对此有所揭示：

> 昔者尧有天下，饭于土簋，饮于土铏②。其地南至交趾，北至幽都，东西至日月之所出入者，莫不宾服。尧禅天下，虞舜受之，作为食器，斩山木而财之，削锯修之迹，流漆墨其上，输之于官以为食器，诸侯以为益侈，国之不服者十三。舜禅天下而传之于禹，禹作为祭器，墨染其外，而朱画其内，缦帛为茵，蒋席颇缘，觞酌有采，而樽俎有饰，此弥侈矣，而国之不服者三十三。夏后氏没，殷人受之，作为大路，而建九旒，食器雕琢，觞酌刻镂，四壁垩墀，茵席雕文，此弥侈矣，而国之不服者五十三。

言尧时已有食器和饮器的陶制品之分；舜时木制髹漆器出现，并被权贵据为专门食器；夏禹则不仅用漆器于祭祀场合，其饮食器具也趋华美；臻至商代，贵族生活益发侈靡，"器以藏礼"不单单限于陶器、漆器、青铜器，其他方面更有过之，器用制作精美，纹饰繁丽，造型奇巧，器类齐备，显示了上层权贵的名物礼器崇尚，代有出新。

商代社会风气奢靡，突出表现在自王至诸侯臣正，莫不腆于酒，崇饮之风酷烈。商王祭先祖，则"既载清酤，赉我思成，亦有和羹"③，酒食美味为祭享礼所必备。《诗·大雅·荡》形容殷人酗酒，"靡明靡晦，式号式呼，俾昼作夜"。《尚书·酒诰》直揭"惟殷之迪诸臣惟工，乃湎于酒"，甚至连普通社会也是"庶群自酒，腥闻在上"。商末王纣的嗜酒，文献中说法更多。《史记·殷本纪》言其"以酒为池，悬肉为林，使男女倮相逐其间，为长夜之饮"。《正义》引《太公六韬》云："纣为酒池，回船糟丘而牛饮者三千余人为辈。"《说苑·反质》云："纣为鹿台糟丘酒池肉林。"酒食醉饱的生活，为有商一代贵族

---

① 《左传》庄公十八年。

② 土铏是一种带盖的盆形陶鼎，两耳三足，常用来盛羹汤。

③ 《诗·商颂·烈祖》。

统治集团里外上下成员所尚好，愈演愈剧，最终蔚为晚后政权败亡的大气候。《尚书·微子》对商贵族统治集团"沈酗于酒"的败政有自省。

在商代崇饮之风的社会大气候弥漫中，考量名物礼器的"商礼"，也每以"重酒"为要征，序社会政治构成秩序，区分贵族身份地位高下的标志，通常可据其所握有的青铜觚、爵之类酒器数目来辨别，[①] 由此形成了一套等级制的青铜礼器制度。这在有商一代始终贯之，反映到贵族葬制，随葬铜礼器从商代前期起，就是"重酒的组合"。郑州和辉县二里岗期贵族墓葬，随葬觚、爵的套数有一套至数套之别，还必配其他器类，以配鼎、斝组合为常见。郑州商城个别贵族墓还有以象牙觚替代铜觚者。殷墟各期墓葬，铜礼器种类增多，然觚、爵仍为组合核心，然器类搭配更趋繁化，形成酒器加炊器、食器、盛器、水器和礼乐器的完善组合形式。[②]

有学者认为，食器鼎、簋与酒器觚、爵搭配组合的固定形式，是殷墟三期才出现，经历了从无到有，从少到多以至鼎、簋组合单独存在的过程。[③] 又有学者据殷墟二期小屯 M18 和司空 80M539 等墓出土材料，指出武丁主政期间铜器组合由早先的觚、爵配鼎、斝，向觚、爵配鼎、簋转化，这是武丁对商代礼制的新发展。[④]

我们认为，青铜簋被引进礼器行列可早到商代前期，主要根据是长江中游地区商代南方考古材料。湖北黄陂盘龙城李家咀 M2 墓，出 4 鼎 1 簋，配 4 爵 1 觚 3 斝等青铜礼器，墓葬年代相当中原二里岗期上层。[⑤] 江西新干大洋洲发现的大型商墓，出青铜礼器 48 件，[⑥] 有鼎、簋（原报告称"假腹盘"）搭配卣、甗、鬲、罍、瓿、壶、豆等器物者，其中甗高 105 厘米，重 78.5 公斤，是目前所知最大的商代甗。其铜器组合没有中原常见的爵、觚、斝等酒器，但

---

① 参见邹衡：《商周考古》，文物出版社 1979 年版，第 88 页。

② 参见杨锡璋、杨宝成：《殷代青铜礼器的分期与组合》，《殷墟青铜器》，文物出版社 1985 年版，第 79—100 页。

③ 宋建：《关于西周时期的用鼎问题》，《考古与文物》1983 年第 1 期。

④ 见上揭杨锡璋、杨宝成文。

⑤ 湖北省博物馆、北京大学考古专业盘龙城发掘队：《盘龙城 1974 年度田野考古纪要》，《文物》1976 年第 2 期。

⑥ 江西省文物考古研究所、江西省博物馆、新干县博物馆编著：《新干商代大墓》，文物出版社 1997 年版，第 8—73 页。

有十分珍稀的汲郁鬯献祖先或飨上等贵宾等场合所用的高级酒礼器青铜斝，显示了商代江南方国文化的特色。墓葬年代为吴城文化二期，相当中原殷商时期。这表明，尽管长江中游地区商代南方方国有其固有的尚酒礼俗，然而其以"重食"为内涵的鼎、簋组合，却从商代前期到晚商一直延习于该地区，构成商代南方文化的一大特色。相对而言，中原地区的殷墟文化，至少在二期以前即商王武丁执政初期，铜器组合犹仍以觚、爵配鼎、斝为主要形式。可是到殷墟文化二期，传统的觚、爵配鼎、斝，一下就向觚、爵配鼎、簋移位，不仅殷墟如此，在中原商王朝的其他重要统治地区也是如此，而鼎、簋的组合要素却是南方所沿演不断的。因此，我们推测武丁时期有可能直接从南方吸收这种文化因素，促进本身礼制的深层变化。《诗·商颂·殷武》述武丁史迹云："挞彼殷武，奋伐荆楚。罙入其阻，袤荆之旅，有截其阻。"旧注谓："盖自盘庚没而殷道衰，楚人叛之，高宗（武丁）挞然用武以伐其国，入其险阻，以致其众，尽平其地，使截然齐一。"[1] 武丁时期与南方地区交通的畅通，为当时饮食文化的互相采借提供了条件，而武丁的"奋伐荆楚"，重振"殷道"之盛，把反映南方"重食"文化要素的青铜簋再度引回商王朝的礼器行列，大概正是其"截然齐一"的政治举措之大气概所促成。

我们之所以说"再度引回"，是因为簋这类礼器，并非原本就土生土长于长江流域南方地区，簋的产生祖籍，最先还是在黄河流域中原地区。代表夏文化的二里头考古学文化，其新型器种中就出现了圈足陶簋；在同一时期的山西夏县东下冯遗址，也出有陶簋。尤应注目的是，1996 年 2 月，河南省文物考古研究所和郑州市文物考古研究所共同在郑州商城今南顺城街发掘发现一处商代前期王室窖藏，出土青铜礼器 9 件及一批陶瓷、骨、蚌、石器等，礼器中有 2 爵配 4 大方鼎、2 斝、1 簋一组祭祀及宴飨用的酒食重器。[2] 这说明商代统治者早把青铜簋引入礼器行列，并约略在同一时期就被传带到长江之滨的湖北黄陂盘龙城。故殷墟文化二期以后，青铜簋大量出现在商礼器行列，不是从无到有，而是武丁把过去有而失去的，重新从南方地区引带回籍，恢复其先王时代的"商礼"要素。甲骨文中美誉武丁为"大京武丁"

①　朱熹集注：《诗集传》卷二〇。

②　河南省文物考古研究所、郑州市文物考古研究所：《郑州南顺城街青铜器窖藏坑发掘简报》，《华夏考古》1998 年第 3 期。又河南省文物考古研究所、郑州市文物考古研究所编著：《郑州商代铜器窖藏》，科学出版社 1999 年版，第 9—21 页。

（《屯南》4343）。《诗·商颂·下武》称武丁为"世有哲王"。荀悦《前汉纪》卷二十九说："殷太甲为太宗，大戊为中宗，武丁为高宗。"武丁是商代中兴三主之一，称为"高宗"，他能"复兴殷道"，扭转"比九世乱，诸侯莫朝"[①]的衰败政局，恐怕其在"商礼"中实施"广纳并育"的变革举措，也是成功原因之一。

武丁对"商礼"的变革，重在"复兴"而不是"破旧立新"，更不可能改变社会的"重酒"风习。作为"商礼"重要组成部分的礼器组合，"重酒"始终是最核心的要素，武丁只不过使其兼"重食"而变得稍趋合理而已，这也因之育成了丧葬礼俗中出现的随葬器物"重酒兼食"的繁化组合现象。

有商一代"重酒"风习之下，贵族身份地位高下与握有青铜酒礼器数量组合之间成正比关系，折射出了"名位不同，礼亦异数"[②]。从全国各地商代墓葬随葬青铜觚、爵套数的考古发现来看，大体分为50余套、10套、9套、6套、5套、4套、3套、2套、1套等九大等列。现汇其159例列表于下，以分析这一"器中藏礼"的等级制内涵（表内分期栏，除已标出考古学文化分期或大致历史时代者外，凡标一、二、三、四数字的，为殷墟考古文化分期，一期约当盘庚至武丁前期，二期武丁至祖甲前后，三期廪辛至文丁时，四期帝乙帝辛时。礼器总数只统计青铜容器，包括铅器。资料出处，一般只列出刊物期号，凡书名则或列出版单位及年代、页码）。

这里汇集的159例商代墓葬出土材料，都是取未遭后世破坏或虽经扰乱而器物基本未散失者，年代从商代早期直至晚商都有。墓葬地点，以安阳殷墟王都占大宗，包括偃师商城、郑州商城发现的商墓材料。此外，又罗括了河南、河北、山东、山西、陕西、湖北、湖南、安徽、北京等8省1市的商代墓葬出土材料。十分遗憾的是，我们无法真正了解商代王墓的情况，因为迄今为止所发现的商王陵均反复遭后世盗掘，劫后之余所剩无几，故据此表分析的青铜礼器等级制，只能暂缺商王这一级。

表中序号1妇好墓出觚53件，爵40件而配斝12件、象牙杯3只，则两数约略同，可视为50余套。墓中青铜礼器总数214件，殉16人，犬6条，礼仪规格极高。据甲骨文所记，妇好生前为商王武丁之妃，极受宠，曾一度

---

① 《史记·殷本纪》。

② 《左传》庄公十八年。

序号	出土年代、地点和墓号	墓室面积 m²	葬具	分期	殉人	礼器总数	觚	爵	角	鼎	甗	瓶	簋	斝	觯	尊	壶	瓿	卣	盉	盘	盂	罐	斗	铙	其他	资料来源
1	76殷墟小屯 M5	22.4	棺椁	二	16	214	53	40	31	10	8	5	5	12	2	10	4	2	1	1	2	1	1	8	5	象牙杯3	殷墟妇好墓
2	85山西灵石旌介 M2	7.48	棺椁	二	1	18	4	10	1					1	1	1											文物86—11
3	90殷墟郭家庄 M160	13.05	棺椁	三	4	40	10	10	6	1	1	1	3	3	1	3			1	1	1	1		1	3	方形器1	考古91—5；考古学报95—4
4	85山西灵石旌介 M1	10.13	棺椁	四	1	23	4	10	2					1	1	1	2			2						鼍鼓1	文物86—11
5	2000殷墟花园庄 M54	25.78	一棺一椁	二	15	38	9	9	6	1	1		2	1	1	2		2	1		1	2	1	1	3	勺2、石磬1	花园庄东54号墓、中国社会科学院古代文明研究中心通讯2，2001；考古04—1
6	58殷墟大司空 M4	2.64	棺		12	6	4	2	2																		考古通讯58—10；商周铜器群综合研究 p.169

续表

序号	出土年代、地点和墓号	墓室面积 m²	葬具	分期	殉人	礼器总数	觚	爵	角	鼎	瓿	甗	簋	斝	觯	尊	壶	甑	卣	罍	盘	缶	盂	罐	斗	铙	其他	资料来源
7	66—77殷墟西区 M824	2.3	棺	三		7	6	1																			扰乱	考古学报79—1
8	58山东滕县井亭			四		16	4	6		2				1	1	1			1									文物59—12
9	74湖北盘龙城李 M1		棺椁	二里岗上层		22	3	5		2		2	1	5		1				2	1							盘龙城商代二里岗期的青铜器，文物76—2
10	77殷墟小屯 M18	10.58	棺椁	一	5	24	5	5		3	2		1	2		2		1	1	1	1					1	朱书玉戈	考古学报81—4
11	79河南罗山天湖 M1	24.7	棺椁	三		18	5	5		3	1		1	1					1		1				1			考古81—2
12	99殷墟刘家庄北 M1046	8.82	棺椁	四	6	33	3	5	2	6	1	3	2	1	2	3			3	1	1				1			中国考古年鉴（2000）p.195 考古学集刊15，2004

续表

序号	出土年代、地点和墓号	墓室面积 m²	葬具	分期	殉人	礼器总数	觚	爵	角	鼎	甗	簋	斝	尊	壶	瓿	卣	罍	盉	盘	缶	盂	罐	斗	铙	其他	资料来源
13	57山东长清兴复河			四		16	3	5		2				3			2							1			文物64—4
14	74湖北盘龙城李坡M2	12.82	楩椁	二里岗上层	3	23	1	4		4	1	1	3			1	1		1	6							文物76—2
15	35西北冈1400大墓南墓道陪葬墓			二		8	3	4					1														考古学报54—7 p.26
16	57山西石楼二郎坡			二		9	4			2	1		1				1										文物参考资料58—1
17	96河北定州北庄子M5	7.70	椁	三	2	11	2	4		2		1	1	1			1										文物春秋92年增刊
18	66河北磁县下七垣			三		11	4	3		1		1					1									不全	文物74—11
19	37殷墟小屯M331	6.08	棺椁	一	6	19	3	3		2	1	1	3	3			1			1				1		锅1	殷墟青铜器 p.85、表二

续表

序号	出土年代、地点和墓号	墓室面积 m²	葬具	分期	殉人	礼器总数	觚	爵	角	鼎	甗	簋	斝	觯	尊	壶	甑	卣	罍	盉	盘	缶	盂	罐	斗	铙	其他	资料来源
20	37 殷墟小屯 M238	2.45		二	5	12	3	3				2	1	1		1				1								殷墟青铜器 p.86·表四
21	68 河南温县小南张			二		9	2	3		1	1			1						1						3		文物 75—2
22	84 殷墟 M269	6.46	棺槨	三	3	19	3	2		4	1	1		1	2					1					1	3	器盖 玉柄形器	考古学报 91—3
23	80 河南罗山天湖 M28	4.86	棺槨	三	3	11	2	3		3	1			1						1								考古学报 86—2
24	82 殷墟小屯 M1	4.60	棺槨	四	3	19	3	3		5	1	3		1	1					1						1		考古学报 95—4
25	86 殷墟郭庄 M6	5.29	棺槨	四	3	19	3	3		6	1	1		1	1					1	1							考古 91—10
26	84 殷墟西区 M1713	4.68	棺槨	四	3	17	2	3		4	1	2		1	1					1	1		1					考古 86—8

续表

序号	出土年代、地点和墓号	墓室面积 m²	葬具	分期	殉人	礼器总数	觚	爵	角	鼎	瓿	甗	簋	斝	觯	尊	壶	甒	瓿	卣	罍	盉	盘	缶	盂	罐	斗	铙	其他	资料来源
27	殷墟刘北 M9	6.05	棺椁	四		16	3	3		3		1	1	1	2	1				1										安阳殷墟青铜器·中州古籍·1993
28	76 山西灵石旌介 M3	8.19	棺椁	四		10	1	3		3		1		2															石磬1	文物资料丛刊 80-3
29	55 河南郑州白 C8M3	5.13	棺椁	二里岗上层	1	10	2	2		3				2		1														文物参考资料 55-10
30	82 河南郑州二七 M1	3.92	棺	二里岗上层	1	7	2	1		1				3																文物 83-3
31	86 河南许昌大路陈		棺	二里岗上层		7	1	2		3				1															破坏	华夏考古 88-1
32	65 河南郑州铭功 IVE	2.57	棺	二里岗上层		6	1	2		1				2																考古 65-10

续表

序号	出土年代、地点和墓号	墓室面积 m²	葬具	分期	殉人	礼器总数	觚	爵	角	鼎	瓶	甗	觥	簋	斝	觯	尊	壶	瓿	甑	卣	罍	盂	盘	缶	盉	罐	斗	铙	其他	资料来源
33	71 山西长子北郊			商代中期		8	1	2		2	1				1							1									文物资料丛刊 80—3
34	77 湖北随县淅河			商代中期		4	1	2							1															扰乱	文物 81—8
35	57 安徽阜南常庙			一		8	2	2							2		2														文物 59—1
36	86 河南伊川坡头寨		土坑墓	一	4	5	2	2						1																玉柄形器	文物 93—6
37	37 殷墟小屯 M232	7.82	棺椁	一	8	10	2	2		1	1				2		1							1							殷墟青铜器 p.85，表二
38	59 殷墟武官北 M1	7.88	棺椁	一	6	9	2	2		2	1				1		1														考古 79—3
39	37 殷墟小屯 M338	8.64	棺椁	一	3	10	2	2		1	1				2		1	1													殷墟青铜器 p.85，表二

续表

序号	出土年代、地点和墓号	墓室面积 m²	葬具	分期	殉人	礼器总数	觚	爵	角	鼎	瓿	甗	簋	斝	觯	尊	壶	甑	盉	盘	缶	盂	罐	斗	其他	资料来源
40	37 殷墟小屯 M333	4.80	棺椁	一	3	10	2	2	2	2						2										殷墟青铜器 p.85，表二
41	37 殷墟小屯 M222				3	4	2	2																		李济考古学论文选集 p.547—549
42	83 殷墟大司空 M663	6.6	棺椁	二	4	9	2	2		2		1	1	1				1							3	考古 88—10
43	80 殷墟大司空 M539	5.97	棺椁	二	1	12	2	2		1		1	1	1	1	1				1						殷墟青铜器 p.86，表四，又 p.449
44	80 河南罗山天湖 M8	4.16	棺椁	二	2	7	2	2		1			1		1	1										考古学报 86—2
45	80 河南罗山天湖 M11	5.76	棺椁	二	1	6	2	2		1					1		1									考古学报 86—2
46	57 殷墟薛家庄 M8	6.90	棺椁	二		12	2	2		2			1	1	1	1	1							1	3	文物参考资料 58—12 殷墟青铜器 p.88，表五

续表

序号	出土年代、地点和墓号	墓室面积 m²	葬具	分期	殉人	礼器总数	觚	爵	角	鼎	瓶	甗	簋	彝	斝	觯	尊	壶	瓿	罍	卣	盉	盘	缶	盂	罐	斗	铙	其他	资料来源
47	95 殷墟郭家庄 M26	7.81	棺椁	二	2	11	2	2		2		1	1	1					1	1								3	镜形器1 箅1	考古 98—10
48	58 殷墟大司空 M51	4.25	棺椁	二		11	2	2		2			1	1			1			2								3		考古通讯 58—10 殷墟青铜器 p.88，表五
49	86 殷墟大司空 M29	2.76	棺	二		5	2	2		1																				考古 89—7
50	86 殷墟大司空 M25	5.97	棺椁	二		3	1	2																						考古 89—7
51	82 殷墟苗圃 M41	.94		三		7	2	2		2			1																镜1 被扰	殷墟青铜器 p.89，表六
52	59 殷墟小屯 M239	7.20	棺椁	三		6	2	2		2																				殷墟发掘报告（1958—1961）p.335

续表

序号	出土年代、地点和墓号	墓室面积 m²	葬具	分期	殉人	礼器总数	觚	爵	角	鼎	甗	簋	斝	觯	尊	卣	壶	瓿	罍	盂	盘	缶	盉	罐	斗	其他	资料来源
53	86安阳梯家口M3	6.46	棺椁	三		4	1	2		1																		华夏考古92-1
54	殷墟西区M2579	5.23	棺椁	四		11	2	2		1	1	1	1	1	1	1											殷墟青铜器 p.478
55	殷墟东M63	5.44	棺椁	四		10	2	2		2		1	1	1	1												安阳殷墟青铜器
56	殷墟东M231	5.27	棺椁	四		8	2	2		1	1	1				1											同上
57	殷墟东M235	5.03	棺椁	四		8	2	2		1		1			1	1											同上
58	62殷墟大司空M53	4.06	棺椁	四	2	5	2	2						1													考古64-8
59	80河南罗山天湖M41	10.92	棺椁	四	1	9	2	2				1	1	1	1	1											考古学报86-2
60	69殷墟西区M907	2.53	棺椁	四	1	12	2	1		1		1	1	2		1									3		殷墟青铜器 p.451—452

续表

序号	出土年代、地点和墓号	墓室面积m²	葬具	分期	殉人	礼器总数	觚	爵	角	鼎	甗	甑	簋	罍	觯	尊	壶	瓿	卣	盘	盉	缶	盂	罐	斗	饶	其他	资料来源
61	79河南罗山天湖M6	13.72	棺椁	四		10	2	2		3					1	1			1									考古学报86—2
62	74湖北盘龙城南垣外M1			商代中期		7	2	2		1					1				1									文物76—2
63	81山东费县			晚商		25	2	2	2	5	1		1		1	1			3	1	1		1				豆1 勺2	文物82—9
64	87山东滕县前掌大M213	6.0	棺椁	晚商		9	2	2	2	2	1		1		1											2		中国考古学年鉴（1988）p.176
65	75山东泗水张庄			晚商		5	1	2							1	1			1								被扰	考古86—12
66	90山东邹城西丁村		土坑墓	晚商		4	2	2																				考古04—1

续表

序号	出土年代、地点和墓号	墓室面积 m²	葬具	分期	殉人	礼器总数	觚	爵	角	鼎	甗	簋	罍	斝	尊	壶	瓿	盘	盏	盂	缶	罐	斗	铙	其他	资料来源
67	86山西武乡上城			晚商		4	2	1								1										文物92—4
68	77陕西清涧解家沟			晚商		12	2			2	1	2	1	1		1	1	1							勺1 匕1	考古学集刊82—2
69	05陕西甘泉陶家沟			晚商		16	2	1		4	1	5		1	1	1									青铜马2	中国文物报06.8.16 考古与文物07—3.
70	87陕西延川用斗村			晚商	2	7	2	1		1	1	1		1											羊首匕1	考古与文物92—4
71	03陕西旬邑下魏洛村	3.45×2.92	棺椁	商代		11	1	2		4	1	1		1		1									铜镜3	陕西旬邑发现商代青铜器墓，中国文物报03.11.21
72	75河南郑州C8M32	0.9	土坑墓	二里冈早期		2		1						1												中原文物81—2

续表

序号	出土年代、地点和墓号	墓室面积 m²	葬具	分期	殉人	礼器总数	觚	爵	角	鼎	瓶	甗	盨	斝	罍	觯	尊	壶	瓵	瓿	卣	盉	盘	缶	盂	罐	斗	铙	其他	资料来源
73	87 河南郑州 ZSCM1	2.4	土坑竖穴墓	二里岗下层		2		1		1																				文物 2003—4
74	99 河南郑州 ZSCWT22M4	1.03	土坑竖穴墓	二里岗上层		3	1	1						1																文物 2003—4
75	2001 河南郑州 ZSC8 Ⅲ T61M1	1.57	土坑竖穴墓	二里岗上层		2	1							1																文物 2003—4
76	89 河南偃师商城 M13	2.16	竖穴墓	二里岗上层		2								1			1													中国考古学年鉴（1990）p.245
77	55 河南郑州白 C8M2	2.63	土坑墓	二里岗上层		5		1		1				1			1						1						象牙觚 1	文物参考资料 55—10

续表

序号	出土年代、地点和墓号	墓室面积 m²	葬具	分期	殉人	礼器总数	觚	爵	角	鼎	甗	鬲	斝	尊	壶	瓿	瓶	罍	盉	盘	缶	盂	罐	斗	饶	其他	资料来源
78	82河南郑州二七M2	2.97	棺	二里岗上层		4	1	1					2														文物83-3
79	79河南郑州二里岗	1.13	土坑墓	二里岗上层		2	1	1																			中原文物82-4
80	84河南焦作南朱村M1			二里岗上层		1		1																			华夏考古88-1
81	53安徽嘉山泊岗			二里岗上层		4	1	1					1					1									文物63-7
82	73山东滕州昌楼			二里岗上层		3	1	1					1														考古96-5

续表

序号	出土年代、地点和墓号	墓室面积 m²	葬具	分期	殉人	礼器总数	觚	爵	角	鼎	瓿	鬲	甗	簋	斝	觯	尊	壶	瓿	瓿	卣	罍	盂	盘	缶	盂	罐	斗	铙	其他	资料来源
83	92湖北黄州下窑嘴	3.51	土坑墓	二里岗上层		5	1	1			1	1			1															涂朱陶饼	文物 93—6
84	90湖南津市斿潼		土坑墓有墓道	商代前期偏晚		2	1	1																							中国文物报 91.6.23
85	63湖北盘龙城楼 M3			商代中期		4	1	1		1					1																文物 76—2
86	63湖北盘龙城楼 M4			商代中期		4	1	1		1		1																			文物 76—2
87	63湖北盘龙城楼 M5			商代中期		3	1	1							1																文物 76—2

续表

序号	出土年代、地点和墓号	墓室面积 m²	葬具	分期	殉人	礼器总数	觚	爵	角	鼎	甗	鬲	簋	斝	觶	尊	壶	瓿	瓶	卣	罍	盉	盘	缶	盂	罐	斗	铙	其他	资料来源
88	72河北藁城台西M112	6.0	棺	商代中期	1?	6	1			2				1		1		1											铁刃铜钺	藁城台西商代遗址 p.157、166
89	73河北藁城台西M14	2.86	棺	商代中期	1	3	1	1								1														藁城台西商代遗址 p.161
90	73河北藁城台西M22	3.24	棺	商代中期	1	4	1	1		1				1															藁城台西商代遗址 p.162
91	77北京平谷刘家河	6.0	棺椁	商代中期		16	1	1		5	1	1		1	1		1						2		2				铁刃铜钺	文物77—11
92	80殷墟三家庄M3	4.35	棺椁	一		4	1	1		1				1																考古83-2
93	80殷墟三家庄M1	1.98	土坑墓	一		2	1	1																						考古83-2

续表

序号	出土年代、地点和墓号	墓室面积 m²	葬具	分期	殉人	礼器总数	觚	爵	角	鼎	瓶	觥	甗	簋	觯	斝	尊	壶	瓿	甑	卣	盉	盘	缶	盂	罐	斗	铙	其他	资料来源
94	37 殷墟小屯 M188	1.93		一	2	8	1	1	1		1					2			2											中国考古学报 48—3
95	86 陕西西安老牛坡 M44	2.28	土坑墓	一	2	3	1	1								1														文物 88—6
96	86 陕西西安老牛坡 M33	4.47	棺	一	—	2	1	1																						文物 88—6
97	73 山东惠民大郭			一	1	4	1	1		1			1																	考古 74—3
98	91 山东滕州级索镇十一中学			一	—	2		1		1																				考古 94—1
99	92 山东滕州轩辕村南	2.76	棺	一	—	3		1					1			1													玉柄形器	文物 93—6
100	78 山东滕县前掌大村北	3.96		一	—	3	1	1								1														考古 96—5

续表

序号	出土年代、地点和墓号	墓室面积 m²	葬具	分期	殉人	礼器总数	觚	爵	角	鼎	瓿	甗	鬲	簋	斝	觯	尊	壶	觥	瓿	卣	罍	盉	盘	缶	盂	罐	斗	铙	其他	资料来源
101	81 山东滕县大康留村					4		1	1						1		1							1							考古96—5
102	66 山西忻县羊圈坡			一		6	1	1		3							1						1								文物72—4
103	79 殷墟西区 M2575	3.96	棺椁	二	2	4	1	1		1											1										殷墟青铜器 p.469 考古学报 95—4
104	殷墟苗圃 M67	7.59	棺椁	二	2	5	1	1		2												1									安阳殷墟青铜器 p.3
105	76 殷墟小屯 M17	5.27	棺椁	二	2	3	1			1								1													考古学报 81—4
106	66—77 殷墟西区 M692	4.32	棺椁	二	2	2	1	1																							考古学报 79—1
107	83 殷墟薛家庄 M3	4.48	棺椁	二	1	3	1	1		1																				玉柄形器	考古86—12

续表

序号	出土年代、地点和墓号	墓室面积 m²	葬具	分期	殉人	礼器总数	觚	爵	角	鼎	瓵	甗	簋	彝	觯	尊	壶	瓶	瓿	卣	罍	盉	盘	缶	盂	罐	斗	铙	其他	资料来源
108	37殷墟小屯 M18:4			二		2	1	1																						李济考古学论文选集 p.547—549
109	75殷墟西区 M613	6.37	棺椁	二	1	4	1	1		1								1												考古学报 79—1 殷墟青铜器 p.471
110	50殷墟武官大墓 E9	1.6	陪葬墓	三		4	1	1					1							1										中国考古学报 51—5
111	50殷墟武官大墓 W1	1.05	陪葬墓	二		2	1	1																						同上
112	50殷墟武官大墓 E10		陪葬墓	二		2	1	1																						同上
113	84山东新泰		土坑墓	晚商		6	1	1		1			2			1														文物 92—3
114	74陕西绥德 后任家沟			二		3	1	1		1																				考古学集刊 82—2

续表

序号	出土年代、地点和墓号	墓室面积 m²	葬具	分期	殉人	礼器总数	觚	爵	角	鼎	甗	簋	斝	觶	尊	壶	瓿	卣	罍	盉	盘	缶	盂	罐	斗	铙	其他	资料来源
115	65 陕西绥德墕头村	2.0	土坑墓	二		7	1	1	1	1		1				1	1								1			文物 75—2
116	82 殷墟西区 M875	5.44	棺椁	三	2	7	1	1		1		1	1					1								1		殷墟青铜器 p.450—451
117	63 殷墟苗圃北地 M172	4.28	棺椁	三		5	1	1		1		1						1										殷墟青铜器 p.450
118	79 殷墟西区 M2508	7.2	棺椁	三		4	1	1		1		1															被盗	殷墟青铜器 p.449
119	殷墟梯西区 M3	6.46	棺椁	三		3	1	1		1																		安阳殷墟青铜器 p.2
120	殷墟西区 M268	4.9	棺	三		4	1	1		1		1																考古学报 79—1
121	殷墟西区 M1127	4.42	棺	三		4	1	1		1		1																考古学报 79—1
122	87 殷墟梅 M20	4.32	棺	三		3	1	1		1																		考古 91—2

续表

序号	出土年代、地点和墓号	墓室面积 m²	葬具	分期	殉人	礼器总数	觚	爵	角	鼎	甗	瓿	簋	彝	罍	觯	尊	壶	瓿	甑	卣	盉	盘	缶	盂	罐	斗	铙	其他	资料来源
123	殷墟西区 M355	3.94	棺椁	三		5	1	1		1		1	1																	考古学报 79—1
124	殷墟白家坟 KBM21	4.5	棺	三		3	1	1		1																				殷墟发掘报告 (1958—1961)
125	殷墟西区 M271	3.4	棺	三		4	1	1		1			1																	考古学报 79—1
126	60 殷墟白 A 区 M56	3.38	棺	三		2	1	1																						殷墟发掘报告 (1958—1961) p. 116, 334
127	82 殷墟苗圃 M54	2.57	棺	三		4	1	1		1			1																	考古 86—2
128	74 殷墟西区 M198	1.76	棺	三		3	1	1						1																殷墟青铜器 p. 451
129	91 殷墟后冈 M33	2.25	棺	三		2	1	1																					石柄形器	考古 93—10

续表

序号	出土年代、地点和墓号	墓室面积 m²	葬具	分期	殉人	礼器总数	觚	爵	角	鼎	瓿	甗	簋	彝	卣	尊	壶	瓿	瓶	盉	盂	盘	缶	罐	斗	铙	其他	资料来源
130	50殷墟四盘磨 M4	2.42	棺	三		3	1	1				1																中国考古学报 51—5
131	殷墟西区 M976	4.34	棺	三		3	1	1		1																		考古学报 79—1
132	殷墟小屯西二区 M232	2.1	棺	三		2	1	1																				殷墟发掘报告(1958—1961)
133	殷墟小屯西二区 M248	2.5	棺	三		4	1	1		1		1																同上
134	80河南罗山天湖 M18	5.08	棺椁	三		5	1	1	1	1																	勺 1	考古学报 86—2
135	80河南罗山天湖 M27	6.70	棺椁	三		2	1	1																				同上
136	陕西岐山礼村			三		4	1	1						1		1												陕西出土商周青铜器(一)
137	91殷墟高楼庄 M1	6.04	棺	四	4	3	1	1						1		1											玉柄形器	考古 94—5

续表

序号	出土年代、地点和墓号	墓室面积 m²	葬具	分期	殉人	礼器总数	觚	爵	角	鼎	瓿	甗	簋	斝	觯	尊	壶	瓯	卣	罍	盉	盘	盆	缶	盂	罐	斗	铙	其他	资料来源
138	殷墟西区 M800	5.05	棺椁	四	1	2	1	1																						考古学报 79—1
139	殷墟西区 M216	4.2	棺椁	四	1	1	1																							考古学报 79—1
140	83 殷墟郭家庄 M1	4.95	棺	四		4	1	1	1							1														考古 86—8
141	82 殷墟西区 M784	3.36	棺	四		4	1	1		1						1													铜策柄	殷墟青铜器 p.452
142	78 殷墟西区 M1572	2.63	棺	四		2	1	1																						殷墟青铜器 p.453
143	77 殷墟西区 M856	3.43	棺	四		2	1	1																						殷墟青铜器 p.453
144	70 殷墟西区 M1125	4.2	棺	四		3	1	1		1																				殷墟青铜器 p.474
145	70 殷墟西区 M1118	3.69	棺	四		3	1	1		1																				殷墟青铜器 p.475

续表

序号	出土年代、地点和墓号	墓室面积 m²	葬具	分期	殉人	礼器总数	觚	爵	角	鼎	甗	鬲	簋	斝	觯	尊	壶	瓿	卣	罍	盉	盘	缶	盂	罐	斗	铙	其他	资料来源
146	77殷墟西区 M793	2.95	棺	四		3	1	1							1														殷墟青铜器 p.475
147	70殷墟西区 M1015	3.12	棺	四		5	1	1		1			1			1													殷墟青铜器 p.478
148	殷墟刘家庄北 M1	4.98	棺	四		4	1	1							1				1										安阳殷墟青铜器 p.2
149	殷墟八里庄东 M52	2.52	棺	四		1		1																					安阳殷墟青铜器 p.3
150	84山东平阴藏庄	6.72	棺	四	2	3	1	1		1																			文物 92-4
151	60河北武安赵窑 M7	5.04	棺椁	晚商		3	1	1				1																	考古学报 92-3
152	60河北武安赵窑 M10	7.34	棺椁	晚商		3	1	1		1																		玉柄形器	考古学报 92-3

续表

序号	出土年代、地点和墓号	墓室面积 m²	葬具	分期	殉人	礼器总数	觚	爵	角	鼎	瓶	甗	簋	斝	觯	尊	壶	瓿	卣	罍	盘	盂	盉	罐	斗	其他	资料来源
153	91 河北定州北庄子 M80	7.39	棺椁	晚商		2	1	1																		木瓢 1	文物春秋 92 年增刊
154	82 河北正定新城铺		土坑墓	晚商		6	1	1					1	1	2												文物 84—12
155	87 山西隰县庞村			晚商		4	1	1	1	1																	文物 91—7
156	78 陕西西安袁家崖	2.52	棺	四		2	1	1																			文物资料丛刊 81—5
157	74 陕西岐山牟家			晚商		2	1									1											考古与文物 94—3
158	82 山东沂水信家庄		灰坑	晚商		2	1	1																			文物 89—11
159	97 湖南岳阳铜鼓山			晚商		2	1			1																	考古 06—7

出入征战，握有重兵，兼为王室重要将领。① 妇好墓是殷墟考古史上发现的一座未遭盗掘而最接近商代王墓一级的王妃墓，所出青铜礼器几乎囊括了殷墟历年出土全部器种，按其性质用途可分：

  （1）酒器（163 件，占青铜礼器总数的 76.2%）
    a. 温酒器：爵 40、斝 12。
    b. 煮郁器：盉 6。
    c. 盛酒器：尊 10、瓿 10、方彝 5、壶 4、卣 2、罍 2、缶 1。
    d. 饮酒器：觚 53、觥 8、觯 2。
    e. 挹注器：斗 8。
  （2）食器（47 件，占 22.0%）
    a. 烹煮器：圆鼎 26、方鼎 5、甗 10（内有一套三联甗，系由一件长方形六足甗架和三口大甑合成。还有分体甗两套 4 件，连体甗 2 件）、汽柱甑形器 1。
    b. 盛食器：簋 5。
    c. 挹取器（此部分原报告未列入礼器类）：匕 1；尚有青铜尺形器 28，可能有用为柶者；曲刃刀 23，亦可能有用为餐刀者。
  （3）盥器（4 件，占 1.9% 弱）：盘 2、盂 1、罐 1。

可见，除青铜角、豆、鬲、俎外，其他器种差不多都全了。此外还有青铜礼钺 4 秉，玉援铜戈 2 秉，镈形器 1 个，一般铜戈 91 把，铜镞 2 束 20 枚又 37 枚。妇好墓又随葬玉石宝石近 900 件，贝 6800 多枚，象牙杯 3 只，以及许多骨、蚌、陶器与丝织品等。在所出青铜食器中，有一件"后母辛"方鼎，通高 80.1 厘米，重 128 公斤，仅次于过去传出殷墟王陵区的"后母戊"大方鼎，后者为商王武丁另一位王妃的随葬重器，通高 133 厘米，达 875 公斤，是商代方鼎之最，而此鼎排行属第二。但妇好墓出土铜器总重量达 1.6 吨以上，也是异常可观的。由此不难想见妇好生前荣华富贵的生活。看来晚商王妃最高待遇，可以享至 50 余套觚、爵这一等级。

---

① 参见王宇信、张永山、杨升南：《试论殷墟五号墓的"妇好"》，《考古学报》1977 年第 2 期。

序号 2—5 共四墓出 10 套或 9 套觚、爵，其中 10 套者又有 10 觚 10 角（相当 10 爵）和 4 觚 10 爵之别，殉人 4 至 1 人不等，墓室面积中等，低于王妃墓，但位于小屯宫室区的序号 5 花园庄 M5，虽属 9 套觚、爵之列，却墓室面积超过王妃墓，殉人达 15 人，同出钺 7 件、卷头刀 3 件、戈 71 件、矛 76 件、玉器 210 余件等。据其铜器铭文，知墓主人名"长"，是王室戚属，身份特殊。出 10 觚 10 角墓见于殷墟王邑，同出戈、矛、钺、大刀等 220 件器物，铜镞 900 多枚，青铜武器占极大比重，附近又发现车马坑两座，可见墓主是位政治地位相当高的军事统帅，是王朝的高级权贵。出 4 觚 10 爵的两墓见于山西灵山石旌介，分属晚商前后相隔不太长久的两个时期，均出有不少兵器，以及一种长 20 多厘米的管状手持礼器"策"，用来显示身份权势。墓葬的附近也有车马祭坑。[①] 这两墓的墓主似为同一方国的前后两位君主。从他们各享有的总礼器数看，晚后一位为 23 件，比前一位多 5 件，器种也多了斝、觯、尊三种，还有鼍鼓。

这一发生于晚商的礼器增益或繁化的礼制变异现象，对有商一代来说，似亦具有代表性的普遍意义。据我们所掌握的资料，郑州商城所见青铜礼器器种，有爵、觚、鼎、斝、盉、尊、瓿、鬲、卣、罍、簋、盘、盂等 13 种，安阳殷墟所见，仅上述就已在 25 种以上了。这是从大处看，若进而言之，郑州商城西 300 米处杜岭曾发现商代前期一坑，内出两个通高各为 100 厘米和 87 厘米的大方鼎，分别重 86.4 公斤、64.25 公斤，腹底及足部有烟炱痕，[②] 属于商王祭典重器；而到晚商时殷墟，单商王武丁的两位配偶，"后母辛"方鼎就重达 128 公斤，"后母戊"方鼎更重达 875 公斤，当具有《礼记·礼器》说的"礼有以大为贵者"的性质。再进一步说，郑州商城发现的贵族墓葬，迄今所知随葬铜器最多的，不过 10 件左右，器种仅 4—5 种而已，与同一等列的一些晚商墓相比，在数量、器种、工艺品位等方面都有一定的差距。凡此，除了工业经济发展及冶铸技术提高等原因外，至少还反映出商代礼制尚处在代有增益和逐步强化的未稳定状态之中。

现在再回过来看属于这 10 套或 9 套觚、爵等列的几位墓主，在殷墟商王都的，其权势虽然似乎比能号令一方的方国君主略逊几分，但其随葬青铜

---

① 陶正刚：《石楼式商代青铜器概述》，殷墟甲骨文发现 90 周年国际学术讨论会论文，1989 年。

② 河南省博物馆：《郑州新出土的商代前期大铜鼎》，《文物》1975 年第 6 期。

礼器数量和器种却超出一倍左右，这也显示了商王都确是当时经济最发达的政治和文化中心。同时，还须指出，商代当有不少方国君主，尤其是那些在地理位置上远离商王朝控制的方国君主，看来并不接受所谓"商礼"的这一"名位礼数"的等级制度支配，往往我行我素，独成一格。举例说，因基于觚、爵等次的系列排比，未把另一种礼器组合类型的江西新干大洋洲发现的商代中晚期方国君主墓列入表中，该墓至少用了一个幼儿、一个孩童、一个青年殉葬，墓葬面积及随葬青铜礼容器十种，规格级别甚接近序号 4 灵石旌介 M1，但礼器的数量则多达 48 件，比旌介 M1 的 23 件翻倍还多，而其组合的差异更为显著，且按其性质用途列于下：

　　1. 酒器（8 件，占 16％）
　　　a. 饮酓器：瓒 1。
　　　b. 盛酒器：卣 3、壶 2、瓿 1、罍 1。
　　2. 食器（42 件，占 84％）
　　　a. 烹煮器：鼎 31（包括圆鼎 7、方鼎 6、扁足鼎 16、罐形鼎 2）、甗 3（其中一件通高 110 厘米，重 85 公斤，中原尚未发现如此重器）、鬲 6。
　　　b. 盛食器：簋（原报告称假腹盘）1、豆 1。
　　　c. 挹取器：匕 10（未计入礼器类）。

此外，该墓又出大小青铜礼钺 6 秉，镈形器 19 件，矛 35 件，戈 28 把，勾戟 1 件，剑（原报告称锋刃器）1 柄，镞 123 枚，胄 1 顶，还出玉器 754 件，陶器 356 件。[1] 它的礼器组合显然是以鼎、簋为要素，配以饮酓瓒的名物，截然不见中原北方地区"重酒"的觚、爵组合踪迹，是食与酒相兼而以食为重，与同墓出土一大批青铜农具耒、耜、铧犁、锸、锛、镰、铚、钁等，其以"粒食"为重的意蕴是一致的。这些在中原也难见到。

　　不宁惟是，北方黄河流域的商代权贵好以玉、石、铜质的柄形器作为身份的炫耀，而南方这位方国君主好用镈形器为兵礼杖部件，以显示其身份权力，一墓竟出了 19 件之多。这种兵礼杖部件在妇好墓只发现 1 件，相反在

---

[1]　江西省文物考古研究所、江西省博物馆、新干县博物馆编著：《新干商代大墓》，文物出版社 1997 年版，第 8—73、87—115、141 页。

长江流域中下游地区，直至春秋时期犹甚流行，如江苏丹徒北山顶吴王墓、浙江湖州埭溪、绍兴涅渚等地都有出土，为南方文化的产物。[①]

总之，商代方国君主这一层级，恐怕是当时"名位礼数"的等级制构建规范中最活跃最富变化又最不愿拘一守常的成分。尽管这一层级大致可划入 10 套或 9 套瓢、爵等列，但由于各方国所受地理位置的影响及经济形态、政治背景等因素的支配，诸如与中原王朝地理上的远近、政治关系的亲疏或羁縻程度的松紧、富区与贫区之别、军事力量的强弱之异、王都与四土间的经济文化差异、地区人文俗尚的不同及个人所好等，常直接导致这一层级持享礼器数量、器种等方面的悬殊对比，故严格说来，10 套和 9 套瓢、爵这两个等列的实际形态起伏变化甚大，个性色彩最浓，大概并未在广大范围内普遍定格。

序号 6—8 共三墓分别为 6 瓢 4 爵、6 瓢 1 爵、4 瓢 6 爵，因发掘资料欠缺，难作分析，然滕县井亭一墓出青铜容器有 16 件之多，则这一级别的墓主，亦属王朝或地方上层贵显人物。

序号 9—13 共五墓分别出 5 套瓢、爵或 3 瓢 5 爵。自商代前期至商末，自王邑及地方均见。在王邑者，其墓室面积中型，规模逊于地方，然有 5 人殉葬，随葬青铜容器总数超出地方，所列小屯 M18 墓，器铭有"子渔"、"侯围"，亦见于甲骨文。子渔为商王武丁之子，常主持王室的重大祭祖，受有封地。[②] 甲骨文有"乎围"、"王令围"，系人名，侯围可能是其封侯胙土之称。[③] 墓主不管为谁，大体应是王室所出重要贵戚人物。在地方者，这一级别的墓主，随葬青铜容器大致在 20 件左右。盘龙城李家咀 M1 无兵器随葬；罗山天湖 M1 出 8 戈、36 镞；长清兴复河一墓出 6 戈、镞 46 及车马器；均不见钺的青铜礼仪之器，这类墓主与商王朝关系相对要间接些，大体是各地土族落头目或方国的高级官员之一。

序号 14—18 共五墓，或出 4 瓢，或出 4 爵，配其他酒器，大致可划归四套等列，随葬青铜容器总数一般为 10 至 20 件上下，墓主生前大都握有兵权。如定州北庄子 M5，人殉 2 个，同出 7 戈 2 矛 6 镞，铜策 1 件。又如盘龙城李家咀 M2，人殉 3 个，还出 5 戈 7 刀 2 矛 1 斯等。石楼二郎坡一墓出有戈、刀、斧、斯各 1 件。后两墓均发现青铜礼钺两秉，可见这一级别的墓

---

① 参见宋镇豪：《中国春秋战国习俗史》，人民出版社 1994 年版，第 205—206 页。

② 参见王宇信：《试论子渔其人》，《考古与文物》1982 年第 4 期。

③ 参见周永珍：《殷代"韦"字铭文铜器》，《出土文献研究》，文物出版社 1985 年版。

主，既是当地强族的高级军事将领，似又与商王朝保持有较密切的政治关系，充当着王朝与各地族落方国政治、军事权衡关系中的中介角色，有的甚至可能成为商王朝在其地的重要代理人。至于序号 15 殷王陵南墓道的陪葬者，享有 3 觚 4 爵 1 斝，则生前身份必非一般，有可能是与商王关系较密的高级近侍卫士，或有功的陪葬者。

序号 19—28 共 10 墓，属三套觚、爵等列，均为晚商墓葬，墓室中型偏小，有殉人者 4 墓，用 6 至 3 人不等，平均随葬青铜容器 15 件左右，器种 10 种上下，但在殷墟王邑者，数量都高于外地，而墓室规模却略低于地方。这种差别应有政区所在位置和经济优势方面的原因，大凡说来，离殷都愈远，墓室面积愈大，礼器数则减，呈反比趋势。据序号 23 罗山天湖 M28 墓同出 3 戈，与上述出 8 戈的序号 11 罗山天湖 M1 高级权贵墓属同一期，但显然等级要低些。可知这一等列的墓主，属于中等权贵。在王邑的这批中等贵族统治者，殉人早期多而晚期大大减少，其中一期的一座殉 6 人，二期的一座殉 5 人，四期四座只有一座殉 3 人，其余都不用人殉，而随葬礼器的数量与器种都没有减少，甚至普遍高于二期殉 5 人的一墓。显而易见，这反映了一种社会演进趋势。再者，像序号 22 殷墟戚家庄东 M269 一墓，尽管没有殉人，但随葬礼器 13 种 20 件，还出乐器铜铙一套 3 件，青铜礼钺 2 秉，玉戈 1 秉，玉柄形饰 1 件，铜戈 14 把，矛 12 件，刀 2 把，玉虎、玉璜、玉玦、玉螳螂等装饰品一批，规格已超出序号 19 小屯 M331 一期殉 6 人的一墓，其身份地位应该属于这一等列中偏上者。引人注目的是，该墓随葬的酒器几乎都置于椁内近头部，食器则放在足部，另外近头部的二层台上还放陶觚、爵、簋、豆一组 4 件，并且还放置了牛头骨、牛腿骨 1 对，羊头骨、羊腿骨 2 对。可看出墓主生前对酒肉的偏好，似乎他并不满足已处的社会地位和所享的富足生活，正向更高等列的上层阶层递升靠近；而当时在商王都内，凭自身的经济实力或战功，是完全有可能实现的。

二套觚、爵等列的墓葬，序号 29—71 共 43 座，发现地点自商代前期王都郑州商城至晚商殷墟，包括河南、河北、山东、山西、陕西、湖北、安徽等省都有，分布相当广泛，情况也比较复杂。墓室面积大的有达近 14 平方米的，但一般以 5—6 平方米的居多，而且商代前期这一等列的墓室面积都比较小，不过 3—5 平方米上下，至晚商早期阶段，面积有增大，有的上升到 8—9 平方米，以后大致停留在 5—6 平方米上下，但少数在地方的墓，面积有筑至 10 余平方米者。共发现 16 座墓殉人，占该等列墓数的 37.21%，比率甚高，为 2.69:1，几近每三墓中有一座殉人，最多的用 8 人，少的用 1 人。基于这一等列的墓分布地域广，墓主只是一般性贵族成员，组成成分很复杂，而人殉比率又如此之高，则有可能表明用人殉葬这一恶俗在商代各地的中层社会仍相当顽固地广泛流行着。几乎看不出有像上述三套瓿、爵等列墓那种情况，即殉人早期多而晚期趋减，甚至不用人殉；似乎在表明，社会的进步和觉醒，往往发端于社会中层偏上那一部分人。

二套瓿、爵等列的墓葬，随葬青铜容器最多的达 33 件，在地方，最少的 3—4 件；而在殷墟王都，一般则以 8—10 件左右居多，器种 6—8 种上下。这批墓主政治身份不一，社会经济地位也参差不齐，属于不稳定的社会阶层。像序号 42、46、47 殷墟三墓，均出有三件制乐器铜铙一套，序号 64 滕县前掌大一墓出二件制铜铙一套，墓主生前可能是王朝的中级官员或地方官员。不少墓或多或少出有刀、戈之类的兵器，像序号 71 陕西旬邑下魏洛一墓，殉 2 人，又出戟 2 秉、钺 2 件、戈 1 件、弓形器 1 件，及绿松石与翡翠项链，瓿形尊铭"鱼丙"，一爵铭"武丁父"，另一爵铭"其父立"，墓主生前大概是有一定社会地位的中等武官。有的可能是一般贵族子弟，战时则义不容辞要加入战士行列。至于像序号 36 河南伊川坡头寨一墓，殉 4 人而仅随葬 2 瓿 2 爵 1 鬲共 5 件铜器，又随带一玉柄形器，恐怕墓主生前乃是一位地方弱小土著族的酋长，显得既愚暴又自负。

商代更有为数众多的一套瓿、爵等列的墓葬，表中序号 72—159，共计有 88 座，墓室面积大的 7 平方米上下，小的不及 1 平方米，以小型墓居多。有 15 座有殉人，约占该等列墓数的 17.05%，为 5.87:1，比上一等列低近 1 倍。殉 4 人者 1 座，一般是 1 至 2 人。随葬青铜容器，最多的为 8 件，器种六种，见于殷墟，少的仅 1 件，多数为 2—4 件，明显低于上一等列。但须指出的是，像序号 91 北京刘家河一商代中期墓，随葬铜器多达 16 件 10 个器种，虽列入本等列，却当别论，因其礼器组合与中原不一样，以 5 鼎居要位，再以三三制相辅，即爵、斝、盉 3 种温酒煮郁器为一组，瓶、卣、罍 3 种盛酒器副之成第二组，甗、鬲、盘 3 种食器为第三组，体现了一种居中而大的意识，且随葬不少金饰件及铁刃铜钺，该墓主当为当地方国的豪强，甚至可能与江西新干大洋洲商代墓的属性差不多，为该地之方国君主。

令人注目的是，一套瓿、爵等列的这大批墓，在商代前期未见殉人现象，随葬器物也偏少；至晚期稍早阶段殉人例有增，随葬器物略有加，以后殉人现象又减少，但随葬器物一如此前。另外不少墓单出或同出兵器或生产工具镰、锛、纺轮之类。墓主生前应属末流贵族或中上层平民，有的可能为下层官员或战士。他们中多数人在平时要参加生产劳动，战时要服兵役，代表着自由平民中的主体成分。其所在家族，早期的经济实力有限，晚期有所上升。其中抑或有人因战功等原因，社会地位和政治身份可能升迁。如序号77 郑州商城白家庄一土坑小型墓，出爵、鼎、斝、尊、盘 5 个器种各 1 件，这在商代前期实不多见，并且又配入 1 个象牙觚，恐墓主身份地位在这一等列的人物之中就要高出一大截了。又序号 106 殷墟西区 M692，葬具有棺有椁，铜器虽仅 2 件，却同出青铜戈 9 件，又以 2 人 3 狗相殉，墓主至少应是位下级武官。再如序号 107 一墓，也有棺椁，以 1 女孩 5 狗相殉，同出铜戈13 件，玉柄形器 1 件，玉戈、石戈各 1 件，随葬铜器，在一套觚、爵上有铭"象"字，鼎铭为"执象"。"象"可能是墓主私名，"执"为家族或族氏名，殆以分支家族之长又兼为王朝下级武官中之佼佼者。序号 153 定州北庄子M80，一棺一椁，以 4 狗相殉，同出 5 戈 8 镞，弓形器、锛、斧、凿、骨刀各 1 件，可注意者，还加入 1 木觚和 1 铜策，似表明墓主生前政治地位已向上一等列靠近。但像序号 148 殷墟八里庄一墓，仅出 1 爵，象征身份而已，近似"破产"而难维持原来地位。

要而述之，建立在"重酒"社会风习基础上的商代青铜礼器的名数制度，主要以酒器觚、爵为组合要素，配以其他器类，觚、爵的套数是决定使用者身份地位高低的首要标志，是序次社会政治构成秩序的重要表征，由此形成一种金字塔结构式的等级制度。自最高统治者商王之下，使用者所能享有的觚、爵套数，至少可分为九大等列：

其一是王室最上层权贵和受宠王妃，能享至 50 套以上者。其二、三是殷商王朝的高级权贵、军事统帅或要戚，以及各地的方国君主，能享 10 套、9 套之多。这三个等列，大体代表着金字塔结构的最顶层。但第二、三等列似乎并未在广大地域范围内普遍定格，主要是因为商代的方国君主是当时"名位礼教"等级制度中最活跃而又最不愿拘执一端的社会成分，造成这一层级礼器制度的实际形态最富变化，个性色彩最为浓烈。

其四是 6 套的使用者，身份可能为王朝或地方的上层贵显。其五是 5 套使用者，基本属于商王朝受有封地的贵戚，或族落方国的高级官员。其六是4 套使用者，有商王高级近侍卫士，以及地方强族或方国的高级军事将领，后者或因与商王朝关系密切，其政治身份和权力甚至有超越社会地位显尊的第四、五等列的人。这三个等列，代表着金字塔结构的次顶层。

其七是中等权贵，一般享至 3 套，王邑与各地基本一致。其八是为数较多的 2 套享用者，属于一般贵族之列，有的是有一定社会地位的地方官员或中等武官，有的是一般贵族子弟，有的是地方弱小土著族的酋长。这批人大致处于金字塔结构的中间层。但这一社会阶层的组成成分比较复杂，良莠不齐，有的可能凭其经济实力、军事战功或其他什么原因而迁升，跻身到次顶层去；也有的勉强维持其社会地位；还有的可能会跌落到下层去。故这一社会阶层实是不稳定层。

其九是众多的 1 套使用者，大致属于末流贵族或中上层自由平民，其中有的人身份为下级武官或战士，有的为支族之长，有的是人身比较自由的生产劳动者。这批人代表着金字塔式等级制的庞大下层。

当然这一等级制结构的金字塔，其基座是广大下层平民，包括奴隶，青铜酒器与他们无缘，至多能使用几件陶酒器。大盂鼎铭说的"殷边侯甸与殷正百辟，率肆于酒"，正揭示了商代等级制的名物礼器制度运作下的实际社会氛象。

第四节　食政与食礼

一　饮食心态

饮食心态是一种社会消费经济现象，又是一定政治意识形态的投影，错综复杂，但仍有其固有的时代特色。

《尚书·洪范》列"食"为施政首位，直截了当指出："臣之有作福作威玉食，其害于而家，凶于而国。"其中恐怕也包含着统治者对"食节事时，民咸安其居"[①] 的政治认识。商代统治者面对高层次的"玉食"享受，有时会权衡是否铸成社会政治动荡与招致国家危害，不得不有所顾忌或收敛。饮食忧患心态，在商代明智的统治集团成员中代有其人。

《孟子·滕文公下》记商汤"使亳众往（葛）为之耕，老弱馈食"。《淮南子·修务训》称商汤"布德施惠，以振困穷"，而"百姓亲附"。《尚书·太甲》云"慎乃俭德，惟怀永图"，"修厥身，允德协于下，惟明后。先王子惠困穷，民服厥命，罔有不悦"，"德惟治，否德乱，与治同道……无轻民事，惟难；无安厥位，惟危；慎终于始"，意思讲要有节俭之德，以能长治

---

① 《礼记·王制》。

久安。修养自身，德行符合民心，惠及困穷，才是明君，才能得到民众的衷心拥护。有德天下大治，失德天下大乱；应知治理民事的艰难，如若安闲其位，是很危险的，谨慎终始，重在开始。《尚书·盘庚》告诫"邦伯、师长、百执事之人"，"无总（聚敛）货宝"，"予其懋简相尔念敬（矜）我众，朕不肩好货"，称我将认真考察你们是否怜悯民众，我不会任用贪财好货小人。《尚书·微子》记商末"（殷人）沈酗于酒，用乱败厥德于下，殷罔不小大好草窃奸宄"，大小官员无不热衷于酒食醉饱，巧取豪夺，为非作歹，哀叹"商今其有灾，我兴受其败"。商统治者的这类忧患意识，在甲骨文中有反映，如：

　　　　庚子卜，王，贞余亡害。（《合集》5002）

　　　　癸酉卜，贞旬有求（咎），不于一人□。（《合集》4979）

　　　　癸未卜，贞旬有求（咎），［不于］一人囚（忧）。八月。（《合集》4980）

　　　　贞其于一人囚（忧）。（《合集》4976）

　　　　□□卜，贞……鸣，不［于］一人囚（忧）。（《合集》4981）

　　　　贞余一人其有□［忧］。（《合集》4998）

　　　　乙巳卜，王曰：贞余一人其亡灾。

　　　　乙巳卜，王曰：贞余一人其有灾。（《新获》2）[1]

　　　　壬寅，贞月有戠，王不于一人囚（忧）。

　　　　有囚（忧）。（《屯南》726）

　　　　丁丑卜，大，贞卜（外）求（咎）其于王。（《合集》26095）

上揭卜辞中的余、一人、余一人均指商王。[2] 害、咎、忧、灾等等都属于忧患意识的用语。商王日常生活中忧患心态的由来，或担心于进入下旬是否有灾咎，或因物鸣而起，或忧于天象灾变，而就其实质言，恐怕不仅仅是商王担心自身安危，还有忧虑"害于而家，凶于而国"包括外忧招致敌侵丧师之类的事态会否发生的潜意识。甲骨文中这类忧患心态有时还特指内忧或者外忧，如：

---

① 见沈之瑜：《甲骨卜辞新获》，《上海博物馆馆刊》第 3 期，上海古籍出版社 1986 年版。

② 参见胡厚宣：《重论"余一人"问题》，《古文字研究》第 6 辑，中华书局 1981 年版。

　　□寅卜，□，贞其［有］入（内）娥（艰）。（《合集》7181）

　　亡不若，在入（内）。（《合集》16348）

　　壬午卜，矣，贞卜（外）有求（咎），在兹入（内）有不若。（《合集》22592）

　　癸酉卜，出，贞旬有求（咎），其在入（内）。（《殷拾》15.5。此片《合集》41228 摹本误，又 23620 重片不全）

　　其自卜（外）有来囚（忧）。

　　□□，贞壴允丧师。（《合集》32914）

　　丙申卜，中，贞卜（外）有求（咎），更丁延尊见。（《蔡缀》128）

　　辛酉贞，王曰：边（防）亡囚（忧）在入（内）。（《屯南》756）

　　甲寅，贞边（防）［有］囚（忧）在入（内）。

　　甲寅，贞在卜（外）有囚（忧）。（《屯南》547＋550）

　　丁未卜，边（防）在入（内），亡至囚（忧）。（《屯南》2095＋H38：24）[①]

　　入即内，卜即外。边借为防，预防、提防之意。内有艰，外有咎，而在兹内有无不若、无忧在内、在内无至忧、自外有来忧、有忧在内、在外有忧、外有咎，知当时统治者已有提防内忧外患的意识。《尚书·高宗肜日》讲了一则商王忧患的起因及如何处理应对之策，其云："高宗肜日，越有雊雉。祖己曰：惟先格王，正厥事。乃训于王曰：惟天监下民，典厥义，降年有永有不永……王司（嗣）敬民，罔非天胤，典祀无丰于昵。"记殷高宗武丁肜日之祭，有飞雉鸣叫，商王十分忧惧，祖己训诫王应躬身王事，嗣位必须敬民，顺从天意，近祖的祭祀不要过于铺张浪费，诸如此类，自然得其所宜。商王的忧患意识，有时当也属意于对统治集团"作福作威玉食"将招致种种后患的忧虑。通常情况下，低层社会需求的有限满足，通以高层享受的有所收敛、让步或自律为对策，也是商代以来明智统治者"食以体政"的饮食忧患意识的主要举止言行准则。

　　不过，商代贵族集团，从总体讲并未受这种饮食忧患意识的影响，几乎普遍热衷于吃喝。《尸子》云："昔者桀、纣，纵欲长乐，以苦百姓，珍怪远

------

① 见肖楠：《〈小屯南地甲骨〉缀合篇》，《考古学报》1986 年第 3 期。

味，必南海之荤，北海之盐，西海之菁，东海之鲸。"《韩非子·喻老》云："纣为象箸，箕子怖，以为象箸必不加于土铏，必将犀玉之杯；象箸玉杯，必不羹菽藿，则必旄象豹胎；旄象豹胎，必不衣短褐，而食于茅屋之下，则必锦衣九重，广室高台。"他们极度追求珍味美器，讲究豪华进食场所，商代亡国之君所为尤著，难怪连统治阶级少数有识者如箕子都感到忧惧。

以粒食为主的商代贵族阶层乃至少数中上层平民，较广泛的美食心态是追求食有酒肉。河北定州发现的商代某贵族墓地，大型墓出有牛前腿。[①] 山东滕州市前掌大商代大墓二层台上有放置猪左前臀者。陕西泾阳高家堡村发现的晚商几座贵族墓，所出好几件铜鼎、铜鬲，鼎中留有兽骨，包括狍子的臀肉，去蹄的小羊之前臀，鼎下大都有烟炱，双耳缠有麻布，是在下葬时把肉煮好放入墓穴的。[②] 殷墟墓葬出土铜器中每放有牛、羊腿肉，包括一些中上层平民墓，也常发现用陶酒食器和牛、羊腿肉、鱼类随葬。[③] 1976 年小屯村北发现的 17 号一座末流贵族墓葬，墓内有羊腿 1 支，墓主正前位置，并排置 3 件铜器，左边 1 件是盛酒之瓡，中间 1 件是饮酒之爵，右边 1 件是盛食物之鼎。[④] 宛然再现了墓主生前斟酌肉食的饮食怡享心态。

作为上层贵显，特注重饮食气派和进食情绪。商代青铜饮食器，纹饰和造型独具深意，有助于造就一种威严、神秘的气氛。安阳西北冈第 1004 号殷王陵曾出土牛鼎、鹿鼎，内底分别铸有"牛"、"鹿"字，纹饰母题与铭文相应（图 2—16）。陈梦家曾指出，两鼎铭及纹饰示意了鼎的性质，牛鼎又大于鹿鼎，表明器制大小与烹牛、鹿牲体是相关的。[⑤] 殷墟妇好墓、河南罗山后李村及湖南株洲都出土了动物造型青铜酒器的鸮尊，美国旧金山亚洲艺术博物馆藏有传出山东寿张梁山的《小臣艅犀尊》，陕西洋县张村出土有晚商夔纹牺尊，湖南湘潭船形山出有青铜豕尊，醴陵狮形山出有象尊，衡阳市郊

---

① 《定州发现商代大型方国贵族墓地》，《中国文物报》1991 年 12 月 15 日。

② 《泾阳商末古墓群出土一批礼器》，《中国文物报》1991 年 9 月 15 日。又陕西省考古研究所编著：《高家堡戈国墓》，三秦出版社 1994 年版，第 134—135 页。

③ 中国社会科学院考古研究所编著：《殷墟发掘报告》(1958—1961)，文物出版社 1987 年版。

④ 中国社会科学院考古研究所安阳工作队：《安阳小屯村北的两座殷代墓》，《考古学报》1981 年第 4 期。

⑤ 陈梦家：《殷代铜器》，《考古学报》第 7 册，1954 年。

出有牛尊,均属晚商时期。① 山西境内的方国贵族还有将酒器觥制成纹饰繁缛的卧牛型或罍龙型者。② 可见上层权贵之间,每按肴馔品类专配贵重用器,其席面整饬威仪的张扬,进食情绪的巧妙刺激,借助于"器之用"而在心理上得到更多的满足。

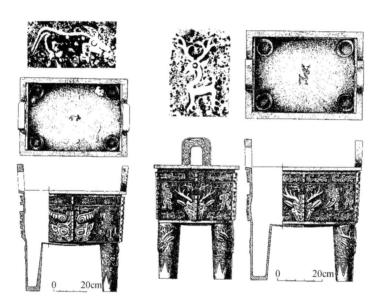

图2—16   殷墟1004号王陵出土牛鼎、鹿鼎

《国语·周语中》述周代贵族有"岁饫"、"时宴",极为注重进食场面,有一套相关食礼,举行时,"选其馨香,洁其酒醴,品其百笾,修其簠簋,奉其牺象,出其樽彝,陈其鼎俎,净其巾幂,敬其祓除,体解节折而共饮食之。"其实今所知者,商代贵显阶层亦已经常举行各类名目的宴饮活动,自有其"食礼"。如一期甲骨文云:

> 贞我一夕酌,二夕宜。(《合集》2890)
> 乎妇好食。(《丙编》384)

---

① 李学勤主编:《中国美术全集·青铜器》(上),文物出版社1985年版。
② 陶正刚:《山西出土的商代铜器》,《中国考古学会第四次年会论文集》,文物出版社1985年版。

宜、食义近，为宴飨仪式之一。记商王武丁夜宴，以及与王妇飨食。三四期甲骨文中有"王先狩乃飨，擒有鹿"（《合集》28333）、"王其飨于庭"（《屯南》2276），或记商王田猎有获而举行鹿宴，或记商王在大庭宴飨。

古代还有敬养老人的食礼，所敬养的老人当非普通垂老者，而是贵族阶层中有声望地位的老人。《礼记·内则》云："凡养老，有虞氏以燕礼，夏后氏以飨礼，殷人以食礼，周人修而兼用之。"《竹书纪年》有记商王武丁"命傅说视学养老"。甲骨文云：

> □午□，□，贞妇好允见屮老。（《合集》2656 正）
> 乙丑卜，妇归老，亡求（咎）。（《合集》22322）

"屮老"指左右二老之"右老"，为老年臣正，相当《尚书·微子》说的"耇长旧有位人"。《礼记·王制》云："八伯各以其属，属于天子之老二人，分天下以为左右曰二伯"，郑氏注："老谓上公。"《仪礼·士昏礼》"主人降授老雁"，郑氏注："老，群吏之尊者。"《仪礼·聘礼》"宾降授老币"，郑氏注："老，家臣也。"可见"老"是贵族阶层中有声望地位而受到敬重的老人。妇好是武丁时后宫主妃。甲骨文一贞问妇好果真见右老否；一言妇归老，问其是否有灾咎。此中反映了敬重老人的社会风尚。文献提到的古代几种养老食礼，源出有本。《尚书·酒诰》即记有周王称妹土殷人"大克羞耇，惟君，尔乃饮食醉饱"，孙星衍疏引《周礼·酒正》"凡飨耇老、孤子，皆共其酒，无酌数"，认为"古者天子诸侯皆有养老之礼，言尔大以贤能进为耇老，惟君使尔饮食醉饱"。这里的"大克羞耇"，大为语辞，克有能义，羞义为进，讲的就是能向父老进献的饮食之礼。唯各代的养老食礼未必相同，会有损益增减，然基调均无不注重于敬老礼让。如《诗·大雅·行苇》云：

> 戚戚兄弟，莫远具尔。或肆之筵，或授之几……醓醢以荐，或燔或炙。嘉肴脾臄，或歌或咢。敦弓既坚，四鍭既钧。舍矢既均，序宾以贤……曾孙维主，酒醴维醽。酌以大斗，以祈黄耇。

这是咏周代一种"射礼"之后宴飨的诗，场面十分热闹，燔炙嘉肴，酒醴盛筵，歌呼醉饱。但尽管如此，仍不失时宜，对"序宾以贤"、"酌以大斗，以祈黄耇"等礼让为重、敬重耆老的充满人情色彩的礼尚行为，作了标榜和颂扬。

商代贵族统治阶层的食礼，美食心态固然是一方面，但主要动机则在于促进贵族集团内部人际和人伦关系的和谐，协调上下秩序和进行感情联络，具有明显的"食政"色彩。在商代"湎于酒"的社会奢靡风气中，权贵饮食心态基本不受"商今其有灾，我兴受其败"《尚书·微子》的忧患意识支配，所谓"贤者与民并耕而食，饔飧而治"①，并不存在。务实际而疏形式，偏世态而欠理性，重效应而轻做作，讲直观而逊想象，是商代贵族统治者"序食以礼"、"食以体政"心态的重要表征。

二　筵席宴飨

商代的饮食大体可分两大类：一类是每日常食，另一类是筵席宴飨。每日常食，出于生理生存需要，基本固定化，习以为常俗。商代人为两餐制，一餐是在上午进之，约当今 7—9 点间，称为"大食"，一餐在下午，约当今 15—17 点间，称为"小食"，两餐就食时间约定俗成，又被纳为两个专门的时辰概念。《礼记·内则》云："羹食自诸侯以下至于庶人无等。"孔疏："羹之与饭是食之主，故诸侯以下无等差也，此谓每日常食。"又《孟子·滕文公上》云："三年之丧，齐疏之服，饘粥之食，自天子达于庶人，三代共之。"饘同饘，旧说"厚曰饘，稀曰粥"②。一般粗衣平民，每日常食，无非是稀粥烂饭粗羹而已，然贵族降同民食，总有特殊情况，反以食礼视之了。

（一）筵宴的礼规

筵席宴飨，起于聚餐，是人与人之间有了"礼"的关系之后才逐渐形成的就餐形式，故必有多人共享，否则不成其为筵宴；且发端有因，还需有相当的食品存积，故需有备而为，时辰、排场、规格、节仪和筵宴的性质类别自有其礼规。

原始社会人们祀天祭地享祖先，氏族首领把祭食分给族人共食，大概可视为筵宴的滥觞。后来演化成祀神祭祖过程中每有筵宴仪式。《诗·小雅·宾之初筵》："宾之初筵，温温其恭"，郑氏笺云："此复言初筵者，既祭，王

---

① 《孟子·滕文公上》。
② 《礼记·檀弓》孔颖达疏。

与族人燕之筵也。王与族人燕，以异姓为宾，温温柔和也"。《尚书大传》卷二也讲述了古代祭祀仪程中有在世者举行的燕饮礼，其云：

> 宗室有事（郑康成注：事谓祭祀），族人皆侍终日，大宗已待于宾，奠然后燕私。燕私者何也，祭已而与族人饮也。

所谓"既祭，王与族人燕之筵"、"祭已而与族人饮"，指在世者祭后的筵宴礼。

据甲骨文知，商代贵族在祀神祭祖过程中要举行飨礼：

> 大乙事，王其飨。（《合集》27125）
> 庚子，王飨于祖辛。（《合集》23003）
> 丁酉卜，王，贞飨于父丁。六月。（《合集》16048 反＋23281＋22966、《蔡缀》359）
> 甲午，贞王叀祀飨。（《合集》34445）
> 庚申岁妣庚小牢，叙豳一，祖乙征，子飨。（《花东》321）

"大乙事"之"事"，指特祭先王大乙的行事。飨字像两人对食器跪坐而共同进餐之形。"王其飨"、"王叀祀飨"、"子飨"者，实为有报也。《论衡·祀义》即云："世信祭祀，以为祭祀者必有福。……鬼神饮食，犹相（飨）宾客，宾客悦喜，报主人恩矣。"《解除》亦云："比夫祭祀，若生人相（飨）宾客矣。"此等场合，在世者祭祀鬼神名之为"飨"。鬼神受飨礼，也可称"飨"，如：

> 翌乙酉其登祖乙，飨。（《合集》27221）
> 庚戌卜，何，贞翌辛亥其侑毓妣辛，飨。
> 壬子卜，何，贞翌癸丑其侑妣癸，飨。（《合集》27456）

"登"是献荐食品之祭，登祭先王，先登后飨。后两辞侑祭先妣，也是先祭后飨。可知上辞中的"飨"，皆指鬼神受飨而言。但必须指出的是，商代用食品飨鬼神，大都也同时包括了祭毕生人就飨的务实性节仪。如：

> 甲午卜，王其侑祖乙，王飨于庭。（《屯南》2470）
>
> 丁未卜，宜牝祖乙，丁酓。用。（《花东》495）

第一例两次用"王"字领句，飨食先王，先行祭祀，再移到庭举行飨礼，后者当还属意于生人的筵宴，应有分祭食"纳福"的出于观念意识的礼俗行事内容。第二例"丁酓"，丁，人名，酓读如饮，宴饮之义，先用母羊宜祭祖乙，然后丁饮，也是指生人的宴饮礼。

《淮南子·说山训》提到祭祀与飨食的谁先谁后问题，以为"先祭而后飨则可，先飨而后祭则不可"，高诱注云："礼，食必祭，示有所先；飨，犹食也；为不敬，故曰不可也"；强调了生人的飨饮必须在祭祀毕了后进行，即先鬼神后生人，否则属于不敬。祭已而后飨，是商礼的通则，但也有例外，如：

> 乙巳卜，子其□多尹令酓，若。用。
>
> 乙巳卜，于入（内）酓。用。
>
> 丙午卜，其入自西祭，若，于姚己酉（酓）。用。
>
> 戊申，岁祖戊犬一。（《花东》355）

乙巳、丙午—戊申，前后四天，第一天，子先会见多尹，令一起宴饮，称"内酓（饮）"，有便宴、私宴的性质，然后到第二天、第四天才参与西祭姚己的酒飨礼和祖戊的献犬牲的岁祭礼。此番先便宴后飨祭，与祭已而后飨的常礼不合，应属于特例。

祭已而后飨，后世演为一种荐祭礼，即宴飨前，一般得象征性地先荐祭先人，然后再食。如《国语·周语中》讲述统治者的"岁饮"、"时宴"，要"敬其被除，体解节折而共饮食之"。春秋时沇儿钟铭云："用盤饮酒，和会百姓，淑于威仪，惠于明祀，吾以宴以喜，以乐嘉宾，及我父兄庶士。"战国时郳陵君豆铭云："攸立岁尝，以祀皇祖，以会父兄。"凡此均可看到古代飨饮前有"敬其被除"、"惠于明祀"、"以祀皇祖"等一类的荐祭礼。

筵宴归范于礼，故注重宴飨排场和基调。如《诗·小雅·宾之初筵》云：

宾之初筵，左右秩秩。笾豆有楚，殽核维旅。酒既和旨，饮酒孔偕。钟鼓既设，举酬逸逸……射夫既同，献尔成功。举彼有的，以祈尔爵。

这里所咏述的，是周代贵族社会生活中举行所谓"射礼"的一个盛大筵宴场面，宾朋秩秩，笾豆美器，合钟鼓和奏，品佳肴，饮旨酒，然热腾中仍渗透着一种注重进食礼节的基调。这在《诗·小雅·彤弓》的三章有关诗句中也有揭示：

……我有嘉宾，中心贶之，钟鼓既设，一朝飨之。
……我有嘉宾，中心喜之，钟鼓既设，一朝右之。
……我有嘉宾，中心好之，钟鼓既设，一朝酬之。

鼓声钟乐中的"飨之"、"右之"、"酬之"，渲染着一种席面上的宴飨节仪。汉郑氏笺云，"大饮宾曰飨"，"右之者，主人献之，宾受爵，奠于荐右。〔酬之者，〕既祭俎，乃席末卒爵之谓也"。清孙诒让指出，"首章'飨之'，即献。次章'右之'，即酢。合之，三章云'酬之'，正是献、酢、酬之礼"①。这一套节仪，席间主人用一种香甜醴酒敬客，称为献，而客不能尽饮，仅品尝而已；客以酒还敬主人，称为酢；酬为主客相互劝酒。古代献用奇数，有严格的尊卑贵贱等级之分，身份不同，筵宴的礼遇规格亦相异，上公可受九献，侯伯七献，大国之卿五献，公侯伯之卿三献，养老之燕或新妇见舅姑，受一献之礼。② 这套周代的宴飨节仪，未必合于商代，但有助于增加对那一时期宴飨礼节的基调的了解。

筵宴场面上还有相应的名物礼器。《礼记·乐记》云："铺筵席，陈尊俎。"《周记·春官》有"司几筵"，专掌所设之席及其位置安排之仪。古代因席地坐食，筵席是以铺在地上的坐具为名。贾公彦注谓："铺陈曰筵，藉之曰席者，设席之法，先设者皆言筵，后加者为席。筵席惟据铺之先后为名，其筵席止是一物。"席一般用苇、蒲、萑、麻之类的植物茎秆编成，商

---

① 孙诒让：《籀庼述林》卷二《诗彤弓篇义》。

② 如《礼记·王制》谓有虞氏养老用"燕礼"，孔颖达疏云："燕者，殽烝于俎，行一献之礼，坐而饮酒，以至于醉。"

代考古遗址均有发现。礼书说天子之席 5 层，诸侯 3 层，大夫 2 层，考究的席以帛缀边，有其严格的等级之别，但此乃后制。今所知者，商代宴飨确设席，享者席地坐食。甲骨卜辞有云：

> 贞叀囚取于入，酌。（《合集》13155＋13194；《蔡缀》64）
>
> 王占曰：不㽱若兹卜，其往，于甲酌咸……（《合集》975 反）
>
> 贞耤于祖乙，在㽱。（《合集》8108＋1601）

囚隶写为囡，字像编席之形。入，内也，似指内宫。谓取铺席于内宫以为酒享之用。㽱像一人跽坐编席之上。或从女作㽱，[1] 意同。可见商代酒宴之上是有坐具席的铺设的。

商代有身份地位的贵族，还设置俎、案，凭俎、案而食。《礼记·明堂位》云：

> 俎，有虞氏以梡，夏后氏以嶡，殷以椇，周以房俎。

郑玄注："梡，断木为四足而已。嶡之言蹶也，谓中足为横距之象，《周礼》谓之距。椇之言枳椇也，谓曲桡之也。房谓足下跗也，上下两间有似于堂房。"孔颖达疏云："以虞氏尚质，未有余饰，故知但有四足而已……嶡为蹶，谓足横辟不正也……椇之言枳椇也，谓曲桡之也者，枳椇之树，其枝多曲桡，故陆机草木疏云：椇曲来巢，殷俎似之……房谓足下跗也，上下两间有似于堂房者。"此言虞夏商周俎的称名、材料质地、形制纹饰等方面的差别。安阳西北冈 1001 号殷王陵出土木俎 3 件，形制、纹饰、大小相同，还出有双兽头雕之石俎 1 件。[2] 殷墟大司空村 62M53 一座属两套觚、爵等列的一般贵族墓内，也随葬大理石俎 1 件，长 22.8 厘米、宽 13.4 厘米、高 12 厘米，两面均雕有两个兽面纹。[3] 传出殷墟的还有蝉纹铜俎。[4] 辽宁义县花

---

[1] 《合集》16998 正。

[2] 引自周永珍：《论"析子孙"铭文铜器》，《中国考古学研究——夏鼐先生考古五十年纪念论文集》二集，科学出版社 1986 年版。

[3] 中国科学院考古研究所安阳发掘队：《1962 年安阳大司空村发掘简报》，《考古》1964 年第 8 期。

[4] 《商周彝器通考》407。

儿楼出土晚商饕餮纹铜俎。俎面作浅盘形，俎下有悬铃，十分少见。[①]《周礼》"司几筵掌五几五席之名物，辨其用，与其位"，郑注："五几：左右玉、雕、彤、漆、素。为王设席，左右有几，优至尊也。"商代王墓有出 4 件俎几，一般贵族墓有的出 1 件俎几，可见这种宴飨或祭祀场合所用的礼器，也是有"优至尊"的等级之分的。

商代的筵席宴飨，相当注重饮食器的质地品位，饮食礼器相当繁复，有酒器、食器、炊煮器、水器等等，礼器的质地材料有铜、漆、骨、角、象牙、玉石、白陶、瓷（原始瓷）等。郑州商城除发现许多青铜礼器外，还出土一类胎质细腻、坚硬而吸水性小、扣之有声的印纹硬陶，器形有尊、罍等等，[②] 还出土过一件非常珍奇的象牙觚，[③] 当属于极名贵的奢侈品，一般宴飨场合未必舍得使用。殷墟妇好墓出有著名的象牙三杯，高筒形，敞口，弧形腰，有鋬，通体雕花纹，嵌以绿松石，采用了线刻、浮雕和镶嵌等多种工艺技术。[④] 妇好墓还出土 2 件玉簋，一件通高 12.5 厘米、口径 20.5 厘米；一件通高 10.8 厘米、口径 16.8 厘米。其中一件出土时，里面还放着进食餐具铜匕 1 把，骨匕 2 把。[⑤] 这两件小巧玲珑的玉簋，似属于王家筵席上王与王妃两人专享的华贵食器。相对而言，殷墟王陵区第 1567 号假大墓所出的 700 余把进食餐具骨柶，恐怕只是为大型筵宴所备用的一般餐具而已。

上层社会的筵宴，一般有音乐歌舞助兴，用来渲染气氛，激荡情绪，增进食欲，引导程序，张扬威仪。如《说苑·反质》即说商纣王筵宴，"妇女优倡，钟鼓管弦，流漫不禁"。这在整个先秦时代几乎习见。文献有云：

> 天子食，日举以乐。（《礼记·王制》）

---

①　李学勤主编：《中国美术全集·青铜器》（上），文物出版社 1990 年版，图版七九。

②　安金槐：《谈谈郑州商代的几何印纹硬陶》，《考古》1960 年第 8 期。

③　杨育彬：《郑州商城初探》，河南人民出版社 1985 年版，第 39 页。

④　中国社会科学院考古研究所编著：《殷墟妇好墓》，文物出版社 1980 年版，第 216—218 页。又刘道凡：《我国上古的象牙雕刻》，《文物》1980 年第 11 期。

⑤　中国社会科学院考古研究所编著：《殷墟妇好墓》，文物出版社 1980 年版，第 104、130 页。

天子饮酎，用礼乐。（《月令》）

王大食，三宥（郑玄注：宥犹劝也），皆令奏钟鼓。（《周礼·春官·大司乐》）

王日一举，鼎十有二，物皆有俎，以乐侑食（郑玄注：侑犹劝也）。（《周礼·天官·膳夫》）

凡祭祀飨食，奏燕乐（郑玄注：以钟鼓奏之）。（《周礼·春官·磬师》）

不仅天子"以乐侑食"，诸侯大夫也不例外。如春秋时"郑伯有耆酒，为窟石而夜饮食，击钟焉"（《左传》襄公三十年）。[①] 仆儿钟铭云："乐我父兄，饮食歌舞。"王孙遗者钟铭云："用宴以喜，用乐嘉宾、父兄，及我朋友。"邾公华钟铭云："以恤其祭祀盟祀，以乐大夫，以宴士庶子。"不繁举，仅此可见，上层贵族统治者的宴饮礼，都曾流行"以乐侑食"。

商王朝除在一些特殊礼仪宴饮场合，要由商王或其他权贵象征性地充当一下主厨的角色，以张大威仪外，通常还有许多人前后奔走伺候，又有专职厨官掌其事。如甲骨文中有"鬯小臣"（《合集》27876），是管理或从事调制鬯酒的臣属。有"多食"（《合集》30989），是厨官的群称（图2—17）。"以乐侑食"，通常还有专门的乐师"多万"（《屯南》4093）和"舞臣"（《乙》2373）等掌执。这与《论语·微子》提到古代统治者的宴饮有大师、亚饭、三饭、四饭、鼓者、播鼗者、少师、击磬者等一大批人各司其职，可相参照。

应看到，"以乐侑食"之礼，与商代社会严酷的阶级奴役是相伴的。殷墟前15次发掘，在小屯发现一座编号为186号的小墓，长2.45米、宽1.4米、深2.6米，面积仅3.4平方米，内埋人架9具，或仰或卧或侧或屈，随葬铜刀3把，立式刻刀2把，木豆4只，又有1张木

图2—17 厨官"多食"
（《合集》30989）

---

① 又见马王堆帛书《春秋事语·伯有章》。

质刀俎，长约 70 厘米、宽 32 厘米、高 50 厘米，其中 1 把铜刀就放在木俎上，据推测，埋的人都是庖厨奴隶。[①] 20 世纪 70 年代殷墟西区发掘的 M701 墓，虽被盗过，仍出不少白陶、瓷陶的高级饮餐具，同墓又出石磬 1 件和铜铃 14 件，有 12 人殉葬，其中 1 人的头部还戴着牛头铜面具。[②] 这位贵族墓主不但生前美食尚乐，死后还要舞者伴葬，乐器相随。

　　筵席宴飨，商代大都通名之"飨"，有时也称"燕"称"酓（饮）"称"食"（图 2—18）。如甲骨文金文云：

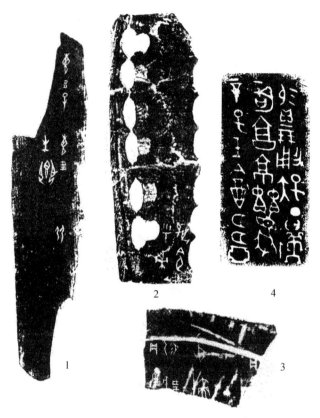

图 2—18　甲金文中的"飨"、"食"、"燕"、"酓"

(1.《合集》27650、2.5532 反、3.5745、4.《集成》3975)

　　① 石璋如：《遗址的发现与发掘——殷墟墓葬之四：乙区基址上下的墓葬》，中研院史语所 1976 年版，第 52—68 页。

　　② 中国社会科学院考古研究所安阳工作队：《1969—1977 年殷墟西区墓葬发掘报告》，《考古学报》1979 年第 1 期。

甲申卜，**殻**，贞勿乎妇井以燕，先于诗。（《合集》6344）

贞乎妇井以燕。（《合集》8992）

乙未卜，乎**逆**燕见。用。（《花东》290）

己酉卜，翌庚子乎多臣燕见丁。用。不率。（《花东》34）

庚戌卜，子**叀**弹乎见丁**罕**大亦燕。用。戾。（《花东》475）

贞翌乙亥赐多射燕。（《合集》5745）

丁酉卜，乎多方**厀**燕。（《合集》21479）

辛未卜，于乙亥燕。（《合集》20822）

壬子卜，子丙**盍**。用。丁各，乎**畲**。（《花东》420）

乙未卜，子其自**畲**，弜**盍**。用。（《花东》454）

辛巳，王**畲**多亚，听**襄逦**。（听簋，《集成》3975）

乎妇好食。（《丙编》384）

食多子。（《英藏》153）

"燕"借为宴，宴享之义，"**畲**（饮）"与"燕"的领受格接近，受享者有丁、王妇、宗子、多臣、多射、多亚等众文武近臣及多方来宾，其宴享的性质可能也相接近。"王**畲**（饮）多亚，听**襄逦**"，听，人名，逦读为醨，斟酒之义。一释"**襄逦**"即"就逦"，读为"就列"，意指"即位"。[1] "食"的领受格是王妇及血亲子嗣，指设**飨**赐饮，犹他辞言"**飨**多子"（《合集》27649），盖特别亲近的内亲，有时就不特言"**飨**"，反以最平易普通的用词"食"名之了。

如此说来，"**飨**"的社交谐修性质最浓烈，氛象郑重，场面正规，排场热烈，讲究进食节仪，有主人，有主宾，有陪客，名物礼器，以礼序次，即所谓"饫以显物，宴以合好"，"周旋序顺，容貌有崇，威仪有则"。[2] 与"**飨**"这类正规的礼宴相比，称作"燕"或"**畲**（饮）"的宴享，似乎气氛显得随和得多，受宴者有王妇，有近卫文武臣正，有方国来宾，礼仪周旋亦显简明，大有笼络感情得其欢心的用意，性质接近后世的"便宴"，因人因事因时而便捷举行宴享。而称作"食"的一类设**飨**赐饮，礼节更显轻松，重

---

① 何琳仪：《听簋小笺》，《古文字研究》第 25 辑，中华书局 2004 年版。

② 《国语·周语中》。

在渲染家族间和睦气氛或系心于礼仪教诲，性质属于居常的"私宴"。《周礼·春官·大宗伯》有云："以飨燕之礼，亲四方之宾客"，"以饮食之礼，亲宗族兄弟"，这与甲骨文所揭示的在性质内涵上有所区别的飨、燕、酓（饮）、食四类筵宴，显然是有渊源演绎关系的。

（二）商王朝筵宴的对象

古代王朝举行的筵席宴飨，受飨对象芸芸不一。上节引《周礼·春官·大宗伯》，提到出席饮食飨燕有宗族兄弟和四方宾客两类人，后一类人据汉郑玄注，是指四方的"朝聘者"。唐代孔颖达疏《礼记·王制》，曾归纳古代君王筵席宴飨，受飨对象主要有四类人物：第一类是诸侯，第二类是王的亲戚及诸侯之来臣，第三类是戎狄之君使，第四类是宿卫及耆老孤子。商王朝筵宴所飨对象，大抵与礼书所述相类。据甲骨文金文提供的有关材料看，主要有以下几类人：

一类是王妇，也即王的配偶王妃。如：

> 乎妇好食。（《丙编》384；《合集》5532 反）
> 贞勿乎妇井以燕，先于蓐。（《合集》6344）

妇好、妇井均是商王武丁之妃。妇好曾直接进入武丁王朝的高层决策机构，担任军政要职，甚至统率军队，出入征战，成为古代军事史上有名的女将。妇井出身于"井伯"的商诸侯国，属于强宗雄族之女。商王与王妇之间的关系，每每影响到商代社会政治架构的稳定与否，体现着"婚姻为兄弟"的家族本位政治婚姻的时代特色，商王宴飨王妇，有时不只是夫妻之间的宴享，恐怕还有"结诸侯之信，重之以婚姻"[①] 的深意。用"食"和"燕"称这类筵宴，具有便宴、私宴的性质，以显示其随和、轻松的亲昵气氛。

第二类是王朝文武群臣。如：

> 甲寅卜，王飨雀。（《合集》20174）
> 元簋，叀多尹飨。（《合集》27894）
> 庚戌卜，子乎多臣燕见。用。不率。
> 庚戌卜，弜乎多臣燕。（《花东》454）

---

① 《国语·鲁语上》。

贞翌乙亥，赐多射燕。（《合集》5745）

乙亥，王既在熊帥（次），王飨酉（酒），尹光迺，惟格，赏贝。（尹光鼎，《愙斋》6·3）

丙午，王赏戍嗣子贝廿朋，在𣄼宗，用乍父癸宝鼎，佳王饗𣄼大室，在九月。犬鱼。（戍嗣子鼎，《集成》2708）

庚申，王在𣄼，王各，宰椃从，赐贝五朋，用乍父丁障彝。（宰椃角，《三代》16·48·1）

癸巳，王赐小臣邑贝十朋，用乍母癸障彝，佳王六祀肜日，在四月。（小臣邑斝，《三代》13·53·6）

贞方，其大飨戎。（《乙》3422）

雀是武丁时朝内重臣，经常参与王室的内祭和外祭，握有出入征伐、协助王事等要职。多尹也是朝臣，服事营筑、农垦、征战等，商王常与这批人计议大事，一般都是由畿内外诸侯充任，既有与王同姓者，又有异姓者。尹光，多尹之一。多臣指朝内群臣。多射是一种武官的群称。王或子设宴赐饮而以"燕"名之，属于礼仪简明的便宴，与飨多尹用元簋，显然低一档次。戍嗣子，是王朝宿卫武官"戍"的私名。宰椃，朝内要臣。小臣是商王贴身近臣，常居显位，小臣邑在祭先王先妣的肜祭中受赏受飨。"贞方，其大飨戎"，是讲敌对方国出动侵扰，商王十分重视，亲自大飨戎，戎当指即将出征的戎将，商王设宴饯行，委以重任。

第三类是王的戚属。如：

叀多生飨。

叀多子。（《合集》27650）

叀王飨，受佑。

［叀］多子飨。（《合集》27644）

甲寅卜，彭，贞其飨多子。（《合集》27649）

乙未，飨事，赐小子𫑛贝二百。（小子𫑛簋，《集成》3904）

辛巳，王禽多亚，听裏迺。（听簋，《集成》3975）

己亥，王赐贝在𣄼，用乍父己障彝。亚古。（亚古彝，《集成》3861）

壬申，王赐亚鱼贝，用乍母癸障，在六月，佳王七祀翌日。（亚鱼鼎，《考古》86—8）

"多生"是与商有通婚关系的异姓亲族之长的群称。生或读如甥。① 《尔雅·释亲》云："姑之子为甥，舅之子为甥，妻之昆弟为甥，姊妹之夫为甥。"陈絜谓多甥也即多舅，皆是针对"我"而言，即所谓"谓我舅者，吾谓之甥也"，"多生"指商王族的姻亲，是一种集合称谓。② 其说甚确。"多子"是与商王有血亲关系的后嗣分族之长的群称。小子𢀛当指多子中的一员。他们出席商王的祭典和设宴，有时是接受直观性示范礼仪教诲，以便今后能"上以事宗庙，下以继后世"（《礼记·内则》）。小子𢀛还受到二百朋贝的赏赐，如此之多，在商代实属少见，可见商王对他的溺爱之心。"多亚"，当是畿内亲族出身的众官，受有封地。殷墟有"亚牧"爵。③ 亚牧、亚古、亚鱼，均属多亚之列。亚鱼鼎出土于殷墟西区1713号墓，同出成组礼器爵、簋，有铭云："辛卯，王赐寝鱼贝，用乍父丁彝"，另一爵铭则为"亚鱼，父丁"④。可知亚鱼一名寝鱼，寝是后宫之内官，殷墟出土铜盂有铭"寝小室盂"⑤，为后宫专用器，知亚鱼又任为内宫宿卫寝官，因戚属而成为亲信。

　　第四类是臣属诸侯。如：

　　　　辛未王卜，在召庭，隹执其令飨事。（《合集》37468）

执，人名，有封地或领地，甲骨文有臣属"戈执"（《合集》5900）。河北石家庄地区出有带"执"字徽识的铜爵、铜瓢。⑥ 武丁时诸女中有妇执，知执族与商有通婚关系。"隹执其令飨事"意指"隹其令执飨事"，是呼命执出席

　　① 参见陈梦家：《殷虚卜辞综述》，科学出版社1956年版，第485页。

　　② 陈絜：《卜辞"多生"考》，《文史论集——纪念南开大学建校八十周年暨古籍所成立十六周年》，南开大学出版社1999年版，第24—42页。又陈絜：《商周姓氏制度研究》，商务印书馆2007年版，第100—111页。

　　③ 唐爱华：《新乡馆藏殷墟周铜器铭文选》，《中原文物》1985年第1期。

　　④ 中国社会科学院考古研究所安阳工作队：《安阳殷墟西区一七一三号墓的发掘》，《考古》1986年第8期。

　　⑤ 李济、万家保：《古器物研究专刊第五本·殷虚出土伍拾叁件青铜容器之研究》，中研院史语所1972年版。

　　⑥ 河北省文物研究所编：《藁城台西商代遗址》，文物出版社1985年版，第178页。刘友恒、樊子林：《河北正定出土商周青铜器》，《文物》1982年第2期。

飨礼仪式，可见这一臣属诸侯国与商有着世代交好的政治关系。

第五类是商王朝各地群邑之官员。如：

[辛]未卜，王令□以子尹立鼏。

壬申卜，王令𤔲以子尹立于鼏。

壬申卜，王令介以㝷立于犾。

壬申卜，王令壴以束尹立于敦。

甲戌卜，于宗飨。

于庭飨。（《屯南》341。图2—19）

贞叀邑子乎飨醙。　（《合集》3280）

图2—19　设宴款待禄位赴任的地方官
（《屯南》341）

辞中的"立"读如位，用为任授爵次官位意，[①] 指禄位任官。《周礼·天官·大宰》："禄位以驭其士"，郑注："位，爵次也。"又《礼记·王制》："任事然后爵之，位定然后禄之，爵人于朝"，郑氏注："爵谓正其秩次"，孔疏："爵人于朝，殷法也。"以读如与。言"王令某人与某人立于某地"者，是谓商王在朝中选择任立于某地地方官的合适人选，反映了商王朝内服制的"设官分职"。辛未与壬子连续两天进行任选，又在隔一日的甲戌设宴款待已禄位而将赴任的这些地方官员。宗与庭是设宴场所，宗当属宗庙建筑之正殿。庭则为宫殿前之大庭，一在室内，一在室外。邑子是各地族邑的官员，这类族邑或直隶于王朝属下，或附于诸侯方国之下，构成当时社会基层组织单位。

第六类是方国君长。如：

卢伯㴊其延乎飨。（《合集》28095）

庚午卜，争，贞隹王飨戎。（《合集》5237）

贞比飨娄。（《合集》31046）

---

① 参见严一萍：《释立》，《中国文字》第4册，1961年。又钟柏生：《论"任官卜辞"》，《中央研究院第二届国际学会议论文集》，台北，1989年版，第895—912页。

卢伯濂是廪辛康丁时的卢国君长，入商而延引参加宴飨。妇好墓出土玉戈铭有"卢方皆入戈五"[①]，记武丁时卢方名皆的君长入贡玉戈五秉。此称卢伯，知卢方君长后已被商王朝承认为一定政治地域的领率。戎，殆泛指边地方国君长，与上述第二类中因敌方出动而受商王设宴饯行的出征武将之"戎"，有区别。娄是方国名兼君名，"比飨"娄君，比有亲密、亲合、亲附之义。《周礼·形方氏》："大国比小国"，郑氏注："比犹亲也。"《礼记·射义》："其容体比于礼"，释文云："比，亲合也。"《荀子·议兵》："立法施令莫不顺比"，杨倞注："比，亲附也。"说明双方关系转变，商王"宴以合好"。

　　第七类是四方诸侯、群邑及方国的来宾或来使。

　　甲骨文恒见商王派使者出使各地。商代金文也有云："丁卯，王令宜子迨（會）西方于省，惟反（返）。"（戍𩵋鼎，《集成》2694）记王命宜子巡视西方归来。有会合、会见之义。而王使出行或归来，商王也常飨之，如：

　　　　丁巳卜，宁，贞令𩫖赐𠂤食，乃令西使。三月。（《合集》9560）
　　　　弜执乎归，克飨王使。（《合集》27796）
　　　　丁酉卜，乎多方叔燕。（《合集》21479）

上一辞是命𠂤出使西方，并命𩫖为𠂤赐食饯行。同样，商王都也不时有多方的来宾及来使。《诗·商颂·玄鸟》云："四海来假，来假祁祁。"盛赞王都内四面八方的来宾人流济济。《诗·商颂·殷武》宣称"商邑翼翼，四方之极"，"自彼氐羌，莫敢不来享，莫敢不来王"。除方国君长及诸侯本人亲自来商邑朝见外，最多的还是来自各方的使者，如甲骨文云：

　　　　壬辰卜，内，今五月使有至。（《合集》13759 反）
　　　　贞勿至使。（《合集》5641）
　　　　……东使来。（《合集》5635）

---

① 中国社会科学院考古研究所编著：《殷墟妇好墓》，文物出版社 1980 年版，第 131 页。

"使有至"、"勿至使",谓是否有使者到来。"东使来"指东方使者来见。凡四方的重要来宾或来使,商王朝通常都要以酒食款待,甲骨文云:

> ……其来,王自飨。(《合集》5240)
> 庚申卜,古,贞王使人于陕,若。
> 王占曰:吉,若。
> 贞勿使人于陕,不若。
> 贞乎登飨入人。(《合集》376 正反)

"其来"辞残,若非方国君主或诸侯本人,亦必为重要来使,故商王亲自设宴接风。后四条一组,"入人"指来入商邑的来宾,意思讲陕地来人,商王欲派使者随其同还,又怕不平安,占卜结果是同去为好,不同去反而不顺,随之商王呼命有关方面以酒食飨来人。

商王朝的筵席宴飨,是"食以体政"的重要仪节。商王所飨对象,主要为王妃、要臣使者,当然也包括商国派往四方的使者。对内用以笼络感情,即所谓"饮食可飨,和同可观"[1],融洽贵族统治集团的人际关系;对外用以加强与诸侯、群邑间的隶属关系和与方国"宾入如归"的亲合友好关系,进行全方位、多层面的交往交流,总以扩大对各地政治羁縻为宗旨。这种以商王为主而显其威仪气派及"敷政优优"[2]的筵宴,既是"我有嘉客,亦不夷怿"[3]倨傲舒悦心态的表露,同时其大国"赫赫厥声"[4]的底蕴,也每每洋溢于席面之间,政治的、精神的色调再鲜明不过。

(三)朝觐礼和筵宴的场所

商王朝的筵宴有"体其政"的用意,筵宴常有在"大室"举行。如甲骨文云:

> 庚辰卜,大,贞来丁亥其塞丁,于大室冬,祊西飨。(《合集》23340)

---

[1] 《国语·周语中》。
[2] 《诗·商颂·长发》。
[3] 《诗·商颂·那》。
[4] 《诗·商颂·殷武》。

塞有以牲礼为报之义。丁或指武丁。[1]参义同畛，《礼记·曲礼下》："畛于鬼神"，郑注："畛，致也，祝告致于鬼神辞也。"庚辰日卜问七天后的来旬丁亥日报祭武丁，在大室致祝辞，再在祊西举行宴飨。《仪礼》云："特牲馈食之礼，不诹日"，"少牢馈食之礼，日用丁巳"。甲骨文中有一类宴饮的日子并不固定，可随事随地举行；另一类则亦谋求于丁日，似商代已有《仪礼》说的两类飨礼。辞中大室是独立的宫室建筑，可能坐北朝南，祊西当为右边厢的附属建筑。

"大室"是商代贵族统治者处理日常政务、接受臣下朝觐及进行祀礼宴飨的朝堂。殷墟出土玉柄饰铭云：

乙亥，王赐小臣腐瓒在大室。[2]

陕西长安县大原村出土晚商乙卯尊铭云：

乙卯，子见（献）在大室白戈一，緅琅九。侑百牢。王赏子黄瓒一，贝百朋。（《集成》6000）

上揭二事，第一例记商王在大室接见小臣而赐之以瓒；第二例记子在大室朝觐商王并进献玉戈一、玉珥饰九，王率子以百牢侑祭。据下面卜辞，可以加深对商代朝觐礼的了解：

丙寅卜，丁卯子劳丁，再黹圭一，緅九。（《花东》480）
丁卯卜，子劳丁，再黹圭一，緅九。
丁卯卜，再于丁，郝（跪）在庭，迺再，若。用。（《花东》363。图2—20）

此两龟为习卜之辞，丙寅与丁卯卜日相袭。劳字从蔡哲茂释，[3]慰劳、劳问之意。再者，举也。子高举的丝织品包裹的一秉玉圭和九件玉珥饰，跪献于

---

① 参见于省吾《甲骨文字释林》，中华书局1979年版，第35—37页。
② 《佚存》唐兰序，第3页下。又《天津社会科学》1984年第2期，封二照片。
③ 蔡哲茂：《甲骨缀合集》，台北乐学书局1999年版，第380页。

宫室之大庭中而劳拜商王武丁，礼品与乙卯尊所记子朝觐商王的礼品几同。当时臣下行朝觐礼，要跪于宫中大庭，先献上礼玉等，这颇与《诗·大雅·韩奕》所咏"以其介圭，入觐於王"相似。而商王接受朝觐，要行裸酢，礼器用瓒，以瓒挹取郁酒，并将瓒赐臣下，礼品或有加。这反映了商王朝臣属诸侯朝觐商王的礼规，与《周礼·春官·大宗伯》所谓"春见曰朝，夏见曰宗，秋见曰觐，冬见曰遇，时见曰会，殷见曰同"的君臣相见六礼，有其差异。

殷墟后冈祭祀坑出土戍嗣子鼎铭云：

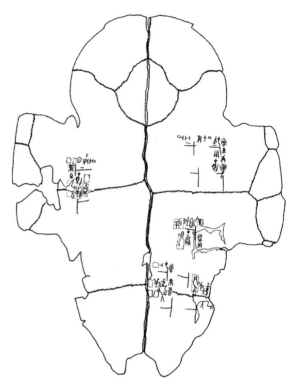

图2—20 甲骨文臣子朝拜君王礼

（《花东》363）

丙午，王赏戍嗣子贝廿朋，在𬱖宗，用乍父癸宝鼎，佳王饗𬱖大室，在九月。犬鱼。（《集成》2708）

记商王在𬱖大室举行筵宴典礼，赏给戍嗣子贝二十朋。𬱖宗或是𬱖大室之一部，宗者，宗庙之义，这表明了𬱖大室或𬱖宗建筑体的使用性质所在，与《明堂月令章句》说的"明堂者，天子大庙，所以祭祀、飨功、养老、教学、选士，皆在其中"是相一致的。大室与𬱖大室，均是晚商最重要的宫室名，是合祀政与宴饮起居为一体的王宫。凡在大室、𬱖大室或祊西受飨者，身份一般均极尊崇，宴享具有宫宴、朝宴或国宴性质。

又有在"北宗"筵宴者，如：

贞飨事于燎北宗，不遘大雨。（《合集》38231）

燎于北宗而举行宴飨，留意到气象变化，似北宗为王邑北部专行外祭的建筑场所，已融祀政与飨礼为一体。

上节引甲骨文还有飨于宗和庭者，所飨者为即将赴任的众地方官员或邑子，延入宗庙受飨礼，盖寄意于不忘王命之所望，有先王保佑诸位。庭又有称召庭、召大庭者，如下列辞云：

> 乙巳，王曰：障文武帝乙宜，在召大庭，遭乙翌日，丙午醫，丁未煮。己酉王在棽，卯其赐贝。在四月，隹王四祀翌日。（四祀卯其卣，《集成》5413）

> 己酉，戍鈴障宜于召，置庸，带九律带。赏贝十朋，万死用宁丁（祊）宗彝。在九月，隹王十祀䚫日五，隹来东。（戍鈴彝，《集成》9894）

> 辛未，王卜，在召庭，惟执其令飨食。（《合集》37468）

召大庭即召庭，但单言"召"者，当指召宫，而前者乃召宫前的大庭。四祀卯其卣与戍鈴彝铭所记，是前后可互为补苴的祭祖与宴飨行事。四祀卯其卣铭记帝辛四年四月在召大庭主持烹饪祭飨父王帝乙的"障宜"礼典，自乙巳日始，至次日丙午将食物倾入炊器，至第三日丁未煮成献之。戍鈴彝铭记帝辛十五年九月在东伐夷方举行"䚫日"祀典期间的己酉日这一天，摆宴行赏事，为"障宜"礼典的余绪，但仪式的场地已从召大庭移入了召宫中，置镛钟，九律曼舞，以乐侑食，飨功行赏。受赏者分别为卯其、戍鈴。从两铭揭示的仪程看，自牲体切割制作到汤镬文火烹煮，仪式连续多天，其烟火升腾景象可以想见，若局促于一室，人定然受不了，故先在露天大庭进行，筵宴舞乐再移入召宫里举行，合乎情理。召宫主要用于祭飨先王，有时作为婚友的诸侯亦可出席飨礼仪式，性质与大室的"朝宴"是有区别的。由于铭中又记王在棽地，故召宫、召大庭当是建于棽地专门举行先王飨礼的宗庙类建筑体，戍鈴的鈴字从余，棽字亦从余，疑戍鈴可能是棽地召宫的戍卫官。

值得注意的是，凡单言在庭内的宴飨，人数通常较多，场面也铺得较大，除前节所举在庭设宴款待已禄位而赴任的众地方官员外，又如：

> 贞叀多子飨于庭。（《合集》27647）

受飨者称"多"，则人数定不少。《尚书·盘庚》有云："王命众悉至于庭"，"其有众咸造，勿亵在王庭"。能够把大批的众人悉数召集到庭中，由此可见庭的面积是相当大的。基于以上事实，庭应是王宫内的露天大广场，又应是全封闭式的。洹北商城发现的一号大型宫室基址，由正殿与两旁东西配殿、廊庑、中庭、南部门塾、门道组成，中间的封闭式大庭达 1.4 万平方米以上。殷墟小屯发现的一组大型宫室建筑基址，占地面积达 5000 平方米，由 3 座长方形基址合成一半封闭式宫室建筑体，呈凹形配列，缺口面东对洹河，主殿进深 7.5 米，面积约 450 平方米，中庭面积达 2100 平方米。甲骨金文中所见，商王都的"大室"有庭，在榯地"召"宫也有庭，又有"庭阜"、"庭门塾"、"庭西户"、"南门"、"阜辟"、"阜西"等建筑用词，裘锡圭即已指出它们分别属于这类宫室的有夯土台基的正殿，门两侧的东、西塾，西墙的边门，南部正门以及正殿旁的辟室。[①] 举行宴飨的庭或大庭，当即是宫中容量大极的位于正殿前的露天封闭式广庭。凡在此受飨的大量人员，其身份地位较在大室或祊之内的受飨者，相对要低些，大概只是一般性的赐宴，寓意于王者的"敷政优优"或"人伦教化"。

又有在"寏"举行飨礼者，如：

　　大乙事，王飨于寏。（《合集》27124）

寏同榭，宫室建筑之名，指台上架木起屋，可能与行射礼之宫有关。

筵宴的场所除上述大室、祊西、𤔲（阑）宗、𤔲（阑）大室、北宗、宗、庭、召庭、召大庭、召宫、寏外，另外又有野宴或在外地设宴的，例如：

　　王先狩乃飨，擒有鹿。（《合集》28333）
　　庚辰，贞至河，禽其戎，飨方。（《屯南》1009）
　　乙亥，王既在熊帀（次），王飨酉（酒），尹光逦，惟各，赏贝。（尹光鼎，《集成》2709）

---

　　① 裘锡圭：《释殷墟卜辞中与建筑有关的两个词——"门塾"与"𣪘"》，《出土文献研究续集》，文物出版社 1989 年版。

第一例为倒装句,言王先狩擒有鹿乃飨,讲商王在狩猎中获鹿,乃举行鹿宴以飨功,大概同于《墨子·非乐上》说的夏王启"野于饮食",属于野宴。第二例中的禽,是武将名,"飨方"殆飨祀四方。《尚书大传》卷三云:"祀四方,从东方始,自南至西,卒于北方,其祀礼曰格祀,曰某也方祀,曰播国率相行事,其祀也,曰若尔神灵洪祀,六沴是合。"意思讲禽率师从戎出征,商王亲送至河设宴为禽饯行,并飨祀四方,请求四方上下神灵保佑其凯旋而归。熊師(次)是商都邑之外的驻舍。凡此野宴或外地的设宴,均属于临时性的,或随兴而为,或旌功而起,或飨师振旅,事出有因,形形色色,不备述。

《韩非子·十过》形容商代宫宴的排场,"食器雕琢,觞酌刻镂,四壁垩墀,茵席雕文",有高贵精致的饮食名器,雕饰繁缛的俎几食案,白净彩绘的宴厅四壁,文采生动的坐具茵席。但过分追求和贪享,"体其政"就会适得其反,是堕落,是腐败,是败政。故《大戴礼记·少闲》直指其弊:"荒耽于酒,淫佚于乐,德昏政乱",可谓千古名训。《史记·殷本纪》说纣"以酒为池,悬肉为林,使男女倮相逐其间,为长夜之饮"。上博简《容成氏》简45也说纣"或为西(酒)池,厚乐於西(酒),尃(溥)亦(夜)以为樂(淫),不听其邦之正(政),于是乎九邦畔(叛)之"。《说苑·反质》云:"纣为鹿台糟丘,酒池肉林,宫墙文画,雕琢刻镂,锦绣被堂,金玉珍玮,妇女优倡,钟鼓管弦,流漫不禁,而天下愈竭,故卒身死国亡为天下戮。"这是亡国之君的荒淫昏乱,也是政治衰败的表征。

三　合族聚食

据《礼记·大传》说,古代有一种"合族以食,序之以礼"的古老饮食俗尚。《礼记·坊记》描绘这种饮食俗尚,"因其酒肉,聚其宗族,以教民睦也"。郑氏注:"言祭有酒肉,群昭群穆皆至而献酬之,咸有荐俎。"《尚书大传》谓合族聚食举行于"季冬之月",其形式"缀之以食而弗殊,有族食、族燕之礼也",作用在于"为酒以合三族,君子说(悦),小人乐"。合族聚食的时俗,本是原始氏族或家族血缘群体在某些被视为有特殊意义的时节里,聚集在一起,载歌载舞,共饮共食。这类合族聚食,大都带有原始宗教行事的性质,久之乃演变为一种人们进行社会联系和处理社会关系的比较理性的饮食时俗,有的还被统治者利用来凝聚社会民心以实现其政治控制的手段。

商代也有一类聚食,称为"食",而不称"飨"、"燕"(宴)、"饮",与前述商王用"食"这个最平易普通的用词命名同王妇或多子共餐的私宴，更属于性质截然不同的两个范畴。此类聚食，食者既多，社会地位一般也都平平。据甲骨文云：

> ……途，壬午食人，雨。（《合集》20956）
> □巳贞，禽叀……食众人于汸。（《安明》2688）
> 宁食于商。（《屯南》3963）
> 其食右工。（《合集》29686）
> 弜食多工。用。（《花东》324）
> 月一正，曰食麦。（《合集》24440）

聚食者包括人、众人、宁、右工、多工等平民族众及贱官。宁为族地名。别辞有"贞我戋猷在宁"（《合集》3061）、"自可至于宁"（《合集》27991）。"宁食于商"或指宁族聚食于商郊。右工是工官，为贱官。多工是工官的群称。《尚书·酒诰》"惟殷之迪诸臣惟工，乃湎于酒"，旧注谓诸臣与工均属尊者的"其下列职众官"。这类普通族众或贱官的聚食，或卜问及天气的晴雨，可见不在屋内，是在野外举行。《酒诰》陈述西周初统治者有感于殷商社会那种"庶群自酒，腥闻在上"的颓废风气，以致亡国，故规定民间无故不得"群饮"，违者则"尽执拘"，以"其杀"论。但从上举甲骨文看，商代称作"食"的普通族众的聚食，有具体日子、指定地点及食者的身份对象等诸多规定，而"月一正，曰食麦"，还表明有的聚食定在冬闲农隙月份举行。对社会中低阶层的聚食进行甲骨占卜，说明聚其民而食之，虽构成一大民俗，却又受限于官方的许可，是不得随意举行的。

　　商代中低层社会的聚食群饮，性质颇类于礼书中说的"乡饮酒"①。后者据汉郑玄说，是在周正十二月即殷正一月大蜡之时，"以礼属民而饮酒于序，以正齿位。于是时，民无不醉者如狂矣"。②他还说这是一种社会的"礼教"，属于统治者的"德政"，"为民三时务家，将阙于礼，至此农隙而教之尊长、养老、见孝悌之道"。③《礼记·乡饮酒义》也声称古代官方特许民间社会可

---

① 参见《仪礼·乡饮酒》、《礼记·乡饮酒义》等。

② 《礼记·杂记下》郑玄注。

③ 《周礼·地官·党正》郑氏注。

在岁末大蜡之时群饮聚食，这是为了使乡里百姓知"尊贤养老之义"，如此就能达到使民"尊让则不争，絜敬则不慢，不慢不争则远于斗辨矣，不斗辨则无暴乱之祸矣"，"民知尊长养老，而后乃能入孝弟（悌），民入孝弟（悌），出尊长养老，而后成教，成教而后国可安也"。

这推绎太一厢情愿，但实际情况在商代并非如此，当时人口的流动性相当大，对统治者来说，就面临着人口得失的现实问题，特别是具有战斗力或劳动生产能力的人口得失，直接决定着国家强衰和社会财富的规模。比如上举殷商"食右工"、"食多工"、"食人"、"食众人"的那部分人，甲骨文中即有言其流亡散走的：

> 其丧工。（《合集》97）
>
> 亡其工。（《合集》19439）
>
> 甲寅卜，史，贞多工亡尤。（《合集》19433）
>
> 癸未卜，有忧百工。（《屯南》2525）
>
> 癸巳卜，争，贞旬有咎，不于工忧。（《合集》19441）
>
> 其丧人。（《安明》2678）
>
> 甲子□，□，贞盅涉以众，不丧众。（《合集》22537）
>
> 以人八千，在驭。
>
> ［其］丧驭众。（《合集》31997）

所谓"丧"，相当于《尚书·盘庚下》说的"民荡析离居"，脱离商王朝的控制而流走他处。商统治者因担忧有生产技能的"工"、"多工"和"百工"的丧失散走，有时还专门卜问他们间是否蕴藏着潜在祸忧。有时平民族众流动量非常大，驭地八千众人的丧失离去，相当于当时一个整族落组织包括老弱妇孺在内的人口数。统治者允许中低层社会在一些特殊时节聚食群饮，恰是面对"民荡析离居"现实问题应对的政治举措，用《礼制·王制》的说法，叫做"食节时事，民咸安其居"。后世的"乡饮酒"，应是由早先的合族聚食之俗演变而来。

事实上，民间社会大蜡之时的"乡饮酒"场面，未必是以"尊让则不争"为主要基调。《礼记·杂记下》记有一则春秋时子贡观蜡，看到的是"一国之人皆若狂"。倒是孔子的解释最为实在，"百日之蜡，一日之泽"，"一张一弛，文武之道也"。农夫憋了百日的劳累，才获官方恩准一日的松脱，狂醉一番，犹如弓弩亦须有张有弛，弦不能绷得太紧，否则要断。

　　商代统治者大概是从"食者，民之所本"的直觉出发，因俗施政，在于得民，准许中下层社会在特殊时节"合族聚食"，使民忍耐役使，可得一时苟安于"醉狂"的麻痹状态之中，这与上层社会的筵席宴飨，完全是性质不同的两回事。

第五节　饮食业

　　商代似为饮食业兴起的初始阶段。饮食能作为一个行业兴起，其实连带着一系列社会经济形态方面的深层次内容，如城邑的"都市化"，生活的"社会化"，人口流动的"频繁化"，道路交通的"网络化"，交易经济的"货币化"，食物原料的"商品化"，饮食供需的"市场化"，烹饪人员的"专业化"，诸如此类，有迹象表明商代可能均已粗粗具备，饮食业处于滥觞时期。

　　商代饮食业的状态如何，这里且以文献记述为"引子"说起。《盐铁论·力耕》有云：

> 　　上古至治，民朴而贵本，安愉而寡求，当作之时，道路罕行，市朝生草。

此是讲上古时期人们的生活资源直接取求于大自然，谈不上有什么交换贸易经济。但是随着人们社会联系和社会关系的扩大，以及生产所得剩余产品的增多，以自然生态经济为始起的易地物物交换行为逐渐成为社会生活的重要组成部分，由此也带动了交通方式的多样化，"为舟楫之用，以通川谷；服牛驾马，以达陵陆；致远穷深，所以交庶物而便百姓"[①]。庶物主要就是指各地的土特产及部分手工业用品。与生活作息习俗相关的集市或场地比较固定的市场也开始出现，《易·系辞下》有云："日中为市，致天下之民，聚天下之货，交易而退，各得其所"。这类"日中为市"，大体属于物物交换而互通有无性质的"互市"。此外还有大市、朝市、夕市，等等。《周礼·地官·司市》有云："大市，日昃而市，百族为主。朝市，朝时而市，商贾为主。夕市，夕时而市，贩夫贩妇为主。"再者，随着城邑的涌现，大量人口向城邑

---

　　① 《盐铁论·本议》。

汇集，城邑生活势必走向"社会化"，城邑的经济功能日益上升，产生了便于管理而有列铺市肆设施的"集中市制"，货币贸易逐渐取代物物交换而成为主流，"百工居肆"①、"工贾近市"②的城邑"都市化"生活格局形成，真正意义上的"城市"遂应运而生。③作为直接从属于社会生活的服务性饮食行业，就是在这样的历史大场景中得以萌生且发展的。

商代都城中的市肆设置，文献中有涉及，可作谈资。如《六韬》云："殷君善宫室，大者百里，中有九市。"百里之宫显然是夸张之词，其在《帝王世纪》则说商末纣王造宫馆，"其大宫百，其小宫七十三处，宫中九市，车行酒，马行炙"④。宫以大小数量述之，是讲宫室建筑的群体组合规模及主体与附属建筑之分，与《古本竹书纪年》的"纣时稍大其邑，南距朝歌，北距邯郸及沙丘，皆为离宫别馆"所反映的史影是接近的。所谓"宫中九市"，是讲商邑实行的是一城多市制，类似《左传》昭公三年说的齐都临淄的"国之诸市"，并非纯为宫中立市。"车行酒"、"马行炙"是市肆中设置的过往羁舍食宿之处，有酒和烤肉串供应，似乎当时都城中的饮食业已颇具特色。此外，《鹖冠子·世兵》说："伊尹酒保，太公屠牛。"又，宋代谯周《古史考》说：姜太公曾"屠牛于朝歌，卖饮于孟津"。这些记载出自传说，但却反映了殷末的城邑市肆中，已有了肉铺、饭馆、酒楼等饮食行业的出现。

商代早先那种自给自足的氏族群体经济生活方式已经打破，易地间的物物交换乃至食物原料的"商品化"已经出现。史传商先公"相土作乘马"⑤、"胲作服牛"⑥。胲即王亥，他曾经跋山涉水，驾车服牛，长途从事畜群肉类食物的异地经商活动，是商人有名的先祖，甲骨文中亦有此人名。《山海经·大荒东经》云："王亥托于有易河伯仆牛，有易杀王亥，取仆牛。"《易·大壮》云"丧羊于易"，《易·旅上》云"旅人先笑后号咷，丧牛于易"，所言一事。《天问》云："恒秉季德，焉得夫朴牛，何往营班禄，不但还来。"

① 《论语·子张》。

② 《管子·大匡》。

③ 参见宋镇豪《中国古代"集中市制"及有关方面的考察》，《文物》1990年第1期。

④ 《太平御览》卷八三引。

⑤ 《世本·作篇》。又《荀子·解蔽》云"乘杜作乘马"，《吕氏春秋·勿躬》云"乘雅作驾"，系同一事。

⑥ 《世本·作篇》。

恒指王恒，是王亥之弟，季为王亥、王恒之父，或谓即《殷本纪》商先公
冥。"恒秉季德"，言王恒秉承其父冥的末德，往来经商。这些文献记述了王
亥驾牛车远地经商，遭有易氏暗算丧命，牛羊商品被夺；其弟王恒又复操旧
日王亥之业，进行畜产贸易营利。《管子·轻重戊》云："殷人之王，立皂
牢，服牛马，以为民利，而天下化之。"货物交易殷人有其传统，故《尚
书·盘庚下》有云："朕不肩好货"，"无总于货宝，生生自庸"，记商王盘庚
声称自己不会任用贪好货财之辈，要人们不要奢敛货物财宝，操此交易谋生
应适可而止。《尚书·酒诰》也称妹土殷民，"肇牵车牛远服贾"，孔传云：
"牵车牛载其所有，求易所无，远行贾买。"甲骨文中有马车、牛车，牛车即
专以"牵"命名。[①] 可见殷人不但善于驾牛车易地进行各类商品交易活动，
而且还就地圈栏牲畜为交易场即"立皂牢"从事市卖。

据考古发掘资料，偃师商城内北部广地为平民生活区，有铸铜作坊、制
陶窑址及其他手工业作坊，又有为数众多的房址、窖穴和水井群。从全城布
局看，城南多政治色彩而城北多经济功能，已具有《考工记》所说的"前朝
后市"的雏形。郑州商城和殷墟王都的经营视野更为浩大，都有相对集中的
各类经济作坊区，且大都分布在平民居住区一带，显示有"百工居肆"、"工
贾近市"的意味。

据甲骨文有云：

> 叀市日酌。（《殷拾》10·4）
> 今日丁市日王其迪，亡戋。（《合集》28754）
> 乙卯卜，今日市王其迪，亡戋。（《合集》28751）

"市日"也可单称"市"，用为时称。《周礼·地官·司市》："大市，日昃而
市，百族为主。"郑司农云："百族，百姓也。"孙诒让云："百姓谓平民自赍
货物买卖于市者。""市日"或"市"指太阳过午，或源自约定俗成的"日昃
而市"的市场交换交易时间。由此推知殷商都邑中当设有交易买卖时间比较
固定的物流市场。

商代商品交易的活跃，又促成了等价货币的产生。商代可能已经以贝

---

① 详见宋镇豪《甲骨文牵字说》，《甲骨文与殷商史》第 2 辑，上海古籍出版社 1986 年版。

为货币。郑州商城发现一商墓有出海贝 460 枚者。[1] 殷墟历年出土的海贝甚多，据钟柏生研究，可分宝螺、织纹螺、榧螺、廉蛤等 10 科 21 种贝，产地自渤海一直到南海，来源不止一处，尤以东海、南海产为多，其中用作货币的贝种，以黄宝螺、金环宝螺为主。货贝的人工制法，常见者有"壳前或壳顶打孔"式及"背磨"式。[2] 殷墟妇好墓出土阿拉伯宝螺（阿文绶贝）1 枚，海贝多达 6880 余枚，还有少量石贝。[3] 1985 年发掘的殷墟小屯西北地 M43 号墓，随葬海贝 150 多枚。[4] 殷墟白家坟西 B 区 M49 号一晚商平民墓，竟也随葬贝达 385 枚。随葬贝在晚商的平民阶层中不管数量多少，却是相当普遍的，如殷墟 1958 年至 1961 年发掘的 302 座中小型墓，有 83 座出贝，[5] 约占 27.5%。殷墟西区 1969 年至 1977 年发掘的 938 座小型墓，出贝的有 340 座，[6] 约占 36.2%，平均每 3 墓中即有 1 座，反映了当时社会所形成的货币财产观念。另外殷墟西区 M620 还发现青铜贝 2 枚，早先大司空村有两座商墓也出土过青铜贝共 3 枚，[7] 属于我国最早的金属铸币。各地商代遗址中贝的发现层出不穷，举其大要者，如山东益都苏埠屯一号大墓出土海贝达 3790 枚。[8] 山西保德林遮峪晚商墓葬出土青铜贝 109 枚，同出海贝 112 枚。[9] 四川成都三星堆商代城址一号祭祀坑出土完

①　河南文化局文物队第一队：《郑州商代遗址的发掘》，《考古学报》1957 年第 1 期。

②　钟柏生：《史语所藏殷墟海贝及其相关问题初探》，中研院史语所《集刊》第 64 本 3 分，1993 年。

③　中国社会科学院考古研究所编著：《殷墟妇好墓》，文物出版社 1980 年版，第 205、220 页。

④　中国社会科学院考古研究所编著：《安阳小屯》，北京世界图书出版公司 2004 年版，第 152 页。

⑤　中国社会科学院考古研究所编著：《殷墟发掘报告》（1958—1961），文物出版社 1987 年版，第 258 页。

⑥　中国社会科学院考古研究所安阳工作队：《1969—1977 年殷墟西区墓葬发掘报告》，《考古学报》1979 年第 1 期。

⑦　马得志、周永珍、张云鹏：《一九五三年安阳大司空村发掘报告》，《考古学报》第 9 册，1955 年。

⑧　山东省博物馆：《山东益都苏埠屯第一号奴隶殉葬墓》，《文物》1972 年第 8 期。

⑨　夏路、刘东生主编：《山西省博物馆藏文物精华》，山西人民出版社 1999 年版，第 189 页。

整海贝 84 枚,二号祭祀坑出土铜尊、铜罍中发现海贝、铜贝有 4600 枚之多。[①] 成都金沙遗址出土了商周之际的玉贝。[②]

贝币通常以"朋"为计量单位,大概每 10 贝为 1 朋。据甲骨文云:

惠贝十朋。

其卢用莴目贝。(《合集》29694)

……取贝六百。(《侯》17)

其五朋。

其七朋。

其八朋。

其三十朋。

其五十朋。

其七十朋。(《怀特》142。图 2—21)

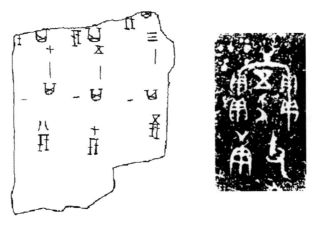

图 2—21　甲骨文贝和铜罍铭"廿朋五朱"

(《怀特》142、《集成》9808)

五朋为 50 枚贝,十朋为 100 枚贝,七十朋则达 700 枚贝了。七十朋是迄今

---

　　① 四川省文化考古研究所:《三星堆祭祀坑》,文物出版社 1999 年版。

　　② 成都市文物考古研究所、北京大学考古文博学院编:《金沙淘金》,文物出版社 2002 年版,第 158 页。

所见甲骨文中贝的最大数，而商金文中更有记达 200 朋者，如：

乙未，飨事，赐小子𫲛贝二百，用乍父丁𫲛殷。龚。（小子𫲛簋，《集成》3904）

丁亥，𢼸赏右正闵𡎚贝，在穆，朋二百。闵扬𢼸赏，用乍母己障彝。（闵鼎①，《集成》2702）

"贝二百"或"朋二百"，类似甲骨文言"七十朋"或"贝十朋"，以 10 贝为 1 朋计，"贝二百"及"朋二百"则贝数多达 2000 枚了。辽宁喀左小波汰出土一件商代铜罍，其铭云：

廿朋五夅，父庚。（《集成》9808）

"夅"字从黄锡全释，他认为这是一组涉及商代货币和物价的重要资料，"夅"应是朋下的计量单位，若"夅"指半朋，以 1 朋 10 贝计，则 1 夅为 5 贝，"廿朋五夅"读为"二十朋又五夅"或者"二十五朋夅"，相当 225 贝，很可能是标明该件铜罍的货币价值数额。② 贝币的产生，反过来又促进了商贾买卖的发展。甲骨文有买字，用为买卖、贩卖、购买义；又有贾字，有用为商贾或物品交易义。举例如下：

戊寅卜，内，乎雀买。

勿乎雀买。（《合集》10976 正）

弗买。（《合集》21776）

其买，叀右𩩍。

叀右䣊。（《花东》98）

庚戌卜，其匄禾马贾。

庚戌卜，弜匄禾马贾。（《花东》146）

---

① 辽宁省博物馆、朝阳地区博物馆：《辽宁喀左县北洞村出土的殷周青铜器》，《考古》1974 年第 6 期。

② 黄锡全：《商父庚罍铭文试解》，《纪念殷墟甲骨文发现一百周年国际学术研讨会论文集》，社会科学文献出版社 2003 年版。

　　丁未卜，叀邵乎勾贾秿。（"禾马"合书）

　　弜勾黑马，用。（《花东》179）

　　丁未卜，新马其于贾见（视），右用。

　　丁未卜，新马于贾见（视），右不用。（《花东》7）

　　庚辰卜，叀乃马，不用。

　　叀乃马眔贾见（视），用。（《花东》391）

　　乙亥卜，弜呼多贾见（献），用。（《花东》255）

　　買字从贝，大概买物用的就是贝朋，这当中又暗示着商王邑中当有众所熟知的专门卖买场所。右駐、右駓，可能为求购驾车之右马而卜，问买公马还是母马；也可能是问动用何匹雄马或者雌马可为驾车之右马去买物。"其勾禾马贾"与"弜勾禾马贾"，"呼勾贾禾马"与"弜勾黑马"，正反对贞，事关求取禾色马或黑色马而要否贾买交易。勾有求取义。《玉篇》："勾，取也。"《集韵》："勾，求也。"[1] "新马其于贾视，右用"，是视看新马是否适合做右驾而估价买之。有关《花东》买马的一批甲骨卜辞，魏慈德认为，"'贾视'指透过贾人来进行马匹交易的行为"，"因为商人常需'勾马''贾马'，故在交易的过程中需有贾人判定马的价格"，"有时还需涉及占问马的毛色"。[2] "多贾"可能是负责买卖交易官的群称。

　　商代除有较为便利的城邑道路设施外，为便于各方的交往交流，国中的"路政"建置也达相当规模。商代的"路政"，据《逸周书·大聚解》云："辟开修道，五里有郊，十里有井，二十里有舍，远旅来至。"此为周统治者所效法。《周礼·地官·遗人》有云："凡国野之道，十里有庐，庐有饮食；三十里有宿，宿有路室，路室有委；五十里有市，市有候馆，候馆有积。——以待羁旅。"这套"路政"设施，确源出"殷政"，甲骨文可以为证。殷商"路政"有在干道上建旅舍，提供过往人员饮食住宿之便，自近而远用数目编次，甲骨文中名之为"羁"（《甲》1790）、"二羁"（《京人》2138）、"三羁"（《安明》2092）、"四羁"（《甲》199）、"五羁"（《合集》28153），每站之间大致保持一日之程，约50里左右，"五羁"离王都已在

　　① 参见刘一曼、曹定云：《殷墟花东H3卜辞中的马》，《殷都学刊》2004年第4期。

　　② 魏慈德：《殷墟花园庄东地甲骨卜辞研究》，台湾古籍出版有限公司2006年版，第157—158页。

250 里之外了。

此外，甲骨文中还提到"公官"、"戍官"（《安明》2094）、"东官"（《花东》195）、"舌官"（《合集》34158）、"先官"（《合集》4576）等。官，馆也，官方设立的馆舍，有的可能专门提供来宾饮食住宿和服务招待，有时或也指一般性祭所。馆舍设施相当于《左传》襄公三十一年说的晋国都城内一类"高其闬闳，厚其墙垣，以无忧客使"的宾馆，但从馆的命名看，盖各馆的入住对象有所不同，公馆似王邑内专用于款待各方来宾，而戍馆属于武官一类人物的客馆。东馆，又特记馆舍的方位，恐怕入住者是一些身份较为特殊的人物。"舌馆"、"先馆"可能是设于舌地或先族所在地的馆舍。《尚书中候》"维岁二月，候在东馆"，郑玄注："馆，舍。"[①]《尸子》云："黄帝［曰］合宫，有虞氏曰总章，殷人曰阳馆，周人曰明堂。"[②]《三辅黄图》卷五云："黄帝曰合宫，尧曰衢室，舜曰总章，夏后曰世室，殷人曰阳馆，周人曰明堂。"殷人阳馆是否即世室、明堂之或称，甲骨文无征，但馆之类的建筑设施确有之。阳者，南也，明示馆位于国之阳。这些官方宾馆，其提供的饮食住宿条件和服务招待，包括人身安全方面，当自然比路途中的"羁"舍要舒适优越可靠多了。

诸如此类的信息表明，商代随着人流交往的频繁和商品卖买交易的持续发展，正推动和促进了社会生活中必不可缺的饮食业的兴起。表征之一是烹饪名手迭出，烹调技巧理论化。如史传夏末的伊尹，更是一位烹调名家，《墨子·尚贤上》说"汤举伊尹于庖厨之中，授之政"。《吕氏春秋·本味》讲伊尹曾归纳了一套"鼎中之变"的烹调理论。甲骨文中还有称为"多食"（《合集》30989）的一批由烹饪行当出身而担任厨官的不知名者。

表征之二是饮食供需不再限于官方控制的"羁"舍、公馆一类特别场所，还扩展到平民阶层间，面向全社会而"市场化"。如商末著名人物太公望，《战国策·秦策五》说他早先不过是民间一位"齐之逐夫，朝歌之废屠"。《尉缭子·武议》也说"太公望年七十，屠牛朝歌，卖食孟津"。《楚辞·天问》有云："师望在肆昌何识，鼓刀扬声后何喜。"《离骚》又云："吕望之鼓刀兮，遭周文而得举。"太公望、吕望、师望均指一人，他先后在商

① 《太平御览》卷五三六引。

② 同上书，卷五三三引。

都朝歌市肆里操刀屠牛做卖肉生意，在黄河古渡口孟津开饮食铺子，被周文王季昌求贤访师而得到举识。这则旧事早在周秦时就在各国中上层社会间讲传，看来不是杜撰。由此也正反映了饮食业到晚商时在都城及地方都有所兴起的事实。

第 三 章

服 饰 制 度

　　服饰者，乃人体衣着兼及人体装饰品，属于人类物质生活的基本内容之一。中国古代很早就把"布帛可衣"，列为"生民之本"[1] 的重要一项。

　　《释名·释衣服》云："凡服，上曰衣；衣，依也，人所依以芘寒暑也。下曰裳；裳，障也，所以自障蔽也。"《风俗通义·愆礼》云："衣者，隐也；裳者，障也；所以隐形自障闭也。巾，所以饰首。衣，所以蔽形。"《白虎通·衣裳》云："圣人所以制衣服何？以为绨绤蔽形，表德劝善，别尊卑也。"绨绤是葛制之衣服面料，精者为绨，粗者为绤。甲骨文有字 (《合集》14316)，可释为依字，像人裹衣"隐形自障蔽"或"依以芘寒暑"之意。又有 字 (《合集》27959) 像人穿两层衣服蔽形，疑衷之初字，《说文》云："衷，里褺衣"，桂馥《说文解字义证》云："里褺衣者，《仓颉篇》'衷别内外之词也'。"大体说来，服饰有御风雨、避寒暑、蔽形体、遮羞耻、表禁忌、增美饰、崇时尚、张个性、寄情感、展礼仪、塑仪态、叙纲纪乃至别尊卑等一系列实用功能。

　　服饰是一种无声的语言，陈诉着相应时代的文明程度；服饰又是一种有形的写照，不啻在直观上反映出人们生产物质生活本身的能力，而且每以人的心态、个性、意识、思想、情感和信仰的表露为其品位。

　　服饰因地因俗因时而异，不同时代，不同季节，不同气候，不同地域，不同种族，不同人群，不同性别，不同年龄，不同阶级，不同等级，不同阶层，有其不同的装束款式。中国古代，服饰虽有开放性的一面，但其中注入的意识，注入的观念，却常常是压抑的和内向的。《礼记·王制》强调的是"禁异服"。《周礼·地官·大司徒》倡导要用"同衣服"的风尚来安定万民。

---

[1]　《汉书·食货志》。

《礼记·缁衣》云："衣服不贰，从容有常，以齐其民。"以此规范"同衣服"
而"禁异服"的服饰之制，尤为历代统治者所重视，构成中国古代服饰演进
的制约力。重共性而压抑个性发挥，求精神气质而轻款式繁化，长期自然不
自然地束缚着中国古代服饰开发的施展天地。封闭型而略显呆板的服饰之
制，其产生的滥觞，实可上推到商代以前。

　　商代服饰已不可避免被拉入"礼"制范畴，为后世贵族服饰制度奠定了基
调。《左传》昭公九年云："服以旌礼。"《管子·君臣下》云："旌之以衣服。"
旧注："衣服所以表贵贱。"明贵贱之别，序等列之分，"非其人不得服其服，
所以顺礼也"[①]，早在商代就已渗透于人事、神事等社会生活的方方面面。

　　服饰款式、服装材质、做工考究与否、服色及衣饰纹样、头饰冠饰的简
繁，及与之相联系的履制，是商代服饰等级制的基本内容，并且伴随着商王
朝对"衣服不贰"的"同衣服"、"禁异服"的所谓"明贵贱，序等列"的强
调，逐渐形成一套"非其人不得服其服"的等级制服饰"礼"制。

第一节　服饰品位

　　服饰品类是针对服饰的面料、款样包括饰品材料等等讲的，而服饰品位则
涉及衣料与饰品材料来源的难易，质地的好坏，种类的多寡，服饰制作的精
粗，形制款式的新旧，文样色调的崇尚，穿着打扮的流行，饰品组合的繁简，
品第的高低，以及穿戴者身份等级的尊卑、社会地位的贵贱和所服之意义。

一　服饰品类

　　商代物质生活资料的丰富助长了贵族服饰礼制的形成。《帝诰》称商汤
居亳，"施章乃服明上下"，"未命为士者，不得朱轩、骈马、衣文绣"。《逸
周书·周月解》云："其在商汤……变服殊号。"《商颂·长发》中"受小球
大球，为下国缀旒"，言商汤赐下国之君冠冕串饰。《尚书书序·商书》云：
"惟衣裳在笥。"清孙星衍疏云："衣裳，朝祭之服也。惟衣裳在笥，当服以
为礼也。"《逸周书·世俘解》记商王帝辛临亡之前，犹"取天智玉琰五，环
身厚以自焚"。商代衣着的质地、款式、色彩，乃至佩戴饰品，均显示出当
时服饰礼制的渐趋规范。

---

　　① 《后汉书·舆服志》。

　　郑州商城内东北部宫室区夯土台基周围，曾经出土过贵族阶层使用的玉
簪、青铜簪百余支和若干玉器。[①] Elizsbeth Chilas-Johnson 著录一件传安阳殷墟
出土的"玉佩饰"，[②] 高 8.3 厘米，宽 6.2 厘米，由四组凤鸟纹细线刻镂空雕琢
成，中空，极为精致，既可作手饰佩戴在腕部，也可作身上的佩戴品。

　　就殷墟王邑的考古发现看，当时政治身份和社会地位不同者，所享服饰
品类的质与量，差别也极为显著。

　　以代表王妃一级的妇好墓为例，[③] 出土的玉器装饰品多达 426 件，品种
相当复杂，有用作佩带或镶嵌的饰品，有用作头饰的笄，有镯类的臂腕饰
品，有衣服上的坠饰，有珠管项链，还有圆箍形饰品及杂饰等等。饰品的造
型有龙、虎、熊、象、马、牛、羊、犬、猴、兔、凤、鹤、鹰、鸱鸮、鹦
鹉、鸟、鸽、鸬鹚、燕、鹅、怪禽、鱼、鳖、龟、蛙、蝉、螳螂等 27 种，
走兽飞禽鱼虫，陆上空中水生两栖动物均有，精美备至。玉料有青玉、白
玉、籽玉、青白玉、墨玉、黄玉、糖玉等。另外又有琮、圭、璧、环、瑗、
璜、玦等 175 件礼仪性质的玉饰品，47 件绿晶、玛瑙、绿松石项链、孔雀石
等宝石类佩饰品，499 枚骨笄以及数十件骨雕和蚌饰。可注意者，墓中还出
土了铜镜 4 面，用于梳理头发的玉梳两秉，一秉梳把雕鹦鹉对嘴，另一秉梳
把双面均雕刻有饕餮纹，制作精致。还有专用来净耳的玉耳勺 2 根。特别是
28 枚玉笄集中出自棺内北端，原先可能是插在华冠上的饰件。不难想象，墓
主生前是极注重梳妆打扮的。

　　代表商王朝高层权贵一级的服饰品类，可以 2000 年殷墟花园庄村东发
现的 54 号墓为例，[④] 墓主为一位 35 岁左右的男性，墓内出土大批玉礼器和
玉饰品，玉质纯净，乳白色为多，杂色较少，主要有动物造型的狗、鹅、鹦

　　① 河南省文物考古所编著：《郑州商城——一九五三—一九八五年考古发掘报告》上册，文物
出版社 2001 年版，第 228 页。

　　② Elizsbeth Chilas-Johnson：*Enduring Art of Jade Age China*：*Chinese Jades of Late
Neolithic Through Han Periods*，Throckmorton Fine Art，New York，2001，p. 67.

　　③ 中国社会科学院考古研究所编著：《殷墟妇好墓》，文物出版社 1980 年版。又中国社会科学
院考古研究所编著：《殷墟玉器》，文物出版社 1982 年版。

　　④ 徐广德、何毓灵：《安阳殷墟发现高级贵族墓葬》，《中国社会科学院院报》2001 年 2 月 8
日。又中国社会科学院考古研究所安阳工作队：《安阳花园庄东 54 号墓》，《中国社会科学院古代文
明研究中心通讯》第 2 期，2001 年。

鹉、虎头、夔龙，及带钩、管、笄、半球形玉器、涡纹泡形玉器、兽面、兽头、穿孔玉饰等。玉饰品在棺内摆放有一定规律，如玉璧、玉圭、玉戚、玉钺之类放在墓主上身两侧，玉琮放在墓主背部，龙形玦从头到脚基本在一条直线上，玉管主要置于墓主的上半身，可能当时是有丝线穿系做佩戴品的，玉管的两端大多已被磨成斜面，当属长期佩戴所致。

代表商代王室上层贵显一级的服饰品类，可以 1977 年小屯北地 18 号墓为例，[①] 墓主头上有呈椭圆形排列齐整又互有叠压的骨笄 25 枚、玉笄 2 枚，原先当是插在一高冠上的饰件，玉笄位置一枚插在中部，一枚插在右侧。冠上笄数稍少于妇好之冠，妇好冠以玉笄为主要饰件，此则以骨笄为主，当为级别之异。墓主头上还满布细小绿松石片饰，不知是否为冠上其他镶嵌物。墓主左手边有圆箍形玉饰，右腰侧有玉戚、柄形饰等。还出有玉耳勺 1 根，也是少于妇好墓。

代表中等权贵一级的有 1984 年殷墟戚家庄 269 号墓，[②] 椁顶和二层台上原盖有大型丝织彩绘帷帐，织物经纬细密，绘有兽面纹图案，镶以小圆骨泡纹，图案红色施底，间敷黄黑色。墓主耳佩玉玦，胸前有骨管、玉虎、玉璜、玉螳螂和柄形饰，较偏重于上体装饰。

代表一般贵族的服饰品类，可参见以下几座墓的考古发现。殷墟西区 M222，椁顶和二层台上也满铺了彩绘幔。[③] 1959 年大司空村发掘的 101 号墓，出有较粗的麻布花土，白黄色相间，上有黑色线条绘以兽面花纹。[④] 1986 年同地发掘的 25 号墓，出有铜镜一面，装饰品有玉环 2 件、柄形饰 2 件、玉管 1 件、玉璜 1 件、怪形玉饰 1 件，另在所出铜戈上发现附有红黑色相间彩绘织物印痕。[⑤] 由此直接或间接揭示出这一社会阶层的服饰

---

① 中国社会科学院考古研究所安阳工作队：《安阳小屯村北的两座殷代墓》，《考古学报》1981 年第 4 期。

② 中国社会科学院考古研究所安阳市文物工作队：《殷墟戚家庄东 269 号墓》，《考古学报》1991 年第 3 期。

③ 中国社会科学院考古研究所安阳工作队：《1969—1977 年殷墟西区墓葬发掘报告》，《考古学报》1979 年第 1 期。

④ 中国科学院考古研究所：《1958—1959 年殷墟发掘简报》，《考古》1961 年第 2 期。

⑤ 中国社会科学院考古研究所安阳工作队：《1986 年安阳大司空村南地的两座殷墓》，《考古》1989 年第 7 期。

品类。

殷墟西区 M1052 号墓葬发掘材料，有助于了解当时末流贵族或上层平民的服饰品类，其人架上有数层彩绘布，厚约 3—4 毫米，上绘蝉纹图案，以红色为底，黑线勾勒，填以白黄色。从色调看，大体同于上述一类墓中织物，惟彼为兽面花纹，两者有些差别，这可能有其品第高低的意味。

商代还有大量中层以下平民墓葬，一般有棺，或随葬陶器数件，有的人架附有质粗色单的织物痕，其有装饰品者也无非是质地低贱的水生介壳之类。如殷墟苗圃北地 PNM56 号墓，人架头顶部位有黑色织物痕。PNM103 号墓人架腰部亦有织物痕，同出蛤蜊壳 2 个。[①] 至于殷墟西区 M450 号墓，出有穿孔螺 1872 个，[②] 实称得上是这一社会阶层中持有品类之佼者了。殷墟一般居址常见的有骨笄、蚌、牙之类饰品。

安阳后冈 59AHGH10 人祭坑考古发现，对于考察晚商王都社会的服饰品类提供了十分难得的资料。坑内分上中下三层埋了 73 个个体，中、壮、青年男女及儿童均有，部分人架上附有平纹丝织物及粗麻布。有 10 人头上施骨笄，男女均见。从人体装饰品看，年龄不同，佩戴品也不一样。如有一个成年男性佩戴了一串由玉珠、玛瑙珠和蚌片串成的项链，足端有穿孔花骨饰物一件。另一个青年男性的头下部位有贝两串，每串 10 枚。还有一人左腕戴贝一串 45 枚，颈胸处垂挂贝两串，分别为 40 枚和 35 枚。有一个青年右臂佩一玉璜，右腕有一玉鱼。一位儿童的颈部戴了玉珠、玉鱼各一件。[③] 这个人祭坑中的人群，可能是一支弱小族氏或父系大家族组织，成员间的辈分年龄及各人在族内的身份不同，服饰品类有其若干差异。

在商王都之外，商代各地遗址所见，服饰品类除了同样显示出明显的等级区别外，最应留意的是各地所持有的地方特色。

---

① 中国社会科学院考古研究所编著：《殷墟发掘报告》（1958—1961），文物出版社 1987 年版，第 210、341 页。

② 中国社会科学院考古研究所安阳工作队：《1969—1977 年殷墟西区墓葬发掘报告》，《考古学报》1979 年第 1 期。

③ 中国社会科学院考古研究所编著：《殷墟发掘报告》（1958—1961），文物出版社 1987 年版，第 277—278、358—361 页。

如河北藁城台西遗址，^① 在 112 座墓葬中，出人体装饰品的仅有 18 座，占 16.07％。其中第 112 号贵族墓的墓底有黑红色污泥状衣衾残迹，随葬铜瓿上粘有丝织物痕。墓主身侧及腰间饰物有铜泡 12 枚，玉旋玑和玉佩饰各一件。第 79 号的一座 1 套瓿爵等列墓内，墓主腹部有 644 枚骨串饰及一个铜钮扣。这间接揭示了当地服饰品类的等级状况。

台西遗址有一种现象值得注意，即当地葬俗中，凡墓中有女性殉葬的，墓主的饰物一般都逊于女殉葬人；相反，凡殉葬人为男性，一般都不佩戴饰物，而墓主的饰物则甚丰。比如第 14 号墓内所殉的青年女子，头插骨笄，胸前有蛤壳饰物，男性的墓主无所饰物，只持有兵器和铜礼器。第 102 号墓的殉葬人胸前有骨串饰 23 枚，头顶骨笄一丛 19 枚，男性墓主仅玉笄一枚。再如第 85 号墓男性墓主，颈部有玉石嵌饰和柄形玉饰，胸侧带圭形石饰，右手边有人形玉饰，而男性殉葬人毫无饰物。不少出 1 套瓿爵的墓葬，也大都是出兵器而无装饰品。由此看来，本地贵族武士重兵不重打扮，其妻妾却好事修饰，颇似《礼记·少仪》提到的一种"君子之衣服，服剑乘马"的中上层社会生活崇尚风气。

商代北方及西北方的族落方国贵族，与夏时期相同，也好以金饰品为人体美饰。北京平谷刘家河一处商代中期墓葬，墓主佩带了金笄、金耳环及金臂钏一副，墓中还出土了铜人面饰、铜蟾蜍和蛙形铜泡，玉石饰品有璜、绿松石串饰等。^② 金笄截面为钝三角形，尾部有长约 4 毫米的榫形小钉。金耳环造型像一朵下垂的喇叭花，环弯成半圆形，末梢锤细以便穿戴入耳垂穿孔中，很别致。金臂钏是用金条弯成圆环形，两端锤扁成扇面状相对。^③ 北京昌平雪山村商代墓葬出土有金耳环一副，^④ 与平谷刘家河商代墓葬出土的金耳环类似。这种形制的耳环，早到北京昌平张营夏家店下层文化遗址有出土，唯质料为铜制。^⑤ 河北卢龙县东闱各庄一座商代晚期墓葬，出土一副金臂钏，形制也与刘家河商代墓葬出土的金臂钏全同，圆环形，缺口作扁平扇

---

① 参见河北省文物研究所编：《藁城台西商代遗址》，文物出版社 1985 年版。

② 北京市文物管理处：《北京市平谷县发现商代墓葬》，《文物》1977 年第 11 期。

③ 见杨伯达主编：《中国美术全集·工艺美术编 10·金银玻璃珐琅器》，文物出版社 1987 年版，图版一、二、三，又图版说明第 1 页。

④ 邹衡：《商周考古》，文物出版社 1979 年版，第 130 页。

⑤ 戴菁菁：《昌平张营遗址考古发掘有重要收获》，《北京青年报》2004 年 5 月 20 日。

面状相对，唯直径稍小。[①] 辽宁喀左和尚沟一号晚商墓葬，出土的一副金臂钏，形制也相同。[②] 可见这是当时北方地区金饰品的一种流行风格。

商代西北地区的贵族中还流行一种金珥饰，作圆弧片状，一端作螺旋形，另一端作窄长丝状，有的还穿着一颗绿松石珠子。这种金珥饰一般都发现于人头骨两侧，常以偶数出现。如陕西清涧解沟寺墕一墓出土6件，与之隔黄河相望的山西永和下辛角一墓出土一对。[③] 与永和相邻的山西石楼县后兰家沟、桃花庄及洪洞县上村商代墓中，都曾出土过这种金珥饰，后兰家沟商代墓还同出玉璧、玉璜等佩饰，桃花庄商代墓的墓主头部，又发现一件带状金饰片。[④] 在晋北保德林遮峪发现的一座商代墓，[⑤] 墓主胸前有两个金弓形饰，还佩戴了一种由6根金丝扭成的波形饰物，他的颈胸部位戴了珠管串饰，共18枚，是用琥珀、绿松石、玉、骨等材料制成；同墓又出土石琮两件，似为腕饰。可知商代西北地区的服饰品类，在金饰品材料利用方面，与北方地区大体类似，但也有若干不同点，如其金饰品主要装饰于人体的头部、耳部及颈胸部位，工艺造型也很奇特，尚未见用于手饰或臂饰者。

商代西北地区的方国权贵与商都王室贵族的服饰品类，有许多相同点。如汾河东灵石旌介两座随葬10套铜觚爵的方国君主墓，一座出土的玉佩饰品，造型有鸟、鱼、璜、管等，另一座玉佩饰品造型有鹿、兔、虎、蝉、蚕、鸟、燕、璧，以及骨雕蝉形饰等。这些造型的人体装饰品，均为殷墟王邑所常见。灵石旌介另一座随葬1觚3爵的贵族墓，饰品不见玉类，而是以蚌饰为主，约40余片，有圆形、长条形、曲尺形、璜形等，个别蚌饰边缘涂红色线条，有的刻了沟槽。显然其享有的服饰品类要低于上两座方国君主墓。

商代东方地区的服饰品类，与商王邑之间的共性最为明显。如山东益都苏埠屯一座四墓道的方国君主墓，人体装饰品材料有玉、石、骨料等，颈饰中有

① 唐云明：《河北境内几处商代文化遗存记略》，《考古学集刊》第2集，1982年。

② 郭大顺：《试论魏营子类型》，《考古学文化论集》（一），文物出版社1987年版。

③ 参见高雪：《陕西清涧县又发现商代青铜器》，《考古》1984年第8期。杨绍舜：《山西永和发现殷代铜器》，《考古》1977年第5期。

④ 参见郭勇：《石楼后兰家沟发现商代青铜器》，《文物》1962年第4、5期合刊。谢青山、杨绍舜：《山西吕梁县石楼镇又发现铜器》，《文物》1960年第7期。朱华：《山西洪洞县发现商代遗物》，《文物》1989年第12期。

⑤ 吴振录：《保德县新发现的殷代青铜器》，《文物》1972年第4期。

一组玉石管串饰 15 枚，又有玉鱼、玉琮、玉玦、绿松石饰、圆形骨饰等，还有用于净耳的骨耳勺。[①] 这些东西在殷墟妇好墓均能看到，只是后者的质地和制作工艺更趋上乘，如妇好墓出土的一组 17 件玉石管串饰，色泽黄、绿、白相参，表面抛光，极美观。妇好墓出土的耳勺有两件，质料玉制，也比苏埠屯墓所出骨耳勺高级。然两地的上层权贵有净耳的洁癖亦可得一窥。

在长江中游商代南方地区，当地贵族阶层的服饰品类，既有土著风格，又有吸收自他方的因素。湖北黄陂盘龙城遗址出土的玉饰品共有 100 件，造型有琮、璜、璋、笄、环、串饰、动物形饰件等，璞料有取之本地或产自新疆的透闪石，有来自湖北郧县、竹山的绿松石，有产自辽宁岫岩县的蛇纹石。[②]

江西新干大洋洲发现的一座大型商代墓，出玉饰品达 754 件，璞料有来自新疆的和田玉，陕西蓝田的洛翡玉，辽宁的岫玉，河南的密玉及南阳的独山玉，浙江的青田玉，湖北郧县、竹山的绿松石，还有产自本地区鄂赣境内幕阜山的水晶。[③] 在人体腰腿部位出土有琮、璧、环、瑗、玦、璜等，玦大小有序排列于腿部两侧。饰品中还有用作头饰的玉笄，腕饰的玉镯，颈饰的项链，身系的腰带，帽服上的佩饰、坠饰和串珠，以及蝉、蛙、鱼形饰等等，其中尤以佩戴饰品和坠饰为主。有两件高纯度的水晶套环，无色透明，呈玻璃光泽，大小套叠，形制相同，为中原地区所不见。但值得注意的是，在墓主胸部部位发现一件神人兽面形玉饰，与两件玉玦等饰品组成了一组"佩饰"，这使过去所知"组佩"始于西周的认识提早到了商代。[④] 在墓主头顶部位还出土了一件蹲居侧身人形的玛瑙饰品，与殷墟妇好墓出土的几件浮雕人形玉饰极为相似，两者均有帽冠，身上穿华服，戴臂环，所不同的是，此件扉棱高冠作鸟形，后附璇环，衣纹为羽翼，颇似《山海经·海外南经》说的"羽民国在其东南，其为人长头，身生羽"。这应出于当地某种实际服饰形态的升华，表明商代南方地区民族的服饰，在保持和发扬地方风格的同

---

① 山东省博物馆：《山东益都苏埠屯第一号奴隶殉葬墓》，《文物》1972 年第 8 期。

② 郑小萍：《盘龙城各遗址玉器鉴定报告》，《盘龙城——1963—1994 年考古发掘报告》附录 10，文物出版社 2001 年版，第 624—628 页。

③ 参见《江西新干大洋洲商墓发掘简报》，《文物》1991 年第 10 期。又陈聚兴：《新干商代大墓玉器鉴定》，《新干商代大墓》，文物出版社 1997 年版，附录十，第 301—307 页。

④ 江西省文物考古研究所、江西省博物馆、新干县博物馆编著：《新干商代大墓》，文物出版社 1997 年版，第 141—159 页。

时，又充分融入了他方的文化因素，特别是来自中原王朝的东西。

要而言之，商代服饰品类，无论在黄河流域的中原王朝，还是在各地诸侯方国地区，皆深蕴着等级制的"礼"内容，环绕着各自由来已久的服饰群体而不断组合分化，形成各自不同的服饰层次。基于礼制的生成与规范，王朝、诸侯或方国的统治者，为追求各自的服饰系列的等次与级别，已注重于社会的"齐衣服"之制，以昭示贵贱之别，序次等列之分，从而造就了各自带有相对封闭状态的服饰政治环境和服饰的地域俗约，但同时却又有意无意地不断汲取着周围外界的有用因素，当然这主要还是为了进一步促进各自的服饰等级制的深化。

二　衣料质地和纹样色调

商代服饰的衣料质地，文献中有些传闻。如《帝诰》说商汤时贵族成员"衣文绣"。《帝王世纪》记："（商王）纣不能服短褐处于茅屋之下，必将衣绣游于九重之台"；"多发美女以充倾宫之室，妇女衣绫纨者三百余人"。《说苑·反质》也说："纣……非惟锦绣绨纻之用邪。"由于当时大量物质生活资料为少数贵族统治阶级所聚敛，故这一社会群体的服饰衣料锦绣绨纻多种多样，质地也显得相当华贵。而在平民贱者一方，自当别论。《诗·豳风·七月》有述周代农夫"无衣无褐"。褐指枲衣，为粗麻编织之衣。平民贱者有时连粗麻编织的衣裳都没有。《礼记·郊特牲》云："野夫黄冠，黄冠，草服也。"粗麻粗葛编织物应是商周贱民阶层平时的主要衣料所属，乃至有用秋后干黄的植物草茎编以为服，跟贵族阶层一方精工编织的锦绣丝织物、细葛绨布及苎麻纤维纻布相比，形成迥然鲜明的对照。

有商一代的纺织品，考古发掘中屡有发现。如郑州商城 1955 年出土的商代青铜盆上，发现附有布的痕迹。[①] 商代衣料质地基本为麻、丝织物等，编织技巧较史前大有提高，品种增多。河北藁城台西商代中期遗址出土纺织品中，麻布属于平纹组织，原料是大麻纤维，与史前遗址的麻布出土品相比，残留胶质较少，经纱是由两根纱合股加拈而成，为 S 拈向，纱线加拈均匀，说明当时随着沤麻韧皮纤维脱胶技术的提高，已能生产高质量的麻纱。在出土丝织品中，计有平纹的"纨"，平纹纱类，平纹绉丝的"縠"，绞纱类的纱罗等，特别是生产绉这种富有弹性而轻盈透明的丝织物，需要较复杂的工艺技术。另外，在所出布料中，还发现若干山羊的绒毛，似乎当时还懂得

---

① 　许顺湛：《商代社会经济基础初探》，河南人民出版社 1958 年版，第 30 页。

了利用羊毛编织衣料。①

麻、丝织品，在商代各地遗址中每有所见。北京平谷刘家河一座随葬有铁刃铜钺的商代中期墓葬中，出土的平纹麻布，经纬密度分别为每厘米 8—20 根、6—18 根，经纬纱投影宽度为 0.5—1.2 毫米，纱线大都为 S 拈向，与台西出土麻布近似。

陕西泾阳高家堡晚商三号贵族墓出土成片的布片残块和布纹痕迹，纹理极细，色鲜红，面上隐隐可见异样颜色，仿佛有花纹，似属墓主被褥或花衣。从四号墓出土的麻布鉴定看，经纬密度为每平方厘米 12×10 根，纱线也作 S 拈向，麻布的品种为大麻。②

长江以南江西清江大洋洲商墓中也发现某些器物表面附着有麻布、丝绢等织物痕，布纹疏密不一。其中丝织物均为真丝平纹绢，经纬密度差异较大，经线为每厘米 16—85 根不一，纬线为每厘米 8—44 根不一，可知属于多种粗细不同的平纹绢。③

山东滕州前掌大一座晚商的中字型大墓中发现的纺织物遗迹上，涂饰有成层的红、黑、白三色图案。④

河南安阳殷墟王邑所见，称得上是集商代服饰布料考古发现之大成，除屡屡有各种粗细不一的麻布以及未成品的麻线、麻绳和成束的丝和丝绳出土外，⑤ 还有各种高档次的丝织品发现。1935 年安阳侯家庄 1001 号大墓出土的铜爵、铜觚、铜戈上，发现附有细布遗痕。⑥ 1950 年安阳武官大墓出土的 3 件铜戈上，均附有极细的绢布纹痕迹。⑦ 瑞典斯德哥尔摩远东古物博物馆藏有一秉传出安阳殷墟的晚商青铜钺，据维维·西尔凡女士显微分析，表面

---

① 河北省文物研究所编：《藁城台西商代遗址》，文物出版社 1985 年版，第 173—174 页。

② 陕西省考古研究所编著：《高家堡戈国墓》，三秦出版社 1994 年版，第 54、199—200 页。

③ 沈筱凤、孙丽英：《新干商代大墓青铜器附着织物鉴定报告》，《新干商代大墓》，文物出版社 1997 年版附录八，第 253—256 页。

④ 《滕县前掌大新石器时代及商代遗址》，《中国考古学年鉴》（1988），文物出版社 1989 年版，第 176 页。

⑤ 中国社会科学院考古研究所编著：《殷墟发掘报告（1958—1961）》，文物出版社 1987 年版，第 278 页。

⑥ 梁思永、高去寻：《侯家庄第二本·1001 号大墓》上册，中研院史语所 1962 年版，第 311、319、325 页。

⑦ 郭宝钧：《1950 年春殷墟发掘报告》，《中国考古学报》第 5 册一、二分合，1951 年。

附有麻布、平纹绢、大段真丝绢及回纹绮等好几种织物包裹残留的印痕，其中回纹绮采用四枚菱形斜纹织花，平纹织地的组织形式[①]（图 3—1）。这种华贵的丝绸织花文绮，需要有很高超的纺织技术。故宫博物院所藏的一件传出安阳殷墟的晚商玉戈，戈的正反两面，也残附有麻布、平纹绢及雷纹条花绮等多种织物的印痕。从戈柄部雷纹条花绮织物印痕看，是采用四枚异向纬斜纹显花、平纹织地的组织形式，显花的丝线无捻，松散处的丝线直径约 0.7 毫米，经纬密度每平方厘米约 16—20 根，纹样以雷纹▨▨连续排成横形，旁边间隔三条平行线的样式组成条纹，布局匀称，显得疏朗大方。[②] 另外，还有刺绣，花纹作菱形纹或折角波浪纹，又在花纹线条的边缘加绞拈丝线。[③]

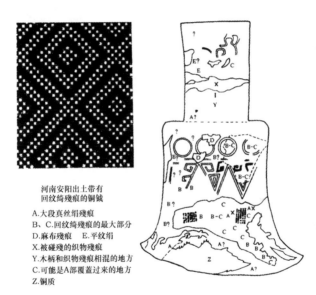

河南安阳出土带有
回纹绮残痕的铜钺

A. 大段真丝绢残痕
B、C. 回纹绮残痕的最大部分
D. 麻布残痕　E. 平纹绢
X. 被碰残的织物残痕
Y. 木柄和织物残痕相混的地方
C. 可能是A部覆盖过来的地方
Z. 铜质

图 3—1　安阳出土铜钺上的回纹绮残痕

（采自《中国美术全集·印染织绣》上）

①　［瑞典］Vivi Sylwan（维维·西尔凡）：Silk from the Yin Dynasty, Bulletin of the Museum of Far Eastern Antiquities, No. 9, 1937. pp. 119－126. 又中译本《殷商的丝绸》，《中国纺织科技史资料》第 5 集，1981 年。

②　陈娟娟：《两件有丝织品花纹印痕的商代文物》，《文物》1979 年第 12 期。又见黄能馥主编：《中国美术全集·工艺美术编 9·印染织绣》（上），文物出版社 1987 年，图版一，又图版说明第 1 页。

③　夏鼐：《我国古代蚕、桑、丝、绸的历史》，《夏鼐文集》中，社会科学文献出版社 2000 年版，第 341 页。

晚商丝织品种类繁多，仅殷墟妇好墓所出就有以下六种（图3—2）：

图3—2　殷墟妇好墓出土纺织品遗迹
1. 纱罗　2. 縑　3. 回纹绮
（采自《殷墟妇好墓》）

平纹绢，密度粗疏者每平方厘米经线20根，纬线18根；密度中等者经线50根，纬线26根左右；密度最细者经线72根，纬线30根。

平纹丝类织物，密度每平方厘米经线60根，纬线20根，有用朱砂涂染过。

縑，单经双纬组织，密度每平方厘米经线32根，纬线14对。

绢绸，双经双纬，密度每平方厘米经线18对，纬线14对。

回纹绮，斜纹组织，由经线显菱形花纹。

大孔罗，纱罗组织，每米大约有1500—2000个拈回，其中一块密度为每平方厘米经线 32 根，纬线 12 根，属于目前所知最早的纠经机织罗。[①]

妇好墓还出有不少麻织品，均为平纹组织，布料也有粗细的区别，密度粗疏者每平方厘米经线 12 根，纬线 10 根，细密者每平方厘米经线 22 根，纬线 12 根。[②]

殷墟王邑考古所见皮革衣料的加工技巧也令人耳目一新。侯家庄第 1004 号殷王陵的南墓道中，曾出土皮甲残痕，上有红、黑、白、黄四色相配图案花纹。[③] 甲骨文中有"𧝹"字（《合集》7922），本意当如《说文》所云："裘，皮衣也。"从裘字构形看，皮上之毛向外出，与《说文》表字条说的"古者衣裘，以毛为表"，是一致的，段玉裁注也指出"裘之制，毛在外"。这类裘衣大概不是去毛或翻毛内裹体的战斗护身皮甲。皮革材料乃取之牲畜和兽类。

除麻、丝织品和皮革料子外，商代还有棉织品。1936 年殷墟第 13 次发掘的 YH127 坑，张秉权在整理所出龟甲时发现，有 65 片无字碎甲上面黏附有布纹痕迹，经取样作电子显微镜反射光观察及进行穿透式、扫描式鉴定，又采用生物化学方法验证，得出这些纺织品具有植物性棉纤维性特征，而无动物性丝、毛的特征，从而确定其为棉类织物。棉布为素色平纹十字纹，经纬线约平均每 3 毫米 8—12 支。[④]

中国境内棉类衣服最早的出土实物，见诸福建崇安武夷山白岩崖洞船棺墓的考古发现，原为墓主衣着，已炭化成残片。经上海纺织科学研究院鉴定，墓主衣着中有大麻、苎麻、丝、棉布四种质料，其中棉布残片呈青灰色，平纹组织，经纬密度每平方厘米 14×14 支，品种系多年生灌木型木棉。船樽木质经 C14 年代测定和树轮校正年代，距今约 3445±150 年，相当于中原的商代。[⑤]

①　中国社会科学院考古研究所编著：《殷墟妇好墓》，文物出版社 1980 年版，第 17—18 页。

②　中国社会科学院考古研究所编著：《殷墟的发现与研究》，科学出版社 1994 年版，第 415 页。

③　梁思永、高去寻：《侯家庄第五本·1004 号大墓》，中研院史语所 1970 年版，第 31 页。

④　张秉权：《中国古代的棉织品》，中研院史语所《集刊》第 52 本 2 分，1981 年。又《小屯殷墟出土龟甲上所粘附的纺织品》，《中央研究院国际汉学会议论文集·历史考古组》，1981 年。

⑤　福建省博物馆、崇安县文化馆：《福建崇安武夷山白岩崖洞墓清理简报》，《文物》1980 年第 6 期。

商代服饰的纹样色调。据《礼记·明堂位》云："有虞氏服韨，夏后氏山，殷火，周龙章。"孔疏云："有虞氏服绂者，直以韦为韨，未有异饰，故云服韨。夏后氏画之以山。殷人增之以火。周人加龙以为文章。"韨、绂字同，一称韠，又称"蔽膝"。《释名·释衣服》云："韨，韠也。韠，蔽膝也，所以蔽膝前也。""蔽膝"是古人于腰腹前束的一条下垂长宽带，最初是为了"蔽膝前"，起有遮羞耻的作用，后来发展为一种衣着的装饰物。质料不同，写法亦异，若以皮革为之，可称"韨"、"韠"或"韠"，若以锦绣为之，则一称"黻"。文献谓绂早先素而无纹，夏人喜欢在上面画山纹，殷人好画火纹，至周人则喜画龙纹。《尚书·皋陶谟》有云："以五采彰施于五色作服。"《帝诰》云："施章乃服明上下。"从考古发现的商代衣料质地看，凡麻、丝、棉织物或皮革制品等，确实每施彩绘及涂染。《礼记·檀弓上》云："夏后氏尚黑，殷人尚白，周人尚赤。"《史记·殷本纪》也记述商汤"易服色，上白"。三代崇尚不同，夏人尚黑色，殷人好白色，而周人喜赤色。

然以考古发现言，所谓殷人服饰尚白而以火为纹饰，不能尽信。如河北藁城台西遗址商代中期贵族墓有出黑红色衣衾者。北京刘家河商代中期贵族墓内发现的衣衾遗存，亦为红黑色相间。山东滕州前掌大晚商大型墓出土织物有红黑白三色彩绘图案，为菱格纹和带状云雷纹。殷墟妇好墓出有朱染丝绢织物。殷墟中等权贵墓葬出土织物，有红色施底，又在兽面纹图案间敷黄黑色。一般贵族墓葬出土的麻织物，有白黄色相间，上以黑色线绘兽面花纹。末流贵族或上层平民墓葬出土织物，有红底黑线绘蝉纹，填以白黄色。而黑色或素色麻织物，主要见诸中下层平民墓葬。

大体说来，红、黑色在商代较为流行，唯衣料质地、各类色调的搭配和纹样图案所示，已相机注入了服饰品位意义上的等级制内容，所谓"旌之以衣服"，"衣服所以表贵贱"，"施章乃服明上下"，在商代当已生成。

第二节　人体衣着打扮

一　服饰样式

地下出土商代玉、石、铜、陶人像雕塑大致可分为跪坐、蹲居、箕踞、立式和头像五种，是真切观察商代人的衣着打扮包括服饰样式及其貌态的最直接资料。

（一）**跪坐像**（图 3—3）

图 3—3　商代跪坐玉石人像

1. 西北冈 M1217 大理石圆雕残人像　2. 妇好墓 371 圆雕玉人　3. 妇好墓 372 圆雕玉人

4. 妇好墓 375 圆雕猴脸玉人　5. 妇好墓 376 圆雕石人　6. 妇好墓 377 圆雕孔雀石人

7. 传安阳出土圆雕玉人　8. 传世品　9. 传安阳出土圆雕玉人

一般作双手抚膝，两膝着地，小腿与地面齐平，臀部垫坐脚跟上。

1. 1935 年殷墟第 12 次发掘，西北冈 1004 和 1217 号大墓翻葬坑出土大理石圆雕人像之残右半身。人像"身着大领衣，衣长盖臀，右衽，腰束宽带，下身外着裙，长似过膝。胫扎裹腿，足穿翘尖之鞋。衣之领口、襟缘、下缘、袖口缘有似刺绣之花边，腰带上亦有刺绣之缘。裙似百褶，亦有绣纹"。[①] 衣饰回纹、方胜纹等。为一贵族男子形象。

2. 1976 年殷墟妇好墓出土编号为 371 的圆雕玉人。[②] 头编一长辫，辫根在右耳后侧，上盘头顶，下绕经左耳后，辫梢回接辫根。戴一"颏"形冠，冠前有横式筒状卷饰，冠顶露发，冠之左右有对穿小孔，靠前也有一小孔，可能为插笄固冠之用。《礼记·玉藻》云："缟冠玄武，子姓之冠也。"郑注："武，冠卷也。"这里说的子姓殷人之冠，或即指此类带有横筒状卷饰之冠。穿交领窄长袖衣，衣长及足踝，束宽腰带，左腰插一卷云形宽柄器，腹前悬一过膝长的条形"蔽膝"，着鞋。衣饰华丽，神态倨傲。为一贵族妇人形象。

3. 妇好墓出土编号为 372 号圆雕玉人。头顶心梳编一短辫，垂及脑后。穿窄长袖衣，圆领稍高，衣长及小腿。衣饰蛇纹和云纹，同上例。跣足。

4. 妇好墓出土编号为 375 圆雕猴脸玉人。头上截留短发一周，着衣，长袖窄口，衣襟不显，后领较高，衣下缘垂及臀部，背部衣饰云纹。似着鞋。

5. 妇好墓出土编号为 376 圆雕石人。发式同上第 2 例，唯辫梢塞入右耳后辫根下。头戴一圆箍形"颏"。裸体，仅腹前悬一"蔽膝"。

6. 妇好墓出土编号为 377 号的圆雕孔雀石妇人。脑后梳一下垂发髻，有上下相通小孔，似插笄之饰。发髻上又有一半圆形饰件。裸体，跣足。

7. 传安阳出土圆雕玉人。造型与上举第 4 例圆雕玉人接近，也是猴脸，

---

① 梁思永、高去寻：《侯家庄第五本·1004 号大墓》，中研院史语所 1970 年版，第 41 页，又图 19，图版叁柒、叁玖：1。

② 中国社会科学院考古研究所编著：《殷墟妇好墓》，文物出版社 1985 年版。又中国社会科学院考古研究所编著：《殷墟玉器》，文物出版社 1982 年版。

但为平顶头，裸体。①

8. 浮雕跪坐侧面人形玉饰。出土地不明。发式高耸呈尖状，十分奇特，沈从文认为其发可能用某种胶类胶固成型，或许是商代敌对西羌人形象，也可能是东夷人形象。② 这种尖状高耸发型，亦见诸江苏吴县张陵山M5出土良渚文化时期透雕人形玉觿。③ 不过，在殷墟妇好墓出土的一件蹲居人形玉饰品上也可见到。《古玉精英》著录一件商代人像玉佩，④ 浓发高耸而向后卷，发上点缀小玉饰品。由此推知，把茂密的头发高高固定成型，在中原人群中也有好之者。再者，这一件跪坐人形玉饰，上衣下裳，遍饰云纹，臀部饰一大⊕纹，也是殷墟出土玉石人像上常见纹样，所饰部位也相一致。

9. 传安阳出土圆雕伏跪玉人。⑤ 玉人下跪，身体前倾，双手撑地，头朝前方。短发后梳至颈部往内卷，头顶中央至背脊臀部一线有扁棱饰品。穿紧身长袖花衣，衣长及足。着低帮平底翘头履，似革制。为中下层贵族、一般臣属或亲信近侍形象。

10. 西安市文物保护研究所藏跪坐人形青铜卣。⑥ 女性，光头，裸体，双乳凸起，性器分明，双手扶腿，跣足。整个后背铸饰一大饕餮面。

（二）蹲居像（图 3—4）

据《说文》段注"居"字条引曹宪说，"足底着地而下其脾（屁股）耸其膝曰蹲"。是知蹲居是屈膝，脚掌着地而股不着地。这类人像一般作侧面形，屈臂于胸前，也有手置于腰部者。

① Alfred Salmony：Carved Jade of Ancient China，Berkeley，1938，Pl. IX：6. 又陈志达：《殷代王室玉器与玉石人物雕像》，《文物》1982 年第 12 期，第 85 页，图二。

② 沈从文：《中国古代服饰研究》，商务印书馆香港分馆 1981 年版，第 5 页，又插图四：8。

③ 浙江省文物考古研究所、上海市文物管理委员会、南京博物院编著：《良渚文化玉器》，文物出版社 1990 年版，图 203

④ 傅忠谟：《古玉精英》，中华书局香港有限公司 1989 年版，插图 9。

⑤ Elizsbeth Chilas-Johnson：Enduring Art of Jade Age China：Chinese Jades of Late Neolithic Through Han Periods，Throckmorton Fine Art，New York，2001，p. 65.

⑥ 西安市文物保护研究所编著：《西安文物精华·青铜器》，世界图书出版西安公司 2005 年版，图 83。

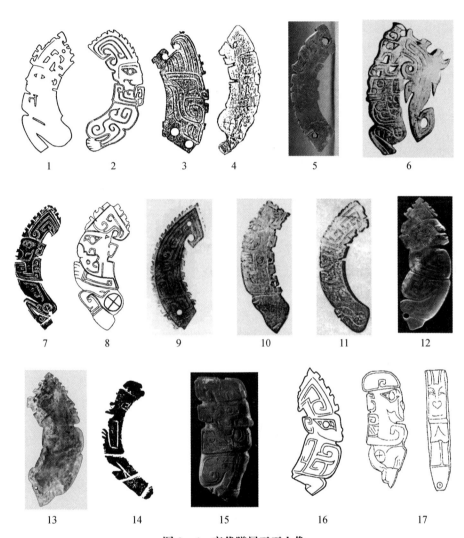

图3—4 商代蹲居玉石人像

1. 西北冈 M1550 浮雕玉人 2. 小屯出土浮雕玉人 3. 人像玉佩

4. 美国布法罗浮雕玉人 5. 传出安阳浮雕玉人 6. 龙噬人形玉佩

7. 妇好墓 470 浮雕玉人 8. 历博藏浮雕玉人 9. 浮雕玉人

10、11. 加拿大安大略浮雕玉人 12. 妇好墓 518 浮雕玉人

13. 妇好墓 987 浮雕玉人 14. 妇好墓 357 浮雕玉人

15. 安阳黑河路绿松石圆雕蹲居人形 16、17. 上村岭虢国墓地 M2009 人像握玉

11. 1935 年殷墟西北冈 1550 号大墓出土浮雕人形玉饰。[①] 头戴高冠，冠顶前高后低呈斜面，冠上镂空，周边有扉棱，意在表现冠上所附装饰品。礼书称周代有玄冠、缁布冠、皮弁、爵弁四种冠饰，疑此玉人的高冠为玄冠之前身，《仪礼·士冠礼》云：“主人玄冠”，郑注：“玄冠，委貌也。”又云：“委貌，周道也；章甫，殷道也；毋追，夏后氏之道也。”殷之“章甫”，章者，璋也，可能以玄冠上有玉石等装饰品类为名。

12. 传小屯出土浮雕璜形玉人。[②] 石璋如认为此玉人“头上戴有高冠，冠向后背，且向下卷，周边有扉棱突出。头之后脑部有向上弯曲之突出如蚕尾者，可能象征发髻”。[③] 观此冠近似上述第 10 例之冠，但不镂空。玉人穿长袖窄袖口衣，下着紧身裤，均饰云纹。跣足。

13. 黄濬《古玉图录初集》著录一件人像玉佩。[④] 也是冠向后翻卷，周边点缀一些小扉棱，后脑部发髻如蚕尾。日本林巳奈夫教授定之为商代二里岗期。[⑤] 美国 Alfred Salmony《古代中国的玉雕》一书著录一商代玉鬼神面，[⑥] 今藏美国哈佛大学赛克勒美术博物馆（The Sackler Art Museum, Harvard University），头上就是这种冠形与发式，惟其冠比较低平，可能为皮弁之属。

14. 美国布法罗科学博物馆（Buffalo Museum of Science）藏商代浮雕人形玉饰。[⑦] 长袖窄袖口衣，下着紧身裤，遍饰云纹，臀部有一⊕纹。屈臂，手置胸前，跣足。头发上束成前后双髻，前髻高而向后下卷，后髻略小而突起。按发式作前后双髻者，似为商代北方民族之贵族形象。内蒙古巴林右旗那斯台红山文化遗址出土石雕蹲居人像，早有类似此种前后双髻的发型。

15. 傅熹年《古玉掇英》图 13 著录一商代浮雕人形玉饰。发型与上揭布法罗浮雕玉人同。

---

① 李济：《跪坐、蹲居与箕踞》，《李济考古学论文选集》，文物出版社 1990 年版，图五。又石璋如：《殷代头饰举例》，中研院史语所《集刊》第 28 本下，1957 年，图版叁：3。

② 陈仁涛：《金匮论古初集》，香港亚洲石印局 1952 年版，图初一：07、08。

③ 石璋如：《殷代头饰举例》，中研院史语所《集刊》第 28 本下，1957 年，第 635 页，又图版拾伍。

④ 又著录于傅忠谟：《古玉精英》，中华书局香港有限公司 1989 年版，图 9。

⑤ ［日］林巳奈夫：《中国古玉の研究》，东京吉川弘文馆 1991 年版，第 375 页。

⑥ Alfred Salmony：Carved Jade of Ancient China，Berkeley，1938，Pl. XXXII：3.

⑦ 引自林巳奈夫：《殷周の“天”神》，《古史春秋》第 6 号，1989 年，图 13。

16. 美国 Alfred Salmony《古代中国的玉雕》一书著录一件商代浮雕龙噬人形玉佩。[①] 人形头发后梳呈波浪形，臀部有一⊕纹，衣着款式和纹样略同上揭布法罗浮雕玉人。

17. 妇好墓出土原编号为 470 号浮雕人形玉饰。冠型高耸，周边有突棱，冠向后卷，身着长袖窄袖口衣，紧身裤，遍饰云纹，臀部也有一⊕纹，又戴一臂环。

18. 中国国家博物馆藏浮雕人形玉饰。[②] 头戴华冠，冠向后卷，周边有突棱，冠型略同上例，但冠的高度比前例低，且后脑部没有上突的蚩尾。衣着及纹样全同上例。

19.《古玉精英》插图 11 收录的一例商代浮雕玉人。其后卷式冠显得更高。

20. 加拿大皇家安大略博物馆藏两件商代浮雕玉人。[③] 其中一件华冠周边有突棱，冠前后作直角式，与上例异，紧身衣裤饰云纹，臀部也有一⊕纹。

21. 加拿大皇家安大略博物馆藏的另一件商代浮雕玉人。服饰与上例同，而其华冠比上例高出一倍左右。

22. 妇好墓出土原编号为 518 号浮雕人形玉饰。头戴冠，冠型前高后卑，前面和上侧有扉棱，后侧平滑，冠身不透空，与上第 10 例稍异，疑礼书中之皮弁冠属此。《后汉书·舆服志》谓皮弁冠前高广，后卑锐，为执事者之冠。商代之"皮弁冠"，其扉棱似表示冠上有饰物。玉人衣着颇华丽，衣饰云纹。

23. 妇好墓出土原编号为 987 号半成品浮雕人形玉饰。造形几同上例。

24. 妇好墓出土原编号为 357 号浮雕人形玉饰。头戴帽冠，其冠型前低后高，类于《后汉书·舆服志》所说翘舞乐人戴的一种前卑后高之爵弁冠。玉人素而无饰，屈臂手指外张，似在表示某种动作，其身份恐较卑贱。

25. 1996 年安阳黑河路 M5 号墓出土绿松石圆雕蹲居人形。[④] 屈臂，双手置胸前，跣足。紧身花衣裤，头戴低平小帽，帽后有一如蚩尾下勾的饰件，两侧有扉棱的饰物。

26. 河南三门峡市上村岭虢国墓地 M2009 出土浮雕人像握玉。或定为西

---

① Alfred Salmony：Carved Jade of Ancient China，Pl. XX：3.

② 中国玉器全集编辑委员会编：《中国玉器全集》卷 2，河北美术出版社 1993 年版，图版 177。又石志廉：《商代人形玉佩饰》，《文物》1960 年第 2 期。

③ Doris J. Dohrenwend：chinese Jades in the Royal Ontario Museum，1971，p. 53.

④ 中国社会科学院考古研究所编著：《安阳殷墟出土玉器》，科学出版社 2005 年版，图版第 31 页。

周墓中的商代遗物。① 与前揭妇好墓出土 470 号浮雕人形相似，头戴高冠，
冠向后卷，周边有突棱。

27. 上村岭虢国墓地 M2009 出土另一件浮雕人像握玉。臀部有一⊕纹，
头戴前卑后平形似倒爵底的革制帽冠，盖爵弁冠之一类，与前揭第 23 例妇
好墓 357 号浮雕人形玉饰的帽冠接近，或也可定为西周墓中的商代遗物。但
应指出的是，上村岭 M2006 出土的一批人形玉觿及人像玉饰，② 虽有殷式玉
雕风格，玉觿人形头戴高冠却是向前卷，人目视向也恰与殷式造型相反，当
属周人模仿殷玉的制品。

（三）箕踞像（图 3—5）

图 3—5　商代箕踞玉石人像

1. 四盘磨出土圆雕箕踞石人　2. 安阳刘家庄殷墓出土绿松石圆雕坐姿人像

3. 新干大洋洲圆雕箕踞玉羽人　4. 小屯出土石雕人像残块

① 参见商志𩡝：《论虢国墓中之商代玉器及其它》，姜涛、李秀萍：《虢国墓地出土玉器的认识与研
究》，均载邓聪主编：《东亚玉器》II，香港中文大学中国文化研究所中国考古艺术研究中心 1998 年版。

② 河南省文物考古研究所、三门峡市文物工作队：《上村岭虢国墓地 M2006 的清理》，《文物》
1995 年第 1 期，第 26 页，图六十。又贾连敏、姜涛：《虢国墓地出土商代王伯玉器及相关问题》，
《文物》1999 年第 7 期，彩版肆：1。

《说文》段注居字引曹宪说："脾著席而伸其脚于前，是曰箕踞。"股坐地上是箕踞的特征，惟殷人通常作屈膝前张坐于地。

28.1929 年殷墟第 3 次发掘，小屯大连坑出土抱腿石雕人像残块。[①] 直领对襟衣，长袖窄袖口，衣饰云纹和目雷纹。腹胯间有一大兽面纹，足有履。

29.1943 年传安阳四盘磨出土圆雕石人。[②] 双手后支地，头上仰。戴圆箍形"頍"，直领对襟衣，衣饰云纹和目雷纹。下着分裆裤，腹胯间有一大牛面纹。足穿高帮鞋。

30. 江西新干大洋洲商代墓出土玉人。[③] 头戴鸟形羽冠，冠后拖一链环。臂部及腕部戴环，着羽衣羽裤，跣足。

31.1994 年安阳刘家庄 M681 殷墓出土绿松石圆雕坐姿人像。[④] 大光头，腆肚，双手弯曲上举于两耳侧，腹下似束一三角肚裆，胸前有两斜道，似表现右衽衣着，左腿自然下垂，右腿屈膝，盘于左腿下，股重心坐落小腿上。

跪坐和蹲居是商周时代起居和社交生活中较为流行的举止俗尚，贵贱无别，由上揭玉雕人像可见，既有表现衣冠讲究、神态倨傲而穿着雍容华贵的统治阶级高级权贵与贵妇，如第 1、2 例跪坐像，第 11、12、17、18、21 例蹲居像；又有普通贵族或亲信近臣，如第 3、4、8、9 例跪坐像，第 13、14、15、16、18、18、22、23、25 例蹲居像；还有身份低卑、衣着粗疏甚至赤身露体的家奴或贱民，如第 5、6、7、10 例跪坐像。

至于箕踞，在商代可能是贵族间放浪不羁的行为举止，大概一般不见于

---

① 李济：《跪坐、蹲居与箕踞》，《李济考古学论文选集》，文物出版社 1990 年版，第 945—947 页，又图六：2。

② 陈仁涛：《金匮论古初集》，香港亚洲石印局 1952 年版，图初一：〇一一〇四。又李济：《跪坐、蹲居与箕踞》，《李济考古学论文选集》，文物出版社 1990 年版，第 953 页，图六：3。又沈从文：《中国古代服饰研究》，商务印书馆香港分馆 1981 年版，第 2 页，图一：下。

③ 江西省文物考古研究所、江西省博物馆、新干县博物馆：《新干商代大墓》，文物出版社 1997 年版，第 159 页，又彩版 46。

④ 中国社会科学院考古研究所编著：《安阳殷墟出土玉器》，科学出版社 2005 年版，图版第 32 页。

礼仪社交场合。李济曾称第 29 例四盘磨出土圆雕石人为"是一种放肆的姿态"。[①] 沈从文则说这类人"身穿精美花衣，头戴花帽，如不是奴隶主本人，即是身边的弄臣或'亡国丧邦'有所鉴戒的古人，三者都有可能作成酗酒不节、放纵享乐的形象"。[②] 第 31 例坐姿人像，有一种家居坐相随和之态，与屈膝前张的箕踞姿截然两样。

（四）立像（图 3—6）

大抵本之写实，夸张成分不多，有男女成人，也有孩童，包括中小贵族、平民乃至罪隶或战俘，基本属于中下层社会成员。下面举例分述。

32. 传安阳殷墓出土圆雕玉立人。[③] 发式高高耸起，发梢外勾，可能是用某种胶类固定成型。穿对襟华饰长袖短衣，束腰，花长裤，着花鞋，似为布帛制品。为中下层贵族或近臣亲信形象。

33. 传安阳殷墓出土圆雕石人立像。[④] 后流落美国，先归温斯洛普（G. L. Winthrop），现藏哈佛大学福格美术馆（Fogg Art Museum，Harvard University）。头戴高巾帽蒙覆其发，似用巾帻摞卷头部，绕积至四层高，呈前高广，后低卑，帽顶作斜面形。当如郑注《仪礼·士冠礼》所云，"未冠笄者著卷帻，颊象之所生也"，巾帻乃由额带或圆箍形"颊"衍演而出。玉人双手拱置腰前，身穿长袍，交领右衽，前襟过膝，后裾齐足，近似文献说的"深衣"。内裤稍露，足着平底无跟圆口屦。腹下悬一斧式"蔽膝"。玉人衣素而无华，神态虔恭，当为中小贵族或亲信近侍形象。

34. 《古玉精英》收进一件圆雕立人的玉器柄，时代定为商代。[⑤] 玉人双手拱置细腰前，双肩披格子长条巾，交叠胸前作右衽装束，下穿格子条纹长裙，腹下悬一斧式"蔽膝"。头戴布质格子条纹帽冠，齐齐罩覆额头发际及后脑，冠顶四周有缀物固冠。这类帽冠可能类于礼书中说的"缁布冠"。《礼记·玉藻》云："缁布冠缋緌，诸侯之冠也。"郑注："尊者饰也。"此件圆雕

---

①　李济：《跪坐、蹲居与箕踞》，《李济考古学论文选集》，文物出版社 1990 年版，第 951 页。

②　沈从文：《中国古代服饰研究》，商务印书馆香港分馆 1981 年版，第 3 页。

③　Elizsbeth Chilas-Johnson：Enduring Art of Jade Age China：Chinese Jades of Late Neolithic Through Han Periods，Throckmorton Fine Art，New York，2001，p. 69.

④　梅原末治：《河南安阳遗物の研究》，京都，1944 年版，图版 24。又石璋如：《殷代头饰举例》，中研院史语所《集刊》第 28 本下，1957 年，第 635 页，又图版肆：3。

⑤　傅忠谟：《古玉精英》，中华书局香港有限公司 1989 年版，第 37 页，插图 22。

立人似为中上层贵族或近臣亲信形象。

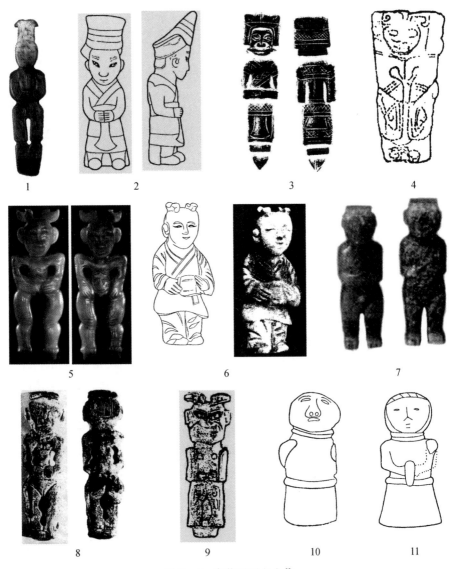

图 3—6　商代玉石立人像

1. 传安阳殷墓出土圆雕玉立人　2. 美国福格美术馆藏传出安阳石雕立人

3. 立人玉柄　4. 商浮雕立式玉人　5. 妇好墓圆雕男女合体玉人

6. 安阳小屯保管所藏圆雕孩童玉立人　7. 青州高柳东水曲村出土裸体玉人

8、9. 美国赛克勒圆雕玉人　10. 男性罪隶陶俑　11. 女性罪隶陶俑

35. A. Salmony《古代中国的玉雕》IX. 2 著录一商代浮雕立式玉人像。头顶左右双髻，双手拱抱腰前，作鞠躬状，穿对襟长袍，宽长袖，衣长及足，足似穿高帮鞋。

36. 妇好墓出土编号为 373 号圆雕男女合体玉人。裸体，跣足，有文身之饰。一面为男性，另一面为女性，可能为某种生命信仰观念的象征物，但当本之男女孩童的形象。头上束左右总角，丫角作蝶形，上有划线，似表现丝绳和布条束结之形。《诗·齐风·田甫》云："总角丱兮"，毛传："总角，聚两髦也；丱，幼稚也。"《礼记·内则》云："男女未冠笄者……总角，则无以笄，直结其发，聚之为两角"，郑注："总角，收发结之。"总角有以朱锦束结者，如《礼记·玉藻》云："童子之节也……锦束发，皆朱锦也"，孔疏："锦束发者，以锦为总而束发也。"讲男女童子以头顶正中为分界线，束左右总角。《礼记·内则》有"男角女羁，男左女右"之说，然商代未必如此，男女孩童皆可束左右总角。

37. 安阳小屯保管所藏圆雕孩童玉立人。头上束左右蝶形总角，身穿长袖交领右衽素衣袍，束腰带，下着齐足长宽裤，脚穿宽松软履，为贵族或中上层社会孩童的装束。[①]

38. 美国哈佛大学赛克勒美术博物馆（The Sackler Art Museum, Harvard University）藏温斯洛普（Grenville L. Winthrop）馈赠之商代圆雕玉质女立像。[②] 发式作一大缨髻于头顶，赤身裸体，乳房和阴户等女性性征明显，双手被枷于前。

39. 美国哈佛大学赛克勒美术博物馆藏商代圆雕玉女立像，原系温斯洛普氏馈赠品。[③] 形制略同上例，惟头上束发作左右双牛角形，裸体，臂、腿部有文身之饰，双手亦被枷于腹前。似属异族女俘或罪隶。

40. 美国哈佛大学福格美术馆藏商代圆雕石质男性罪隶立像，传安阳出土。双手被桎梏。瘦长脸，尖下颌，高颧骨，粗眉大眼，蒜头鼻，大嘴，发后梳，贴垂脑后，以颊束发，裸体，仅腹前有蔽膝。[④]

①　见胡厚宣：《殷墟发掘》，学习生活出版社 1955 年版，图一〇七。又沈从文：《中国古代服饰研究》，商务印书馆香港分馆 1981 年版，第 37 页，插图二一。

②　林巳奈夫：《殷周的"天"神》，《古史春秋》第 6 号，1989 年，图 3。

③　同上书，图 2。

④　引自石志廉：《商石雕羌人像》，《中国文物报》1989 年 8 月 11 日。

41.20 世纪 60 年代安阳大司空村出土一件晚商残陶人像，作站立状，腹部悬一长条形蔽膝，身上刻有"小子"二字。[①]

42.1937 年殷墟第 15 次发掘，在小屯 358 号深窖中出土一批商代陶俑，大都残碎，此举完整者四例，可分两类：一类头顶秃光，双臂反缚，为男性罪隶；另一类头上盘发或束单髻，有的戴额带，臂被缚于前，双手均桎梏于拳中，是为女性罪隶。[②] 其中三例身着圆领窄长袖连袴衣，下摆垂地，腰束索。但有二女俑，头顶收发束单髻，浑身一丝不挂，跣足，双手被枷于前，形象近于上述第 38、39 例。这些玉、石、陶人像，再现了商代社会最低阶层的衣着状况。

值得注意的是，战国至西汉广为流行的所谓"深衣"，在商代亦已出现。《礼记·深衣》云："古者深衣，盖有制度。"孔疏："衣裳相连，被体深邃，故谓之深衣。"古人说的衣裳，指上衣下裳，是一种上下身不相连属的服制，新石器时代出土陶、石雕刻人像即可见到这种古老款式，深衣则比较后起。据有的学者研究，深衣的特点，是有一幅向后交掩的曲裾，便于举步又不致内裤外露。[③] 上举第 33 例立像，右衽交领长袍，前襟短于后裾，呈曲裾式，前露出内裤胫下一部，正是比较标准的"深衣"服式，惟服此衣装者，社会身份地位并不高，主要见于中下层社会阶层。《礼记·内则》有云："有虞氏皇而祭，深衣而养老；夏后氏收而祭，燕衣而养老，殷人冔而祭，镐衣而养老；周人冕而祭，玄衣而养老。"看来"深衣"的出现并不太晚，只是未被列入贵人服式之列，当然也不能穿于重要的祭礼场合，比起冠饰的讲究大逊一截。恐怕"深衣"是由低层社会那种缝制简单的连袴衣——如第 41 例男女罪隶之服——直接改进而来。

综上所述，这一时期服饰至少有 13 种以上的款样：

1. 交领右衽短衣，有华饰，衣长及臀，袖长及腕，窄袖口。配以带褶短裙，宽腰带，裹腿，翘尖鞋（第 1 例）。是为高级权贵衣着。

① 引自中国社会科学院考古研究所编著：《殷墟的发掘与研究》，科学出版社 1994 年版，第 246 页。

② 石璋如：《殷代头饰举例》，中研院史语所《集刊》第 28 本下，1957 年，第 616—617 页，又图版叁：1、2；插图一：IB、Ib。郑振铎：《中国历史参考图谱》，1947—1951 年，第 2 辑，图版三、八至十一。

③ 参见孙机：《深衣与楚服》，《考古与文物》1982 年第 1 期。

2. 交领右衽素长衣，长袖，窄袖口，前襟过膝，后裾齐足。配以宽裤，宽腰带，鞋履，腹悬一斧式蔽膝，头戴高巾帽（第 13 例）。是为中小贵族或亲信近侍所服。此类带后裾的交领长衣，即"深衣"的先例。

3. 交领长袖有华饰大衣，衣长及足踝。配以宽腰带，上窄下宽形蔽膝，鞋履，头戴頍形冠卷（第 2 例）。是为高级贵妇之服。

4. 肩背部披格子长条巾，交叠胸前作右衽装束，下穿格子条纹长裙，腹下悬一斧式"蔽膝"。头戴格子条纹布帽冠蒙覆其发（第 34 例）。为贵族服饰。

5. 直领对襟有华饰短衣，长袖，衣长及臀。配花长裤，鞋履，头带頍形冠（第 29 例）。是为贵族衣装。

6. 对襟长袍，宽长袖，衣长及足（第 35 例）。为贵族衣装。

7. 对襟华饰长袖短衣，束腰，花长裤，配花鞋。头发用某种胶类固定成高高耸起型，发梢外勾。为中下层贵族或近臣亲信形象（第 32 例）。

8. 高后领敞襟长袖花短衣（第 4 例）。是为亲信贵族之衣。

9. 圆领长袖花短衣。配紧身花裤，帽冠（第 8、12、14、16—18、20—23 例）。是为中上层贵族衣装。

10. 圆领窄长袖花大衣，衣长及小腿（第 3、9 例）。是为中下层贵族衣装。

11. 交领右衽长袖素小袍，衣长及膝，配以宽裤，腰带，软履，为中上层社会阶层孩童的装束（第 37 例）。

12. 圆领细长袖连袴衣，下摆垂地，束腰索，衣式简而无华（第 42 例）。是为罪隶服。

13. 赤身露体或仅于腹前束一窄蔽膝，以及额部戴圆箍形"頍"，或戴一扁平圆冠（第 5 例）。乃贱民家奴形象。

大体说来，衣装材质、服饰造型和做工的考究与否，服色和衣饰纹样的简繁，是商代等级制服饰的基本内容，而这一时期中上层贵族间流行的窄长袖花短衣，中下层社会间的窄长袖素长衣，构成了服饰款样的等级差次。同时也应注意的是，社会身份地位或族群构成的不同，其服饰包括头饰发型及冠饰的差别，也是极为明显的。

二　冠制与冠式

商代人的头饰看，一般总有多少不一的饰物，简单者施簪插笄，复杂者有玉冠饰、绿松石镶嵌冠饰等，均见于考古发现，大体不外两类：一类以发为饰，另一类戴冠增饰。

据《开元礼义鉴》云："古者先韬发而后冠帻卷梁。"[①]《释名·释首饰》云："冠，贯也，所以贯韬发也。"《白虎通·冠绂篇》云："冠者，帣也，所以帣持其发者也。"知冠的主要作用，固然有避寒暑保护头部的一面，但增添头饰发型的完美，展示人的精神信仰、气质素养、身份尊卑与举止仪态，是更深层次的一面，等级社会中的冠冕制度，实缘后者而起。从这一意义上说，冠式属于头饰的繁化，冠制则是冠式的等级礼仪规范。

文献中讲上古有玄冠、缁布冠、皮弁、爵弁、冠卷、頍、巾帻等七种等级制冠式，通过商代玉石人像雕刻，大体均能找得其早期形态（图3—7）。

1. 玄冠，以玄色帛为冠衣，是贵族男性所戴的冠。《仪礼·士冠礼》云："主人玄冠。"郑玄注："玄冠，委貌也。"《仪礼·士冠礼》云："委貌，周道也；章甫，殷道也；毋追，夏后氏之道也。"《释名·释首饰》亦云："章甫，殷冠名也。甫，丈夫也，服之所以表章丈夫也。"

玄冠，文献中谓夏代称"毋追"，商代称"章甫"，周代称"委貌"，三代异名。商代以丝、麻、革、葛何种质料做冠衣，今已难悉，所知者，冠上当缀有华饰。商代的"章甫"冠如何"表章丈夫"，其义不明，考之地下出土文物，可知是一种周边有扉棱的高冠（见前第11、12、17—21、25例），冠上当遍缀玉、石之类饰品。戴此类冠者，当是高级权贵一类人物。

2. 缁布冠，顾名思义，是以黑色布为之。《礼记·郊特牲》云："太古冠布，齐则缁之。"《仪礼·士冠礼》云："缁布冠缺项青组。"郑玄注："缺读如有頍者弁之頍，缁布冠无笄者，著頍围发际结项中，隅为四缀以固冠也，项中有缅亦由固頍为之耳。"

商代人形玉雕有一种布质帽冠，齐齐罩覆额头发际及后脑，冠顶四周有缀物固冠，当源出后述巾帻之一类，疑缁布冠的前身（见前第34例）。戴此冠者，为中上层贵族或近臣亲信。

3. 皮弁，以皮革为冠衣。《释名·释首饰》云："弁如两手相合抃时也；以爵韦为之，谓之爵弁；以鹿皮为之，谓之皮弁。"《三礼冠弁图》云："皮弁以鹿皮浅毛黄白色者为之。"《左传》僖公二十八年："楚子玉自为琼弁玉

---

① 《仪礼·士冠礼》，胡培翚正义引。

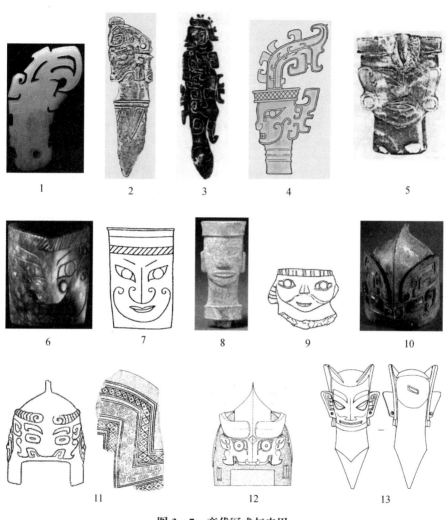

图 3—7　商代冠式与皮甲

1. 故宫兽首"章甫"冠玉佩　2. A. Salmony XII. 6 玉皮弁冠饰鬼神面

3. 龙噬皮弁冠饰人形玉佩　4. 小屯 M331 鱼龙饰"頍"人首玉笄头

5. 加拿大安大略玉石缀饰"頍"人首玉雕　6. 藁城台西 M85 角形"頍"人面玉饰

7. A. Salmony IX. 4 扁平额箍人面玉饰　8. 故宫扁平冠饰人首玉雕

9. 小屯南地圆箍形"頍"陶人头像　10. 新干大洋洲青铜胄

11. 殷墟 1004 号大墓青铜胄与皮甲　12. 滕州前掌大青铜胄

13. 三星堆青铜人头像 K1：5 双角形"头盔"

缨。"杜预注:"弁以鹿子皮为之。"《太平御览》卷六八六引。《五经通义》云:"皮弁冠前后玉饰。"知皮弁冠上当有玉饰品。

《后汉书·舆服志》谓"皮弁与委貌同制,似覆杯,前高广,后卑锐"。是说皮弁前高后卑,形制与用皂绢制作的委貌冠接近。玉石人像雕刻中有一种前高后卑,冠前冠顶有扉棱饰物的中高冠,冠者身份是贵族或近臣亲信(见前第22、23例),可能为皮弁之属。

4. 爵弁。郑玄注《士冠礼》云:"爵弁者,冕之次,其色赤而微黑,如爵头。"《白虎通·冠绂篇》云:"其色如爵。"《公羊传》宣公元年"弁冕",汉何休解诂云:"所谓皮弁,爵弁也。皮弁武冠,爵弁文冠;夏曰收,殷曰冔,周曰弁,加旒曰冕。"《仪礼·士冠礼》和《礼记·郊特牲》均谓"周弁,殷冔,夏收,三王共皮弁素积"。《释名·释首饰》云:"冔,亦殷冠名也;冔,幠也,幠之言覆,言以覆首也。"所谓"殷冔",可能就是指这类前卑后高似倒爵底而无饰物的革制帽冠。

玉石人像雕刻中有一种家臣贱奴戴的前卑后高冠,革制,冠顶形似倒爵之圜底(见前第24、27例),当属这一类冠。

5. 冠卷。《礼记·玉藻》云:"缟冠玄武,子姓之冠也。"郑玄注:"武,冠卷也。"《礼记·玉藻》又云:"居冠属武。"郑玄注:"著冠于武。"唐贾公彦《仪礼疏》卷四十一云:"冠卷以冠前后皆缝著于武。"江永《乡党图考·冠考》云:"冠以梁得名,冠卷谓之武,梁属于武。"知此种冠饰包括"冠"和"武"两部分,"武"指冠上的卷状饰件。

妇好墓圆雕玉人(见前第2例),为贵妇形象,头戴一圆箍形冠,冠前端横饰一卷筒形饰物,当即文献所称之"武"。"居冠属武",意谓冠前加一卷状饰物,由此玉人冠饰可以确知。旧注谓"著冠于武",视"武"为围于发际之一圈,实因不明其冠饰致误,应该乙正为"著武于冠"。

6. 頍,源起额带,以布或革条箍于发际,是束发的一种形式,史前时期已经很流行。《诗·小雅·頍弁》云:"有頍者弁,实维在首。"《说文》云:"頍,举头也。"段玉裁注:"举头曰頍,故载弁曰頍。"《后汉书·舆服志》云:"古者有冠无帻,其戴也,加首有頍,所以安物,故《诗》曰'有頍者弁',此之谓也。"

商代戴頍者,有贵族,也有一般贱民。頍是额箍,通常缺顶,但也有制成扁平冠饰，如北京故宫博物院藏商代圆雕玉人，[1] 前揭第 29 例传安阳四盘磨村出土殷商圆雕石人像，戴的就是这种"颊"形冠。因"颊"在商代社会广泛流行，故形制变化也颇为繁多。这里可举以下六式：

（1）有的高级贵族有在"颊"冠的顶上别饰一倒立鱼龙形饰物，高高耸起，前述 1937 年小屯 M331 出土的玉雕高冠人首笄头，人首戴的就是这种豪华型"颊"形冠。

（2）故宫博物院藏商代青玉贵族女子头像，"颊"冠顶上还别缀相向双立鸟饰。

（3）陕西历史博物馆藏商代玉女像，"颊"箍的头顶束双缨髻总角。

（4）加拿大多伦多皇家安大略博物馆藏商代圆雕人头像，双耳佩珥，"颊"形冠正前方缯结处缀有玉石类饰物。[2]

（5）藁城台西 M85 出土商代人面玉饰，扁平额箍前端为角形。[3]

（6）安阳小屯南地出土过一件陶人头像，头戴一圆箍形"颊"。[4]

以上六式当均为"颊"的改变形。

7. 巾帻，似亦由"颊"演化而来。《急就篇》云："巾者，一幅之巾，所以裹头也。"《方言》云："复结谓之帻巾。"《仪礼·士冠礼》郑玄注："未冠笄者著卷帻，颊象之所生也。"颊与巾帻的区别，颊为额箍，而巾帻是以布巾裹摞头上，可做成各种帽式。

商代的巾帻已知有两类：一类为高巾帽，在头上卷帻至四层高，前高广，后低卑，帽顶呈自前向后倾斜形，为中小贵族或亲信近侍所戴帽式（见前第 33 例）。《后汉书·舆服志》谈到一种诸侯大夫行礼时戴的"委貌冠"，冠型前高广，后卑锐，以皂绢为之，殆与这类高巾帽有渊源关系。另一类为覆罩式布质帽冠，齐齐罩覆头顶及后脑，冠顶四周有缀物相固，疑后世缁布冠是由此演变而来（见前第 34 例）。

除上述七种等级制冠式外，商代还有一些比较特殊冠式，如 1989 年长江中游南方地区江西新干大洋洲商代大墓出土一种玉雕鸟形羽冠人像，冠后

---

① 故宫博物院编：《故宫藏玉》，紫禁城出版社 1996 年版，图 18。

② Doris J. Dohrenwend：Chinese Jades in the Royal Ontario Museum，p. 53。

③ 中国玉器全集编辑委员会编：《中国玉器全集》卷二，河北美术出版社 1993 年版，图 118。

④ 引自中国社会科学院考古研究所编著：《殷墟的发现与研究》，科学出版社 1994 年版，第 246—247 页。

有链环（见前第 30 例）。这可能是与某种宗教信仰或礼仪活动有关的冠式。

　　另外商代还有一类属于战斗护首装备的冠式。殷墟甲骨文中有称作"胄"（《合集》36492）的武冠，字形写作，像胄顶有缨饰。周原甲骨文有云："贞王其师用胄，叀贾胄。呼枼受斯干妥王。"（H11：174）讲到胄、干（盾牌）两种军事装备。《说文》云："胄，兜鍪也。"清段玉裁注："兜鍪，首铠也。按古谓之胄，汉谓之兜鍪，今谓之盔。"胄，是军事交战时用来保护头部的特殊帽冠，又称"兜鍪"，今俗称头盔。胄非常人所冠，十分沉重，有达二三公斤以上者，属于战斗护首装备。① 商代胄主要有皮制品与青铜制品两类。

　　殷墟西北冈 1001 号大墓东侧一殉葬坑 M2124 出土有一顶皮胄，惟形制已不详，护耳两侧残留有铜圆片饰品。②

　　1935 年殷墟西北冈 1004 号大墓南墓道曾出土大量青铜胄，总数约在141 顶左右，③ 形制似头罩，正前下方开一长方形面门，露出脸部少许，胄中部有脊棱，顶部有一小瓴管可用来插缨饰，胄表铸有各种纹饰，如在面门上方饰牛角兽面或羊卷角兽面，侧面护耳饰涡纹，有的涡纹内心圆圈又加入目纹、虫纹或蟠龙纹，制作十分精美。胄上还有单个铭文如"殳"、"贮"、"围"、"五"等等，共 16 种 47 字，可能记其属性、来源或编号之类。其中一顶残重达 2.62 公斤。同出还有皮甲遗痕，可辨者两件，皮甲上段饰卷须纹，夹以菱形带纹及平行直线纹，涂有朱色间白色。下段纹样模糊不清，或以朱、白、黑、黄诸色相配。④

　　故宫博物院藏有一顶晚商青铜胄，传安阳出土。⑤ 形制与上述胄接近，面门上方铸一简化粗重的双卷角兽面，两侧铸耳纹，顶部有直上的一小瓴管以插缨饰。

---

　　①　参见杨泓：《中国古代的甲胄》，《中国古代兵器论丛》（增订本），文物出版社 1985 年版，第8—9 页。

　　②　梁思永、高去寻：《侯家庄第五本·1001 号大墓》上册，台北中研院史语所 1962 年版，第55 页。

　　③　梁思永、高去寻：《侯家庄第五本·1004 号大墓》，台北中研院史语所 1970 年版，第 133—139 页。

　　④　同上书，第 31 页，插图 16；图版 24。

　　⑤　李学勤主编：《中国美术全集·青铜器》（上），文物出版社 1990 年版，图 70。

1994 年山东滕州市前掌大墓地出土青铜胄 45 顶，分别出自 4 座墓葬和 1 座车马坑内。胄分三型：一型作牌型，正面作兽面图案，有护耳，无护顶和护颈；第二型有护耳、护顶和护颈，正面也作兽面图案；第三型作盔型，正面有作兽面者，也有作素面者，胄的内侧出土时发现有可能属于皮革一类内衬物的黑色碳化物。[①]

1978 年山西柳林高红一座商代武士墓中，也发现一顶青铜胄，呈圆帽形，素面无纹饰，重 1.35 公斤，近似今日钢盔，前后有半圆形开口，两侧护耳下缘各有六个小方孔，戴时能系带不致脱落，也可能用来穿绳联结皮革类披肩，以保护颈部。胄顶有钮，可作系缨之用。[②] 这类形制的晚商青铜胄，1963 年山西太原电解铜厂曾拣选到一顶，两侧下缘则为三个小方孔，[③] 显示出西北地区的风格。

江西新干大洋洲商墓，也出有一顶青铜胄，重达 2.21 公斤，[④] 正面偏下缘开一长方形小面门，胄中部有脊棱，正面以脊棱为中线铸一浮雕式大饕餮面，顶部一瓯管朝后方，可知插缨是向后飘，与故宫青铜胄稍异。

1986 年四川广汉三星堆一号祭祀坑出土一类青铜人头像（编号 K1：5），头戴双角形"头盔"，前卑后高，上作圆形，角似爵足外侈，冠后直遮颈部，仅露后脑勺，后脑勺处有一插笄痕。这类胄很别致，与中原王朝及长江中游地区方国所见的胄均不同，显示了蜀地自有的风格。

三　发型与头饰

发型与头饰，内蕴着人的精神气质和审美情趣，既有族群同好的一面，又有个性追求的一面，但通常又成为各族群或各居民生活共同体内固有俗尚的有形表露。

从前述跪、蹲、箕踞、立四种玉石人像雕刻，我们已经看到了商代社会人群的头饰与发型及有关梳妆打扮的一些貌态。在中上流社会阶层，有的贵

---

① 中国社会科学院考古研究所编著：《滕州前掌大墓地》（上册），文物出版社 2005 年版，第 322—329 页。

② 杨绍舜：《山西柳林县高红发现商代铜器》，《考古》1981 年第 3 期。

③ 夏路、刘永生主编：《山西省博物馆馆藏文物精华》，山西人民出版社 1999 年版，图 26。

④ 江西省文物考古研究所、江西省博物馆、新干县博物馆编著：《新干商代大墓》，文物出版社 1997 年版，第 115—116 页；彩版 34。

族或近臣亲信，将头发用某种胶类固定成高高耸起状，发梢外勾。有的贵妇，在右耳后编一长辫，上盘头顶，绕经左耳后，辫梢回扣右耳后。此外，玉石人头像和人面雕像尚可补充几种高级贵族头饰与发型（图3—8）：

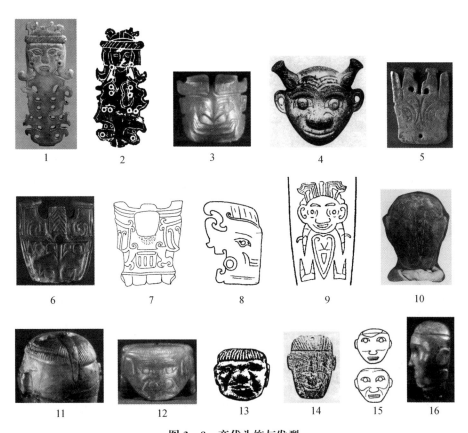

图 3—8　商代头饰与发型

1. 故宫"颊"形冠双鸟总角人像玉佩　2. 陕西历博"颊"形冠双缳髻人像玉佩

3. 妇好墓576玉人面蝶形总角　4. 殷墟出土青铜人面瓶形总角盉盖

5. 日本天理大学兽面瓶形总角玉饰　6. 小屯F11瓶形总角头顶编一辫玉兽面

7. 滕县前掌大M3双角发型鬼神面玉饰　8. A. Sa. XXXII. 3 茧尾发髻玉雕鬼神面

9. 小屯M20弓形器双髻饰人像　10. 1939年殷墟出土玉人小短辫

11. 妇好墓372玉人小短辫　12. 妇好墓577短发人兽面合雕

13. 妇好墓534短发玉人头　14. A. Salmony VIII. 1玉雕短发人首

15. 小屯M164平顶头石人面　16. 妇好墓374平顶头玉人头

1. 1937 年殷墟第 15 次发掘，于小屯 M331 出土的一件高冠人首玉雕笄头，[①] 脑后发髻如虿尾上钩，扁平冠的顶上别饰一倒立鱼龙形饰物，高高耸起，似男性，有一种华贵之气。前揭第 10 例西北冈 1550 号大墓出土浮雕人形玉饰的透雕镂空高冠，以及北京故宫博物院藏商代兽首玉佩，[②] 高冠透雕，脑后也均有虿尾上钩的发髻。

2. 北京故宫博物院藏商代青玉女性人像，两鬓秀发披肩上卷，双耳佩珥，头戴低平无篷冠，冠顶双鸟朝向中间一钮而对立，削肩裸露，女像显出袅娜娇丽之姿。

3. 陕西历史博物馆藏商代玉女像。[③] 造型与上述故宫藏青玉女性人像相似，也是两鬓秀发披肩上卷，双耳佩珥，惟冠顶双鸟则为双缬髻总角，身上佩玉。

商代玉石人头像和人面像，所展示的中层社会阶层人群，有的收发束成前后双髻，前髻大而高挺后卷，后髻略小而突起，前后照应。有的头顶编一短辫，垂至颈部。1939 年殷墟出土玉人头，也为此发型。[④] 有的头发后梳呈波浪形，外缀饰物或罩以冠胄。有的干脆绞成短发一周。有的头上收发束成左右双髻，双髻或作蝶形，如小屯 1936 年殷墟第 13 次发掘 M20 出土铜弓形器上所饰人像。[⑤] 或作双角形，如前揭第 39 例玉女立像，安徽舒城金敦村出土青铜面饰，[⑥] 滕县前掌大 M3 出土商鬼神面玉饰。[⑦] 或作双柱形（一称"瓶形"角），如殷墟出土青铜盉人面形盖、故宫博物院藏商代玉戈兽面纹饰，小屯 M40 出土铜弓形器上所饰人像；或作双缬髻；或作大缬髻（见前第 38 例）等。有的

①　石璋如：《殷代头饰举例》，中研院史语所《集刊》第 28 本下，1957 年，图版拾肆：1。

②　中国玉器全集编辑委员会编：《中国玉器全集》卷二，河北美术出版社 1993 年版，图 192。

③　韩建武、干旭：《商代玉人像》，《文博》增刊第二号《玉器研究专刊》，1993 年。此件疑伪品，俟考。

④　胡厚宣：《殷非奴隶社会论》，《甲骨学商史论丛初集》第一册，成都，齐鲁大学国学研究所专刊之一，1944 年版。于省吾：《殷代的奚奴》，《东北人民大学人文科学学报》1956 年第 1 期。近承吾友吴振武教授盛谊，用电子邮件发来此玉人头正面、反面、侧面照片三帧，谨致感谢。

⑤　石璋如：《殷代头饰举例》，中研院史语所《集刊》第 28 本下，1957 年，第 624 页，插图四；又图版拾柒：7、8。

⑥　汤雷：《安徽舒城县城关出土一件青铜面饰》，《考古》2000 年第 8 期。

⑦　中国社会科学院考古研究所山东工作队：《滕州前掌大商代墓葬》，《考古学报》1992 年第 3 期。

在左右双髻之间的头顶还编一短辫，如故宫博物院藏商代玉刀兽面纹饰。至于男女孩童，一般为头上束结左右总角（见前第36、37例）。头发上收，束成左右总角，这种发式，在山东益都苏埠屯商代墓葬出土饰有人面的车踵上，[①] 及江西新干大洋洲商墓出土青铜人面具，[②] 也有揭示。

在中下层社会，有的家奴或平民，脑后束一下垂发髻，上插笄，或再在髻上加一半圆形饰件，似为女性发型。有的男性，脑后剪发齐颈，再加工卷曲，而头顶绞成短发，戴一额箍。有的男性脑后剪发至颈，头顶则另束一髻。有的男性在右耳后编一长辫，盘过头顶和左耳后，再回压于辫根。还有的男性干脆绞成平顶头。

至于罪隶或异族俘虏，女性有盘发、头顶束单髻、束左右双髻和束结左右双角等四种发式，男性大都作光头，但也有头发中间分开向左右披下者，还有头发后梳贴垂脑后而以圆箍形"頍"相固者。

由地下出土各类人像雕塑揭示，我们至少可得见20余种发式，当然有的如采用胶类固定发型之类，并非皆为商代人固有，其中有可能表明社会人群构成的多元形态，但有一现象是明显的，即社会的等级结构，同样导致了发式以及梳妆打扮方面的等次异分。

商代中原地区耳饰种类主要有环、玦两种，从有关玉雕人像看，恐不是直接将耳饰像后世一样戴在耳垂穿孔中，或卡到耳垂软肉上。如北京故宫博物院藏商代青玉女性人像，陕西历史博物馆藏商代玉女像，加拿大多伦多皇家安大略博物馆藏商代圆雕玉女头像等等，所佩耳珥均不用此类佩戴法。当时的戴耳饰，或许是在帽下耳际垂下一带，与环、玦相系，或干脆束之鬈发上。但周边地区则不一样，如商代北方及西北方族群的权贵，流行双耳佩戴金珥饰或金耳环、铜耳环；金珥饰作螺旋形圆弧片状，一端为穿着一颗绿松石珠子的细长丝，显然是采用佩戴在耳垂软肉的穿空中的；耳环造型像一朵下垂的喇叭花，环弯成半圆形，末梢锤细，也是为方便穿进耳垂穿孔中的。

关于头饰的形式与饰物，石璋如《殷代头饰举例》一文，曾从上千座殷

---

① 山东省文物管理委员会、山东省博物馆合编：《山东文物选集——普查部分》，文物出版社1959年版，图版84。

② 江西省文物考古研究所、江西省博物馆、新干县博物馆编著：《新干商代大墓》，文物出版社1997年版，第132页。

墟发掘材料中，揭出 13 种较为典型的头饰，有椎髻饰、额箍饰、髻箍饰、双髻饰、多笄饰、玉冠饰、编石饰、雀屏冠饰、编珠鹰鱼饰、织贝鱼尾饰、耳饰、鬓饰、髻饰等。现再作一些申述。

如所谓"雀屏冠饰"，指冠上插许多各种各样的笄，如同孔雀开屏一样。西北冈 1550 号大墓内一具殉葬人额际，有百余枝骨笄呈扇形排开，笄群下的人头左上方横置一剑形小玉器，头顶偏右又横置一玉笄，脑后部位有一堆绿松石，颈部一侧有一玉兔饰品，他推测该人原戴着一顶华冠，冠身遍缀玉石饰物，冠顶前方满插笄丛。受石先生的启发，笔者搜集到类似现象的墓又有以下 4 例：

1.1937 年殷墟 15 次发掘，小屯 331 号一座 3 套觚爵等列的中等权贵墓内，墓主头部有玉笄 26 枚，与玉鱼等 14 件玉饰品聚列一起。[①]

2.殷墟妇好墓中，有 28 枚玉笄集中出自棺内北端。

3.1977 年小屯发掘的一座 18 号出 5 套觚爵等列的上层贵显墓，墓主头上方有骨笄 25 枚、玉笄 2 枚，呈扇形排列叠压，其中玉笄 1 枚居中，1 枚置于偏右侧，笄丛尖头均朝人头，夔龙形笄头整体顺放，墓主头部还布满极小的绿松石片饰。[②]

4.河北藁城台西遗址 102 号墓内一女性殉葬人，头部有骨笄丛 17 枚。[③]

统而观之，所谓"雀屏冠饰"，形制相当繁复，冠型高耸，如小屯 18 号墓的一顶，至少高 26 厘米，上部张开宽幅近半米，结构复杂，大都以笄群和众多玉饰品相组合，且玉类饰品居于显位，大概可用文献中屡屡提到的殷人"章甫冠"相名之。戴此冠者，均为中上层贵族人士。藁城台西遗址所见，可能是为某权贵的妻妾一类人物。殷墟 1550 号王陵内的殉葬人，因伴出大量玉石饰品和青铜礼器 3 件，生前身份也必不低。

此类"雀屏冠饰"，可结合一类所谓"鬼神面"的玉雕人头像来加以考察。这类玉雕"鬼神面"，差不多均有齐整的冠饰、满口露出牙齿或上下左右两对獠牙，两鬓或脑后有大大的发髻如蚕尾上钩。从有确切考古文化地点的出土品来看，流行时代上起史前，下到商周，前后沿演一千多年，时空距

①　石璋如：《小屯 C 区的墓葬群》，中研院史语所《集刊》第 23 本下，1952 年。

②　中国社会科学院考古研究所安阳工作队：《安阳小屯村北的两座殷代墓》，《考古学报》1981 年第 4 期。

③　河北省文物研究所编：《藁城台西商代遗址》，文物出版社 1985 年版，第 111、156、166 页。

离悬隔久远，主要流行于长江中下游地区、山东、河南及山西南部地区，即所谓华夏、东夷、苗蛮三大族系区。[①] 而其冠饰，又可分为两式：

第一式是戴着高高耸起的扇形华饰之冠，属商代者有以下 4 件（图 3—9）：

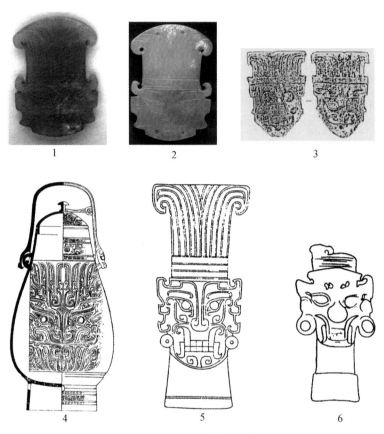

图 3—9　"雀屏冠饰"鬼神面

1. 安大略博物馆藏安阳出土商玉雕鬼神面　2. 中国玉器大全商玉雕鬼神面

3. 日本京都大学商玉雕鬼神面　4. 郑州商城出土青铜卣鬼神面

5. 新干大洋洲商玉雕鬼神面　6. 河南文物商店藏商玉雕鬼神面

① 参见邓淑萍：《雕有祖神面纹与相关纹饰的有刃玉器》，山东大学考古系编《刘敦愿先生纪念文集》，山东大学出版社 1998 年版，第 134—163 页。

1. 加拿大多伦多皇家安大略博物馆藏安阳殷墟出土商代"鬼神面"①，"臣"字目，无珥饰，头两侧发髻如蚕尾上钩，高羽冠，面部不作獠牙形，口鼻造型有向几何线条演变的趋势，貌态与藁城台西 M85 出土人面玉饰类似。

2.《中国玉器大全》第 35 页著录的商代"鬼神面"，形制与上述安大略博物馆藏安阳殷墟出土商代"鬼神面"相同。

3. 日本京都大学人文科学研究所考古资料晚商"鬼神面"，也是双面雕，正面为"臣"字目，反面为圆眼重瞳，有类似的羽冠饰。②

4. 江西新干大洋洲晚商大墓中发现高冠"鬼神面"一件，为考古发掘出土品，口有獠牙，珥饰挂在双耳下，此均有别于上举殷墟出土者，头两侧发髻如蚕尾上钩，高筒形冠顶竖刻阳线 11 组，形似羽翼外张。③

应注意者，这类"鬼神面"的玉雕人头像，眼睛往往正面雕琢成"臣"字目，反面则为圆眼重瞳。1982 年郑州商城窖藏坑出土的青铜卣腹部所饰"鬼神面"装饰纹样，④ 其抽象化高冠纹样大抵皆从高冠"鬼神面"演化而来。

第二式是戴着扁平"颊"形冠或扁平角形冠的商代玉雕"鬼神面"，如：

1. 山东滕县前掌大 M3 出土"鬼神面"玉饰一件。⑤

2. 河南文物商店藏玉雕"鬼神面"一件，其冠饰介于第一式与第二式之间，冠顶有钩形饰物。⑥

椎髻饰，系将头发聚结于头顶或脑后，施用笄椎而成一髻。但从安阳后冈 HGH10 人祭坑出土人头盖骨残留骨笄看，插法不很固定，有的在头

---

① Chen Shen：Anyang and Sanxingdui—Unveiling the Mysteries of Ancient Chinese Civilizations，Royal Ontario Museum，2002，p.72.

② 参见林巳奈夫：《所谓饕餮纹は何を表はしたものか》，《东方学报》（京都）第 56 册，1984 年，第 59 页，图 80。

③ 江西省文物考古研究所、江西省博物馆、新干县博物馆编著：《新干商代大墓》，文物出版社 1997 年版，彩版 45。

④ 河南省文物考古研究所、郑州市文物考古研究所编著：《郑州商代铜器窖藏》，科学出版社 1999 年版，第 91 页。

⑤ 中国社会科学院考古研究所山东工作队：《滕州前掌大商代墓葬》，《考古学报》1992 年第 3 期。

⑥ 王凌华、梁郑平：《介绍几件商周玉器》，《华夏考古》1990 年第 2 期。

顶，自前往后插；有的在脑后，骨笄自下往上、自上而下、自右而左插入发髻；有的在右耳后侧，自下向上插入发髻。经鉴定，后冈人祭坑中插笄的人群，有 3 例为男性，故知当时男性也有束发插笄的习尚。[①] 商代笄饰的制作，据河北磁县下七垣遗址所见，商代早期的骨笄有钉形、刻花、锥形等；中期骨笄数超出早期三倍，有凤头、钉形、锥形等，还出现了墨玉笄；晚商的骨笄有凤头、方丁形头、重帽形头、锥形等。[②] 郑州商城发现的笄饰有铜质、玉制、骨制三类，笄头有鼓顶、平顶、斜顶、圆盖形顶、扁方棱体、雕饰顶等。[③] 殷墟出土的笄，数量可观，有朴状顶、划纹顶、盖状顶、牌状顶、羊字形顶、几何形顶、鸟形顶、其他动物形顶等。[④] 1976 年妇好墓一下出土骨笄达 499 支，不少放在一木匣内，有菱形、鸟形、圆盖形、方牌形、鸡形、四阿屋顶形等等笄头，还有少数用绿松石作笄头，相当别致（图 3—10）。另有玉笄 28 支，出自棺内北端。笄之用，一为束发，二为冠饰，束发者或插在发髻上，冠饰者则按一定构思插在冠上相关部位，如上述所谓"雀屏冠饰"笄丛层层插成扇形之类。笄头的精致，又足见商人对发型头饰装扮靓美的追求。山西忻县连寺沟出土商代青铜人首笄，[⑤] 作扁长条形，笄头有镂空外框，居中为人首，头发中分，做成波状高高的盘髻。不仅此类笄的形制，而且勾勒出的人的发式，均为中原地区所不见，具有强烈的地方性色彩。

额箍，即頍，殷墓所见，有在頍上饰蚌泡或铜铃，每每成组成对；也有在前额正中部位缀一柿蒂形蚌花，左右两鬓部位对应饰蚌泡。但此种頍饰主要见诸小型墓，系流行于平民阶层。

髻箍饰，是椎髻与頍形冠的结合头饰，髻上插笄，而頍上缀骨片或绿松石，也见于平民墓。A. Salmony Pl. XXXII：3 著录一玉人头，亦为髻箍饰。

① 中国社会科学院考古研究所编著：《殷墟的发现与研究》，科学出版社 1994 年版，第 391 页。

② 河北省文物管理处：《磁县下七垣遗址发掘报告》，《考古学报》1979 年第 2 期。

③ 安志敏：《1952 年秋季郑州二里岗发掘记》，《考古学报》1954 年第 8 册。又安志敏《郑州市人民公园附近的殷代遗存》，《文物参考资料》1954 年第 6 期。又河南省文物考古研究所编著：《郑州商城——一九五三——一九八五年考古发掘报告》上册，第 174 页；中册，第 831、925 页，文物出版社 2001 年版。

④ 李济：《笄形八类及其文饰之演变》，中研院史语所《集刊》第 30 本上册，1959 年。

⑤ 夏路、刘永生主编：《山西省博物馆馆藏文物精华》，山西人民出版社 1999 年版，图 24。

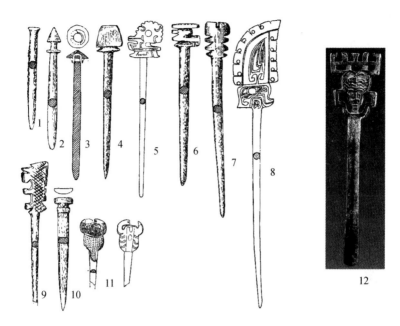

图3—10　骨笄和铜笄（1—11采自《殷墟的发现与研究》）

1. 齐头形　2. 锥顶形　3. 活帽形　4. 方牌形
5. 鸟体形　6. 象征鸟体形　7. 羊字形　8. 夔形　9. 鸡冠形
10. 干字形　11. 蝎子形　12. 山西忻州连寺沟人首笄

双髻饰，一般是在双髻上双双插笄，平民大都插骨笄，成人或儿童均然，贵族则施玉笄，并且头上往往兼施石鸟、花骨、玉珠之类饰品。

多笄饰，指头上插有3支以上的锥形笄，多者插至8枝，有贵族，也有殉葬者。

玉冠饰，是在额前缀一珩形玉冠饰（图3—11），见于西北冈M2099长方形小墓，玉冠饰内周附有许多绿松石小块，内周弧度与发际一致，推测原乃连缀于冠上。颇疑此为前述缁布冠或皮弁冠上的饰物。

编石饰，系用石条编缀而成，并与其他装饰品组成一个整体。见于小屯M149一具人骨的头部和后脑部，这组饰品计有大贝1个、石蛙1件、石鳖1

图3—11　玉冠饰与玉笄
（采自《殷墟的发现与研究》）

件、铜器 3 根、小石条 18 根、花骨 2 件等，至少合有 1 斤半重。按此当为冠饰，冠式可能为"颊"的改进型。

编珠鹰鱼饰，帽圈用绿松石缀之，下垂玉鱼一周 17 条，长鱼在边侧，渐内渐短，居中一条上刻"大示害"三字，冠上又有绿松石穿珠 181 粒，冠后还插一雕鹰玉笄，也出自小屯 331 号墓。文献有"琼弁玉缨"和"弁加旒曰冕"的冠式。《后汉书·舆服志》称冕冠前后邃延玉藻，冠呈前圆后方，珠旒垂黈，郊天地、宗祀、明堂时戴之。《周礼·夏官·弁师》谓冕冠"玉笄朱纮"，皮弁冠"玉璂象邸玉笄"。《说文》谓冕为大夫以上之冠。疑商代这种编珠垂鱼插玉笄之冠，似一种由弁冠繁饰而成的冠，形制近于后世之冕冠，为贵族用于祭祀场合的冠式。

织贝鱼尾饰，是在冠身周围缀穿贝百余枚，又系玉鱼 11 条，冠顶倒置一玉鱼尾形饰，也出自小屯 331 号墓。此冠式可参见前述同墓所出一玉雕人头像，当为"颊"的豪华改进型。

鬓饰，多成对。如小屯 388 号墓，墓主左右颊上均有一剑形石佩饰。大司空村殷墓，人头侧每见成对的石珠、蛤壳、绿松石片、蚌泡等小饰件。[1]大概身份地位不同，鬓饰质地亦异。

髻饰，指后髻上饰物，除施笄外，或另加饰品。如小屯 232 墓两具殉葬人，头后的笄端上下相压两璜，一大一小。前举第 6 例妇好墓出土跪坐裸体女像，脑后束髻，上有笄孔，髻上带有半圆形饰物，即是髻饰形态的写照。

商代社会中的头饰发型和冠式，构成当时服饰仪态的重要环节。低层社会成员，条件所限，大抵依发为饰，饰品平平，俗风因循而格调寻常。中上层社会阶层，好戴冠增饰，冠式群出，饰品等次有差，率厥前章而推陈翻新，复内抑于礼。依冠饰以序等列，建制度以旌其仪，生成于殷商。后世作为等级制服饰中枢的冠冕之制，其章其式，在商代后期已规度初具。

四　履制

古人称鞋为履。《说文》云："履，足所依也。"《小尔雅》云："在足谓之履。"履是足衣，也即今人说的鞋。履又有许多异称，《说文》中有："屦，履也。一曰鞮也。""扉，履也。""鞮，革履也。"《玉篇》谓："鞮，单履

---

[1]　马得志、周永珍、张云鹏：《一九五三年安阳大司空村发掘报告》，《考古学报》第 9 册，1955 年。

也。"《急就篇》颜注："鞮，薄革小履也。"诸如此类，不备列，这里举出的履、屦、扉、鞮四种，主要因见于下文所述商代的古文物。它们同是一物之别名，若按清桂馥的说法，"履者，足践之通称"。

履的产生，是对跣足行走原始生活习性的一种进步。履有御寒暑和护足的实际功能。《诗·魏风·葛屦》云："纠纠葛屦，可以履霜。"进入文明社会，履成为一项关及形象仪态的社交标志，并演成一种"礼"教文化范畴和等级制服饰系统的要素。故《释名·释衣服》有云："履，礼也，饰足所以为礼也。"

履既然在古代有各种异称，除了有地缘人群各自习惯称法上的原因外，履制的不同当是主要的。《世本》云："于则作扉履。"宋衷注："于则，黄帝臣，草履曰扉，麻皮曰履。"其在《字书》则说："草曰扉，麻曰屦，皮曰履，黄帝臣于则造。"《仪礼·士冠礼》云："夏用葛，冬皮屦可也。"《方言》又立一说："丝作者谓之履，麻作者谓之扉。"由此看来，古代鞋的质料，履有麻、皮革、丝帛作之者，屦有麻、葛、皮革作之者，扉有草、麻作之者。大凡说来，履的制工精，而屦、扉无疑粗些。《左传》僖公四年云："共其资粮扉屦。"杜注谓："扉、屦，皆古之粗履。"言黄帝臣于则发明履，无非是一种托古。今所知者，新石器时代已有之。甘肃玉门出土一件立式人形彩陶罐，[①] 双足着翘头鞋，相当肥厚，类似今所见胖靴，显然已非初制。

前揭商代跪、蹲、箕踞、立式玉石陶人像雕塑，足部着履者约占总数20%左右，推想当时许多人尚未脱却跣足的生活古习。跣足者中，有高级权贵，有普通贵族或亲信近侍，也有平民和罪隶，尤以第三类人差不多均作跣足形象，反映了在古习相沿中，已注入了社会贫富分化的经济因素。富者跣足，固因之习惯偏好；贫贱者无履，恐每因生活所困。

商代履制构形初具。高级权贵好以皮革或布帛裹腿，足着翘尖鞋。此种形象见诸西北冈 M1217 大理石圆雕人像（见前述第 1 例），翘尖鞋的款式厚而不肥，平底，高帮，圆口，不用系带，颇如《古今注》所云："履者，屦之不带者也。"从其外表挺括坚实而十分合脚看，似属一种单层革履，用《说文》中的一个现成名词，可称为鞮。鞮有作翘头者，如《说文》云"靻，

---

① 中国文物交流服务中心《中国文物精华》编辑委员会编：《中国文物精华》（1990），文物出版社 1990 年版，图版 12。

鞞角，鞮属"。鞮就是指鞮上翘的履头。《广韵》："鞮，履头。"《广雅》则称之为"鞮角履"。

山西柳林高红一商代贵族武士墓，除出有铜胄及一批青铜兵器外，又发现铜靴一只，靴尖上翘，平底无跟，靴底横纹 11 道，帮为高长统，脚面两边各有直纹 8 道，高统近脚弯处有 4 道弦纹，靴筒口缘下一边有一圆穿，另一边有半月形穿。[①] 靴为窄瘦型，制作精致，当亦为鞮之一型。此铜靴高 6.3 厘米，靴筒口径 1.3 厘米，脚长 4.1 厘米，宽 1.1 厘米，重 50 克（图 3—12）。显然非实用品，乃是仿自实际生活中的鞮或鞮角履，然革制的意味是十分浓烈的。前揭第 9 例圆雕跪坐玉人，为中下层贵族、一般臣属或亲信近侍形象，着低帮平底翘头履，似革制。可见商代高级权贵和各地的贵显或贵族武士，广为流行穿革制之鞮，鞮有高帮、长统之分，均为平底无跟，履头上翘，穿之而显出一股练达英爽气概。

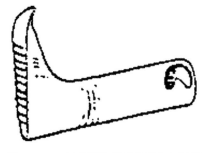

图 3—12　山西柳林高红商墓出土铜靴
（据《中国考古学会第四次年会论文集》）

但商代高级贵妇好穿平头高帮履，亦无系带，圆履口，平底无跟。妇好墓所出圆雕跪坐贵妇玉人像（见前第 2 例），穿的就是这种履，履形鼓满，鞋帮面上饰有圆环纹样，疑为丝履，也可能是以麻类织物衬里，外罩丝帛，宜于暖足而又增雍容富态。这种鞋面鼓满的平底高帮丝履，亦见诸殷墟小屯大连坑与四盘磨所出大理石圆雕箕踞人像（见前第 28、29 例）以及《古代中国的玉雕》IX.2 著录的商代浮雕立式玉人像，大致身份为上层贵族（见前第 35 例），其中四盘磨箕踞人像丝履的鞋帮上饰有圆环，内带十字交花纹。

商代中上层贵族或平民的孩童，有穿一种宽松软鞋，软鞋平底宽头，薄型，适合儿童皮肤细嫩易擦伤的特点，从其鞋面皱褶形态看，似为丝织制品，不妨以后世的"软履"称之（见前揭第 37 例）。

商代中下层贵族或近臣亲信，穿对襟华饰长袖短衣，束腰，花长裤，着花鞋，似为布帛制品（见前第 32 例）。

商代中下层贵族或亲信近侍包括一般臣属，还有穿素面鞋者，如妇好墓

---

① 杨绍舜：《山西柳林县高红发现商代铜器》，《考古》1981 年第 3 期，第 212 页，又图版肆：6。

所出圆雕猴脸跪坐玉人及哈佛大学福格美术馆藏安阳殷墓出土圆雕立式玉人均是（见前第 4、33 例）。鞋作高帮，平底无跟，圆鞋口，比较合脚，鞋面鼓形逊于上述丝履，素而无华，疑为麻、葛制品，或即文献所称"麻屦"、"葛屦"。

商代还有一类粗屦，见于中下层社会。河南柘城孟庄商代遗址，在一座烧陶窑址紧挨的灰坑中，发现一只商代鞋底的中段，形状与现在的草鞋相似，束腰，系用四经一纬绳子穿编而成，绳子用两股线拧成，经线粗 0.5 厘米，纬线剖面为椭圆形，直径 0.5—0.7 厘米。鞋底的编法是以经绳一上一下压纬绳，周而复始，层层抵紧（图 3—13）。据北京造纸研究所检测，样品已炭化，用各种方法处理均分散不开，只有在光学显微镜下直接分散，其纤维较粗，视野中无禾草类杂细胞，均为纤维状纤维，鉴定为韧皮类纤维，属树皮的可能性较大。[①] 这只宽约 9.4 厘米的粗屦，尺幅与成人脚宽相一致，是目前所见唯一商代鞋的实物。

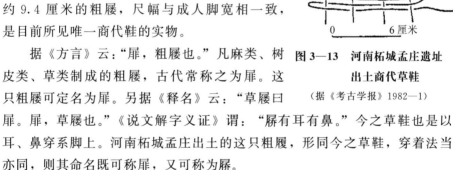

图 3—13　河南柘城孟庄遗址出土商代草鞋

（据《考古学报》1982—1）

据《方言》云："扉，粗屦也。"凡麻类、树皮类、草类制成的粗屦，古代常称之为扉。这只粗屦可定名为扉。另据《释名》云："草屦曰屏。屏，草屦也。"《说文解字义证》谓："屏有耳有鼻。"今之草鞋也是以耳、鼻穿系脚上。河南柘城孟庄出土的这只粗屦，形同今之草鞋，穿着法当亦同，则其命名既可称扉，又可称为屏。

在周代金文中恒见一种贵族穿的"赤舄"（师虎簋铭），是双重底鞋。《释名》谓："复其下曰舄；舄，腊也，行礼久立地或泥湿，故复其末下使干腊也。"《古今注·舆服》云："舄以木置履下，干腊不畏泥湿也。"九年卫鼎铭有云："舄踊皮二。"可知舄是干皮底下再安木底的长统履，能用于湿地行走，以其涂染红色，故称"赤舄"。殷墟甲骨文中有一地名字作雈（《甲》

———————————

①　中国社会科学院考古研究所河南一队：《河南柘城孟庄商代遗址》，《考古学报》1982 年第 1 期，第 66 页，又图一六。

3867），从止从隹，严一萍谓金文舄字与之形似，可释舄若鹊，后借为履舄义。[①] 不过，商代是否有履下安木底的双底履，因无明证，不敢遽信。

商代的履制大致分为四个层面：

第一层面为高级权贵、各地贵显或高级武士，所穿为皮革制高帮平底翘头鞮，或长统平底翘头鞮，也可称作靯角履。

第二层面为上层贵族集团成员或贵妇，所穿有高帮平底丝履。其中上层社会阶层的孩童，则有穿一种用丝织品制成的宽松软履，较切合儿童生理成长的特点。

第三层面为中下层贵族、一般臣属或亲信近侍，所穿有麻屦、葛屦，款式亦为高帮平底。也有穿革制低帮平底翘头鞮者，或布帛制的"软履"式花鞋。

第四层面属下层社会，所穿粗屦是用草、麻、树皮制之，类似今日民间之草鞋，式样简单，仅做一鞋底，其上用绳纽系于脚上，可称为扉，也可称为屝。

总之，商代在习于跣足的同时，作为一种时代进步形态的鞋履之用，也已得到相应推广，特别是在中上层社会更为明显，并且逐渐形成了一套与等级制服饰紧相联系的履制。

第三节　服饰的地域性风格

《礼记・王制》云："凡居民材，必因天地寒暖燥湿，广谷大川异制，民生其间者异俗。"中国幅员广袤，寒暖燥湿，地理环境和自然气候迥不相类，服饰呈现的地域性、群体性、多样性风格，早在商代就已经相当明显。"百里而异习，千里而殊俗"[②]，不同地区人们社会生活习性的不同，服饰的差异，甚至构成了区分不同族群的重要标志。

一　三星堆人像的服饰

四川广汉三星堆商代早期偏晚古城，1986 年曾于城内发掘了两个大型祭祀坑，出土大量青铜人像，有立式、跪式、半跪半蹲式、人头像、人面像，

---

① 严一萍：《释隹》，《中国文字》第 3 册，1961 年。

② 《晏子春秋・内篇问上》。

又有玉璋人物刻绘等，[①] 其展示的商代西南地区蜀人的服饰风格，地方色彩十分浓厚。

（一）衣服款样

三星堆一号祭祀坑出土的一座大型青铜立式人像（图3—14），身高约172厘米，同于真人大小，双臂抱持，手势作空拳状，原应左右手各握持器物，耳垂穿一孔，双手腕各戴三镯，双脚踝各戴一镯，跣足，头戴花状高冠。身上衣服三重，最里的贴身亵衣，鸡心领，窄长袖，袖长及腕，袖口处似有绘绣图案。外套是一件左边无肩无袖的半臂式单袖腋领中长衣，下摆平齐，开领自右肩斜下过左腋绕回右肩相接，呈左衽式，衣上右侧和背部饰龙纹两组，左侧饰回字纹和异兽纹，似为织锦刺绣的写照。右肩斜下经前胸过左腋至后背佩有一根方格绦纹的绶带，两端在后背结节，结节处有一方形凹痕，可能原有带钩之类饰物，学者或称之为"法带"。[②] 夹在内衣与外衣之间的中衣，面料亦有与外套相似的大片花纹，领口较大，作橄榄形，正面胸前为交领右衽，后背面为半开口式，袖长及臂，比外套袖口略短，前裾过膝，长于外套，下摆平齐，宽缘边，后裾稍长于前裾，呈燕尾状，摆于左右两侧，垂至脚踝，燕尾厚实，似表示充填物，或认为充填物当是丝绵之类，性质属"絮服"。[③] 这类半臂长袖、前襟比后裾短而呈所谓"曲裾"式的过膝长衣，颇近似文献说的"衣裳相连，被体深邃"的"深衣"，但款式较殷墟王都中小贵族或亲信近侍穿的交领右衽深衣，有明显不同。为什么前裾短、后裾长？有学者认为，可能与当时的礼俗与实际功能有关，"后裾因弯腰时会变短容易暴露，所以略为加长。显然已经有了'撅为不恭'的礼俗观念。若前幅与后幅同长，弯腰又会拖地，不便行事，故前后不一。后片两侧作燕尾形，亦不尽为装饰而设，还有加重后片使之不易翻扬功能"。[④] 这座大型青铜立式人像的身份似为群巫之长或方国君主形象。

---

① 四川省文物管理委员会、四川省文物考古研究所、四川省广汉县文化局：《广汉三星堆遗址一号祭祀坑发掘简报》，《文物》1987年第10期。同：《广汉三星堆遗址二号祭祀坑发掘简报》，《文物》1989年第5期。又四川省文物考古研究所编著：《三星堆祭祀坑》，文物出版社1999年版。

② 参见陈显丹：《三星堆一、二号坑几个问题的研究》，《四川文物·广汉三星堆遗址研究专辑》，1989年。

③ 参见蔡革：《从广汉三星堆祭祀坑出土文物看当时的服饰特征》，《四川文物》1995年第2期。

④ 王予、王亚蓉：《广汉出土青铜立人像服饰管见》，《文物》1993年第9期。

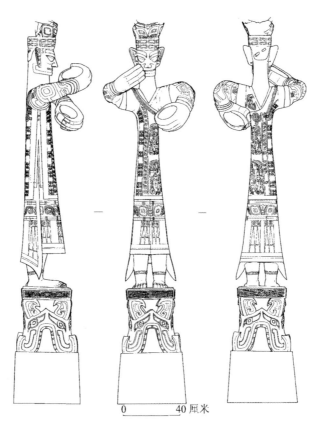

图3—14　三星堆青铜立人像

（采自《三星堆祭祀坑》）

应注意者，《后汉书·南蛮西南夷列传》谓长江中游南方蛮荆"好五色衣服，制裁皆有尾形"，在这一大型青铜立人像的大花纹中衣方面也能见到，其中衣过膝长而为"深衣"之一式，后裾呈燕尾状，摆于左右两侧，正呈"制裁皆有尾形"，但却是长江上游地区蜀人的服饰款样。

除上述大型青铜立人像所穿内衣加短袖右衽橄榄形领口、燕尾式"深衣"，再外套半臂式单袖左衽齐膝长衣，是为高级权贵衣着外，一般贵族或武士衣式还有（图3—15）：

青铜人身鸡爪人像K2③：327，残存下裳，是一条长及大腿的有裆裤，臀部绘绣云雷纹，外罩超短紧身包裙，裙前后中间开缝，也绘绣云雷纹，裙缘为竖条纹裙边，似裙褶，出土时裙裾涂有朱砂。

图 3—15　三星堆贵族或武士衣式

（采自《三星堆祭祀坑》）

兽首状冠饰人像 K2③：264，穿对襟花长衣，窄长袖，遍饰云雷纹，两袖饰变形夔龙纹。束腰带两周，在腹前打结，结袢插觿。头戴的兽首状武冠，兽口前张，冠侧有兽目，冠顶两侧兽耳耸立，中间有一竖起的象鼻形饰物。

青铜小立人 K2③：296—1，穿无袖对襟鸡心领花长衫，衣长及膝，遍饰云雷纹，下缘有方格边饰，似裙褶。下穿花裤，饰卷云纹及目纹。束编织物腰带二道，在腰前系结，结袢中插觿，着袜及平底花履，履上饰网状纹。此为青铜神坛 K2③：296 中层 4 个青铜小立人之一，经复原，手握枝状物，头上戴有十分怪谲的帽冠，为敞口方斗形，帽檐前方呈 V 形，像一本打开的书，帽箍饰一周几何形纹饰，帽顶伸出一个有长长脖子的侧面人头像，也戴着一顶角形帽。

另一青铜小立人 K2③：292—2，为武士形象，跣足，内穿长袖交领衣，外套无袖袒背式铠甲，似皮制，饰有云雷纹。外套前裾短，有两排褶子，下摆齐膝平；后裾比前裾稍长，盖住臀部，有三排褶子，下摆呈弧形。

近侍或下人的衣式主要有以下几种（图 3—16）：

1. 对襟素色长衣，长袖，窄袖口，束腰带两道，头戴平顶双角冠，双角向前卷曲如蚕尾，位于冠偏后左右两侧。脚穿鞋尖上翘的履。见于青铜小人像 K2②：05。

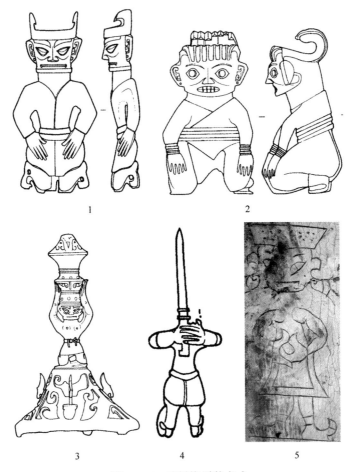

图 3—16 三星堆近侍衣式

（采自《三星堆祭祀坑》）

1. 青铜小人像 K2②：05 2. 青铜跪坐人像 K1：293

3. 青铜顶尊跪坐人像 K2③：48

4. 青铜跪坐持璋小人像 K2③：325 5. 边璋舞人像

2. 右衽交领长袖短衣，素面无花纹，领口前后呈橄榄形，衣前下摆作尖角式。束编织物腰带三道。头发往后平排梳理成七八股细辫，再做成往前翘卷的扁高髻形，似用某种胶类定型。下身着兜裆短裤，一端系于腰前，另一端反系于背后腰带下，见于青铜跪坐人像 K1：293，殆即所谓"犊鼻裤"。据《急就篇》云："合裆谓之裤。"唐颜师古注："膝上二寸为犊鼻穴，无裆之袴谓之襣，今犊鼻裤也。"又《史记·司马相如传》谓司马相如在蜀郡"身自着犊鼻裈，与保庸杂作"，《集解》云"今三尺布作，形如犊鼻矣"。是知汉代以降，四川地区平民犹流行这种服装款式。

3. 青铜顶尊跪坐人像 K2③：48，上身赤裸，穿短裙，系织物腰带一道，结纽于腹前，纽套中插觿。

4. 青铜跪坐持璋小人像 K2③：325，头部已残，上身赤裸，穿短裙，系织物腰带一道。可与 K2③：296 神坛顶层 20 个造型一致的跪坐小人像相参照，后者头戴扁平圆箍"頍"形冠，耳垂穿孔，腰间也系腰带一道，双手作环握状，但握物已不存，原似亦为璋形物。

5. 长衣，衣长或过膝部，或垂及大腿部，下摆宽大，呈喇叭状，有边饰，见于边璋刻绘人物图案，似为舞人衣式。

应注意者，三星堆人像上衣以交领左衽比较常见，但也有交领右衽的，并非完全如文献所说，左衽专为周边少数民族的一大服饰特色，由此构成夷夏之别的标志，至少商代蜀人尚未完全形成此种服饰习尚。

（二）束腰带

这是三星堆青铜人像及边璋人物图案均频频展示的服饰部件，不论是穿对襟长衣、交领短衣、上衣下裈，一般均在腰间束上一道、两道或三道腰带，腰带不是革制，可能为织物编成的长带，在腰前系结。从青铜人像展示的腰带看，结衽中插觿甚多。觿是古人用以解结的对象。《礼记·内则》"小觿"，郑氏注："小觿解小结也，觿貌如锥，以象骨为之。"《说文》云："觿，（佩）角锐，端可以解结。"《诗·卫风·芄兰》云"童子佩觿"，毛传"觿所以解结，成人之佩也"。童子佩觿，是早熟标志。在腰带结衽中插觿，构成商代西南地区蜀人束腰带习俗方面的一个特色。

（三）发式

三星堆人像的发式大致有编发、盘发、高髻等（图 3—17）。

青铜人头像 K2②：17，双耳垂各穿一孔，耳旁留鬓发，长发梳向脑后，上端宽带束扎施笄，向下则编结成粗辫一根，垂至背部。与殷人自头顶编一短辫垂至颈部相异。

人头像 K2②：58，双耳垂各穿一孔，嘴唇涂朱砂，头发用一较宽的带束扎套住，脑后用蝴蝶形花笄固定。为中原所不见。

青铜人头像 K2②：83，头发后梳，双股编结成辫，盘于头上一周，发际线齐耳根，耳上方留短鬓发。盘法也与殷人自右耳后编一长辫，上盘

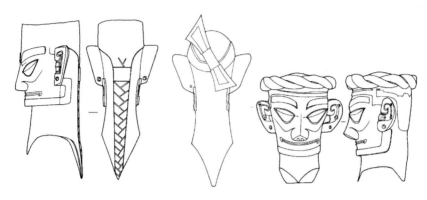

图 3—17　三星堆人像发式

（采自《三星堆祭祀坑》）

头顶，绕经左耳后而回扣右耳后，很不一样。值得注意者，该人头像的双耳廓周边至耳垂上，均匀地各有三个小穿孔，显然也是为佩戴各种耳饰穿的孔。

青铜跪坐人像 K1：293，头发从前向后平排梳理成七八股细辫，再齐齐向前翘卷，做成扁高髻形。按此类发型似用某种胶类将发胶固翘卷定型。这种方法亦见于东南淮夷或长江中游荆蛮人，惟发式有别。

（四）冠式

三星堆人像的冠式大致有 7 种（图 3—18）：

1. 花状高冠，冠顶中间似盛开花形，两侧似叶，冠前部饰变形兽面，冠下段饰回字纹图案两周，上下两两相对，又脑后冠下发际有两个斜长方形孔，似插笄之孔。此为高级权贵冠式，见于上述大型青铜立人像。

2. 扁平冠，类似殷人所戴的圆箍"颎"形冠，冠边或有饰回字纹两周，上下相对。此为一般贵族所戴，见于青铜人头像 K1：11、K2②：90 等。

3. 双角形"头盔"，前卑后高，上作圆形，角似爵足外侈，冠后直遮颈部，仅露后脑勺，后脑勺处有一插笄痕。此冠式接近殷商王朝家臣贱奴所戴之"爵弁"，但身份却不同，是为一般贵族，如青铜人头像 K1：5。

4. 平顶双角冠，双角位于冠偏后左右两侧，角向前卷曲如蚕尾。见于青铜小人像 K2②：05，似为近侍下人。

5. 山形帽，帽上饰雨点纹，见于玉璋刻绘人物图案，似为舞人之冠。

6. 兽首状武冠，兽口前张，冠侧有兽目，冠顶三耸饰物，两侧作兽耳耸立，中间一耸为竖起的象鼻形饰物。见于青铜人像 K2③：264。

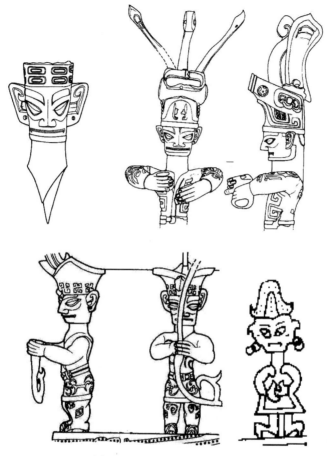

图3—18　三星堆人像冠式

（采自《三星堆祭祀坑》）

7. 敞口方斗形的帽冠，帽檐前方呈 V 形，像一本打开的书，帽箍饰一周几何形纹饰，帽顶伸出一个有长长脖子的戴着角形帽的侧面人头像。见于 K2③：296 中层 4 个青铜小立人。

（五）履与袜

流行跣足，贵贱无别。但舞人有穿一种鞋头尖而上翘之深帮履者，见于边璋人物像。有的青铜跪坐人像，也穿鞋尖上翘的履，其中有一例似还套袜。有的青铜立人像，着平底履。

（六）人体装饰与化妆

流行戴脚镯、手镯，贵贱无别。如上述大型立式人像，左、右手腕各戴三镯，两小腿上各带一方格形脚镯。又编号为 K1：293 青铜跪坐人像，身份可能为近侍下人，腕上各戴二镯。另外在一边璋上所刻人物，亦有脚镯。

项链，三星堆青铜人像及边璋人物像未见项链装饰，然二号祭祀坑出土许多带有孔径可穿系成项链的玉珠、玉管，颜色有羊脂白、牙黄、栗白、栗黄、淡黄、黄绿、淡绿、墨绿、翠绿、碧绿、深灰等，色泽美润，其中，有两串玉管出自青铜罍内腹，显然是人体装饰品的项链。

好耳垂穿孔戴耳饰，也是贵贱无别。一般双耳垂下各穿一孔，但也有在耳廓至耳垂上各穿三孔者。如上述青铜人头像 K2②：83，双耳廓至耳垂上各有三个小穿孔，用来佩戴各种耳饰。边璋人物图案之双耳垂部有铃形挂饰或双联环耳饰，揭示了耳垂穿孔与耳饰佩带法有关。这与前述殷人借帽下耳后垂带或发束系结耳环、耳玦的佩带法，是截然不同的。

三星堆青铜人像还有眉眼描黛与口唇涂朱的化妆现象。如青铜小立人 K2③：296—1，双眉与眼眶描画黛色；青铜人头像 K2②：58，嘴唇涂了朱砂。

二　金沙遗址出土人像的服饰

1983 年四川成都方池街遗址出土的青石跪坐人像、[①] 2001 年成都金沙遗址出土的一批石雕跪坐人像和铜立人像等，[②] 可以增进了解商周以来西南蜀人的服饰款样（图 3—19）。成都方池街出土青石圆雕跪坐人像，赤身裸体，双手捆缚于身后，面部粗犷，颧高额突，尖下巴，高鼻梁，瘦长脸，大嘴，头发中分向左右两边披开。有的学者认为是商代羌人奴隶形象。[③] 也有学者认为羌人披发覆面，与此不类，当属四川盆地地位低下族群的形象。[④] 方池

---

① 徐鹏章：《我市方池街发现古文化遗址》，《四川文物》1984 年第 2 期。又吴怡：《成都方池街石人初探》，《四川文物》1985 年第 1 期。又王毅、徐鹏章：《方池街古文化遗址的出土文物》，《四川文物》1999 年第 2 期。又成都市博物馆考古队、成都市文物考古研究所：《成都方池街古遗址发掘报告》，《考古学报》2003 年第 2 期。

② 成都市文物考古研究所、北京大学考古文博学院：《金沙淘珍——成都市金沙村遗址出土文物》，文物出版社 2002 年版。

③ 石志廉：《商石雕羌人像》，《中国文物报》1989 年 8 月 11 日。

④ 唐飞、孙华：《石跪人像三》，《金沙淘珍——成都市金沙村遗址出土文物》，文物出版社 2002 年版，第 176 页。

图3—19　成都金沙遗址人像

（采自《金沙淘珍》）

街圆雕石人像形象不见于中原商人，此类跪坐石人在三星堆遗址也出土过两件，惟头部都已损坏。[①] 美国芝加哥艺术学院收藏有一件黑色玉石圆雕跪坐人像，据说是1930年前后流传出去的三星堆遗址出土品。[②]

　　这些石雕人像与成都金沙遗址出土跪坐石人像均非常相似。后者共发现8件，圆雕和线刻结合，造型基本相同，均为裸体赤足，双手反缚，颧骨凸出，阔嘴，高鼻梁，"臣"字目直视，耳垂上有穿孔；小分头发式整齐披向两边，成中间低两侧高，前额及双鬓余发都被剃去，头发梳理得就像一本打开的书，即顶发所谓"一本书式"。这种"一本书式"的小分头发式，颇与前述三星堆青铜神坛 K2③：296 中层4个青铜小立人头上戴的十分怪谲的 V 形帽冠近似，惟一为发式，一为帽冠，是其异者。这批石雕人像，有的与三星堆青铜人像类似，有眉眼描黛与口唇涂朱的化妆现象。

―――――――――――

　　① 引自张擎、周志清：《石跪人像一》，《金沙淘珍——成都市金沙村遗址出土文物》，文物出版社2002年版，第166页。

　　② Wu Hung（巫鸿）：All About the Eyes：Two Groups of Sculptures from the Sanxingdui Culture，Orientations，No. 28—8，1997.

金沙各跪坐石人像小有差异，表情或悲恻，或惊恐，或平静，或苦涩，或茫然。有的人像眼睛还雕刻出瞳孔，有的则是用朱、白颜料分别绘出眼眶与瞳孔。有的人像大嘴张开，显出一副极度惊恐的神情，有的却是阔嘴紧闭，涂有朱色唇膏。又如金沙人像发式虽为头顶"一本书式"，但有的脑后还拖垂长辫，辫子是由四束两两分编成两股，并排垂于后腰背下；有少数人像脑后却未见这种长辫。这类人像均当本之勾勒社会下层的土著族群的形象。

金沙遗址又出土一件残玉人面像，呲牙咧嘴，耳垂上有小穿孔，头戴卷云尾左右分张的帽冠，[①] 与三星堆出土青铜人面像 K2③：217 的帽顶之左右分张的卷云尾形饰，有异工同曲之意匠。

金沙遗址还出土了一种铜立人像，[②] 大眼圆睁，神情肃穆。双臂抱持，手势中空作虚握状，与三星堆大型青铜立人像的手势造型相似，原也应左右手各握持器物。耳垂上有一穿孔。头戴一顶十分奇特的环形无顶的帽圈，帽圈周缘有 13 根弧形长牙饰，呈逆时针旋转，宛如太阳的光芒。脑后拖垂长辫三股，并排垂至臀部，辫子是把长发先分为六束，再两两分编成三股，拖垂至近腰处用一宽带将三股长辫合扎为一把。身穿长袖袍子，下缘齐平过膝长，有腰带扣腰，似皮革制。正面腰带上斜插一短柄杖，杖头如拳。双腕各套一较宽的箍形饰品，似表示玉腕饰。脚形肥厚，似穿胖靴。当为高级权贵装束。

金沙遗址出土铜立人像，耳垂上有小穿孔以佩耳饰，好戴腕饰，脑后长发束成长辫下垂，均与三星堆青铜人像装束类似，生动展示了西南地区族群的形象。金沙遗址出土腕饰，除了较宽的箍形饰外，还出土有透闪石软玉手镯，[③] 制作规整，器表光洁，十分精致。

商周以来周边地区方国族群的服饰，尽管与中原地区有相似或接近之处，但其所固有的土著性、群体性和多样性风格，却是不容忽视的事实，这

---

① 张擎、孙华：《玉尖耳神人头像》，《金沙淘珍——成都市金沙村遗址出土文物》，文物出版社 2002 年版，第 80—81 页。

② 王方、周志清：《铜立人像》，《金沙淘珍——成都市金沙村遗址出土文物》，文物出版社 2002 年版，第 43—47 页。

③ 张擎：《玉环形器一》、李明斌：《玉环形器二》，同见《金沙淘珍——成都市金沙村遗址出土文物》，文物出版社 2002 年版，第 100—103 页。

已由远离中原的川西地区广汉三星堆遗址、成都方池街遗址、金沙遗址出土的大量青铜人像、石雕人像以及刻绘人像方面，可以得到较充分的谛视。

第四节　商代服饰的观念形态

《礼记·王制》云：

> 天地寒暖燥湿，广谷大川异制，民生其间者异俗……衣服异宜……中国戎夷五方之民，皆有性也，不可推移。东方曰夷，被发，文身，有不火食者矣。南方曰蛮，雕题，交趾，有不火食者矣。西方曰戎，被发，衣皮，有不粒食者矣。北方曰狄，衣羽毛，穴居，有不粒食者矣。

讲东夷以丹青文饰其身，南蛮以丹青雕刻其额，西戎披发衣皮，北狄衣羽毛穴居，水土相殊，物产有异，嗜欲不同，生活习性不一，在服饰方面有各自的风格，各各安守成俗。

商代人像雕刻的写照，印证了《礼记·王制》说的中国戎夷蛮狄五方之民，异风殊俗，"衣服异宜"的地缘性或族群性差异。服饰的多元状态，与服饰的等级差次，是中原王朝与"四土"及周边方国族群的服饰总观，但细析之，各方却自有其"同衣服"的倾向。所谓"同衣服"，"禁异服"，并非不分贵贱长幼男女，强调齐整一律，实质意义恰恰相反，是紧紧伴随着"明贵贱，序等列"的"礼"制生成过程，得以逐渐形成的一套"非其人不得服其服"的规范而呈封闭呆板色调的服饰等级制度。有迹象表明，商王朝及林立各地的大小方国族群，都已程度不等地确立了这类意义的"同衣服"之制，当然在许多方面尚是相当粗疏简约的。"同衣服"和"不易其俗"，是商代服饰"礼"制系统内、外调节的两大要质。

《论语·宪问》云："被发左衽"，邢昺疏："衽谓衣衿，衣衿向左，谓之左衽。"殷墟出土人像雕塑，交领右衽或直领对襟衣最为常见，绝少见到有作衣襟向左开者，此即所谓"右衽"。文献中把这种"右衽"衣式作为中原华夏族的服饰崇尚标志。相反，流行于周边地区的是左衽。《尚书·毕命》云："四夷左衽"，孔传："言东夷西戎南蛮北狄被发左衽之人。"《战国策·赵策二》云："被发、文身、错臂、左衽，瓯越之民也。"《后汉书·南蛮西南夷列传》云："西南夷者，在蜀郡徼外……其人皆椎结、左衽，邑聚而居。"左衽为周边少数民族的一大服饰特色，也是夷夏之别的标志之一。但这一标志在商代并无完全定格，四川成都三星堆人像上衣以交领左衽比较常见，然而也有交领右衽者，可见，至少商代蜀人尚未完全形成此种服饰习尚，其中可能含有中原大国服饰系列对周边地区的影响和渗透。

商王朝实施的广纳兼容的开放性治国方略，使其自成一格的华夏服饰系统，相应地注入了很有活力的调节机制，在服饰异同方面内蕴的夷夏相斥心态，亦维持在一定的低限。因人们易地间的社会联系和交往，夷夏之间乃至"蛮夷戎狄"之间，服饰形态每每互相影响、交相取舍。如《后汉书·南蛮西南夷列传》讲的南方蛮荆"好五色衣服，制裁皆有尾形"，既见于长江中游的江西新干大洋洲商代大墓出土圆雕玉羽人像，又见于四川广汉三星堆大型青铜立人像的大花衣，后裾呈燕尾状，摆于左右两侧。又如前文提到的"玉鬼神面"，自史前至商周时代数千年间，一直流行于长江中下游地区及黄河流域山东、河南、山西、陕西等广大地区。表现手法通常为头戴高冠，双耳挂环，嘴角各有一对獠牙。一般认为这类"鬼神面"的勾勒，乃出于当时人的制胜邪恶信念。然其冠饰及耳饰当本之现实生活，据其发现地域的广袤和沿演时代之久远，至少表明商代夷夏间的服饰相斥心态，并不构成严重的社会问题。

四川三星堆大型青铜立人像展示的蜀地上层权贵，以内衣加右衽短袖燕尾式"深衣"，再外套半臂式单袖左衽齐膝长衣象征身份权威，这与殷统治者尚好穿有华饰的窄长袖短衣显然不同。

应该指出，商代中原王朝对于等级制"同衣服"系列的确立和完善，无疑比周边地区方国族群超前一截，但这一阶段还均未发展成利用族类间服饰差别进行排他的异端。《礼记·王制》所谓"修其教不易其俗，齐其政不易其宜"，或许可借用来说明商代服饰地缘形态和中原大国服饰制度对周围地区的全方位渗透，以及中原大国服饰制度对周边地区的全方位影响。

第 四 章

交 通 出 行

交通出行是人们以一定方式结合起来共同活动和互相交换其活动进行社会联系和维护社会关系的直接产物。商代的交通出行，主要包括陆上交通和水上交通两项，基于人们的社会存在与社会实践的深化而发展，它作为实现社会交往联系的方式，又与人们对自然地理环境的观察、适应和改造能力紧密相关。从人地辩证关系言，商代交通一方面展示了当时具体的自然条件，另一方面也多少反映了人们在社会生存活动方面表现出的积极进取精神。

第一节　道路交通

商代族落与族落之间的、人与人之间的由此及彼、由近而远的交往和物资交易，打破了地缘的封闭，丰富了社会生活的内涵，也使当时的交通出行呈现了多层面的发展景况。

商王朝对其领域实施统治或对周边方国的羁縻与战争，带动着道路交通的开通和发展。文献中不乏这方面的史迹。《诗·商颂·殷武》云："昔有成汤，自彼氐羌，莫敢不来享，莫敢不来王。""享"是献物，"来王"是指来商朝见；把商与周围方国的政治和经济关系表述得相当清楚。《今本竹书纪年》说成汤之时，"诸侯八译而朝者千八百国，奇肱氏以车至。"若汰其荒诞不经的成分，可以说明商与诸方国间的交往联系，靠的是已经建起的交通网络，有的道路规格已达到可以驾车行驶的较高水准。

商代的道路交通，除了王国和地方土著族国策动社会力量逐渐开辟和经略者外，还有众多缘民间往来而形成者。《孟子·尽心下》云："山径之蹊，间介然用之而成路。"所谓路是人走出来的，古今中外都如此。《尚书·酒诰》记殷人"肇牵车牛远服贾"，用牛车载货物远行贾卖。异地之间频繁往来，道路自然形成。

商代人们对其所处交通地理环境的了解，可以用"四方观"概之，文献中有大量例证。如《诗·商颂·玄鸟》云："古帝命武汤，正域彼四方。"《尚书·多士》云："成汤革夏，俊民甸四方。"《墨子·非攻下》说汤"通于四方，而天下诸侯莫敢不宾服"。《尚书·盘庚上》谓"绍复先王之大业，厎绥四方"。《尚书·说命》载武丁自谓"以台正于四方，台恐德弗类，兹故弗言"。《尚书·微子》云："殷其弗或乱正四方。"四方观可谓是商人的立国之本。《诗·商颂·殷武》云："商邑翼翼，四方之极。"《尚书·立政》云："其在商邑，用协于厥邑，其在四方，用丕式见德。"有一片甲骨文云："商，东方。北方。西方。南方。"（《屯南》1126）文献中所述商代人的交通四方观，绝非虚构，有甲骨文可以印证。

商代交通地理的四方观，是本之于以商邑为中心的"邦畿千里，维民所止"[①] 的政治疆域概念，有其总体地理地貌形态的认识作基础，属于商代人们社会关系和社会联系的直接产物。四方观不是虚拟，是平面的发展，落实点呈自内向外南北东西纵横推进状，反映了当时通向四面八方的道路交通网络当已大体形成。

商代的道路设施有几大特色。一是王邑内的道路建制堪称全国楷模。商人一再夸耀"商邑翼翼，四方之极"（《诗·商颂·殷武》），整饬的王朝国都，是四方的表率。《管子·桓公问篇》云："汤有总街之庭，以观诽也。"总街是四通之道，宫室建于四通八达的道路旁，便于了解民情。偃师商城城内道路纵横交错，主次相配，构成棋盘式的交通网络。主干大道宽敞平直，路土坚硬细密，土质纯净，厚达半米左右，路面中间微鼓，两边稍低，便于雨水外淌。主干大道一般直贯城门，城门道的路土之下，还铺有木板盖顶的石壁排水沟，沟底用石板铺砌，内高外低，相互叠砌呈鱼鳞状，叠压顺序与水流方向一致。出城之后，沿城墙还有宽 4.5 米的顺城路。[②] 这样一座经过严格规划而兴建的商王都，其道路设施的完善确可称为当时国家之首。此外，2000 年底安阳洹北商城还发现了商代建制规格极高的双向"快车道"和慢道结合型道路，路面宽达

---

① 《诗·商颂·玄鸟》。

② 中国社会科学院考古研究所河南第二工作队：《1983 年秋季河南偃师商城发掘简报》，《考古》1984 年第 10 期。又赵芝荃、徐殿魁：《偃师尸乡沟商城的发现与研究》，《中国古都研究》第 3 辑，浙江人民出版社 1987 年版。

8.35 米，四道车辙痕迹清晰可见，轨距约 2.2 米，是当时通常的马车轨距，两侧为宽宽的便道。这条道路从南城槽外东段以南向东北方向延伸，至城的东南角折而又沿东城槽外向北延伸 1000 余米。在城内各居民聚居区之间，也有道路相连通。[①] 殷墟小屯宫室区西，曾探出一条残长 90 多米的道路，用碎陶片和砾石铺成，路宽 2.30—5.20 米，若按晚商马车轴长在 2.7—3.1 米计，相当一车行驶的单车道。[②] 2008 年春夏之交，中国社会科学院考古研究所安阳工作队在安阳刘家庄北发掘发现的东西向与南北向三道交汇成"丁"字及"十"字路口的商代道路，其中南北向的两条，平行间距约 400 米，均直通北部小屯宫室区，路面宽 10 米以上，最宽处达 24 米，双向多车道，路面用碎陶片合土夯实，结构坚硬，车辙满布，轨距大都为 1.2—1.6 米，属于过去考古发掘尚未见的中小型车之遗迹，路侧还有人行道，道路建制规格极高[③]（图 4—1）。

图 4—1　安阳殷墟发现的晚商双向车道

二是地方土著方国也重视道路的修筑。江西清江吴城商代遗址发现一段长近百米，宽 3—6 米的道路，与一"长廊路"相连，后者残长 39 米，宽 1—2 米，路面结构类似三合土，而且有排列有序的柱洞，[④] 属一长廊式通道，似乎专为地方土著贵族的生活便利而筑。可见商代地方国族的道路修筑水平也是不容低估的。

三是商代晚期已形成了以殷墟王邑为中心向四方辐射的国家道路交通大网络。彭邦炯根据商代遗址的分布和甲骨文提供的材料，认为殷商王邑通往

---

① 中国社会科学院考古研究所安阳工作队：《洹北商城的考古新发现》，《中国社会科学院古代文明研究中心通讯》第 5 期，2003 年。又见殷墟博物苑展厅路面复原陈列。

② 中国社会科学院考古研究所编著：《殷墟发掘报告》（1958—1961），文物出版社 1987 年版，第 96 页。

③ 2008 年 7 月 8 日考察安阳刘家庄北考古工地所见，岳占伟先生介绍。又《安阳殷墟 2008 年考古收获》，《2008 中国重要考古发现》，文物出版社 2009 年版，第 50 页。

④ 龚学峰：《我国商代就有陶瓷窑——清江县吴城遗址考古新发现》，《人民日报》1987 年 7 月 23 日。

四面八方的交通道路主要有六条：[①]

（1）东南行。是通往徐淮地区的大道，即甲骨文中关于征夷方的往返路径，有的地段可能与今陇海路郑州至徐州、津浦路徐州至淮河北相合。

（2）东北行。是通往今河北卢龙及辽宁朝阳等地的交通干道。

（3）东行。与山东益都古蒲姑有要道相通。另有水路估计可沿古黄河或济水而下。

（4）南行。与今湖北、湖南、江西等当时的国族之间有干道相连。

（5）西行。通往陕西，沿渭水可直至周邑丰镐或别的方国部落。此道能通车辆，绝非小径。武王伐商即走此道。

（6）西北行。为逾越太行的要衢。商与西北吾方、土方等交战，常有战报捷送王都。

值得注意的是，殷商发达的陆上交通道路，对后来西周王朝的建立和巩固起了有力的作用。《汲冢周书·大聚解》载，"武王胜殷，抚国绥民，乃观于殷政"，周公告之以"相土地之宜，水土之便，营邑制命之日大聚……辟开修道"。道路交通网络的开通实是殷商王朝一大政举，这不会因政权迭改而完全荒废掉，史籍和西周铜器铭文恒见"周行"、"周道"一词，据杨升南研究，是指王国中心地区成周通向各地的平直宽阔道路，主要有向西及西南方、向东、向南、向东南、向北、向东北等几条干道。[②] 不难看出，其中一些主要干道的大段走向和路段，是与殷商通往各地的道路一致的。西周王朝所谓"观于殷政"，应该包括了效法殷商的路政。

第二节　殷商的路政

古代王朝筑治的交通干道，专为贵族统治阶级政权利益服务，历来受到重视和保护。《诗·周颂·天作》云："彼徂矣岐，有夷之行，子孙保之。""行"为古代道路之称；夷，平坦之意。这是周统治者申诫子孙要世代保护好平坦的岐道。然早在商代，贵族统治阶级对于其道路交通网络，已相当重视，建立了一套相关的路政系统，主要落实在规立路守据点和各地族落与国

---

① 参见彭邦炯《商史探微》，重庆出版社 1988 年版，第 269 页。

② 杨升南：《说"周行""周道"——西周时期的交通初探》，《西周史研究·人文杂志丛刊第二辑》，1984 年。

的守所,以保障道路交通的畅通,专设提供贵族阶层人员过行食宿的旅舍,建立消息传报的驿传之制和设立驿站,为使者提供安全与食宿之便。

一 路守据点

殷商王朝的道路利用相当频繁,甲骨文中称道路为行,行有时也指出行,有关出行往来之事多不胜举。如:

> (1) 己丑王不行自雀。(《合集》21901)
> (2) 𩫚行东至河。(《合集》20610)
> (3) 从畐行来菁方,不获。(《合集》20447)
> (4) 惟行南麓,擒有狐。(《甲》703)
> (5) 辛巳,子其告行于妇,弜以。
> 　　弜告行于丁。(《花东》211)

(1) 记商王是否取雀道出行。(2) 贞问取𩫚道东去黄河。(3) 卜从畐道来与方遭遇,会没有所获。(4) 言南麓道中猎获狐。(5) 二辞谓子将出行之事向妇还是向丁报告。又如:

> 丁巳卜,小雨,不行。(《佚》415)
> 庚寅卜,翌辛卯雨,壬辰行,雨。(《京人》2982)
> 叀戊出,有大雨。
> □己出,□大雨。(《合集》30037)
> 叀庚出,有大雨。
> 叀辛出,有大□。(《合集》30034)

六辞均卜问出行日的气象变化。当时道路的利用大都涉及征伐大事、方国来宾、出入王命、人员流动、贡纳交换、田猎畜牧等,事关王国统治的具体实施。有时路途遥远,出行既劳累又危险,生命无保障,安全甚成问题。甲骨文中也有事关出行安全的卜问,如:

> 辛亥卜,步,今日若。
> 壬子卜,今日步若。(《合集》21125)

　　　　甲申，贞王步。甲，王不步。

　　　　王于乙步。(《屯南》2177＋2224)

　　　　辛未卜，行，贞王出亡忧。(《合集》22605)

　　连日反复卜问当天起步出行会否平安顺利，还是改日出行。又卜问王外出会
否遭受祸忧。《周易·需卦》有云"需于泥，致寇至"，"需于血，出自穴"，
言旅途中身陷泥泞而遭遇盗寇，或投宿遇着坏人而遭劫挨打。[①] 讲的也是旅
途上的安全问题。

　　为了保障道路交通的安全畅通，武丁王朝之后，统治者设立据点以慎路
守。那些常设性的军事据点，称为"枼陮"。甲骨文云：

　　(1) 辛巳贞，王叀癸未步自
　　　　枼陮。(《合集》33150)

　　(2) 癸亥贞，王叀今日伐，
　　　　王夕步自枼三陮。(《合
　　　　集》33149。图4—2)

　　(3) 癸亥贞，王其伐卢羊，
　　　　告自大乙。甲子自上甲
　　　　告十示又一牛，兹用。
　　　　在枼四陮。(《屯南》994)

图 4—2　设立军事据点"枼陮"慎路守
(《合集》33149)

枼陮的设置，以数目为序，编至四站，
首站单称"枼陮"，第二站未见，第
三、四站分别称为"枼三陮"和"枼四陮"。各站间保持有一定的距离，从上
举（2）（3）辞看，枼三陮与枼四陮的间隔距离有一日之程。如按《韩非子·
难势》所云，"良马固车，五十里而一置"，则自首站至四站，可控路段约有
200至250里左右，从而形成交通道上有机防范网络。《说文》云："枼，楄
也。"桂馥《说文解字义证》云："楄当为牖类。"但甲骨文枼应指防御木栅墙
或土堞一类人工构筑设施。"枼陮"一般设在干道附近的高丘或山上。《说文》
云："陮，隗高也。"以其设立高处，故又称作"枼京"，甲骨文云：

---

　　① 参见李镜治《周易通义》，中华书局1981年版，第14页。

贞王勿往于某京。(《乙》1215)

"京"指高敞之地,《尔雅·释丘》云:"绝高为之京,非人为之丘。""某陲"当设在自然高地。据甲骨文有云:

丁亥卜,侑于五山,在□陲,二月卜。(《合集》34168 正)
□□□,侑于五山,在某□,□月卜。(《合集》34167)

两辞同卜一事,残辞互补,某陲与五山相属,决知某陲是在山丘或自然高地立木栅或筑土堠,用以慎守险恶路段。

晚商武丁以后各王一般都嗜好田猎,往往利用道路交通的方便从事此项活动。道路两侧草莱未辟,时有群兽出没,也就成了田猎的好场所,有一片甲骨文云:

癸未卜,王曰贞,有兕在行,其左射。获。(《合集》24391)

记道遇猛兕而左射之。据他辞有云:

丁丑,王卜,贞其振旅,延过于盂,往来亡灾。(《合集》36426)

知商王的田猎还有另一层意义,是振旅以慑远方,向周围方国族落炫耀武力,体现王威。

商代田猎道途上还有不少与"某陲"性质不同的过往守所,甲骨文称作"师",即次的初字,旧说"师所止也"①。《左传》庄公三年云:"凡师,一宿为舍,再宿为信,过信为次",孔疏:"次亦止舍之名。"知"次"是超出三天里程以上的驻守之所。甲骨文"师"都与各地族落与国的具体地名相系,如霍师、寒师、韦师、永师、宁师、洛师、屯师、召师、齐师、淮师等,深及远方,并非局促于王都附近,既非商王临时设立,也不大可能由王朝直接委兵常驻其地。它们出现率频繁,当非宿后即废,地方色彩十分明显,平时当归属于各自的族落与国。由此推测,殷商王朝除了在中心统治区内干道上规立"某陲"的路守据点外,地方族落与国有义务设立驻守之所,以供商王及官

---

① 罗振玉:《增订殷虚书契考释》卷中,东方学会 1927 年石印本,第 13 页上。

方人员过往寄止的不时之需，或保障王朝远方道路交通的安全畅通。

二　旅舍"羁"

殷商时期，在王畿区范围内的干道上，王朝直接设置有食宿旅舍设施，专供贵族阶级人员过往寄宿，甲骨文称之为"羁"。羁字构形作羁，像系马于栅栏意；繁形作羁（《合集》28162），从手持鞭，勒马驻止之意更显。[①]羁有过行寄止义。《广雅·释诂》云："羁，寄也。"《周礼·地官·遗人》云："以待羁旅"，郑注："羁旅，过行寄止者。"甲骨文"羁"用为专名，是殷商王朝设置于干道边的旅舍。许进雄释羁，"象羁勒某种动物之状，其前常加有数目如二、三及五，可能是距离长短的表示。……羁可能是驿站一类之特别设置"[②]。意亦近之。惟商代驿站另有其称，羁舍则非专供驿传之需，主要为官方旅舍。

羁与"枼隓"一样，也是按数目顺序编次：

> 贞至羁。（《合集》28163）
> 至二羁。（《合集》28160）
> □□卜，父丁日，叀二羁用。（《殷拾》2·5）
> 弜至三羁。
> 至于二羁，于之若，王受又。吉。
> 至于二羁。吉。（《合集》26157）
> 贞四羁。佑。（《合集》28158）
> 在五羁。（《合集》28153）

羁舍共设五站，首站与路守兵站"枼隓"一样，省却一字，单称羁，乃当时语言使用习惯。一羁至五羁，应是顺道路编次的。据甲骨文云：

> 贞羁□五羁，牢，王受［又］。（《合集》28156。图4—3）

辞有残缺，大意可知，一羁至五羁，自此及彼，由近而远，揭示出羁与羁之间的路程远近关系。各羁舍间应保持有一定的距离。

---

① 参见宋镇豪：《商代的道路交通制度》，《历史研究未定稿》1989 年第 11 期。

② 许进雄：《明义士收藏甲骨释文篇》，加拿大多伦多皇家安大略博物馆 1977 年版，第 163 页。

《逸周书·大聚解》谓周观殷政，"辟
开修道，五里有郊，十里有井，二十里有
舍，远旅来至"。《周礼·地官·遗人》云：
"凡国野之道，十里有庐，庐有饮食；三十
里有宿，宿有路室，路室有委；五十里有
市，市有候馆，候馆有积。"《诗·小雅·
六月》"我服既成，于三十里"，毛传："师
日行三十里。"《管子·大匡》云："三十里
置遽委马。"后一说是指节级递送的驿传之
制，在殷商尚未形成这种倒换车马和传者
的驿传法，消息一般是由专人一送到底。
以当时条件论，"二十里有舍"、"三十里有
宿"，可能过密，羁与羁间似大体保持在
50 里距离，则第五羁已距王都 250 里左右

图 4—3　旅舍"羁"站间的编次

（《殷拾》2·5、《合集》28156）

之遥了，由此可知殷商王朝直接控制区的方圆半径约为 300 里范围。在此范围
内的过行食宿寄止，可由王朝专设的羁舍提供便利。

　　在商代，超出羁舍设置的地域范围，各地的臣服族落或诸侯，也有义务
提供食宿之便。如甲骨文有云：

　　　　丁卯，王其寻牟𡸫，其宿。（《合集》27805）
　　　　庚申卜，翌日辛，王其餐囚𡸫，亡尤。（《屯南》2636）
　　　　今日丁酉卜，王其餐麓𡸫，弗悔。（《合集》30268）

牟为族名地名，西周初有"牟"尊（《三代》11·18·7）。𡸫指障塞。餐字，
像一人在室中食肉状，有寄止食宿之义。三辞分别言商王出行巡视，路途中
再宿于牟族的障塞，或食宿于囚族、麓族的领地。

　　概言之，在殷商王都周围直接控制区约略 300 里方圆半径范围内的干道
上，官方专设有过行食宿的"羁"舍，其他各地或出此范围的远地，沿途族
落诸侯有义务提供过往食宿之便。

三　驿传与驿站

　　殷商王朝与外地的消息往来传报，已逐渐建立起驿传之制。当时的驿

传，不似后世节级传递，而是由专人一送抵的。吕思勉曾云："通信之最早者为驿传，其初盖亦以便人行，后因其节级运送，人畜不劳，而其至可速，乃因之以传命。"[①] 甲骨文所见外地消息传报朝中，都直接得之某地来者，不必靠二传三传乃至多传，如：

郑来告。（《天理》159）
三日乙酉有来自东画。（《合集》6665）
缶其来见王。（《殷缀》301）
……先[illegible]来告。允先。旬又二日至，攸侯来告马。（《合集》20072）
贞其有来艰自沚。（《合集》5532）
犬来告有鹿，王往逐。（《屯南》997）

各方消息和来人均是直诣朝中，无须周折。同样，王朝的使命也是委派重臣使者直送各地，如：

往西，多尹以王伐。（《丙编》76）
王使人于沚，若。（《合集》5530乙）
贞王使人于隩，若。王占曰：吉，若。（《合集》376）
呼雀往于帛。（《丙编》56反）
贞使人于长。（《合集》5524）
贞使人于新。（《合集》5528）
贞使人于我。（《合集》5526）
贞使人于岳。（《合集》5520）
使人于望。（《合集》5535）
贞使人于禽。（《合集》5534）
贞使人于面。（《合集》5536）
贞使人于鸟。（《合集》5529）
贞使人于[illegible]。（《合集》5532）
贞使人往于唐。（《合集》5544）
使人于眉。（《合集》7693）

① 吕思勉：《先秦史》，上海古籍出版社1982年版，第372页。

　　　　贞使人于吴。(《合集》14474 正)

沚、陙、帛、长、新、我、岳、望、禽、舌、鸟、妻、唐、眉、吴等，皆为
使者出使方国族落地名。[①] 多尹、雀均为朝中重臣，他们身负商王的军政命
令，出使西土各地，看不出有什么多级传递的痕象。

　　由于消息传报和使者往来，体现了王朝对下属各地的统治或对周边地区
羁縻的具体实施，因此逐渐形成了最初形式的驿传之制，甲骨文称之为
"逑"，[②] 写作𝅘、𝅘，也写作𝅘、𝅘、𝅘。其辞云：

　　　　壬戌卜，狄，贞亚旋其陟，逑入。
　　　　壬戌卜，狄，贞其迟入。(《甲》3913)
　　　　癸卯卜，㱿，贞乎弘往比逑于𬱟。
　　　　癸卯卜，㱿，贞勿乎弘往于𬱟比逑。(《合集》667 正)
　　　　己未贞，王令逑……于西土，亡戈。(《屯南》1049)
　　　　己卯贞，逑来羌，其用于父丁。(《英藏》2411，《屯南》725 同卜)

"逑入"的"逑"，用作副词，有迅速之意。[③] "令逑"的"逑"，用为人名，则
指专门负责出入驿传者，以职相称。"乎弘往比逑于𬱟"，比有辅助、亲比之
义，是呼命弘辅助逑前往𬱟地。"逑来羌"可能指某方逑者送致羌奴。凡此可
见当时王朝抑或地方臣属与国，均有逑者之设，专职驿传之事。

　　逑者在商统治中心区的百里之内传命，可能是利用王朝在干道上专为贵
族人员过行寄止而设的"羁"舍食宿，但到了远方，食宿就成问题了，有的
地方榛莽未辟，人烟绝少，有的地方有敌对族邦，逑者因身负重命，怕消息
走漏，或安全上的原因，不得不绕道而行。因此殷商王朝或在一些必要路段
设立驿站，也称为"逑"，供逑者过往食宿。如甲骨文云：

———————————

　　①　参见沈之瑜：《试论卜辞中的使者》，《上海博物馆集刊》第 5 辑，1990 年。
　　②　于省吾：《殷代的交通工具和驿传制度》，《东北人民大学人文科学学报》1955 年第 2 期。又
于省吾：《甲骨文字释林·释逑》，中华书局 1979 年版，第 277—280 页。
　　③　参见裘锡圭：《甲骨文中所见的商代农业》，《古文字论集》，中华书局 1992 年版，第 173—
174 页。又蔡哲茂：《释殷卜辞的"速"字》，《第五届中国文字学全国学术研讨会论文集》，台北政治
大学中国文学系，1994 年。又收入《中国文字论集》，第 195—205 页。

丁未卜，食有在逞。（《殷缀》57）
己亥贞，王在兹癸逞。（《屯南》2845）

上两辞的逞均作驿站讲。一辞谓在逞站就食。另一辞记商王在设于癸的逞站。他辞有云：

癸卯贞，旬亡忧。在癸旬。（《合集》33145）

癸旬的旬似通徇，有巡视之义。商王外出巡视，曾多次来癸地，可见这个逞站的重要性。

在商代，一些重要交通沿线的臣服族落或地方诸侯，也有义务设置提供食宿之便的驿站设施。如界于江汉平原青铜文化区与澧水流域青铜文化之间过渡地带的湖北松滋西斋汪家嘴商代遗址，据考古文化层界面分析发现没有生产工具，不是一个生产单位，生活消费全凭供给，房址居住面积狭小同丰富的炊饮器数量之间比例悬殊，表明该遗址是一个"土著设立的、专职招待过往行人的驿站"。[①] 何驽据湖北松滋西斋汪家嘴、钟祥双河乱葬坑、胡集丽阳驿等遗址的考古发现，进而归纳了当时这类"土著驿站"遗址的四个特征：

第一，遗址选址多在古今水陆交通的孔道沿线。

第二，遗址面积很小，多在数百至数千平方米，一般不逾1万平方米。

第三，遗址基本没有生产功能，几乎没有农业、渔猎等生产工具。

第四，遗址是一个专职送往迎来的单纯的消费单位。如汪家嘴遗址建筑面积反映出常住居民在5人左右，而炊器数量反映出就食的人在20人左右。

他推测，在这些驿站镇守者可能是商人及由部分归顺的原住部族首领转化为商王朝的边地官吏。[②]

----

① 见枝柳铁路复线工程考古队荆州博物馆支队：《湖北松滋西斋汪家嘴遗址发掘报告》，《江汉考古》2002年第4期。

② 何驽：《中国文明起源考古学研究理论与方法的若干问题》，中国社会科学院考古研究所、中国社会科学院古代文明研究中心编《古代文明研究》，文物出版社2005年版，第208—209页。

逯站的性质不同于路守兵站"枼隉"，也不同于一般的过行寄止的"羁"舍，与地方族落与国所设守所"鲰"亦有异，是商王朝及各地统治者专为驿传而设的驿站，它加强了商王朝与各地方之间消息使命往来的迅速传送，又多少解决了逯者过往途中的食宿和安全等具体问题。逯站所在，一般设置在远近要道处，不一定限于中心统治区，远距王都的要冲或亦设之。

第三节　出行方式和交通工具

一　徒步出行

《墨子·辞过》说，"古之民，未知为舟车"。在史前悠久漫长的岁月里，人们的远行外出，是靠徒步行走。进入商代社会，交通方式主要还是靠徒步出行。

古代的道路，远非后世畅通易行。《孟子·尽心下》说："山径之蹊，间介然用之而成路，为间不用，则茅塞之矣。"草棘蕃茂，群兽蛇虫出没其间，是出行中的一大障碍，因此人们往往手持木棒探路。金文中有字㣤（《三代》11·18·8），是持棒行走状。甲骨文出发的"发"写作㣤（《合集》8006），或作㣤（《合集》34095），也是持棒开道之意。持棒出行，辟草莱，击蛇兽，御盗劫，起了手杖的作用，是人们最简单最倚重的古老交通护身工具。木棒手杖也可用戈类的长兵器替代，甲骨文荷字作㣤，就像一人荷戈之状，另有㣤（《合集》6948），即寓持戈步行于道中之意。《诗·大雅·公刘》云："干戈戚扬，爰方启行"，也是讲持带长兵武器远行。这比简单的木棒手杖当然强多了。

古代人的出行，除了凭借木棒手杖或长兵器的早期交通工具外，随身往往还携带一些简单的旅途用品。《公刘》云："乃裹糇粮，于橐于囊。"甲骨文有㣤、㣤（《合集》23705）、㣤（《合集》6055）、㣤（《零拾》133）、㣤（《合集》32978）几个橐囊之属的异字，㣤、㣤像两头捆束状，㣤像一头缚紧状，㣤像大囊中又盛放小橐状。《说文》以橐、囊互训。《左传》宣公二年云："为之箪食与肉置诸橐以与之。"旧说有"无底曰囊，有底曰橐"或"有底曰囊，无底曰橐"，以及大囊小橐或小囊大橐之辩，[①]但殷商人似无此严格区分，所谓无底当指两头捆束的口袋，有底当指一头缚起的口袋。㣤即速字，本意指携带橐囊行走。

徒步远行携带橐囊的方式，商代人似有以额部负物者，甲骨文系字作㣤（《合集》1098），殆其形写照。又有头顶负物行者，竞字金文作㣤（《三代》

---

① 见桂馥：《说文解字义证》，中华书局 1987 年版。

12·46·8），甲骨文作㓁（《合集》35224），为头顶一器形。甲骨文又有㓁（《合集》20576 反），是手提行囊形。金文还有一字作㓁（《续殷》下 31），甲骨文写作㓁（《合集》39456）、㓁（《合集》35225），则为背驮橐囊出行形。

总之，徒步是最原始最流行的交通方式，古人每以棒类手杖或长兵器为徒步中的交通护身工具，远行时携带的行囊，有额负、头顶、手提、背驮等，不拘一式，要以取其便当省力而已。

二　乘车

（一）商王朝的车服制

《墨子·辞过》说的"圣王作为舟车以便民之事"，《淮南子·氾论训》说的"作为之楺轮建舆，驾马服牛，民以致远而不劳"，就上古社会而言，未必符合事实。陆行乘车，早先不是人人都能享用到的，一般人的外行远出，是靠徒步，谈不上有车可乘，只有相当地位的统治权贵，才有条件享受乘车之便，"致远而不劳"。

《考工记》云："一器而工聚焉者，车为多。"据统计，《考工记》载有古代六类三十个工种，其中攻木之工占去七个，叙述文字比重约为全书的三分之二。七个攻木工种是轮、舆（附辀）、弓、庐、匠、车、梓，按其性质可概括为建筑、作车器、兵工和作用器四大类，而作车器者即占了轮、舆（附辀）、车等三个以上的工种。[①] 造车不易，能用车作外出远行交通工具的人，其社会地位必居一般人之上。《国语·晋语四》云"车上水下必伯"，韦昭注："车动而上，威也；水动而下，顺也；有威而众从，故必伯。"由于车的贵重，因此成了古代统治集团用来表示显赫权势的象征品。

吕思勉说："车之兴，必有较平坦之道，故其时之文明程度必更高。"[②] 车的发明，当与古代国家的产生略约同步，是文明时代的产物。在商代车已有用于战争行动。《墨子·明鬼下》说："汤以车九两（辆），鸟阵雁行，汤乘大赞，犯遂（逐）下（夏）众，人（入）之蟜（郊）遂。"《吕氏春秋·简选》说："殷汤良车七十乘，必死六千人，以戊子战于郕，遂禽推移、大牺，登自鸣条，乃入巢门，遂有夏。"《帝王世纪》谓汤"革车三万，伐桀于鸣条"。[③] 商汤灭夏桀动用的车辆，说法愈晚出，数量愈大，难以置信，但如果

---

① 参见郭宝钧：《中国青铜时代》，生活·读书·新知三联书店 1978 年版，第 88 页。
② 吕思勉：《先秦史》，上海古籍出版社 1982 年版，第 363 页。
③ 《北堂书钞》卷十三引。

溯其始末，大概最先《墨子》说的
"车九两（辆）"更质实些。甲骨文
中车群的最高数是"六车"（《合集》
11452。图4—4）。帝乙时征伐危方，
虽然获其首领美，俘虏24人，馘首
1570多个，但缴获对方的车犹不过
是"二两（辆）"（《合集》36481）。
殷商晚期尚且如此，更毋庸言商
初了。

图4—4　甲骨文"六车"

（《合集》11452）

　　目前所见最早的有关车的地下出
土文字材料，是河南洛阳皂角树二里头文化遗址发现的三期陶文"车"字，
年代约相当于夏代晚期，[1] 与河南荥阳西史村晚商遗址出土陶豆柄部所刻
"車"字[2]及甲骨文车字写法接近。考古发掘车的最早实证，是2003年偃师
二里头遗址宫室区南侧大道发掘发现的两道平行车辙，长5米多，轨距约1
米，属二里头文化二期，[3] 可能为一种人力推拉双轮小车辗出。1996年在河
南偃师商城城内东北隅也发现两道平行车辙，长14米，轨距约为1.2米，
车辙之间及车辙两侧路面布满不规则小坑，大约是驾这种双轮车的牲畜踩踏
蹄印。[4] 偃师商城还出土过一件青铜害。[5] 此外，郑州商城北部紫荆山铸铜遗
址出土过两块浇铸青铜车轴头的陶范，属二里岗上层一期。[6]

　　迄今所见最早的整车，主要出土于安阳殷墟，属于商代后期的遗物，前
后发现52辆以上，如下表：

　　① 洛阳市文物工作队：《洛阳皂角树——1992—1993年洛阳皂角树二里头文化聚落遗址发掘报
告》，科学出版社2002年版，第74页。

　　② 郑州市博物馆：《河南荥阳西史村遗址试掘简报》，《文物资料丛刊》（5），1981年。

　　③ 许宏、赵海涛：《二里头遗址发现宫城城墙等重要遗存》，《中国文物报》2004年6月18日。

　　④ 中国社会科学院考古研究所河南第二工作队：《河南偃师商城东北隅发掘简报》，《考古》
1998年第6期。

　　⑤ 杜金鹏、王学荣、张良仁、谷飞：《试论偃师商城东北隅考古新收获》，《考古》1998年第6期。

　　⑥ 赵全嘏：《郑州商代遗址的发掘》，《考古学报》1957年第1期。又杨育彬：《郑州商城初
探》，河南人民出版社1985年版，第44页。又河南省文物研究所：《郑州商代二里岗期铸铜基址》，
《考古学集刊》第6集，1989年。又河南省文物考古研究所编著：《郑州商城——一九五三年——一九
八五年考古发掘报告》上册，文物出版社2001年版，第380—381页。

序号	编号	出土时间	出土地点	车数	马数	随葬人数	备注	资料来源
1		1933年	后冈西区中字型大墓南墓道	1				石璋如：《河南安阳后冈的殷墓》，《六同别录》上，1945。
2		1935年	西北冈王陵区M1001	1				梁思永、高去寻：《侯家庄第二本·1001号大墓》，1962。
3		1935年	西北冈王陵区M1003南墓道	2				梁思永、高去寻：《侯家庄第四本·1003号大墓》，1967。
4	M1136		王陵区东区	2				杨宝成：《殷代车子的发现与复原》，《考古》84-6，p.547，554。
5	M1137		王陵区东区	2				
6	YM20	1936年	小屯C区乙七基址南	2	4	3	一说25车，见石璋如：《小屯C区的墓葬群》，p.477	《小屯C区的墓葬群》，《集刊》23本下，1952，p.453-458。
7	YM40	1936年	小屯C区乙七基址南	1	2	3		
8	YM202	1936年	小屯C区乙七基址南	1	2	2		《小屯·遗址的发现与发掘·北组墓葬》，1973，p.16。
9	YM204	1936年	小屯C区乙七基址南	1(?)	2(?)	(?)		高去寻：《安阳殷代的皇室墓地》，《台湾大学考古人类学刊》第19、20期，1962。
10	YM45	1936年	小屯C区乙七基址南	1(?)	2(?)	(?)	p.477	
11	M175	1953年	大司空村	1	2	L		《1953年安阳大司空村发掘报告》，《考古学报》55-9，p.60-66。
12	M292	1966年	大司空村	1	2	1		《殷代车子的发现与复原》，p.546-547。

续表

序号	编号	出土时间	出土地点	车数	马数	随葬人数	备注	资料来源
13		1985 年	大司空村	1	2			杨锡璋:《安阳大司空村、花园村、刘家庄等地殷代墓地》,《中国考古学年鉴(1986)》,1988,p.149。
14		1985 年	大司空村	1	2			
15	M226	2004 年	大司空村	1	2			岳洪彬、岳占伟、何毓灵:《河南安阳殷墟大司空遗址发掘获重要发现》,《中国文物报》2005.4.20。
16	M231	2004 年	大司空村	1	2			
17		2004 年	大司空村	1	2			
18		2004 年	大司空村	1	2			
19	M1	1959 年	孝民屯南地	1	2			《1958—1959 年殷墟发掘简报》,《考古》61—2,p.72—73。
20	M2	1959 年	孝民屯南地	1	2	1		《安阳殷墟孝民屯的两座车马坑》,《考古》77—1,p.69—70、72。
21	M7	1972 年	孝民屯南地	1	2	1		《安阳新发现的殷代车马坑》,《考古》72—4,p.24。
22	M1613	1981 年	孝民屯西南地	1	2			杨宝成:《安阳殷墟发现两座大型建筑基址和一座车马坑》,《中国历史学年鉴(1982)》,p.272。《殷墟西区发现一座车马坑》,《考古》84—6,p.505—509。《安阳殷墟孝民屯西南地 M1613 车马坑的起取和组装》,《考古》84—9。

续表

序号	编号	出土时间	出土地点	车数	马数	随葬人数	备注	资料来源
23	M698	1977年	孝民屯东南地 M698 南墓道	1	2	1		《1969—1977年殷墟西区墓葬发掘报告》,《考古学报》79—1, p. 60—61。
24		2003年	孝民屯	1	2	1		中国社会科学院考古研究所资料。
25	M701		殷墟西区 M701 墓道	1			残车构件	《1969—1977年殷墟西区墓葬发掘报告》,《考古学报》79—1, p. 56。
26	M43	1972年	白家庄西北地	1	2		同出箭函	《1969—1977年殷墟西区墓葬发掘报告》,《考古学报》79—1, p. 57—59。
27	M151	1972年	白家庄西北地	1	2			《1969—1977年殷墟西区墓葬发掘报告》,《考古学报》79—1, p. 60。
28	M52	1987年	郭家庄西南地	1	2	2		《安阳郭家庄西南的殷代车马坑》,《考古》88—10, p. 882—889。刘一曼：《安阳殷墟郭家庄车马坑》,《中国考古学年鉴》(1988), p. 188。
29	M58	1987年	郭家庄西南地	1	2（?）	?		同上, p. 889—891。
30		1989年	郭家庄西南地	2	4			《安阳殷墟发现商代组车马坑》,《光明日报》1989.11.11。《殷墟考古又有新进展》,《人民日报》(海外版) 1989.11.1 (4)。杨锡璋：《安阳殷墟一般墓葬保护区墓葬与车马坑》,《中国考古学年鉴》(1990), p. 245。

续表

序号	编号	出土时间	出土地点	车数	马数	随葬人数	备注	资料来源
31	M339	1992年	刘家庄北地	1	2			刘一曼:《安阳殷墟刘家庄北地车马坑》，《中国考古学年鉴》(1993)，p.177。
32	M348	1992年	刘家庄北地	1	2	1		
33		1992年	刘家庄北地	3			遭破坏	
34		1995年	刘家庄北地	1	有散乱的马骨		车舆构件等散乱分布	安阳市文物工作队:《1995～1996年安阳刘家庄殷代遗址发掘报告》，《华夏考古》97-2。
35	93AMM1	1993年	梅园庄东南	1	2	1	首次发现刹车构件	安阳市文物工作队:《安阳梅园庄殷代车马坑发掘简报》，《华夏考古》97-2。
36	M40	1995年	梅园庄东铁西城建	2	2	2	其中1车拆埋，无马	杨锡璋:《安阳殷墟》，《中国考古学年鉴》(1996)，p.171。
37	M41	1995年	梅园庄东铁西城建	1	2	1		中国社会科学院考古研究所安阳工作队:《河南安阳梅园庄东南的殷代车马坑》，《考古》98-10。
38	AGM1	2005年	殷墟西部安钢厂区	1	2	1		
39	AGM2	2005年	殷墟西部安钢厂区	1	2	1		
40	AGM3	2005年	殷墟西部安钢厂区	1	2	1	箭箙1、铜镞30以上、青铜戈、矛，铜短剑1	刘忠伏、孔德铭:《安阳殷墟殷代大墓及车马坑》，《2005中国重要考古发现》，文物出版社2006年版，p.59-62。魏明艳:《殷墟新发现一座大型车马坑》，《安阳日报》2005.5.25。
41	AGM4	2005年	殷墟西部安钢厂区	1	2	2		
42	AGM5	2005年	殷墟西部安钢厂区	1	2	2		李根林:《殷墟考古又有重大发现》，《河南日报》2005.5.24。
43	AGM6	2005年	殷墟西部安钢厂区	1	2			
44	AGM7	2005年	殷墟西部安钢厂区	1	2			

这些车普遍以马为引挽动力，全是一车二马，均属王邑高级权贵的陪葬品或祭祀品。其中出自王陵区者有 7 辆，占总数 13.46％；出自小屯 C 区乙七基址南有 6 辆，占 11.54％；其余 39 辆大体出自一些贵族墓地，而且往往两两成组。后冈的 1 辆出于一座两墓道大墓，孝民屯和白家庄的几辆属之近处几座甲字型中等墓或直接出自墓道中，郭家庄的 4 辆及 2004 年大司空村的 4 辆，两两成组，东西并列，均分属于附近两座贵族大墓的陪葬品。1992 年刘家庄发现的 5 辆，其中两辆，出自 M988 一座四墓道大墓的南墓道两旁，该墓内殉葬 10 人，填土中埋了 26 个人头骨，可见墓主生前权势之威。1995 年梅园庄 M40 同坑 2 车，与 M41 东西并列成 3 车一组，实属特例，不多见。2005 年殷墟西部安钢厂区新发现车马坑 7 座，共出土 7 辆车，皆为一车二马，分属于偏北处三座贵族大墓的陪葬品，其中编号为 AGM1-AGM5 的 5 辆车，呈南北一线排开，车头向东，间隔有序，自南而北的 3 辆，都有一人殉葬，配备武器有青铜短剑、戈、矛、箭镞、箭函等，显示出护卫队列车的表象，而列北的 AGM4、AGM5 两辆，装饰豪华，马具精致，又分别殉葬两人，一人在车前，一人在车侧，这两车当属主车和副车。

"两车制"以主车和副车为核心组成出行车队，可能揭示了晚商的车服制。如甲骨文有云：

> 癸巳卜，𣪏，贞旬亡忧。王占曰：乃兹亦𐊅（有）求（咎），若偁。甲午，王逐兕，小臣叶车马硪𩫼王车，子央亦阤（坠）。（《合集》10405。图 4—5）

记商王武丁狩猎追逐猛兕，小臣叶的马车被石所硪，撞上王车，子央亦从车上坠落下来。在此场合，王车为主车，与臣正副车，簇拥相随。甲骨文又有云：

> 其兄辛𤔔，叀右车用，又正。（《合集》27628）

壬辰卜，子平射，弹、复取右

图 4—5　商王主车与臣正副车硪撞

（《合集》10405）

车，若。

　　癸巳卜，子叀大令，乎从弹取右车，若。（《花东》416）

　　殷人尚右左为对，以右为上，右车当属主车。两例言右车，则自有左车之副。一记祭祀兄辛是动用右车否。一记子命令选取主车右乘去竞射，弹、复是主车的御夫及车上卫士。

　　商代车马葬的双车制，正再现了当时等级礼制的车服制。有学者认为，王陵区的车群，其祭祀对象非殷先公先王莫属，其他类的车主，应是王室成员如王的配偶或嫡亲执政者，至少也是商代官吏中的臣正、武官和史官中的首领人物。① 这一说法是可信的。

　　应指出者，多数车马坑中，有陪葬人 1—3 人不等，生前身份可能是仆驭御夫、卫士或保养车马者等。据《周礼·夏官》记述，上古权贵的马车，专门配备人员，有"大仆"之职，"王出入，则自左驭而前驱"；有"戎右"之职，"掌戎车之兵革"；还有称作"趣马"的养马官。甲骨文有"多御正"（《花东》63），是掌驭车的臣僚，称"多"则不止一位；有"车小臣"（《合集》27879），是负责管理制造车或保养车的官员。可见文献讲的这套车服人员配备制，早在商代已经基本形成。

　　《论语·卫灵公》曰："乘殷之辂。"《史记·殷本纪》引孔子说："殷路车为善。"辂即路车，指乘车。商王朝贵显的马车，车子结构主要包括了轮毂、轴、辕、衡、轭、箱舆等几大构件，其制造工艺和装配结构，确实代表了当时工业技术的最高水平②（图 4—6）。杨宝成曾对殷墟出土 14 辆车的构造尺寸作了分析统计，其轨距约在 2.17—2.4 米之间，轴长在 2.7—3.1 米上下，轮径约在 1.2—1.5 米之间，轮辐 16—26 根。辀（辕）长 2.5—2.9 米。作为荷载部分的箱舆，有大小之分，大型者广 1.2—1.7 米，进深最大的达 1.5 米，小型箱舆一般广 1 米左右，进深 0.7 米上下。③

---

　　① 郑若葵：《试论商代的车马葬》，《考古》1987 年第 5 期。

　　② 参见张长寿、张孝光：《殷周车制略说》，《中国考古学研究——夏鼐先生考古五十年纪念论文集》，文物出版社 1986 年版。

　　③ 参见杨宝成：《殷代车子的发现与复原》，《考古》1984 年第 6 期。

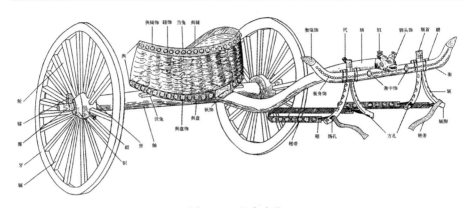

图 4—6　殷车名物

(参照史语所《集刊》40 下，石璋如)

有学者指出，大型箱舆能容乘员 3 人，小型箱舆只能容 2 人，因箱舆周围有栏杆，车后留缺口，故乘员是从车后上下，贵族乘车时可踏石几以登。[1]《周礼·夏官·隶仆》有云："王行，洗乘石"，郑司农注："乘石，王所登上车之石也。"又《仪礼·士昏礼》云："妇乘以几。"孙诒让云："凡登车，贵者乘以石，其次以几。"从考古发现看，马车的箱舆栏杆仅高 0.45 米以下，立乘不足以凭栏，推想当时采用的是跪坐姿势，屈膝跪式，对于进深为 0.7×1 米的横长方形箱舆容积是富富有余的，乘员可手倚栏杆，以获得舒适效果。驾车时，大概也如文献所说，仆御居左，乘者坐右。若是乘 3 人者，大概尊者居右，仆御在中，陪乘者在左，概以右为上。

为了显示权贵乘车出行的威风，当时连马鞭都做得十分考究，有金、玉、铜、木、竹制者（图 4—7）。小屯宗庙宫室区的车马坑内，曾发现 3 根用长条形玉管制成的马鞭柄，石璋如以为即《礼记·曲礼上》说的"君车将驾，则仆执策立于马前"之策，[2] 孔疏："策，马杖也。"殷墟车马坑中还屡屡发现一种青铜策，管状中空，两端略粗，近上端三分之一处有半钮，可系绳，如殷墟西区出土的一根铜策，长 24 厘米。[3] 滕州前掌大遗址出土 5 件铜

---

① 孙机：《中国古独辀马车的结构》，《文物》1985 年第 8 期。

② 石璋如：《小屯殷代的成套兵器》附《殷代的策》，中研院史语所《集刊》第 22 本，1950 年。

③ 中国社会科学院考古研究所安阳工作队：《1969—1977 年殷墟西区墓葬发掘报告》，《考古学报》1979 年第 1 期。

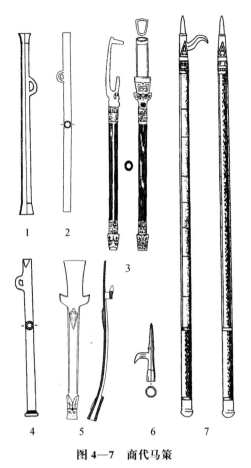

图 4—7　商代马策

1. 小屯 M391 出土　2. 梅 M1 出土　3. 旌介 M1 出土　4. 大司空 83M663 出土

5. 前掌大 M11 出土　6. 武乡出土　7. 小屯 M164 出土

马策，通长在 22.6—24.4 厘米之间，有长条形和管形两式。[①] 殷墟梅园庄 1 号车马坑的右服马后侧，又出土过一种木质马策，圆杆形，直径 3 厘米、长 60 厘米。[②] 此外，殷墟小屯 164 号马坑还曾出土过一件月牙形玉石马衔及一根竹木策，策复原后长 57.5 厘米，外包金叶，两头安玉石饰，端部尖镞，

①　中国社会科学院考古研究所编著：《滕州前掌大墓地》（上册），文物出版社 2005 年版，第 368—369 页。

②　安阳市文物工作队：《安阳梅园庄殷代车马坑发掘简报》，《华夏考古》1997 年第 2 期。

侧有倒钩，形似戟。① 殆《淮南子·修务训》所谓"良马不待策锇而行"。《淮南子·道应训》云："倒杖策，锇上贯颐"，许慎注："策，马捶，端有针以刺马，谓之锇。"知马策主要用来捶马、刺马以促马行进。

殷商王朝的马车，主要用于贵显统治者的出行游乐、狩猎或对外战争，为政权利益直接服务，作为交通工具，亦仅限于少数人范围。高级贵显乘车出行，"追琢其章，金玉其相"②，权势赫赫，可谓荣极一时。

晚商车行所抵地域，相当遥远，与当时王邑通向四方的交通干道的开启，是相呼应的。武丁时有一片甲骨文云：

> 癸丑卜，争，贞自今至于丁巳我𢦏𢆶。王占曰：丁巳我弗其𢦏，于来甲子𢦏。旬有一日癸亥，车弗𢦏，之夕�甲子允𢦏。（《合集》6834）

记出动战车征伐𢆶国，从癸丑日占卜的当天起，至 11 天后的癸亥至甲子日黎明之交战车攻抵𢆶国。𢆶国位于晋南河曲一带，③ 距殷都直线距离约有 700 多里之遥，估计当时马车一天的进军行程，平均约为 60 多里。《墨子·节用》谓"利以速至，此车之利也"，指出了马车在远行交通上的优势。

（二）商代各地贵族的马车

马车除见诸商王邑内高级权贵的礼仪生活场合外，各地的族落方国贵显人物，一般也拥有马车，作为出行的交通工具。《诗·商颂·那》云："约𬨂错衡，八鸾鸧鸧，以假以享。"记四方诸侯乘坐豪华的马车，到商王邑来献享。《礼》书中有称诸侯乘墨车、建龙旗，入天子之门助祭。《诗·商颂·玄鸟》亦云："武丁孙子，武王靡不胜，龙旗十乘，大糦是承。"郑玄注："高宗之孙子有武功有王德于天下者，无所不胜，服乃有诸侯建龙旗者十乘，奉承黍稷而进入者"，孔疏："举其有十乘耳，未必同时至也。"说明商王邑是当时政治和交通中枢所在，时有各地的贵显人物，乘坐各式各样的马车出入往来。

---

① 石璋如：《小屯第一本·丙编·遗址的发现与发掘·殷虚墓葬之二：中组墓葬》，中研院史语所 1972 年版，第 15—17 页。

② 《诗·大雅·棫朴》。

③ 岛邦男：《殷墟卜辞研究》（中译本），台北鼎文书局 1975 年版，第 374—376 页。

商代各地族落方国贵显阶级的马车，在考古发掘中每有发现。1979—1980
年河南罗山蟒张后李发现商代息国墓地，在一座高级权贵墓内，出土一件铜车
饰，形似伞盖，首部饰云雷纹、小圆涡和四足蝉纹，可能是车顶盖帽，十分少
见。[①] 看来，这种车属于出行交通工具，不像是战车。

2006 年河南荥阳胡村晚商墓地出土车辖、车伞盖弓帽、策柄等车马器 3 件。[②]

1971—1972 年安徽颍上赵集王拐村征集到一批这一带出土的晚商车辖、
铜铃、弓形器等。[③]

1978 年河北灵寿县西木佛村发现一座商代"亚戈"的贵族墓葬，在出土
的 24 件随葬品中，有车辖、铜铃、铜泡等车马器。[④]

1991 年河北定州北庄子发现的商代贵族墓，出有驾车用的铜策两秉。[⑤]

1971 年山西保德县林遮峪发现一座商墓，在随葬的 30 件铜器中，有车
辖、舆栏饰、车铃、马铃等车马器 19 件。[⑥]

山西灵石旌介村发现一处商代"囧"族贵族墓地，在 1985 年发掘的一
座一椁三棺一夫两妻合葬墓内，有殉人一具，仅随葬铜器就达 40 余件，内
有车马器。还出土一根铜策，长 28.1 厘米，细管状，上有半圆形纽管，上
端饰牛首，下端饰兽首，管表有细线纹。[⑦] 造型工艺比殷墟出土铜马策还要
精美。1987 年又在附近 10 米处发现车马坑一个，惜被盗，残存铜轭饰、铜
泡等，推测坑内原有一车两马，殉葬 3 人。[⑧]

1986 年山西武乡县上城村一座商墓，出有月牙形铜马衔（原简报称"弓

①　信阳地区文管会、罗山县文化馆：《河南罗山县蟒张商代墓地第一次发掘简报》，《考古》1981
年第 2 期。

②　贾连敏、曾晓敏等：《河南荥阳胡村发现晚商贵族墓地》，《中国文物报》2007 年 1 月 5 日。

③　阜阳地区博物馆：《安徽颍上、赵集发现商代文物》，《文物》1985 年第 10 期。

④　正定县文物保管所：《河北灵寿县西木佛村出土一批商代文物》，《文物资料丛刊》（5），
1981 年。

⑤　河北省文物研究所、保定地区文物管理所：《定州北庄子商墓发掘简报》，《文物春秋》1992
年增刊。

⑥　吴振录：《保德县新发现的殷代青铜器》，《文物》1972 年第 4 期。

⑦　陶正刚：《灵石县旌介村商代墓葬》，《中国考古学年鉴》(1980)，文物出版社 1988 年版，第
95—96 页。又山西省考古研究所、灵石县文化局：《山西灵石旌介村商墓》，《文物》1986 年第 11
期。

⑧　山西省考古研究所：《灵石旌介发现商周及汉代遗迹》，《文物》2004 年第 8 期。

状器"）一件，以及马策端部倒钩镞一件，[①] 形制均与前述小屯 164 号马坑出土的月牙形玉石马衔及马鞭端部倒钩镞形制相类。

1998—2002 年山西临汾浮山县桥北多座殷商"先"族贵族墓被盗掘，2003 年在劫余的大型墓 M1、M18 墓道内发现随葬车、马及殉葬的驭者，出土了车踵饰、轭饰、马饰、弓形器等一批车马器。[②]

50 年代陕西武功游凤镇曾出土商代铜器一批及车马器 21 件。[③]

1975 年陕西渭南县南堡村农民在平整村东坡地时，发现一座出有"莘邑"铜器的商代贵族墓葬，随葬铜器 52 件，玉器 3 件，骨蚌器 40 多件。其北 10 米处也有车马坑一个，惜被平掉。[④]

1983 年陕西清涧县李家崖一座商代土石结构城址，出有车马器。[⑤]

1986 年陕西西安东郊老牛坡发现一处商代晚期墓地，清理大小墓葬 45 座，有车马坑和马坑各一个，车为一车两马，马坑中人马犬同穴。[⑥]

山东寿光县益都苏埠屯商代晚期贵族墓地，屡有"亚醜"族氏标识的铜器出土，还曾发现过铜軎、辖、轭首、踵等车马器构件。[⑦] 1965—1966 年又发现两座二墓道大墓和两座中型墓，另发现车马坑一个，出土了一套比较完整的车马器。[⑧]

1983 年寿光县城北"益都侯城"亦出有商末车马器。[⑨]

1957 年山东长清县兴复河发现一座商代墓葬，出土青铜礼器 16 件及车

① 王进先、杨晓宏：《山西武乡县上城村出土一批晚商铜器》，《文物》1992 年第 4 期。

② 《山西临汾破获文物案，缴获商晚期"先"族青铜器》，《中国文物报》2001 年 6 月 3 日。又田建文：《初识唐文化》，《古代文明研究通讯》总第 21 期，2004 年。又田建文：《山西浮山桥北商周墓》，《2004 中国重要考古发现》，文物出版社 2005 年版，第 61—64 页。

③ 段绍嘉：《介绍陕西省博物馆的几件青铜器》，《文物》1963 年第 3 期。

④ 左忠诚：《渭南县南堡村发现三件商代铜器》，《考古与文物》1980 年第 2 期。

⑤ 吕智荣：《试论李家崖文化的几个问题》，《考古与文物》1989 年第 4 期。

⑥ 西北大学历史系考古专业：《西安老牛坡商代墓地的发掘》，《文物》1988 年第 6 期。

⑦ 山东省文物管理处、山东省博物馆：《山东文物选集——普查部分》，文物出版社 1959 年版，图版 79—84。

⑧ 齐文涛：《概述近年来山东出土的商周青铜器》，《文物》1972 年第 5 期。

⑨ 山东省文物考古研究所：《前进中的十年》，《文物考古工作十年（1979—1989）》，文物出版社 1991 年版，第 169 页。

马器。①

　　山东滕州市前掌大村一处商代方国贵族墓地，自 1981 年以来经前后多次发掘，发现其平面布局以 3 座两墓道大墓呈南北中轴线排开，东西两侧各排列若干座甲字型大墓，这些大墓周围又错落着一些中小型墓葬。在 1987 年第 3 次发掘中，发现车马坑 1 个，另又在 M214 的两墓道大墓棺椁上发现两套车轭及零星马骨，M215 的甲字型大墓内也出有车器。② 1994 年秋第 5 次发掘中在 M18 大墓内发现随葬车 1 辆。1995 年秋第 7 次发掘中清理车马坑 3 座，1998 年第 8 次发掘中清理车马坑两座，均为一车二马。其中 M41 有车伞盖，衡前及舆后殉葬 1 人，M40、M45 等其余 4 辆在车舆下各埋有一人。还出土盾牌 3 面和马鞭 5 件。③

　　山东胶县西庵一处商周贵族墓地，曾出土过大型石磬和铜车马器等。1976 年又发现车马坑 1 个，一车四马，年代似已属西周早期。④

　　以上 18 处商代车马坑或车马器构件发现地，计河南 2 处，安徽 1 处，河北 2 处，山西 4 处，陕西 4 处，山东 5 处，以东方和西北方为多见，分布地域基本集中在黄河中下游半湿润的丘陵地区和部分半干旱地区，为华北旱作农地区，自然地理条件应是促成"陆地乘车"这种古代交通工具得以在本地区高层权贵中广泛使用的重要外因。

　　除此之外，帝乙时卜辞中又有记征伐危方，缴获其"车二两"（《合集》36481）。陕西周原出土甲骨文中有"车乘"（H11：124，H11：35）、"卜曰：其衣车马，由又习"（齐家 112）。凡此，也均说明马车在当时各地族落方国上层贵族集团间流行程度，以及这种交通工具在上层社会生活和政治军事方面的价值。应注意者，上述山东滕州前掌大商代

---

　　① 　山东省博物馆：《山东长清出土的青铜器》，《文物》1964 年第 4 期。

　　② 　考古所山东队：《滕县前掌大新石器时代及商代遗址》，《中国考古学年鉴》（1988），文物出版社 1989 年版，第 175—177 页。胡秉华：《滕州市前掌大商代遗址》，《中国文物报》1989 年 3 月 10 日。

　　③ 　胡秉华：《滕州前掌大商周遗址》，《中国考古学年鉴》（1995），文物出版社 1997 年版，第 152 页。胡秉华：《滕州前掌大商代遗址》，《中国考古学年鉴》（1996），文物出版社 1998 年版，第 160 页。贾笑冰：《滕州市前掌大商代墓地》，《中国考古学年鉴》（1999），文物出版社 2001 年版，第 192—193 页。中国社会科学院考古研究所编著：《滕州前掌大墓地》（上册），文物出版社 2005 年版，第 339—368 页。

　　④ 　山东省昌潍地区文物管理处：《胶县西庵遗址调查试掘简报》，《文物》1977 年第 4 期。

方国贵族墓地，马车构件既见于有两墓道的中字型大墓，又见于紧挨其左右的一墓道甲字型大墓，可见在方国内部，拥有马车者不只限于方国君主，还容或有君主配偶和重要臣属一类人物，大体与殷墟王邑内的情况相类似。

商代各地所见的马车，就其性质用途言，可分为乘车交通工具和战车（指挥车）两类，但大都是一车二马的独辀车，而不是单马驾驶的双辕车。河南罗山息国墓地出土的车顶铜盖帽，制作考究，知当时为了遮阳避雨，有的马车上已设有车盖，盖帽形似花朵向下张开，大概是为了便于把盖帷的缯帛固定住。山东滕州前掌大墓地 M41 车马坑内车舆正中发现已经腐朽的车伞盖，伞的顶饰为一直径 27.8 厘米的铜圆盘，中间有一个直径 1 厘米的穿孔，在周边有 82 枚海贝分两圈镶嵌的装饰（图 4—8）。[1] 河南荥阳胡村晚商墓地也出土了车伞盖弓帽。前述殷墟 93 梅园庄 1 号车马坑，在舆口部位发现大片红漆，发掘者推测"是舆上部伞盖留下的痕迹"。文献中称车盖为笠，亦称簦。段注《说文》云："大而有把，手执以行，谓之簦；小而无把，首戴以行，谓之笠。是簦为笠，析言之固有别也，浑言之，则簦亦可谓笠。"商代的车盖可能源出实际生活中的雨具及遮阳伞之类，有固定在车上或手执两式。《周礼·夏官》即有言王之车仪，陪乘的"道右"当"王下则以盖从"，孙诒让疏云："盖即车盖，王乘车必建盖，阴以御雨，阳以蔽日。"另据《左传》宣公四年："以贯笠毂"，杜注："兵车无盖。"车上张盖，增加阻力，影响车速，又妨碍交战。由此推言，商代有车盖的马车，似用为乘车即路车，而非兵车或戎车。

陕西西安老牛坡出土的双马挽引独辀车，无兵器同出，也为乘车。轨距 2.25 米，轴长 3.15 米，轮径 1.4 米，轮辐 16 根，与殷墟出土车制无大异。其箱舆外形作横长方形，宽 1.6 米、进深 0.72 米，是为中型车，大概只能容乘员 2 人。舆内周壁髹漆，留有成片漆皮，底部铺皮韦编织物，印痕犹存。相比之下，殷墟郭家庄发现的一辆乘车，箱舆的栏杆、木板不仅髹漆，还画有红黑相间的彩绘图纹，前栏板又贴有红布装饰，车内缀有牙片饰物，

---

① 中国社会科学院考古研究所编著：《滕州前掌大墓地》（上册），文物出版社 2005 年版，第 357 页。又李森、刘方、韩慧君、梁中合：《前掌大墓地马车的复原研究》，见《滕州前掌大墓地》（下册），文物出版社 2005 年版，第 618—636 页。

铺有坐席，① 似乎显得更为豪华，标志着商代王邑与地方国族在车制上的某种等级或文化发展差异。

图4—8　滕州前掌大 M41 带车伞盖马车复原图
（采自《滕州前掌大墓地》）

商代各地的族落方国，其少数统治集团成员服用车马已较为常见。《吕氏春秋·简选》称武王伐商，"虎贲三千人，简车三百乘，以要甲子之事于牧野而纣为禽"。《诗·大雅·大明》描述其事云："牧野洋洋，檀车煌煌，驷騵彭彭，维师尚父，时维鹰扬，凉彼武王，肆伐大商，会朝清明。"考古发现的周初马车有以四马挽引，异于殷制。看来，某方掌握的制车工艺和驾车技术的高明程度，以及拥有车辆的数量，一方面直接为某方贵显统治阶层的权势所利用，另一方面也成为衡量其一时力量强弱的重要标尺。

（三）牛车和人力小车

古代又有用牛车服重致远的，史传商族先公"胲作服牛"（《世本·作篇》）。《山海经·大荒东经》也说，"王亥托于有易、河伯仆牛，有易杀王

---

① 中国社会科学院考古研究所安阳工作队：《安阳郭家庄西南的殷代车马坑》，《考古》1988 年第 10 期。

亥，取仆牛。"服牛即仆牛。《考工记》又称之为"牝服"。清人陈奂说："牝即牛，服者，负之假借字，大车重载，故谓之牝服。"[1]《尚书·酒诰》称妹土殷人"肇牵车牛远服贾"，牵车牛载物品远行贾卖。可见商人在社会联系和社会关系中，已懂得利用牛车作为运送物资进行交往交流的交通运输工具。

牛车在甲骨文中称为"牵"，写作𤘾，字像缚牛引縻意。[2] 商代的畜力车，均属独辀车，非两畜以轭靰式系驾方可。甲骨文有云：

……牵……二牛…（《怀特》156。图4—9）
贞令般又登左牛。（《合集》8943）

据上，知牛车也采用轭靰式双牛系驾。"登左牛"指征用系驾牛车的左边之牛，自然也应有"右牛"。1978年殷墟王陵区发现的M19祭祀坑，里面并排瘗埋牛架2具，头向南，尾向北，面相对，姿势规整，颈部各系一铜铃，[3] 可为双牛挽车提供一佐证。

图4—9　甲骨文牛车"牵"
（《怀特》156）

牛车的车速运行自然赶不上轻灵的马车，因此在战争中，马车通常用作冲锋陷阵、兵戈交搏的戎车，《司马法·天子之义》云："戎车，殷曰寅车，先急也。"但牛车的荷载能力却在马车之上，故牛车又称作大车。如西周中期偏晚师同鼎铭云："折讯执首，俘车马五乘，大车廿。"车马五乘，自指冲锋陷阵的马车即戎车，大车非牛车莫属，用来重载军需。《考工记·辀人》云："大车之辕挚"，郑玄注："大车，牛车也。"《诗·小雅·黍苗》云："我任我辇，我车我牛"，朱熹注："牛，所以驾大车也。"戴震《考古记图》也说："大车任载而已。"牛车的实用价值是引力大，适当加大车身，可使载重量大增，在平时能服重致远，在战时则不失为运送军事装备的较好交通运输工具。《周礼·地官·牛人》云："凡会同军旅行役，共其兵车之牛，与其牵傍，以载公任器。"孙诒让疏云："牵傍者，即挽车之牛，而实据人御之而为

---

①　《周礼正义》卷八六，车人条引。

②　别详见拙作：《甲骨文牵字说》，《甲骨文与殷商史》第2辑，上海古籍出版社1986年版。

③　中国社会科学院考古研究所安阳工作队：《安阳武官村北地商代祭祀坑的发掘》，《考古》1987年第12期。

名。"任器者即军旅行役所用的军需物资。

殷商时期牛车数量甚众，武乙时甲骨文云：

> 丁亥卜，品其五十牵。（《合集》34677）
>
> ［己］丑卜，品其五十牵。
>
> 戊子卜，品其九十牵。（《合集》34675）
>
> □□卜，品其九十牵。（《合集》8086＋18475）
>
> □□□，□其百又五十牵。（《合集》34674）

牵指牛车，品有率义。[①] "品牵"犹文献所云"牵傍"、"牵车牛"，即挽车之牛，而实据人率之以为名。动用牛车动辄就是五十、九十乃至百五十之数，可见商王朝握有相当庞大的运输车队；相反，马车却没有如此高数量的记载。

古代用于战争中运输军用物资的牛车数量，也总是远远超过用于冲锋交搏的马车。上揭《师同鼎铭》记述周人与戎敌交战所俘获的车辆，马车是 5 辆，牛车是 20 辆，两者之比为 1∶4。殷墟小屯 C 区乙七基址南出土的战车编制，以每 6 辆车为一组列，与甲骨文所记"六车"（《合集》11452）的车群数是相一致的。若按甲骨文所言"王乍三师，右、中、左"（《粹》597）[②] 的三列军队编制，则为 18 车。甲骨文中牵的最高辆数是 90 和 150，最低数是 50，则每师用马车和牛车之比，略约为 1∶6—1∶8，在军情变化情况下，可能会有所变宜，其 50 的低数，可能是"会同军旅行役，共其兵车之牛"的一个战车组列的配备牛车数量，也可能是专门提供中师军需物资的牛车运输车队。

由于牛车偏重于实用，比较笨重，车速也不快，数量多于马车，物多则不贵，因此在贵族阶级心目中的地位，是没法与轻灵而贵重的马车相媲美的，上层权贵墓葬通常不用牛车作殉葬品，即是商代这种高层次社会占有心态的反馈。

除了马车和牛车外，商代当还有人力推拉小车。周代称人挽之车为栈

---

① 《汉书·酷吏列传》，颜师古注："品，率也。"

② 又 1989 年小屯村中出土一骨，与此同文，见刘一曼：《安阳小屯殷代刻辞甲骨》，《中国考古学年鉴》（1990），文物出版社 1991 年版，第 248 页。

车，《诗·小雅·何草》云："有栈之车，行彼周道"，毛传："栈车，役车也"，孔疏："有栈之辇车，人挽以行"。又《周礼·春官·巾车》有云："服车五乘：孤乘夏篆，卿乘夏缦，大夫乘墨车，士乘栈车，庶人乘役车"，郑氏注："栈车不革鞔而漆之，役车方箱可载任器以共役"，贾共彦疏："庶人以力役为事，故名车为役车。役车亦名栈车，以其同无革鞔故也。"《考工记·舆人》云："栈车欲弇"，郑玄注："为其无革鞔不坚易坼坏也。"由此考见，古代人力推拉的栈车，大体为木轮带方箱以供力役载物的简易小车，故一称役车，主要见之于平民阶层。

甲骨文中尚未见到专赖人力推拉之车的史料。商代金文中有辇字，[①] 通谓像人挽车形，惟孙机以为，"其实是像二人立于车上之形"。[②] 甚确。辇在殷商甲骨文中仍用指马车，下辞可知：

> 其呼笝辇，又正。
> 其肇马右，〔又〕正。（《合集》29693）

二辞同卜一事。笝，人名。辇是辇车。"肇马右"犹他辞言"肇马左右中，人三百"（《前》3·31·2），知"肇马右"实指三个战车队中的右队，笝应是右队之长，笝乘坐的辇车自是同队中的马车，而不是人挽之车。辇的意义当如《周礼·地官·乡师》所云："大军旅会同，正治其徒役，与其輂辇"，郑玄注："輂驾马，辇人挽行。"马车在行进中，或因道途难行，故又需人前挽后推。《司马法》云："夏后氏二十人而辇，殷十八人而辇，周十五人而辇。"说的即是给战车配备人徒。若以上举甲骨文左、右、中三个战车队列配备人徒300言，则每队100人，又若一队有6辆战车，则平均每车约16人，与文献所说大致接近。上引甲骨文"辇"字写作，在车前衡部再加二手，正寓这层意义。《夏本纪》中"山行乘樏"，大概不是指别的交通工具，而是指畜力车走山道时，另需人前拉后操，即所谓"輂驾马，辇人挽行"。

人力推拉的小车，虽未载见甲骨文，但在殷墟考古发掘中有发现。1986—1987年在安阳洹南花园庄南地发现一个大废骨坑，坑口兽骨层表面有14条宽0.1—0.15米、深0.05米的车辙，有的经车轮多次滚轧，被挤压得

---

① 《商周金文录遗》266。

② 孙机：《中国古独辀马车的结构》，《文物》1985年第8期。

十分紧密滑硬。其中有两条车辙相平行，长 19.3 米，两辙间距 1.5 米。今知商代马车的轮距均在 2.3 米上下，与此显然不符，故这种车辙应为另一种人力推拉双轮小车辗出。有的车辙较杂乱，可能还有一种独轮车的车辙。① 当时人们用双轮小车或独轮车运送废骨料倒此坑中，可见是为平民阶层所用，毫无疑问，在外出场合，自然也可成为平民使用的交通工具。

在利用兽力以服务于人类生活方面，商代人似还有其他一些尝试。1989 年安阳郭家庄西南商代墓地发掘中，发现 2 座车马坑、1 座马坑和 1 座羊坑，呈南北一线排列。车马坑居中，均为一车二马；马坑在北，埋 2 马 3 人；羊坑在南，埋 2 羊 1 人，两羊的头部有小铜泡组成的笼饰，嘴旁有小铜镳，颈上方有铜轭首。② 这现象似表明，当时还有过以两羊拉小车的尝试。至于马坑的 2 马 3 人，很可能属于下节讲的骑乘之马，三人中除有两位骑马者外，或许另一位是饲养人。

三 骑马

骑乘是古代出行交通手段之一，所利用畜力大体为家畜或驯化动物。史传商先公"相土作乘马"③，就是指骑单马出行。《诗·大雅·绵》有述周人祖先"古公亶父，来朝走马，率西水浒，至于岐下"。明清间顾炎武认为，"马以驾车，不可言走，曰走者，单马之称"④，故走马即骑马。《易·系辞传下》云："服牛乘马，引重致远，以利天下。"《屯卦六二》有云："屯如邅如，乘马班如，匪寇，婚媾。"高亨指出，这是描述古代掠婚，"谓乘马而来者，屯然而拥至，邅然而转行，又般然而回旋，非劫财之寇贼，乃娶女之婚媾也"⑤。说明至周代，骑马出行已见诸社会生活的方方面面。

按常识言，骑马当早在马车发明之前。吕思勉即说过："世无知以马驾

---

① 中国社会科学院考古研究所安阳工作队：《1986—1987 年安阳花园庄南地发掘报告》，《考古学报》1992 年第 1 期。

② 杨锡璋：《安阳殷墟一般保护区墓葬与车马坑》，《中国考古学年鉴》（1990），文物出版社1991 年版，第 245—246 页。

③ 《世本·作篇》。

④ 《日知录》卷二九。

⑤ 高亨：《周易古经今注》（重订本），中华书局 1984 年版，第 170 页。

车而不知骑乘之理,亦无久以马驾车而仍不知骑乘之理。"① 马车的考古实物,已可追溯到商代前期,而商代各地马车的发现,也层出不穷。骑马远行,自应是商代以来已存在的交通事象。

如前所述,商代马车普遍以两马挽引,与之相应,甲骨文有不少双马并卜之辞,如:

> 庚戌卜,王曰贞,其剥左马。
> 庚戌卜,王曰贞,其剥右马。(《合集》24506)
> 癸丑卜,晌,贞左赤马,其䡂不卟。(《合集》29418)
> 乙未卜,晌,贞左□□,其䡂□卟。
> 乙未卜,晌,贞在宁田,黄右、赤马,其䡂□□。(《合集》28196)
> 佳左马其有剥。
> 右马其有剥。(《花东》60)
> 癸亥卜,新马于贾见(视)。
> 新马,子用左。
> 新马,子用右。(《花东》367)
> 叀利马罘大犌亡灾。(《合集》36985)
> 叀犌罘䡂子亡灾。
> 叀犌罘䡂亡灾。
> 叀犌罘䡂亡灾。
> 叀并犌亡灾。(《合集》37514)
> 叀并驳。(《合集》36987)

剥有伤害义,别辞云:"贞师有剥"(《合集》4248)、"射甾亡其剥"(《合集》5751),可见其义。以上皆以两马为对,旨在选择或估价交易何两马合适,可使驾车相安而齐同。剥、䡂同字异写,有驯顺义。卟意为烈,猛烈、厉害之义。"其䡂不卟",谓马驯驾不烈性。《仪礼·士丧礼》云:"赗以两马,是惟得驾。"②"并犌"、"并驳",为驾双马之合称,分言之则有称"用左"、"用右",或明言"左马"和"右马","黄右、赤马"、"左赤马",

---

① 吕思勉:《先秦史》,上海古籍出版社 1982 年版,第 364 页。

② 《公羊传》隐公元年云:"车马曰赗。"

相当《说文》说的"骈，驾二马也"。《韩诗外传》云："古者命于其君，然后得乘饰车骈马。"总之，上辞中之马，是指驾车的马。

但甲骨文中另有一类称作"两"的单马，如：

> 宁延马二两，辛巳雨以霉。(《合集》21777)
>
> 祉以马自薛，允以三两。(《合集》8984)
>
> ……马十两有□…… (《合集》1097)
>
> ……马廿两有□…… (《合集》1098)
>
> 癸巳卜，往马卅两。(《京人》2987)
>
> 马五十两。(《合集》11459)

"两"为单位量词。称"两"的马，数量组成多少不一，无公约数可计，数目无规律性，一般均出现在正被使用的动态场合。与用作祭牲或畜养在厩的马也不相涉，如"岁于祖乙五马"(《佚》883)、"王畜马在兹厩"(《合集》9415)，后者均不称"两"。另外，在战争场合，称"两"的马又每与战车同列，如五期一片征危方卜辞，提到俘获马若干两、车二两。[①] 这与周初小盂鼎铭说的伐戎方，"俘马百四匹，俘车百□两"，意义相类。显然，称"两"的马自成单元体，义与匹同，盖指带有羁饰的单骑，见于战争场合，则指骑兵之马。

单骑或骑兵之马在殷墟考古有发现。1935 年殷墟第 11 次发掘，在王陵区曾发现几座马坑，坑中埋马多者 37 匹，少者 1 匹，都带笼头，有铜饰。[②] 特别是 1936 年第 12 次发掘，小屯 C 区 M164 墓内发现埋有 1 人 1 马 1 犬，其人装备有兽头铜刀、弓形器、镞、砺石、玉策等；其马头部有当卢、颌饰等羁饰。石璋如指出，这种现象"供骑射的成分多，而供驾车用的成分少"，是为"战马猎犬"[③]。1991 年安阳后冈 M33 一座一套青铜觚、爵的小型贵族墓，配备有铜戈 4、石戚 1、铜镞、骨镞、石刀 2，还有 1 件铜马衔，[④] 墓主

---

① 《合集》36481。

② 胡厚宣：《殷墟发掘》，学习生活出版社 1955 年版，第 82 页。

③ 石璋如：《殷墟最近之重要发现附论小屯地层》，《中国考古学报》第 2 册，1947 年，第 24 页。

④ 中国社会科学院考古研究所安阳队：《1991 年安阳后冈殷墓的发掘》，《考古》1993 年第 10 期。

生前似也为一位骑马武士。

1950、1976年武官大墓前后两次发掘，南、北墓道内共发现马28匹，也大多有辔饰。[①]

1959—1961年苗圃北地发现马坑3个，内1个埋1人1马，另2个各埋1马。[②]

1969—1977年孝民屯东南地一座编号为698的墓内殉有1马。另在白家庄西北地发现的150号墓内，出有带羁饰的马2匹。[③]

1971年后冈一座二墓道大墓的南端，发现祭坑1个，内埋2人2马。[④]

1976年王陵区发掘的110号墓内，埋有2马，头部有辔饰、铜泡，嘴边有铜镳。[⑤]

1978年王陵区发现马坑40个，有马117匹，多者埋马8匹，少者1匹，不少马带有马镳。[⑥]

1989年郭家庄西南地发现马坑1个，内埋3人2马，已见上节引述。

另外，在陕西西安老牛坡商代墓地，也曾发现"战马猎犬"现象，在一祭坑内人马犬同埋。[⑦]

以上考古资料，很难相信如此众多的马都会与马车有什么必然联系，至少那些带有羁饰的马，当初曾经作为单骑或战马役使过。与马同埋的人，有的可能为骑兵，有的可能为一般骑马者，有的可能为贵族僚属或下人，有的可能为养马奴。不如说由于当时社会比较普遍崇尚骑马，因此才出现以单骑或战马殉祭的礼俗。

---

① 郭宝钧：《一九五〇年春殷墟发掘报告》，《中国考古学报》第5册，1951年。又中国科学院考古研究所安阳发掘队：《武官大墓南墓道的发掘》，《考古》1977年第1期。

② 中国社会科学院考古研究所编著：《殷墟发掘报告》（1958—1961），文物出版社1987年版，第26—27、288页。

③ 中国社会科学院考古研究所安阳工作队：《1969—1977年殷墟西区墓葬发掘报告》，《考古学报》1979年第1期。

④ 中国科学院考古研究所安阳发掘队：《1971年安阳后冈发掘简报》，《考古》1972年第3期。

⑤ 中国科学院考古研究所安阳发掘队等：《安阳殷墟奴隶祭祀坑的发掘》，《考古》1977年第1期。

⑥ 中国社会科学院考古研究所安阳工作队：《安阳武官村北地商代祭祀坑的发掘》，《考古》1987年第12期。

⑦ 西北大学历史系考古专业：《西安老牛坡商代墓地的发掘》，《文物》1988年第6期。

在商代，高级权贵出行有马车代步，而一般贵族成员或许曾骑马代步。甲骨文中有云："多马从戎"（《合集》5716）、"多马莽戎"（《合集》5715）、"令多马"（《合集》5719）、"令多马卫于北"（《合集》5711）、"多马亚其有忧"（《合集》5710）、"乎小多马羌臣"（《合集》5717）、"宙族马令往"（《合集》5728），还有"马亚"、"马小臣"、"戍马"等武职，恐怕有的乃属于骑兵中的大小头目，这也多少反映了在一般贵族阶层骑单马以代徒步的习尚。

昔董作宾曾据 6 片甲骨残辞，互补得一则完整史事，全辞云：

> 癸亥卜，㱿，贞旬亡忧。王占曰：有求（咎）。五日丁卯，王狩敝，祝车马□，祝坠在车，禽马亦有坠。[①]

记商王武丁在敝地狩猎中发生的事故。祝车为王车的副车，禽是骑马的武臣，祝车马逸，祝摔倒在马车上，禽连人带马翻倒地上。王车侧旁有臣正副车、武士骑马陪伴随同，可见统治者的出行场面，拥拥簇簇，等次秩然。

甲骨文中还有一些反映贵族成员骑马的史料，如：

> 丙辰卜，即，贞宙弋出于夕，御马。（《合集》23602）
> 壬辰卜，王，贞令陕取马，宁涉。（《合集》20630）
> 其有奔马。用。（《花东》381）
> 戊午卜，子又乎逐鹿，不奔马。用。（《花东》295。图 4—10）

弋，祖庚祖甲时臣正，武丁卜辞有"小臣弋"（《怀特》961），或为同一人而臣于两朝。御字用其本义，即《说文》："御，使马也。"御马犹言骑马，问弋可否夜间骑马外

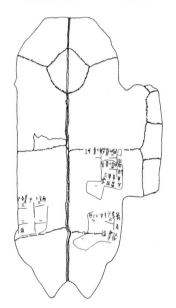

图 4—10　甲骨文骑马奔猎野鹿
（《花东》295）

---

① 参见前引石璋如文。此据《合集》11446—11449 等片稍有补正。

出。中间一辞记宁有外涉之行，王命令陕为其取马。奔字从姚萱释。[1] 后一辞记田猎追逐野鹿，问会否发生马奔逸，盖亦指骑马奔驰追猎。

商王朝的一般臣正有以骑马代徒步，各地的普通贵族成员也大致如此。但作为高级权贵却不尽乘马车，兴致所至，亦有骑马之举。如：

<blockquote>王其步，叀钖。（《合集》36984。图4—11）</blockquote>

图4—11　商王骑铜色马
（《合集》36984）

钖字从金，可能形容王所骑的铜色之马，也可能指马的精美羁饰。要之，商王的骑乘，品种毛色和马饰无疑显得更高档。由此辞又可得知，甲骨文说的"步"，不一定指徒步，也指骑马，如"令小尹步"（《屯南》601）、"令我史步"（《天理》140）等，恐怕理解为骑马外出，似更适切些。再进而言之，甲骨文中"步"的同类字"涉"，在某些使用场合容或是指骑单马涉水过河。

四　商人服象

上古时期中原地区当还有过"服象"之举。晚至西周中叶以前，中原地区尚保存着大片茂密的森林，又有广大的草原沼泽，气候温暖湿润，年平均温度约比今高2℃，如亚热带的竹类植物，曾在黄河流域广泛生长，而现在竹类分布的北限大约已向南后退纬度1°—3°。大约在一二万年以前，中原地区的年平均温度更比现在高出7℃—8℃。[2] 这样的自然气候条件，十分适合象的生存栖息。山西、陕西、河南等省一些旧石器时代遗址，出土了不少象化石。殷墟商王邑也曾出有象的亚化石。五期甲骨文中有商王狩猎"获象七"（《合集》37365）的记录。西周中叶以后，气候变寒，加上人们的开发活动，造成中原地区生态植被的退化，才迫使象逐渐向南方迁徙。

驯象以供人役使，可能很早就在中原地区出现了。传说"舜葬于苍梧

---

① 姚萱：《殷墟花园庄东地甲骨卜辞的初步研究》，线装书局2006年版，第99—114页。

② 参见竺可桢：《中国近五千年来气候变迁的初步研究》，《竺可桢文集》，科学出版社1979年版。

下，象为之耕"（《论衡·书虚》），透露了远古人们对驯化野象进行尝试的讯息。

徐中舒曾推测河南古称豫州，乃因产象而得名，并指出甲骨文中的获象记录是土产象，不是从南方引进，象在殷商时期已成为日常服用动物。[①] 甲骨文象字作""，从手牵象，而又突出象的长鼻。罗振玉即据以推测："意古者役象以助劳，其事或尚在服牛乘马以前。"[②] 甲骨文中还有一个勾勒尤为逼真的母象图，画面为一头腹部绘一小象以示意怀孕的母象，其胯下又有一幼象。[③] 此非有深入观察而莫能绘。

《吕氏春秋·古乐》云，"商人服象，为虐于东夷"，记商人把驯化的家象用于对东夷的战争。《韩非子·说林上》谓商末纣王使用"玉杯象箸"，有象牙筷之制。甲骨文有云：

> 以象侑祖乙。（《合集》8983）

象用为祭牲。诚如学者所指出的，商代贵族统治者用象祭祀祖先，间或也服用于战争，还将象牙象骨制成各种用品，表明当时不但有不少野生象存在，而且还有经过驯化并进行自行繁殖的象存在。[④]

甲骨文中有一类象是为野生象，如：

> 丁未卜，象来涉，其呼麟射。（《屯南》2539）

记野象来水滨觅食徘徊，命令武士麟射猎。另又有一类是驯养中的象，如：

> 于癸亥省象，旸日。（《合集》32954）
> 贞生□月象至。（《合集》4611）

---

① 徐中舒：《殷人服象及象之南迁》，中研院史语所《集刊》第 2 本 1 分，1930 年。

② 罗振玉：《增订殷虚书契考释》卷中，东方学会 1927 年石印本，第 60 页下。

③ 《合集》21472。

④ 王宇信、杨宝成：《殷墟象坑和"殷人服象"的再探讨》，《甲骨探史录》，生活·读书·新知三联书店 1982 年版。

省象，犹他辞言"省牛"、"省黍"、"省舟"、"省右工"①，省为察看、省视之意，所省者，大抵为人能所及而在握中的品类。确定癸亥日天气晴否便于察看象，则该象应是驯养中的象，而非出没无定的野象。言来月象送至，似亦指已驯服的象。

　　殷墟考古发掘中，屡有象牙象骨制品出土。妇好墓出有夔鋬杯一对，带流虎鋬杯 1 件，皆用象牙根段制成，极其精致。② 整象也有出土，1935 年第12 次殷墟发掘，在王陵区东区 M1400 号大墓附近，发现象坑 1 个，长 5.2 米、宽 3.5 米、深 4.2 米，内埋 1 象 1 人，③ 乃祭祀祖王的牺牲。1978 年在王陵区西区东南方约 80 米处，又发现象坑 1 个，长 2.4 米、宽 1.7 米、深1.8 米，内埋 1 象 1 猪，象体高约 1.6 米，身长约 2 米，门牙尚未长出，系一幼象个体，身上还佩带一个铜铃。④ 前一象的大小不详，但据两坑长度和后一象已知身长的比例推算，前一象的身长似应在 4 米开外，是一头处于成熟期的大象。这大小两头象，当均非野象，幼象身系铜铃，为家象自不待言，而大象的同坑内埋有驯养象的人，显然也表明是经驯化的象。此外，妇好墓中出有圆雕玉象一对，一大一小，作站立状，长鼻上伸，鼻尖卷起，口微张，小眼细眉，大耳下垂，体硕腿粗，尾下垂。⑤ 观其形态，憨然可掬，毫无凶猛骇人之感，似属以家象为模特的雕琢品。

　　殷商时期既有不少被人们驯化或殖养的象，役象或乘象出行自非难事，文献所谓"商人服象"，应该说是可信的。

第四节　水上交通

一　过河、桥梁与渡津

　　商代交通网络已经拓展到广阔地域，如何穿越河流水道也就显得甚为要紧，公共桥梁的架设当已出现。最早的桥称为梁。《说文》云："梁，水桥

---

① 分别见《英藏》459、《合集》9612、《怀特》1456、《合集》28971。

② 中国社会科学院考古研究所：《殷墟妇好墓》，文物出版社 1980 年版，第 215—218 页。

③ 见胡厚宣：《殷墟发掘》，学习生活出版社 1955 年版，第 89 页。

④ 中国社会科学院考古研究所安阳工作队：《安阳武官村北地商代祭祀坑的发掘》，《考古》1987 年第 12 期。

⑤ 中国社会科学院考古研究所：《殷墟妇好墓》，文物出版社 1980 年版，第 160 页。

也",段注:"用木跨水,则今之桥也……见于经传者,言梁不言桥也。"《诗·大雅·大明》记述周方伯姬昌"亲迎于渭,造舟为梁",与商国通婚,在渭河上架设舟梁迎亲。《初学记》卷七云:"凡桥有木梁、石梁、舟梁——谓浮桥,即《诗》所谓'造舟为梁'者也。"在桥梁发展中,早初多半是梁桥,首先是木梁,因为木梁的架设总比石梁轻便,从自然倒下的树木而形成的梁桥,到有意识地推倒,砍伐树木架作桥梁,无需多少过程。[①]

据考古发掘资料,湖北黄陂商代前期盘龙城,形制近方形,南垣外中段城壕宽约 11.6 米,深约 3.9 米,在壕沟南北坡岸两侧及壕沟底发现有桥桩的柱洞遗存,洞内留有残木桩,尖锥直插至生土层,其中北岸柱洞 8 个,排列呈门字形凸出朝向河中,柱穴直径 15 厘米,壕沟底柱洞 7 个,排列在北岸桥桩之南,南岸坡缘相对处有一半圆形浅坑,坑内也有一个柱洞;柱穴直径 10—25 厘米。南垣外东段城壕宽约 6.8 米,深约 2.1 米,也发现桥桩的柱洞,北岸坡柱洞 20 个,南岸柱洞 4 个,呈东西排列,柱穴直径 10—20 厘米,间距 0.7—1.60 米,还发现大量塌入河底的桥梁木板遗存。[②] 从桥桩分布均是靠城垣内侧多而密看,恐怕属于结构较为坚实的跨水式木梁或吊桥。

安阳殷墟洹南小屯宫室区,通过人工挖掘西、南两条深壕,与东面、北面的洹水弯道相通,构成长方形封闭性防御屏障,壕沟最宽处达 21 米,窄处宽 7 米,深 3—10 米左右。在西壕沟一处的东西两侧,发现一组对称的夯土台基式桥墩,两墩间距 7.2 米,墩基深及水面以下,用五花土或灰土夯筑,质地极其坚硬。壕沟东侧一墩平面呈凸形,东西长 6.22 米,南北宽 7.2 米;西侧一墩平面呈长方形,东西长 4.20 米,南北宽 3.30 米。[③] 此皆为架设桥梁供出入通行的设施。从殷墟发现的桥墩形制看,恐已非郑州西山城壕上简单的架设拆除均很便捷的跨水式木梁或吊桥,而是结构比较复杂的坚实桥梁。

商代水陆交通并举,陆道与水道相交处,除了架设梁桥得过外,遇到浅

[①] 唐寰澄编著:《中国古代桥梁》,文物出版社 1987 年版,第 19 页。

[②] 湖北省文物考古研究所编著:《盘龙城——一九六三年——九九四年考古发掘报告》上册,文物出版社 2001 年版,第 36—38 页。按原报告未指明是桥梁遗迹。

[③] 中国社会科学院考古研究所编著:《殷墟发掘报告》(1958—1961),文物出版社 1987 年版,第 95—96 页。

水河道，或可持杖探其深浅得涉。甲骨文有地名🐾（《合集》36908）、🐾（《合集》36758），像人持杖涉水，大概其地水道浅，人可倚杖得涉，因以为名。另有在浅河道中置石块，人可履石渡之。甲骨文有云：

　　　　贞兑人于🐾莫。（《英藏》547 正）

于省吾释🐾为砅的初文，是履石渡水之形。[①] 甲骨文又有云：

　　　　贞涉潢。（《天理》219）
　　　　王其涉东兆，田三录。（《屯南》2116）
　　　　令子商先涉羌于河。（《合集》536）

此等涉大概均与徒步涉水相关。

　　在殷商时期，若干要道与河道交凑处，似已专设渡津，供贵族阶级成员过往之便。《尚书·说命上》记武丁之言云："若济巨川，用汝作舟楫。"孔传："渡大水待舟楫。"《尚书书序》云："若津水，用女作舟。"《尚书·微子》云："今殷其沦丧，若涉大水，其无津涯。"《说文》："津，水渡也。"一说："都道所凑为津。"[②] 甲骨文有地名迅字作🐾（《合集》21635），像水陆道交凑形，疑即津字之初形，大概其地是渡津口岸，因以为名。《泰誓》："大会于孟津。"孟津也属这类渡津口。渡津口岸是设舟摆渡口，据甲骨文云：

　　　　丁未卜，贞亚勿往茧，在兹祭。
　　　　贞勿呼涉河。
　　　　贞勿呼伐，舟亩橐用。（《合集》5684）

三辞同卜一事。"舟亩橐用"，是讲用舟载渡橐囊包裹过河，也可能谓临时以气橐代舟渡河。祭，地名，当为设舟摆渡口岸。辞谓亚这个人要在祭的渡口过河往茧地，从事某项军事使命，用舟载渡行李包裹或用何种方法

---

　　① 于省吾：《甲骨文字释林》，中华书局 1979 年版，第 150—152 页。
　　② 《古文苑·汉律赋》注。

渡河。

《诗·邶风·谷风》有云："就其深矣，方之舟之；就其浅矣，泳之游之。"看来，古人涉水渡河，方式方法不拘，或借助方桴、舟船、皮囊，或游泳过去，或徒步蹚涉，大抵取决于水道深浅宽窄和水势缓急等具体因素。但备舟而设摆渡津口，则恐怕是专为统治阶级成员服务的。

二 水行载舟

《史记·河渠书》引《夏书》云："陆行载车，水行载舟，泥行蹈毳，山行即桥（梮）。"《夏本纪》："陆行乘车，水行乘船，泥行乘橇，山行乘檋。"讲了古代几种主要交通工具的性能。《尚书正义》卷五释云："桥一作輂；輂，直辕车也。《尸子》云：山行乘樏，泥行乘蕝。《汉书·沟洫志》云：泥行乘毳，山行则梮。毳行如箕擿行泥上。如淳：毳谓以板置泥上，以通行路也。《慎子》云：为毳者，患涂之泥也。应邵云：梮或作欙，为人所牵引也。"人们在社会联系和社会关系上的有所作为，乃创造出车、舟、橇、檋等利于不同地貌的交通工具。

舟船不仅为短距离的渡河工具，还能用于长程的水道航行。《列子·汤问》云："水舟陆车，默而得之，性而成之。"舟楫的发明可追溯到原始社会晚期。传说舟楫的发明者为黄帝、[①] 黄帝臣共鼓或货狄、[②] 尧工官巧垂、[③] 帝俊时人番禹[④]等，未必属实，但《淮南子·氾论训》说的"古者大川名谷，冲绝道路，不通往来也，乃为窾木方版以为舟航"，《说山训》说的"古人见窾木浮而知舟"，是符合造舟船起始史的。"窾木"指木头中间挖空的独木舟，"方版"则指木板船，两类不同船型的出现，揭示了早先木作造船技术提高的前后历程。

《易·系辞下》说："剖木为舟，刻木为楫。"结构简单的剖木挖制成的独木舟，是木作造船技术的初始形态。目前所见最早的独木舟，出土于浙江跨湖桥一处造舟的木作工场遗址，距今约7500—8000年，船体残长约5.6米，船身宽0.52米，船底弧收，船头上翘而宽约0.29米，吃水甚浅，是一

---

① 《易·系辞下》。

② 《世本·作篇》。

③ 《墨子·非儒下》。

④ 《山海经·海内经》。

艘借助火焦法把一段原木挖凿成的原始独木舟。① 胶东荣成县毛子沟出土的
商周之际的独木舟，舟长 3.9 米，舟身平面近长方形，底纵剖面呈弧形，也
是用一段原木刻成，有三舱，舟前翘后重，舱壁外鼓，设计结构合理，已脱
离了独木舟的最原始形态。② 楫是船桨，浙江河姆渡遗址发现的 7000 年前的
木楫，是目前出土最早的楫，残长 63 厘米，用一根整木刻出柄和桨叶，翼
宽 12.2 厘米，做工细致，还刻有线型图案。③ 此外钱山漾遗址也发现过一支
5000 年前的楫，用青冈木制成，柄长 86 厘米，翼长 96.5 厘米、宽 19 厘
米。④ 这是沿海地区古代居民从事近海或江湖交通的考古出土实物。

　　商代在民间，笨重的独木舟犹是主要的水行交通工具，但贵族统治阶层
乘坐的舟，有可能已是建造技术较高、船体较坚固、形制较大较精细的木板
船，甲骨文舟字即是板船体的构形。

　　晚商时远距离的河道交通也已开启。甲骨文有：

　　　　方其𣶒于东。（《合集》20619）
　　　　𣶒河，亡若。（《合集》20611）

𣶒、𣶒，旧释荡，为一人于河上操舟楫状。河上操舟，舟行东向，方位有之，
又虑及水上安全，是否顺利，则航行水程不会很短。别辞有言：

　　　　叀散用洀𣶌于之若，戈𣅀方。（《合集》27996）

𣅀方为殷敌国。𣶌，日本贝塚茂树谓可能是流的初字。⑤ 《诗·邶风·柏舟》
云："泛彼柏舟，亦泛其流。"此言散盘舟顺流而下，直趋𣅀方领地。甲骨文
有一字作𦩘（《合集》11477），像群舟泛于中流。用于军事行动的舟群，恐怕
数量不在少数，由此知商王朝似已有舟兵水师之建制。江河流速，水上行舟

---

①　蒋乐平等：《跨湖桥遗址发现中国最早独木舟》，《中国文物报》2003 年 3 月 21 日。

②　王永波：《胶东半岛上发现的古代独木舟》，《考古与文物》1987 年第 5 期。

③　河姆渡遗址考古队：《浙江河姆渡遗址第二期发掘的主要收获》，《文物》1980 年第 5 期。又
劳伯敏：《一支七千年前的船桨》，《光明日报》1981 年 1 月 12 日。

④　浙江省文管会：《吴兴钱山漾遗址第一、二次发掘报告》，《考古学报》1960 年第 2 期。

⑤　贝塚茂树：《京都大学人文科学研究所藏甲骨文字·本文篇》，1960 年版，第 536 页。

正可借力。

甲骨文中言"王🐚舟"之辞，自武丁到文丁各代均见，如二期有两辞云：

> □丑卜，行，贞王其🐚舟于滴，亡灾。在八月。（《合集》24608）
> 乙亥卜，行，贞王其🐚舟于河，亡灾。（《合集》24609）

🐚、🐚同字异写，即寻字，寻舟谓再次动用舟。一说🐚舟是帅舟，读如率舟，谓舟在河中顺流而行，[1] 亦备一说。倘若是逆流溯行，水流阻力，行舟就很困难。甲骨文有字🐚（《合集》32778），像一人推舟状。又有云：

> 弜🐚舟。（《合集》33691）

🐚字也像以双手在河流中推舟，此等推舟，当在水缓或逆流而水又不深的情况下为之。

水上航行，非比一般，造舟不易，常人难以有之，航途又难测，每受自然界各种因素制约，故商王朝已确立了一些用舟制度。

商王有专用之舟，如：

> 己巳卜，争，贞乍王舟。（《合集》13758）

这是专为商王建造王舟的占卜。他辞有：

> 王其省舟。（《怀特》1456）

记商王省察其用舟。辞称"王舟"，归属明确，非王莫乘，则朝内当还造有其他等级的用舟，惟规格质量上似不会超过王舟。甲骨文云：

> 于多君……舟。（《怀特》348）
> 翌甲，其乎多臣舟。（《花东》183）

---

[1]　见于省吾：《甲骨文字释林》，中华书局 1979 年版，第 283 页。

可见朝内贵显多君多臣也各有其用舟。

晚商王朝的舟群，一般由商王直接掌握，凡解缆用舟，有时得先行占卜，如：

> 癸巳卜，复析舟。（《合集》33690）
> 弜比析舟。（《合集》32555）

析舟即解缆放舟。[①]然析舟乃属朝廷大事，下臣不得私自行之，必须得到商王的命令方可。如：

> 叀大事析舟。
> 叀小事析舟。
> 叀吴令析舟。
> 叀介令。
> 叀戈令。（《合集》32834）

大事、小事，殆军国之事。吴、介、戈均为商王臣僚武官。"叀某令"是"叀令某"的宾语前置。可见，在什么样的情况下方能解缆动用舟，以及选令哪位军事臣僚去责成此事，都经过了商王事先的反复斟酌考虑，有王命下达方能析舟。

在通常情况下，用舟要先期占卜准备。如：

> 甲戌卜，争，贞来辛巳其旬洀。（《合集》11477）

旬读若徇，巡游省视之意。旬洀指泛舟巡行盘游。[②]（图4—12）甲戌日占卜，问来日辛巳王用舟巡游，足足提前了8天时间进行预卜。有时还反复卜问哪一天可以登舟出航，如：

> 叀壬出舟。

---

① 参见于省吾：《甲骨文字释林》，中华书局1979年版，第284—285页。

② 参见于省吾：《甲骨文字释林》，中华书局1979年版，第93—94页。

惠癸出舟。

［惠甲］出舟。（《屯南》4547）

水上航行，气象变化十分要紧，故有再三占卜者，如：

图 4—12　泛舟与推舟
（《合集》11477、33691）

贞翌辛巳王其泭舟，易日。辛巳王泭，允易日。

贞翌辛巳不其易日。（《醉古》367）

庚寅卜，王泭，辛卯易日。（《合集》20272）

辛未卜，今日王泭，不风。（《合集》20273）

其雨。

其出舟，惠今日癸，亡戈。吉

翌乙，亡戈。吉（《英藏》2322）

"王泭"是"王泭舟"之省言，意思是王出舟航行。易日是指晴天出太阳。可见阴晴、有风无风、有雨无雨的气候条件，均是决定哪天出舟行成的重要考虑参数，这是王出于水上航行安全的实际顾虑。

当时，重要场合的出舟游航，似乎还要举行一番仪式，如：

癸卯卜，狄，贞弜祀，惠左𡆥泭。

癸卯卜，狄，贞弜祀祝。

癸卯卜，狄，贞其祝。

惠乙舟。

惠丁舟。（《合集》30757。图 4—13）

𡆥，今之邕字。《说文》云："邕，四方有水自邕成池者。"籀文作𡉚，与此

图 4—13　殷墟王邑泊舟处"左邕"

（《合集》30757）

形近意合。邕一作雍。《左传》宣公十二年云："川雍为泽。"雍又有曲隈
之意。① 左_邑，可能是殷墟王邑宫室区一带洹河曲隈之泊舟岸港或王家池苑
所在，或许又是舟兵泊驻地。由其命名看，这类泊舟岸港当不止一处，可
能还有同类建制的"右邕"或"中邕"。殷墟小屯宫室区西侧近年发现了
深达 12 米、面积 4.5 万平方米以上的池邕，平面呈椭圆形，东西长 250

---

① 《史记·司马相如列传》索隐注。

多米，南北宽 170 多米，其东北有宽达 75 米多、长 350 米的水道直通洹河。[①] 上揭卜辞一事多贞，反复贞问动用左邑之舟的祀祝仪式，以及决定在乙日还是丁日游舟。惟当时用舟时举行祀祝仪式的隆重场面，今已难知周详了。

综上所述，商代除有在干道与河道交凑处立渡津设舟以供贵族成员过往摆渡外，王朝内亦备有相当数量的舟，有商王专用的"王舟"，有权贵要臣使用的舟，还有用于军事的战舟群，由此产生了相关的用舟管理制度。凡直属王朝的舟，由商王委派臣僚武官负责管理，舟有"左邑"之类的专泊地，大抵在殷墟王邑一带的洹曲之滨或王家池苑，解缆用舟需经占卜和商王命可，出舟日期也得事先卜选择定，一般以气候是否利于航行为准，启用时又有相关的仪式。不言而喻，舟是商代贵族统治阶层专享的贵重水上交通盘游工具，或还有用于军事目的的舟群。

---

① 岳洪彬、岳占伟、何毓灵：《小屯宫殿宗庙区布局初探》，《三代考古》（二），科学出版社 2006 年版。

第五章

农 业 礼 俗

商代社会以农立国，有一系列"纪农协功"的传统礼俗，甲骨文揭示了不少这方面的奥秘。昔日郭沫若曾论及商代农业"于礼有告刍、告麦、祈年、观耤之事"[1]。胡厚宣董理商代农业礼俗中有求雨、宁雨、秦年、受年、烝尝、告秋之祭。[2] 张秉权论甲骨文中"与农业有关的礼俗"，"有求年、祈雨以及收获以后的登尝之礼等等"[3]。日本赤塚忠有殷王朝"祈年祭"的整合。[4] 杨升南有论"商代的礼俗是一种农业礼俗，这套礼俗反映在卜辞中的就是求年、求雨、告秋和登尝几个部分"[5]。这里打算从商代农业社会的总视野着眼，就甲骨文中农业生产活动方面的礼俗与农业信仰方面的礼俗两个方面，作一综合考察。

第一节 农业生产礼俗

从殷墟甲骨文包括同时期的青铜器铭文等有关资料所知，殷商时期以商王为首的统治集团几乎介入了谷类粮食作物种植的全过程，有一系列农作之礼。

比如说，统治者在耕种前要举行相地之宜。殷金文有云：

---

[1] 郭沫若：《卜辞通纂》，日本东京文求堂书店 1933 年版，第 103 页。

[2] 胡厚宣：《卜辞中所见殷代之农业》，《甲骨学商史论丛》二集，成都，齐鲁大学国学研究所专刊之一，1945 年，第 101—132 页。

[3] 参见张秉权：《甲骨文与甲骨学》，台北，"国立"编译馆 1988 年版，第 468—474 页。

[4] ［日］赤塚忠：《殷代における上帝祭礼の复原》，《二松学舍大学论文集》，1966 年；又收入《中国古代の宗教と文化——殷王朝の祭祀》，日本东京角川书店 1977 年版，第 529—610 页。

[5] 杨升南：《商代经济史》，贵州人民出版社 1992 年版，第 93—97 页。

庚午，王令寝农，省北田四品，在二月。乍册友史易賣贝，用乍父
乙障。羊册。（寝农鼎，《集成》2710）

省义同相，相视省察辨别之意。《吕氏春秋·孟春纪》云："善相丘陵，阪险
原隰，土地所宜，五谷所植，以教导民。""省北田四品"，是相北田之所宜
而分为四等。①"北田"亦见甲骨文，如：

贞我北田受〔年〕。
〔贞〕我北田不其受年。（《合集》9750甲乙＋9802＋《乙补》5075，
《醉古》348）

"北田"当是商王都北部的农田。别辞又有云：

癸卯卜，王其征上盂田匋，受禾。（《合集》28230）
叀上田匋征，受年。
叀湿田匋征，受年。（《屯南》715）

盂与北田一样，均是商王朝农田区。上田、湿田犹《荀子·富国》说的"相
高下，视肥垸，序五种，省农功"的高下肥垸之田。《尔雅·释地》云："下
者曰湿。"湿田一般比畅地肥沃的上田品级要低些。叀，语辞，惟也。征读
如延，有延引、待及之义。匋读如耘，但也可能指度地高下的一种方法。甲
骨文有云：

弜犬征土田。（《合集》33214、33215）

犬为商农田之官。土者度也。《周礼·地官·司马》云："土方氏掌土圭之
法，以致日景，以土地"，郑玄注："土地，度地也。"土田即度田，是相地
所宜的具体度量土田之法。从上引金文中王令农官在二月省北田四品来看，
相田之宜一般是在春耕春播之际进行，商王常亲自参加相关的仪式。此外，

---

① 杨升南：《商代经济史》，贵州人民出版社1992年版，第155—157页。

商王还适时举行各种性质的农业耕作仪式。如：

> 乙丑王⺊芍方。
> 乙丑，王蓐芍方。（《合集》20624）

⺊字，裘氏释柞，谓字上部像草木之形，意为"除木"；蓐读为耨。[1] 柞为伐木，蓐指除草，类似文献中说的芟。《诗·大雅·载芟》云："载芟载柞，其耕泽泽"，毛传："除草曰芟，除木曰柞"，郑笺："将耕，先始芟柞其草木。"上辞记商王出席在芍方耕前清除田间草木或开荒的仪式。又如：

> □□卜，㱿，贞王大令众人曰：劦田，其受年。十一月。（《合集》1、5 残辞互补）
> 戊午卜，宾，贞令……
> 贞王勿大令［众人曰：劦田，其受年］。
> 丙午卜，㱿……（《伊藤玄三》[2] 2）
> 辛未卜，㱿，贞我奴（共）人，迄在黍不曆，受有年。
> 贞我弗其受黍年。（《合集》795 正）

"劦田"是大规模翻耕田地，或在冬季进行，为来年春播做准备。商王颁令，并主持众人集体备耕的农作习俗仪式，以求来年丰收。"贞我共人，迄在黍不曆，受有年"，可能指商王在耕作前召集族众进行人口简选造册，为大规模农作"劦田"种黍做准备；也可能指黍的收获季节到来之前进行人口核登，以便农事力役；此或指前者。又如：

> 令尹乍大甽。（《合集》9472 正）
> 辛未卜，争，贞曰众人……墫田。（《合集》9）

甽与畎通，《世本》："伯益浚畎浍"，指人工开挖的田间水沟。河南孟县涧溪

---

① 参见裘锡圭主：《甲骨文中所见的商代农业》，《古文字论集》，中华书局 1992 年版，第 170—171 页。

② ［日］荒木日吕子：《伊藤玄三氏所藏卜骨四片について》，《白山中国学》通卷第 11 号，2006 年。

商代遗址发现的一条水沟长 80 米以上，宽深均在 1.2 米左右。^①《考工记》中对古代农田大小沟渠相配的水利排灌设施已加以规范：

> 广尺深尺谓之畎。
> 广二尺深二尺谓之遂。
> 广四尺深四尺谓之沟。
> 广八尺深八尺谓之洫。
> 广二寻深二仞谓之浍。

甲骨文既称"大畎"，当还有"小畎"。尹为农官，商王命其负责大畎的开挖。总之，商代农田已有大小沟渠相配的水利排灌设施，受到统治阶级的着意规度。田垄经营也不例外，上引甲骨文众人所从事的"墒田"，指的就是聚土作垄以成块田，^②与作畎是相辅相成的农田建制。别辞有云：

> 戊子卜，令众田若。（《屯南》395）
> 戊寅卜，宁，贞王以众黍于□
> 囿。（《山博》0384）

也是命令众人从事田间农作及以众种黍于囿地。

甲骨文中还有记商王象征性地参与播种及收割的农作仪程。如：

> 贞王立黍，受年。一月。（《合集》9525 正。图 5—1）

图 5—1 商王耤田种黍

（《合集》9525 正）

---

① 河南省文化局文物工作队：《河南孟县涧溪遗址发掘》，《考古》1961 年第 1 期。

② 参见张政烺：《释甲骨文墒田及土田》，《中国历史文献研究集刊》第 3 集，岳麓书社 1983 年版。

　　　　乙卯卜，𣪊，贞王立粱，若。

　　　　贞王勿立粱。（《合集》9521）

　　　　我其粱。（《合集》9528）

　　　　庚辰，贞在冏，屇来告芳，王其粱。（《殷拾》13·1＋13·3）

　　　　今春王黍于南兆。（《合集》9518）

　　　　癸卯卜，㞢，贞王于黍，侯受黍年。十三月。（《合集》9934）

　　　　贞乎黍于北，受年。（《合集》9535）

　　　　乎妇姘黍。（《合集》10143）

上引诸辞记商王包括王妇直接置身农作春播礼俗，月份在一月或闰十三月。
"立"读如莅临的莅，"立黍"、"立粱"意为莅临参与黍、粱的播种，带有耤
田礼的性质，黍或粱在此用为动名词，即种黍种粱之谓。芳字，据严一萍
说，指田间陈草不除，新草又生。[①]"告芳"谓报告草莱清除情况，以便商王
参与种黍礼俗。可知在有关准备就绪后，商王才象征性地劳动一下，表示对
农作的重视。再如：

　　　　丁未卜，贞佳王刈黍。（《合集》9559）

　　　　贞王往立刈黍于……（《合集》9558）

　　　　庚辰卜，宂，贞佳王叔南冏黍。十月。（《合集》9547）

　　　　丁亥卜，其叔粱，叀今日丁亥。（《屯南》794）

以上均记商王参加黍的收获仪式。刈是用镰一类农具齐根刈割禾秆。叔，裘
锡圭读如捋，是用握刀摘取禾穗。[②]刈与叔，为当时收割庄稼的两种常法。
十月属于收割季节。南冏即前引甲骨文的冏，地名，是商代的王室田庄。

　　可见，商王除及时发布农作命令外，自己也是一系列农业生产礼俗场合
中的重要角色，特别是王亲自参与的春播活动，早在商代就已形成为一种
"耤田礼"。如甲骨文云：

---

　　① 严一萍：《释芳》，《中国文字》第 16 册，1965 年；又收入《甲骨古文字研究》第 1 辑，台
北艺文印书馆 1976 年版，第 33—35 页。

　　② 参见前揭裘锡圭：《甲骨文中所见的商代农业》。

庚子卜，贞王其观耤，叀往。十二月。（《合集》9500）

乙卯卜，𡧊，贞陮受年。（《丙编》265）

丙辰卜，争，贞乎耤于陮，受有年。（《丙编》118）（案此上两辞乙卯与丙辰卜日相连，盖属于同事异卜，乙卯日先卜陮地这一年的农作收成如何，第二天丙辰日又接着卜问陮地的耤田礼。）

贞今我耤，受有年。（《合集》9507正）

弜耤畱旧［田］，其受有年。（《合集》28200）

［弜耤］畱旧田，不受有［年］。

叀懋田咠，受有年。（《合集》29004）

丁酉卜，㱿，贞我受甫耤，在姶年。三月。王占卜曰：我其田甫耤，在姶年。（《丙编》356正、357反）

甲申卜，𡧊，贞乎耤，生。

贞不其生。王占曰：丙其雨，生。（《合集》904正、反）

己卯卜，㱿，贞乎雷耤于名、亯，不溝。

勿［乎］雷耤于名、亯，其溝。

贞叀大玉□。（《合集》9505＋9322＋13958＋16442＋《乙》1426＋2864＋《乙补》831＋919＋925＋928＋930，《醉古》372）

……雷耤在名，受有年。（《合集》9503正）

［戊］午卜，㱿，贞乎鞤耤。（《合集》9508正）

告攸侯耤。（《合集》9511）

□□卜，贞众作耤，不丧……（《殷缀》8）

耤是执耒耡发土之形。总合以上辞例观之，耤田一般在上年的十二月至当年的三月间举行，也即阳气回升的春季。耤田礼的主角是王，配角有形形色色人物，包括大小臣属官员如雷、鞤，别辞还有"小耤臣"（《合集》5603）、"小众人臣"（《合集》5594）等，王以"乎（呼）"的口吻对他们下达耤田命令。有时还有各地诸侯在场，如攸侯，王或以"告"的方式让其行耤礼，盖身份与臣属官员不同及内外有别之故。耤田通常在传统农田区开发已久的常耕熟地即所谓"旧田"举行。在此之前，王要巡察以选定适合举行耤田礼的农田场所，并祈求神灵保佑这片田地的农作丰收。到真正举行时，先由王象征性地亲耕行耤礼，臣属官员继之，有时还用"大玉"一类礼玉祭品。"众作耤"与前述"大令众人曰：咠田"意义似相一致，是最后使众人采用大规模翻耕的“𦥑田”方式完成这一耤田行事。“呼耤，生”，“丙其雨，生”，生谓作物生长。[①] 从耤田后希望老天下及时雨以助出苗生长即所谓“生”看，耤田不只是翻耕地，播种当也在行事中。

甲骨文中所反映的这套耤田礼，后为中国历代统治者所循行，并更趋规范化、礼仪化、制度化，且上升为一种流于形式的传统农事礼制。如西周昭王时《令鼎铭》云：“王大耤农于諆田。”在文献中耤田礼专名之“藉”，为天子亲耕的礼典。如《五经要义》[②] 云：“天子藉田，以供上帝之粢盛，所以先百姓而致孝敬也。藉，蹈也，言亲自蹈履于田而耕之。”《礼记·祭义》亦云：“昔者天子为藉千亩，冕而朱纮，躬秉耒；诸侯为藉百亩，冕而青弦，躬秉耒；以事天地、山川、社稷、先古，以为醴酪齐盛于是乎取之，敬之至也（郑氏注：藉，藉田也；先古，先祖）。”《礼记·月令》有记每年孟春之月天子要行藉礼，届时“亲载耒耜”，“帅三公、九卿、诸侯、大夫，躬耕帝藉，天子三推，三公五推，卿、诸侯九推”。《汉旧仪》[③] 也说：“皇帝亲执耒耜而耕，天子三推，三公五，孤卿七，大夫十二，士庶人终亩。乃致藉田仓，置令丞，以给祭天地宗庙，以为粢盛。”推是执耒起土的动作，天子象征性地做三下，以下按班就序以奇数递增。《国语·周语上》记宣王时卿士虢文公述古昔藉田礼，相当繁琐，为加深领会，故引述如下：

先时九日，太史告稷曰：“自今至于初吉，阳气俱蒸，土膏其动。弗震弗渝，脉其满眚，谷乃不殖。”稷以告王曰：“史帅阳官以命我司事曰：‘距今九日，土其俱动，王其祗袚，监农不易。’”王乃使司徒咸戒公卿、百吏、庶民、司空除坛于藉，命农大夫咸戒农用。

先时五日，瞽告有协风至。王即斋宫，百官御事，各即其斋三日。王乃淳濯飨醴。

及期，郁人荐鬯，牺人荐醴，王祼鬯，飨醴乃行。百吏、庶民毕从。

及藉，后稷监之，膳夫、农正陈藉礼，太史赞王，王敬从之。王耕一坺，班三之。庶民终于千亩。其后稷省功，太史监之。司徒省民，太

① 参见蔡哲茂：《卜辞生字再探》，《芮逸夫、高去寻两先生纪念论文集·中研院史语所集刊》第64本4分，1993年。

② 《后汉书》卷二《明帝纪》注引。

③ 同上。

师监之。

毕，宰夫陈飨，膳宰监之。膳夫赞王，王歆大牢，班尝之。庶民终食。

简言之，藉田礼的过程：司空建坛于藉—王与百官到斋宫斋戒三天—行飨礼—膳夫、农正宣布仪程安排—王亲耕—公卿大夫继之—庶民完成耕播—飨食。其中"王耕一墢，班三之"，韦昭注云："王一墢，公三，卿九，大夫二十七也"，说法与上述《月令》"天子三推，三公五推，卿、诸侯九推"等不同。藉田礼的意义在于重农、劝农，天子以亲耕为表率，显示"纪农协功"、"恪恭于农"而和于民之意，另外还以为天子亲耕而获的谷物用来祭神，"能媚于神"，"敬之至也"，保佑国家"财用不乏"。

要之，商代以农立国，在农业生产礼俗方面，很大一个特点就是统治者已能利用"礼俗以驭其民"，商王几乎介身农业生产全过程，或随时发布农作命令，或参与各种农业仪式，特别是亲耕耤田，因俗施政，被后世演成一项传统的"重农"国家礼典，历数千年而犹习。

第二节 农业信仰礼俗

商代农业信仰方面的礼俗，大略有求年受年礼俗、出于农业灾祸观念的御灾礼俗、告秋及告麦礼俗，以及登尝礼俗等。

一 农业御灾礼俗

甲骨文言"秦年"、"受年"，秦有拜求、祈求之义，前秦后受相呼应，均是祈求神灵保佑农谷丰收，故两词每同见于一辞：

其秦年于河宷，受年。（《合集》28261）
辛巳卜，亘，贞祀岳，秦来岁受年。（《合集》9658 正）
其秦年于方，受年。（《合集》28244）
秦年来，其卯于上甲舌，受年。（《合集》28272）
其秦年于河，叀今辛亥酚，受年。（《合集》30688）
甲子秦于河，受禾。
□□卜，贞秦于夒，受禾。（《合集》33270）
癸酉卜，弜秦，受禾。

癸酉卜，**秦**禾于三匕。

癸酉，贞受禾。（《合集》33304）

丁丑卜，叀**疌**往**秦**禾于河，受禾。（《合集》32001）

己亥，贞**秦**禾于河，受禾。（《合集》33271）

上举辞中年、禾相通，故"**秦**年"、"受年"也有称"**秦**禾"、"受禾"者，但后者主要见诸晚期。拜祈的对象，有自然神如河、岳、夒、三匕、土、方等，有先公先王先祖先臣如上甲、高祖、高、多毓、黄尹等，还有天神或气象神，如日神、风神等。

拜求年成丰收，要备祭品，自有种种相关的祭祀仪式，如：

贞**秦**年于岳，燎三小宰，卯三牛。（《合集》385）

壬申，贞**秦**禾于河，燎三牛，沉三牛。

壬申，贞**秦**禾于夒，燎三牛，卯三小宰。（《合集》33277）

乙巳，贞**秦**禾于戠三玄牛。（《合集》33276）

乙卯，贞**秦**禾于岳，燎三小宰，宜三牛。

□□，贞**秦**禾河，沉三牛，宜大牢。（《合集》33292）

辛卯，贞其**秦**禾于河，燎二宰，沉牛二。

河燎三宰，沉牛三。（《合集》33283）

其**秦**年于河，叀牛用。

叀牢用。（《合集》28258）

乙卯卜，贞**秦**禾自上甲六示牛，小示汎羊。

乙卯卜，贞**秦**禾于高，燎九牛。（《合集》33305＋33313）

辛未，贞**秦**禾于河，燎三牢，沉三牛，宜牢。

辛未，贞其**秦**禾于高祖。

辛未，贞**秦**禾于高祖，燎五十牛。

辛未，贞**秦**禾高祖、河，于辛巳酚燎。（《合集》32028）

秦年上甲、示壬，叀兹祝用。（《屯南》2666）

□卯卜，**殸**，贞求年娥于河。（《合集》10129）

贞于祊求年娥。（《合集》10130 正）

贞勿于祊求年娥。（《合集》10128）

贞勿求年我。（《合集》10127）

可见，奉年、求年有祀仪和祝告，向神灵献上酒及众多祭牲。在通常情况下，向山岳、先祖诸神奉年用燎祭为常，而向河神奉年，用沉祭是其特色。有一次向高祖奉年，烧燎牛牲多达五十头，其场面之盛大可以想见。但有时则数祭并举，用牲种类不一而其数对应，如卯三小宰，燎牛数也是三头；燎二宰，沉牛也是二。末四辞之"求年娥"与"求年我"，裘锡圭读如"求年宜"，释我、娥义同《周礼·春官·大祝》"宜于社，造于祖"的宜，是祈求雨水得宜及年成福宜之祭。[①] 可从。

甲骨文中揭示的农业灾祸观念，大致有两类。一类系基于鬼神崇拜，以为鬼神作祟能害及农作物生长，影响年成好否，如：

贞佳帝害我年。二月。（《合集》10124 正）

庚子卜，𣪊，贞年有害。五月。（《合集》10125；新大龟七版之四[②]）

己亥卜，左害禾。（《合集》33342）

癸未卜，亡害禾。（《天理》532）

甲子卜，佳岳害禾。（《屯南》2106）

庚寅卜，佳河害禾。

庚寅卜，佳夔害禾。（《合集》33337。图5—2）

河弗害我年。（《英藏》780 正）

……高祖害禾。（《合集》33339）

庚辰卜，贞黄尹害我年。（《合集》902 正）

图 5—2　岳、夔害禾稼生长

（《合集》33337）

除上帝主宰着商王朝的农作收成等外，为害禾稼生长的鬼神，基本上就是上述奉年受年的祈求对象。

另一类是因自然灾害影响谷物收成而产生的灾祸观念，如：

<hr>

① 参见裘锡圭：《释"求"》，《古文字研究》第15辑，中华书局1986年版；又收入《古文字论集》，中华书局1992年版，第62—63页。

② 见严一萍：《关于"战后殷墟出土的新大龟七版"》，《甲骨古文字研究》，台北艺文印书馆1976年版，第353页。

癸巳卜，争，贞日若兹敏（晦），佳年忧。三月。（《合集》10145）

丙辰卜，争，贞□见眉（昧）不雨，受年。（《合集》10144）

庚辰卜，大，贞雨不正辰，不佳年忧。（《合集》24933）

贞兹雨不佳年忧。（《合集》10143）

贞兹雨佳年忧。（《合集》10142）

□□卜，若兹不雨，佳年［忧］。（《合集》12878 正）

己酉卜，粱年有正雨。（《合集》10138）

贞黍年有正雨。（《丙编》264）

庚午卜，贞禾及雨。三月。（《前》3·29·3）

贞今秋禾不遘大水。（《合集》33351。图5—3）

□戌卜，□水弗害禾。（《英藏》2430）

……贞雷不佳忧。（《合集》13415）

丙子卜，贞兹雷其雨。（《合集》13408 正）

乙巳卜，宍，贞兹雷其［雨］。（《合集》13407 反）

贞兹风不佳孽。（《合集》10131）

丙午卜，亘，贞今日风忧。（《合集》13369）

贞兹云其雨。（《合集》13649）

癸未卜，宍，贞兹雹佳降忧。（《合集》11423 正）

庚寅卜，㞢，贞虹不佳年。

庚寅卜，㞢，贞虹佳年。（《合集》13443 正）

庚申卜，出，贞今岁螽不至兹商。二月。（《合集》24225）

螽其出于田。（《合集》28425）

图 5—3　禾稼会否遭遇涝灾

（《合集》33351）

甲骨文"日若兹敏"，敏读如晦，指天风气混而太阳昏晦不明的现象，被视为年成有灾的预示。"见眉不雨"，犹言天见明时不雨，亦视为与受年有关。眉用为时称，指昧旦日始出的天明之际。"雨不正辰"，指雨不时。《左传》昭公元年云："雪霜风雨之不时"，孔疏："雨不下而霖不止，是雨不时也，据其苗稼生死则为水与旱也。"雨水失调，阴雨少阳，暴雨构涝，缺雨致旱，或山洪徒起，或河水泛滥，均能直接对农作物造成危害。对应于"雨不正辰"，则称为"正雨"或"及雨"，自然是指雨量适宜及时。殷人出于雷响闪电威力的恐惧，视雷亦有神性，在辨识自然现象中晤得云能致雷。《论衡·龙虚篇》："云雨至则雷电击。"风、云、雹等气象变化也常被视为农作的祸殃。甲骨文虹蜺字作桥梁之形，写作，本是水汽在日光中一种折射的气象现象，彩带七色光自外而内按红橙黄绿青蓝紫顺序排列，宛如长桥挂天空，称为虹，如若光线在水汽中比虹多一次反射，彩带排列的顺序和虹相反，红色在内，紫色在外，则称为蜺，虹蜺被殷人赋形祲象，持有预示年成丰稔的神性。螽字从彭邦炯释，指专食禾苗的蝗虫[①]，"螽至"、"螽其出"谓发生蝗灾。由于自然灾害对农作物生长与收成常直接带来祸殃，故一般都以"忧"、"孽"称之，而不像称鬼神作祟为"害年"、"害禾"。

在当时人心目中，自然灾害还被视为上帝对下界的惩罚，如甲骨文有云：

贞帝令雨弗其正年。

帝令雨正年。（《合集》10139。图5—4）

贞受年。

辛卯卜，㱿，贞帝其暵（旱）我。三月。（《山博》0941）

□丑卜，贞不雨，帝佳暵（旱）我。（《合集》10164）

贞翌癸卯帝其令风。

翌癸卯帝不令风，夕阴。（《合集》672正）

庚戌卜，贞帝其降莫（馑）。（《合集》10168）

戊申卜，㱿，贞帝其降我莫（馑）。一月。

（《合集》10167正＋14293正＋《乙补》6530，《醉古》347）

图5—4　上帝令雨正年

（《合集》10139）

上帝可以"令风"、"令雨"，让下界风调雨顺，"正年"而谷物宜有丰登，也

---

① 彭邦炯：《商人卜螽说》，《农业考古》1983年第2期。

可以"暵（旱）我"、"降莫（馑）"、"降我莫（馑）"，可令旱魃为虐，纵风狂作，暴雨成灾，使作物歉收而"弗其正年"，饥馑遍野。但应注意者，甲骨文中上帝不是祈求年成的对象，殷人只能向其他天神、气象气候神、自然神祇或人鬼祈求，似乎在殷人的观念中，自然灾害从根本上讲是上帝对下界惩罚的征象，鬼神作祟皆直接受上帝旨意或间接影响而起。由此说来，因自然灾害而产生的灾祸观念，从本质上讲仍属于鬼神崇拜的宗教信仰范畴。

风雨阴晴和蝗灾等，对农作生长影响甚剧，商代乃有一系列出于信仰观念的消极御灾行事。

（一）宁雨、求雨的行事

殷人对干旱不雨或霖雨成潦十分关注，因为这常直接关及农作物收成、田猎渔牧生产、土木工程建设、战争胜负等，足以影响社会经济生活和政治生活的稳定，乃至国家的安危。《墨子·七患》云："殷书曰：汤五年旱。此其离（罹）凶饿甚矣。"史传商汤有"救旱也，乘素车白马，著布衣，身婴白茅，以身为牲，祷于桑林之野"① 的举动。雨水失调竟成为商王朝倾覆的一个重要外因。

甲骨文中有大量关注雨情的卜辞，如：

> 贞不雨，惟兹商有乍忧。（《合集》776）

记商邑不雨，为旱象起祸忧之征。甲骨文中有大量雨情雨量变化的资料，有记"大雨"、"小雨"、"雨小"、"雨少"、"少雨"、"雨多"、"多雨"、"疾雨"、"雨疾"、"雨不疾"、"从（纵）雨"、"延雨"、"退雨"、"去雨"等等的一批气象用语。又有记来雨方位的，辞云：

> 癸卯卜，今日雨。
> 其自东来雨。
> 其自南来雨。
> 其自西来雨。
> 其自北来雨。（《合集》12870 甲、乙）

---

① 《尸子》。

此乃反映了官方对雨情的气象观察和预测。

雨神是商代人们最信奉的气象诸神之一，甲骨文云：

> 壬申卜，**出**，贞帝令雨。
> 贞帝不其令［雨］。（《合集》14129 正反）
> 戊子卜，**㱿**，贞帝及四月令雨。
> 贞帝弗其及今四月令雨。（《合集》14138）
> 辛未卜，争，贞生八月帝令多雨。
> 贞生八月帝不其令多雨。（《合集》10976 正）
> 丙子卜，**㱿**，贞翌丁丑帝其令雨。（《合集》14153 正乙）
> 己巳帝允令雨至于庚。（《合集》14153 反乙）
> 佳岳害雨。（《合集》34228）

"令雨"是上帝的权能，故受施令者的"雨"自然也是有神性的。雨神还表现出易受山川神祇侵害的柔性，可知其地位未必很高。

商代的祭雨礼俗行事大略说来可分三类。第一类是为了求得风调雨顺，直接向雨神致祭。如：

> □巳，其品雨。（《合集》21934）
> 戊戌卜，王，贞生十一月帝雨。二旬又六日……（《合集》21081）
> 庚子卜，燎雨。（《安明》2508）
> 燎大雨。（《合集》34279）
> 王其侑于滴，在右石燎，有雨。（《合集》28180）
> 燎于云雨。（《屯南》770）

"品雨"，《释名》"品，度也"，盖意近《周易·乾·用九》"云行雨施，品物流形"，有品度、揣度之义，用指祭雨中的行为。"帝雨"为禘祭雨神。祭雨最常见的是烧燎祭，盖取烟气升腾可贯于上。云能致雨，或又与云神同祭。这类祭雨比较直观，原始意味很浓。

第二类是在雨水盛多易构涝积灾之际，有"去雨"、"退雨"、"宁雨"之祭：

> 甲申卜，去雨于河。（《屯南》679）

　　　昃有退雨。（《美国》288）

　　　丁酉，贞其宁雨于方。（《合集》32992）

　　　己未卜，宁雨于土。（《合集》34088）

　　　癸酉卜，宁雨□岳、枫。（《合集》14482）

　　　癸卯卜，甲启。不启，终夕雨。

　　　不启。允不启，夕雨。

　　　宁雨于兕。（《屯南》744）

　　　于上甲宁雨。（《屯南》1053）

　　这类祭祀的目的，是求降雨减弱消退或停息，但所祭对象一般并非直接为雨神，而是方神、土地山川动植物神或商族祖先神等，其具体祭法今已难详，未见用烧燎祭，殆处于降雨中，不能烧薪之故。

　　第三类是雨水少缺失调或旱情严重下的"蒸雨"、"求雨"之祭，即祈雨、祷雨之祭，困于危急，灾害波及的社会面大，故祀神亦泛，祭礼繁杂而隆，耗费的物力人力也不小。如：

　　　乙卯卜，王求雨于土。（《合集》34493）

　　　癸巳其求雨于东。

　　　于南方求雨。（《合集》30175）

　　　庚午卜，其侑于洹，有雨。（《安明》1725）

　　　壬午卜，于河蒸雨，燎。（《合集》12853）

　　　贞往于河，亡其从（纵）雨。（《合集》8331＋12688）

　　　既川燎，有雨。（《合集》28180）

　　　山有从（纵）雨。（《合集》40306）

　　　己卯卜，燎岳，雨。

　　　癸未卜，燎十山，娞，雨。（《美国》127）

　　　癸巳，贞其燎十山，雨。（《合集》33233）

　　　其叔二山，有大雨。（《合集》30454）

　　　壬午卜，蒸雨燎昷。（《合集》30457）

　　　丁酉卜，扶，燎山，羊，弓，穀，雨。（《合集》20980反）

　　　庚子卜，□，贞求雨娥（宜）于祊。（《合集》16973）

　　　甲子卜，宫，贞于岳求雨娥（宜）。（《合集》12864）

庚辰卜，宁，贞求雨我（宜），[得]。

□求雨我（宜），弗其得。（《合集》12862 正）

贞求雨我（宜）于岳。（《合集》14521）

于岳求，有大雨。（《合集》34226）

辛巳，贞雨不既，其燎于亳土（社）。

辛巳，贞雨不既，其燎于兕。（《屯南》1105）

王侑岁于帝五臣正，隹亡雨。

□□耒侑于帝五臣，有大雨。（《合集》30391）

于帝臣，有雨。

于耆宗酚，有雨。

于戠宗酚，有雨。（《合集》30298）

贞王其酚于右宗夒，有大雨。

其耒闭，有大雨。（《合集》30319）

即右宗夒，有雨。（《合集》30318）

戊寅卜，巫又伐，今夕雨。（《北美》10）

贞耒年于大甲十宰，祖乙十宰。

求雨于上甲，宰。（《合集》672 正）

庚戌……三示，耒雨。（《合集》21082）

于大乙耒雨。（《英藏》1757）

高妣燎叀羊，有大雨。

叀羊，此有大雨。（《合集》27499）

其耒年于虎母，叀今日酚，宰。

叀小宰，有雨。（《合集》28265）

弜耒于伊尹，亡雨。（《合集》27656）

耒雨、求雨的对象大致也为四方神、山川土地神、帝五臣、气候神、先王先妣旧臣等，且方位地望有确指，显示了泛神性和地域性的特征，一则表明了商代神统领域中存在的错综复杂的领属关系，同时也说明旱情波及面广，引起社会上下总体的焦虑，耒雨之祭每成为社会整体动作。再者，求雨于山川自然神，盖古人心目中自视山川有出云致雨的神性，故祀之也。如《左传》昭公十六年云："郑大旱，使屠击、祝款、竖柎有事于桑山"，旧注："有事，祭山也"。《礼记·祭法》云："山林川谷丘陵能出云、为风雨、见怪物，皆曰神。"《论衡·龙虚篇》云："山致其高，云雨起焉。"别辞有云：

> 叀小宰，有大雨。（《合集》30024）
> 叀黄牛，有大雨。（《合集》41400）
> 𡥈雨，叀黑羊用，有大雨。
> 叀白羊，有大雨。
> 叀乙酚，有大雨。
> 叀丙酚，有大雨。
> 叀丁酚，〔有〕大雨。（《合集》30022＋30866）
> 弜用黑羊，亡雨。
> 叀白羊用于之，有大雨。（《屯南》2623）

𡥈雨之祭对用牲的种类、毛色和大小颇注重。乙、丙、丁，十干纪日，知雨之祭常连天累日举行，反映了人们冀望下雨的迫切心情。

祈雨的祭仪，除上述辞例中所见侑、燎、岁、伐、酒、沉、卯等常见的几种外，还有三种颇具特色的祭礼。第一种是作龙神祈雨。甲骨文云：

> 其乍龙于凡田，有雨。（《合集》29990。图
> 5—5）
> □□龙□□田，有雨。（《合集》27021）

在殷人心目中，龙神能致雨。"乍龙"，许进雄认为大概是化装舞蹈，装扮作龙神以祈雨。[1] 裘锡圭认为，乍龙是作土龙求雨。[2] 古文献中也有描述，如《山海经·大荒东经》云"旱而为应龙之状，乃得大雨"，郭璞注："今之土龙本此"。《淮南子·墬形训》云："土龙致雨"，高诱注："汤遭旱，作土龙以像龙，云从龙，故致雨也。"上辞当与制作龙神以祈雨

图5—5　作土龙、焚巫
尪祈雨

（《合集》29990）

---

① 许进雄：《明义士收藏甲骨释文篇》，加拿大多伦多皇家安大略博物馆1977年版，第137页。

② 裘锡圭：《说卜辞的焚巫尪与作土龙》，《甲骨文与殷商史》，上海古籍出版社1983年版。

的古老成俗有关。

《春秋繁露·求雨》记汉代传统的祈雨礼俗，春旱求雨，"以甲乙日为大苍龙一，长八丈，居中央，为小龙七，各长四丈，于东方，皆东向，其间相去八尺，小童八人，皆斋三日，服青衣而舞之"。夏求雨，"以丙丁日为大赤龙一，长七丈，居中央，又为小龙六，各长三丈，于南方，皆南向，其间相去七尺，壮者七人，皆斋三日，服赤衣而舞之"。季夏求雨，"以戊己日为大黄龙一，长五丈，居中央，又为小龙四，各长二丈，于南方，皆南向，其间相去五尺，丈夫五人，皆斋三日，服黄衣而舞之"。秋求雨，"以庚辛日为大白龙一，长九丈，居中央，为小龙八，各长四丈五尺，于西方，皆西向，其间相去九尺，鳏者九人，皆斋三日，服白衣而舞之"。"冬舞龙六日"，"以壬癸日为大黑龙一，长六丈，居中央，又为小龙五，各长三丈，于北方，皆北向，其间相去六尺，老者六人，皆斋三日，衣黑衣而舞之"。总之，"四时皆以水日为龙，必取洁土为之，结盖，龙成而发之，四时皆以庚子之日，令吏民夫妇皆偶处，凡求雨之大体"。这对理解商代社会的乍龙祈雨可能会有所启示。

第二种是焚巫尪祈雨。上古时代旱灾严重时，或有焚人求雨之祭。《左传》僖公二十一年云："夏大旱，公欲焚巫尪。"《春秋繁露·求雨》云："春旱求雨……暴巫聚蛇八日。……秋暴巫尪至九日。"甲骨文有一黄字，像尪在火上，裘锡圭认为，是专指"焚巫尪"之"焚"的异体。[①] 如辞云：

> 壬辰卜，焚小母，雨。
> 壬辰卜，焚逇，雨。（《合集》32290）
> 贞今丙戌焚奻，有从雨。（《合集》9177）
> 贞焚婞，有雨。（《合集》1121 正）
> 丙戌卜，焚婵。（《合集》32301）
> 辛卯卜，焚旅，雨。（《屯南》148）
> 戊申卜，其焚永女，雨。（《合集》32297）
> 其焚高，有大雨。（《合集》30791）

所焚的巫尪小母、逇、奻、婞、婵、旅、永女、高等，大多为女性，来之各地族落。焚巫尪祈雨还常提到具体祭地，如：

---

① 裘锡圭：《说卜辞的焚巫尪与作土龙》，《甲骨文与殷商史》，上海古籍出版社 1983 年版。

乙亥贞，焚⺌于企京，雨。（《合集》32291）

贞焚……塾……（《合集》1134）

甲申卜，焚于雄京殀。（《屯南》100）

甲子卜，焚于爵京，有从（纵）雨。（《合集》1138）

戊辰卜，焚于宵，雨。

戊辰卜，焚㜎于鼻，雨。

戊辰卜，焚叟东，雨。

辛未卜，焚矢于凡言，壬申。（《合集》32289）

甲申，贞焚嬌，雨。

在主京焚嬌。（《合集》32299）

辞中的企京、凡言、爵京、雄京、主京、叟东、塾、鼻、宵等，均为焚巫尪的祭祀场所。从其命名意义看，称某京者，似为商王邑内外的土丘或人工构筑的祭祀高台。塾，似为宗庙宫室门塾内外之露天场地。又有河边水畔之地，王邑郊外野地，以及各地族邑所在地。大体说来，应均是直接遭受旱情之地。有的一片甲骨上同时记有好几个焚巫尪的祭地，可知其时受灾区范围不小。上举《合集》32289一片，自戊辰至壬申前后五天在四个地方举行这种雨祭礼，至少焚了两个巫尪，可见其隆重和酷烈，也反映了旱情的严重程度和人们祈雨的焦切愿望。

焚巫尪祈雨的祷拜对象，一般并非雨神本身，当如上文所述，大多为各地信奉的地方性要神。别辞有："焚凡于兕，雨"（《合集》32295），兕即为土著动物神。盖旱虐所及已引起社会的总动员，惊动面广泛，祈神亦滥，所谓"神飨而民听"，"其政德而均布福"。[①] 人间如之，神界亦然，地域不同，祈神当异，在打破地域宗教信仰的同时，又必须兼顾各族固有的自发宗教的封闭性社会意识形态。

焚巫尪祈雨的祭礼中当有祷告之辞。文献中有所谓汤祷旱文，如《吕氏春秋·顺民》云：

　　昔者汤克夏而正天下，天大旱，五年不收，汤乃以身祷于桑林，

---

① 《国语·周语上》。

曰：余一人有罪，无及万夫，万夫有罪，在余一人，无以一人之不敏，使上帝鬼神伤民之命。于是剪其发，鄌其手，以身为牺牲，用祈福于上帝……雨乃大至。

又载见《墨子·兼爱下》、《国语·周语上》、《尚书大传》等，祷辞大同小异。辞中用语较符合商人习惯，如汤自称"余一人"，甲骨文中有类似之例。[①] 此当有一定史影依据。祷旱文中提及的"上帝鬼神"，自包括所祈各地要神，与甲骨文"帝令雨"及萒雨于地方山川神祇、祖先神等契合。《淮南子·主术训》云："汤之时，七年旱，以身祷于桑林之际，而四海之云凑，千里之雨至。"汤以身为牲或象征性地剪发断指甲祈雨，诚如裘氏所说，在上古时代，由于宗教上或习俗上的需要，地位较高者也可以成为牺牲品。甲骨文的焚巫尪，所焚者身份未必很低，其人一般均有其名，前揭《合集》32295"焚凡"，又作"焚奻"（《合集》1139），知为女性，而商代的下层平民或奴隶是没有资格有其名的。

焚巫尪祈雨的祭礼中除有祷辞外，还有其他内容，如前引《合集》32290焚小母两辞，同版又记"其三羊"，知不仅用人祭，另又用了羊牲。又如：

> 叀庚焚，有［雨］。
> 其乍龙于凡田，有雨。（《合集》29990）

则不止焚巫尪，还举行了乍土龙祈雨的祭礼。

第三种是奏乐舞蹈的求雨祭礼。如：

> 乎舞，亡雨。
> 乎舞，有雨。（《英藏》996）
> 庚申雨。
> 不雨。
> 壬戌卜，癸亥奏舞，雨。
> 甲子卜，乙亥雨。
> 壬申卜，癸酉雨。兹用。（《合集》33954）
> 戊寅卜，十癸舞雨不。三月。

---

① 参见胡厚宣：《重论"余一人"问题》，《古文字研究》第6辑，中华书局1981年版。

辛巳卜，取岳从不。从。

乙酉卜，于丙奏岳，从。用。不雨。

乙未卜，其雨丁不。四月。

乙未卜，翌丁不其雨。允不。

乙未卜，丙出舞。

乙未卜，于丁出舞。

丙申卜，入岳。

辛丑卜，奏㰃。比甲辰卪雨少。四月。（《合集》20398）

奏舞的求雨祭礼，或连续多天举行。上举《合集》33954一版同事异卜刻辞，自庚申至癸酉，前后连续进行了14天。《合集》20398一版，记武丁时一轮祈雨祭事，于三月戊寅卜五日后癸未舞雨，又三日后丙戌奏岳祈雨，又十日后的四月丙申纳岳主而出舞祈雨，至次日丁酉又出舞，又四日后辛丑奏㰃祀雨，又等到三日后甲辰卪时（卪字省形，约当今之21时至23时）降小雨，前后行事达27天。又如：

庚寅卜，辛卯奏舞，雨。

庚寅卜，癸巳奏舞，雨。

庚寅卜，甲午奏舞，雨。（《合集》12819）

自辛卯至甲午四天，择其前后几天奏舞祈雨。奏为奏乐器，甲骨文又有云：

癸丑卜，叀旧熹用。

叀新熹用。

鼑叀龢龠用。

弜用。

其置庸、壴，于既卯。

叀㸬卯。

今夕雨。（《合集》30693）

熹、龢、庸、壴，皆为商代乐器名，卯牲之祭，又数乐并奏，祈求今夕雨。《诗·小雅·甫田》云："琴瑟击鼓，以御田祖，以祈甘雨"，讲的是奏乐祭地神以祈雨，可与甲骨文相参照。奏乐时还常伴之以舞，如：

> 叀万呼舞，有雨。
> 叀戍呼舞，有大雨。（《合集》30028）

万、戍为舞师名。《周礼·地官·舞师》云："教皇舞，帅而舞旱暵之事。"
又有舞具，如：

> 今日乙𡟬，亡雨。
> 其𡟬🐾，有大雨。
> 于🦶，有大雨。（《合集》30031）
> 戊申卜，扶，舞蚰，从（纵）［雨］。（《合集》20970）
> 己丑卜，舞羊，今夕从（纵）雨。于庚雨。（《合集》20975）

𡟬字从雨从舞，读如雩，乃专指祈雨之舞。🐾似为头戴双角面具的跣足舞，
也可能是一种手持双角形舞具的跣足舞。🦶，地名。舞蚰、舞羊似属模仿动
物行为或戴蛇虫羊兽面具的舞蹈。又《礼记·月令》记古代求雨之祭要用歌
乐，其云："大雩帝，用盛乐"，郑注："雩，吁嗟求雨之祭也。"就甲骨文所
见，也每每伴之以歌乐，如：

> 叀各奏，有正，有大雨。大吉。
> 叀嘉奏，有大雨。吉。
> 叀商奏，有正，有大雨。（《合集》30032）
> 于丁亥奏戚，不雨。
> 丁弜奏戚，其雨。（《合集》31036）

各、嘉、商、戚均为商代祭歌名。戚可能专指一种以敲击玉戚（斧）为主旋
律的祭歌名。前引《合集》20398 一辞云：

> 奏𡟬。比甲辰卜雨少。

知商代奏乐伴舞求雨时，不仅有歌声吁嗟以辞祷告，又有"奏𡟬"，属文于

册，焚以上达。

商代的燎祭雨神，去雨、退雨、宁雨之祭，以及旱暵时的土龙求雨和焚巫尪祈雨等祭礼，以其场面和内容，一般都置于野外露天场所举行。奏乐歌舞的求雨祭礼，有行于野外特定祭地，如：

> 丙寅卜，其乎雨。
> 丁卯卜，叀今日方有雨。
> 弗有雨。
> 其方有雨。
> 其舞于𫗴，有雨。
> 其舞于茧京，有雨。（《屯南》108）

𫗴和茧京，大概是商王都郊外特定的祭地。丙寅和丁卯连续两天，分别于𫗴和茧京两地，用乐舞祈雨，以呼其方降雨。

综上所述，商代祭雨御灾礼俗大致有三类行事：第一类为风调雨顺向雨神致祭；第二类是当雨水积涝成灾有去雨、退雨、宁雨之祭；第三类是雨水少、旱情严重的祈雨之祭。祈雨较具特色，祭礼有三：曰土龙祈雨，曰焚巫尪祈雨，曰奏乐舞蹈祈雨。

（二）祭风、宁风的行事

上古社会人们对天气变化的敬畏，摆在首位的，雨之外，大概莫过于风。《淮南子·墬形训》云：“八极之云，是雨天下，八门之风，是节寒暑。”风雨常直接影响到农作收成乃至人们的日常生活与其他生产活动，甲骨文恒见“遘雨”、“遘风”之卜，成为人们居常行事中所必须随时面对的自然要素。在气象信仰中，风、雨两神被保留在后世国家级的最高祀典中。《周礼·春官》云：“大宗伯之职，掌建邦之天神、人鬼、地示之礼，以佐王建邦保国，以禋祀昊天上帝，以实柴祀日月星辰，以槱燎祀司中、司命、风师、雨师。”

中国华北和长江中下游地区，受水系山脉网格状地貌组合类型特征的制约，地区性季风环流和寒温海流变迁的影响最为明显，冬季冰风凛冽的极锋主要徘徊于长江以北，夏季风盛行时多雨①，因此造就了这一地区先民对风

---

①　中国社会科学院《中国自然地理》编辑委员会：《中国自然地理·古地理》（上册），科学出版社 1984 年版，第 125 页。

的崇信。

《山海经》记有风神神性之说，其云：

> 东方曰析，来风曰俊，处东极以出入风。（《大荒东经》）
>
> 南方曰因，乎夸风曰乎民，处南极出入风。（《大荒南经》）
>
> 有人名曰石夷，来风曰韦，处西北隅以司日月长短。（《大荒西经》）
>
> 北方曰鳧，来之风曰狻，是处东极隅以止日月，使无相间出没，司其短长。（《大荒东经》）

东南西北四方位及相对的四风各有其名，握有各自的神性。甲骨文中有类似内容：

> 东方曰析，风曰劦。
>
> 南方曰因，风曰岂。
>
> 西方曰朿，风曰彝。
>
> [北方曰] 夗，风曰殴。（《合集》14294）

又有遍褅四方四风桒年的卜辞：

> 贞帝于东方曰析，风曰劦，桒年。
>
> 辛亥卜，内，贞帝于南方曰岂，风夷，桒年。一月。（此条“夷”为“因”字音讹①）
>
> 贞帝于西方曰彝，风曰朿，桒年。
>
> 辛亥卜，内，贞帝于北方曰夗，风曰殴，桒年。一月。
>
> 辛亥卜，内，贞今一月帝令雨。四日甲寅夕㞢乙卯，帝允令雨。
>
> 辛亥卜，内，贞今一月帝不其令雨。
>
> 辛亥卜，内，生二月戋，有听。
>
> ……戋，亡其听。
>
> 隹尤。（《合集》14295＋3814＋13485＋13034＋《乙》4872＋5012，

① 参见裘锡圭：《释南方名》，《古文字论集》，中华书局1992年版，第51页。

《醉古》73。图5—6)①

两版所记四方名与四方风神名稍
有互换，殆记刻疏略所致。胡厚
宣最先指出，甲骨文四方及四方
之风，与《尧典》之"宅嵎夷，
厥民析；宅南交，厥民因；宅西，
厥民夷；宅朔方，厥民隩"，及
《山海经》等先秦古籍中有关四方
名与风名的记载，多相契合。②后
杨树达进而申论，此四方名皆为
神名，职司草木，分主四季而配
于四方。③陈梦家又认为，不啻四
方之名即四方之神名，且四方风
名亦为风神之名，四方风应为四
方之神的使者。④严一萍也指出
《尧典》四方之民，"除北方之误，
未能确证外，若析，若因，若夷，

图5—6　禘四方四风祈求丰年

（《合集》14295＋3814＋
13485＋13034＋《乙》4872＋5012）

均与甲骨文密合无间"⑤。蔡哲茂认为，《尧典》四民的"民"字，可能是
"风"字传写之讹⑥。"北方曰夗"，曹锦炎释伏，据《史记·五帝本纪》、《索

---

①　参见魏慈德：《殷墟 YH 一二七坑甲骨卜辞研究》，政治大学中国文学系博士学位论文，
2001 年，第 45—46、62 页。又魏慈德：《中国古代风神崇拜》，台湾古籍出版有限公司 2002 年版，
第 53—65、88、89 页。

②　胡厚宣：《甲骨文四方风名考证》，《甲骨学商史论丛初集》二册，成都齐鲁大学国学研究所
专刊之一，1944 年版；又《释殷代求年于四方和四方风的祭祀》，《复旦学报》（人文科学）1956 年
第 1 期。

③　杨树达：《甲骨文中之四方风名与神名》，《积微居甲文说》，中国科学院 1954 年版。又参见
郑慧生：《商代卜辞四方神名、风名与后世春夏秋冬四时之关系》，《史学月刊》1984 年第 6 期。又李
学勤：《商代的四风和四时》，《中州学刊》1985 年第 5 期。

④　陈梦家：《殷虚卜辞综述》，科学出版社 1956 年版，第 241、589 页。

⑤　严一萍：《卜辞四方风新义》，《大陆杂志》第 15 卷第 1 期，1957 年。

⑥　蔡哲茂：《甲骨文四方风名再探》，《甲骨文学会会刊》创刊号，台北，1993 年版。

隐》引《尸子》云"北方者，伏方也"，认为伏者乃取冬季北风凛冽而万物藏伏之义；《尧典》仲冬"厥民隩"，隩亦有藏伏义，如《玉篇》云"隩，藏也"。[①] 但刘钊认为，北方之名，从字的笔画结构看，"仍以释夗为妥"。[②] 南方风凮，林沄释飚，读如飘，疾风、旋风、回风也。[③]

商代的四方神和四方风神信仰，内寓春夏秋冬季候循环的感性认识和地域性方面的意义，追踪的是四时风向强弱大小诸自然属性与两度空间四方观区划形式上的一致性，具有明显的多元性、方位性、地域性和候时性四大特质。东方风神名劦，劦者和协也，融风和畅之义，候时为春季，其东方神名析，草木解析萌生之义；亦作地名，甲骨文有"王其步于析"（《合集》24263）。南方神名因，因盖指田地草木稼禾充盈依覆，《尧典》孔传云："因谓（夏时）老弱因就在田之丁壮以助农也"，候时为夏季；其南方风神名凮，凯风为飘之义，作地名有"乎师般往于凮"（《怀特》956）。西方神名彝，有草木萧瑟、禾谷割收之义，候时为秋季；风神名菄，一作韔（《合集》30392），又析书作"韦夷"（《合集》346），《山海经》作韦，殆泰风、飚风之义，作地名或族名有"于韦"（《英藏》1290）、"乎韔"（《怀特》961）。北方神名夗，有筋肉萎郁及谷物积藏之义，候时为冬季；风神名殴，寒风厉役之义，作地名有"其奠殴刍"（《合集》32183）。大凡皆有实际地望所指，盖四方风神名相系以特定方位地名或方神名，固与风神信仰的多元性不无关系，然因"登观台以望，必书云物"[④]，其中包括长期以来测风伺候，风向强弱有异，季候自不同，故四方四风又成为四季之候征，有识别草木农稼生长特点及区分四时气候变化之意涵。《尸子》有云："东方为春，春，动也，是故鸟兽孕宁，草木华生，万物咸遂。南方为夏，夏，兴也，南，任也，是故万物莫不任兴，蕃殖充盈。西方为秋，秋，肃也，万物莫不肃敬。北方为冬，冬，终也，北，伏方也，是故万物至冬皆伏。"李学勤据同版卜辞有"辛亥卜，内，贞今一月帝令雨。四日甲寅夕坐乙卯，帝允令雨"、"辛亥卜，内，生二月戈有听"，认为一月辛亥应为殷正建子的月首，与《国语·周语》

① 曹锦炎：《释甲骨文北方名》，《中华文史论丛》1982年第3辑。

② 刘钊：《释甲骨文中从夗的几个字》，《第二届国际中国古文字学研讨会论文集》续编，香港中文大学，1995年。

③ 林沄：《说飘风》，《于省吾教授百年诞辰纪念文集》，吉林大学出版社1996年版。

④ 《左传》僖公五年。

所谓"瞽告有协风至"的立春听风是一致的。[①] 这类将四方与四季候征相对应，当本自商代以来原始思维模式的升华。然则甲骨文记一月辛亥遍禘四方四风，以求年内风调雨顺的例行祭礼，亦出于对农作与气候紧相关联的认识。

由于殷人序四方是以太阳为准，或顺时针称东南西北，或逆时针称东北西南，随着季候现象的深入观测，当可发现日影因四时循环而方向有变，结合自然空间的划分，有可能产生八方观。比如，甲骨文就有云：

  ……西眔南，从北眔东不受年。（《合集》20652）

  叀西眔南，不悔。（《合集》36387）

  □于西南。（《合集》8725）

  其于东南。（《补编》13256 反）

  壬午卜，有戎在昕东北获。（《合集》20779）

  己亥卜，内，贞王侑石在麓北东，乍邑于之。（《合集》13505 正）

  ……在西北。（《合集》20994）

  其征侚西北，丁酉。（《合集》20518）

  □丑卜，王……乎追……雨自北西。（《合集》12875）

  田从北西。

  ［田从］北。

  田从东。（《合集》10902）

由西暨南而衍生出西南，北暨东衍生出东北（北东），西北（北西）、东南亦相类，与东南西北四方结合而产生八个方向观。但上揭"雨自北西"、"田从北西"等，也可能分指北方、西方而合言之，犹如下辞云：

  贞［乎］田［从］西。

  贞乎田从北。

  贞乎田从东。

  贞乎田从南。（《合集》10903）

  其逐杏麋，自西东北，亡戈。

---

  ①　李学勤：《申论四方风名卜甲》，《华学》第 6 辑，紫禁城出版社 2003 年版。

　　自东西北逐杳麋，亡戋。（《合集》28789）

　　贞方告于东西。（《合集》8724）

辞中的"西东北"、"东西北"和"东西"，皆是基于四个方向而各有分指。由此看来，八个方向观念虽然在晚商已经开始形成，却尚未成为社会思想观念的主流认识，当时基本处于两度空间四方区分与四时感性认识的对应关系之思维模式的发展阶段。

　　商代人不仅留意本之四方观的风向变化，同时又很注意风力的宁息与大小。甲骨文有言"不风"、"来风"、"风多"、"延风"、"小风"、"大风"、"大飓"（大狂风）、"骤风"。"大骤风"（大暴风），等等。风可有益于生活生产，又可作祸为害人类，故甲骨文专有卜风之是否危害者：

　　丙午卜，亘，贞今日风忧。（《合集》13369）

　　辛未卜，王，贞今辛未大风不惟忧。（《合集》21019）

　　贞兹风不惟孽。（《合集》10131）

甲骨文中的祭风主要有两类，一类是求来风降雨，如：

　　其风。

　　燎于河，年有雨。（《合集》28259）

　　燎……风……羊二犬五……（《英藏》1258）

　　卯于东方析三牛三羊毂三。（《英藏》1288）

　　癸丑卜，弜燎析。兹用。（《合集》34474）

　　韓风，叀豚，有大雨。（《合集》30393）

　　贞勿令韦夷。八月。（《合集》346）

　　帝风九犬。（《合集》21080）

　　辛未卜，帝风。不用。雨。（《合集》34150）

　　贞翌癸卯帝其令风。

　　翌癸卯帝不令风，夕阴。（《合集》672正）

　　于帝史风二犬。（《合集》14225）

上揭辞中的析是东方风名，韓及韦夷是西方神名与风神名。有时祭风兼及祈雨,求农作年成丰收,很可能是乞求来风下雨。帝风为禘祭风神。这类祭风,祭礼无定则,通常用烧燎祭,祭牲牛羊豚犬彀不一。风之来是为上帝所令。"帝史风",似风神又为上帝之使。

另一类是宁风之祭,如:

> 其宁,惟日彝𩵋用。(《合集》30392)
>
> 叀犬用。
>
> 其宁风雨。
>
> 庚申卜,辛至于壬雨。
>
> 辛巳卜,今日宁风。
>
> 之夕雨。(《屯南》2772)
>
> 甲戌,贞其宁风三羊三犬三豕。(《合集》34137)
>
> 癸未卜,其宁风于方,有雨。(《合集》30260)
>
> 庚戌卜,宁于四方,其五犬。(《合集》34144。
> 图5—7)
>
> 癸亥卜,于南宁风,犬一。(《合集》34139)
>
> 丙申卜,于土宁风。(《合集》32301)
>
> 癸酉卜,巫宁风。(《合集》33077)
>
> 辛酉卜,宁风巫九豕。(《合集》34138)
>
> 戊子卜,宁风北巫犬。(《合集》34140)
>
> 乙丑,贞宁风于伊奭。(《合集》34151)

**图5—7 宁风四方
用五犬**
(《合集》34144)

彝𩵋是西方名与风神名。宁风乃止风之祭,或兼求息雨,用牲以犬为多。这种止风用犬祭的风习,为后世长期遵循。如《周礼·春官·大宗伯》云:"以疈辜祭四方",郑司农注云:"辜,披磔牲以祭,若今时磔狗祭以止风。"《尔雅·释天》"祭风曰磔",晋郭璞注云:"今俗当大道中磔狗,云以止风。"可见杀狗祭风后世一直习行不衰。

商代宁风之祭的对象,仅少数场合直接为风神本身,如上举"𩵋风,惟豚,有大雨"、"其宁,惟日彝𩵋用"、"帝风"等,是向西方风神和方神致祭以求息风或宁风,这可能仍保留有原始自发宗教信仰的残余。但多数息风宁风祭是告求于方神、土地神祇、巫先神、先臣神或"帝使"。可知商代社会的宗教观念中,神域世界有其错综交织的领属关系,决定有风无风的最权威神是上帝，息风宁风得求助于地方神或祖神以"绝天地通"，祈请风神或上帝才成。不过，息风宁风于地方神，似又表明，商代宗教的兼容过程中，统合有来之各地的风神崇拜，基于"神壹不远徙迁"[①] 的宗教本质，在再建神统新秩序的同时，也得兼顾各地原先所固有的信仰系统，将各地方要神摆在一定位置。息风宁风于地方神，正是在这一特殊背景下形成的，反映了商代注重社会功利的俗信特色。

（三）祭云御水旱祲象的行事

商代人们以为云有神灵之性。据甲骨文云：

> 于岳燎年。
> 于高祖亥燎年。
> 庚午，贞河害云。
> 佳岳害云。
> 佳高祖亥害云。（《屯南》2105。图5—8）

云表现出受控于山川神祇或先公祖神而易遭侵害的柔性。云的神性在甲骨文中有揭示：

> 贞兹云其雨。
> 贞不其受年。（《合集》13385）

图5—8　河岳高祖亥害云
（《屯南》2105）

两辞同贞，知云在殷人心目中持有预示年成丰稔的神性。《周易·小畜》云"密云不雨，自我西郊"，是旱灾之兆。阴云经月，阳光不启，或雨云积劳，也均是影响农作物生长的灾眚。

云气柔幻，形状色彩变化万端。《史记·天官书》有登高而望云气之候，谓"稍云精白者，其将悍，其士怯。其大根而前绝远者，当战。青白其前低者，战胜。其前赤而仰者，战不胜。阵云如立垣，杼云类杼，轴云抟两端兑，杓云如绳者，居前亘天，其半半天。钩云句曲。诸此云见，以五色合占"。《周礼·春官·保章氏》谓："以五云之物，辨吉凶水旱降丰荒之祲象。"郑玄注："物，色也，视日旁云气之色。降，下也，知水旱所下之国。

---

① 　《国语·周语上》。

郑司农云：以二至二分观云色，青为虫，白为丧，赤为兵荒，黑为水，黄为丰。"商代已有这类辨云气祲象之占，甲骨文云：

图 5—9 酒祭三昔云
（《合集》13399）

> 贞兹云其伐。（《合集》13389）
>
> 贞兹朱云其雨。
>
> 贞兹朱云不其雨。（《合集》13390 正）
>
> 己亥卜，永，贞翌庚子酚……王占曰：兹
> 隹庚雨卜（外），之〔夕〕雨。庚子酚三昔云，
> 其既祝，启。（《合集》13399。图 5—9）
>
> 庚寅贞，兹云其雨。（《合集》13386）
>
> 贞兹云其有降其雨。（《合集》13391 正乙）
>
> 云其雨。不雨。
>
> 各云不其雨。允不启。（《合集》21022）
>
> 启不见云。（《合集》20988）
>
> 贞兹云延雨。（《合集》13392）

伐字从人从戌，戌为斧钺之兵器，殆商人亦有某云主战之象。"朱云"，朱，根字初形，殆类似"杓云如绳"之象。"三昔云"，昔读如色，指三色之云。[1]
殷人还常常祭不同的云：

> 乙卯卜，㱿，贞燎于云。（《合集》13400）
>
> 呼雀燎于云，犬。（《合集》1051 正）
>
> 燎于云，一羊。（《合集》13402）
>
> 燎于云，雨。不雨。（《屯南》770）
>
> 燎云，不雨。（《合集》21083）
>
> 贞燎于帝云。（《合集》14227）
>
> 云雷。（《合集》13418）
>
> 九日辛未大采，各二云自北，雷延，大风自西，剌二云率雨。（《合集》21021）
>
> 贞燎于三云。（《合集》13401）

---

[1] 参见于省吾：《甲骨文字释林·释云》，中华书局 1979 年版，第 8 页。

己卯卜，燎豕四云。（《合集》40866）

惟岳先酚，乃酚五云，有雨。（《屯南》651＋671＋689）

……若兹……六云……其雨。（《合集》13404）

癸酉卜，又燎于六云五豕卯五羊。二（《屯南》1062）

癸酉卜，又燎于六云六豕卯五羊。三

癸酉卜，又燎于六云五豕卯羊六。三（《合集》33273。图5—10）

一云至六云，反映了商人的望云之祭，视云的色彩或形态变幻，都有特定的
褛象。祭仪主要用烟火升腾的燎祭，兼用酒祭。用牲有犬、豕、羊等，凡云
数多者，用牲数一般也相应增多。有时还与降雨、不雨或打雷刮风相系，可
见，祭云行事主要出于御灾禳灾，与上述殷人心目中云持有预示年成丰稔的
神性，是有同一性的。

（四）宁息蝗灾的行事

甲骨文中记有宁息蝗灾的“宁螽”行事，还有侦伺蝗群灾情去向的卜
问。如（图5—11）：

图5—10　燎牲祭六云

（《合集》33273）

1　2　3

图5—11　宁息蝗灾祭帝五丰臣

（《合集》33281、14158、34148）

(1) 庚戌卜，有𧑲螽，佳帝令𠈹。（《合集》14157）

(2) 庚戌卜，贞有𧑲螽，告〔于〕祊。四月。（《合集》14158）

(3) 乙酉卜，宎，贞螽大𪅂。六月。

乙酉卜，宎，贞祊宗，亡不若。（《合集》13538）

(4) 庚午，贞螽大𪅂，于帝五羊臣宁。在祖乙宗卜。 （《合集》34148）

(5) □酉卜，于……告螽𪅂。（《合集》33232）

(6) 辛卯，贞于夕令方商。

丁酉，贞螽不𪅂。

其𪅂螽。

甲辰卜，其求禾于河。

甲辰卜，于岳求禾。（《合集》33281）

(7) ……贞其宁螽，来辛卯彭。（《合集》33233 正）

(8) 庚申卜，出，贞今岁螽不至兹商。二月。（《合集》24225）

(9) ……入商。左卜占曰：弜入商。甲申螽夕至，宁，用三大牢。

贞其宁螽于帝五羊臣，于日告。

宁于滴。（《屯南》930）

(10) 乙亥卜，其宁螽于𩵋。（《合集》32028）

---

(1)、(2) 辞同卜一事，𧑲字，于省吾释庶的初字，训为盛、多之义。又读"𧑲螽"为"𧑲秋"，意同"有秋"，指丰盛的秋收。[1] 按此说有误，同辞"帝令𠈹"，𠈹读如僭，有差失、灾害义，如《左传》僖公九年引《诗·大雅·抑》"不僭不贼，鲜不为则"，杜注："僭，过差也；贼，伤害也"；既然言有丰盛的秋收，又言帝令𠈹，意思恰相反，前后显然矛盾，可知当读为"𧑲螽"，谓四月蝗群之盛，乃上帝下令降的灾害，告祭于祊神。(3) ～ (5) 例之"螽大𪅂"、"螽𪅂"，𪅂义为集结、群集降临，内含侦伺蝗群灾情去向之意。或六月告蝗群灾临，或祭于祊宗。(4) 辞记在先王祖乙宗庙贞卜宁息蝗灾于"帝五羊臣"，羊旧释玉或介，陈梦家据金文"玉十羊"（《三代》7·34·6），认为羊乃工字，工为玉之单位词，并证以《淮南子·道应》"玄玉

---

① 于省吾：《释庶》，《甲骨文字释林》，中华书局 1979 年版，第 434 页。

百工"，高诱注"三玉为一工也"，丰像三玉成串之形。帝五工臣相当于《左传》昭公十七年郯子述商代神话中掌天时的"五雉为五工正"。[①] （6）版五辞习卜，谓辛卯卜问夕时在商地进行方禘之祭，六天后丁酉卜问蝗群是否会灾临，又七天后甲辰卜问向自然神河、岳求农作年成收获。（7）辞贞卜宁息蝗灾，来日辛卯用酒祭。（8）记二月庚申预卜今岁蝗灾会否降临兹商。（9）记某日占卜蝗灾会否进入商地，左卜占后说：蝗群不会进入兹商，不料甲申日晚蝗群灾临，为了宁息蝗灾，在滴水用了三大牢致祭，并在当天向帝五工臣进行了祷告。（10）辞"宁螽于徇"，徇是祭地，别辞云："庚辰□，徇燎"（《屯南》750）、"酚莽禾于徇"（《合集》41540），记在徇地举行燎祭或酒祭拜求年成丰收，此又作了宁息蝗灾的祭祀场所。

二　"告秋"与"告麦"礼俗

商代有"告秋"礼俗。甲骨文中的"秋"是一个与农作物生长到成熟周期关系密切的词，除有时用其本义蝗虫形之螽字而指蝗灾外，又每每用指谷物收获季节。如：

> 丁亥卜，贞今秋受年，吉刈。
> 不吉刈。（《屯南》620＋2991）

这是预卜等到今秋的收获季节，谷物是否能顺利刈收回来。

"告秋"是向神灵报告谷物长势，以求得秋收有成，故不必非要到秋季再告。如甲骨文有云：

> 丙辰卜，贞告秋于祊。四月。（《怀特》22）

四月尚是农作物生长旺季，就已在宗祊告秋，可知不是报告收成，而是报告长势，祈求来秋丰收。所告的神灵和有关祭礼见下辞：

> 甲申卜，穷，贞告秋于河。（《合集》9627）
> □戌贞，其告秋于俌高祖夒六［牛］。（《合集》33227）

---

① 陈梦家：《殷虚卜辞综述》，科学出版社1956年版，第572页。

弜其立жа。

其告秋上甲。

夒即宗。

河［即］宗。（《合集》28207）

贞于王亥告秋，冉。（《合集》9630）

乙亥，贞取岳舞，有雨。

贞其告秋于上甲，不［雨］。（《屯南》
2906＋3080）

其告秋于上甲一牛。

壬午卜，其囟秋于上甲，卯牛。（《屯南》
867。图 5—12）

其告秋于上甲二牛。三牛。四牛。
（《合集》28206）

□□，贞……告秋，其用自上甲。
（《合集》32033）

图 5—12　立斿告秋

（《合集》28207、《屯南》867）

"告秋"的对象，主要包括自然神河、岳、夒，以及商人先公远祖王亥及先
公近祖上甲，等等。俑同僮，为人工夯筑的坛墠式祭台。冉是冉册，即举册
祈告。"立жа"是立斿，斿兼以招引神祇至宗祊石室。建旗立斿常用来召集
众人，似当时告秋还是统治者阅众劝勉勤力农事的时机。显然，告秋性质应
属外祭而非内祭，为郊祈行事，行之于郊外农田附近的祭台或宗祊石室，举
册向神灵祈告。告秋还关注有雨无雨，舞祭以祈雨，求稼禾生长顺利，至秋
有获。告秋有与囟秋同卜，囟当与告意义相近的祭名。告秋的祭牲大都用牛，
一牛至六牛不等，卯为剖牲祭。2002 年小屯南地所出甲骨卜辞有言"在西𠂤
史祀秋"（H55：13），当属同一性质的祀求秋收有获的农业礼俗。

甲骨文中还有一种"告麦"礼俗，辞云：

　　［甲］午卜，宁，［翌］乙未［有告］麦。

　　［乙未］卜，［宁，翌］丙［申有］告麦。

　　□亥卜，宁，翌庚子有告麦。允有告麦。

　　庚子卜，宁，翌辛丑有告麦。

　　翌辛丑亡其告麦。（《合集》9620＋9625；《蔡缀》201）

"告麦"为甲骨卜辞恒语，具体意义众说不一。郭沫若云："《月令》：'孟夏之月，农乃登麦，天子乃以彘尝麦，先荐寝庙。'此云'告麦'，盖谓此。"[①]胡厚宣持否定意见，指出："今案辞言'有告麦'、'亡告麦'、'允有告麦'、'允亡'，则告麦之决非祭名可知。余谓告麦者，乃侯白（伯）之国，来告麦之丰收于殷王。"[②] 于省吾又提出一说，认为"告麦的意义是：商王在外边的臣吏，窥伺邻近部落所种或所获的麦子，对于商王作了一种情报，商王根据这种情报，才进行武力掠夺"。[③] 杨升南则认为，"告麦"与甲骨文中的"观耤"、"省黍"等事例一样，应是一种农业生产中的管理措施，"告麦"是为各地官吏向中央政府报告苗情。[④]

今按，甲骨文"告麦"未见与战争行事同卜，故于说难以信从。从同版甲骨辞例多见再三卜"告麦"看，"告麦"与"告秋"意义有所不同，"告麦"不见祭祀对象及动用祭牲，且每每在连天累日的状态下选择最佳日子进行。上揭卜辞甲午至庚子，前后四次，由卜官疒为商王卜问乙未到辛丑七天内该哪一天有"告麦"。"告麦"似乎指农田区内农官观察麦之丰稔实况随时以告，惜所告的对象不明，听取"告麦"消息者很有可能即商王本人，但总在一种贴近实际的状态下进行。

据别辞有云：

> 壬辰，贞在囧，扄来告芳，王其黍。（《摭续》106）
> 丙子卜，贞丁令冒囹往告禾。丁。（《合集》20240）
> 贞有告梁豕，乎逐。（《合集》10239）
> 戊卜，子其往受。曰：有求（咎）非楼。
> 己卜，弜告季于今日。
> 己卜，弜告季今日。
> 己卜，其告季于丁，永。

① 郭沫若：《卜辞通纂》，科学出版社1983年版，第411页。

② 胡厚宣：《殷代封建制度考》，《甲骨学商史论丛初集》第一册，成都齐鲁大学国学研究所专刊之一，1944年版，第32页上。

③ 于省吾：《商代的谷类作物》，《东北人民大学人文科学学报》1957年第1期。

④ 参见杨升南：《商代经济史》，贵州人民出版社1992年版，第122页。

己卜，其［告］季［于］丁，永。（《花东》249）

壬寅卜，□，贞告岁，不冓雨。（《合集》24885）

"告芀"谓报告田间杂草清除以便种植。"告禾"，禾指谷物或粟之类的农作物，某日令某人前往告禾，则恐为下告禾稼生长中的农作安排。"告梁"是告野豕践害梁的生长或收获。"有咎非楼"，姚萱谓"楼应读为'忧虞'之'虞'"，"意思是说有灾咎，但不是忧，灾咎的程度还没有严重到'忧'的地步"。[1] 受是商王朝重要农田区。[2] 据《花东》475 云："辛亥卜，子曰：余丙奎。丁令子曰：往，眔妇好于受麦。子奎。辛亥卜，丁曰：余不其往。毋奎。"奎，陈剑释速，有"召请"之意。[3] 记子准备在辛亥几天后的丙日召请丁，丁则不打算前往，说不必召请，而命令子前往陪同妇好视察受田麦子长势，子还是召请了。《合集》32289"戊辰卜，焚受东，雨。"记在受东焚巫尪求雨以御旱情。季读如年，告季即告年，年谓年成。上引《花东》249 五辞戊日占卜子前往受视察，说祸咎之兆尚未达到使人忧虞太过的程度，第二天己日反复卜问告年事。此"告年"盖报告有关受田作物生长的灾情或年成收获如何的非常情况。"告岁"同如"告年"，因作物生长而有对雨情之关注。

以此例之，"告麦"或许也指报告种种影响及王室农田麦收之丰稔的情况，如此演成一种农业信仰礼俗。唯"告芀"一般在种植之际，"告秋"、"告禾"、"告梁"、"告年"、"告岁"可在谷物生长期间，"告麦"则非指告苗情，乃专在麦收季节，与"告秋"在郊外举行是有所不同的。

三 农业登尝礼俗

登尝礼俗，也属于农业信仰礼俗之一。陈梦家认为，登尝是在农事收获之后，以新黍先荐于寝庙让祖先尝新。[4] 学人多依其说。然核之《礼记·月令》，有记"孟夏之月，农乃登麦，天子乃以彘尝麦，先荐寝庙"；有记孟秋之月，"农乃登谷，天子尝新，以荐寝庙"。另有记仲夏之月，"农乃登黍，

---

① 姚萱：《殷墟花园庄东地甲骨卜辞的初步研究》，线装书局 2006 年版，第 214—216 页。

② 参见彭邦炯：《甲骨文农业资料考辨与研究》，吉林文史出版社 1997 年版，第 610 页。

③ 陈剑：《说花园庄东地甲骨卜辞的"丁"——附：释"速"》，《故宫博物院院刊》2004 年第 4 期。

④ 参见陈梦家：《殷虚卜辞综述》，科学出版社 1956 年版，第 529 页。

是月也，天子乃以雏尝黍，以含桃先荐寝庙"，孔颖达疏云："黍非新成，直取旧黍。"陈奇猷即据以指出，仲夏之月（五月）黍尚未成熟，所谓登黍，"盖农种黍，以籽种之，余者进之，以为应物之食而已"。[①] 是知文献中所述登尝礼俗，实有两类，一类是夏麦新收先荐寝庙和秋收后登献新谷，另一类是仲夏取陈黍先荐祭于祖先。

据《论衡·祭意》云："凡祭祀之义有二，一曰报功，二曰修先。报功以勉力，修先以崇恩。"文献中所述登尝礼俗，正有报功和修先二义。秋收后登献新谷，属于"报功"之祭；仲夏取陈黍先荐于祖先，以求得到未来新黍丰收之佑，则属于所谓"修先"之祭。如《周礼·春官·大司乐》贾公彦疏云："五谷成，于神有功，故报祭之。"秋收有获，于神有功，登献新谷，意在回报神灵佑护五谷丰登之功，并冀望继续得到保佑，以此为勉。《孔丛子·论书》说的"每岁之大尝而报祭焉"，《礼记·郊特牲》说的"郊之祭也，大报本反始也"，性质均属于"报功"之祭。而仲夏取陈黍先荐祭祖先，意在修先崇恩，祈求五谷有成。《礼记·郊特牲》又有云："蜡之祭也，主先啬而祭司啬也，祭百种，以报啬也。"郑注："先啬，若神农者；司啬，后稷是也。"唐孔颖达疏云："种曰稼，敛曰啬，不云稼而云啬者，取其成功收敛，受啬而祭也。"但"祭百种以报啬"的礼意，当带有修先崇恩的行事性质。

今细读甲骨文，知商代已有此报功和修先两类登尝礼俗。如：

> 辛丑卜，彻，酚粱登辛亥。十二月。
> 辛丑卜，于一月辛酉酚粱登。十二月。（《合集》21221）
> 壬午卜，争，贞令登取涅黍。（《怀特》448）

"登粱"在十二月或一月，显而易见，登献的粱不是才收获的新粱，是陈粱。"令登取涅黍"，是取在涅地傍河粮仓的陈黍。取陈黍先登荐神灵，意在"修先以崇恩"，祈求未来五谷有成。唯《月令》登旧黍在仲夏，与商代异。

此外，商代也有秋献新谷"报功以勉力"的，如：

> 今秋品禾。九［月］（?）。（《合集》9615）

---

① 　陈奇猷：《吕氏春秋校释·仲夏纪》，上海学林出版社 1984 年版，第 247 页。

　　［己］丑卜，宾，贞翌乙［未酒］黍登于祖乙。［王］占曰：有祟。不其雨。六日［甲］午夕月业食。乙未酒，多工率条遣。（《合集》11484 正）

　　□□□，大，贞见新粱，翌……（《合集》24432 正）

　　庚寅卜，贞王宾登粱，亡尤。（《合集》38686）

　　贞登黍。

　　勿登黍。（《合集》235 正）

　　□□卜，争，贞［翌］乙亥登［南］囧黍于祖乙。（《合集》1599）

　　己巳，贞王其登南囧米，更乙亥。

　　己巳，贞王米囧，其登于祖乙。（《合集》34165。图 5—13）

　　庚寅，贞王米于囧以祖乙。（《屯南》936）

　　丁巳，贞王其登南囧米，更乙亥。

　　乙未，贞王米，更隻以于囧米。（《合集》32024）

图 5—13　登献南囧新米报祭祖乙

（《合集》34165）

　　"品禾"的品有品别、品尝义。"今秋品禾"或即如《月令》言孟秋"农乃登谷，天子尝新，先荐寝庙"。"见新粱"，见读如献，新粱指新收获之粱，可能是地方向王朝进献新粱，也可能是向祖先荐献新粱，此当属后者。南囧与囧同地，为王室田庄。"登南囧黍"，一称"登南囧米"及"以于囧米"，则以亦有登进、荐献义，米当指经加工过的黍米。裘锡圭曾指出，商王亲耕往往在南囧和囧田，所种大都是黍，乃因商代贵黍贱粟，南囧和囧田之黍常被用来祭祖之故，按照古礼，王亲耕的收获用来祭祀，是表示对鬼神和祖先的恭敬。[①] 看来王登亲耕的南囧黍当是新黍。秋收有获，于祖先神灵有功，登献新黍新米，正意在回报祖先神灵佑护五谷丰登之功，

_____

　　① 参见裘锡圭：《关于商代的宗族组织与贵族和平民阶级的初步研究》，《文史》第 17 辑，中华书局 1983 年版。

并冀望继续得到保佑，以此为勉，这与文献说的"报功以勉力"之祭，性质是一致的。

商代王家的登尝之礼，大都是在祖先的宗庙里举行，如：

> 丙子卜，其登粱于宗。（《合集》30306）
>
> 于宗登粱。（《屯南》1075＋1221＋1851）
>
> 王其登粱二升。
>
> 叀卯各枫裸酌。（《屯南》618）
>
> 辛卯卜，贞王宾二升，登禾，亡尤。（《合集》38696）
>
> □□卜，彭，贞其延登粱……飨父庚、父甲家。（《合集》30345）

宗、升、家皆系祖先宗庙之谓，在规模、建制、布局、宗法上当有某些区别。"二升"指安放某两位祖先神主之庙，卜问王在二升登粱、登禾，"**卯各枫裸酌**"，是否等到黄昏后上灯时分的枫时举行裸酒之祭礼。有时还明言登荐给哪位祖先，除上举父庚、父甲外，又如：

> 癸未卜，登粱于二示。（《库》1061）
>
> 甲午卜，登粱于高祖乙。（《合集》32459）
>
> 丁未登粱祖辛。（《合集》32572 反）
>
> 癸未卜，其征登粱于祖乙。（《合集》32592）
>
> 辛亥，贞其登米于祖乙。（《屯南》189）
>
> □□卜，贞王［宾］母癸，登禾，［亡］尤。（《合集》36318）
>
> 丁卯卜，登［于］□乙。
>
> 叀白粱。（《合集》34601）
>
> 癸丑卜，王，丁粱入，其登于父甲。（《合集》27455）
>
> 庚申卜，**毳粱**其裸兄辛。（《合集》27632）
>
> 癸亥，岁子癸牝一，**叀**自丁黍。（《花东》48）
>
> 庚寅，岁妣庚小宰，登自丁粱。（《花东》416）
>
> 辛卜，岁祖［辛］牝一，登自丁黍。在孯，祖甲征。（《花东》363）
>
> 乙巳，岁祖乙三豕，子祝，**叀黍**，在□。（《花东》171）

不备举。从上揭后四例"**叀自丁黍**"、"**登自丁黍**"看，**叀**、登通作，**叀**写作**叀**、〇，示意像盛有食物的有盖盛器，登字写作〇，初谊像无盖敞口深腹圈足盛器，器内满盛米粒。在王卜辞中登写作〇、〇，隶写为〇、〇，像双手捧献豆形器。〇与登均为盛器，用为登尝、登荐之义，意思是相通的。"〇黍"当是"〇自丁黍"省文。

商代王室登荐的祖先，有先公上甲、二示（即示壬、示癸），有高祖乙、祖乙、祖辛、祖丁、祖甲、羌甲、南庚、父庚、父甲、兄辛、子癸，有女性祖先妣庚、母癸，还有身份不详的祖先神小丁等。《花东》登荐的祖先，有祖甲、祖乙、祖辛、子癸、妣庚等。登荐的粮食食品，有粱（秫，糯粟）、白粱（白秫，糯粟之上品）、黍、穄（不黏黍）、米（黍米）、禾（粟）、𪏆粱（𪏆或释馨香之馨，但有可能指储藏在𪏆地粮仓的陈粱）等品。登尝之礼有在宗庙举行，但有王朝宗庙或族邑宗庙（如子在𠦪地之宗庙）的区别，应视主献者是商王还是各族宗子而定。《花东》所谓"登自丁粱"、"登自丁黍"、"〇自丁黍"，可能登荐的粱、黍嘉品乃来自"丁"所馈赐。

商代是一个以农业经济构成为主体的社会，商王朝在此基盘上已建立起一系列"纪农协功"的传统礼俗，可以分为农业生产礼俗和农业信仰礼俗两个分野。农业生产礼俗的一个重要特点，就是商王为首的统治者每每介身农作的全过程，重视天象和农业气象观测，按农业生产时季，适时举行各类农作仪式，如相地之宜、〇田、省黍、立黍、耤田等。特别是商王的亲耕耤田，劝农重农，亲为表率，因俗颁政，象征意义尤为明显，被后世王朝发扬成一种传统的"藉田礼"，习行不衰，成为历代统治者"重农"的国家礼典。

在农业信仰礼俗方面，大略说来有求年受年礼俗、御除农业灾殃礼俗、告秋与告麦礼俗、登尝礼俗，等等，均是本之宗教观念形态。求年受年礼俗是祈求神灵保佑农作物丰收。御除农业灾殃礼俗主要属于针对自然灾害而形成的消极御灾行事，由于风、雨、旱、蝗等灾对农作物生长危害最直接，故宁雨求雨、祭风宁风、祭云御水旱祲象及宁息蝗灾的行事十分多见，其中尤以求雨行事惊动的社会面最大，有关祭礼最具特色，如乍土龙祈雨、十分酷烈的焚巫尪求雨、歌乐舞蹈求雨之祭，等等。告秋祭祀行事一般行于郊外，是在谷物生长期间向神灵祈告谷物长势。告麦则见诸麦收季节。登尝礼俗有岁末或春耕播种时季向祖先进献陈黍和秋收后荐献新黍两类祭祀行事，前者为求农作丰收之佑，后者当属谷物丰登报功之祭。

第六章

婚 姻 礼 俗

　　婚姻是人类社会发展到一定阶段的产物，作为一种以人类自身生产为前提的男女两性结合的社会形式，理所当然有其本身的自然属性和社会属性。男女两性的差别和性本能，是婚姻关系借以建立的生理基础，从本质上说，婚姻人际关系所表现出的社会组织系统，属于社会构成的特定形式范畴，故婚姻形式总是与相关的经济方式和社会生活的内约外规相适应，在诸如生理本能等自然属性作用于婚姻生活的同时，各种社会属性的因素对婚姻运作机制的支配和调节，意义绝难低估，而其时代特色也是极为鲜明的。

第一节　商代婚制

一　一夫一妻婚制

　　商立国前后，社会已进入一夫一妻制时代。据《殷本纪》、《世本》以及甲骨文，商立国之前的先公世系，为契—昭明—相土—昌若—曹圉—冥—王亥—上甲—匚乙—匚丙—匚丁—示壬—示癸。甲骨文中有追记先公的配偶：

　　　　辛丑卜，于河妾。（《合集》658）

　　　　侑于王亥妾。（《合集》660）

　　　　庚子卜，王，上甲妣甲，保妣癸。（《合集》1249）

　　　　□巳贞，其侑三匚母，豕……牢。（《合集》32393）

　　　　辛丑卜，王，侑示壬母妣庚豕，不用。三月。（《合集》19806）

　　　　贞来庚戌侑于示壬妾妣，牝白死。（《合集》2385）

　　　　癸丑卜，王，窜示癸妾妣甲。（《合集》2386）

河，杨升南认为即《国语·鲁语上》"冥勤其官而水死"的商人先祖冥，河妾是河的配偶。[1] 王亥妾，于省吾认为指王亥的配偶。[2] "上甲妣甲"，陈梦家认为同如"小乙妣庚"（《甲》905），"妣庚为小乙之配，则妣甲为上甲之配，先王以上甲开始，用天干之首，而上甲之配名甲，也是很可能的"。[3] 三匚系匚乙、匚丙、匚丁三位先公的合称，三匚母（图6—1），郭沫若云："母殆谓三匚之配。"[4] 凡河妾、王亥妾、上甲妣甲、三匚母、示王妾妣庚、示癸妾妣甲，记冥以下八代先公的配偶，有的虽不无疑问；但特别自示壬、示癸，明记一夫一妻，一个女子完全从属于一个丈夫，夫妻关系明确，这正是一夫一妻制确立的时代表象。示癸之子大乙成汤建立商国，以下数代，大乙妻为妣丙、大丁妻妣戊、大甲妻妣辛、外丙妻妣甲、大庚妻妣壬、大戊妻妣壬，等等，也是一夫一妻。可见，商至少自示壬开始或更早一段历史时期，至立国以降，社会已实行一夫一妻制。

图6—1　上甲妣甲和三匚母

（《合集》1249、32393）

---

① 杨升南：《殷墟甲骨文中的"河"》，《殷墟博物苑苑刊》创刊号，1989年。

② 于省吾：《释王亥的配偶》，《甲骨文字释林》，中华书局1979年版，第192页。

③ 陈梦家：《殷虚卜辞综述》，科学出版社1956年版，第488页。

④ 郭沫若：《殷契粹编》，科学出版社1965年版，第387页。

这一婚制在各地商代考古遗迹中均有反映。1997 年郑州商城宫室区范围发现的 ZSC8Ⅱ T166M6 一座长方形土炕竖穴墓，墓内三人俯身合葬，中间一位墓主是年龄约 20—29 岁的男性，颈部挂一串饰，左旁是一位约 20 岁的女性，右边殉一个约 10 岁的双手上搏孩童，随葬器物铜鬲、盉、戈、骨镞、玉柄形饰等。[①] 似为夫死而强行以妻儿相殉。河北藁城台西商代中期遗址，曾发现一些一男一女合葬墓，如第 35 号墓，同一棺内人架两具，男性仰身直肢，年龄约 50 多岁，女性侧身紧挨男性，两脚捆绑，面向男性，约 25 岁。两人身上均有朱红色，随葬青铜器都置于女性一边。似亦与郑州商墓性质同。第 102 号墓也有相似的情况，同一棺内人架两具，在一位仰身直肢、年约 30—35 岁的男性一旁，是一位侧身屈肢面向男子的 30 岁上下的人架，下肢亦被捆绑。随葬器物亦主要置于后者一边，其性别似亦为女性。[②]

山西灵石旌介发现晚商墓三座，其中二号墓一椁两棺，左棺男主人仰身直肢，右棺女主人侧身直肢，面向男主人，两人周围均有大量铜器、玉器、骨器、陶器等随葬品。[③] 显然是一座夫妻双人合葬墓。

河南安阳殷墟族墓地，常见一种男女"异穴并葬"现象。[④] 有人做过粗略统计，这种墓葬数量约占殷墟总墓数的三分之一。"异穴并葬"的两个墓穴常紧紧相靠，两位墓主的头向一致，双方必是一男一女，其墓室规模相同，葬具也相同，随葬品质量与年代也基本相同，唯双方墓穴的位置，一般为男性靠前，女性错后，男左女右，男性葬式俯、仰皆有，女性则一律为仰身。男性墓葬深度较浅，女性则较深。有的"并葬"墓随葬品甚少，有的则甚丰，葬具或为朱漆木棺。据推测是一夫一妻制婚姻形态在葬俗中的反映，各夫妻家庭存在着贫富差别，在每一家庭中，男性占主导地位，女性居从属地位；但夫妻在经济上基本还是平等的。[⑤]

然而，必须指出，商代由一男一女结为夫妻的婚姻家庭组织，虽已较广泛地存在于贵族和平民等各个社会阶层，但其普遍的意义却在于它主要作为一种

---

① 河南省文物考古研究所：《郑州商城新发现的几座商墓》，《文物》2003 年第 4 期。

② 河北省文物研究所编：《藁城台西商代遗址》，文物出版社 1985 年版，第 151、154、155 页。

③ 山西省考古研究所、灵石县文化局：《山西灵石旌介村商墓》，《文物》1986 年第 11 期。

④ 安阳市博物馆：《殷墟梅园庄几座殉人墓葬的发掘》，《中原文物》1986 年第 3 期。

⑤ 孟宪武：《殷墟南区墓葬发掘综述——兼谈几个相关的问题》，《中原文物》1986 年第 3 期。

人口再生产的单位而出现，并未从各自所在族组织中完全独立解脱出来。所谓"夫妻合葬"墓和夫妻"异穴并葬"墓，虽各地葬俗方面有所不同，却无不置于各自的小片墓区中。《周礼·春官·墓大夫》谓"邦墓之地域"，"令国民族葬"，"使皆有私地域"，郑注："古者万民墓地同处，分其地，使各有区域，得以族葬后兼容。"《逸周书·大聚解》云："坟墓相连，民乃有亲。"商代墓地制度已有这方面的内容，它既是当时按族系聚居形态的再现，同时又反映了血缘的或婚姻的亲属关系是其内聚所在，作为夫妻的"生育之家"，因明确表现出"生相近，死相迫"的状态，故其在经济上尽管尚未能从所处多层次的亲族集团中完全分离出来，至少在生活上是具有一定的独立性的。

商代的一夫一妻制，是在父权制下的族外婚姻形态中而逐渐形成的。甲骨文所言"王亥妾"，可能即出自"有易氏"的女子。这里绅绎有关文献资料如下：

> 殷侯子亥宾于有易，有易杀而放之。（今本《竹书纪年》）
>
> 殷王子亥宾于有易而淫焉，有易之君绵臣杀而放之，是故殷主甲微假师于河伯以伐有易，灭之，遂杀其君绵臣也。（《山海经·大荒东经》注引《竹书》）
>
> 有人曰王亥，两手操鸟，方食其头。王亥托于有易、河伯仆牛，有易杀王亥，取仆牛。（《山海经·大荒东经》）
>
> 该秉季德，厥父是臧，胡终弊于有扈（易），牧夫牛羊。（《天问》）

王亥"宾于有易"，具有母系制从妇居的对偶婚色彩，但凭借"仆牛"的私有财富，打算秉承其父季（即冥）的婚姻家庭形式，确立自己做丈夫的社会地位，最后为女方有易氏族所害。那么"该秉季德"是一种什么性质的婚制呢？从甲骨文"河妾"提供的信息看，王亥之父季（即冥）的妻族当是河伯，"该秉季德"想要秉承的是父权制下族外婚的一夫一妻制，商族显然已进入这种婚制的时代。但由于社会发展的不平衡性，有易氏族仍处在传统母系对偶婚阶段，王亥想秉承"季德"而为女方有易氏族所杀死，是新旧两种婚制争斗的结果。当时父系血缘亲族关系的强大内聚力，使商族理所当然能借助于王亥之父季的妻族河伯的力量，对有易氏族发动一场血族复仇战，并赢得了胜利。《天问》谓"昏微遵迹，有狄（即有易）不宁"，看来王亥之子上甲微顺应了时代发展潮流，在与顽固维护母系制的以有易氏族为代表的社会旧势力的较量中，占据了上风，终于确立了父权制下的族外婚。

据《天问》记述，王亥之妻有易女，在王亥被杀时"击床先出"，先自逃逸而出，后来做了王亥弟王恒的妻子。"眩弟并淫"①，弟妻其嫂，也仍旧是父权制下变态的族外婚制。

可见，商代社会流行的一夫一妻婚制，是在社会的变革推演中逐步确立的，其滥觞期可上推到上甲或更早一段历史时期，它的形成伴随着父权制与母系制之间的长期较量。由这种婚制而产生的家庭，尚必须紧紧依附于其多层次的父权血缘亲族组织而存在，它主要作为一种人口再生产单位，经济上的独立程度还是十分有限的。

二　多妣多妇的命名和变态婚制

商代婚制的主流是一夫一妻制，然而在具体的社会生活中，又呈现出形态多变的复杂的时代内涵，所谓一夫一妻，只不过是一妻唯许一夫，而对男子而言，却每每娶多妻，尤以贵族阶层的男子为常见。

一夫多妻现象在商代葬俗中亦有再现。山西灵石县旌介商代墓地，是以"𡆥"族为主体的方国贵族墓地所在。1985 年发掘的一号墓，墓室中葬具一椁三棺整齐而列，尺寸略同。中间一棺为男性墓主，仰身直肢。两侧两棺各为女性，都侧身面向男性墓主。三人头部或腰部放有玉器。墓内随葬器物 50余件，仅青铜器就达 40 件以上，有酒器、炊器、食器、兵器等，还有鳄鱼皮为鼓面的鼍鼓，墓室中又有一人殉葬。② 这显然是一夫双妻的贵族合葬墓。从其反映的夫妻家庭形态看，丈夫占主导地位，随葬品亦最丰，双妻居从属地位，由于她们的随葬品数量相差不大，故看不出生前身份有多大主次之别，但同为贵妇则是无疑的。此外甲骨文云：

令须敄多女。（《合集》675 正）

敄，读如侵，《说文》云："侵，渐进也，从人又持帚，若埽之进；又，手也。"敄在此借为进或寝，有进献、进纳、进御之义。这是商王命令须进多女为妇事，也可视为贵族多妻制之变例。

---

① 闻一多《天问疏证》（生活·读书·新知三联书店 1980 年版）认为眩是胲之形误，即王亥。

② 山西省考古研究所、灵石县文化局：《山西灵石旌介村商墓》，《文物》1986 年第 11 期。

商王多妻更然，如武乙有妻妣戊（韕簋，《三代》6·52·2）、妣癸①。帝乙有妻曰娀（《合集》38244）、曰嬡（《合集》38245）。《帝王世纪》谓："帝乙有二妃，正妃生三子，长曰微子启，中曰微仲行，小曰受；庶妃生箕子，年次启"，又谓帝辛"倾宫之室，妇女衣绫纨者三百余人"。

商王多妻制在殷商时期的王室祭祖系统中有其反映。这是一种依已定祀谱和固定日子，按一整套祀仪，逐一不断地祭先祖先妣，先祖自上甲以下，不论直系旁系均受祭祀，先妣则自示壬妻妣庚以下，凡有条件者可入祀。为与祭日相对应，这套祀谱中的先妣均以天干名之，其中一王数配者，中丁有妣己、妣癸；祖乙有妣己、妣庚；祖辛有妣甲、妣庚；祖丁有妣己、妣庚；武丁有妣戊、妣辛、妣癸。② 一王或两配，或三配。能有条件入祀者，往往靠这些妇人生前的社会背景和政治才能，得宠与否，子息继王位，出身族氏势力是否炽盛，等等。而在商代实际生活中，每王未入祀谱的王妃当更多，如祖辛还有配偶妣壬（《综图》24·1），祖丁另有妣甲（《合集》2392）、妣辛（《合集》35270）、妣癸（《合集》36274）三配，而武丁也有近十位配偶。

甲骨文中有一批"多妣"，兼记其私名或日名，如下表（表中单记数字者均为《合集》号）：

妣口	22226	妣甲嬲	《英藏》2271	良妣庚	《安明》2880	亚妣己	2448
妣丹	1623 正	妣乙嬉	22301	周妣庚	22246	亚妣	974 正
妣井	2510	妣戊姞	22301	妣辛嫝	22301	雀妣	20173
妣石	21050	妣戊娅	22301	妣辛㿝	26954	自妣	20712
妣侯	20069	妣戊嬞	22301	妣辛娳	22301	吅妣	2607
妣眉	2516	妣戊妍	《屯南》4023	妣癸嬲	22301	䄧妣	20231
妣圂	13543	妣庚雍	《殷缀》265	妣癸娭	《英藏》2271	替妣	27781

① 参见常玉芝《"祊祭"卜辞时代的再辨析》，《甲骨文与殷商史》第2辑，上海古籍出版社1986年版。

② 参见常玉芝《商代周祭制度》，中国社会科学出版社1987年版，第134页。

除上表28位兼记其私名或日名的“多妣”外，甲骨文、殷金文中还有许多称作“妇”或不冠“妇”字的所谓生妇，群称“多妇”。其中称“妇某”或“某妇”的，共达168位，如下表：

妇子　2860 妇好　10136 妇𡛥　妇好墓甗827 后妇好　2672	妇井　《英藏》564 妇妌　17506 妌妇　14010正	妇女　2870 妇妏　6655反 妇姦　觯，《三代》14·38·7	妇多　22247 妇妙　22246 妇㚇　22246
妇奏　13517 奏妇　16022 妇㜝　19994	妇執　176 妇婞　6905 妇嬶　2801	妇白　20083	妇嫡　觯，《劫掠》A524R28 商妇　甗，《殷文存》上9
妇先　6349 先妇　21870	妇良　13936正 妇娘　《怀特》966	妇羊　9810 妇㛊　17407	妇来　21653 妇婡　13716正
妇妗　《京》2022	妇豊　17513 妇嬻　17514	妇石　《屯南》2118 妇妬　陶罍YH266	妇鼓　21787 妇壴　17522 壴妇　13943
妇㛸　21368 才妇　21731	妇姪　21066 至妇　22226	妇[illegible]　9172 [illegible]妇　18232	妇桒　14018 妇媟　《英藏》171
妇婷　18605 妇䘏　21727	妇㜎　7384 [illegible]妻㜎　6057	妇[illegible]　8969反	妇弓　32982 后弓　32548
宋妇　甗，前掌大M110	妇爵　22267 爵后　1895	妇巳　13338 妇杏　8995 妇替　2794	妇庞　17393臼 庞后　795反 龚后　14814 后龚　14815
妇姓　17066	妇豕　21789 豕后　19209	妇辛　5478 后辛　332	子𠨘妇　3151
妇婀　1336 妇㵝　5551臼 妇[illegible]　2819	午妇　22226 亚束午妇　22226	亚侯妇　《屯南》502	妇亚弜　觯，《劫掠》A533R127
师般妇　9478	妇沚戈　32048	妇㞢伯　20080	望乘妇　32896
角妇　5495	𡠀妇　19997	旅妇　20505	肉妇　21659

续表

雷妇　21796	黎妇　709 反	河妇　9575	麋妇　爵,《三代》16·36·6
齐妇　鬲,《集成》486	守妇　觯,《三代》14·38·4	杞妇　卣,《三代》12·60·3	✻妇　觯,《三代》14·38·5
黿妇　簋,《集成》1711	盉妇　鼎,《三代》2·16·1	甲妇　爵,《集成》8136	姜妇　簋,《三代》7·11·6
玄妇　罍,《三代》12·2·1	成妇　《续殷》22	鹬妇　《黑川》46·31	冀妇　爵,《三代》15·38·10
鸡妇　卣,《三代》12·55·4	𠂤妇　鼎,《三代》3·7·3	中妇　14125	山妇　觯,《集成》6144
妇康　21794	妇息　2354 妇媳　2737 臼	妇殷　13934 正 媶　11405	妇𣪊　6855
妇橐　14149 反	妇龙　17544 臼 嬲　4156	妇闖　卣,《三代》13·32·6	妇共　13962
妇周　2816	妇相　5545	妇裘　2853	妇燕　2856
妇汝　《粹》1483 乙	妇妙　10816 反	妇妊　21557	妇利　1853
妇己　彝,《三代》6·35·1	妇鼠　14116 亚家妇鼠　19991	妇姗　15935	妇彻　21799
妇凡　22395	妇史　21975	妇嬢　6905	妇尚　7103
妇妣　2760 臼	妇光　2811	妇寶　《英藏》430	妇嫔　17523 臼
妇杏　17524	妇妹　6552 臼	妇妹　13933 正	妇妤　鼎,《录遗》56
妇喜　9976	妇宓　北大藏骨	妇宅　18348 臼	妇姃　2803
妇陕　40681	妇婡　17068 正	妇妭　2788	妇妽　21368 盘,《录遗》483
妇晏　5460	妇𠈃　13676	妇聿　卣,《三代》12·57·5	妇韭　卣,《三代》12·59·8
妇姑　鼎,《三代》3·10·4	妇罍　卣,《文物》77—11, P.34	妇嫛　卣,《三代》13·37·2	妇带　13935
妥匕妇　觚,《集成》6934	妇甶　6325 反	妇婷　《乙》8888	妇婞　2802
妇蓥　10199	妇嬲　觚,《集成》7171	妇羡　17535	妇𠚥　17531

续表

婦炗　3514	婦姑　1402 正	婦婟　14022 正	婦𡦻　《日散》19
婦𤔲　2815	婦𤔲　2606	婦娶　《乙》8713	婦𣏟　《补编》6822
婦妥　21562	婦安　《英藏》211 白	婦𠧌　《殷缀》287	婦嬄　14068
婦𩵋　17542 白	婦𡥀　《怀特》1262	婦喜　《怀特》1262	婦𩵋　10136
婦╱　9544 白	婦澳　3012 反	婦旋　13516	婦𢆶　17540
婦𢆶　《英藏》173	婦如　21800	婦𣂏　《英藏》1770	婦𦥑　7941 白
婦嫩　3297 正	婦奔　14024	婦嬬　爵，《文物》78—5，P.95	婦𠚤　16940
婦𢆶　觚，《三代》14·30·6	婦嬕　觚，《三代》14·27·11	婦𩵋　觯，《三代》14·54·5	婦𡇬　2813 反
婦渊　觚，《三代》14·21·8	婦旋　鼎，《录遗》43	婦吼　17159	婦𠞰　2813 反
婦𦣞　8969 反	婦𦪙　17510	婦𢎥　《屯南》3847	婦𡇬　17539
婦𡟎　卣，《三代》13·35·5	婦川　22069	婦𢆶　8969 反	婦𢎥　19790
婦𡝩　鬲，《集成》463	婦鸟　觚，《录遗》327	王婦　18060	婦冬　觯，《集成》6142

这些"生妇"，广泛活动于晚商社会生活和政治生活等各种场合，她们或参与并主持过商王朝的一系列祭祀典礼，以及从事甲骨占卜的整治，服务于王家政治，或直接进入政权机构，担任商王朝大小职务，甚至统率军队，出入征战，御敌守土或讨伐敌国。她们一般还拥有自己的领地领邑和田产，对土地持有经营权，积有属于自己的财富。她们与商王朝关系甚密，商王时加关顾，连其生育和疾患都有过问。由于她们大多来之各地的族氏组织，或由之裂变扩大而形成的强宗大族，有的还来之周边方国，她们中持有领地领邑者又通常属于商王朝基层地域性组织，故其行事或出入往来的频繁程度，往往成为衡量商国一时政治统治稳定与否的晴雨表。这就不难理解甲骨文中何以会有那么多"妇某来"、"妇某不来"、"妇某往"、"妇某不往"的卜问。

这些"生妇"，有的是王妃，有的是王室世家诸兄弟辈即"多父"之妻、有的为各宗族大小宗子即"多子"之妻，至于明言"亚侯妇"、"师般妇"、

"望乘妇"、"妇亚弜"、"妇沚戈"、"妇㞢伯"、"⿰王丮妻⿰女竹"、"亚束午妇"、"冀妇"者，大抵是臣正、诸侯或方伯之贵妇。

这些"生妇"，与妇前后相缀的字，不少都加上了女化偏旁，如妇好、妇妌、妇妊、妇婈、妇婞、妇嫡、妇娘、妇⿰女羊、妇婡、妇妬、妇媟、妇⿰女羊、妇⿰女竹、妇妸、姜妇、妇姃、妇妟、妇娕、妇⿰女戈、妇⿰女止、妇姈、妇[illegible]、妇[illegible]，等等，这些从女旁的字，去其偏旁，有的在甲骨文中就用作族名或地名。殷墟妇好墓出土石磬刻有"妊冉入石"的铭文。[①]《国语·晋语四》云："凡黄帝之子二十五宗，其得姓者十四人为十二姓，姬、酉、祁、巳、滕、蒧、任、荀、僖、姞、儇、依是也。""妊"即任姓，"冉"为其名。[②] 妇妊似为任姓，妇喜似为僖姓，姜妇为姜姓，妇⿰女匋为陶姓。由此不免使人联想到郑樵《通志·氏姓略》所云："三代之前，姓氏分而为二，男子称氏，女子称姓。"赵雁侠认为，这类从女旁的字已具有"女子称姓"的意义，属于族名的女化形式，意思表示"某族之女"，用来别其所出族，古姓产生的重要途径即是由"某族之女"的含义演变而来，起标明出生族和女性性别的作用，不妨可视为"女子称姓"制度的萌芽。[③] 赵林也指出，整体看来，商代女名并未制度化呈现出"女子系姓"的现象，女名的前后缀，除了谥十干名、身份区别和身份关系指示词之外，还有氏名和私名两类，但"妇"所缀的氏名可以被女化，其中有些被女化的字就是古姓，将女名系氏女化的模式，已经为后代的"女子系姓"架设了创制前的一个雏形。[④]

然而，商代"女子称姓"的确例毕竟不多。《礼记·丧服小记》云："男子称名，妇人书姓与伯仲，如不知姓则书氏。"郑氏注："此谓殷礼也，殷质不重名。"孔颖达疏云："殷无世系，六世而昏，故妇人有不知姓者。"王国维指出："虽不敢谓殷以前无女姓之制，然女子不以姓称，固事实也。"[⑤] 李学勤也认为，说与妇相缀的字是姓，有三点不易解释：第一是卜辞妇名近百，应有不少互相重复，实则很难举出；第二是与妇相缀的字与文献所见女

① 中国社会科学院考古研究所编著：《殷墟妇好墓》，文物出版社1980年版，第136页。

② 参见饶宗颐《妇好墓铜器玉器所见氏姓方国小考》，《古文字研究》第12辑，中华书局1985年版。

③ 参见赵雁侠《中国早期姓氏制度研究》，天津古籍出版社1996年版。

④ 赵林：《论商代的母与女》，台北《中国文化大学中文学报》第10期，2005年。

⑤ 王国维：《殷周制度论》，《观堂集林》卷十。

姓很少能相合比附；第三是相同妇名在各期卜辞中反复出现者罕见其例。①故与妇相缀的字是否是姓，尚应具体厘析。

这些"生妇"，绝大多数活跃于武丁王朝，今能判明为武丁之配者，约近 10 位，通过武丁"多妇"的分析，既可对商代妇的命名规律有所认识，也有助于具体考察当时贵族多妻制的实质内涵。

试从见于祀谱的武丁三妃说起。三妃以其在宗法上的重要地位而受到特祭，在武丁时即曾均以"后"相称，妣戊、妣辛、妣癸被分别称为"后戊"（《合集》22044）、"后辛"（《合集》332）、"后癸"（《殷缀》289）。甲骨文有云：

　　　　贞后亡忧。（《合集》19213 正）

贞问后是否无忧。此"后"同如《礼记·曲礼下》说的"天子之妃曰后"，乃商王之妃的专指。后还有另一义，见《商颂·玄鸟》"方命厥后，奄有九有，商之先后，受命不殆"，郑氏笺："后，君也。"凡厥后、先后则指厥王、先王，与王妃称后有别。或谓"后辛"诸"后"字可读为妃，训为匹配、佳偶。② 意亦得之。三妃之一的妣戊或后戊，在四期甲骨文又称作妣戊姘，是知即武丁时"生妇"之妇姘其人，一称妇井、姘妇。武丁时甲桥署辞有"井示"（《合集》2666）。殷商方国中有"井方"，位于西北。又有地名"井"，大概位于王畿区北部附近的今河北邢台一带。③ 前者是敌国，后者为殷诸侯国，善斋藏骨有"勿呼从井伯"，井伯盖指后者之君主。妇姘当出身于后者，以其国族为名，再加上女性符号，她嫁给武丁，实系之家族本位为背景的殷商王室政治婚姻。甲骨文有"姘受黍年"、"妇姘呼黍于丘商"④，可见她又从商王那儿得到过田产和民人，其领地的居民成分恐非血族的聚居，而是不同

①　李学勤：《考古发现与古代姓氏制度》，《考古》1987 年第 3 期。

②　张亚初：《对妇好之好与称谓之司的剖析》，《考古》1985 年第 12 期。

③　井地位近利，《屯南》2907："贞利在井，方弗戋。"武丁卜辞有"王往利"（《合集》8300）、"王令利出田"（《合集》33526），又有宗子"子利"（《怀特》965），知利当为畿内地。羌方侵利及井，此羌方恐指北部敌国。武丁卜辞有"伐北羌戋"（《合集》6628）。然则井地当亦在殷北，与西北方的井方地望有别。

④　分别见《合集》6118、9529。

血缘家庭的复合体。武丁甲骨文有"娂"（《合集》4416），殷金文有"𣊲"（尊，《录遗》189），均为复合氏名，似可推知妇井领地的性质，乃是一种殷商王朝控制下的非单纯血缘关系的政治区域性社会组织体。

武丁王妃中另一位姄辛或后辛，据殷墟五号墓的发掘，出有刻"后辛"的石牛1件，带"后母辛"铭的铜器5件，带"后𡚦母"铭的铜器26件，带"妇好"和"好"字铭的铜器109件及2件大铜钺，带"子束泉"或"束泉"铭的铜器22件，带"亚其"铭的铜器21件，带"亚弜"铭的铜器6件，带"亚启"铭的铜器3件等。[①] 这为认识商代妇名命名的社会学意义及有关丧葬制度，提供了极有价值的材料。

李学勤认为，妇好、后辛、后母辛、后𡚦母实指一人，即后来祀谱中称为姄辛的武丁之妃。妇是亲属称谓，本义是子妇，乃对夫之母而言，又引申为妻子。后指王后。妇好的好是名，𡚦母是妇好的字，𡚦读为巧，巧、好韵同义近，《释名》"好，巧也"，名与字合拍。他又认为，后母辛组铜器是武丁子辈专为已故妇好铸作的，后𡚦母组铜器可能出自妇好母族，其母族的标志则为"亚形中画兒形"，见传世品"后𡚦母"铜甗（《钟鼎款识》20下）。[②]

我们认为，说𡚦为妇好在母族时的私名，难以成立。"后𡚦母"铜器组26件，中有一对均重达30余公斤的大方尊，铭作"后𡚦母癸"，"癸"与妇好日名"辛"异，可见"后𡚦母"与妇好不是同一人，𡚦当是武丁另一配偶"后癸"在母族时的私名，因做了王妃，故在母族被尊称为"后𡚦母"。这批铜器组应来之已故王妃"后癸"的母族，是送妇好的助葬礼器，性质类似妇好墓中的"亚其"、"亚弜"、"亚启"组铜器，也是出自三个族国的助葬礼器，此乃周代诸侯方国赠送物品给周室以助葬的赗赙制度之先河。《仪礼·既夕礼》有所谓"公赗"，"书赗于方"，郑注："赙，所以助主人送葬也……书赗奠赙之人名与其物于板。"《荀子·大略》云："货财曰赙，舆马曰赗，衣服曰襚，玩好曰赠，玉贝曰唅。赙赗所以佐生也，赠襚所以送死也。送死不及柩尸，吊生不及悲哀，非礼也。故吉行五十，奔丧百里，赗赠及事，礼之大也。""亚形中画兒形"或为"后癸"母族的标志。妇好自有"后妇好"（《合集》2672）的尊称（图6—2），通常则名为"妇好"或"好"。后辛、后

---

① 中国社会科学院考古研究所编著：《殷墟妇好墓》，文物出版社1980年版。

② 李学勤：《论"妇好"墓的年代及有关问题》，《文物》1977年第11期。又《李学勤学术文化随笔》，中国青年出版社1999年版，第161—163页。

母辛、妣辛的日名"辛",出自妇好死后致祭选定。妇好的得名或因受之商的封赏土地民人而命之。武丁时甲骨文云:

　　贞匄舌方于好龀。(《合集》6153)

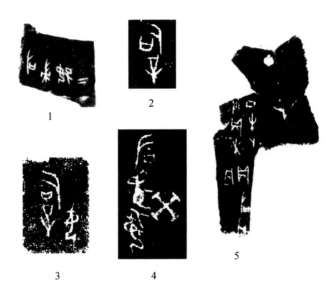

图6—2　后妇好、后辛、后母辛、后爭母癸及卜问后妃无忧

(《合集》19213正、妇好墓石牛刻文、妇好墓鼎铭、尊铭、《合集》2672)

舌方为殷西北敌国,辞中的"好",地名,当为妇好的受封领地,应属西北边境的军事要地,因非农田区,故少见"受年"的卜辞,但有"登妇好三千"之辞,在妇好领地征集如此众多的兵员,则好地总人口恐有万人以上。"好"地四期又称之为"好邑"(《合集》32761)。好盖受名时顾及了妇好在母族时的私名,其中原委,恐与先秦"赐姓命氏"制度有相近之处。据《左传》隐公八年云:"天子建德,因生以赐姓,胙之土而命之氏。"姓的本义是别女子所出氏族,后演指女子所生子嗣,广其义,由其所生子嗣组成的亲属也可称为姓,具有血缘关系的亲属组织称为姓族。在母系社会,夫从妻居,子女属母族,世系以母方计,是为母系姓族;进入父系社会,则转为父系姓族,然子女虽属父族,原姓族名号却往往仍被沿用。氏是姓族的分支,因组织上相对独立而有其自己的名号,氏往往不以单纯血缘组织形式出现,实质上是包括若干异姓甚或不同族系的民族而形成的政治区域性族群集团组织。[①]
"赐姓命氏"制度，义指分民、裂土、封国之制，"赐姓"是统治者对受赐者
族氏的社会存在与其名号的使用，给予政治上的承认，"命氏"则是"胙之
土"，承认其握有赖以生存发展的土地、民人及财富。

妇好成为武丁王妃后，可能从商王那儿得到封土民人，受名为"好"，
尊称为"妇好"或"后妇好"。甲桥刻辞有"妇好入五十"（《乙》7782），记
她曾向商王提供了 50 个卜甲。妇好墓出有大量铜、玉、石、骨器以及制作
精美的象牙杯，其中铜器总重量就达 1.6 吨以上，墓内殉人至少有 16 具，
可见她生前拥有极大的权力和财产。由于其领地人口众多，因此不可能属于
单纯的血缘家族组织，不是血族的聚居，而是地域性组织。"好"或写作不
加女性符号的"子"，实质上是一种由若干异姓或不同族系的非单一血缘群
体组合成的政治区域族群集团组织的共同性族氏名号，与姓族名号是无关
的，"好"或"子"是氏名而不是姓，即所谓"（妇人）不知姓则书氏"。
"好"或"子"受名于商，四期甲骨文有"好邑"，意味着商王朝确认了受赐
者族氏的社会地位和氏名的使用，这正带有"因生以赐姓"的意义。"好"
是受赐者的族氏名号，这一政治区域族群组织中，作为贵族统治集团的核心
家族，来之妇好本族的力量，有着不可忽视的内聚机能，但这毕竟与"礼妇
人称国及姓"[②] 是有本质区别的。

根据以上考察，回过头来看前二表统计出的 196 个妇妣名，则其命名规
律主要有以下几项内容：

（1）妇名的命名与商代家族本位的婚姻形态有着密不可分的关系，一般
受之于夫族。

（2）妇名受之于商王室者，凡持有领地封邑者，其族氏组织结构比较复
杂，具有政治区域性族群集团组织的性质，形式上表现为以地命氏，以邑命
氏，由此可能出现妇有数代共名现象。

（3）持有领地封邑的妇，命名或以母族名为本者，带有别女子所出氏族
的意义，族邑内核心贵族家族组织有来自母族之分支。

（4）妇在母族或有私名，出嫁后夫族常径用其私名称妇。凡此类妇，恐
其自己原持有的领地田产不会太多。

---

① 参见杨希枚：《论先秦所谓姓及其相关问题》，《中国史研究》1984 年第 3 期。

② 《史记·周本纪》索隐。

（5）凡王后或世家主妇，或以特定身份字"后"相称，其地位要高于一般的妇。

（6）用于死称的姘名，包括部分妇名，大抵袭自生称。至于用十干称"后"称"姘"称"妇"者，则均为死后致祭选定。

据以上几项，武丁时甲骨文中尚有以下诸妇可知为王妃：

（1）妇庞——庞后、龚后、后龚——领地封邑：庞田（《屯南》2409）、庞𝕩（《合集》7358）、龚𝕩（《丙编》3）、邑龚（《合集》7861）

（2）妇豕——豕后

（3）妇辛——后辛

（4）妇爵——爵后

（5）娥（《合集》3006）——后娥（《合集》21068）

合入祀三妃，武丁或有八位王妃。

此外武丁时甲骨文中又有后尹（《合集》19207）、后衍（《合集》19212）、后𝕩（《合集》10936）、后𝕩（《合集》20098）、屍后（《合集》21805）、寻后（《合集》9741 正）、醋后（《合集》6057 反）等七位。赵林认为，商代王妃有"司（后）妇"与"妇"之别，当时实行一夫多妻制，司（后）妇是诸妇之长，在王室则相当于后代的"后"，在世家则相当于后代的"夫人"或主妇、长妇，她们是王室或世家的女主人[①]。上揭七人大概为王室世家兄弟或各宗族大小宗子之主妇。

商代权贵多妻制有其深刻的社会原因和政治原因，举其概要，即《礼记·郊特牲》所云："娶于异姓，所以附远厚别也。"多妻主要来之别族，固然因于人类生育的优生认识，但多妻背后的各自家族，是当时社会结构的重要组织细胞，贵族多妻制恰能积极起到加强各方之间有机联络的社会作用，若视一夫娶多妻纯粹出乎私欲，则未免把这一社会现象看得过于简单化了。胡厚宣曾指出，商代一夫多妻的重要原因，并不在于心理学的目的，最要者是为家族之永继，在生物学上则为生子有后，在宗教意义上是为"广嗣重祖"，"上以事宗庙，下以继后世"（《礼记·昏义》），即《白虎通义·嫁娶篇》所谓"天子诸侯一娶九女何？重国广继嗣也"。[②]

商代一般贵族的多妻制，常关系到其家族或整个族氏的存立和势力的消

① 赵林：《论商代的诸妇》，《中国文化大学中文学报》2003 年第 8 期。

② 胡厚宣：《殷代婚姻家族宗法生育制度考》，《甲骨学商史论丛初集》第 1 册，成都齐鲁大学国学研究所专刊，1944 年版。

长，而商王的多妻，更在于"重国广嗣"。凡娶妻最多的商王，也正是国力最鼎盛时期。《尚书·盘庚上》云："施实德于民，至于婚友。"婚友乃是与商族世代有着婚姻关系的各族氏或家族集团，是商代国家组织的基盘，婚友愈多，基盘愈固。武丁娶妻最多，当此之际，国力最盛，他本人也被商人誉为"大京武丁"（《屯南》4343），看来他在治国方略上利用这种多妻婚制是收有成效的。

三　贵族的政治婚姻

商代流行的族外婚，夫妻的"生育之家"，通常只能依附于父家长制下的家族组织群体而存立，像后世以个人本位为特征的"昏时行礼故曰婚，妇人因夫而成故曰姻"[①] 的婚姻形态，还未真正确立。受血缘亲族集团系统的支配，婚姻主体的男女配偶每降到次要位置，而宗族与外姻的亲属关系显得尤为重要，犹如《说文》所云，"婚，妇家也"，"姻，婿家也，女之所因，故曰姻"，当时的婚姻是以家族为本位。"婿之父，妇之父，相谓曰婚姻"[②]，由此直接导致其宗亲和姻亲两大亲属集团的社会力量整合，产生十分有效的凝聚作用。所谓"古者婚姻为兄弟"[③]，揭示了这方面的实质性内容。因此，商代族氏组织的权贵，常利用这种婚姻制度，追求其更高的政治目的。

商族开国之主成汤，即有过这类政治婚姻。《天问》中有一节发问：

> 成汤东巡，有莘爰极。何乞彼小臣，而吉妃是得？水滨之木，得彼小子，夫何恶之，媵有莘之妇？

旧注谓是"汤东巡狩，至有莘国，以为婚姻"之事。成汤与有莘国联姻，有其初衷，《吕氏春秋·本味》作了追述：

> （伊尹）长而贤，汤闻伊尹，使人请之有侁氏（高诱注：侁读曰莘）。有侁氏不可。伊尹亦欲归汤，汤于是请取妇为婚。有侁氏喜，以伊尹为媵送女。

---

① 《白虎通义·知娶》。

② 《诗·小雅·我行其野》疏。

③ 《尔雅·释亲》。

原来成汤看中了伊尹的贤能之才，想得而得不到，于是采用婚姻手段，娶有莘氏之女，在促进商族与有莘氏交好关系的同时，又巧妙利用媵臣的方式，终于得到了对方的伊尹。伊尹被"汤举任以国政"[①]，后来果然为商国的壮大作出了贡献。婚姻缘出强国得人，可见家族本位的婚制是贵族政治婚姻的社会基础。这一婚制，打破地缘封闭的空间，促进了族与族间的交往联络和人口的流动，对于社会构成新秩序的调整和充实，是有深层的政治运作效应的。

殷商王朝与异族方国间的政治联姻，甲骨文中屡见不鲜，如：

……取女……（《京津》1019）

取干女……（《合集》21457）

取𡥭女。（《合集》676 反）

取乂女。（《甲》2287）

其取后女，叀……（《合集》30370）

贞𡆬允其取女。（《合集》14755 正）

乙亥卜，取𡥓女𦨶。（《屯南》2767）

庚申卜，取党剌女。（《合集》21094）

己酉卜，贞取妇㛮。（《合集》19994）

□□□，争，贞取汰妾。（《合集》657）

丙戌卜，争，贞效丁人嬉。（《合集》3097）

贞勿取妇奴。（《合集》880 反）

弜女夷女。（《怀特》1591）

甲骨文中"取"字用法颇多，上述诸辞中的"取"，当读如《易·蒙卦》"勿用取女"和《咸卦》"取女吉"以及云梦秦简《日书》简812"以取妻，男子爱"、简984"取妻多子"的"取"，意同娶。《礼记·郊特牲》云"取于异姓"，唐陆德明《经典释文》谓"取一作娶"。凡言"取女"，或兼记女子所出族氏方国名，其命名规律，见上节所论。且再择"取干

---

① 《史记·殷本纪》。

女"为例析之。殷商青铜器有徽识"𡥀"字①，甲骨文有"出于𡥀"（《合集》28145），又写作𡥀（《爱米》71）、𣫭（《合集》17917）等形，即干字之异写，为商代古国族名，址在今河南濮阳市东北②（图6—3）。商与干国联姻，密切了干国对商王朝的政治隶属关系。干国君长一度出任为商王朝的武官"戍"，甲骨文有"戍干"（《安明》2132），殷金文有"亚干"（爵，《集成》8785）。可知商、干之间有着非同一般的特殊关系，这是基于以家族本位婚姻为中介而形成的。"弜女夷女"，弜为否定词，是对婚娶夷方女子意愿的否定，前一女字用作动词，义为婚娶。弜也可能是商雄族名，殷金文徽识有"弜"（爵，《集成》7735），此谓弜娶夷方女子。殷商王朝与各地族氏方国的通婚，已成为其羁縻和实施其国家统治的重要政治手段。

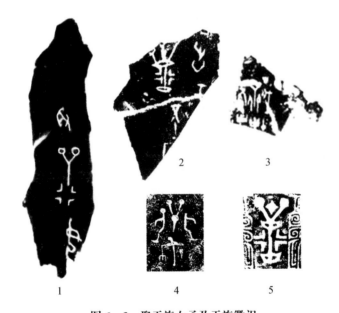

图6—3　娶干族女子及干族徽识

（《合集》21457、28145、17917、武官大墓 E9 簋铭、《集成》7704 爵铭）

当时，臣属于商的各地族氏方国，亦每主动嫁送女子与殷商王朝，用结姻亲的方式，稳固双方的政治关系，甲骨文有云：

---

① 见《三代》14·17·1；15·13·10。

② 详见宋镇豪《商周干国考》，《东南文化》1993 年第 5 期。

丁巳卜，**㕚**，贞周以**嬝**。

丁巳卜，**㕚**，贞**戋**以。（《合集》1086 正）

庚寅卜，**殼**，贞吴以角女。（《合集》671 正）

执其以妊。（《合集》1087）

行弗其以**㠯**女。（《合集》674）

贞**㠯**亦不以**媗**。（《乙》2285）

妇井来女。（《合集》667）

以字有进贡义。以女、以某女及来女，是向殷商王朝进贡本国族或本地域领属某族氏的女子。以女之周，甲骨文有"周侯"、"周方"、"令周"①，知为殷商臣服方国。以女之**戋**，它辞有"**戋**以众入山"（《合集》31984）；吴，有"使人于吴"（《合集》14474 正）；是知为两族氏名。执，传世殷器有"执"字徽识铜觯②，石家庄地区曾出土带"执"字徽识的铜爵③，甲骨文有"令执以人田于**㿱**"（《合集》1022 甲），可见是与商关系甚密的国族名。行，甲骨文中有"令行"（《合集》40571）。亦，铜器徽识有"**夾**"。④ 凡此族氏方国，向"大邦"商国嫁送女子，有的出自政治义务或自愿，但有的则迫于王威。他辞有云：

呼取女。

呼取女于**娄**。（《合集》9741 正）

贞呼取**芦**。（《合集》2960 正）

辛卯卜，争，呼取郑女子。

辛卯卜，争，勿呼取郑女子。（《合集》536）

"呼取"有强制命令意味，即所谓"君取于臣谓之取"⑤，与单言"取某女"

---

① 分别见《合集》20074、8472 正甲、32885。

② 《三代》14·33·9。

③ 河北省文物研究所编：《藁城台西商代遗址》，文物出版社 1985 年版，第 178 页。

④ 《商周金文录遗》548。

⑤ 《韩诗外传》卷五，第三十四章。

有区别，可能因王者的贪恋女色，或女方势单力薄等等原因，才有此政治强迫婚姻。如《殷本纪》载商末纣王"好酒淫乐，嬖于妇人"，"九侯有好女，入之纣，九侯女不熹淫，纣怒杀之"。《国语·晋语一》谓："殷辛伐有苏，有苏氏以妲己女焉。"这类嫁女，完全受制于商王横加淫威，迫于时势，女方族氏不得不然。

武丁时甲骨卜辞有云：

甲戌，余卜，取后。
甲戌，余取后。（《合集》21796＋21797）

后为王后或长妇，余是自谓。这是自卜娶女为后之事。又有：

贞弗乍王妻。（《合集》5450）

这是卜问某女能不能作王妻。又有：

辛未卜，王妇。
辛未卜，王勿妇。（《合集》4923）

辞中的妇字均用作动词。是卜问某女是否可以娶来做王妃。但有时则是商王为子辈或某家族成员娶妻，武丁时卜辞有云：

己卯卜，扶，三子取。（《合集》20138）
贞令良取女。（《补编》2351）

三子是王室子辈。良，是族名兼人名。

商王为朝中要臣娶异族女子，王实际上为主婚人。武丁卜辞有：

己卯卜，王，贞雀受嬓。（《合集》4156）

商代方国有"龙方"（《合集》6476），嬓盖龙国女子，一名"妇龙"（《合集》

17544)。雀是武丁时重要臣正，它辞有"王飨雀"，"王惟雀配"，[①] 可见雀的政治地位十分尊隆。由王主婚，雀娶了嬼。所谓"受"，这里有承受王恩的意义，是知婚姻亦为商王笼络臣下的手段。

就殷商王朝来说，不只娶女于别族，也将本族女子外嫁。《易·泰卦》有云：

> 帝乙归妹，以祉元吉。

王弼注："妇人谓嫁曰归。"又据《诗·大雅·大明》云：

> 大邦有子，俔天之妹，文定厥祥，亲迎于渭。

大邦即《书·召诰》之"大邦殷。"商王帝乙与周文王年代相当，"帝乙归妹"是商王将王族少女远嫁周族文王之事。这一政治婚姻显然是帝乙想用血亲纽带维系商周之间的臣服关系，即《左传》隐公十一年所谓"如旧昏媾，其能降以相从也"。

就商代各地的国族来说，娶女于别族的政治婚姻亦屡见不鲜。如周族的古公亶父与大姜联姻，《诗·大雅·绵》述其事云：

> 古公亶父，来朝走马，率西水浒，至于岐下，爰及姜女，聿来胥宇。

古公亶父娶了大姜之女为妻。其子王季又与任姓挚国联姻，事见《大雅·大明》云：

> 挚仲氏任，自彼殷商，来嫁于周，曰嫔于京，乃及王季，维德之行，大任有身，生此文王。

王季娶了商诸侯挚国之女大任为妻。王季子文王先娶商王朝女子为元妃，后又与有莘国联姻，亦见《大明》：

---

① 《合集》20174、《京人》3157。

　　　　缵女维莘，长子维行。

旧注："缵，继也；莘，国名；长子，长女，大姒也；行，嫁。"是文王又娶莘国之女大姒为次妃。四次联姻，为周族的安定、发展和壮大，无疑带来了莫大好处。其中，文王的两次联姻，不仅使周族"丕显其光"，而且"则百斯男"，子孙人丁济济，为后来武王的"燮伐大商"，打下了坚实的基础。

　　总之，以家族本位为特色的商代贵族政治婚姻，因社会组织结构形态强调了大邦商国王权和各地方国、族氏或家族男性权贵亦即父权家长制的突出作用，故在有效整合依婚姻关系而产生的宗亲和姻亲两大亲属系统的力量联络中，宗亲统治每每占据支配地位。

　　商代贵族婚姻，娶女和嫁女，有王朝与各地族氏方国间的，有族氏方国与族氏方国间的，有各家族间的，有以王朝为中介而各族氏、家族或方国间的，等等；形式有单向娶女或嫁女，也有双向互见，体现了多层次、多方位和错综复杂的特征。不同国族间的政治联姻，是当时家族本位的族外婚制高度发展的产物。《礼记·郊特牲》所谓"娶于异姓，所以附远厚别"。这"厚别"，自是氏族社会以来人类在生理学方面对"男女同姓，其生不蕃"[①]的优生认识。这"附远"，则因之"婚姻为兄弟"，每每为统治阶级的政治利益而服务。《国语·鲁语上》云："夫为四邻之援，结诸侯之信，重之以婚姻，申之以盟誓，固国之艰急是为。"《诅楚文》云："缪力同心，两邦若一，绊（系）以婚姻，袗以斋盟。"这把古代统治阶级间政治联姻的目的说得再清楚不过。然则商代贵族政治婚姻，也正以"附远"为主要出发点。这一婚姻制度，尤重于社会关系的利害权衡，冲击着血缘封闭地域组织的空间，在再构社会政治新秩序方面，确曾发挥过相应作用。

四　婚娶礼仪

《礼记·昏义》把上古贵族婚礼规范为五项仪程，其云：

　　　　昏礼者，将合二姓之好，上以事宗庙，而下以继后世也，故君子重

_____

① 《左传》僖公二十三年。

之。是以昏礼：纳采、问名、纳吉、纳征、请期。

吕思勉对上古婚礼仪程有如下细致的诠释：

> 纳采，亦曰下达，男氏求昏之使也。
>
> 女氏既许昏矣，乃曰："敢问女为谁氏。"谦，不必其为主人之女也。时曰问名。纳采、问名共一使。
>
> 既得许，归卜之于庙。时曰纳吉。
>
> 卜而得吉，使告女氏。时曰纳征，亦曰纳币。纳币以玄纁束帛，俪皮，即今之订昏也。
>
> 订昏之后，乃诹吉日。吉日男氏定之，然必三请于女氏，女氏辞而后告之，示不敢专也。时曰请期。
>
> 及期，父亲醮子而命之迎。女氏之主人，筵几于庙，而拜迎于门外。壻执雁入，揖让升堂，再拜奠雁。舅姑承子以授壻。降出，御妇车。御轮三周，先。俟于门外。妇至，壻揖妇以入。共牢而食，合卺而酳。时曰亲迎。[①]

如此繁缛的婚姻礼仪，若简言之，大略如《荀子·富国》所述，"男女之合，夫妇之分，婚姻娉、内、送、逆"，即由议婚、订婚、迎亲、结婚四种仪程组成。商代贵族婚礼未必会臻至如此规范细密，但某些礼仪内容，在当时的社会生活中却已产生，下面结合甲骨文资料试作考察。

（一）议婚

议婚为纳采、问名之礼。甲骨文有"取女"，"勿取女"的对贞，如：

> 辛卯卜，争，呼取郑女子。
> 辛卯卜，争，勿呼取郑女子。（《合集》536）

此等正反卜问娶女，即含有咨议婚事的性质。《礼记·昏义》云："礼之大体，而所以成男女之别，而立夫妇之义也。"商代贵族婚姻以家族本位为主

---

① 吕思勉：《先秦史》，上海古籍出版社 1982 年版，第 267—268 页。

体，娶于异族，意向一出，“男女无媒不交”[①]，应有媒妁牵针引线，往议于对方家族。“取妻如何，匪媒不得。”[②] 传说成汤的婚事，即“使人请之有莘氏……请取妇为婚”。[③] 甲骨文恒见“使人于某”，其中容或有关涉议婚者。如：

□寅卜，𠬝……使人……㛸……（《合集》12500）
己□卜，使人妇白（伯）𦁹。（《合集》20463 反）

妇字有媒妁议婚之义。这大致是遣使者往女方家族，与其家族之长（如伯𦁹）议娶嫁女事。娶女有媒，女方家族嫁女于殷商王朝，亦有使者来说合。如：

……来妇使……（《合集》16940）
……归，者女来，余其比。（《合集》6474）

《说文》：“归，女嫁也。”《公羊传》隐公二年云：“妇人谓嫁曰归，何？云：妇人生以父母为家，嫁以夫为家，故谓嫁而归。”上举卜辞的归字，盖亦指嫁女之事。比，据《国语·楚语下》云，“合其州乡朋友婚姻，比尔兄弟亲戚”，韦昭注“比，亲也”，卜辞“余其比”，比当用此义。大意谓女方家族有媒来说合嫁女，商王表示愿意比亲。可知商代议婚，是由男女双方家族做主，有此意向，则遣媒使说合，而男女当事者是没有个人选择对象的自由的。

（二）订婚

订婚为纳吉、纳征之礼。商代议婚，当已含有订婚的意义。取女之卜，卜以求吉。他辞有“告于大室”、“告于南室”、“告于血室”、“告于祖某”、“告于多高妣”，等等，反映了求吉告庙之礼。卜辞有云：

□□卜……听竹取……占隹……（《合集》20229）

① 《礼记·坊记》。
② 《诗·豳风·伐柯》。
③ 《吕氏春秋·本味》。

贞王听佳女，告。

贞翌庚寅，王告。

贞王于甲午告。（《合集》1051 正）

听有听闻、听治之义。《尚书·洪范》云："四曰听"，孔疏："听者，受人言、察事非也。"《荀子·王霸》云："要百事之听"，杨倞注："听，治也。"甲骨文有"妇竹"一名，乃竹族已出嫁女，此"听竹取"，谓受听与竹族之通婚娶女事。"王听佳女，告"，盖王听治订婚而告庙纳吉。卜选庚寅或甲午，必选得一吉日而告之。

（三）请期

请期是诹婚姻吉日之礼。商代诹吉日不必非由当事男方家族选定，通常以势力强盛一方择之，有时是由女方家族选定。如商王朝嫁女，总是先行占卜灾祥和婚期。甲骨文有云：

媘往，其有忧。（《合集》21306）

贞女往。在正月，在𦥑休。（《合集》24262）

往有嫁义，《尔雅·释诂》曰："嫁，往也。"这是商王朝为嫁女预卜其灾祥。有迹象表明，不论嫁女，抑或娶女，诹吉日每由商王朝一方择之，且月份大都定在二月：

（1）丁未卜，争，贞将寅于旌女𣥐。二月。（《合集》10084）

（2）贞妹其至，在二月。（《合集》23673）

（3）丙午卜，今二月女至。（《合集》20801）

（4）王占曰：今夕其有至佳女，其于生一月𢀖。（《合集》10964 反）

（1）辞将字，有嫁送之义。《诗·召南·鹊巢》云："之子于归，百两将之"，毛传："将，送也。"记诸侯嫁女，有百车送之。又《小雅·无将大车》，郑笺："将犹扶进也。"这次殷商王朝的嫁送女子是在二月。（2）—（4）辞的"妹其至"、"女至"、"有至佳女"，是言有女子嫁至商。《尔雅·释诂》邢疏："至为嫁。"自商言之，则为娶女。（4）辞的"生一月"当指下一月，即二月，因同版正面另有两辞对贞："辛亥卜，内，贞今一月屇退化其有至。贞禹退化其于生一月有至。"今一月"与"生一月"对文，前者为本一月，后者为未来一月，实指二月。凡此嫁女或娶女，均在二月。《大戴礼记·夏小正》云："二月……冠子取妇之时也。"两者一致，饶有兴味。

商代婚姻所诹吉日，又每以丁日为多，除上举（1）辞之丁未外，又如：

乙酉卜，宕，贞翌丁亥将妇妊。（《合集》2799）
甲戌卜，内，翌丁丑雀女幸。（《合集》5828）
丁巳卜，甾，贞周以嫀。
丁巳卜，甾，贞敚以。（《合集》1086 正）
丁酉……执弗其以妊。（《合集》1088 正）

《大戴礼记·夏小正》谓"丁亥者，吉日也"。《仪礼·少牢馈食礼》云："来日丁亥……以某妃配某氏。"两周金文中有以丁亥为吉日之代名。[1] 商代诹吉日不限于丁亥，六十干支纪日中有诹丁丑、丁亥、丁酉、丁未、丁巳（丁卯未见）者，且均是实指。可知当时已视丁日利行吉事。然则商人婚姻请期之礼俗，也每每好择年中二月的某个丁日。

（四）亲迎

亲迎为迎亲、结婚之礼。《通志·二十略·礼略篇》有云："夏氏亲迎于庭，殷亲迎于堂。"此说今已难考，可知者是商代婚姻，嫁有媵，娶有迎。《尔雅·释言》："媵，送也。"《左传》成公八年云："凡诸侯嫁女，同姓媵之。"或谓"媵者必娣侄从之"[2]。此乃后制。媵最初是指女子出嫁，其家族出人陪送而入之男方家族，"凡送女适人者，男女皆谓之媵"[3]，可视为女子的陪嫁财产。商初有莘氏嫁女成汤，就曾以私臣伊尹媵女。甲骨文有𡚸字，从女从二手，郑慧生释仸，像抬送一女意，即媵字，引《说文》："仸，送也，从人癸声。吕不韦曰：有莘氏以伊尹仸女。"段注："仸，今之媵字。"[4] 其辞云：

---

① 参见庞朴《"五月丙午"与"正月丁亥"》，《文物》1979 年第 6 期。

② 《诗·大雅·韩奕》，郑笺。

③ 《诗·小雅·我行其野》，孔疏。

④ 参见郑慧生：《卜辞中贵妇的社会地位考述》，《历史研究》1981 年第 6 期。

丁巳卜，佚多宰于柄。

丁巳卜，勿佚多宰于柄。（《合集》585 正）

别辞有"佚子"（《合集》21520），此为"佚多宰"，推测佚者的社会身份不会太卑。如伊尹，《墨子·尚贤中》称他是"有莘氏女之私臣"，《韩非子·难言》称他"身执鼎俎为庖宰，昵近习亲"。宰当为殷商王室的家臣，因嫁女于柄族而被选作媵臣，既称多宰，就不止一位。此次嫁女，卜日在丁巳，又为上述婚姻之请期每诹丁日增一例证。

殷商王室嫁女有媵，男方娶女则要亲迎。《礼记·坊记》云："昏礼，婿亲迎。"甲骨文有云：

庚午卜，㞢，贞呼肇王女来。（《丙编》66 反）

甲辰卜，㱿，贞肇我妹。

贞肇我妹。（《合集》19139 甲、乙）

肇有开启、启导之义。"肇王女"、"肇我妹"，当指王室嫁女而男方启导迎接。他辞又有：

贞呼𤔔途子婞来。

贞勿呼𤔔途子婞来。（《合集》10579）

途用作动词，有导引义。子婞应是殷商王室女子。这是贞问是否呼𤔔导引亲迎新妇。

同样，殷商王室娶女，也要逆迎。如：

匄屰𡤾。

匄屰嬕。

匄屰娍。

匄何𡚹。

匄何𡚹。

使人，先曰：屰。

先曰：何。

癸亥卜，子夕往屰以匃娥。

匃逆女娥。(《合集》22246。图6—4)

辛卯，匃犬女。(《乙》4810＋《北图》5251＋5232＋5237)①

丁未卜，光……六月。

光匃[illegible]。(《合集》22174)

己卜，家弜屰，丁。

弜屰。

己卜，家其又鱼，其屰，丁永。(《花东》236)

何于丁屰。

于母妇。

丁卜，弗其匕（比）何。(《花东》320)

图6—4　一组商王室议婚迎娶新妇的卜辞

(《合集》22246)

《合集》22246是一组有关武丁时王室议婚迎娶新妇的卜辞②，反映内容难能可贵。逆，《说文》云："逆，迎也。"匃有求取、请求义。《集韵》："匃，求也。"《玉篇》："匃，取也。"《仓颉篇》："匃，乞行请求也。"③ 大意是选择迎娶新妇之卜，记择娶屰族女子娥、妿、孅、娍，还是何族女子[illegible]。经反复卜问决定使者先请择求屰族的女子娥，在癸亥日的占卜是问子于晚上前往迎娶新妇娥。"匃犬女"是请迎犬族女子。丁未卜"光匃[illegible]"，是男子光亲迎[illegible]女。"家弜屰，丁"，"家其又鱼，其屰，丁永"，屰读如逆，亲迎之义。大意是问家族是否备

① 缀合据曾毅公：《论甲骨缀合》，《华学》第4辑，紫禁城出版社2000年版，第33页。又蔡哲茂：《〈殷虚文字乙编〉4810号考释》，《第十四届中国文字学全国学术研讨会论文集》，台湾中山大学中国文学系，2003年。

② 参见林沄：《从武丁时代的几种"子卜辞"试论商代的家族形态》，《古文字研究》第1辑，中华书局1979年版。又收入《林沄学术文集》，中国大百科全书出版社1998年版。

③ 《汉书·文帝纪》："匃以启告朕"，唐颜师古注："匃亦乞也"。

鱼之类的婚礼赘品前往亲迎。永有佳美、福祐义。"何于丁芦"、"于母妇"、"弗其匕（比）何"三辞同卜，意谓丁日致于母妇，问要否亲迎达成与何族的比亲礼。母妇指主妇、女主人。匕读如比，比亲也。

　　值得注意的是，殷商王室的迎新妇，尽管是"子夕往芦以匂娥"、"匂逆女娥"，但实际子没有亲自前去，不是"婿亲迎"，而是"使人"，遣使者往迎。这与周代诸侯娶妇，使卿出境迎迓，然后为礼[①]，有其相似之处。如《左传》隐公二年记鲁国伯姬嫁往纪国，"纪裂绣来逆女，卿为君逆也"，孔疏解释为"尊卑之别也"。恐怕殷商王朝遣使者往迎异族新妇，也主要是出于政治上尊卑有别的原因。

　　相反，各地异族方国娶殷商王朝贵妇，情形就大不一样。前述"呼肇王女来"，是直接命令男方或婿导引亲迎。又如《诗·大雅·大明》咏文王（周方伯姬昌）娶商王帝乙之妹云：

> 　　文王嘉止，大邦有子。大邦有子，伣天之妹，文定厥祥。亲迎于渭，造舟为梁，不显其光。

谓大邦商的好妹子，在经过"文定厥祥"的纳吉、纳征的订婚之礼后，及期举行婚礼，是由文王至边境渭上亲迎，隆重至极。可见大邦与方国的通婚，大邦始终处于主导地位，亲迎之礼也是有其等级规格之异的。

　　婚姻迎迓之礼的形式，据《礼记·郊特牲》云："男子亲迎，男先于女"，"男帅女，女从男，夫妇之义由此开始也。"商代似已如之，甲骨文云：

> 　　贞不其启妖。
> 　　贞允其启妖。（《合集》7076 正）

启有前启、先导意，《诗·小雅·六月》云"以先启行"。"启妖"是率先于妖女而为之前导。

　　除此之外，商代婚姻或又有"见女"之礼。甲骨文云：

> 　　□□卜，辛丑见女。（《合集》19973）

---

　　① 参见杨伯峻：《春秋左传注》，中华书局 1981 年版，第 228 页。

王占曰：见，辛……女不……（《合集》17675）

贞乎妇好见多妇于誖。（《合集》2658）

见当读如觏。《诗·小雅·车舝》云："觏尔新昏，以慰我心。"《裳裳者华》云："我觏之子，我心写兮。"郑笺："觏，见也。"此"辛丑见女"，似指男女新婚后夫族长辈见新妇之礼。"妇好见多妇"，盖王后礼见新妇，显示了妇好主管后宫的地位。

《礼记·郊特牲》又有"昏礼不用乐"、"昏礼不贺"之说，吕思勉以为是劫掠婚之遗迹。[①] 商代如何，已难核与否。

现在对以上钩沉作一归纳。

商代贵族婚姻受崇神思想支配，求吉之卜贯穿始终，然婚嫁形式渐趋礼仪化，婚姻"中于人事"[②]。议婚、订婚由当事男女双方家族基于各自的功利目的而合好，有使者为之媒妁，男女本人无选择对象之自由。请期诹吉日一般以择于二月某一丁日为多，日期大都由实力雄厚一方选定，不限专出男方家族。亲迎之礼，嫁女有媵，娶女有迎。媵用私臣或家族成员，"媵必娣侄"实乃后制。迎有等级之异，一般为"婿亲迎"，男先于女，然殷商王室娶女，则以使者往逆。婚后又有长辈或主妇见新妇之礼。

第二节　生育和子息

一　男女婚龄

上古女子的始婚年龄一般在 15 岁左右，男子始婚年龄一般在 20 岁左右。《礼记·内则》云："女子十有五年而笄。"《墨子·节用上》云："昔者圣王为法曰：丈夫年二十，毋敢不处家；女子年十五，毋敢不事人。"《韩非子·外储说右下》云："丈夫二十而室，妇人十五而嫁。"

女子 15 岁始婚始育，早在仰韶文化时期已如此认知，如陕西临潼姜寨仰韶遗址的第三墓区，发现一座 M158 的母子一次性合葬墓，母亲的年龄为 20 岁左右，孩童年龄 6—7 岁，可推算出母亲的育龄才不过 14 岁上下。同墓区 M181 母子合葬墓，为一位 30 岁女性和一个 13—15 岁的孩童，母亲育龄

---

① 吕思勉：《先秦史》，上海古籍出版社 1982 年版，第 267 页。

② 《史记·龟策列传》。

也是 15 岁左右。①

女子 15 岁的始婚始育年龄的俗定，与女性月经初潮的性成熟生理发育现象是相应的。男子发育趋于成熟一般要迟于女性，在 20 岁左右，其性衰退则普遍晚于女性。《周易·大过》云："老夫得其女妻，无不利"，"老妇得其士夫，无咎无誉"，言老夫少妇相配为吉，老妇配壮男，虽不过失，但无利可喻。显然，人们在社会生活实践中对此早有觉察。男女性成熟和性衰退方面，存在着发育年龄迟早的生理差别因素，基于此，逐渐确立了符合生理和心理基础的大男配少女的婚俗。

大体说来，上古婚俗，一般也贯彻了大男配少女的原则。如藁城台西和西安老牛坡等地商代遗址，均发现一些贵族墓葬内，墓主为壮中年男性，边上殉有青年女子。② 上层权贵往往占有好些个少妻小妾，甲骨文"小妾"（《屯南》1060）、"小妃"（《合集》2867、651）、"小母"（《合集》651）等，或与之相当。

二　玄鸟生商

商族有"玄鸟生商"的始祖神话故事，似乎有过以玄鸟为生育之神的信仰。《诗·商颂·玄鸟》云：

> 天命玄鸟，降而生商，宅殷土芒芒。

毛传："玄鸟，鳦也。春分玄鸟降，汤之先祖，有娀氏女简狄配高辛氏帝，帝率与之祈于郊禖而生契。"郑氏笺云："降，下也。天使鳦下而生商者，谓鳦遗卵，娀氏之女简狄吞之而生契，为尧司徒，有功封商。"《诗·商颂·长发》亦云：

> 有娀方将，帝立子生商。

---

① 半坡博物馆、陕西省考古研究所、临潼县博物馆：《姜寨——新石器时代遗址发掘报告》上册，文物出版社 1988 年版。

② 河北省文物研究所编：《藁城台西商代遗址》，文物出版社 1985 年版，第 147—151 页。西北大学历史系考古专业：《西安老牛坡商代墓地的发掘》，《文物》1988 年第 6 期。

毛传:"有娀,契母也。将,大也。契生商也。"郑氏笺云:"禹敷下土之时,有娀氏之国亦始广大,有女简狄,吞鳦卵而生契,尧封之于商,后汤王因以为天下号,故云帝立子生商。"玄鸟生商或也说为吞玄鸟卵生子者,《史记·殷本纪》亦云:

> 殷契,母曰简狄,有娀氏之女,为帝喾次妃,三人行浴,见玄鸟堕其卵,简狄取吞之,因孕生契。

《吕氏春秋·音初》也云:

> 有娀氏有二佚女,为之九成之台,饮食必以鼓,帝令燕往视之,鸣若谥隘,二女爱而争博之,复以玉筐,少选,发而视之,燕遗二卵北飞。

高诱注:"帝,天也,天令燕降卵于有娀氏女,吞之生契。"

以上是有关商族的始祖传说,讲有娀族的女子简狄吞下了上帝让玄鸟遗落的蛋,怀孕生下了商族始祖契。这则古老的感生传说,反映了母系氏族社会时期人们因不知生育子女起于男女的性结合,而推想于与玄鸟相接触可以有子。

玄鸟生商,与后来的玄鸟至之时祈子郊禖的风习有源流关系。《礼记·月令》云:

> (仲春之月)玄鸟至,至之日以太牢祠于高禖。

郑注:"高辛氏之世,玄鸟遗卵,娀简吞之而生契。"玄鸟即燕子,是候鸟,飞归多在每年的春季。上古时代祈子求孕多发生在玄鸟飞归的春季,后又演绎为仲春之月会男女的风习。如《周礼·地官·媒氏》有云:

> 仲春之月,令会男女,于是时也,奔者不禁。若无故不用令者,罚之。司男女之无夫家者而会之。

《大戴礼记·夏小正》有云:

　　　　二月……绥多女士，绥，安也，冠子取妇之时也。

社会习俗约定，一年中的某个特定季节，青年男女可以临时自由结合而不受限制。既然称"奔者不禁"，应在异族间进行。《诗·卫风·有狐》毛序云："杀礼而多婚，会男女之无夫家者，所以育人民也。"猜想非婚生育为商周社会所习见，人口的繁殖可通过"会男女"实现。显然，后世在春季令未婚者会男女，已婚者祈子，纯出乎立国以人为本，人众则国强，且已演为一时俗民风，也不再以玄鸟为祀子对象。

　　其实，商代后期商族已不以玄鸟为生育之神，仅仅视为追忆中的始祖标记。甲骨文中高祖亥，又称作"高祖王亥"（《合集》30447），亥字增一鸟形。晚商青铜壶铭有"玄鸟妇"（《陶斋续》卷二·5）。这些均被认为是商族崇拜玄鸟图腾的证据。[①] 其实很难说。

　　图腾崇拜是一种原始宗教信仰，表现有四方面的特征：一是被当做图腾崇拜的自然对象遍及该物类的全体，而非个别个体；二是视该崇拜对象即本族的血缘祖先，构成本族的保护神；三是该崇拜对象即其族的名称或标记；四是禁杀禁食该物类。[②] 而在"玄鸟生商"的传说中，却很难看到原始图腾崇拜的四大特征。甲骨文王亥的亥字虽有增一鸟形作亥，与《山海经·大荒东经》说的"有人曰王亥，两手操鸟"的神话传说相合，似有强调"天命玄鸟，降而生商"的内涵，但未见商族有以亥字作为其族的名称或标记者。壶铭"玄鸟妇"也仅仅只是其器的持有者或受祭的已故近亲者之名，与商始祖保护神毫无关系。

　　商代去原始社会已远，商族的图腾崇拜对象为何物，文献或考古材料均不足征。这种在远祖的神名上附以鸟形，似出于对自然物和自然力进行人格化的描绘，及对远古感生传说的思考，盖本之民间观象知候，以春日玄鸟至而"会男女"的俗信事象，导之以新的时代内涵，反映着在商人思维认识中，对本族远祖神力的强化，使其既具有社会神的职能，又神化商族在宗教

　　　① 胡厚宣：《甲骨文商族鸟图腾的遗迹》，《历史论丛》第1辑，中华书局1964年版；又《甲骨文所见商族鸟图腾的新证据》，《文物》1977年第2期。于省吾：《略论图腾与宗教起源和夏商周图腾》，《历史研究》1959年第10期。

　　　② 参见朱天顺：《中国古代宗教初探》，上海人民出版社1982年版，第111—112页。

领域的优越地位，用来维护以商族为主体的国家政治制度的权威性。这与当时重先王先妣神的信仰观念，是紧相呼应的。王亥是上甲之父，是远古祖先的最后一位，从上甲开始，就进入先公时期，把鸟的标记加在王亥名上，正是观念嬗变的反映。

三　求生风习

甲骨文绝不见以鸟为祈子求生对象，但求生风习颇盛。求生是祈求女子怀孕有子。

受家族本位支配的商代婚制，有两项重要内容，一项是娶于异族，"所以附远厚别"，这对家族在错综复杂的社会力量权衡中自身的安危和生存，甚为要紧，利用婚姻手段，能有效加强家族与家族间的血亲纽带的联结，乃至稳固国与国之间的亲密关系。

另一项是优生广嗣，夫妻的"生育之家"是父家长制下家族组织的人口再生产单位，子息的众多，直接关乎家族的繁衍和壮大。甲骨文有云：

> 贞王梦多子忧。（《合集》17383）
> ……多子孙田。（《合集》10554）
> 贞赐多女有贝朋。（《合集》11438）
> 赐多子女。（《合集》677）
> 贞勿多妹女。（《合集》2605）
> 贞弗〔于〕多小子。（《合集》3267 正）

从宏观意义上讲，多子、多子孙、多女、多子女、多妹女、多小子等，是商宗族组织内部的贵族子息，他（她）们后来有可能分宗立族，而成为各大小宗族之长或宗子之妇。据他辞有称"黄多子"、"茲多子"、"雇多子"、"妇爵多子"①，可知这些子息各有其家族。唯其未成年之前，经济生活和社会教育主要是由家族承担，夫妻小家庭是否已成为一个独立经济单位和教育监护者，似乎还谈不上。从梦多子有忧，到飨食多子，赐以贝朋，异乎寻常的关怀，足以看出家族对子息的重视和在育幼与消费经济生活方面所起的积极作用。广嗣以使家族永继，促使家族对于婚配男女的生育过程始终加以干预。

---

① 分别见《合集》3255 正、11006 正、22297、22323。

商代子孙观念的流行，亦是基于家族本位而展开。这在宗教领域中对生育之神的崇拜上有其明显的反映。

甲骨文中反映有商代的祈子祟生之俗，如：

> 乙丑卜，祟妊生于龙。（《屯中南》478）
> ……卜，争，贞祟王生于妣庚于妣丙。二月。（《怀特》71）
> 贞祟王生宰于妣庚妣丙。（《合集》2400）

所谓"祟妊生"，是妊拜求受孕生子。"祟王生"，是王拜求得子，应出于对王妃生育的过问。祈子的月份有在二月，与《大戴礼记·夏小正》所云"二月……绥多女士，绥，安也，冠子取妇之时也"，完全一致，当非出于偶然巧合，透露了其间嬗变的轨迹。祟生对象除龙神外，已渐次集中于商宗族几位先公先王之妣，除上辞中的妣庚、妣丙两位外，武丁时甲骨文中又见妣壬、妣己、妣癸三位：

> 乙未卜，于妣壬祟生。
> 于妣己。
> 于妣癸。（《合集》22050）
> □辰卜……祟生妣己……妇……（《合集》21060）

妣庚、妣丙、妣壬、妣己、妣癸，此五位已故女性，在商人心目中已被神化，成为能为本族人口繁衍带来希望的生育女神。这五大女神又合称"五妣"：

> 戊申卜，祟生五妣于乙于叶。（《合集》22100）

武丁之后，祟生对象又有改变，主要为妣庚（又称高妣庚）、妣丙（又称高妣丙）、妣己（又称高妣己）、妣庚（即武丁时的母庚，小乙之配）四位王妣，妣壬、妣癸[①]不见。据三四期甲骨文云：

> 乙亥，贞其祟生妣庚。

---

① 商王之配为妣壬者，有大庚、大戊，此妣壬属谁不明。中丁及祖丁之配有妣癸。

丁丑，贞其𥛱生于高妣丙
大乙。

□□，□□□生□高妣庚
示壬。

丁丑，贞其𥛱生于高妣，其
庚酚。（《屯南》1089。图6—5）

□辰，贞其𥛱生于祖丁母妣
己。（《合集》34083）

可知这四位主宰生育的女神，分别为
先公示壬配妣庚，先王大乙配妣丙，
祖丁配妣己，小乙配妣庚（不称高妣，
以与示王配妣庚相区别）。与殷商流行
的四方观念相应，四妣似亦分主四方，
已结合进了商王朝国家形态下的四方
观念，意义当如《诗·商颂·殷武》
所云"商邑翼翼，四方之极，赫赫厥
声，濯濯厥灵，寿考且宁，以保我后

**图6—5　祈子拜生于示壬配妣庚、
　　　　大乙配妣丙、祖丁配妣
　　　　己、小乙配妣庚**
（《屯南》1089）

生"。武丁时生育之神"五妣"，及之后又规范为四妣的安排，当出于对商邑
及周围四方商宗族的永生和子孙后嗣永继的寄托。在商人心目中，这几位妣
既能保佑商族的子孙永昌，又能时降灾祸。甲骨文有云：

癸□□，𥛱〔生〕……妻……

癸未，贞入（内）旬有求（咎），不于妣忧。

于来庚子酚𥛱生。

至于多毓。（《合集》34086）

贞妣己弗求（咎）妇。（《合集》2849正）

己未卜，亘，贞隹妣己害妇。（《合集》2844正）

贞妣己害妇好子。（《东京》979）

贞妣己害母子。（《合集》2675）

勿隹高妣害子。（《合集》2372）

贞子妻不乍𥛱。（《合集》22067）

先妣所降之祸忧灾咎，主要害及宗妇、王妃不能受孕得子和母子生命的安康，针对分布于商邑及东南西北四方的商族家支，也仍以家族为其本位。

甲骨文所见秦生之祭近 30 例，主要祭仪为彡祭，用牲的组合有：

> 牡、牝（《合集》34079）
>
> 一牢（《屯南》750）
>
> 牝、羗、豕（《合集》34081）
>
> 牡、羝、白豭（《合集》34081）
>
> 牡、羗、白豭（《合集》34082）
>
> 牡三、羝一、白豭（《合集》34080）

或以公牛、母牛为对，或以一牢，或以雌性牛、羊、豕组合，或以公牛、公羊加白豭（公猪）组合，或以公牛、雌羊加白豭组合，或以公牛三头与公羊一头加白豭组合，极注重牲畜的雌雄性别，这可能与人类生育的交感巫术有关，以不相干的雌雄动物象征男女的性状态，幻想通过交感作用而使求生祈子发生作用。

求生的目的乃出于长辈对生妇是否受孕怀子以求家族人口繁盛的关注，故甲骨文有云：

> 贞有子。（《合集》13517）
>
> 辛卯卜，王有子。（《合集》20046）
>
> 乙亥卜，自贞。王曰：有孕，妫。扶曰：妫。（《合集》21071）

这是商王为王室是否得子的过问。另外又有大量直接关系某妇有子无子的卜问，如：

> 贞妇井有子。
>
> 贞妇井毋其有子。（《合集》13931）
>
> 妇好有子。四月。
>
> 妇好毋其有子。（《合集》13927）
>
> 戊子卜，贞妇壴有子。

　　　　戊子卜，贞妇㑑有子。

　　　　戊子，贞妇❉有子。（《补编》6822）

　　　　丁卯卜，㱿，贞❉、妛有子。

　　　　贞妛亡子。（《合集》10315）

　　　　庚子卜，㱿，贞妇好有子。

　　　　辛丑卜，㱿，贞祝于母庚。（《合集》10926）

　　就甲骨卜辞所见，卜问及的还有妇娘、妇带、妇妹、妇嫘、雷妇等，月份一般在二、三、四月，大抵属于阳气旺盛的春季。"有子"、"毋其有子"、"亡其子"，正反对贞，盖为被除女子不育而卜。《诗·大雅·生民》云："克禋克祀，以弗无子。"毛传："去无子，求有子，古者必立郊禖焉。"郑笺："弗之言被也，郊禖以被除其无子之疾。"甲骨文中为妇人求有子，去无子，亦在与郊禖相关的几个月份，大概在习俗观念上有相近之点。他辞有云：

　　　　辛酉卜，妲㷅有生。（《合集》22099）

　　　　贞执乩生。（《合集》13924）

妲、执均女子名。"㷅有生"，即拜求有孕生子。乩字像一人跪而祈求，"乩生"义同求生，意义同如"克禋克祀，以弗无子"。

　　出于对子孙繁殖的祈求，商代家族对妇人的生育过程的干预是屡见不鲜的，有关"妇某娩"、"妇某毓"的卜辞难以尽数。如：

　　　　己酉卜，王，后娥娩，允其于壬不。十一月。（《合集》21068）

这是商王为王族的昌盛，占问王妃娥是否于壬日分娩产子。从十一月逆推，后娥的受孕日期当也在二月的祈子月份。有时，商王还为王妃的受孕进行占卜，如：

　　　　丁酉卜，宁，贞妇好有受生。王占曰：吉，其有受生。（《合集》13925 正反）

　　　　己卯卜，㱿，贞❖父乙，妇好生保。（《合集》2646）

"受生"是求生受孕之谓。？祭父乙而祈妇好"生保"，当如《诗·商颂·殷武》所云，"寿考且宁，以保我后生"，是媚祖求保佑妇好生育产子顺利。前引妇好有子而祝于母庚，知王的心目中直视王妃妇好的受孕得子，乃受之商族女性祖先生育神的保佑。此则视男性祖先神可保佑子孙后嗣的降生。值得注意者，殷墟妇好墓出有一男女同体玉雕人像，作站立状，一面为男性，大耳粗眉，耸肩，双手放胯间，膝部略内屈，裸体，另一面为女性，弯眉小口，双手抚下腹，裸体，性器均甚分明，原物下有短榫，可能是嵌插在某种棒状器上的。① 男女两性同体人像在史前考古和民族调查材料中发现甚多，据说与生育巫术有关，用两性接触的艺术形象，通过巫术的交感作用，以影响人类的繁殖。② 妇好墓的男女同体玉人，似亦具有这类性质，可能就是祈子求生或受生有子之祀的圣物。

然而生育毕竟是男女性结合的产物，商代人对此已有充分认识，只是心理意念不断对理性感受进行调和，故有求生、受生之祈。

四　名子礼俗

名子是为子息命名，乃婚姻家庭运作的展开。母系婚制，血缘从母亲方面确认，子息命名，出自母方氏族，而尤属于女子。如《史记·殷本纪》称："殷契，母曰简狄，有娀氏之女……见玄鸟堕其卵，简狄取吞之，因孕生契。"旧注："其父微，故不著名。"其实，此乃母系氏族外婚制，生父既难确定，"不著名"自在情理之中，子辈的命名，系出母方氏族。

父系家庭或家族，世系据男方确定，为保证父系血缘的纯洁，名子必得承认而后名。如《周本纪》谓："周后稷，名弃，其母有邰氏女，曰姜原……姜原出野，见巨人迹，心忻然说，欲践之，践之而身动如孕者，居期而生子，以为不祥，弃之隘巷……初欲弃之，因名曰弃。"弃子又复收养而命之名，是已得到父系家庭或家族在血缘上的认可。

故名子的主方，与婚姻家庭形态紧相关联，而在父权制时代，子息的命名，几乎无不成为父权家长制下男性长辈的一大权威所在。据《礼记·内则》，名子有以下内容：

---

① 中国社会科学院考古研究所编著：《殷墟妇好墓》，文物出版社 1980 年版，第 153—154 页，又彩版二五。

② 参见宋兆麟《生育巫术对艺术的点染》，《文博》1990 年第 4 期。

　　　　三月之末，择日……妻以子见于父……父执子之右手，咳而名之，
妻对曰：记有成。

　　　　世子生，则君沐浴朝服，夫人亦如之，皆立于阼阶，西向，世妇抱
子升自西阶，君名之乃降。

　　　　适子、庶子见于外寝，抚其首，咳而名之。

　　　　公庶子生，就侧室，三月之末，其母沐浴朝服见于君，摈者以其子
见，君所有赐，君名之。众子则使有司名之。

　　　　凡父在，孙见于祖，祖亦名之，礼如子见父。

可知，名子礼仪，是以"父子之亲，夫妇之道，长幼之序"[1] 为其内在要质，
在父权家长制社会，每构成强化父权宗亲观念的一种形式，而直系与旁系之
分，长幼之分，嫡庶之分，在名子的礼仪规格上，也是有所区别的。简言
之，《礼》书所述名子之俗，无非是："子生三月，父亲名之；既冠而字之，
成人之道也。"[2]

　　上古社会的"名子"礼俗，当内蕴着对父子血缘关系的确认，名子得由
父亲名之，无非是肯定父对子的乳养关系和宗亲意义上的亲爱之心。《康诰》
云："父不能字厥子"，疏云："字，爱也"。又《说文》云："字，乳也。"由
此看来，名子是婚姻家庭或家族的男性长辈替子息取私名，名子的时间大抵
在子息生下后不久命名。

　　据《今本竹书纪年》，商代的先王除有十干的所谓日名外，也都有私名
的命名，如大乙名履，外丙名胜，仲壬名庸，大甲名至，沃丁名绚，小庚名
辨，小甲名高，雍己名伷，大戊名密，仲丁名庄，外壬名发，河亶甲名整，
祖乙名滕，祖辛名旦，沃甲名踰，祖丁名新，南庚名更，阳甲名和，盘庚名
旬，小辛名颂，小乙名敛，武丁名昭，祖庚名曜，祖甲名载，廪辛名先，康
丁名嚣，武乙名瞿，文丁名托，帝乙名羡，帝辛名受。这些王名恐不全是后
人杜撰。如《吕氏春秋·音初》即有云："殷整甲徙西河"，整甲乃河亶甲
整。《牧誓》云："今商王受惟妇言是用"，受即帝辛受。可见有的王名是有
所本的。甲骨文中有一些先妣名，如妣乙嬄、妣庚雍、妣癸蝇等，也是身份

　　① 《新语·道基》。

　　② 《楚辞补注·离骚》。

辈名下加日名和私名，与上述先王名的结构形式相一致，说明名子之俗在有商一代是确然存在的。

《白虎通·姓名篇》云：

> 殷以生日名子，何？殷家质，故直以生日名子也。

生日名子，旧说一直以为是取子降生的甲乙丙丁诸十干日名相命名，实属误解。日名乃死后为致祭选定。[①] 名子，指的是取私名，《礼记·内则》有言，"凡名子，不以日月，不以国"，知私名的命名，既不以子息出生日期的日名命名，也不以国族名命名，这是分辨私名的一个标准。商先王先妣的私名符合这一标准，当为"名子"时所遵守。"殷以生日名子"，若修正为生子后不久而命以私名，则合乎殷商实际。这在甲骨文中有揭示：

> 戊辰卜，王，贞妇鼠娩，余子。
> 贞妇鼠娩，余弗其子。四月。（《合集》14116）
> 乙丑贞，余子······（《合集》21063）
> 弗子。（《合集》21293）
> 乙丑卜，王，贞后娥子，余子。（《合集》21067）
> 己亥卜，王，余弗其子妇姪子。（《合集》21065）

"余子"、"弗子"、"余弗其子"的子，用为动词或动名词，训作"名子"，犹前引文献的"予弗子"、"予不子"、"不得名子"、"不字"之类。妇鼠、娥、妇姪是商王室世妇。诸辞所记，大体是商王为诸妇所生之子的命名反复行卜。其中特别是两条记妇鼠分娩生子，王卜问是否为之取私名，可决知当时确为生子而命名。

然商代"名子"，未必如《礼》书说的"世妇抱子见于父，父抚子而名之"，或"世妇抱子升自西阶，君名之乃降"。有时是委派女使向妇递送名子消息，如：

> 贞妹其使，弗其子。（《合集》19137）

---

① 参见李学勤：《论殷代亲族制度》，《文史哲》1957年第11期。

这可能是因产妇生子，出入不便，故遣女使前往通报名子之可否。《内则》
有云："妾将生子，及月辰，夫使人日一问之。"但也可能有辈分上的尊严或
妇的身份等级方面的原因，甚至可能还有公不轻易见子妇的社会成规。
再如：

> 乙巳卜，启，贞王弗其子辟。（《合集》20608）
> 戊午卜，王，贞勿御子辟，余弗其子。（《英藏》1767）

御是御除疾患之祭。"王弗其子辟"，子用为动词，"名子"之义，卜问王是
否命名子辟。"勿御子辟，余弗其子"，余是商王自谓，大意说出于替子辟御
除疾患的原因，王不可为其命名。《内则》称"凡名子，不以隐疾"，似殷代
已有之。这类场合的名子，也未提及子妇抱子面见王，似反映了宗法亲属制
度上相应的名子礼仪。

殷以生而后名子，并非就在子息生日命名。甲骨文云：

> 戊辰卜，争，贞勿薏妇嬺子子。（《合集》2783、2784）
> 戊子□，□，贞余子妇嬺〔子〕。（《合集》20000）

此异日同卜，所问一事。薏殆至的繁形，勿薏可读为勿致。[1]《说文》："致，
送也。""勿致妇嬺子子"，意义同如上述委派女使向妇递送"弗其子"一辞。
此事发生在戊辰日，21天后的戊子日乃有"余子妇嬺子"的"名子"。可见
殷以生而后名子，有在子息降生后不到一个月的日期内命名。又如：

> 乙巳卜，贞妇妥子亡若。
> 辛亥子卜，贞妇妥子曰夒。若。（《合集》21793。图6—6）
> 壬子卜，贞妇卹子曰戠。
> 妇妥子曰嗇。（《合集》21727）

---

① 参见饶宗颐：《由〈尚书〉"余弗子"论殷代为妇子卜命名之礼俗》，《古文字研究》第16辑，
中华书局1989年版。

图 6—6　名子之卜

（《合集》2784、21793）

　　以上三卜相袭。乙巳卜问的内容，可能属"不以隐疾"而未对妇妥子命名。到第 7 天辛亥，为妇妥子卜名叫嫛。但到第 8 天壬子，又卜名子，确定妇妥子私名为嚣，另一位宗妇妇𡥀之子的私名称戗。这次的卜名子，前后经过了 8 天的时间。因此，说殷以生日名子，是不确切的，但文献说的"子生三月，父亲名之"，也非殷商的名子之俗，恐怕子生一月之内卜以名子，较切当时实际。

　　商代王卜名子礼俗，有遣使送递命名与否，而不是君抚子名之，似跟当时的嫡庶之分和直、旁系之分的血缘亲疏差异相关联。王名子，有肯定这种亲属关系，团结同姓族的意义。事实上，甲骨文中的"子"，本义无疑指"儿子"，其用于直系或旁系亲称时，也无不从这一本义衍生而出，"子"多半出自王族，有的可能为父祖兄弟辈下的后代子孙，有的尽管已分宗立族，有其自己的家族，他们本人即以一族之长而自为宗子，但仍以"多子族"群名成为王的近亲家属。[①] 王名子，当容或有这批"多子"特定身份者的子息，即《礼记·内则》所谓"公庶子生，君所有赐，君名之"，王遣使致送其命名，可能属这一类子息。大概名子时不言递送或使人通报者，是为王室直系子息的命私名。

────────────────

　　① 参见朱凤瀚：《卜辞所见子姓商族的结构》，《殷墟博物苑苑刊》创刊号，中国社会科学出版社 1989 年版。

　　要之，商代名子礼俗，为生子后家族长辈替子息取私名，其在宗法亲属制度上是有相应的名子礼程的。

五　多子的受氏标志

　　商代多子的命名，有一批具有"男子称氏"和"胙之土而命之氏"的意义，已带有"命氏"的性质内涵，即因成家立业而有其分宗立族的受氏标志，似可视为命氏制的滥觞。

　　据我们大略统计，甲骨金文中称"子某"者有 156 名，称"某子"者有 29 名，其中人地同名者有 90 例，约占总数 185 名的 49%。如果说是纯出偶合，其间无任何特殊联系，则绝难解释。现举子名与地名同名例于下以作考察（单列数字者为《合集》号）：

子戈——戈（《丙编》526）	子美——美（28089）
子宀——宀（13517）	子儿——儿（20592）
子大——大（28188）	子㖞——㖞（9223）
子凡——凡（21565）	子黄——黄（748）
子不——不（6834）	子黑——黑（249）
子利——利（6775）	子雍——雍（150）
子祒——祒（《屯南》880＋1010）	子膚——膚（《安明》2399）
子宋——宋（20240）	子鼓——鼓（8291）
子尹——尹（5551）	子丰——丰（《怀特》1444）
子启——启（《英藏》1555）	子爵——爵（37458）
子韦——韦（《英藏》1290）	子求——求（28315）
子商——商（《安明》2127）	子宫——宫（4632）
子薆——薆（9811）	子橐——橐（8084）
子渔——鱼（27890）	子羊——羊（《屯南》2161）
子禽——禽（557）	子南——南（《屯南》2426）
子丿——丿（7929）	子臭——臭（10093）
子峀——峀（4833）	子何——何（273）
子戕——戕（19803）	子束——束（8084）
子虎——虎（8204）	子龙——龙（9076）
子执——执（1022）	子左——左（28901）

子马——马 （8208）

子豕——豕 （21027）

子鼀——鼀 （21659）

子崔——崔 （8080）

子牧——牧 （《英藏》4033）

子羌——羌 （29310）

子安——安 （33561）

子宁——宁 （7772）

子目——目 （《怀特》889）

子昌——昌 （《佚》153）

子汏——汏 （4258）

子眉——眉 （7693）

子受——受 （10047）

子奠——奠 （9769）

子壴——壴 （《怀特》1460）

子比——比 （《乙》3909）

子方——方 （《粹》808）

子正——正 （22246）

子妥——妥 （《乙》5303）

子姞——缶 （《丙编》1）

子戠——戠 （《粹》626）

子丁——丁 （21737）

子成——成 （900）

子庚——庚 （11460）

子麦——麦 （8243）

子刀——刀 （《屯南》2341）

子行——行 （《屯南》2718）

子守——守 （《林》2·2·8）

子彘——彘 （7239）

子鼀——鼀 （36956）

子醫——醫 （656）

子臀——臀 （21771）

子邦——邦 （《安明》2432）

子雋——雋 （《屯南》1008）

子𠂤——𠂤 （29359）

子𦍋——𦍋 （《京人》2059）

子𤓋——𤓋 （20743）

子𢆉——𢆉 （28030）

子彡——彡 （《屯南》660）

川子——川 （21657）

白子——白 （《明后》2256）

皿子——皿 （5742）

长子——长 （22246）

兴子——兴 （《安明》2106）

亚子——亚 （9788 正）

单子——单 （8303）

唐子——唐 （892）

渊子白——渊 （《屯南》722）

屮子——屮 （945）

箕子——箕 （6644）

如此大量的子名与地名相应，则绝不会是偶然巧合。以上地名出现场合，或为卜受年之地，或为登人征集人役之地，或为王田于、步于、往于、在于之地，或为使人于、令于、呼于之地，或为来贡一方，等等，大致分布于王畿区内外周围一带，属于商王朝政治地理结构中的基层地区性单位。显然，基于人口繁衍的生物学规律，这些子某或某子，作为商代社会生活组成体的一部，已相继在特定的社会条件和社会政治经济关系中，与一定的地域相结合，受有一块土地为其生存之本，就是说，子名与地名的同一，有其内在的自然属性和社会属性，而后者是人地同名的本质所在。换言之，这批子已成家立业，以各自的土田族邑相命名，由此构成分宗立族的家族标志，跟那批纯以私名相称的子名，在性质意义上应有所区分。

这批受有土田族邑的子名，性质接近《国语·周语下》说的"命姓受氏，而附之以令名"。盖以子相称者，乃示其身份系出自时王之子或时王父祖兄弟辈之后嗣，包括部分世代与王室通婚而联姻的异姓亲族之后嗣，但他们无不与统治集团核心体王族之间维系着世代相替的血缘联结关系，"子"已构成商代社会特殊政治形态下的亲属称谓，意味着在同一"姓族"下，已分衍出许多等次不一的世系群，产生了不同类型的宗氏、分族或贵族分支家族。他们在商王朝封授土田过程中，属地的普通平民家族成员当亦归之名下，如在子利、子戈、子白、子正、子汰、子儿、子亚、子渔、子觉名下者，甲骨文中分别有称为利人、戈人、白人、正人、汰人、儿人、亚人、渔人、觉人的。又可称某众，如子觉属下的称觉众，子行属下的称行众，子禽属下的称禽众，子受属下的称受众，子妻属下的称妻众等，形成一以"子某"贵族核心家族为主干，包括若干异姓或不同族系在内的非单一血缘群体相组合的政治区域性族邑组织。因此，这些子名实已具有"胙之土而名之氏"的王权政治意义方面的内容。这些子，不仅本人即为本族氏之长，而且因商王朝统治权力运作的需要，同时还可担任商王朝的官职，如唐子有称唐侯，亚子有称亚侯，子邦有称侯邦，子奠有称侯奠，子虎有称侯虎，子安有称安侯，长子有称长侯或长伯，子羊有称羊伯，由子有称由伯，子凡有称卫凡，子商有称子商臣，子大有称臣大，子禽有称小臣禽，子妾有称小臣妾，单子有称犬单或戍单，等等，即所谓"受氏而附之以令名"。

事实上，这些子名，因受土受邑分宗立族和世功官邑，在许多场合已与族氏名号难分难解。如殷代铜器中的子左爵、子韦爵、子妻簋、子不爵、子行爵、子厥卣、子臭卣、子妾鼎、子刀簋、子何爵、子彳父丁爵、唐子祖乙爵、子羊父丁鼎、子正卣、子龙觚[1]，等等，恐怕视其子名为族氏名

① 分别见《三代》15·30·7、14·21·5、6·9·1、15·31·2、15·32·6、12·57·3、15·57·2、2·11·9、6·8·8、15·31·4、16·7·4、16·27·3、2·38·4，《录遗》256、341。

号更贴切些。据甲骨文揭示，"子宋"（《合集》20035）一名，又有称作"宋白歪"（《合集》20075）和"宋歪"（《英藏》1777）者，"歪"或系子宋的私名，乃子生不久而命名，则"子宋"恐怕是其成人时分宗立族的受氏之名。由此推言，这些受有土田族邑的子名，恐怕大都属于成年"胙之土而名之氏"的新氏名。这跟文献中说的"子生三月，父亲名之，既冠而字之，成人之道也"，虽在形式上是接近的，唯反映的实质内涵却完全不能等同。

应注意者，商代妇名的命名，有许多是与子名不相一致的。商代女子出嫁前在母族一般有私名，出嫁后夫方亲称为妇，凡"妇某"、"某妇"前后所缀除了谥干、身份区别和身份关系指示词之外，也有一些是氏名，恐怕是经夫族据妇的出身氏族重新命名，妇在母族受有领地田产者，其名颇有"女子系姓"的意义，用来别其所出氏族。从本质上说，妇是对其夫之母而言，《穀梁传》宣公元年云："其曰妇，缘姑言之之词也。"妇本义是子妇的亲称，在父权家长制社会，妇除了有的可能为子某本人之妻外，若从人口繁衍规律言，更有可能是为子某家族中众小子之妇。当众小子分宗立族而成为子某家族的分支家族时，妇的命名仍以父权家长制下子某家族为本，这跟古人说的"字虽朋友之职，亦父命也"[1]，有一些共同点，故妇的命名常与其夫的受土分宗立族在同一状态下进行，导致与其夫受氏名不相同现象。但当妇在商王朝地位十分突出的特殊政治背景下，妇名或呈现有氏名性质，恐怕要以特例相论了。

第三节 亲属称谓

亲属关系是人们因婚姻、血缘或其他人际组合形式而产生的社会关系，通常有因男女双方结婚而产生的配偶关系，有因血缘而产生的血亲关系，有基于婚姻关系而产生的姻亲关系。商代处于父权制宗族社会，亲属关系主要分为夫妻、宗亲与外姻三个类别，而男女双方因结婚而产生的亲属关系，乃是宗亲与外姻关系赖以发生的基础。

商代社会一夫一妻制和一夫多妻制并行，出于"广嗣重祖"和"上以事

---

[1] 《楚辞·离骚》，洪兴祖补注。又，上古时代的朋友主要指本家族的亲属中同辈兄弟或晚辈成员。

宗庙，下以继后世"① 的观念，而有嫡、庶之分，这也是一夫多妻制的直接产物，最初只涉及王的配偶及其子女，但随着世代的衍替，宗亲关系中除直系亲属外，又会出现兄弟的子孙、父亲的兄弟及其子孙、祖父的兄弟及其子孙、曾祖父的兄弟及其子孙等复杂的旁系亲属关系。

甲骨文及商代金文中所见夫妻及宗亲两类的亲属称谓，辨性别和世代辈分较明，如：

高祖（《屯南》1102）—高先（《合集》15456）—多高（毓祖丁卣）—多先祖（《合集》38731）—先祖（《屯南》2557）—四祖（《合集》26295）—三祖（《合集》32617）—二祖（《合集》22087 正）—后祖（《屯南》1014）—祖后（《合集》113 正甲）—毓祖（《合集》32632）—多毓（《合集》14853）—五毓（《库》1542）—大祖（商勾刀）—小祖（《合集》23171）—祖

祖—父—子—孙

多介祖（《合集》2096）—多介父（《合集》2341）—多介子（《合集》816）

高妣（《屯南》608）—先妣（《合集》22283）—五妣（《合集》22100）—三妣（《合集》22285）—二妣（《柏》44）—后妣（《合集》27456）—毓妣（《屯南》447）—妣（《屯南》2412）—妻（《合集》938 正）

妣母（《合集》19956）—祖母（《合集》19312）—母（《屯南》2412）—中母（《合集》22277）—小母（《合集》22241）—妇

姑（妇閈爵，《集成》9092）

子妣（《合集》21497）—子母（《合集》14125）—子妇（《怀特》114）

但以上称谓，有不少既用于直系，也用于旁系，非直接明了，尚应视具体场合而定。还有一些平行亲属称谓，如：

大父（商勾刀）—中父（商勾刀）—后父（《合集》21691）—小父（《合集》27498）—四父（《合集》2331）—三父（《合集》

---

① 《礼记·昏义》。

893 反）—二父（《安明》1680）—多父（《屯南》2429）

公父（《屯南》153）—三公（《合集》27494）—大公（《合集》20243）—公（《屯南》31）—多公（《合集》33692）

舅（《屯南》2567）

多生（《合集》27650）

大兄（商勾刀）—四兄（《合集》23526）—三兄（《合集》27636）—小兄（《合集》33867）—兄（《屯南》2412）—公兄（《屯南》95）—多兄（《合集》2923）—多介兄（《合集》2926）

弟（《乙》4810；《库》1557）—多母弟（《英藏》2274）

长子（《合集》27641）—大子（《合集》3061）—中子（《合集》23545）—小子（《合集》151）—亚子（《合集》20347）—子公（《屯南》2429）—五子（《合集》22215）—四子（《合集》22217）—三子（《英藏》1762）—二子（《合集》3268）—多子（《合集》27649）—多小子（《合集》3265）

东子（《合集》25362）—西子（《合集》25169）

上子（《合集》14259）

血子（《合集》25168）

左子（《合集》8996 正）—右子（《合集》20567）

介子（《合集》1623）—多介子（《合集》816）

多介（《合集》12642）—七介（《合集》17706）—三介（《合集》2348）

中女（《合集》22215）—女亚（女亚罟，《集成》9177）—小女（《合集》26837）

母子（《合集》787）—子母子（《合集》23430）

孙（《合集》31217）—多子孙（《合集》10554）

多高妣（《合集》2383）—小妣（《善》2822）—亚妣（《合集》974）—多妣（《屯南》2412）

后母（《合集》30370）—中母（《合集》21805）—三母（《合集》27601）—二母（《屯南》4388）—母—小母（《合集》27602）—多母（《合集》1395）

三后（《合集》36070）—二后（《合集》27582）—后（《屯南》275）

母—妻—奭—妾—小妾（《屯南》1060）—小配（《合集》41656）

后妇（《合集》2672）—中妇（《合集》2858）—三妇（《合集》

24951）—多妇（《合集》2658）

　　多妹女（《合集》2605）

　　多子女（《合集》677）—多女（《合集》11438）

　　以上平行亲属称谓中，不全属于宗亲或配偶关系范畴，有的如多母弟、公父、多公、多生之类，可能对外姻亲属称谓也适用，而属于宗亲亲属的，要确定其直系、旁系包括嫡、庶关系，属于配偶关系的，要确定其嫡妻还是庶妻，均须纳入具体语言环境方能明晰。不过有一现象应注意，就是这些亲属称谓几乎均在区分性别的基础上序其长幼，长幼的亲称范畴大致贯彻于当时一切可能的亲属关系上，这显然与商代贵族族氏家族结构形态和继承制度有密切关系。还有如舅、东子、西子、上子、血子之类，属性不详。左子和右子，似属于政务上的左右夹辅的分类词，恐不涉及家务亦即亲属关系。[①]

　　上述亲属称谓可归为十七种，所加的区别字有：

　　　　祖——高、先、大、小、后、毓、介
　　　　妣——高、先、小、后、毓、亚
　　　　父——大、中、小、后、公、介
　　　　母——后、中、小、介
　　　　姑——文
　　　　配——小
　　　　奭
　　　　妻
　　　　妇——后、中
　　　　妾——小
　　　　兄——大、小、公、介
　　　　弟
　　　　妹
　　　　子——大、中、小、长、亚、左、右、上、公、介
　　　　女——中、亚、小

---

①　参见赵林：《论商代的父与子》，《汉学研究》第 21 卷第 1 期，2003 年。

　　孙

　　生（甥）

　　其中配、奭、妻、妾四个是配偶称谓，其他十余种亲属称谓不少还加数字，以表示集合的亲称，并且常"指定为某几个某些辈分的亲属"。[①] 如"四父"（《合集》2331），指武丁诸父"父甲、父庚、父辛、父乙"（《合集》22193），即阳甲、盘庚、小辛及武丁生父小乙。"三母"（《合集》23462），当指武丁三配妣戊、妣辛、妣癸。"三公、父二"（《合集》27494），可能指商王武乙诸父祖己、祖庚、祖甲三公及廪辛、康丁二父。"五妣"（《合集》22100），指大甲配妣辛、大庚配妣壬、大戊配妣壬、中丁配妣己、祖乙配妣癸。

　　商代宗亲称谓方面，直系、旁系之分渐有区分。尽管父的称谓并不仅仅限于生父一人，也兼及尊一辈男性旁系血亲，父亲的兄弟皆被称为父，不分直系、旁系，父只是一个分辨性别、世代（含尊卑及世次）的所谓类分性（classificatory）的亲属称谓词，父的"大、中、小、后、公"等附加词，其功能是用来辨别平辈长幼尊卑之类型加词。但同时也应注意的是，甲骨文中已将有嫡子登基的商王列为大示，无嫡子登基者为小示，并且逐步树立起直旁、嫡庶之分的标准。子的亲属称谓同父一样并为类分性，不仅可用指亲生之子，尚可扩及一己平辈旁系亲属之子，但在性别和长幼的意涵上却显得复杂多变，少数女性子辈也有称子者，如甲骨文"子目婉"（《合集》14034），这位子目显然不是男子是产妇，然而，当时已经有把子中涵盖女性的"值"灭掉，如甲骨文"多子女"（《合集》677）分指"多子"、"多女"，并且有"女子"的性别辨识复合词，使子的"值"在性别上只剩下男性，即子指儿子，女指女儿。[②] 子有"大、中、小、长"等分类词，此犹如后世"伯、仲、叔、季"是表示长幼的排行。[③] 在妻子对公婆的亲称方面，殷金文有"妇𩰀乍文姑日癸尊彝。举。"（妇𩰀爵，《集成》9092）《尔雅·释亲》云："妻称

---

　　① 参见陈梦家《殷虚卜辞综述》，科学出版社1956年版，第494页。

　　② 参见赵林：《论商代的父与子》，《汉学研究》第21卷第1期，2003年。又赵林：《商代的宗庙与宗族制度》，《政治大学历史学报》第1期，1983年。

　　③ 参见刘昭瑞：《关于甲骨文中子称和族的几个问题》，《中国史研究》1987年第2期。又赵林：《论商代的父与子》，《汉学研究》第21卷第1期，2003年。

夫之父为舅，称夫之母曰姑。”《国语·鲁语下》：“吾闻之先姑”，韦昭注：“夫之母曰姑，歿曰先。”姑即婆婆，文姑日癸是举族妇[illegible]对其已故有文德的婆婆之亲称。

再者，在商人语言里已出现了跟“嫡”、“庶”二字意义相似的“帝”、“介”词语。甲骨文中的“帝子”（《合集》30390），应读为“嫡子”。“介祖”、“介父”、“介兄”、“介子”、“多介”等的亲称所指，都是旁系庶支，是用来分直旁系的。“帝介”之制是跟宗法制度强调宗子世袭制以及大、小宗统属关系的精神全相符合的。[①] 甲骨文有“乎帝妣”（《合集》22450），帝妣似指嫡妣，为生称。帝妣—王母（《丙编》66）—王妇（《合集》18060）—子妇（《怀特》114），或可指为王室直系四辈女性配偶的亲属称谓。

商代外姻亲属称谓方面，赵林指出，殷金文有“亚醜者母”（者母觥，《集成》9294）、“亚醜者姛”（者姛罍，《集成》9818）等，“亚醜”为“者母”的夫家之名，“者”是亚醜世家里一个分支或分族的族名，“者母”、“者姛”是亚醜世家内的“者”这一分支或分族的长母，“亚”是用来别翁岳的。[②] 还有甲骨文“多母弟”（《英藏》2274），母可用来称呼父亲兄弟的配偶，统称为“多母”，弟在用作兄弟之亲属称谓词的同时，其实并不专注于性别或父母子女，可指称同父之弟，又可指称父亲兄弟之子后生于己者，如今之堂弟，但从传统经传“其称弟何？母弟称弟，母兄称兄”（《公羊传》隐公七年）来释读“多母弟”为母亲的弟弟，即《说文》所谓“娣，女弟也”、“妻之女弟同出为姨”及《尔雅·释亲》所谓“女子谓晜弟之子为姪”似乎也不能排除。[③] 甲骨文“多生”之“生”，由于当时同姓交表婚和异姓交表婚并行，计算宗亲的方式，不仅从父方，同时也可从母方，乃是一种双向的传宗（double descent）法，故“生”指一己之子，但又可指称姐妹之子，前者相当后来的“姓”字，后者即“甥”字，其中也有着血亲和姻亲的意涵。[④]

---

① 参见裘锡圭：《关于商代的宗族组织与贵族和平民两个阶级的初步研究》，《文史》第17辑，中华书局1983年版。

② 参见赵林：《论商代的母与女》，台北《中国文化大学中文学报》第10期，2005年。

③ 参见赵林：《论商代的弟及其相关的亲属称谓：娣、姨、姪、弔、叔》，台北《中国文化大学中文学报》第12期，2006年。

④ 参见赵林：《商代的双宗法与交表婚》，《政治大学历史学报》总第50期，1984年。

第四节　冥婚观念

商代父家长制下的族外婚，受家族本位的支配，女子外嫁，即为男方族氏或家族成员，人丁兴旺有赖妇的多产多子，故决不轻易弃离，不仅干预其生育，而且死后厝之族墓地，或与其夫同穴合葬，或异穴并葬，始终视为族氏及家族内一笔重要财产。所谓男子出妻的"七出"，即"无子，一也；淫泆，二也；不事舅姑，三也；口舌，四也；盗窃，五也；妒忌，六也；恶疾，七也"①，还不曾产生。

商代甚至又有为已故妇冥婚的，比如甲骨文有云：

己卯卜，宁，贞帝取妇好。（《合集》2637）

贞隹唐取妇好。

贞隹大甲取妇。

贞隹祖乙取妇。

贞妇好有取上。

贞妇好有取不。（《合集》2636 正）

隹大甲取妇。

贞隹祖乙取妇。

隹父乙。

贞隹妇好有取上。

贞妇好有取不。（《库》1020）

武丁之妃的妇好，在其死后又可充当上帝或成唐、大甲、祖乙、小乙等先王的"冥妇"②（图6—7）。这与长辈对后辈子媳滥施淫威有别。冥婚观念实基于家族本位的婚制现实，娶于异族，广嗣优生，利于族氏家族人口的繁衍，然"非我族类，其心必

图6—7　上帝及先王娶"冥妇"妇好

（《合集》2637、2636 正）

① 《仪礼·丧服》，贾疏。

② 参见姚孝遂：《吉林大学所藏甲骨选释》，《吉林大学社会科学学报》1963 年第 4 期。又王宇信、张永山、杨升南：《试论殷墟五号墓的"妇好"》，《考古学报》1977 年第 2 期。

异"的社会意识，照样适用于所娶之妇，"如旧昏媾，其能降（心）以相从也"。[①] 这何尝不可再行于鬼神的另一世界。"妇好有取上"，又做商王族先王的"冥妇"，一则是针对族排他性的权宜安排，而就现实世界言，同时也着意于进一步加强赖政治婚姻维系的商王族与异姓家族的血亲纽带。

---

① 《左传》隐公十一年。

第七章

人 生 俗 尚

　　俗尚，既是一种文化现象，也是一种社会经济生活现象。文化属于生活的直接产物，俗尚则是社会经济生活最亲切自然的表现。人生俗尚为人们在日常生活中便习而重复遵循的社会行为方式，地缘人情，人生精神状态和行为方式的社会认同，包括时尚崇好、歌舞娱乐、伦理礼容、立身标准、处世表识与养老教子等，一方面取决于"习已成性"的社会生活地著性，同时也与人居人文条件的传承及人生价值取向的育成相紧密关联。

第一节　尚武尚勇

　　《盐铁论·大论》云："虞、夏以文，殷、周以武，异时各有所施。"这是西汉历史文献中对上古社会的崇尚风气和行为规范代变的概括。社会条件不同，崇尚风气固然有异，但人们中广泛存在的那种自发而重复出现的行为所尚，除有其社会性的一面外，还有传承性的一面，况且所谓虞夏商周，社会生活条件并无根本性的差别，政治力量的纠葛、社会组织构成的存在，以及经济生产活动的进行等，常常直接落实到个人的体魄和才能。换言之，尚武尚勇，"发动而成于文，行决而便于物"[①]，视行止勇武有威仪而为文，其于虞夏商周基本是绳绳相继的。

　　甲骨文中每以"武"美称商王，如武唐、武丁、武乙、文武丁等。武唐即成汤，史称其"有功于民，勤力乃事"[②]，革鞰有夏而成为商的开国君主。

---

　　① 《淮南子·本经训》。
　　② 《史记·殷本纪》。

武丁一称"大京武丁"（《屯南》4343），大京亦为高大壮武之意。武丁是商的中兴之主，《商颂》有云："挞彼殷武，奋伐荆楚，罙入其阻，裒荆其所。"据说武丁在位59年，生前出入征伐，战绩赫赫，有统驭四方，经略天下之体魄和才能。另一位商王武乙，据说在位35年，生前好田猎，也是勇武过人，《殷本纪》记其"为偶人，谓之天神，与之博，令人为行，天神不胜，乃僇辱之；为革囊盛血，仰而射之，命曰射天"。商代末王帝辛，也是位体格强壮者，《殷本纪》称他"资辨捷疾，闻见甚敏，才力过人，手格猛兽"，《帝王世纪》形容他"能倒曳九牛，抚梁易柱"。

商代社会的尚武尚勇，反映了人们对于体魄强壮和健康无恙，且以勇立于社会的追求，表明了一种积极的生命价值观。《尚书·洪范》记武王灭商后，询访殷遗臣箕子，箕子讲述虞舜举夏禹，锡禹大法九章，其中有"飨用五福，威用六极"之言。"五福：一曰寿，二曰富，三曰康宁，四曰攸好德，五曰考终命。六极：一曰凶短折，二曰疾，三曰忧，四曰贫，五曰恶，六曰弱。"五福六极，道出了上古时代人们对人生生命存在价值的质朴认识和心中所虑，在人们心目中，视长寿、平安健康、有才能、能活得自在而至老无忧是为有福；所顾虑者，是怕凶灾短命夭折，怕大病小疾缠身，怕体质羸弱低下。人们的精神状态和情绪寄系，差不多集中关注于对生的向往和对死的恐惧上，构成了当时人们尚武尚勇的社会心理观念的基础。

殷商时期社会人口平均寿命，据殷墟中小墓出土的82个人骨鉴定材料，平均死亡年龄约为34.3岁。[①]商代人的平均体质身高不详，但据史前人骨鉴定材料，陕西宝鸡组的男子平均身高为168.82厘米，华县元君庙组成年男子平均身高为168.4厘米，临潼姜寨一期组为170.29厘米，姜寨二期组为168.81厘米，山东大汶口组为172.26厘米，西夏侯组为171.3厘米，上海崧泽组为168.95厘米，河南淅川下王岗组为162厘米（女性平均身高为157厘米），河南陕县庙底沟二期组为166.0厘米。[②]不难看出，原始人身高与现代中国人差不多，变化不大，其中山东史前人个儿高些，而如今也有"山东大汉"之称。商代人的身高当也在以上数据范围。传殷墟出有商尺三把，一把是骨尺，长16.95厘米[③]，另两

---

① 参见宋镇豪：《夏商人口初探》，《历史研究》1991年第4期。

② 参见宋镇豪：《夏商社会生活史》，中国社会科学出版社1994年版，第417—418页。

③ 杨宽：《中国历代尺度考》，商务印书馆1955年版。

把是牙尺，分别长 15.78 厘米和 15.8 厘米。① 此长度相当于成人手一拃的距离。古代有称成年男子为丈夫，《榖梁传》文公十二年云："男子二十而冠，冠而列丈夫。"人高一丈为 10 尺，以 160—170 厘米的实际身高标准计算，用的正是手一拃为 1 尺的商代长度单位。

上古人们追求人生有所作为的价值观，具有积极的社会性意义，促使人们在生活实践中，进行不懈的探索，努力寻求种种能增强体魄，提高寿命的办法。

很早以前，人们已注意到，一些合理的身体活动，能减轻或避免疾患，促进人体健壮发育，延长寿命。《吕氏春秋·古乐》云：

> 昔陶唐氏之始，阴多滞伏而湛积，水道壅塞，不行其原，民气郁阏而滞著，筋骨瑟缩不达，故作为舞以宣导之。

《路史·前纪》卷九有类似的描绘：

> 阴康氏之时，水渎不疏，江不行其原，阴凝而易阏，人既郁于内，腠理墆著而多重腿，得所以利其关节者，乃制为之舞，教人引舞以利道之。

讲的是上古洪水泛滥，宣泄不畅，人们困于环境狭迫缪戾，情绪郁结，疾病诱发，或筋骨萎缩，或体弱乏力，或手足肿胀，于是发明了舞蹈形式的体育保健活动，通过全身关节伸展运动，调节了精神情绪，增强了体质，减少了疾患的侵害。

在商代，一些善舞者往往也长寿而享其天年。如甲骨文云：

> 癸卯卜，品，贞呼多老［舞］。
> 贞勿呼多老舞。（《合集》16013）

舞者称"多老"，可见商代有一批从事舞乐者，因长年舞之蹈之，活动锻炼，故能体健病少，成为社会上年事很高的长者，仍能参与某些祭祀活动。

---

① 邱光明：《中国古代度量衡图集》，文物出版社 1984 年版。

商代的王每每好田猎。据日本松丸道雄对有关田猎日期的综合统计，武丁时无定期，祖庚祖甲时一般定在十干日的乙、戊、辛三天中进行，廪辛至文武丁时大体以乙、戊、辛、壬四天中进行为多，帝乙帝辛时则大多放在乙、丁、戊、辛、壬五天中田猎。[①] 实际上这意味着一旬之内可举行三次田猎活动。如廪辛至文武丁时是乙、戊两次单日和辛壬一次双连日田猎，每次田猎后有两天的间休，似与恢复体力有关。又如帝乙帝辛时是乙一次单日和丁戊、辛壬两次双连日田猎，单日的一次后有一天间休日，双连日的两次，后均有两天间休日。田猎日期安排的固定化，很可能出于佚劳有度的考虑，似当时已注意劳逸结合。在商代，田猎也是一项带有体育保健意义的活动。如一片甲骨文云：

图7—1　中子肘疾田猎以舒筋保健

（《合集》21565）

　　　　贞中子肘疾，呼田于凡。（《合集》21565。图 7—1）

记中子的臂肘关节部位有疾，叫他去凡地参加田猎，活动活动。可见当时已视田猎能舒筋活络，调节血气，意识到田猎是一种积极的人体保健治疗法。

商代人们在"习已成性"的社会生活传承中，秉持着一种尚武尚勇的社会精神面貌的张扬，社会行为方式也理所当然时常受这一人生价值取向所品鉴。

第二节　学校教学和养老教子

在上古社会，为使年轻一代掌握必要的生产劳动技能，以适应社会生活行为方式，往往要进行劳动力再生产的先期教育，以及培养其成为"社会人"的前期教育。

原始时期的教育方式，一般都是让受教育者直接在生活或生产劳动场合

---

① ［日］松丸道雄：《殷墟卜辞中的田猎地について》，《东洋文化研究所纪要》第 31 册，1963 年，第 70 页。

进行磨炼。如《虞夏书》云："虞舜侧微，尧闻之聪明，将使嗣位，历试诸难。"《五帝本纪》云："舜入于大麓，烈风雷雨不迷"，"陶河滨，河滨器皆不苦窳"，"尧乃知舜之足授天下"。这样的教育观念和教育方式，为商代所传承。《尚书·说命下》记商王武丁之说云："学于古训乃有获"，"惟学逊志"，"道积于厥躬，惟敩学半，念终始典于学"。学习先人的遗教才能有作为，学能磨砺才志，躬身力行，边受教诲，边重视自我学习，直接参与社会活动和生产实践，修养蓄积跻身"社会人"应具备的行仪道德与生活技能。

上古时代除了有年轻一代"历试诸难"教育手段外，还出现了专门的教学机构，《礼记·王制》云：

> 有虞氏养国老于上庠，养庶老于下庠。夏后氏养国老于东序，养庶老于西序。殷人养国老于右学，养庶老于左学。周人养国老于东胶，养庶老于虞庠。虞庠在国之西郊。

郑氏注云："上庠、右学，大学也，在西郊。下庠、左学，小学也，在国中王宫之东。"《礼记要义》卷五《王制下》云："殷制：小学在国中，大学在郊。云小学在国中，大学在郊，此殷制明矣者，以上文云：小学在公宫南之左，大学在郊。下文云：殷人养国老于右学，养庶老于左学；贵右而贱左，小学在国中，左也，大学在郊，右也，与殷同也，故云此殷制明矣。"《礼记·王制》云："天子命之教，然后为学，小学在公宫南之左，大学在郊。"郑氏注："此小学、大学，殷之制。"《礼记要义》卷五《王制上》云："此小学大学殷之制者，以下文云殷人养国老于右学，养庶老于左学，则左学小，右学大。"这些机构设施均属于贵族子弟就教场所，反映着虞夏商周的学校教学制度。"夏序、殷学、周胶庠"，其在《孟子·滕文公上》则云：

> 设为庠序学校以教之。庠者，养也。校者，教也。序者，射也。夏曰校，殷曰序，周曰庠，学则三代共之，皆所以明人伦也。

而在《礼记·明堂位》云：

> 米廪，有虞氏之庠也。序，夏后氏之序也。瞽宗，殷学也。頖宫，周学也。

贾公彦《仪礼疏》卷十二云：

> 《王制》云有虞氏上庠、下庠，夏后氏东序、西序，殷人左学、右学，周人东胶、虞庠。周立四代者，通己为四代，但质家贵右，故虞、殷大学在西郊，小学在国中。文家贵左，故夏、周大学在国中，王宫之东，小学在西郊。周所立前代学者，立虞、夏、殷三代大学。若然，则虞氏上庠则周之小学，为有虞氏之庠制在西郊也。立殷之右学则瞽宗，周立之亦在西郊。立夏后氏之东序，则周之东胶立在王宫之东，以其改东序为东胶。

《礼记外传》云："有虞氏之学曰庠，亦谓之米廪，夏曰序，殷曰瞽宗，周曰辟雍。"杜佑《通典》卷五十三《大学》云："有虞氏大学为上庠，小学为下庠。夏后氏大学为东序，小学为西序。殷制，大学为右学，小学为左学，又曰瞽宗。周制，大学为东胶，小学为虞庠。"虞夏商周学校称名与学校位置，异说纷纭，但"学则三代共之"。

文献提到的虞夏商周三代学校教学场所的设置，当有史影依据。甲骨文云：

> 弜▷。
> 人叀癸▷。
> 于丨▷。
> 于祖丁旦▷。
> 于庭旦▷。
> 于大学▷。（《屯南》60）

上揭辞中的"人"、"丨"，林宏明谓分别为王、甲两字缺刻横画，读为"王叀癸▷"、"于甲▷"。[1] 可从。"大学"，为商代贵族子弟受教育习礼场所，也即后世学宫的雏形，是知商代确有受王朝直接掌管的教学场所"大学"。大学与祖丁旦、庭旦对文，"旦"是宗庙建筑的一处祖丁之祭所，"庭旦"在宗庙大

---

① 林宏明：《小屯南地甲骨研究》，台湾政治大学文学系 2002 年度博士学位论文，第 351 页。

庭中。若按文献"左祖右社"的说法，庭旦和祖丁旦位于东，建筑位置与"殷大学在西郊"是东西对应的。ᐗ，即寻字，寻有继续、再次之意。反复卜问王是在癸日还是甲日继续举行，又问在祖丁旦抑或庭旦继续举行，还是在"大学"继续举行。别辞有云：

乍学于入，若。（《合集》16406）

入读如内，《说文》"入，内也"，或指内学。是问在内筑造学校建筑设施顺否。内学类似文献讲的殷人左学或小学"在国中王宫之东"，与大学所在位置不同。此外，甲骨文有云：

教𡥀。（《陈零》99）

"𡥀"，陈邦怀释瞽之象形，即兜之初文，引《说文》"兜，廱蔽也，从人，像左右皆蔽形，凡兜之属皆从兜，读若瞽"，认为教瞽"乃记瞽矇受教于殷学也"[1]。此字像有目无瞳仁盲人之示意，即《诗·有瞽》毛传："瞽音古，无目眹（按指瞳仁）曰瞽。"《周礼·春官宗伯》"瞽蒙"，郑司农云："无目眹谓之瞽，有目眹而无见谓之蒙，有目无眸子谓之瞍。"瞽是有目无瞳仁盲人，矇是有目有瞳的失明者，瞍是有目无眼珠盲人，三者在古人看来是略有区别的。

瞽者或精于乐技祀礼，如《诗·周颂·有瞽》云："有瞽有瞽，在周之庭，设业设虡，崇牙树羽，应田县鼓，鼗磬柷圉。既备乃奏，箫管备举。喤喤厥声，肃雍和鸣，先祖是听。"毛传："瞽，乐官也。"郑氏笺云："瞽，蒙也，以为乐官者，目无所见，于音声审也。《周礼》上瞽四十人，中瞽百人，下瞽百六十人，有视瞭（今《周礼·春官宗伯》作'眡瞭三百人'）者相之。"朱熹《诗集传》云："瞽，乐官，无目者也。"《韩诗外传》卷三云："诗曰：有瞽有瞽，在周之庭；纣之余民也。"说到周庭中有许多精通各种乐器与祀乐的瞽者，乃殷之遗民，周人继续用为乐官，并且有"眡瞭"即目明者辅佐其日常事务。

商代有使瞽者教诲于学宫者。《礼记·明堂位》云："瞽宗，殷学也。"甲骨文"教瞽"义同《国语·周语上》说的"瞽史教诲"；韦昭注："瞽，乐

---

① 陈邦怀：《甲骨文零拾》，天津人民出版社 1959 年版，第 30 页。

太师；史，太史也；掌阴阳、天时、礼法之书，以相教诲者。"又《明堂位》郑氏注："瞽宗，乐师，瞽矇之所宗也，古者有道德者使教焉，死则以为乐祖。"《国语·周语下》云："古之神瞽，考中声而量之以制。"韦昭注："神瞽，古乐正，知天道者也，死而为乐祖，祭于瞽宗，谓之神瞽。考，合也，谓合中和之声而量度之，以制乐也。"《周礼·春官·大司乐》云："凡有道者、有德者使教焉，死则以为乐祖，祭于瞽宗。"郑氏注："道多才艺者，德能躬行者，若舜命夔典乐教胄子是也，死则以为乐之祖神而祭之。郑司农云：瞽，乐人，乐人所共宗也。或曰：祭于瞽宗，祭于庙中。《明堂位》曰：瞽宗，殷学也。泮宫，周学也。以此观之，祭于学宫中。"《礼记·文王世子》云："春诵夏弦（郑氏注：诵谓歌乐也，弦谓以丝播），大师诏之。瞽宗秋学礼，执礼者诏之。冬读书典，书者诏之。礼在瞽宗，书在上庠。"瞽宗亦为学宫，属内学，相当殷制左学或小学。所谓"祭于瞽宗，祭于庙中"，"祭于学宫"，与上揭甲骨文"教瞽"以及大学、内学等教学场所的习礼教诲，性质正相类似。

除大学、内学、教瞽外，甲骨文又有云：

2

3

1　　4

图7—2　甲骨文所见学校

（《屯南》60、《合集》16406、20101、30518）

　　右学。（《合集》3510）
　　丁巳卜，右学。（《合集》20101）
　　于右🔥教（《合集》30518）
　　于右⿱东学。（《屯南》662）
　　……学东……（《合集》8732）

"右学"、"右🔥"和"右⿱东"，与"大学"一样，也皆为晚商王朝直接掌管的学校名，都是以右序其方位（图7—2），可证文献所谓"殷人养国老于右学"、"右学，大学也，在西郊"及"殷制，大学为右学，小学为左学，又曰瞽宗"之类的说法不是孟浪无据。"学东"，东为左，相当于上揭的"内学"，盖文献所谓"殷人养庶老于左学"、"左学，小学也，在国中王宫之东"及"小学、大学，殷之制"，也均有史影依据。

在"右学"、"左学"中敬养老人，实际上是选择有声望道德、礼教经验丰富及有社会地位的老人赡养于学宫，对贵族子弟进行传授教诲。《尚书·说命》云："学于古训乃有获"，老人明于古训，有生活历练。《礼记·乐记》云："食三老五更于大学，所以教诸侯之弟也。"郑氏注："三老五更，互言之耳，皆老人更知三德五事者也。"孔颖达疏："三德谓正直、刚、柔，五事谓貌、言、视、听、思也。食三老五更于大学，亦谓殷礼。"《周礼·大司乐》亦云："凡有道者、有德者使教焉。"养老食礼，主要本之"人伦教化"的目的，通过敬养贵族阶层中贤能老人的饮食礼，以教示贵族子弟，同时，"国老"、"庶老"、"三老五更"等，也是执教者。与此相应的有教子的食礼。甲骨文有云：

食多子。（《英藏》153 反）
飨多子。（《合集》27649）
壬子卜，弗酏，小萊学。（《合集》30827）

广义的多子当指贵族子弟，长大后有可能胙之土，分宗立族而成为家族的接班人。飨食多子，有礼仪教诲的深意，多子是受教者。"弗酏，小萊学"，类似《诗·小雅·绵蛮》所说的"饮之食之，教之诲之"。《酒诰》云："姑惟教之，有斯明享。"让多子在具体食礼和祭祀现场习礼揣摩，目的在于使其今后能"上以事宗庙，下以继后世"[①]。

上古时期贵族子弟受教学的课程内容，有所谓六艺六仪之说。《周礼·地官·保氏》云："养国子以道，乃教之六艺：一曰五礼，二曰六乐，三曰五射，四曰五驭，五曰六书，六曰九数。乃教之六仪：一曰祭祀之容，二曰宾客之容，三曰朝廷之容，四曰丧纪之容，五曰军旅之容，六曰车马之容。"郑氏注："五礼：吉凶宾军嘉也。六乐：云门、大咸、大韶、大夏、大濩、大武也。郑司农云：'五射：白矢、参连、剡注、襄尺、井仪也。五驭：鸣和鸾、逐水曲、过君表、舞交衢、逐禽左。六书：象形、会意、转注、处事、假借、谐声也。九数：方田、粟米、差分、少广、商功、均输、方程、

---

① 《礼记·内则》。

赢不足、旁要；今有重差、夕桀、句股也。祭祀之容穆穆皇皇。宾客之容严恪矜庄。朝廷之容济济跄跄。丧纪之容涕涕翔翔。军旅之容阚阚仰仰。车马之容颠颠堂堂。'玄谓祭祀之容齐齐皇皇，宾客之容穆穆皇皇，朝廷之容济济翔翔，丧纪之容累累颠颠，军旅之容暨暨洛洛，车马之容匪匪翼翼。"六艺是作为一个"社会人"需要具备的说写读算等六种基本技能；六仪则是作为"社会人"需要注重修习的行仪与礼容，属于上层社会的礼仪道德与立身处世的社会行为规范，尤属贵族子弟受教的要髓。接受教育的贵族子弟，除要在实际场合学习揣摩行仪礼容外，具体方面则要学舞乐射御，等等。《尚书·尧典》云："帝曰：夔，命汝典乐教胄子。"《周礼·春官·大司乐》云："以乐德教国子，中和祗庸孝友；以乐语教国子，兴道讽诵言语；以乐舞教国子，舞云门大卷、大咸、大磬、大夏、大濩、大武。"旧说六乐是周代所存六代舞乐，即云门大卷，黄帝乐；大咸，尧乐；大磬（韶），舜乐；大夏，禹乐；大濩，商汤乐；大武，周武王乐。大司乐以乐德、乐语、乐舞教国子，盖在大学、右学。相对应者，《周礼·春官》又有云："乐师掌国学之政，以教国子小舞。"郑氏注："谓以年幼少时教之舞。"乐师大概授教于左学、小学、内学。胄子和国子，皆指就学的贵族子弟，一称成童，《礼记·内则》云："成童舞象，学射御。"孔颖达疏云："成童谓十五以上；舞象谓武舞也。"今据甲骨文，知学舞学乐和学武，早在商代就已经纳为贵族子弟受教的课程内容。如学舞：

> 丁卯卜，子其入学，若永。用。一二三
> 丁卯卜，子其入学，若永。用。四五六（《花东》450）
> 甲申，子其入羌，若永。用。（《花东》473）
> 乙丑卜，子学。
> 辛未，岁祖乙羲，子舞戏。（《花东》474）
> 丁亥，子其学燹祅。用。（《花东》280）
> 庚戌卜，子于辛亥祅。子占曰：服卜。子尻。用。一二三（《花东》
> 380）

入羌与入学同属，当指就学而言，恐非作入贡讲，殆指学羌舞。权为族名，"舞权"指权人之舞。燹，女巫兼教官；祅，舞名，字像双人款摆而舞。这类舞可能属于所谓"文舞"。《周礼·春官·籥师》云："掌教国子舞羽龡籥。"郑氏

注："文舞有持羽吹籥者，所谓籥舞也。《文王世子》曰：秋冬学羽籥。""若永"，占卜用语。"若"有顺、祥、休善、嘉美之义。别辞有"永"、"不永"（《花东》127）、"祖甲永子"（《花东》449）。《尚书·高宗肜日》云："惟天监下民，典厥义，降年有永有不永。"孔颖达《尚书正义》疏："民有永有不永，天随其善恶而报之，劝王改过修德以求永也。"永有佳美、福祐义。[1]子学羌舞、叞舞、秩舞等，相当于文献说的散乐、四夷之舞乐，如《周礼·春官·旄人》有云："掌教舞散乐，舞夷乐，凡四方之以舞仕者属焉"，郑氏注："散乐，野人为乐之善者……舞夷乐，四夷之乐，亦皆有声歌及舞"。由此也反映了商代礼乐文化的广容性和教育意识并非是决然排他的。

当时不只学舞，有时还要兼学祭礼歌乐：

　　　　甲寅卜，乙卯子其学商，丁永。用。一
　　　　甲寅卜，乙卯子其学商，丁永。子占曰：又咎。用。子尻。二三
（《花东》487）
　　　　甲寅卜，乙卯子其学商，丁永。子占曰：其又祷艰。用。子尻。一
二三四五
　　　　丙辰，岁妣己死一，告尻。一
　　　　丙辰，岁妣己死一，告子尻。二三四
　　　　丙辰卜，于妣己御子尻。用。一二　（《花东》336）
　　　　甲寅卜，乙卯子其学商，丁永。用。子尻。一
　　　　甲寅卜，丁永，于子学商。用。一
　　　　丙辰卜，延奏商。用。一　（《花东》150）
　　　　丙辰卜，延奏商，若。用。一二三四　（《花东》382）
　　　　丙辰卜，延奏商，若。用。一二三四五　（《花东》86）

上揭《花东》487、336、150 与 336、150、382 属于两套卜用三龟、同事多

　　① 参见刘钊：《释"舞""谷"诸字——兼谈甲骨文"降永"一辞》，《殷墟博物苑苑刊》创刊号，中国社会科学出版社 1989 年版。又中国社会科学院考古研究所编著：《殷墟花园庄东地甲骨》第 6 册，云南人民出版社 2003 年版，第 1610 页。又裘锡圭《释"衍"、"侃"》（收入台湾师范大学国文系、中国文字学会编《鲁实先先生学术讨论会论文集》，1993 年版，第 6—12 页）释永字为侃，喜乐之意。另备一说。

卜之例，分别卜于甲寅和丙辰日，丙辰一组卜用三龟，只习用了两天之前甲寅卜用三龟一组中的二龟，而占卜"延奏商"时，另又换入新龟一版《花东》86，与《花东》150、382组成新一组卜用三龟。甲寅日占卜子在次日乙卯日"学商"，丙辰的占卜告子尻于妣己的岁祭礼中是否沿用来"奏商"。先学商，后延奏商，前后相贯。"商"是祭歌名，别辞有"舞商"（《花东》130），是知祭祀时也可配舞奏乐，歌舞一体。这类祭歌，均是贵族子弟学习的素材，而且往往结合祭祀行仪的实际来进行学习。

应该注意者，学舞乐祭歌不全属"文舞"，另有属之武舞者。甲骨文云：

丁酉卜，今日丁[1]万其学。

于来丁乃学。

于右寁学。

若呐于学。（《屯南》662。图7—3）

图7—3　旦时学万舞

（《屯南》662）

丁酉日反复占卜，问今天这个丁日还是到来旬的丁日在"右寁"学"万"舞。此可参照《大戴礼记·夏小正》，"（二月）丁亥，万用入学。丁亥者，吉日也；万也者，干戚舞也；入学也者，大学也。"学万舞诹日用丁日，与甲骨文一致，可知由来已久。"万"舞是一种力量外露型武舞，《诗·邶风·简兮》云："公庭万舞，有力如虎。""若呐于学"，例同"若呐于升"（《屯南》822），学为建筑称名，指学习场所。"若呐"，占卜恒语，可能是个情态用词，若像长发后扬貌，形容动姿；呐谓言音顿结，模拟发声。《韩非子·八经》云："呐者，言之疑。"《荀子·非相》云："其辩不若其呐也。"此卜辞中的"若呐"大概是形容学万舞的舞人伴随动作发出的顿促有力、节奏齐整的吆喝声，也是武舞的特征之一。另据甲骨

---

①　原释"今旦"，误。今从林宏明改正，见《小屯南地甲骨研究》，台湾政治大学文学系2002年度博士学位论文，第354页。

文云：

> 丁丑卜，在䊊，子其更舞戉，若。不用。
> 子弜更舞戉，于之若。用。多万有灾，引𤔲。（《花东》206）
> 丙戌……多万……入教，若。（《英藏》1999）

"舞戉"，戉即钺，兵礼器。可知武舞的另一特征，有执钺而舞者。𤔲又见《合集》33128："更𤔲奏。更商奏。"𤔲、商都是祭歌名。子习舞戉，又"引𤔲"歌唱，是知武舞也有歌乐。"多万"是一批专门的舞乐师，有时兼做执教者。

学武舞具有壮筋强魄的体育锻炼的意义，与尚武尚勇的社会礼俗观念分不开，带有行仪习武的性质，缘起甚早。《轩辕黄帝传》云："黄帝令作蹴鞠之戏，以练武士。"《史记·五帝本纪》谓黄帝"教熊罴貔貅貙虎，以与炎帝战于阪泉之野"。武舞或以模仿猛兽腾挪跳跃和灵活转变的步态身姿为要征。除学武舞外，商代还有习武训练，重在适应实战需要，同样也是贵族子弟的必修课。有一片甲骨文云：

> 丁酉卜，其呼以多方小子小臣。
> 其教成。
> 亚立，其于右利。
> 其于左利。（《合集》28008。图7—4）
> 丁亥卜，子立于右。
> 丁亥卜，子立于左。（《花东》50）
> 甲午卜，弜立中，更夰学，弜示伐。（《屯中南》489）

图7—4　教成多方小子小臣

（《合集》28008）

"多方小子小臣"是习武受训的贵族子弟。"教成"指教习攻守搏击及阵法。亚为教官，"亚立"即"亚位"，指教官所处位置。"右利"、"左利"，利有齐整之义，序以方位，自当属受训者所在列阵中的对应位置。别辞有云："贞二伐利"（《合集》7043）、"贞三伐利"（《安明》233）、"贞八伐利"（《安明》

234)、"三伐。五伐。十伐。"(《合集》32202)"三伐。五伐。"(《花东》
144)《牧誓》云:"不愆于四伐、五伐、六伐、七伐,乃止齐焉。"伐以数目
序次,本指军行的阵法和战斗队列的严整及步调一致,以适应战场情势变
幻,在常规训练中有可能演变为一种武舞。"子立于右"、"子立于左",指子
在习武训练时应站的位置。"弜立中,更圦学,弜示伐",意思是问是否居中
以旂指挥军行队列操演。

习武训练,有时商王还亲自教习骑战术者。甲骨文云:

> 丙寅卜,兔,贞翌丁卯王其教,不遘雨。
> 贞其遘雨。五月。(《合集》12570)
> 庚寅卜,争,贞王其教,不遘[雨]。(《合集》39822)
> 王弜教马,亡疾。(《合集》13705)

选择晴天无雨执教,可知是在野外露天,商王还亲自担任骑马或驭车马术的
执教官。

贵族子弟的就学,无故是不能随便缺席的。如甲骨文有云:

> 己卜,其又于妣庚。
> 己卜,弜又于妣庚,其戠双。
> 己卜,更白豕于妣庚,又岜。
> 更牝于妣庚。
> 岁牡于妣庚,又岜。
> 己卜,丁各,更槑□舞,丁永。
> 己卜,更多臣御往于妣庚。
> 己卜,子其忧,弜往学。
> 庚卜,子心疾,亡延。
> 辛卜,其御子,而于妣庚。
> 辛卜,其御子,而于妣己眔妣丁。
> 辛卜,御子舞双,饮一牛妣庚,曶宰,又岜。
> 辛卜,子其舞双,丁永。
> 壬卜,子舞双,亡言,丁永。(《花东》181)

凨，疫也，像手持殳器敲击卧床病人胸腹之形。《说文》云："疫，民皆疾也。"《春秋繁露·五行变救》云："寒暑失序，而民疾疫。"《释名·释天》云："疫，役也，言有鬼行疫也。"疫通指突发性规模较大的流行性疫疾。"亡言"，谓病不能言。舞櫗、权，皆为舞名。而，祭名。这组卜辞，记从己日开始要举行妣庚的盛大祭礼，丁与多臣皆要莅临，子当然要到这一重大礼仪场合进行揣摩学习，但己日子染疫疾，占卜能否去学，庚日又心疾延缠，辛日替子举行御除病殃于先妣的祭祀，采用了权舞礼仪，子也试着学了权舞，第四天壬日，子舞权舞，但厌于发音。可见子是因病延缠不得已才缺席的。

商代贵族子弟就学，或有学籍册，甲骨文云：

> 丙子卜，贞多子其延学版，不遘大雨。（《合集》3250）
> □巳卜，□多子□□学版□遘⋯⋯（《合集》3249）

"学版"指学籍记录册。《周礼·春官·大胥》云："掌学士之版，以待致诸子。春入学，舍采合舞；秋颁学，合声。"郑司农云："学士谓卿大夫诸子学舞者。版，籍也，今时乡户籍，世谓之户版。"郑氏注："春始以学士入学宫而学之，合舞等其进退，使应节奏。春使之学，秋颁其才艺所为，合声亦等其曲折，使应节奏。""延学版"，可能谓延长学籍。古代贵族子弟就学有相关的学制。《礼记·内则》云："十有三年，学乐、诵诗、舞勺；成童舞象，学射、御；二十而冠，始学礼，可以衣裘帛，舞大夏"，郑氏注："先学勺，后学象，文武之次也。成童，十五以上。"自年幼少时学小舞，十有三岁学乐舞，年十五成童舞象学射御，二十岁学礼成人，构成了前后一系的学籍学制，盖商代是为其嚆矢。

总之，商代已有专门的学校教学场所"大学"、"瞽宗"、"右学"、"右凧"与"右宗"等，为商王朝直接掌管，教育对象主要为贵族子弟，执教者有乐师多万、精通各种乐器祀乐的瞽矇者、巫师、亚官乃至商王，教学内容与社会生活实践直接相关，习文习武，学舞学乐，学行仪，知礼容，敬养耆老，阅武操练，课程不能无故旷缺，似已产生相关的学籍制度，通常让受教育者在学校或直接在社会活动场合及礼仪场所进行揣摩学习，以明人伦教化，或接受战斗技能训练，增加自身生活能力，以培养贵族统治阶层所需的"社会人"。

第三节　弓矢竞射礼

射礼是按照一定的规程所举行的弓矢竞技行事，始起不详，一般认为源于原始宗教祀仪，经扬弃其宗教成分而形成竞射礼，盛行于西周以降。[①]

唐孔颖达《礼记正义》卷六十九《射义》云：

> 射义者，以其记燕射、大射之礼，观德行取于士之义……其射之所起，起自黄帝，故《易系辞》黄帝以下九事章云：古者弦木为弧，剡木为矢，弧矢之利，以威天下。又《世本》云：挥作弓，夷牟作矢。注云：挥、夷牟，黄帝臣。——是弓矢起于黄帝矣。《虞书》云：侯以明之。——是射侯见于尧舜。夏殷无文，周则具矣。

虽然追溯射礼可能起于尧舜禹汤时代，但也仅仅是泛论，并无确凿史征，能具体展开来谈的，大致属于西周以后的射礼。[②]

然而，据殷墟甲骨金文材料确知，逐渐脱离宗教权威支撑而用来体现贵族子弟弓矢射技高下的竞射礼，其实并非旧说所谓"夏殷无文，周则具矣"，也并非只盛行于西周以降，这套竞射礼早在殷商时期就已经流行，周代不过是继承且有所革替而已。殷商时期的竞射礼，尽管尚维持着与祖先祭礼的种种联系，但社会化功能取向的世俗因素已明显偏重，成为贵族子弟必须谙习的基本技能。如甲骨文云：

> 戊子卜，在麗，子其射，若。
> 戊子卜，在麗，子弜射，于之若。（《花东》2）

---

① 可参见［日］小南一郎：《射の仪礼化をぐって—その二つの段阶》，《中国古代礼制研究》，京都大学人文科学研究所 1995 年版，第 47—116 页；又部分章节的译文见秦小丽译：《论射的礼仪化过程——以辟雍礼仪为中心》，宋镇豪等主编《西周文明论集》，北京朝华出版社 2004 年版，第 181—191 页。

② 参见杨宽：《"射礼"新探》，《古史新探》，中华书局 1965 年版。又刘雨：《西周金文中的射礼》，《考古》1986 年第 12 期。又王龙正、袁俊杰、廖佳行：《柞伯簋与大射礼及西周教育制度》，《文物》1998 年第 9 期。

戊卜，子入二弓。

戊卜，二弓以子田，若。

戊卜，丙又二羊。

丙又。

弜又。

叀小豙一。（《花东》124）

癸亥卜，子叀用丙吉弓射，若。（《花东》149）

乙未卜，子其入三弓，若，永用。一

乙未卜，子其往于阢，获。不雚。获三鹿。一

乙未卜，子其往于阢，获。子占曰：其获，用。获三鹿。二（《花东》288）

上揭子射于麗、阢两地，当在水泽原野处，是习射的两个地点。子入弓与子入学同属，他辞云："丁卯卜，子其入学，若永。用。"（《花东》450）入有纳入、参与、进入之义。《仪礼·乡射礼》："命弟子纳射器。"郑氏注："弟子，宾党之年少者也；纳，内也；射器，弓矢箙函。"射器指弓矢箙函。安阳殷墟西区 M43 车马坑，车舆内即发现一箭函，圆筒形，平底，似皮革制，残长 56 厘米、直径 7 厘米、厚 0.5 厘米，内装铜镞 10 枚，镞锋向下，箭杆已朽，箭铤部留有绳索痕。[1] 甲骨文有箙字写作𝌆（《合集》13884），有函字写作⊗（《合集》18469）。《周礼·夏官·司弓矢》云："仲春献弓弩，仲秋献矢箙。"郑氏注："箙，盛矢器，以兽皮为之。"《说文》："箙，弩矢箙也。"《玉篇》："箙，盛矢器，藏弩箭为箙。"王国维云："古者盛矢之器有二种，皆倒载之。射时所用者为箙，矢栝与笴之半皆露于外，以便于抽矢……藏矢所用者为函，则全矢皆藏其中。"[2] 矢栝指箭尾扣弦处，笴指箭杆，半露箭箙外，便于抽矢射击。蔡哲茂认为，箙为方形盛矢器，函为圆形盛矢器，皆可以兽皮制之。[3] 上揭《花东》甲骨文的子入弓，即子献纳射器，是就子参与弓矢习射竞技而言。《礼记·内则》云："成童舞象，学射御"，郑氏注："成童，

①　中国社会科学院考古研究所安阳工作队：《1969—1977 年殷墟西区墓葬发掘报告》，《考古学报》1979 年第 1 期。

②　王国维：《观堂古金文考释》，《海宁王静安先生遗书》，商务印书馆 1940 年版。

③　蔡哲茂：《古籍中与"函"字有关的训解问题》，中研院史语所《集刊》第 66 本 1 分，1995 年。

十五以上。"孔颖达疏云："舞象谓武舞也。"今据甲骨文，知尚武习射，早在商代就已经纳为贵族子弟受学的内容。《花东》124 "子入二弓"，与 "二弓以子田"、"丙又二羊" 三辞同卜，是谓子以二弓参加田猎竞射否，能丙弓射获二羊否。"丙又" 犹言 "用丙吉弓射"，丙吉弓可能专指一种坚固的硬弓或丙族制的善弓。"丙又" 与 "弜又" 正反对卜，后者是对于意愿的否定。"叀小豜一"，问能射获一小公豕否。《花东》288 "子其入三弓" 等三辞同卜，"获。不黿"，"获" 在此指射中、射获；"不黿" 为占辞，是个占卜场合的用语，意思可能指兆墨不殊显，也可能意指无废矢而言。黿又有进献、献纳之义，"不黿" 又或指不必进献于祖先。验辞 "获三鹿"，谓三弓射中三鹿。

又如：

> 戊戌卜，在浒，子射，若。不用。
> 戊戌卜，在浒，子弜射，于之若。
> 己亥卜，在滩，子其射，若。不用。
> 弜射，于之若。
> 戊申卜，叀麒乎匄马，用。在麗。
> 叀鞏乎匄，不用。(《花东》467)
> 己亥卜，在滩，子……
> 弜射，于之若。(《花东》7)
> 甲午卜，在麗，子其射，若。
> 甲午，弜射，于之若。
> 己亥卜，在滩，子其射，若。不用。
> 乙巳卜，在麗，子其射，若。不用。
> 乙巳卜，在麗，子弜迟彝弓，出日。
> 叀丙弓用射。
> 叀丙弓用。不用。
> 丙午卜，子其射，疾弓，于之若。
> 戊申卜，叀疾弓用射萑。用。
> 叀三人。
> 癸丑卜，岁食牝于祖甲。用。
> 乙卯卜，叀白豕祖乙。不用。

乙卯岁祖乙穧叔𠭯一。（《花东》37）

癸丑卜，岁食牝于祖甲。用。

乙卯岁祖乙穧一叔𠭯一。

乙卯卜，叀白豕祖甲。不用。（《花东》63）

乙卯岁穧叔𠭯祖乙。用。（《花东》195）

上揭《花东》467、7、37三龟，同事异日习卜，是一组极难得的晚商王室贵族子弟习射礼史料，自甲午经戊戌、己亥、乙巳、丙午、戊申、癸丑至乙卯，前后二十余天，射礼仪程举行的先后地点为麗（甲午）—浮（戊戌）—滩（己亥）—麗（乙巳—戊申），先后在三个地点射，其中浮、滩两个地点在水泽边，末了又回到起始地点麗，麗当亦近于水泽原野。射礼仪程的高潮是在甲午"子射于之若"后第12日乙巳日出之际的"丙弓"、"迟彝弓"和第13日丙午"疾弓"，以及第15日戊申的"乎匀马"、"疾弓用射萑"，地点都在麗地（图7—5）。前此在浮、滩只是两个水泽习射处。"丙弓用射"义同前引卜辞"用吉弓射"。"丙弓"、"迟弓"、"疾弓"，可能指硬弓射、慢射、快射三种不同的射仪，或三种不同弓的习射竞技。"叀疾弓用射萑"，萑从刘一曼、曹定云释，"形似头上有冠的鸟"[1]，意盖指疾弓射飞禽泽鸟。"叀三人"，谓三人竞射得中。

习射礼连天累日，末了还要举行刿割牝牛豕牲及用𠭯酒享祭先祖的食仪。上揭《花东》37末三辞"癸丑卜，岁食牝于祖甲。用"、"乙卯卜，叀白豕祖乙。不用"、"乙卯岁祖乙穧叔𠭯一"，与新取用的两块卜龟《花东》63"癸丑卜，岁食牝于祖甲。用"、"乙卯岁祖乙穧一叔𠭯一"、"乙卯卜，叀白豕祖甲。不用"，及《花东》195"乙卯岁穧叔𠭯祖乙。用"，另组成同套卜辞，同事三龟相袭，异日习卜，盖涉及射后三日举行的祭祖食仪。

除上揭一批晚商武丁时甲骨文射礼史料外，中国历史博物馆近年入藏的殷商铜鼋[2]，颈部及背部被射入四箭，仅露出箭杆尾羽部分，鼋脊背部铸铭四行33字，当属于铸器纪事，铭述其事云：

---

[1]　中国社会科学院考古研究所编著：《殷墟花园庄东地甲骨》第6册，云南人民出版社2003年版，第1575页。

[2]　朱凤瀚：《乍册般鼋探析》、王冠英：《乍册般铜鼋三考》，《中国历史文物》2005年第1期。

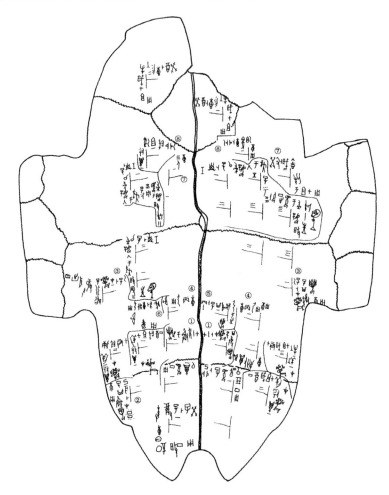

图 7—5　一组贵族子弟习射礼程卜辞

（《花东》37）

　　丙申，王迍于洹，获。王一射，龇射三，率，亡（无）灪（废）
矢。王令寝戬兄（貺）于乍册般，曰：奏于庸。乍女（母）宝。

迍，读为陈，指陈列之义。[①] 龇字从歺从丑，读为列，列从也。李学勤谓列

　　① 何树环：《说"迍"》，《训诂论丛》第 4 辑《第二届国际暨第四届全国训诂学学术研讨会论
文集》，台北文史哲出版社 1999 年版，第 323—342 页。

有赞佐、佐助之义。[①] "无废矢",为班评竞射优胜的赞语,形容射技精湛,箭无空射,皆中目标,是个射礼场合的常见用语。"乍册般",亦见于乍册般甗铭(《集成》944),为帝乙时人名。此铭记商王帝乙陈列于洹水举行竞射,王一射,列从三射,皆中的,无废矢,射获大鼋,颁功,命寝馗贶赐乍册般,演奏镛钟颂异事,铸造了该宝物。这与上述甲骨文射于水泽处,三弓用射,射礼的行仪构成要素等有一些共同点,可互为补苴。辞云"奏于庸",当是射后举行享礼的行仪之一,这也有助于加深领会上揭甲骨文射后数日举行的祭祖食仪。

应注意者,1993 年河南平顶山应国墓地 M242 中出土之西周康王时柞伯簋铭:[②]

> 佳八月,辰在庚申,王大射在周。王令南宫率王多士,师鲁父率小臣。王遟赤金十反(版),王曰:"小子小臣敬又又(有佑),获则取。"柞伯十稱弓,亡(无)瀘(废)矢。王则畀柞伯赤金十反(版)。出易(锡)税(贶)见。柞伯用乍周公宝障彝。

此铭记周王在周地举行秋八月的大射礼,命令南宫及师鲁父率王多士小子小臣进行弓矢竞射,射获则有赤金十反(版)的畀锡;结果柞伯十次举弓,皆有射获,"无废矢",得到了这份厚赏。柞伯特此铸器铭记。此器用语"无废矢",与晚商铜鼋铭文相一致,也是射礼场合班赞品论竞射优胜的评语。由此可见,晚商甲骨文和金文揭示的晚商射礼,其行仪程序有许多方面可以与西周金文乃至古文献中记述的射礼相比照。晚商射礼,通常习射于水泽处,又连天累日举行,以"丙弓"、"迟弓"、"疾弓"三番射作为竞技规则,用弓暨弓法颇有讲究,以无废矢射获猎物为赞,颁功贶赐,射后有享祭先祖的食仪。这与周代以降的射礼是相通的。

据《周礼·天官·司裘》述周代以降的射礼云:

> 王大射则共虎侯、熊侯、豹侯,设其鹄。诸侯则共熊侯豹侯,卿大夫则共麋侯,皆设其鹄。

---

① 李学勤:《乍册般铜鼋考释》,《中国历史文物》2005 年第 1 期。

② 王龙正、姜涛、袁俊杰:《新发现的柞伯簋及其铭文考释》,《文物》1998 年第 9 期。

郑氏注：

> 大射者，为祭祀射，王将有郊庙之事，以射择诸侯及群臣与邦国所贡之士可以与祭者。射者可以观德行，其容体比于礼，其节比于乐，而中多者得与于祭。诸侯谓三公及王子弟封于畿内者，卿大夫亦皆有采地焉。其将祀其先祖，亦与群臣射以择之。凡大射，各于其射宫。侯者，其所射也以虎熊豹麋之皮饰其侧，又方制之以为辜，谓之鹄，着于侯中，所谓皮侯。

郑司农云："鹄，鹄毛也，方十尺曰侯，四尺曰鹄，二尺曰正，四寸曰质。""侯"为箭靶，有布制及以虎熊豹麋之皮饰者，鹄指靶心。周代的射礼形式可分两种，一种是实射猎物，通常称为"射牲"，殆由田猎竞射发展而来，如《周礼·夏官·射人》云："祭祀则赞射牲"，郑氏注："烝尝之礼有射豕者。《国语》曰：禘郊之事，天子必自射其牲。"另一种是张兽皮做箭靶竞射，或称"射侯"。晚商的竞射礼，以实射猎物为主要形式，但似乎也有张兽皮为箭靶的竞射形式，甲骨文"迟彝弓"，彝字像双手捧鸡之形，盖着意于按射礼常规慢射动物皮制成的箭靶。

另外，甲骨文所述"丙弓"、"迟弓"、"疾弓"三番射的竞技规则，周代射礼亦有此类竞射规则，如《周礼·夏官·射人》："若王大射则以狸步①，张三侯"，张三侯谓张兽皮箭靶举行三番射。《仪礼·乡射礼》"司射不释弓矢遂，以比三耦"。贾公彦疏云："射礼三而止，第一番直司射与三耦诱射，不释筭；第二番三耦与众耦俱射，释筭；第三番兼有作乐为射。"甲骨文"叀三人"暨殷铜鼋铭"徂射三，率，亡（无）濾（废）矢"，盖与文献"射以择人"同旨，三人得中，而甲骨文"岁食牝于祖甲"、"叀白豕祖乙"，记竞射后举行享祭先祖的食仪，与文献述"将祀其先祖，亦与群臣射以择之"，"中多者得与于祭"等，也可相对照领会。显然文献讲的周代射礼，当源自殷礼。

文献所述习射礼，有行之州乡者，如《周礼·地官·州长》云："春秋以礼会民而射于州序"，郑氏注："序州党之学也。"但上层贵族阶层的习射

---

① 郑司农云："狸步谓一举足为一步，于今为半步。"狸步是射箭时的步姿。

礼，通常行于郊学、学宫或大学，如《礼记正义·射义》孔疏云：

> 《仪礼·大射》云：公入骜射毕而云入；谓从郊入国也，谓射在郊
> 学也。故《乡射》记云：于郊则间中。郑注云：大射于大学。《仪礼》
> 所陈多据畿外诸侯，即畿内诸侯或亦然也。其服无文，故用皮弁，以射
> 在学宫。

也有行于水边、泽宫和射宫者，如《礼记·乡饮酒》云：

> 天子将祭，必先习射于泽，泽者，所以择士也。已射于泽而后射于
> 射宫。

郑氏注："泽，宫名也。"《仪礼》卷十三唐贾公彦疏云："天子有泽宫，又有
射宫，二处皆行射礼者。泽宫之内有班余获射，又有试弓习武之射，若西郊
学中射者，行大射之礼，张皮侯者是也。泽宫中射，将欲向射宫，先向泽宫
中试弓习武之射。"《礼记正义》孔疏亦云：

> 天子将祭，必先习射于泽。泽者所以泽（择）士也者。泽是宫名，
> 于此宫中射而择士，故谓此宫为泽。泽所在无文，盖于宽闲之处近水泽
> 而为之也。非唯祭而择士，余射亦在其中。故书传论主皮射云：向之取
> 也于圃中，勇力之取也；今之取也于泽宫，揖让之取也。是主皮之射，
> 亦近于泽也。选士于泽，不射侯也，但试武而已。

泽是宽闲近水泽之处，与其说泽是宫名，泽宫和射宫是两个单独的行射礼之
宫，不如说泽宫和射宫为泽的一个去处，可能是泽畔所建与习射相关的建筑
设施。所谓"主皮之射"，郑注《乡射》云，"主皮者无侯，张兽皮而射之，
主于获也"，是知指采用动物皮制作箭靶举行竞射的形式。"选士于泽"，是
谓习射于水泽处。上揭晚商铜鼋铭记商王在洹水竞射，也是在水泽处竞射，
可与甲骨文所记习射礼相补苴。然文献言习射于泽，与甲骨金文在湡、滩、
洹等几个水泽处的习射礼，颇相似。

西周金文中有"射于大池"者，如美国纽约赛克勒艺术馆藏西周穆王时
静簋铭（《集成》4273）云：

佳六月初吉，王才（在）莽京，丁卯，王令静嗣射学宫，小子眔服、眔小臣、眔尸仆学射。雩八月初吉庚寅，王以吴桼、吕羁（犅）卿（会）黻益白邦君，射于大池，静学无咢（怿），王易静鞞刻（剑）。静敢拜頴首，对扬天子丕显休，用乍文母外姞障殷，子子孙孙其万年。

大意是记周王在某年六月初吉丁卯下令静担任学宫的司射，负责教小子小臣等习射，三个月后的闰八月初吉庚寅[1]在大池举行射礼，静教的一班子弟无过失，静受到王的物质嘉奖，云云。学宫一称"射庐"（匡卣，《集成》5423），相当文献的"射宫"、"辟雍"。"射于大池"，大池为泽名，也称"辟池"（伯唐父鼎铭[2]），可能是学宫或所谓辟雍所在的一个池泽处。此铭习射于学宫，而射礼行于大池，与文献所谓必先习射于泽，后射于射宫，正相反，与上揭甲骨文在洀、潍两个水泽处习射，射礼仪程的高潮是在麗地，也存在着一些时代的差异。

《甲骨文合集》39460"射豪兕"三字团成一座重屋外一豕一兕两兽被矢射的文字画。昔金祥恒认为此重屋指宗庙，"乃象祭祀射牲之图像文字"。[3]笔者认为此屋殆同如"射宫"、"射庐"一类举行射礼场所的建筑设施。甲骨文中有称作"窴"（《合集》27124）、"小窴"（《合集》27818）的建筑设施，窴字从宀从射，钟柏生谓即后世榭字，台上架木起屋名之榭。[4] 窴似指此类与祭祀相关的行射礼之建筑设施。

据唐孔颖达《礼记正义·射义》云："凡天子诸侯及卿大夫礼射有三：一为大射，是将祭择士之射。二为宾射，诸侯来朝天子入而与之射也，或诸侯相朝而与之射也。三为燕射，谓息燕而与之射。其天子诸侯大夫三射皆具，其士无大射。故《司裘》职云：大射唯明王及诸侯卿大夫，不及于士。"

---

① 唐兰在《西周青铜器铭文分代史征》（中华书局 1986 年版）第 359 页中指出，该铭"庚申晚于丁卯二十三天，或八十三天，如二十三天则不能为八月，因此，此六月以后，必有闰月，或闰六月，或闰七月，才能经八十三天而为八月庚申"。

② 见中国社会科学院考古研究所沣西发掘队：《长安张家坡 M183 西周洞室墓发掘简报》，《考古》1989 年第 6 期。

③ 金祥恒：《甲骨文牲图说》，《中国文字》第 20 册，1966 年。

④ 参见钟柏生：《释"窴"》，《甲骨文论文集》第 2 辑，1998 年。

甲骨文中有云："王乎雀来射"（《合集》5794）、"贞宙异令庠善射。贞令皋庠射"（《合集》5770）、"贞宙多生射"（《合集》24140）、"贞乎多射雉获"（《合集》5740）、"贞乎子画以㸔新射"（《合集》5785）、"贞取新射"（《合集》5784），参加射礼者的身份各有不同，唯不及文献有"大射"、"宾射"、"燕射"如此规范的三种射礼。

要之，商王暨各方贵族阶层成员参与的弓矢竞射礼，通常连续多天习射于宽闲水泽原野，泽畔建有与习射相关的建筑设施，射礼以"丙弓"、"迟弓"、"疾弓"三番射作为竞技规则，注重用弓暨弓法，以实射猎物为主要形式，视射获猎物无废矢品论优胜，进行颁功觊赐，射后有享祭先祖之礼。凡此等等，正是周代射礼的滥觞。

第四节　歌舞娱乐

一　殷人尚声

《毛诗注疏》大序云：

> 情动于中，而形于言，言之不足，故嗟叹之，嗟叹之不足，故永（咏）歌之，永（咏）歌之不足，不知手之舞之足之蹈之也。

歌舞娱乐源自人们在生产和生存活动中感情的外溢，人们通过各种自发自创的艺术形式，宣泄其炽烈的情感。如传说神农氏"捋土鼓，以致敬于鬼神，耕桑得利而究年受福，乃命刑天作扶犁之乐，制丰年之咏"，"八士捉枪，投足揣尾叩角乱之，而歌八终，块柎瓦缶，武噪从之，是谓'广乐'"。[1] 葛天氏有"三人操牛尾"而舞的"旄舞"[2]。故最初的乐舞道具牛尾、鸟羽之类，是取之自然形态的实物，后又产生各种象征性装饰，如面具、舞戚等。早先的乐器，也无非是来之生产工具或生活用具，如《吕氏春秋·古乐》说的"拊石击石"、"以麇骼置缶而鼓之"，应分别是磬和鼓的雏形。《白虎通德论·礼乐》引《乐记》云："土曰埙，竹曰管，皮曰鼓，匏曰笙，丝曰弦，石曰磬，金曰钟，木曰柷敔。"这已是相当成熟的八种音乐器材。

---

[1]　《路史·后纪》。

[2]　《吕氏春秋·古乐》。

商代社会生活中，乐舞甚盛，文献有"殷人尚声"之说，《礼记·郊特牲》描述云：

> 殷人尚声，臭味未成，涤荡其声，乐三阕，然后出迎牲，声音之号，所以诏告于天地之间也。

说的是商代祭祀中以声贯穿始终。声者，实合歌、舞、器乐三者为一体。商族后裔祭成汤的乐歌《诗·商颂·那》云：

> 猗与那与，置我鞉鼓，奏鼓简简，衎我烈祖。汤孙奏假，绥我思成。鞉鼓渊渊，嘒嘒管声，既和且平，依我磬声。于赫汤孙，穆穆厥声。庸鼓有斁，万舞有奕。我有嘉客，亦不夷怿。自古在昔，先民有作。温恭朝夕，执事有恪。顾予烝尝，汤孙之将。

此诗是盛大祭典的主题歌，具体描绘了在鼓、管、钟、磬的齐鸣声中，舞队神采飞扬，和着歌声，扣着节奏有序有板跳起万舞，汤的子孙隆重献祭品给成汤，嘉宾加入助祭行列，最后在宴飨中告结束。歌、舞、器乐三者已有机融会一气。

文献中还讲到商代一些歌乐名。如《淮南子·齐俗训》云："殷人……其乐'大濩'、'晨露'（大濩、晨露，汤所作乐）。"《吕氏春秋·古乐》有云："汤乃命伊尹作为'大濩'，歌'晨露'，修'九招'、'六列'，以见其善。"高诱注谓"大濩、晨露、九招、六列，皆乐名也"。说的是曾以"至味说汤"的伊尹，既是名厨，又通晓乐律，不但创作了新乐，还对传统的"九招"、"六列"等前代歌乐加工改编。这些歌乐属于不同舞蹈的伴歌，应有固定的音乐与歌词。《商书·伊训》说商统治者好"恒舞于宫，酣歌于室"，可见也是歌、舞并举。

甲骨文也记有商代后期一批歌乐名，如（图7—6）：

> 叀䜅奏。
> 叀商奏。
> 叀美奏。（《合集》33128）
> 其奏商。（《屯南》4338）

图7—6　甲骨文中几种祭乐名

（《合集》30032、31033、33128、31027、

《殷拾》18·7、《屯南》4343）

于丁亥奏戚，不雨。

丁弜奏戚，其雨。（《合集》31036）

叀戚奏。

［叀］旧奏。（《合集》31027）

叀新奏，又正。（《合集》31033）

> 叀旧奏，又正。（《殷拾》18·7）
>
> 奠其奏庸，叀旧、庸大京武丁。（《屯南》4343）
>
> 叀各奏，又正，有大雨。
>
> 叀商奏，又正，有大雨。
>
> 叀嘉奏，有大雨。（《合集》30032）

上揭甲骨文中的"某奏"或"奏某"，所记者龗、商、美、戚、新、旧、各、嘉等，均指不同的祭歌名。龗或作龗（《合集》29365），张亚初释祁，认为"文献上祁祁训盛、多、大和舒徐。从甲骨文看，此字为树木枝叶茂盛、舒展状，所以它应是祁字的本字，祁、祇则都是借字"，"此字系名词，是商人祈祝求雨的对象"，"为神祇之祇"。[①] 今按，龗的词性定为名词是对的，但说是神祇名则不确。龗以奏言，《说文》奏字条云："登谓曰奏"，则龗为祭歌名明矣。"商奏"、"美奏"，商、美当也是祭歌名。值得注意者，《礼记·乐记》有云："爱者，宜歌商……故商者，五帝之遗声也……肆直而慈爱，商之遗声也，商人识之，故谓之商。"[②] 旧说商指《诗经》中的《商颂》数篇。方玉润《诗经原始》谓"颂之名，自商始有之"。陈炜湛指出："《商颂》若是商人所作，为商诗，理应经得起甲骨文及同期金文之验证"，将两者词语比较结果如下：

篇名	单字（词）数	见于甲骨文金文	甲骨文殷金文所未见
那	64	48	16
烈祖	66	45	21
玄鸟	67	54	13
长发	135	97	38
殷武	110	74	36

---

① 张亚初：《甲骨金文零释·九释祇》，《古文字研究》第 6 辑，中华书局 1981 年版，第 168 页。

② 《太平御览》卷五百七十引《礼记》作"肆直而慈爱者，宜歌商……故商者，五帝之遗声也，商人识之，故谓之商"。

陈氏经过仔细比较，发现"《商颂》词语大部分于甲骨文及同期金文有证"。[①]
疑"商奏"或"奏商"的"商"，也相似于《商颂》之类融歌词、舞蹈、乐曲
三者一体的祭乐。"戚"，斧属，似专指以敲击玉戚（斧）类为主旋律的祭歌
名。《礼记·乐记》："比音而乐之，及干戚羽旄谓之乐"，郑玄注："戚，斧
也。""新奏"、"旧奏"皆祭歌名。"奠其奏庸，更旧、庸大京武丁"，奠为人
名，庸读如镛，是打击乐器镛钟，意思是说奠要奏镛钟，是否采用祭歌"旧"
与镛钟相配来祭祀大京武丁。然则，上揭甲骨文中的𤉢、商、美、戚、新、旧、
各、嘉等不同的祭歌，其中戚、各、商、嘉四种，又知用于祈雨之祭。唯年代
悠远，这些祭歌的乐曲、歌词及配何种舞蹈，今已不得其考。

　　商代舞亦有其名。甲骨文中有"万舞"（《屯南》825）之名，亦见诸前
引《诗·商颂·那》。据《诗·邶风·简兮》云："硕人俣俣，公庭万舞。有
力如虎，执辔如组。左手执龠，右手秉翟，赫如渥赭。"所言"万舞"，舞者
模仿御马的凛凛威姿，应属武舞，但后又执龠（乐器）秉翟（鸟羽），却属
之文舞的姿态。周代这种文武相参的"万舞"，不知是否是从商代"万舞"
演化而来。《周礼·春官·乐师》云："凡舞，有帗舞、有羽舞、有皇舞、有
旄舞、有干舞、有人舞。"郑司农云："帗舞者，全羽；羽舞者，析羽；皇舞
者，以羽冒覆头上，衣饰翡翠之羽；旄舞者，牦牛之毛；干舞者，兵舞；人
舞者，手舞。"甲骨文中有"舞戉"（《花东》206），为执钺而舞。有㚰舞，
指双人款摆而舞；又有羌舞、权舞等，相当于文献说四夷之舞乐（述见本章
第二节"学校教学和养老教子"）。还有"林舞"（《合集》31033）、"霝𦥑"
（《合集》30031）、"舞羊"（《合集》20975）、"舞蚰"（《合集》20970）"舞𢀖"
（《合集》20974）等，应是指不同形式的乐舞名。有一片甲骨文云：

　　　　叀祖丁林𣦻用，又正。（《京人》1930，《合集》28209）

是用林舞祭先王祖丁。辞中的舞字写作𣦻，像一舞者足踩双干，日本贝塚茂
树氏以为是高跷舞。[②]　今日民间有装扮古装而足踩高跷之舞，疑即此类舞。

　　晚殷青铜彝铭有云：

　　①　陈炜湛：《商代甲骨文金文词汇与〈诗·商颂〉的比较》，《甲骨文论集》，上海古籍出版社
2003 年版，第 173—178 页。

　　②　［日］贝塚茂树：《京都大学人文科学研究所藏甲骨文字·本文篇》，1960 年版，第 490 页。

　　己酉，戍铃障宜于召，置庸，带九律带。赏贝十朋，万死用宁丁（祊）宗彝。在九月，佳王十祀叠日五，佳来东。（戍铃彝，《集成》9894。图7—7）

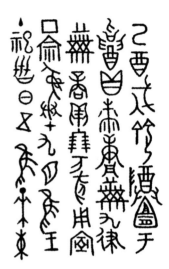

**图7—7　戍铃彝铭置镛钟
舞九律带**

（《集成》9894）

"障宜于召"，犹晚殷四祀邲其卣铭所云"障文武帝乙宜，在召大庭"，障有置放、陈设义，障宜是向先王陈设肉案以祭。① 召即"召大庭"，甲骨文中或称为"召庭"（《合集》37468），后两者乃召宫内殿前之有围墙圈起的露天大庭，此单称"召"，又记置镛钟而举行曼舞，则不当在大庭，应指召宫的殿堂内。带从蔡哲茂释②。带为编织物，《诗·曹风·鸤鸠》"淑人君子，其带伊丝"，郑氏笺云："其带伊丝，谓大带也，大带用素丝，有杂色饰焉。""带九律带"，前一带字疑舞字误摹。"九律带"可能指一种有多重音乐伴奏且以钟乐为主旋律的宫廷文舞。《山海经·海外西经》有云："大乐之野，夏后启于此儛九代。"郝懿行云："九代，疑乐名也。《竹书》云：'夏帝启十年，帝巡狩，舞九韶于大穆之野。'《大荒西经》亦云：'天穆之野，启始歌九招。'招即韶也，疑九代即九招矣。又《淮南·齐俗训》云：'夏后氏其乐夏籥九成。'疑九代本作九成，今本传写形近而讹也。"此铭舞"九律带"，可能类似"儛九代"，为宫廷乐舞，代者带也，郝氏疑九代为乐名，大体得之。九律揆奏，舞带曼扬。《史记·赵世家》云："广乐九奏万舞，不类三代之乐，其声动人心。""九律带"大概也如"九奏万舞"，有"其声动人心"之壮观场面。"佳王十祀叠日五"的"五"当是"佳王十又五祀，叠日"或"佳王十祀又五，叠日"的漏字加补。"佳来东"指东伐夷方，以事系年，类似小臣艅尊铭"佳王来正夷方，佳王十祀又五，彡日"（《三代》11·34·1）。戍铃彝铭记帝辛十五年九月在东伐夷方举行"叠日"祀典期间的己酉日这一天，在召宫

---

　　① 张玉金：《说甲骨金文中"障宜"的意义》，《纪念殷墟YH127甲骨坑南京室内发掘70周年论文集》，文物出版社2008年版。

　　② 蔡哲茂：《说古文字中的"带"字》，第七届中国训诂学全国学术研讨会论文，2005年5月。

"酺宜"的仪式中置镛钟，九律曼舞，以乐侑食，飨功行赏。

甲骨文云：

> 己未卜，贞□□奏、舞，至□用。（《合集》31024）
> 辛未卜，子其告舞。用。
> 辛未卜，子弜告奏。不用。（《花东》293）

"告舞"与"告奏"对贞。舞者舞蹈，奏者奏乐，有声有色，合成一气，可见"殷人尚声"，贵族所尚者一般都是有音乐与舞蹈相配的。

商代的乐器，品类众多。甲骨文有云：

> 己卯卜，其将玉壴于……
> 弜将玉壴……
> 己卯卜，……壴，告于祖乙。
> 己卯卜，叀……玉壴。（《屯南》441）
> 辛亥卜，出，贞其鼓，彡告于唐九牛。一月。（《合集》22749）
> 丁酉卜，大，贞气告，其鼓于唐，卒，亡囚（忧）。九月。（《合集》22746）
> 其将乃鼓，其□，又正。（《合集》30763）
> □未，贞置束于兹，三鼓。（《屯南》2576）
> 叀五鼓，上帝若王，有佑。（《合集》30388）

鼓是商代上层统治集团最重要的礼乐器之一，祭祀或宴飨等重大场合几乎都要用到鼓。"奏鼓简简"，声闻于上，"所以诏告于天地之间"。唯值得注意者，此等场合，鼓声以数为节，如"三鼓"、"五鼓"，用意当在引导行事程序，以鼓声为号，示告行事的时间速度，序次仪式的节奏快慢，既调动了热烈场面，又能巧妙地把握全场而不致失控。

甲骨文还有"奏庸"（《合集》31023）、"奏臵"（《英藏》2370）、"乍豐庸"（《合集》27137）、"置壴"（《合集》32419）、"置庸壴"（《合集》30693）、"置新**庸**"（《合集》22912）等。裘锡圭指出，庸是大钟，亦称铙，是镛口向上而末植于座上的打击乐器，当时还有"新庸"、"旧庸"、"美庸"、"肰庸"的分别；臵又称大臵，读为鼗，异体作鞀、鞉，即《诗·商颂·那》说的"置我鞉鼓"；豐有"新豐"、"旧豐"之称，可能是用玉装饰的贵重大鼓；壴可能是专指一种与镛配用的鼓；龠可能是管乐器竽的象形初文。他还注意到甲骨文中称作"新熹"、"旧熹"的熹，以及另一个奇字𠱷，每与庸、鼓对文[1]，推测也指两种乐器。[2]

除以上鼓、鼗、庸、豐、竽、熹、𠱷等 7 种乐器外，甲骨文中至少尚可检寻出另 12 种乐器名（图 7—8）。

图 7—8 甲骨文中几种乐器名

（《合集》30693、31021、34641、22912、《英藏》2370、《屯南》417）

---

① 见《合集》30693、27459。

② 裘锡圭：《甲骨文中的几种乐器名称——释庸、豐、鼗》，《中华文史论文》1980 年第 2 辑。

一曰磬，辞云：

> 贞□王徝磬，若。（《合集》13507）
> 戊辰卜，子其以磬、妾于妇好，若。（《花东》265）

磬为打击乐器。殷墟妇好墓出土石磬有铭"妊冉入石"，此"石"当为石磬之别称。

二曰玉，辞云：

> 戊戌卜，贞王归，奏玉，其伐。（《合集》6016 正）
> 甲午卜，㱿，贞王奏兹玉，咸左。
> 甲午卜，㱿，贞王奏兹玉，咸弗左。（《合集》6653 正）

上揭卜辞中的玉，均用指玉制的打击乐器，也可能专指玉磬。

三曰𩍅，辞云：

> 贞先……𩍅……（《合集》15293）

许进雄先生谓𩍅可能是一种形制与今之云锣相似的打击乐器。[1] 可备一说。

四曰𪔛，辞云：

> 己亥卜，其祝𣪊𪔛……（《合集》30462）

甲骨文"𪔛"字与金文"𪔛"（夆鼎，《陶斋吉金录续录》上 14）为一字，郭沫若释为古庚字，"盖钲之初字"，谓"观其形制当是有耳可摇之乐器，以声求之当即是钲。《说文》'钲，铙也，似铃，柄中，上下通，从金，正声。'又'铙，小钲也，从金，尧声。军法卒长执铙。'《周礼·地官·鼓人》'以金铙止喜'，郑注云：'铙如铃，无舌有秉，执而鸣之，以止击鼓。司马职曰鸣铙且却。'合许、郑二家之说以求之，可知钲铙一物，特器有大小而已。"[2] 许

---

① 许进雄：《明义士收藏甲骨释文篇》，加拿大多伦多皇家安大略博物馆 1977 年版，第 74 页。
② 郭沫若：《释支干》，《甲骨文字研究》，人民出版社 1952 年版，第 85 页。

进雄先生释✲像手鼓之形。[①]

五曰龢，辞云：

> 贞上甲龢罙唐。（《合集》1240）
> 癸丑卜，叀旧熹用。
> 叀新熹用。
> 鼎叀龢✲用。
> 弜用。
> 其置庸、豈，于既卯。（《合集》30693）

龢与旧熹、新熹、庸（鏞）、豈相系，是知也为乐器之一类。郭沫若先生认为龢是编管之乐器，即《尔雅》所谓笙之"小者谓之和"，其形制与汉代人说的箫相类。[②]

六曰言，辞云：

> 贞翌……言侑于祊……✲九……亚一羊。（《合集》1941）

许释言字为管乐器之象形。[③]

七曰✲，上揭辞中✲，也为乐器之一种，似属弹拨式弦乐器。

八曰✲，辞云：

> 丁巳卜，穷，贞奏✲于东。（《合集》14311）

✲疑指丝竹琴瑟之类的弦乐器。

九曰✲，辞云：

> 贞奏✲。（《合集》16026）

---

① 许进雄：《明义士收藏甲骨释文篇》，加拿大多伦多皇家安大略博物馆 1977 年版，第 121 页。
② 郭沫若：《释和言》，《甲骨文字研究》，大东书局 1931 年版。
③ 许进雄：《明义士收藏甲骨释文篇》，加拿大多伦多皇家安大略博物馆 1977 年版，第 28 页。

Щ似属牵拉式弦乐器（图7—9）。

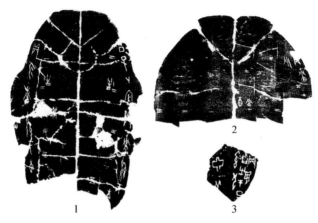

图7—9　甲骨文中三种弦乐器名

（《合集》14311、16026、1941）

十曰Щ，辞云：

　　　［其］奏Щ……卅……五牢。（《合集》34641）

Щ字上有吹口，疑为陶哨、号角或陶埙之类的吹乐器。

十一曰Щ，辞云：

　　　□酉卜，其奏Щ。（《屯南》417＋445；《醉古》213）

Щ疑为陶鼓之类的拍击乐器。

十二曰榖，卜辞云：

　　　丙戌卜，子叀辛榖用，子采。
　　　丙戌卜，子□榖用。（《花东》372）
　　　己卯卜，子用我榖，若。弜屯敼，用。永。舞商。
　　　敼屯榖，不用。（《花东》130）

徐宝贵释樂为瑟，引《说文》："瑟，庖牺所作弦乐也，从珡必声，𤼈，古文瑟"，谓甲骨文樂形体与𤼈十分相近，应是一个字。[①] 此说有俟后考。

这样，我们可从甲骨文中至少得知有 19 种商代乐器名。

商代的乐师，主要是由称作"万"的人组成，群称"多万"（《屯南》4093）。[②] 甲骨文有"万其奏"（《合集》30131）、"万其乍庸"（《合集》31018），可见"万"熟悉有关乐器的性能，主要从事舞乐工作，称得上是商代的出色演奏家。有一片甲骨卜辞云：

> 万叀美奏。
> 叀庸奏。
> 于孟庭奏。
> 于新室奏。（《安明》1823＋《明续》2285；《合集》31022）

四辞同卜一事，孟庭当为孟宫内的封闭式露天庭院，新室是商王的宫室名。言"万"要奏叫做"美"的乐曲，是不是用庸演奏，是选择在孟庭还是在新室的宫廷演奏。说明"万"还通晓各种祭歌或宫廷曲。他辞有云："王其呼万舞"（《合集》31032）、"叀万呼舞"（《合集》30028），是知"万"亦明于舞蹈。

但商代的舞者，则不限为"万"人。为舞者，有"王其舞"（《合集》11006 正）、"子舞"（《花东》181）、"多冒舞"（《合集》14116），有"呼戍舞"（《合集》28180）、"呼多老舞"（《合集》16013）。还有"呼取舞臣廿"（《合集》938 正），有众多从事舞蹈的贱臣。上自商王，下至文武元臣，包括一般官员，在重大祭典或宴飨等场合，均曾成为过"歌之咏之手之舞之足之蹈之"的角色。唯乐器的演奏，大概通常是由"万"者承担。

在商代贵族社会生活中，似还有耍猴戏取乐的。甲骨文有云：

> 己巳卜，雀以猴。十二月。（《合集》8984）

---

① 徐宝贵：《殷商文字研究两篇·一、释"瑟"》，《出土文献与古文字研究》第 1 辑，复旦大学出版社 2006 年版，第 155—171 页。

② 裘锡圭：《甲骨文中的几种乐器名称》附录《释万》，《中华文史论丛》1980 年第 2 辑。

记重臣雀贡纳猴子。殷墟武官大墓南墓道殉葬了 3 只猴。[1] 1978 年殷墟王陵区西区祭祀坑 M4 中发现埋猴一只，颈部系一铜铃，显然是一只已被驯服的猴子。[2]

《周礼·春官·大司乐》有云："以六律、六同、六声、八音、六舞大合乐，以致鬼神示，以和邦国，以谐万民，以安宾客，以悦远人，以作动物。"甲骨文有云：

> 庸、壴其罘熹、壴，隘。（《合集》31017）
> 弜鐀 [于] 庭，䇂隘升。
> 其乍豊，又正，受又。
> 弜乍豊。（《合集》31045＋31180；《蔡缀》66）

第一例卜问奏青铜镛钟配鼓乐，还是用熹配鼓乐。第二例䇂意同《诗·周颂·我将》"我将我享"之将，毛传："将，大享献也"，郑氏笺云："将，犹奉也。"卜问大享献之祭，要否在大庭举行宴飨礼，敲击玉饰大鼓。由此可以想见晚商王室"大合乐"的隆重祀礼场面。故宫博物院藏商代编磬 3 件，分别有铭"永启"、"永余"、"夭余"。[3] 或释"永启"是唱歌初启时的节奏，"永余"是唱歌舒缓时的节奏，"夭余"是舞人侧首款摆而舞时的节奏。[4] 轻歌曼舞，以磬为节，情在其中，合歌、舞、器奏三方面内容于一场，卓然表明了商代歌舞礼乐的盛况。

甲骨文中众多的乐歌名，不同形式的舞蹈，品类较齐的乐器，以及乐师多万和众多舞臣的专事分工，可知"殷人尚声"信而有征。

---

① 中国科学院考古研究所安阳发掘队等：《安阳殷墟奴隶祭祀坑的发掘》附录《武官大墓南墓地的发掘》，《考古》1977 年第 1 期。

② 中国社会科学院考古研究所安阳工作队：《安阳武官村北地商代祭祀坑的发掘》，《考古》1987 年第 12 期。

③ 于省吾：《双剑誃古器物图录》，卷下 17—19，北京函雅堂 1940 年影印本。

④ 常任侠：《殷周古磬小记》，《东方艺术丛谈》，上海文艺出版社 1984 年版，第 56 页。

二　礼乐序政

《左传》襄公四年云："先君之礼，藉之以乐。"《礼记·仲尼燕尼》云："不能乐，于礼素。"特别是宴飨等礼仪场合，无乐则礼过于朴素，甚至不成其为礼。乐还用于致祭鬼神祖先、酬飨宾客等各种场合，成为与所谓"经国家，定社稷，序人民"[①] 的"礼"相辅相成的古代社会两大精神支柱。

《礼记·乐记》称"乐由中出，礼自外作"，再三申述"乐"的精神作用和社会意义，并谓："圣人作为鼗、鼓、椌、楬、埙、篪，此六者，德音之音也，然后钟、磬、竽、瑟以和之，干、戚、旄、狄以舞之，此所以祭先王之庙也，所以献酬酳酢也，所以官序贵贱各得其宜也，所以示后世有尊卑长幼之序也。"《吕氏春秋·古乐》云："帝喾命……有倕作为鼗、鼓、钟、磬、吹苓（笭）、管、埙、篪、鼗、椎钟……乃以康帝德。"统治者所推崇的"德音"，合器乐与歌舞为一体，固然有熏陶社会风气的目的，但从本质上说，却是试图借乐舞的各种形式和内容，序贵族集团内部的上下尊卑等级之别，在娱心悦目的同时，强化关系重大的礼仪典章制度。

《周礼·春官·乐师》云："凡乐，掌其序事，治其乐政"，郑氏注："序事，次序用乐之事。"商代以乐序政，乐政体系已框架初具，现就各地有关考古发现作一汇总观察。

上节从甲骨文中揭出 19 种乐器名，有管乐、弦乐、打击乐和吹奏乐等，但传世和考古出土的商代乐器，主要有铜鼓、皮鼓、石磬、玉磬、铙（包括口部向上而手执敲奏的执钟，与植于座上或悬系起来击奏的一称庸若镛的大钟）、镈、铎、铜铃、陶铃、埙等（图 7—10），大抵为敲击乐、摇乐或吹奏乐器，弦乐未见，殆难以遗存之故。管乐早在七八千年前已有，河南舞阳贾湖新石器早期遗址出有 10 余支七孔骨笛，[②] 浙江省余姚县河姆渡遗址也出土骨笛，做工非常精细，其上有一个吹孔和六个音孔，排列顺序酷似现在的横笛。[③] 唯笛在商代遗址尚未发现。另外，山东莒县陵阳河大汶口遗址及陕西

①　《左传》隐公十一年。

②　黄翔鹏：《舞阳贾湖骨笛的测音研究》，《文物》1989 年第 1 期。

③　《浙江河姆渡发现原始骨笛》，《中国文物报》1987 年 1 月 30 日。

华县瓜坡井家堡仰韶文化时期墓葬还出有 5000 年前的模仿牛角的实用陶号角[①]，商代亦未见。

图 7—10　商代乐器

（1. 侯家庄 1217 大墓蟒皮鼓　2. 妇好墓鸮纹条形石磬　3. 殷墟刘家庄 M1046 组铃
4. 殷墟三件制编铙　5. 石楼曹家垣铎形器）

商代的铜鼓，1977 年湖北崇阳汪家咀出过一件，通高 75.5 厘米，鼓面直径 39.5 厘米，重达 42.5 公斤，遍饰云雷纹，鼓身上有带系孔的钮饰，下有托座。[②] 日本京都泉屋博古馆收藏的一件晚商铜鼓更精美而大，通高 82 厘米、鼓径 44.5 厘米，上有双鸟钮饰，下有四足，鼓身饰夔纹，鼓面铸成鳄鱼皮纹。[③] 两鼓均可置可悬。木质皮鼓，鼓面分鳄鱼皮和蟒皮两类。前者有山西灵石族介商墓所出鼍鼓[④]，后者有安阳西北冈第 1217 号殷王陵所出蟒皮鼓，桶状鼓身，横置鼓架上，鼓身与鼓架均饰有兽面纹。[⑤]

① 贾麦明：《罕见的新石器时代角状陶号》，《文物天地》1990 年第 4 期。又《中国文物精华》编辑委员会编：《中国文物精华》（1992），文物出版社 1992 年版，图版 3，第 215 页。

② 鄂北、崇文：《湖北崇阳出土一件铜鼓》，《文物》1978 年第 4 期。

③ 樋口隆康编集：《泉屋博古》，便利堂 1985 年版，第 1—2 页。

④ 山西省考古研究所、灵石县文化局：《山西灵石旌介村商墓》，《文物》1986 年第 11 期。

⑤ 邹衡：《商周考古》，文物出版社 1979 年版，第 86 页。

商代磬有特磬和编磬之分。内蒙古喀喇沁旗曾出有时代约当早商的打制石磬，长 37 厘米、高 19 厘米。[①] 河北藁城台西遗址一中商时墓葬，出有一件带双穿的经磨制石磬，长 55.4 厘米，上作倨句形。[②] 湖南石门皂市遗址也出有一件稍加琢磨的打制石磬，残长 26 厘米、高 18 厘米，时代约当晚商时。[③] 可见磬乐在商代已广泛流行。殷墟武官大墓出有一件青白大理石龙纹石磬，作鲸形，长 84 厘米、高 42 厘米。[④] 1973 年小屯宫室区也发现一件类似的石磬，长 88 厘米、高 28 厘米。[⑤] 这大概均为特磬。编磬在殷墟西区 72M93 发现一套，共五件，大小递减。[⑥] 故宫也藏有一套，为三件一组[⑦]。

铙也有单铙和编铙之别。今所知最大的商代单铙，是 1983 年湖南宁乡月山铺所出，通高 103.5 厘米，重达 221.5 公斤。[⑧] 编铙则以大小递减为特征，有一定音程组合关系。若按出土时的状况言，大致有两件、三件、五件、十件等。两件者，湖北阳新刘荣山遗址有发现，出土时并置一起，一件重 51 公斤，音高 f1，一件重 4.7 公斤，音高 C1。[⑨] 1993 年湖南宁乡老粮仓师古寨山顶出土两铙，分别重 102、75 公斤[⑩]。宁乡老粮仓北峰滩所出两铙，一件器内近口沿处还铸伏虎 4 只，极别致。[⑪] 江西永修县四联村出土两铙，一件通高 42.5 厘米、甬长 32 厘米，重 23.5 公斤，铙口阔 32 厘米；另一件通高 34.2 厘米、甬长 11.2 厘米、铙口阔 28 厘米，重 17 公斤[⑫]。山东滕县前掌大商墓也出有两件

---

① 喀喇沁旗文化馆：《喀喇沁旗发现夏家店下层文化石磬》，《文物》1983 年第 8 期。

② 河北省文物研究所编：《藁城台西商代遗址》，文物出版社 1985 年版，图版九八：6。

③ 湖南省文物考古研究所：《湖南石门皂市商代遗存》，《考古学报》1992 年第 2 期。

④ 郭宝钧：《1950 年春殷墟发掘报告》，《中国考古学报》第 5 册，1951 年。

⑤ 中国科学院考古研究所安阳发掘队：《殷墟出土的陶水管和石磬》，《考古》1976 年第 1 期。

⑥ 《1969—1977 年殷墟西区墓葬发掘报告》，《考古学报》1979 年第 1 期。又中国社会科学院考古研究所编著：《殷墟青铜器》，文物出版社 1985 年版，第 476 页。

⑦ 常任侠：《古磬》，《文物》1978 年第 7 期。

⑧ 盛国定、王自明：《宁乡月山铺发现商代大铜铙》，《文物》1986 年第 2 期。

⑨ 咸博：《湖北省阳新县出土两件青铜铙》，《文物》1981 年第 1 期。

⑩ 李乔生：《湖南宁乡出土商代大铜铙》，《文物》1997 年第 12 期。

⑪ 湖南博物馆：《三十年来湖南文物考古工作》，《文物考古工作三十年》，文物出版社 1979 年版，第 311 页。

⑫ 徐长青等：《江西永修发现商代祭祀坑》，《中国文物报·收藏鉴赏周刊》第 69 期，2002 年 5 月 15 日。

制编铙[①]。但三件制者最常见，有近 10 例，如湖南宁乡出土的一组，分别重 150 公斤、130 公斤、84 公斤[②]。五件制编铙 1953 年在宁乡老粮仓附近也出过一套，出土时分两排，上层一个，下层四个，口均朝上，重量在 50—70 公斤间[③]。殷墟妇好墓也发现一套，甚小，重量在 0.6—0.15 公斤间，为执钟或置钟[④]。十件一坑的编铙 1993 年出土于宁乡老粮仓乡师古寨山，其中九件形制相同，大小递减，重量在 31—9.5 公斤之间，"通过对它们进行测音后，发现敲击每件的正鼓和侧鼓都能发出两个不同的乐音，且 C、D、E、F、G5 种调的音都有，能组合奏出多种不同的调式"，或推测这九件铙应为一组编铙[⑤]。

镈为大型单个打击乐器，1998 年湖北石首桃花山出土一镈，重 4.65 公斤，通高 38 厘米[⑥]。江西新干大洋洲商墓出土一镈，通高 31.6 厘米，重 12.6 公斤，同出三大铙，通高分别为 45.3 厘米、43.5 厘米、41.5 厘米，各重 22.6 公斤、19.4 公斤、18.1 公斤[⑦]。似镈为众乐并举时的节奏性指挥乐器。

铎属于摇铃之较大者，山西石楼曹家垣出土的一件，通长 29 厘米[⑧]，柄及器身中空，器表挂有许多铃铛，摇之声音清脆，甚具地方特色。此或属所谓"钲"之一类。

铜铃在商代似已组合使用，以发挥其多重音响功能。妇好墓出带舌槌的大小铜铃达 18 枚之多。殷墟刘家庄北 1046 号墓出带舌槌的铜铃 19 枚，大小递减，通高 7.5—5.1 厘米，重 94.8—31.2 克不等。[⑨] M1046 殷墟西区

① 《滕县前掌大新石器时代及商代遗址》，《中国考古学年鉴》(1988)，文物出版社 1989 年版，第 176 页。

② 高至喜：《湖南商周考古的新发现》，《光明日报》1979 年 1 月 24 日。

③ 湖南省博物馆：《湖南省博物馆新发现的几件铜器》，《文物》1966 年第 4 期。

④ 中国社会科学院考古研究所编著：《殷墟妇好墓》，文物出版社 1980 年版，第 100 页。

⑤ 长沙市博物馆、宁乡县文物管理所：《湖南宁乡老粮仓出土商代铜编铙》，《文物》1997 年第 12 期。又陈荃有《宁乡老粮仓出土铜编铙质疑》(《文物》2001 年第 8 期)一文，对这九件铙是否能组合为编铙，持否定意见。

⑥ 戴修政：《湖北石首出土商代青铜镈》，《文物》2000 年第 11 期。

⑦ 江西省文物考古研究所、江西省博物馆、新干县博物馆编著：《新干商代大墓》，文物出版社 1997 年版，第 80—87 页。

⑧ 杨绍舜：《山西石楼诸家峪、曹家垣发现商代铜器》，《文物》1981 年第 8 期。

⑨ 中国社会科学院考古研究所安阳工作队：《安阳殷墟刘家庄北 1046 号墓》，《考古学集刊》第 15 辑，文物出版社 2004 年版。

M701 发现 14 枚铜铃与一磬同出。同区 M1125 也出土铜铃 10 枚。[①]

　　埙，"烧土为之，大如雁卵"[②]。仰韶时已有，半坡遗址曾出一音孔陶埙，姜寨遗址出有无音孔和一音孔陶埙。至偃师二里头遗址也出过一音孔陶埙。[③]郑州商城不但发现一音孔的，还有三音孔的石埙。[④] 殷墟所见，有陶埙、骨埙、石埙三种，分三音孔和五音孔两类，具有三度与五度谐和功能。小屯西地 58M263 的墓主左臂旁同出 2 枚五音孔陶埙，[⑤] 辉县琉璃阁 51M150 的发现亦然，[⑥] 殷墟刘家庄北地 88ALNM121 出土五音孔陶埙 4 枚，[⑦] 均是成组出土（图 7—11）。约在武丁前后，这种流行于民间的乐器已引入宫廷。妇好墓内即发现 3 枚，大小有别，皆五音孔，与编磬 5 件、编铙 5 件、铃 18 件同出，似已与众乐器配合使用。

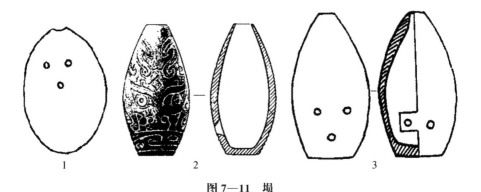

图 7—11　埙

（1. 郑州商城石埙　2、3. 殷墟骨埙和陶埙）

　　① 中国社会科学院考古研究所编著：《殷墟青铜器》，文物出版社 1985 年版，第 474 页。

　　② 《周礼·春官·小师》郑氏注。

　　③ 吴钊：《陕西半坡、姜寨仰韶文化埙类乐器的音高测定及相关问题》，《姜寨——新石器时代遗址发掘报告》上册，附录七，文物出版社 1988 年版，第 549—554 页。

　　④ 杨育彬：《郑州商城初探》，河南人民出版社 1985 年版，第 80 页，又图版一一〇。

　　⑤ 中国社会科学院考古研究所编著：《殷墟发掘报告》（1958—1961），文物出版社 1987 年版，第 231 页。

　　⑥ 中国科学院考古研究所编著：《辉县发掘报告》，科学出版社 1956 年版，第 23 页。

　　⑦ 中国社会科学院考古研究所安阳工作队：《河南安阳殷墟刘家庄北地殷墓与西周墓》，《考古》 2005 年第 1 期。

商代乐律的发达程度，据对有关乐器综合测试分析，知当时乐师似已掌握铙的隧音和鼓音两种频率的音程关系。[①] 三件制编铙，每个铙可发出三个相差四度半音程之乐音，呈七声音阶。[②] 特别是殷商时期五件一套编铙的出现，显然是不满足于只有三音程组合的编铙，意在拓宽音域。晚商时有若干种音阶或调式的五音孔陶埙，有取代早先三音孔陶埙之势，成为一种比较进步的旋律乐器，能吹出整个七声音阶及其中一部分半音，在发音的一致性方面显示出其制造的定型化和规格化。[③] 总之，商代乐器的组合非出偶然，是有一定的音程关系为依据，随着乐器的伴奏、合奏和制作，已逐渐产生了标准音高和绝对音高的观念，并有了半音观念和五度谐和观念，中国古代音乐的"十二律体系"在商代已基本奠立。[④]

商代乐舞有舞饰舞具之用。如甲骨文 𓀀（《安明》377）字，或谓像人戴着假面。舞饰舞具在各地不少商代遗址时有发现。1935 年安阳西北冈 M1400 殷王陵出有一青铜人面具。[⑤] 1950 年武官大墓出有饰鸟羽的小戈，学者或以为是舞干羽以祭之遗物，并进而推测殷墓中所见玉戚、玉干头、仪仗等东西，可能也用于乐舞。[⑥] 上节所引殷墟西区 701 号墓，一位殉葬的舞者头部尚戴着牛头铜面具。同区的 216 号墓，也出有牛头形饰 4 件和兽面饰 10 件。陕西城固苏村商代遗址，1955—1964 年期间先后出土青铜"铺首"14 件，形象凶狰，大小近人面，两侧有穿，可罩在人脸部。1976 年又于一窖穴内集中出土"铺首"11 件，铜脸壳 23 件，后者面目怪异，凸鼻獠牙，五官孔位与人脸相符。[⑦] 这类面具似为"武舞"道具。1986 年四川广汉三星堆遗

---

① 马承源：《商周青铜双音钟》，《考古学报》1981 年第 1 期。

② 申斌等：《殷墟青铜铙频谱特征》，《殷都学刊》（自然科学版）1990 年第 1 期。

③ 李纯一：《原始时代和商代的陶埙》，《考古学报》1964 年第 1 期。吕骥：《从原始氏族社会到殷代的几和陶埙探索我国五声音阶的形成年代》，《文物》1978 年第 10 期。

④ 李纯一：《关于殷钟的研究》，《考古学报》1957 年第 3 期。

⑤ 陈梦家：《殷代铜器》，《考古学报》1954 年第 7 册。

⑥ 郭宝钧：《中国青铜器时代》，生活·读书·新知三联书店 1978 年版，第 156—157 页。

⑦ 唐金裕等：《陕西省城固县出土殷商铜器整理简报》，《考古》1980 年第 3 期。1977 年又有出土，见陕西省考古研究所、陕西省文物管理委员会、陕西省博物馆编：《陕西出土商周青铜器》（一），文物出版社 1979 年版，图一一二、一一六。

址也出土许多大小不等的青铜人头像及青铜人面[1]，造型奇特，以大眼粗眉阔口大耳为要征，观之有怪谲沉郁之感。1985 年山东滕县前掌大商代甲字型大墓亦发现与乐器石磬同出的青铜面罩，有的为牛头形。另在 203 号墓内，还发现一长约 1.5 米、宽 0.6 米的嵌蚌饰大型漆牌，两面均做成眉、眼、牙等形状，下接红黑色云雷纹漆干。[2] 1987 年又在 214 号中字型大墓内出土同类彩绘牌饰六七块以及铜牛头饰。[3] 1989 年江西新干大洋洲发现的一座大型晚商墓，出有一种高 60 厘米的青铜双面人头器，五官穿通，下有秉把，还出有小型的玛瑙套环人形饰[4]（图 7—12）。

商代的乐器和乐舞道具，在今河南、河北、山东、陕西、湖北、湖南、江西、四川、内蒙古等省均有出土，有出自商王邑的，有出自诸侯方国的，也有出自地方大小邑聚的，分布地域广阔，制作规范，品类接近，各地基本处于同一发展水平，表明了商代"乐政"的宏观社会场景。但乐器和乐舞的受享对象，主要归集于贵族阶层，这构成了商代"乐政"最根本的时代要征，乐舞在贵族生活中与"美食"一样，已是必不可少。《淮南子·泰族训》云："有饮食之性，故有大飨之谊；有喜乐之性，故有钟鼓莞弦之音。"商代贵族的好食好乐，甚至在死后也想得到维持，各地贵族墓葬，每见饮食器与乐器舞具同出，也是这种心态的再现。

出乐器或舞具之墓，有商王墓。如 1935 年安阳西北冈 M1004 四墓道大墓，有石磬与牛鼎、鹿鼎同出。M1217 四墓道大墓，出石磬、蟒皮鼓、几、尊等。M1400 四墓道大墓，出青铜人面具。M1550 四墓道大墓，出残石埙。[5]

有王妃墓。如 1950 年发掘的二墓道武官大墓，出石磬及饰鸟羽小戈等。1976 年发现的殷墟妇好墓，除出 210 件饮食礼器外，又有编磬和编铙，均为五件一组，还有铜铃 18 个，陶埙 3 枚，另有 28 件可能是嵌插在漆干上的龙

---

① 中国文物交流服务中心《中国文物精华》编辑委员会编：《中国文物精华》(1990)，文物出版社 1990 年版，图版 30—34。

② 《滕县发现商代墓葬》，《文物报》第 3 号，1985 年 9 月 26 日。《滕县前掌大商代墓葬》，《中国考古学年鉴》(1986)，文物出版社 1988 年版，第 138 页。

③ 《滕县前掌大新石器时代及商代遗址》，《中国考古学年鉴》(1988)，文物出版社 1989 年版，第 176 页。

④ 《江西新干发现大型商墓》，《中国文物报》1990 年 11 月 15 日。

⑤ 陈梦家：《殷代铜器》，《考古学报》1954 年第 7 册。以下凡未注出处者，均见前文，不再具列。

图7—12　商代面具

（1. 西安老牛坡铺首　2. 新干铜双面神器　3. 安徽舒城97金敦村铜面饰

4. 西安老牛坡铜面具　5. 殷墟西区M701牛头铜面具

6、7. 广汉三星堆铜面具　8. 城固苏村铜面具）

头、鸟头铜舞具。

有王邑的高级贵显墓。1972年发现的殷墟西区M93甲字型墓，面积
22.14平方米，殉1人，出编磬5件、铃2件。1977年殷墟西区M699甲字
型墓，面积14.08平方米，殉5人，出编铙3件、铃1件。[①] 前引M701甲
字型墓，面积14.26平方米，殉12人，出特磬、铃14件、牛头铜面具（戴

① 中国社会科学院考古研究所编著：《殷墟青铜器》，文物出版社1985年版，第477页。

在一殉人头部)。1983 年殷墟西区又发现 5 座甲字型墓,殉人数目不一,出石磬、玉饰、骨饰、铜镜等。① 1990 年殷墟郭家庄一长方形竖穴墓,面积 13 余平方米,殉 4 人,出石磬、编铙 3 件。② 2000 年殷墟花园庄 54 号墓,面积 25.78 平方米,殉人 15 个,殉犬 15 条,出青铜礼器 38 件,其中有九套觚、爵,乐器有特磬 1 件、青铜编铙 3 件,特磬呈圆角梯形,石制,长达 70 厘米。③

有方国君主墓。1985 年山西灵石旌介 1 号墓出有鼍鼓。1989 年江西新干大洋洲大型商墓,面积约 29.6 平方米,出有青铜饮食礼器 48 件,又有镈 1 件、铙 3 件,还有青铜双面人神器、玛瑙套环人形饰、羊角兽面器。④

有各地中等权贵墓。1968 年河南温县小南张一墓,出 3 件一组编铙。1976 年山西灵石旌介 3 号墓,出有特磬。1985 年山东滕县前掌大一座甲字型大墓,出石磬及青铜面具。1973 年河北藁城台西 M112,面积 6 平方米,有殉人,一件石磬与鼎、觚、斝、瓿及铁刃铜钺等同出。1973 年陕西蓝田怀真坊一墓,7 件礼器与青石磬同出。⑤ 1986 年陕西西安老牛坡 41 号中型墓,出有铜人面具和牛头面具各 2 件,鸟兽形饰多件。11 号中型墓出小兽面饰 39 件。⑥

有王邑内的中等权贵墓。1984 年殷墟戚家庄 M269,面积 6.46 平方米,出大小递减铜铙一组 3 件。1958 年小屯西地 258 号墓,面积 5.76 平方米,殉 4 人,墓被盗,尚出石磬和残觚片。⑦

有王邑及各地的一般贵族墓,大抵均为 2 套觚爵等列墓。其中出 3 件一

---

①　杨锡璋:《安阳殷墟西区殷墓》,《中国考古学年鉴》(1984),文物出版社 1984 年版,第 131 页。

②　杨锡璋、刘一曼:《安阳郭家庄 160 号墓》,《考古》1991 年第 5 期。

③　徐广德、何毓灵:《安阳市殷墟高级贵族墓葬》,《中国考古学年鉴》(2001),文物出版社 2002 年版,第 201—204 页。又中国社会科学院考古研究所安阳工作队:《河南安阳市花园庄 54 号商代墓葬》,《考古》2004 年第 1 期。

④　江西省文物考古研究所等:《江西新干大洋洲商墓发掘简报》,《文物》1991 年第 10 期。

⑤　陕西省考古研究所、蓝田县文化馆:《陕西蓝田县出土商代青铜器》,《文物资料丛刊》(3),1980 年。

⑥　西北大学历史系考古专业:《西安老牛坡商代墓地的发掘》,《文物》1988 年第 6 期。

⑦　中国社会科学院考古研究所编著:《殷墟发掘报告》(1958—1961),文物出版社 1987 年版,第 256、336 页。

组编铙者，有 1935 年小屯 M1083[①]、1953 年大司空村 M312[②]、1957 年薛家庄 M8、1958 年大司空村 M51、1983 年大司空村 M663。[③] 出 2 件一组编铙者，有 1987 年山东滕县前掌大 M213。此外，1959 年山西石楼桃花庄一墓，有殉人，所出铜觚圈足内带舌铃。[④] 1971 年山西保德林遮峪一墓，随葬的铜豆圈足内也带舌铃。[⑤] 饮食时随之晃动，会发出铃声，较为别致，他处未见，表明了当地的崇饮尚声特色。

又有末流贵族乃至普遍平民墓、1973 年山东惠民县大郭村一墓，出有单铙。1970 年殷墟西区 M1125，出有 10 铃。1990 年河南固始葛藤山六号墓，有殉人，出有 5 铃。[⑥] 1986 年西安老牛坡 10 号小型墓，殉 1 人，同出鼎和铜牛头面饰各 1 件。而普通平民或有以陶埙随葬者，如 1958 年小屯西地 M263 墓室面积仅 1.3 平方米，有棺，出有 2 埙及蛤蜊壳；M237，面积 1.8 平方米，有棺，仅以 1 埙随葬。[⑦] 1951 年辉县琉璃阁发现的 M150，也出有 2 埙。这类墓主大概只是中下层平民。

综上所述，商代王墓虽均遭盗掘，劫后之余，乐器舞具仍包括有蟒皮鼓、特磬、石埙、面具等。王妃墓出特磬、五件制的编磬和编铙、组铃、三件制陶埙、舞饰等。王邑内高级贵显墓出特磬、五件制编磬、三件制编铙、组铃和面具舞饰等。王邑内中等权贵墓出石磬和三件制编铙。王邑的一般贵族墓出有三件制编铙。王邑的末流贵族有以组铃随葬。而一般平民墓偶尔出有一二枚陶埙，大概为生前所好。

商代的方国君主墓出鼍鼓、镈、三件制编铙、舞具舞饰等。各地的中等权贵墓出特磬、三件制编铙、面具舞饰等。一般贵族墓有出两件制编铙者。末流贵族墓有出单铙、组铃、面具者。普通平民墓大致同如王邑

---

①　陈梦家：《殷代铜器》，《考古学报》1954 年第 7 册。

②　马得志、周永珍、张云鹏：《一九五三年安阳大司空村发掘报告》，《考古学报》第 9 册，1955 年。

③　《安阳大司空村殷墓》，《中国考古学年鉴》(1984)，文物出版社 1984 年版，第 131 页。

④　谢青山、杨绍舜：《山西吕梁县石楼镇又发现铜器》，《文物》1960 年第 7 期。

⑤　吴振录：《保德县新发现的殷代青铜器》，《文物》1972 年第 4 期。

⑥　信阳地区文管会、固始县文管会：《固始县葛藤山六号商代墓发掘简报》，《中原文物》1991 年第 1 期。

⑦　中国社会科学院考古研究所编著：《殷墟发掘报告》(1958—1961)，文物出版社 1987 年版，第 335、336 页。

情况。

《淮南子·主术训》云："县（悬）钟鼓，陈干戚，君臣上下同心而乐之。"商代统治者礼乐序政，不同的乐舞用于不同的场合，要以体现威仪、和谐上下、养尊处优为其要质所在。在商代的王邑和地方两个层面，享有乐器舞饰的对象，等列关系具有明显的共同性，说明当时的"乐政"体系已大致确立，"乐以体政，政以正民"，其间的序列结构与"明贵贱，辨等列"全相一致，是以序尊卑贵贱而各得其宜。凡社会地位愈高，政治身份愈尊者，享有乐舞品类也就愈齐备，其中编磬、编铙的数目组合，反映尤为明显；而鼓，则只有商王或方国君主一级专享。

第五节　卫生俗尚

人类社会经过漫长的发展岁月，随着生产斗争和生活实践的认识积累，相继造就出许多形形色色的有利于促进人体健康生长、减少疾病侵害、提高体质和延长寿命的卫生俗尚，内容涉及环境气象学、饮食营养学、卫生学、生理学、心理学、体育学等方方面面，商代人们对此多有继承，并有所发展，有所创新。

一　环境卫生

维护人居生活环境清洁卫生的一些习尚，很早就成为人们社会生活的准则。最明显者，莫过于居地和公共墓地的分隔规度，几为商代人们所普遍遵循。

人畜的隔离也很早被人们所广泛采用。姜寨和半坡等仰韶聚落遗址，均发现有牲畜圈栏。太湖地区一些原始遗址，发现有用树枝竹竿圈起的用来饲养家畜的简单牢闲。[①] 山东潍县狮子行龙山文化遗址出有陶畜舍模型。[②] 至商代也采用牢闲圈养牲畜，甲骨文又有云：

> 王畜马在兹厩。（《合集》29415）
> 贞呼乍圉于专。（《合集》11274）

---

① 参见尹焕章、张正祥：《对江苏太湖地区新石器文化的一些认识》，《考古》1962年第3期。
② 潍坊市艺术馆、潍坊市寒亭区图书馆：《山东潍县狮子行遗址发掘简报》，《考古》1984年第8期。

厩指马舍圈栏。《说文》云：“厩，马舍也。”湖北随县曾侯乙墓出土竹简有
云：“宫厩之马”（上 44）。圂，《说文通训定声》云：“圂，厕也，从豕在口
中，会意，亦曰圈。”圂指猪圈。专，地名。从牛栏、马厩、猪圂之设看，
当时一般都是按牲畜种类分开圈养的。又出现了大型的官方牲畜豢养场地，
甲骨文有“降酋千牛千人”（《合集》1027＋《乙补》4919；《醉古》350），
饲养祭祀备用牲牛达千头以上，还有千以上的饲养者管养。畜产饲养场所的
专设，对于商代人居环境的改善是极有意义的。

　　《韩非子·内储说上》云：

　　　　殷之法，弃灰于公道者断其手。

商代统治者还以严厉的刑罚手段制裁违反社会公德而污染环境卫生者，这些
措施对于提高人们的环境卫生保护意识，妥善处理生活垃圾，预防病菌滋生
蔓延，有一定作用。商代遗址差不多均有当时倾倒垃圾的灰坑、灰沟或弃废
物窖穴发现。殷墟的居住遗址附近，常发现当时人们比较固定地把日常生活
中的废弃物倾倒满一些较大的垃圾坑后，会在上面用纯净的黄土或用黄土掺
和料礓石颗粒的混合土覆盖起来，以维护公共场所的卫生清洁。[1] 商代不少
遗址还建有排泄污水的地下陶制管道或明暗沟渠等设施。如偃师商城不仅有
排水暗渠，还有排水明渠。排水明渠通常顺道路一侧而筑，排水暗渠则不唯
宫室区有，城中也规划建设得颇成系统，其中一条排水暗渠，渠底用石板按
水流排出方向呈鱼鳞叠砌，渠壁用石块加木柱垒砌，顶铺木板，全长达 800
余米，自西城壕经城关过宫城越东城门注入东城壕，[2] 具有给水、排污等多
重功能。殷墟王邑也建有防治洪涝和排泄污水的明渠和石坝。[3] 有的生活区

---

　　① 岳洪彬、岳占伟：《考古发掘中所见殷墟商人环保意识之一斑》，《中国文物报》2007 年 5 月
4 日。

　　② 中国社会科学院考古研究所河南二队：《1984 年春偃师尸乡沟商城宫殿遗址发掘简报》，《考
古》1985 年第 4 期。

　　③ 中国社会科学院考古研究所编著：《殷墟发掘报告》（1958—1961），文物出版社 1987 年版，
第 95、102、114 页。

内还有地下排水管道的敷设①，如殷墟白家坟东地的族邑，在一处夯土建筑基址下又埋有长约 16 米的陶排水管道②，殷墟发现的陶质排水管道，有子母扣、三通转向接口等多种类型，可见当时统治者在污水排泄，净化居住环境，保障公共场所卫生清洁方面是很费心力和财力的。

《礼记·丧大记》云：

> 疾病，外内皆埽。

讲究居室内外的清扫卫生，能有效提高对疾病的预防，保障人体健康，故很早就成为人们的自发行为。甲骨文有字作&（《合集》18181），像一手持帚把一手持箕拚扫意③。又有&（《合集》18619），为双手扫除室内尘垢秽物意。别辞有：

> 辛亥卜，出，贞今日王其水寝。五月。
> 癸亥卜，出，贞子&弗疾。出疾。（《合集》23532。图 7—13）
> 庚申卜，大，贞来丁亥寇寝，出枫岁羌卅卯十牛。十二月。（《合集》22548）
> 丁亥卜，贞汝有疾，其水。
> 丁亥卜，汝有疾，于今二月弗水。（《合集》22098）

以上诸辞的"水"，有的还直接或间接与疾病相系，可见是进行环境清洗，预防疾病与虫虺，意同《礼记·内则》说的"洒扫室堂"。陈梦家即曾指出，"水寝"是殷人的清洁行为，水作动词用，即以水洗寝室。④ 严一萍谓"今俗端午节犹以雄黄酒浸喷洒居室四壁，以辟恶除虫物疾疫，其即水寝之遗意钦"，又认为"寇寝"之寇，像以殳殴驱虫虺于室外，《诗·七月》"穹窒熏鼠"，《东山》"洒扫穹窒"，毛传："穹，穷；窒，塞也"，笺："穿窒鼠穴"，

---

① 中国科学院考古研究所安阳发掘队：《殷墟出土的陶水管和石磬》，《考古》1976 年第 1 期。

② 中国社会科学院考古研究所安阳工作队：《殷墟考古又有重大突破》，《中国文物报》1997 年 8 月 31 日。

③ 参见唐兰：《殷墟文字记》，中华书局 1981 年版，第 29 页。

④ 陈梦家：《商代的神话与巫术》，《燕京学报》第 20 期，1936 年。

图7—13　水寝预防疾疫和宁疾于四方

（《合集》23532　　《屯南》493）

寇训如穹，意义相同。[1]

商代居室除有壁绘彩饰者外，又有地坪墙体经燎烤者。《周礼·秋官》
有云：

> 庶氏掌除毒蛊，以攻说禬之，嘉草攻之。
> 翦氏掌除蠹物，以攻禜之，以莽草熏之。
> 赤犮氏掌除墙屋，以蜃炭攻之，以灰洒毒之，凡隙屋，除其狸虫。

采集樟科植物叶片，用来熏杀虫害病毒，早在浙江河姆渡遗址就有大量发
现，大概当初的室内燎烤，有用药草熏攻消毒者。甲骨文有云：

> 其燎于血室。（《金》466）

---

① 严一萍：《殷契徵髺》上册，台北，1951年线装本，第66—67页。

是知洒扫或熏燎屋子之祭，乃当时固有的卫生习俗之一。

　　气候反常或换季节，往往会引发病毒流行。甲骨文中记有"贞有疾年其死"（《合集》526），指年中发生病毒性流疫，可能导致人众死亡。《周礼·天官·疾医》云："四时皆有疠疾，春时有痟首疾，夏时有痒疥疾，秋时有疟寒疾，冬时有嗽上气疾。"别辞云：

　　　　丙辰卜，贞。
　　　　丙辰卜，疾。（《合集》22044）
　　　　辛丑，贞疾。
　　　　辛亥，贞邑。（《合集》21982）

上辞中的"疾"，似皆指疠疾而言。辛丑问疾，十日后辛亥的卜邑，可能关注邑中流疫传染蔓延的态势。为防止季节性疾患或病毒性疠疫的流行蔓延，有时要举行宁疾的祭祀行事，比如，甲骨文有云：

　　　　壬辰卜，其宁疾于四方，三羌又九犬。（《屯南》1059）
　　　　贞今日其宁疾……三羌九犬。（《屯南》1310）
　　　　甲申，贞其宁疾于四方。（《屯南》493＋363；《醉古》184）

记向东南西北四方诸神祭祀，以求宁息疠疾之灾，祭品用人牲羌奴三个和九条狗。面对疠疾，比较理智的行为，则有采取隔离措施者，如《周易·复·亨》云：

　　　　出入无疾，朋来无咎。

《无妄·元亨》云：

　　　　其匪正有眚，不利有攸往。

就是讲健康人可与朋友交往，如果是疾病患者或眼疾患者，不应交际，以免传染他人。[①] 甲骨文中有记：

> 疾，亡入。（《合集》22392）
> 亡入，疾。（《合集》22390）

一谓不要进入疾疫流行处，一谓患者不得进入。说明晚商人们不仅对病毒性流疫有了一定的认识，还出于卫生防疫的心理，采取积极的隔离措施，防患于未然。

二　饮食卫生

水土条件对人体健康状况影响较大。《左传》成公六年云："土薄水浅，其恶易觏……于是乎有沉溺重腘之疾。"《管子·水地篇》云："越之水浊重而泊，故其民愚疾而垢。"水土条件不同，还能造成人群体态的某些地方性特征。《周礼·地官·大司徒》曾描述说，居住在山林，"其民毛而方"，体壮端正而多毛；住于川泽，"其民黑而津"，体黑而润泽；在坟衍，"其民皙而瘠"，皮肤白皙却很瘦小；在丘陵，"其民专而长"，体格厚实而身材高大；在原隰，"其民丰肉而庳"，肌肤丰满却个子矮小。[②] 特别是劣质水，常是人类疾患的直接致因。《吕氏春秋·尽数》说：

> 轻水所多秃与瘿人，重水所多尰与躄人，甘水所多好与美人，辛水所多疽与痤人，苦水所多尪与伛人。

高诱注："秃，无发；瘿，咽疾；肿足曰尰；躄，不能行也；疽、痤，皆恶疮也；尪，突胸仰向疾也；伛，伛脊疾也。"是知人们早已认识到劣质水对人体的危害。

为方便取水，改善饮用水质，克服水土条件的制约，人们还采用挖蓄水池或凿井以汲取洁净水的技术。偃师商城"宫城"内的五号宫殿大庭中部偏

---

① 参见戴应新：《从〈周易〉探索西周医学成就》，《中国考古学研究论集》，三秦出版社 1987 年版，第 308 页。

② 参见汪子春：《我国古代早期文献中有关人群体质形态特征的描述》，《人类学研究》，中国社会科学出版社 1984 年版。

西处发现的南北二井，相距二三米，一井也是长方形，口径 2×1 米，深 5.7 米，井壁挖出脚窝，可供上下清淤。[①] 郭城北部的普通居住区也发现了水井群。[②]

人们不仅广泛利用凿井汲水技术，不少城邑还建造了城区多功能水系。如在偃师商城近年在"宫城"北部发掘发现当时人工挖掘的池苑，是中国迄今所见最早的王室池苑，水池呈长方形，东西长约 130 米，南北宽约 20 米，深约 1.5 米，周围用大小不等的自然石块砌成缓坡状，池中还发现当时王室成员游戏渔乐而遗落的汉白玉网坠捕鱼具。池苑西端有石筑注水渠道，东端有石筑排水渠道蜿蜒穿城出，与城外护城河相通，形成一颇具特色的城区水系。[③] 池苑水系与宫室建筑相辅相成，是人主居常生活消闲场所。

郑州商城宫殿区内，则发现有专供王室统治者饮用的地下供水设施，建造相当讲究，是由人工构砌大型蓄水池、供水管道和汲水井构成的供水系统。石板蓄水池有多处，在今黄河医院内发现的一段，东西长达 100 米，南北宽 20 米，深 1.50 米。底部用掺有碎料礓石的白色土铺平夯实，再用青灰色石灰岩板铺底，用河卵石加固池壁。其东段与供水管道相通，供水管道设置在夯土沟槽内，用石板砌成方腔形管道。在夯土沟槽内还有小型汲水井，平面为长方形，南部留有二层台，可能与汲取清水、清除淤泥和控制水量有关。另外，在宫室区内还发现多眼大型水井，建造考究，均为先挖一个井坑，以清除流沙，然后修建井筒，井筒下部用木结构井框，井框底部有长形木拼成的井盘，在井盘内侧，铺垫有厚 0.20—0.30 米的破碎陶片层，以过滤井水。[④]

河北藁城台西遗址发现的两眼商代中期水井，是一处大型贵族宅院的生活配套设施，供日常饮用水。两井年代相次，均呈圆形，建造技术相同，一

---

① 中国社会科学院考古研究所河南二队：《河南偃师尸乡沟商城第五号宫殿基址发掘简报》，《考古》1988 年第 2 期。

② 刘忠伏：《偃师县商城遗址》，《中国考古学年鉴》(1990)，文物出版社 1991 年版，第 244 页。

③ 杜金鹏、张良仁：《偃师商城发现商早期帝王池苑》，《中国文物报》1999 年 6 月 9 日。

④ 《郑州商城考古又有重要发现》，《光明日报》1993 年 2 月 15 日。又河南省文物研究所：《1992 年度郑州商城宫殿区发掘收获》、曾晓敏：《郑州商城石板蓄水池及相关问题》、宋定国：《试论郑州商代水井的类型》，均见《郑州商城考古新发现与研究》，中州古籍出版社 1993 年版。又杨育彬、袁广阔：《20 世纪河南考古发现与研究》，中州古籍出版社 1997 年版，第 324 页。

眼井直径 1.38—1.58 米、深 3.7 米，井壁涂草泥，并楔打入许多小木橛以加固；另一眼井直径 2.95 米、深 6.02 米，井壁也楔木橛。两井的井底均收成方形，特别应注意的是，井底不仅竖打入桩木作护壁，还用圆木交互叠压成"井"字形内壁；井底出有汲水的木桶以及陶罐，有的罐颈有绳索痕迹。[①]

而在安阳殷墟商邑的生活和生产用水，主要取之洹水，但人们还饮用水质清冽的井水，小屯宫室区一带发现的商代水井，四隅有木质井圈。[②] 殷墟刘家庄发现的两眼水井，一眼为长方形井，井口长 2.3 米、宽 1 米、深 5.3 米，四壁规整光滑，井底平坦，南北井壁有对称脚窝 7 对可供上下作业，另一眼为圆井，口径深 4.8 米，井口下筑出两层台阶，最下挖成一圆形竖井。[③] 殷墟白家坟东地的族邑发现水井 3 眼。[④] 可见人们在扩大生存空间的同时，为保障身体健康，克服水土条件的制约，在饮用清洁水质方面是颇费用心的（图 7—14）。

在饮食卫生保健方面，熟食"以化腥臊"，利于灭菌消毒，扩大食物营养来源，帮助人体消化吸收，早成为人们的饮食习俗。

饮食器具的清洁卫生，也为人们所注意。甲骨文有 字，像手持刷子洗涤器皿意。借助匕、柶、勺、斗、瓒、刀、削、叉、箸等餐具进食，避免手不洁抓食而致病从口入，在商代已流行。

饮食的定时和适量，对人体保健十分要紧，古人多有所述。《吕氏春秋·尽数》云："食能以时，身必无灾。"《黄帝内经素问》云："饮食自倍，肠胃乃伤。"《说苑·杂言》云："寝处停留不时，饮食不节，佚劳过度，疾共杀之。"商代人们已习惯于一日两餐制，上午一餐称"大食"，下午一餐称"小食"，约定俗成，被据为纪时的专名，两餐分言大、小，似适应生活和生产活动的进食量为社会所认同，无疑对人体保健有一定意义。

《礼记·曲礼上》云："有疾则饮酒食肉。"《丧大记》云："有疾食肉饮

---

① 河北省文物研究所编：《藁城台西商代遗址》，文物出版社 1985 年版，第 32—35 页。

② 石璋如：《殷代的夯土、版筑与一般建筑》，中研院史语所《集刊》第 41 本 1 分，1969 年。

③ 安阳市文物工作队：《1995—1996 安阳刘家庄殷代遗址发掘报告》，《华夏考古》1997 年第 2 期。

④ 中国社会科学院考古研究所安阳工作队：《殷墟考古又有重大突破》，《中国文物报》1997 年 8 月 31 日。

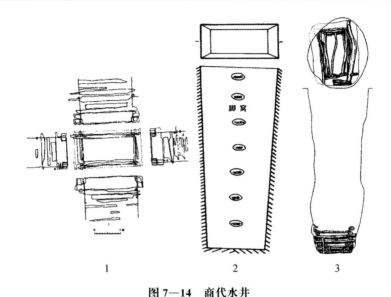

图7—14　商代水井

（1. 郑州商城木构井盘式水井　2. 殷墟刘家庄水井　3. 藁城台西水井）

酒可也。"今知商代中期已有用酒作保健饮料者，藁城台西遗址发现一酿酒作坊，除出有整套酿酒陶用器及人工的酵母菌外，还出有成批分装在陶容器中的药用植物，如桃仁、郁李仁、大麻籽、枣、草木樨等。说明当时人们已认识到酒可治病，借助酒力，可使药物发挥更大疗效，药酒因之而生。《说文》云："醫之性然，得酒而使，酒所以治病也。"醫字从酉，酉者，酒器也，意在酒可医病。适度饮酒，舒筋活血，饮用药酒，重在保健，对于减少疾病，延长寿命，其中之妙，古人当早有体验。

三　清洁卫生保健

《礼记·内则》云：

> 鸡初鸣，咸盥洗……（子事父母）冠带垢，和灰请漱。衣裳垢，和灰请浣。衣裳绽裂，纫箴请补缀。五日则燂汤请浴，三日具沐，其间面垢，燂潘请靧；足垢，燂汤请洗。

讲古人早起，有盥洗的习惯，父母冠帽脏了，子辈要用浆水代为洗刷，衣裳脏了，子辈要帮着浣洗干净，破了，则应针线缝补；每五日备热水请父母浴，每三日则请父母沐发，这期间脸脏了，则备上温潘即淘米水请盥面，脚脏了，就备上热水请濯足。《少仪》亦云：“凡洗必盥。”

这些讲究个人清洁卫生的尚好，商代已有之。据殷墟甲骨卜辞有云：

贞于🅐用。（《合集》1824 正）
贞小子有🅐。（《合集》151 正）

🅐字罗振玉释浴，谓“注水于盘，而人在其中浴之象也”①。陈邦怀释温，引汉《鲁峻碑》“内怀温润”之温字作溫，从水从皿从人，与甲骨文🅐字形近。② 然溫乃汉隶构形，不足以直接据之考订甲骨文字形，且释温无说，仍当以罗氏释浴为优。《说文》云：“浴，洒身也。”《论衡·讥月》：“浴去身垢。”济南大辛庄商代遗址出土甲骨文有云：

□酉，🅑。
弜🅑。③

“🅑”为“🅐”的异构，古文字从女与从人每每通作，正像一女于盘中“浴去身垢”意。上举二辞正反对贞，可能与祭祀之际的沐浴盥洗洁身仪式相关。《周礼·天官·女御》有云：“凡祭祀赞世妇，大丧掌沐浴。”又《宫人》云：“共王之沐浴。”郑氏注：“沐浴所以自洁清。”《仪礼·士丧礼》有云：“商祝袭祭服……盥于盆上。”郑氏注：“商祝，祝习商礼者，商人教之，以敬于接神。”偃师商城宫城内还发现一处宫室的西侧，建有洗澡设施。④ 可知商代自有沐浴盥洗洁身以祭的礼仪。

考古出土的商代盥洗器具，有陶、漆、铜制品等。2003 年中国社会科学院考古所同人在安阳孝民屯村南的商代铸铜遗存发掘中，在一座编号 F43 的专门为浇铸大件铜容器而建的工棚式作坊中，出土了一件大型铸范的底部范心座，平面呈圆形，直径达 154 厘米，折沿，沿宽约 7 厘米，此范属于一特

---

① 罗振玉：《增订殷虚书契考释》卷中，第 67 页下，东方学会 1927 年石印本。

② 陈邦怀：《殷墟书契考释小笺》，1925 年石印本，第 23 页上。

③ 孙亚冰、宋镇豪：《济南大辛庄遗址新出甲骨卜辞探析》，《考古》2004 年第 2 期。

④ 据王学荣 2002 年 8 月 15 日在中国社会科学院历史研究所先秦史室所作学术演讲。

大型青铜盘。据岳洪彬、岳占伟研究，这件硕大的青铜盘应是祭祀活动中进行单身浴洗或双人共沐浴洁身的礼仪用器。[①] 除大型的浴身礼器外，还有小件盥洗器具，如殷墟西北冈 1400 号大墓东墓道曾发现一套青铜盥洗用具，一件口径 46.7 厘米的承水铜盘倒扣在一件"寝小室"盂上，旁边有沃水勺和贯耳汲水壶一件，还有五个洗澡搓擦身垢用的陶瓶。[②]

侯家庄 M1435 墓出土青铜鼎有铭"盥"字，写作🔣，像洗手于盘状。甲骨文有一时称字🔣（《合集》26822），本义指日西沉后人就盘浴洗住歇。又有沫字作🔣，像人就盘掬水盥面状，又写作🔣，泂水额面意同。又有🔣字，像梳理头发意，以使头发不致蓬乱。还有一个监字，像人对盘俯照容貌状。由此可考知当时人们对人体清洁卫生已较留意。

殷墟妇好墓中出有铜镜 4 面和贵重的梳妆用具象牙梳，另还有用于净耳的玉耳勺 2 根。1977 年小屯北地 18 号墓也出有玉耳勺 1 根。[③] 山东益都苏埠屯商代大墓出有骨耳勺。[④] 说明当时有的人还有净耳之癖好。

殷墟出土人牙鉴定资料表明，商代在部分人中有食后用细签剔牙除齿间积垢的洁癖。[⑤]

显然，个人清洁卫生与否，已成商代社会行为容止的视点。

在妇产保健方面，甲骨文恒见"妇某有子""妇某无子"的关涉妇女怀孕的卜问，其中恐怕有本之月经过期不来潮或妊娠反应而卜问者。此外，商代人们对于孕产期当已有较深认识。甲骨文中有云：

　　　　壬寅卜，𣪏，贞妇好娩妩。王占曰：其佳丁娩妩；其佳庚娩，勿吉；

---

① 岳洪彬、岳占伟：《试论殷墟孝民屯大型铸范的铸造工艺和器形——兼论商代盥洗礼仪》，《考古》2009 年第 6 期。

② 梁思永、高去寻：《侯家庄第九本·1129、1400、1443 号大墓》，中研院史语所 1996 年版，第 53 页。又陈昭容：《从古文字材料谈古代的盥洗用具及其相关问题——自淅川下寺春秋楚墓的青铜水器自名说起》，中研院史语所《集刊》第 71 本 4 分，2000 年，第 876 页。

③ 中国社会科学院考古研究所安阳工作队：《安阳小屯村北的两座殷代墓》，《考古学报》1981 年第 4 期。

④ 山东省博物馆：《山东益都苏埠屯第一号奴隶殉葬墓》，《文物》1972 年第 8 期。

⑤ 毛燮均、颜訚：《安阳辉县殷代人牙的研究报告》（一、续），载《古脊椎动物与古人类》第 1 卷第 2、4 期，1959 年。又收入中国社会科学院历史研究所、中国社会科学院考古研究所编著：《安阳殷墟头骨研究》，文物出版社 1985 年版。

三旬又一日甲寅娩，不妨佳女。

三旬又一日甲寅允不妨佳女。

（《合集》14002。图7—15）

图7—15　商王推算妇好预产期

（《合集》14002）

记商王武丁推算妇好的预产期，大致在31天内的丁、庚、甲前后8天中的那三日，结果果然在第31天的甲寅生了个女婴。临产日期能确定在如此细的时间范围内，若无"十月怀胎，一朝分娩"的妇产常识，是很难设想的。

此外，甲骨文中的毓字，早期写作🔣，像产子羊水流淌意，晚期写作🔣（《合集》38243），又增接生者持襁褓待于产妇一侧，字体构形的前后变化，间接反映了商代妇幼保健的不断改善。

自史前至商代，多少年来散积久演而成的具有保健意义的习俗，内容相当丰富。仅就上述所举，有居住习惯方面的，有维护环境卫生的，有洒扫熏燎室堂方面的，有预防流疫的，有克服水土条件而凿井汲饮的；至如饮食保健卫生的药酒之酿、食餐具清洁洗涤、饮食的定时量食；个人卫生的盥浴梳理、净耳、剔牙等；婚制婚俗上的排除近亲婚配的优生意识、大男配少女，以及注意起居生活的合理和性生活的节制，妇幼保健的改善等，涉及夏商社会生活的方方面面。《荀子·正名》有云："诸夏之成俗曲期"，刘念亲注："成俗，言习俗之既成者；曲期，言要约之周徧者。"上古以来诸夏约定俗成的社会行为规范，个中也容或有许多卫生俗尚，其价值和意义所及，一直影响到后世，构成中华民族贡献于人类文明的重要组成部分。

第八章

疾患和梦幻

疾患和梦幻，是人体生命活动范畴存在的两大常见现象，前者是健康状态的干扰与否定，后者属于一种比较特殊的生命运动形式，受限于认识水平和对自身构造的不解，尽管商代对病象病征的识别已达到相当水平，但人们通常还是把疾患的致因，或把因生理、精神心理或病理诸因素而致的梦幻，直接归诸自然界神祇的降灾或人鬼作祟。疾患的医疗术也每每与歪曲处理相伴并举，然而商代的医疗实践，伴随着无数次成功或失败的经验积累，标志着当时社会生活的文明发展状态，为后世中医学体系的建立和完善奠定了基础。

第一节　病征的识明

一　疾患类别

殷墟甲骨文反映的疾患种类名，一般是根据病理症状和病发部位或病灶所在，从而确定所患何种疾患，有的疾病又有细分，显得较为进步。

商代人称病患为疒，即疾字，甲骨文疾写作㱃，又写作㱃，从女与从人同，像一人卧倚板牀津津出虚汗状，以患者病态取意，相当《说文》说的"疒，倚也，人有疾病，象倚箸之形"。这是人们出于对病象病征状态的识别。

甲骨文云：

> 贞其有疾，（《合集》13784）
> 贞亡其疾。（《合集》13799）
> 贞非㱃佳疾。（《合集》13845）
> 乙夕有疾，佳有由。

乙夕有疾，不佳有由。(《合集》2274 正)

王疾。(《合集》13702)

贞妇好有疾佳有害。(《合集》13714 正)

丁亥卜，殻，贞子渔其有疾。(《合集》13722)

妇妌子疾不延。(《合集》22246)

贞子弗疾。有疾。(《合集》41023)

丁未卜，子其疾，用若。

勿疾，用。(《花东》241)

辛卜，妇母曰：子。丁曰：子其有疾。允其有。

其䆖，若。(《花东》331)

丙午，贞多妇亡疾。

丙午，贞多臣亡疾。(《合集》22258)

戊辰卜，大有疾亡延。

其延。(《花东》299)

上揭辞例之"其䆖，若"，䆖像一患者在宅中卧版床养病意，为疾之异构。此等卜问商王及妇子臣正的有疾、无疾、弗疾，疾字大多用为疾患的泛称。但甲骨文中涉及具体病征时，通常称作"疾某"、"某疾"，基于各种病象病征、病发部位或病灶所在而加以辨识，故有当时社会较为认同的一系列疾患名称。

甲骨文所见的疾患种类繁多，今整理如下：

1. 疾首、首疾

甲辰卜，出，贞王疾首亡延。(《合集》24957)

甲卜，子疾首亡延。(《花东》304)

甲卜，子首疾亡延。

甲卜，子其往□，子首亡延。(《花东》446。图8—1)

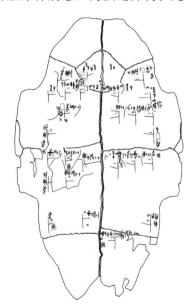

图8—1 子首疾、目疾、心慌症

(《花东》446)

贞子疾首……（《合集》13614）

乙巳卜，贞石疾首不延。（《合集》22092）

……旬□囜（忧）。旬有求（咎），王疾首，中日彗。（《合集》13613）

……中日彗。一月。（《合集》21026）

"疾首"即"首疾"，"首亡延"为"首疾亡延"省文。《周礼·天官·疾医》
云："春时有痟首疾。"郑氏注："首疾，头痛也。""疾首亡延"、"首疾亡延"、
"疾首不延"，是讲头疼无延缠。彗，旧释雪，不确。杨树达释彗为扫竹，用以
扫除，引申有除义，"王疾首，中日彗"，谓商王病首中日而除。① 蔡哲茂认为，
卜辞中用于疾愈讲的彗，有慧、蠲、瘳、愈、除之意。② 裘锡圭进而指出，甲
骨文有字"𭴓"（《合集》13861），可隶写为瘛，"是当疾榾讲的彗的专字"，"直
接表示用彗扫去卧床病人的疾病"，彗的疾榾义很可能是由扫竹义引申来的。
所谓"中日彗"，与《黄帝内经素问·藏器法时论第二十二》中的"心病者，
日中慧，夜半甚，平旦静"之"日中慧"同义，又引马王堆汉墓帛书《五十二
病方》"以月晦日之丘井有水者，以敝帚骚（扫）尤（疣），祝曰：'今日月晦，
骚（扫）尤（疣）北。'入帚井中"，认为"用扫帚可以扫去疾病的巫术思想，
无疑有很古老的根源"。③ 囜，旧释祸，此从裘锡圭释忧。④

2. 疾目、目疾、目忧

癸巳卜，殻，贞子渔疾目，裸告于父乙。（《合集》13619）

有疾目其延。

贞王弗疾目。（《合集》456 正）

子弗艰目疾。

丙卜，三日子目□疾。

丙卜，五日子目既疾。（《花东》446）

壬申卜，目丧火。言曰：其水。允其水。

① 杨树达：《读胡厚宣君〈殷人疾病考〉》，《积微居甲文说》，中国科学院 1954 年版。

② 蔡哲茂：《说羽》，《第四届中国文字学全国学术研讨会论文集》，台北大安出版社 1993 年版，
第 81—96 页。

③ 裘锡圭：《殷墟甲骨文"彗"字补说》，《华学》第 2 辑，中山大学出版社 1996 年版。

④ 裘锡圭：《说"囜"》，《古文字论集》，中华书局 1992 年版，第 105 页。

壬申卜，不允水。子占曰：不其水。(《花东》59)

贞不佳目忧。(《合集》13622)

贞王目肙。

王目毋其肙。(《合集》13623 正＋《乙》2829；《醉古》356)

贞有疾目肙。

贞有疾目不其肙。(《合集》13625 正)

壬子卜，贞雍目有彗。(《合集》13422)

贞疾目不𡆥。(《合集》13628)

"疾目"、"目既疾"、"目丧火"、"目忧"，均指眼疾。"疾目其延"谓眼疾延缠不愈。《黄帝内经》中讲到眼疾有目痛、泣出（流泪症）、目赤、眦疡、眼睑水肿、视歧、目翳（白内障）、目盲等。"目丧火"，不知是否指目赤之类红眼病，占辞"其水"、"不其水"，可能与治疗方法有关，寓水克火的早期思想观念。目肙、目彗、目𡆥，盖属意于眼疾是否能痊愈。蔡哲茂谓肙字像蚊子幼虫之形，读作疾愈意义的"蠲"①。又认为𡆥字从｜求声，读为瘳，"是表示疾愈的一个字"②。可从。

3. 疾𣲷

……疾𣲷……(《合集》13629)

𣲷即民字。③郭沫若谓民、盲通训，像有刃物刺目之形。④"疾盲"意指眼疾犹如针刺，近乎目盲。

4. 疾耳

贞疾耳，佳有害。(《合集》13630)

贞疾耳，御于……(《合集》13632 正)

①　吴匡、蔡哲茂：《释肙》，《古文字学论文集》，国立编译馆 1999 年版。

②　蔡哲茂：《释殷卜辞𡆥字的一种用法》，《古文字研究》第 23 辑，中华书局、安徽大学出版社 2002 年版。

③　李孝定：《甲骨文字集释》，中研院史语所专刊之五十，1965 年版，第 1132、3715—3717 页。

④　郭沫若：《释臣宰》，《甲骨文字研究》，人民出版社 1952 年版，第 33 页下。

己未卜，隹父庚害耳。（《合集》21377）

"疾耳"就耳部疾患是否会有祸害而言。

5. 听忧、听辪

贞王听隹忧。

贞听不隹忧。（《合集》11018 正＋《乙补》2471＋4084；《醉古》
307 正）

贞王听隹辪。

贞王听不隹辪。（《合集》9671 正）

"听忧"、"听辪"指听觉有障碍。

6. 耳鸣

庚戌卜，朕耳鸣，有御于祖庚羊百有用，五十八有毋用骄今日。
（《合集》22099）

丁巳卜，梦玭耳亦鸣。（《合集》21384）

癸卜，贞子耳鸣，亡害。（《花东》53）

癸酉卜，子耳鸣，隹癸子害。（《花东》275）

丁卜，子耳鸣，亡害。（《花东》501）

庚卜，弜𤔲，子耳鸣，亡小艰。（《花东》39）

壬戌卜，在□利，子耳鸣，隹又绸，亡至艰。（《花东》450）

《黄帝内经》中提到耳疾有耳中生脓、耵聍（耳垢栓塞影响听力），及因经气
厥逆或精血不足而引起听觉障碍的耳聋与耳鸣等不同患症。[①] 上揭"耳鸣，
隹又绸"，绸字像治丝貌，此盖用指耳鸣持续不绝。"疾耳"、"听忧"、"听
辪"、"耳鸣"、"玭耳亦鸣"，说明当时人们已在辨别不同的耳疾。

7. 疾自（图8—2）

贞有疾自，隹有害。

---

① 　参见傅维康、吴鸿洲：《黄帝内经导读》，巴蜀书社 1988 年版，第 175—176 页。

图 8—2　鼻疾

（《合集》11506 正）

贞有疾自，不佳有害。（《合集》11506 正。图 8—2）

"疾自"，《说文》："自，鼻也，象鼻形"，谓鼻疾。

8. 息佳出疾

贞妇好息佳出疾。（《合集》13633）

《黄帝内经》对鼻疾有记述，如鼻鼽（流涕、鼻塞、打喷嚏）、鼻渊（鼻窦炎）、鼻衄（鼻出血）等。甲骨文息字像鼻腔流涕状，故云"出疾"，殆指感冒流涕，或鼻塞不畅，也可能指呼吸道感染的慢性疾患，比单单言"疾鼻"要明了。

9. 疾口、口疾

贞疾口。（《合集》13642）

贞疾口，御于妣甲。（《合集》11460 正甲）

辛亥卜，子告有口疾妣庚，亡豐。（《花东》149）

癸丑卜，大叙弜御子口疾于妣庚。

癸亥卜，弜御子口疾，告妣庚。曰：🦋，告。（《花东》247。图 8—3）

"疾口"、"口疾"似指咳嗽、口腔炎症、嚼咽困难或构音障碍之类的疾患。上揭子所患口疾自癸丑至癸亥至少有 10 余天以上。🦋，要也，在此疑用为表示疾患状态的一个词。

10. 疾舌

图 8—3　御除子患口疾

（《花东》247）

甲辰卜，甴，贞疾舌，佳有害。（《合集》13634 正）

贞疾舌，求于妣庚。（《合集》13635）

"疾舌"指舌患，如舌缘炎症红肿水疱之类。

11. 砳疾

贞王砳疾，佳有由。（《合集》13641）

砳字从石从舌，"砳疾"殆不瘳舌转、舌麻木或舌面神经麻痹引起的舌头运动石然
失常之类的病象。"由"与"害"为同类词，与祸咎有关，问此种疾患会否有咎。

12. 𧮫

……其𧮫。（《合集》18390 正）

𧮫字从舌从虫，可隶写为𧮫。[1] 李宗焜认为"𧮫字也可能跟舌疾有关"[2]。𧮫似
指口舌糜烂或嘴部痈疽疮疡之疾。

13. 疾言

贞有疾言，佳害。（《合集》440 正）
贞言其有疾。（《合集》13637 正）

胡厚宣认为"疾言"为喉病，指"发音嘶嘎咽喉之病也"。[3] 于省吾谓言、音二字
互作，"疾言"即"疾音"，"指喉音之临将嘶哑言之"。[4] 严一萍认为：言"当读
如瘖，病不能言也"，"若言语障碍，谓之'疾言'"。[5] 今据《黄帝内经灵枢·忧
恚无言》云："人卒然无音者，寒气客于厌，则厌不能发，发不能下至，其开阖

---

① 参见饶宗颐：《巴黎所见甲骨录》，香港，1956 年版，第 33 页。

② 李宗焜：《从甲骨文看商代的疾病与医疗》，中研院史语所《集刊》第 72 本 2 分，2001 年
（下引不再另注）。

③ 胡厚宣：《殷人疾病考》，《甲骨学商史论丛初集》第 3 册，成都齐鲁大学国学研究所专刊之
一，1944 年版。

④ 于省吾：《甲骨文字释林》，中华书局 1979 年版，第 87 页。

⑤ 严一萍：《殷契徵醫》上册，台北，1951 年线装本，第 41 页上。

不致，故无音。"又《灵枢·寒热病》有所谓"暴喑气鞕"即咽喉与舌肌强硬使通气不畅而造成失音。甲骨文"疾言"，也可能指这类因寒邪引起的失音。

14. 疾齿

　　　　壬戌卜，亘，贞有疾齿，隹有害，（《合集》13644）
　　　　贞疾齿，隹父乙害。
　　　　疾齿，不隹父乙害。（《合集》13648 正＋《乙补》4651＋4670＋
4668＋无号甲；《醉古》306）
　　　　贞有疾齿，隹有由。
　　　　贞有疾齿，不隹有由。（《合集》13656 正）
　　　　妇好弗疾齿。（《合集》773 甲）
　　　　贞疾齿，隹喃……
　　　　贞疾齿，不隹喃……（《合集》13648 正）

"疾齿"指牙病。"疾齿隹喃"，喃可能指碎语嗦嗦，象声词，此牙病似指突发性的牙床或牙神经痛之类的疾患，患者或因急剧疼痛而喃喃呻吟不已。

15. 𣪊

　　　　甲申卜，[㱿]，贞隹 [父] 乙 [降] 𣪊。
　　　　[甲申] 卜，㱿，贞不隹 [父] 乙 [降] 𣪊。（《合集》6664 正）

𣪊，李宗焜谓"应该跟牙齿的疾病有关"，"疑从齿从又会意，象拔牙之形。或是牙齿病痛至于摇落，遂以手拔之"。

16. 齵

　　　　贞勿于甲御妇𡆥齵。（《合集》13663）
　　　　贞毋御齵。（《合集》17386）

齵从虫从齿。《说文》："齲，齿蠹也"，或体作齵，即蛀牙。[①]

---

①　闻一多：《释齲》，《闻一多全集》第 2 册，生活·读书·新知三联书店 1982 年版，第 557—558 页。

17. 齿蛊

　　齿蛊。(《合集》13665 正)

　　有疾齿佳蛊，虐。

　　不佳蛊。(《合集》13658 正)

　　贞有□(疾)齿，不佳蛊。(《合集》13664)

"齿蛊"、"疾齿惟蛊"，可能也指牙虫蠹蚀牙齿硬组织。虐字从裘锡圭释，
"与灾祸有关"。[①]《说文》云："虐，残也。"《广雅·释诂》云："虐，恶也。"

18. 疾▢

　　贞有疾▢，佳害。(《合集》13645 正。图 8—4)

1　　　　　　　　　　　　2

图 8—4　齿溢与齿疾

(《合集》13645、13651)

▢，像牙齿外翻形，似指兔唇，但也可能指齿溢、暴牙之类的特殊病例。

　　甲骨文记口腔疾患方面，有疾口、疾舌、砧疾、蛊、疾言等，观察明细
而微，其于牙病，则有疾齿、齿蛊、疾齿佳蛊、龋、疾▢等，辨识仔细。如
有云：

———————————

　　①　裘锡圭：《甲骨文字考释·释虐》，《古文字研究》第 4 辑，中华书局 1980 年版。

己丑卜，争，贞有疾齿，父乙隹有闻，在兆。（《合集》13651）

记商王武丁在兆地，不料齿疾发作，疼吟不已，卜问已故父王是否有闻。则这位商王的"疾齿"，似指突发性的牙床或牙神经痛之类的疾患。

据医史家指出，口腔科的急性冠周炎、脓性颌下炎、扁桃体周围脓肿、咽旁间隙感染舌疾患等，会引起言语困难、沙哑或构音障碍。[①] 疾口、疾舌、砥疾、蛊、疾言，可能与此有关，是知商代几种口腔疾患的细分是有医学知识的依据的。商代牙病罹发率较高，据体质人类学专家对 1950—1953 年殷墟和辉县两地商代中小墓出土人牙的鉴定，殷墟病牙数比率达 30.43%，辉县达 26.25%，意味着两地各有近三分之一的平民患有牙病。牙病的种类有牙周病、龋病和原因不明者等几类，其中牙周病以男性患者为多，龋病以女性为多。龋病罹患率，殷墟为 3.58%，辉县为 6.25%。[②] 从总体看，商代社会与原始时期先民中牙病的高发率相比，平均降低约 28 个百分点，唯患龋率仍大致同如史前黄淮流域下游东部地区，表明商代人的物质生活水平和食物结构较史前大有改善。考古发现的商代人的各种牙病，与甲骨文所记各类牙病名是相一致的。

19. 疾蛊

疾蛊，不隹娩。

疾蛊，［隹娩］。（《合集》6649 反甲）

蛊字从言从凡，疑言辞障碍或脑中风之类。娩读为冓，有凶险之义。

20. 疾

癸未卜，王弗疾。（《合集》34072）

从字表示的疾患部位看，疑嗽字，可能指喘嗽或面颊腮腺炎症。《周礼·天官·疾医》："冬时有嗽，上气疾。"郑注："嗽，欬也，上气逆喘也。"

---

① 周宗岐：《殷虚甲骨文中所见口腔疾患考》，《中华口腔科杂志》1956 年第 3 号。

② 毛燮均、颜訚：《安阳辉县殷代人牙的研究报告》（一、续），《古脊椎动物与古人类》第 1 卷第 2、4 期，1959 年。

21. 疾🔲

　　疾🔲，御于姫己🔲姫庚。（《英藏》97 正）

🔲字勾出疾患部位在颈椎，疑颈部疾患如骨质增生或颈窗之类。

22. 疾腰

　　壬戌卜，🔲，贞御疾🔲姫癸。
　　御疾🔲于姫癸。（《合集》13675 正）

二辞同贞，🔲、🔲从交幺声，腰也；或从口在交中。幺、口亦指示患在腰部位置。此贞腰疾。

23. 心荡（图 8—5）

1　　　　　　　　2

3　　　　　　4　　　　　　5

图 8—5　王心荡、腹胀、腹不安、长疣赘和患脚气症

（《蔡缀》350、《安明》1383、《合集》5373、5370、24983）

己酉卜，宁，贞王♡不……（《合集》6）

贞王♡恧，亡来［娘］自□。一月。二（《合集》12）

贞王♡恧，亡来娘自方。一月。三（《蔡缀》350）

后两辞为成套卜辞的第二卜与第三卜。"♡恧"，裘锡圭释为"心荡"，证以《左传》庄公四年载楚武王告夫人邓曼"余心荡"而不久即卒，认为"指心脏的一种不正常的现象"。[①]"心恧"盖心气不足、心悸或心区憋闷之症。

24. 心疾、心㱃、心魃、心不吉

庚卜，子心疾，亡延。（《花东》181）

甲卜，子又心㱃，姞庚。（《花东》446）

乙卜，贞二卜有求（咎），佳见，今又心魃，亡忧。（《花东》102）

壬申卜，子心不吉，永。（《花东》416）

心疾指心脏病之患。心㱃、心魃似形容心恐慌或心绞痛如受敲击。魃，刘一曼、曹定云读如愦，谓"其义与疾病、凶祸有关"。[②]"心不吉"谓心区感觉不安吉。

25. 疾胸

己酉卜，宁，贞有疾🐚，出。（《合集》18654 正）

🐚字所从乂符，似指示疾在胸部。

26. 疾🐚

贞有疾🐚，弗……

贞有疾🐚，其……（《合集》4477 正甲、乙）

疑腋下胁部痛疾。《黄帝内经素问·至真要大论》有云："两胁里急，饮食不下。"

① 裘锡圭：《殷墟甲骨文考释四篇》，《海上论丛》（二），复旦大学出版社 1998 年版。

② 中国社会科学院考古研究所编著：《殷墟花园庄东地甲骨》第 6 册，云南人民出版社 2003 年版，第 1599 页。

27. 疾役

　　甲子卜，殻，贞疾𫝻不延。

　　贞疾𫝻其延。（《合集》13658 正）

　　有疾［𫝻］，隹有害。

　　有疾𫝻，不［隹有害］。（《合集》2936＋17922＋《乙》3782＋3786＋《乙补》3441＋3451）[1]

"疾𫝻"疑背疾，𫝻字像手持殳捶人背。𫝻，蔡哲茂谓应是𫝻的异体，像用抓痒器搔背，也指背疾。[2]

28. 疾身

　　疾身，隹有害。

　　疾身，不隹有害。（《合集》13666 正）

　　贞王疾身，隹妣己害。（《合集》822 正）

　　贞御疾身于父乙。（《合集》13668 正）

　　贞有疾身，御于祖丁。（《合集》13713 正）

　　丁酉卜，宀，贞疾身于南庚御。（《合集》13669＋《乙补》296＋315＋293；《醉古》255）

　　贞妇好不延𫝻。（《合集》13711）

　　贞𫝻隹害。（《合集》3521 正）

"疾身"指身腹疾患。𫝻，裘锡圭释"疒身"合体字或"疒身"之疒的专字。[3] 别辞有云：

　　□□卜，□，贞□𫝻□彗。（《合集》13431）

　　① 林宏明缀合，见《古文字释丛》，《第十三届全国暨海峡两岸中国文字学学术研讨会论文集》，台北，2002 年。

　　② 蔡哲茂：《甲骨文字考释两则》，《新出土文献与古代文明研究》，上海大学出版社 2004 年版。

　　③ 裘锡圭：《读〈安阳新出土的牛胛骨及其刻辞〉》，《考古》1972 年第 5 期。

像手抚卧床病人身腹之形，当亦指身腹疾患，问是否能荨除。

29. 疗

贞𤵲，隹父乙害。（《合集》6032 反）

𤵲乃疗字，像手抚卧床病人下腹之形，《说文》云："疗，小腹病。"

30. 疗腹

贞𤸫𤸫𦙾。（《合集》13673）

勿𤸫𤸫。（《合集》10948 正）

𤸫、𤸫像双手或只手抚腹，乃腹之别构，"𤸫𤸫"、"𤸫𤸫"即"疗腹"，当指小腹疾患。

31. 腹不安、疾腹

癸酉卜，争，贞王𤸫不安，亡延。（《合集》5373）

隹之疾子𦚠。

非隹。（《花东》241）

子𦚠疾，弱御……（《花东》240）

𤸫从身复声，当为腹的初字。𦚠、𦚠为腹之或体。贞问王腹不安适而惧怕其延缠不已。卜问是否会使子疾腹，及子腹疾要否举行御除病殃之祭。

32. 胀

□申卜，夋，贞今日王其𦙶。（《安明》1383）

𦙶，许进雄谓"其字从肉从长，或用如其义，腹鼓胀，为疾病之问"[1]。言王腹部气胀。一言腹不安，一言腹胀，感觉不同，症状有异，均有辨别，可见当时识明医学已颇为精细。

---

① 许进雄：The Menzies Collection of Shang Dynasty Oracle Bones，Vol. ii，the Text，The Royal Ontario Museum，Toronto，Canada，1977，p. 104。

33. 疾人

> 贞疾𠂤，隹父甲害。
> 贞有疾𠂤，不隹父甲害。（《合集》2123）
> 疾人惟父乙害。（《合集》5480 反）

疾人可能指流疫之众患者，参见后文"疾年"。李宗焜认为，"'疾人'当是人有疾，'人'泛指全身，也许是全身不舒服"。亦备一说。

34. 疾𦝼

> 贞有疾𦝼，隹有害。（《合集》709 正）

陈世辉释𦝼从人从心形，即心字，"心疾是指精神方面的病症"。[1] 今按，𦝼字从勹，勹中符号表示疾患部位或症状，疑胸部疾患。

35. 疾𢾭

> 甲辰卜，宁，贞集其疾𢾭。（《合集》15664）
> 贞不疾𢾭。十二月。（《合集》13692）

两辞对贞，疑一版之折。𢾭像手部伤患而覆裹包扎之意，殆手疾。或释𢾭为罙，谓病重之深。[2] 然甲骨文恒见"其疾某"，"某"均实指某种疾患，则所谓病深说不可据。

36. 疾肱

> 贞疾𠃋肙。（《合集》13677 正）
> 庚午卜，殻，王𠃋，隹有害。
> 乎卩𠃋。（《合集》11018 正＋《乙补》2471＋4084；《醉古》307 正）

𠃋即厷。《说文》："厷，臂上也。"通作肱。《诗·小雅·无羊》"麾之以肱"，

---

① 陈世辉：《殷人疾病补考》，《中华文史论丛》第 4 辑，上海古籍出版社 1963 年版。

② 陈年福：《甲骨文词义论稿》，上海古籍出版社 2007 年版，第 231 页。

毛传："肱，臂也。"疾肱指臂疾。"屮肱"，屮似有治疗扶正之意。

37. 疾肘

> 贞王*疒肘*。
> 贞王*疒*不其肘。（《合集》5532 正）
> 贞中子*疒*疾，乎田于凡。（《合集》21565）

李宗焜释*疒*为肘，像于手臂弯曲部位加了指事符号，《说文》："肘，臂节也。"疾肘可能指臂肘关节炎或肘部疖块肿痒之类的疾患。

38. 疾疋

> 丁巳卜，争，疾*疋*，御于妣庚。
> 疾*疋*勿*萧*，御于父辛。（《合集》775 反）

*疋*像整条腿的倒书形，自屁股至胫合足趾之形，即《说文》所云："疋，足也，上象腓肠，下从止。"疾疋谓腿疾。

39. 疾*臀*

> 贞有疾*臀*，隹父乙害。（《合集》13695 正乙）

*臀*勾示病发部位或病灶在腿足上方之脾部，脾为臀部，《说文》："尻，脾也"，段注："脾，今俗云屁股是也。"疑疾*臀*是臀部痈疽疮疡肿块或坐骨神经疼之类的疾患。

40. 疾胫

> 贞疾*胫*肘。（《合集》13693）

*胫*勾示病发部位或病灶在胫部，胫指小腿，从膝盖到脚跟的一段。《尚书·泰誓》云："商王受斮朝涉之胫。"《论语·宪问》："以杖叩其胫。"孔安国曰："胫，脚胫也。"皇侃疏："脚胫也，膝上曰股，膝下曰胫。"疾胫可能是胫部痈疽疮疡之类的疾患。

41. 足𤵜

乙巳卜，出，贞王𠂆不𤵜。
贞其𤵜。十二月。（《合集》24983）

𠂆像人下肢而突出其脚，当为脚足之本字。《释名》云："足，续也，言续胫
也。"𤵜字从水从火，意指湿热之症，可能属脚气症。脚气多因外侵于湿邪风
毒，或内伤于饮食厚味，积湿生热，流注于脚而发，症状一般为腿脚麻木疼
痛，软弱无力，或挛急，或肿胀，或萎枯，或胫红肿发热。

42. 疾止

贞疾止，隹有害。（《合集》13683）
贞疾止，御于妣己。（《合集》40373）
贞疾止，于妣庚御。（《合集》13689）
贞疾止骨。（《合集》7537）
……隹𤵜止……（《合集》13691）
己酉卜，贞亚从止有彗。三月。（《合集》13426）
□□卜，出，贞王止有彗。（《合集》23803）

"𤵜止"例同"疾止"。《释名》："趾，止也。""疾止"指足趾疾患。或谓脚气
症，但从辞例难以确认。

43. 疾𡰪

……疾𡰪……（《安明》733）
贞勿于父乙告疾𡰪。（《合集》13670）

"𡰪"，圈出病灶部位，或释尻，《玉篇》："尻，髋也。"《广雅》："髋，尻也。"
《说文》："髋，髀上也。"髀髋指大腿和臀部。疑尻或髋疾，即大腿髀枢（髀骨
外侧凹陷部分）或股部疾患。也可能示意病灶在膊部，即大腿和小腿相连的膝
关节处。《释名·释形体》："膝头曰膊；膊，围（团）也，因形团而名之也。"

44. 疾𡇯。

贞王其疾☐。(《合集》376 正)

贞王☐隹其疾☐。(《合集》13700)

☐子卜，永，贞☐其延。(《合集》17238)

贞王☐其虐。(《合集》17224)

贞☐虐亡由。(《殷缀》278 反)

贞王☐肙。

☐不其肙。(《合集》17231)

贞王☐异，其疾不肙。

贞弗☐☐肙。(《合集》4611 正)

戊子卜，㱿，贞王☐肙。(《合集》17230 正)

……☐肙。王占曰：肙。(《合集》17232)

壬辰卜，宕，贞㱿☐克。

贞㱿☐弗其克。(《合集》4349 正甲＋7584 正＋18321＋《乙》4881＋4498＋4712＋《乙补》4305；《醉古》59)

☐、☐、☐、☐同字。"☐虐亡由"，谓☐疾为虐，是否无咎。钟柏生释㱿若瘤，骨形上的点表示骨病，即《说文》云"㱿，剺病也"，并谓"王☐异，其疾不肙"，意思是说"殷王得了膝疾，而且有了变异，惧怕其病加重"[①]。

45. 疾骨

☐午卜，宕，贞有疾☐，隹害。

贞疾☐，不隹害。(《合集》13696 正反)

庚戌卜，亘，贞王其疾☐。

庚戌卜，亘，贞王弗疾☐。王占曰：勿疾。(《合集》709 正)

关于☐字形义的说法很多，直观而言，像骨胛端面及关节之形，泛释骨也可。或谓疾骨为肩有疾。可备一说。

46. 骨凡有疾

戊申卜，贞雀骨凡有疾。六月。

---

①　钟柏生：《说"异"兼释与"异"并见诸词》，中研院史语所《集刊》第 56 本 3 分，1985 年。

戊申卜，贞雀弗其骨凡有疾。（《合集》13869）

贞翌癸卯子渔不其骨凡。（《合集》13871）

辛亥卜，贞犬骨凡疾抑。（《合集》21053）

癸未卜，贞膺弗疾，有疾骨凡。（《合集》21050）

"骨凡有疾"，甲骨文中疾患方面的恒语，有关解释，主要有骨痛说、祸风说、祸重说、肩同有疾即分担尊者疾病说、果犯有疾说、游盘有疾说、肩兴有疾即疾病好转说等。[①] 莫衷一是。余谓"凡"可能指某种疾患症状。别辞有云："御凡更牢"（《合集》22108），御是御除疾患之祭。又有云："己未卜，西子凡，酚。己未卜，往，西子畚，妣庚三牢。"（《合集》22294）凡与畚对言，畚乃孽之一形，凡指患症，义正相近。疑凡通骪，《玉篇》："骪，骨曲也。""骨凡有疾"，可能指骨骪关节部位的骨性疾病，有的可能是受风寒而起。以现代医学知识言，骨性疾病有一般性的，如骨刺、骨质增生、骨质疏松、软骨病、风湿性关节炎、良性骨瘤等，重症者有外伤骨折、化脓性骨髓炎、骨恶性肿瘤等，故往往很难对"骨凡有疾"卜辞加以简单化定性概括，患者的骨性疾病类别和症状未必是相同的。

47. 肬

壬子［卜］，争，贞王𤑓，隹有害。（《合集》5370）

……宾𤑓，隹有害。（《合集》16997）

𤑓、𤑓同字异构，从人正立或侧身形，从卣声，以声求之，殆肬、疣、瘊之初字，像腋下部位长肉瘤之意，属于某种病毒性皮肤病。《说文》云："肬，赘也。"《广雅》云："肬，肿也，赘肬也。"《释名·释疾病》云："肬，丘也，出皮上聚高如地之有丘也。"此形容肉瘤之大。《荀子·宥坐》云："今学曾未如肬赘。"杨倞注："肬赘，结肉也。"又称疣赘，《资治通鉴》卷二百

① 参见张玉金：《说卜辞中的"骨凡有疾"》，《考古与文物》1999 年第 2 期。又裘锡圭：《说"𠦪凡有疾"》，《故宫博物院院刊》2000 年第 1 期。又林小安：《殷墟卜辞"𠦪凡屮疾"考辨》，《揖芬集——张政烺先生九十华诞纪念文集》，社会科学文献出版社 2002 年版，第 221—228 页。又刘桓：《释"𠦪凡屮疾"》，《甲骨征史》，黑龙江出版社 2002 年版，第 317—326 页。又蔡哲茂：《殷卜辞"肩凡有疾"解》，《第十六届中国文字学学术研讨会论文集》，台湾高雄，2005 年。

三云："人气不和而疣赘生。"俗称疣子、瘊子。《玉篇》云："疣疾，肿结病也。"又云："瘊，疣病也。"《广韵》云："瘊，疣瘿。"李宗焜谓腋下部位出现的某种官能不适。意近之。

48. 𣎴疾

　　　　己卜，丁终楼于子𣎴。
　　　　己卜，丁终不楼于子𣎴。（《花东》69）
　　　　丁巳卜，宁，贞妇妹不𣎴疾。
　　　　贞妇妹其𣎴疾。（《合集》13716 正）

𣎴疑𣎴疾之专字。"𣎴疾"疑指某种官能疾患，𣎴字所从小点不在腋下，而示意在腰股两侧和大腿之间胯裆部位，似专指人的胯部官能不适。《说文》："胯，股也。"段注："合两股言曰胯。"

49. 𣎴

　　　　丁卯卜，争，贞有𣎴，肩。
　　　　贞有𣎴，不其肩。（《合集》13674）

𣎴从广从木，或谓像艾术灸疗之形。但以别辞"贞有疾目肩"、"贞疾肱肩"、"贞王肘不其肩"例之，似也指某种人体疾病，贞问能否瘳愈。

50. 疾𣎴

　　　　戊午卜，石陷疾𣎴，不匄。（《合集》22099）

"疾𣎴"，义不详，疑也指某种人体疾病，存以俟考。匄有坏义。卜问石陷疾𣎴，不致遭灾毁坏吧。

51. 疾其佳蛊

　　　　疾其佳蛊。（卢静斋拓本）[1]

----

[1]　引自胡厚宣：《殷人疾病考》，《甲骨学商史论丛初集》第三册，成都齐鲁大学国学研究所专刊之一，1944 年，第 110 辞。

有疾不蛊。（《合集》13796）

上举辞例中的蛊，当非"齿蛊"之类的牙虫，或即《说文》说的"蛊，腹中虫也。春秋传曰：皿虫为蛊，淫溺之所生也"，属于今医学上讲的肠道寄生虫病。

52. 痎

> 己亥卜，争，贞辈有痎勿求（咎）有匄，亡匄。十月。（《合集》17452）
>
> □午卜，痎⋯⋯匄。十二月。（《合集》15417）
>
> □□卜，痎疾。（《合集》17458）
>
> □□卜，宁⋯⋯痎⋯⋯孽。（《陈零》139）

陈邦怀谓痎从疒从虎，即瘧之初字，并引征《墨子·经说下》云："智者若瘧病之之于痎也。"[1] 痎为疟疾，今俗称"打摆子"，冷热病。《周礼·天官·疾医》云："秋时有疟寒疾。"《礼记·月令》云："民多疟疾。"《黄帝内经素问·疟论篇》云："疟，先寒而后热者。"《说文》云："疟，寒热休作。"《玉篇》云："疟，或寒或热病。"这把可考最早的疟疾记载上推到商代武丁时期。

53. 㞕

> 己巳卜，有梦王㞕。八月。（《合集》17446）
>
> 癸丑卜，争，贞旬亡忧。三日乙卯□有艰。单丁人登㞕于录⋯⋯丁巳狸子登㞕⋯⋯鬼亦得疾。（《合集》137 正）
>
> 辛亥㞕壬子王亦梦尹㞕有若⋯⋯于父乙示，余见害在之。（《合集》17375）
>
> 乙亥卜，大㞕□㞕。十一月。（《合集》20086）

㞕字旧释尿，谓尿疾，字像人遗尿之形。[2] 㞕当释为㞕字，读如渗，可能指气候失调造成的流感，患者周身不适，魇梦多汗。《庄子·大宗师》云："阴阳之气有沴。"《汉书·五行志》云："气相伤谓之沴。"

---

① 陈邦怀：《甲骨文零拾考释》，天津人民出版社 1959 年版，第 42 页下。

② 《合集》13887："贞㞕弗其骨凡有疾"，㞕显系人名，也非指尿疾。

54. 疾年

贞有疾年其死。（《合集》526）

“疾年”，当如《周礼·疾医》说的“四时皆有疠疾”，即一年四季中随时随地可能发生的病毒性疠疫传染蔓延。《墨子·兼爱下》有云：“今岁有疠疫，万民多有苦冻馁，转死沟壑中者，既已众矣。”讲当年发生流疫，万民逃亡，路边沟壑中死者甚众。“疾年其死”，殆亦指年内疠疫流行而死亡人众。前举“疾人隹父甲害”（《合集》2123）、“疾人隹父乙害”（《合集》5480反），疾人可能即指受到流疫病毒感染的众患者，唯当时视此类疠疫乃已故先王降灾，与周代所谓“天降疾病”[①] 的病患心理观，应是观念代变的差异。

甲骨文中还有一例“[illegible]”，或认为与某种疾病有关，今举如下：

贞□其[illegible]。
贞□弗[illegible]。（《合集》808正）

从辞例看，[illegible]的词性当同于彗、肙、瘳、愈、除等疾㾓义之词，与疾患类别无关。

由上所述，甲骨文中大体有疾首、首疾、疾目、目疾、目忧、疾盲、疾耳、听忧、耳鸣、疾自（鼻）、息隹出疾、疾口、口疾、疾舌、䑙疾、[illegible]、疾言、疾齿、[illegible]、龋、齿蛊、疾[illegible]、疾[illegible]、疾[illegible]、疾颈、疾腰、心荡、心疾、心𢋉、心魅、心不吉、疾胸、疾胁、疾役、疾身、疛、疛腹、腹不安、疾腹、胀、疾人、疾[illegible]、疾[illegible]、疾肱、疾肘、疾疋、疾[illegible]、疾胫、足[illegible]、疾止、疾[illegible]、疾[illegible]、疾骨、骨凡有疾、肬、胯疾、[illegible]、疾[illegible]、疾其唯蛊、𤸫（疟疾）、㐱、疾年等50余种疾患。如以现代医学分科，可分属之内科、外科、口腔科、齿科、五官科、皮肤科、呼吸道科、消化道科、眼科、骨科、脑科、神经科、肿瘤科、小儿科、妇科、传染病科等。

显而易见，商代疾患的确定，是本之于体态特征的深入观察认识之上的。凡首、目、耳、鼻、口、齿、舌、咽、唇、脑、心、胸、颈、腰、腹、肩、背、脽、手、肱、肘、胯、足、膝、胫、踵、趾等人体各部位，当时已有专词命名，病象病征和病灶病发部位皆因之而定，识明医学在当时已达到

① 《逸周书·祭公解》。

相当高度，较之《山海经》视那种因缺碘引起甲状腺肿大的所谓"拘缨"地方性疾病，当做某类土著人群的形貌特征，无疑进了一大步。

商代系统化的体态知识，断非一朝一夕所能取得。事实上早在原始时期，人们已留意于体态观察。据统计，全国至少有 20 余处新石器时代遗址，出有用不同质料、不同手法雕塑的各类体态的人像，其中有的年代早到距今 7000 年前，造型有人面、人头、半身、整身、立、坐、女像、男像和孕妇像等。① 如辽宁喀左东山嘴遗址的先民，不仅能雕塑不足 10 厘米的小人像，又能塑造比真人大 3 倍的大型女神像，或作站姿，或作盘膝趺坐形，颜面神态捕捉细腻，臂、手、腹、腿、足比例关系适当。② 从这些原始人体造型艺术品，可以看出先民所掌握的体态知识。至商代，人们在这方面的知识更为丰富。历年各地出土的商代人像雕塑约 200 余件，造型有抱腿、抚膝、跪坐、箕踞、蹲居、半蹲半跪、立式、舞式、面像、头像、裸体式、有衣着式、有编辫的、有秃顶的、有神情倨傲的、有形态呆滞的，等等，雕制手法熟练，非谙于对人体貌态的细微观察而莫能为。

商代人们并没有拘泥于人体外表肌体的了解，对内部组织结构也有探索。比如，甲骨文♡字活脱脱像心脏的轮廓形，冎字像骨胛端面形，☒字像骨架相支形，是其明证。1983 年陕西清涧李家崖一处商代晚期城址，出土一块石雕骷髅体人像，③ 两颊瘦削，方形下颌，球状双眼，齿部暴露，体部刻有脊椎骨、肋骨和骨盆，生动勾勒出人体骨架结构的主要特征，可说是最早一件具有解剖学意义的成功作品。

商代丰富而系统的人体体态组织结构知识的积累，促使商代以前人们已能够面对各种病征，据其病理反应症状和病灶部位，作出较为正确的病象病征辨识。

二　病情观察

在商代，不仅能根据病象病征、病发部位或病灶所在，识别何种疾患，而且还能就病征的感觉反应，进行相关疗理，关注病变症状。

甲骨文有云：

---

① 参见曲石、孙倩：《我国新石器时代雕塑人像的研究》，《中原文物》1989 年第 1 期。

② 杨泓：《中国古文物中所见人体造型艺术》，《文物》1987 年第 1 期。

③ 张映文、吕智荣：《陕西清涧县李家崖古城址发掘简报》，《考古与文物》1988 年第 1 期。

　　　　贞有疾肘以小∦，御于……（《合集》13679 正）

∦像一手抓摩状，疑搔之初字。《礼记·内则》云："疾痛苛痒而敬抑搔之。"
郑注："搔，摩也。"疾肘以小搔，或指手臂肘关节处疥块肿痒而施以轻搔。
所记可谓细腻。

　　甲骨文中有按疾患轻重而区分成小疾和大疾两类者，如：

　　　　贞小疾，勿告于祖乙。（《合集》6120 正）
　　　　丁卯，贞妇凡子大疾。（《合集》22395）
　　贞妇好▣大疾延㞢死。（《合集》17391）

小疾和大疾的区分标准，恐怕主要视其病是否延缠不愈而招之后患，乃至死
亡。如卜辞有云：

　　　　辛亥卜，贞玉羌有疾，不死。子占曰：羌其死佳今！其▩亦佳今！
　　　　辛亥卜，其死。（《花东》241）

▩，要也，从幺，像两手抚腰，腰的本字，《释名》"要，约也，在体之中约结
而小也"；在此可能借读为夭。《黄帝内经素问·三部九候论》云："五藏已败，
其色必夭，夭必死矣。"《释名》："少壮而死曰夭。"占辞反复重申玉羌当天会
因病夭折死亡。他辞屡有云："有疾不死"（《合集》13794）、"□㜪子疾不死"
（《合集》13717）、"妇子不死"（《合集》21368）、"不子▦有疾，亡延不死"
（《花东》351）等，也是关注疾病会否死亡。当然小疾也可能病变而酿成大疾，
举凡甲骨文言"有疾唯有害"、"疾身唯有害"、"疾骨唯有害"、"疾自（鼻）唯
有害"、"疾舌唯有害"、"疾齿唯有害"、"疾耳唯有害"、"疾止唯有害"等，无
不关注于疾患的病变恶化并可能会害及人体健康。一辞云：

　　　　壬子卜，宁，贞辛亥王入自夕，王疾有梦，唯害。（卢静斋拓本）①

---

　　① 引自胡厚宣：《殷人疾病考》，《甲骨学商史论丛初集》第三册，成都齐鲁大学国学研究所专
刊之一，1944 年，第 52 辞。

记商王武丁在上一日辛亥外出归来的当晚染疾做梦，第二天壬子日贞人宁为之占卜，问王疾有梦是否会招致祸害。别辞又有：

> 王疾，夕告小臣，若。（《合集》5583）

言武丁在某次患病的当晚，立即召告小臣，问是否能顺利度过。均抱着对病变的恐惧。

当时对疾患的延缠不愈最为担心，故有"王疾首亡延"（《合集》24956）、"贞妇好不延疾身"（《合集》13711）、"妇好其延有疾"（《合集》13713 正）、"妇娭子疾不延"（《合集》22246）等的占卜疾患会否延缠不已。再如：

> 戊戌卜，贞丁未疾目，不丧明。
> 其丧明。（《合集》21037）
> 有疾目其延。
> 有疾目不延。（《合集》13620 正）

"丧明"指目盲失明。害怕小小的眼疾延缠不愈会带来失明的后患。

武丁时甲骨文有记疾病恶化而前后延拖 50 余天死亡者：

> 戊贞。王占曰：兹鬼彪。五旬又一（应是二之误）日庚申丧𧌌。
>
> 乙巳卜，㱿，贞𢀠亡疾。（《合集》13751）
>
> ［癸巳］，贞𢀠其有疾。王占曰：𢀠其有疾，宙丙不庚。二旬又七日庚申丧𧌌。（《合集》13752。图 8—6）

图 8—6　病魔缠身致死病例
（《合集》13752）

胡厚宣释"丧█"为"丧黾"，"黾读为生命之命，急病之侵，至于溢死丧命"。[①] 歼是商王室贵族成员，在他病魔缠身至死的 52 天前的戊（辰）日，商王为他作了占卜，言有鬼附其身。到 25 天后的癸巳日，商王发觉他病情不妙，恐怕逃得了丙日也躲不过庚日会死去，后果真在 27 天后的庚申日歼一命呜呼。其间在几天前的乙巳日又曾为他作过占卜。这可说是一份早期的病变病例记录，唯没有提及歼患的是何种恶疾，单单以鬼魅的信仰观念判断其病。

武丁时甲骨文又有一辞，兼记患者的病象病因，又记其为病魔折磨达半年以上而死者：

> ［丙］申卜，贞蛊骨［凡］有疾。旬又二日［丁］未，蛊允骨［凡有疾。百］日又七旬又［五日庚］寅，蛊［骨凡］有疾。［乙未］夕█丙申［酒］死。（《合集》13753）

蛊，患者名。"骨凡有疾"属于骨性疾病。据现代医学知识，骨性疾病中能在短期内病变而置人于死地者，主要有骨恶性肿瘤，化脓性骨髓炎也会引起败血症致死。另外，严重的风湿性关节炎有可能导致风湿性心脏病并发症，对生命也极具威胁。前两种一般以死于黎明前为多，因人的生理机能在这段时间正处于一天的最低谷。蛊患的可能属于前两种骨性病，自出现病理反应病状后 12 天，病情发作过一次，175 天后再度发作，并急剧恶化，就在其后 5 天的乙未拖延至丙申日之交的黎明时，终于被病魔夺去生命。这片甲骨文内容，可视为中国医学史上最早而经日最长的骨性病变死亡记录。《周礼·天官·疾病》云："凡民之有疾病者，分而治之，死终则各书其所以，而入于医师。"甲骨文虽属于卜辞，但关及病变症状的占辞或验辞，与"各书其所以"，性质有接近之点，两者当有渊源关系。

此外又有关涉孩童疾病生死，以及妇产等妇科疾患者。

商代妇女生命的主要威胁，是孕产致疾死亡。甲骨文有云：

---

①　胡厚宣：《殷人疾病考》，《甲骨学商史论丛初集》第三册，成都齐鲁大学国学研究所专刊之一，1944 年。

　　　　乙丑卜，贞妇爵孕子，亡疾。（卢静斋拓本）①

　　　　丙申卜，殻，贞妇好孕，弗以死。

　　　　贞妇孕，其以妇死。（《合集》10136 正）

　　　　贞子母其毓，不死。（《合集》14125）

孕为腹中怀子之形，毓为产子之形。以，致也，招致、导致之意。杨树达
说："夫为妻占，故云子母。"② 此等辞是问诸妇会否孕产致疾死亡，或直接
卜问子母在生育时会否死去。又有云：

　　　　贞靳丁人妫，有疾。（《合集》13720）

　　　　壬午卜，鲁妫。允妫延死。（《合集》22102）

妫指生男孩。一问靳丁人会否因生下男孩而患上疾病；一问鲁是否生男孩，
后果然生下男婴但鲁本人却为病魔延缠而亡。妇产病包括有产后受风寒、产
后大出血、细菌感染即产褥热引起败血症等，尤以后两种对产妇的威胁是致
命性的。

　　孕育死亡常波及母子两代人性命。殷墟苗圃北地一墓，发现墓主两腿骨
间有一婴幼头骨。王裕口西地一墓，女性墓主左侧也有一小儿骨架，头向与
墓主一致，躯骨已腐朽。③ 这大抵均为生育过程中发生的母子双亡事件。武
丁时甲骨文有记：

　　　　五日丁卯，子由㚼，不死。（《合集》10406）

或谓㚼即娩字，亦作娩，"生子二人俱出为娩"，指生双胞胎儿。④ 此辞大致
讲子由临盆生子，所幸皆得渡过生死难关。别辞有云：

　　① 引自胡厚宣：《殷人疾病考》，《甲骨学商史论丛初集》第三册，成都齐鲁大学国学研究所专
刊之一，1944 年，第 37 辞。

　　② 杨树达：《积微居甲文说》卷下，上海古籍出版社 1986 年版，第 88 页。

　　③ 中国社会科学院考古研究所编著：《殷墟发掘报告》（1958—1961），文物出版社 1987 年版，
第 212 页。

　　④ 胡厚宣：《记故宫博物院新收的两片甲骨卜辞》，《中华文史论丛》1981 年第 1 辑。

贞妇好娩，不其妫。王占曰：丮，不妫，其妫，不吉。于[illegible]若兹乃死。（《合集》14001。图 8—7）

图 8—7　妇好分娩之卜

（《合集》14001）

记妇好临盆，商王武丁为之占卜，拿不准是生男还是生女，但总觉得不太安吉，结果产妇还算顺利无事，婴儿却死了。在此类场合，母子的生死总是连带在一起的。

尽管商代以前人们已能根据掌握的人体体态知识，辨识众多疾患的病象病征，但其病情观察和病变记录，多半是作为占卜程序的一部分而述其所以，反映了当时对于疾病的延缠不愈和病情是否会恶变致死等后患的关注和恐惧，仍有其盲目的成分，这也是早期医学实践中出现的必然现象。

第二节　巫医交合

一　巫术作医

上古“医术”的效能，每每与主观意识所产生的幻想相平行，信仰上的模糊感和神秘性，远比由医疗实践而取得的成功经验更具魔力，这与当时的疾患心理因素和认识水平，是紧相关联的。

早先人们通常把疾病的致因，直接归诸自然界神祇的降灾或人鬼作祟，甲骨文有云：

……帝降疾。（《合集》18756）

丁巳卜，贞亡降疾。

贞帝肇王疾。

贞不隹下上肇王疾。（《合集》14222）

“肇疾”犹言“降疾”。“下上”者，义同《商书·太甲上》“先王顾諟天之明命，以承上下神祇”及《周礼·春官·小宗伯》“祷祠于上下神示”，上指天神，下指人间地祇诸神。知商代人有视疾病为上帝鬼神对人间或时王的降警。但在许多场合，是把疾病直接视为先王先妣先臣在作祟危害于生者，如甲骨文有云：

贞王疾隹大示。（《合集》13697 正乙）

［贞］王疾不隹大示。（《合集》13697 正甲）

隹［祖］辛害王目。（《合集》1748）

贞告疾于祖乙。（《京津》1650）

贞有疾，告羌甲。（《合集》869）

贞高妣己𡧛王疾。（《合集》13708 正）

乙未卜，𣪊，贞妣庚𡧛王疾。（《合集》13707 正）

贞隹多妣肇王疾。（《合集》2521 正甲）

疾身隹有害。隹多父。（《合集》13666）

贞隹多母害。（《英藏》113）

□午卜，𣪊，贞有疾止，隹黄尹害。（《合集》13682 正）

大示、祖辛、祖乙、高妣己、妣庚、多妣、多父、多母、黄尹等已故先人，都可能成为致疾于人的死神。这种疾病心理观当来源于原始鬼魂崇拜。

原始先民不懂得人的精神活动要依赖于人的肌体活动，认为人死而灵魂不灭。《礼记·祭法》云："人死曰鬼。"《说文》云："人所归为鬼。"《韩诗外传》云："人死曰鬼，鬼者归也。"《论衡·解除篇》记有一则上古的传说，其云："昔颛顼氏有子三人，生而皆亡，一居江水为疟鬼，一居若水为魍魉，一居欧隅之间主疫病人。"在当时人们心目中，鬼魂有着超人的力量，能对生者行为进行监视，能作祟于人，人的疾病即因鬼魂作用而起。

人们为消病除疫，通常采取各种手段安抚鬼魂，或祭祀以讨好之，或以虔悔来消除鬼魂的不满，或表示屈服以取悦之，或用某种仪式驱赶疫鬼。[①]但消除灾害必须借助于能够沟通人鬼间的媒介来完成，即巫的力量，比如，甲骨文有云：

贞王𦳊。（《天》85）

---

① 参见朱天顺：《中国古代宗教初探》，上海人民出版社 1982 年版，第 181—187 页。

□亥，王卜，□不[illegible]□鬼。九月。（《合集》24984）

庚辰，贞□降鬼，允隹帝令。

庚辰，贞其[illegible]鬼。（《合集》34146。图 8—8）

图 8—8　手执十字交法器殴鬼之祭

（《合集》34146）

[illegible]像一人头戴面具卧倚版榻状，或即《仓颉篇》“阴病疑瘣”的瘣字初形，盖指装扮鬼相驱疫鬼。《论衡·订鬼篇》云：“巫者为鬼巫。”近代原始民族中有以鬼神附体与之沟通的巫术，如萨满施行巫术时，“下神”是其活动的核心①。“王[illegible]”似记商王自为鬼巫惊殴疫疠之鬼。“[illegible]鬼”之[illegible]的下裆大空而省缺了一口，当为去字省形，谓驱鬼。“降鬼”与“[illegible]鬼”同贞，降鬼或指降服恶鬼，并视为上帝所命。“[illegible]鬼”之[illegible]字，像手执某种十字交法器，可能属于索室殴鬼之祭。《周礼·夏官》云：“方相氏掌蒙熊皮，黄金四目，玄衣朱裳，执戈扬盾，帅百隶而时难，以索室殴疫”，郑注：“蒙，冒也，冒熊皮者以惊殴疫疠之鬼，如今魌头也。”方相氏戴面具执戈扬盾，率领百人殴除恶鬼的大规模巫术行事，与殷人手扬殳状十字交法器殴鬼之祭，性质有相近之处。古代有戴假面具装扮鬼巫以惊跑疫鬼的巫医行为。商代的面具在殷墟、西安老牛坡、滕州前掌大、城固苏村、新干大洋洲、广汉三星堆等遗址均有出土，有的为舞具，有的则可能曾用于殴疫场合，为巫师的法器。

巫是原始鬼神崇拜的直接产物。《一切经音义》云：“事鬼神曰巫。”由于人们把疾病致因视为鬼魂作用，故以巫师充当人鬼间的中介人角色，寄希望于巫术行为，安抚鬼神而达到消除疾病的目的。巫师的消病除疫，即是以对幻想中的病魔恶鬼的颂祷词或诅咒，构成巫医行为的核心。《公羊传》隐公四年云：“钟巫之祭。”何休注云：“巫者，事鬼神祷解以治病请福者也。”《韩诗外传》记有一则上古时代巫术行医的故事，其云：

① 秋浦：《萨满教研究》，上海人民出版社 1985 年版，第 141 页。

> 上古医曰茅父，茅父之为医也，以莞为席，以刍为狗，北面而祝
> 之，发十言耳，诸扶舆而来者，皆平复如故。

这位茅父行医治病的方式，跪坐在莞草编织的席子上，依仗茅草束扎的狗，装神弄鬼，活脱脱就是位巫者。

上古时期巫医不分。《广雅》云：“医，巫也。”王念孙云：“医即巫也，巫与医皆所以除疾，故医字或从巫作毉。《管子·权修篇》云：‘好用巫毉。’《太元元数篇》云：‘毉为巫祝。’”毉字本从巫，正揭示了古代巫医不分的事实，说明早期医学的产生，与巫术有密不可分的联系。巫师作医，文献不乏其证。《世本·作篇》云：“巫咸作医。”《太平御览》卷七二一引宋衷注云：“巫咸，尧臣也，以鸿术为帝尧之医。”《吕氏春秋·勿躬》云：“巫彭作医。”《山海经·大荒西经》云：“有灵山，巫咸、巫即、巫盼、巫彭、巫姑、巫真、巫礼、巫抵、巫谢、巫罗十巫，从此升降，百药爱在。”《海内西经》又云：“开明东有巫彭、巫抵、巫阳、巫履、巫凡、巫相，夹窫窳之尸，皆操不死之药以距之。”郭璞注云：“皆神医也。为距却死气，求更生。”《天问》有云，鲧“化为黄熊，巫何活焉”，也把巫与治病更生相提并论。这些传说表明，在上古人们的心目中，巫是沟通人与鬼神间信息的媒介，依靠巫术的力量，人可以祛病消灾，因为巫师不仅能与天间升降相通，并且持有来之天间的神药。在巫师从事的神职中，一个重要方面就是医治病患。

商代去原始社会已远，但巫者作医的行为方式仍有其广泛社会思想基础的沃土，受固有鬼神信仰观念的支配，即使巫者有过无数次失败，但其偶尔的一些成功医病例子，照常能益发得到人们的信从。《逸周书·大聚解》记武王灭商，曾效仿“殷政”，其中就有“立巫医，具百药，以备疾灾，畜五味，以备百草”。

商代巫医交合，有其时代特色。因上帝观念产生，早先皆视为鬼魂作祟，渐而演变为疾病系上帝对下界的降警，故一度充当沟通人鬼间交往中介的巫者，有可能上升为能“绝天地通”[①]而协于上下，进行上帝与人间意识交流的特殊人物。甲骨文有云：“贞佳咸戊”（《丙》43 正），咸戊为商王大戊时的巫咸，《尚书·君奭》云：“格于上帝，巫咸乂（治）王家。”在商王朝政治权力结构的组合中，巫师成为王的有力配角，巫死后能成为巫先神而受

---

① 《尚书·吕刑》。

祭享，能充当上帝的座上宾，继续发挥其协于上下的作用。

　　商王的行为，有时也带有巫的色彩。如前引甲骨文中有商王武丁亲自为某贵族的疾病进行占卜，占得其疾患属于"兹鬼彪"。可见商王表现出了掌握着神鬼世界动向的巫术本领。陈梦家曾经说过，商王为群巫之长，由精神领袖而上升为政治领袖。[1] 张光直也指出，三代的王者行为，均带有巫术和超自然的色彩。[2] 原始信仰系统的巫术，显然已被三代统治者拥为强化其显赫政治权威并有效行使其权力的借力，成为象征王权的重要方面。

　　在商代贵族生活中，巫医的行为方式，被视为生命存在价值的保障和精神报应的依托，要想排除鬼神作祟对生命的威胁，可以靠巫的力量。甲骨文有云：

　　　　其用巫求祖戊，若。（《合集》35607）
　　　　乙亥，扶，用巫，今兴母庚允使。（《合集》19907）
　　　　甲戌卜，王，龙以示乎巫。
　　　　辛……宙巫……母庚……　（《合集》20365）
　　　　丙戌卜，□贞。巫曰：馭贝于妇用，若。一月。（《合集》5648）
　　　　惟巫言舌。（《合集》30595）

可知，巫师施用法术，是为求得已故先祖的保佑，或召至神灵的降临以进行人神间的意愿传递，或利用巫术与已故母辈相沟通。巫师的言行解答，还可使患者获得精神上的安慰。巫师的作祭，似乎也能求得患者的平安。

　　另外，巫师还能为患者御除疾殃，他辞云：

　　　　丙申卜，巫御。
　　　　不御。（《合集》5651）
　　　　贞巫昜不御。（《合集》5652）
　　　　贞弗求（咎）王，宙巫。（《英藏》1957）

---

　　① 陈梦家：《商代的神话与巫术》，《燕京学报》第 20 期，1936 年。
　　② K. C. Chang：Art，Myth and Ritual：The Path to Political Authority in Ancient China，Harvard University Press，1983.

御为御除病殃的仪式。巫又能为商王驱除灾咎。《抱朴子外篇·仁明》云：
"疫疠之时，医巫为贵，异口同辞，唯论药石。"巫师为患者御病，其中容或
也有"百药爰在"、"唯论药石"的作医程序。故像女巫在病榻边跪而祷祝意，
与上述茅父为医，以莞为席，北面而祝之，替患者消除病祟，可相对照。

有时商王本人还可直接充当巫师为自己驱除鬼神作祟。如：

> 庚戌卜，朕耳鸣，有御于祖庚羊百有用，五十八有毋用新今日。
> 庚戌卜，有鸣，御于妣辛罟父丁，惟之有及🐲。
> 庚戌卜，叀旧御往。
> 庚戌卜，余自御。（《合集》22099。图8—9）

图8—9　商王杀牲致祭戒耳鸣之症

（《合集》22099）

朕、余是商王武丁自谓。商王为其耳鸣的病症，可与先王先妣沟通，杀牲致祭进行自御。据蔡邕《广连珠》云："目瞤耳鸣，近乎小戒也。"① 这种迷信眼睑神经牵动及耳内轰鸣为灾变之兆，早在商代已然。

商代晚期以降的几位商王，好为巫医的，尤数武丁。甲骨文中有关疾病的占卜，近百分之九十六七出现在武丁时期，武丁既自己充当巫师御除病祟，又曾为鬼巫惊殴疫鬼，还能关心众多的朝臣、王妃、子息或其他贵族成员的病患，并为他们判断病象病因，析其病征，察其病情变化，进行巫术作医。《礼记·乐记》云："疾病不养，老幼孤独不得其所，此大乱之道也。"商王武丁关注巫术作医，恐怕也有追求政治上有所作为的用意，他算得上是一位心智能力与病理药理知识超群的政治家兼总巫师。

商王为巫术作医时，王朝内一批巫师每每降到次要位置。甲骨文有：

　　　　丙戌卜……巫曰：御。（《合集》5649）

在此场合，巫师似乎成了一位向王提供参考意见的副手。尽管王和巫同时都充当了与鬼神沟通的中介人角色，但王是主角，巫只是王的配角，只能附从王的言行举止。

显而易见，商代并非属于那种"民神杂糅，不可方物，夫人作享，家为巫史"② 的巫觋信仰泛滥时期，巫的阶级属性十分鲜明，是王权的组成部分。当时并非所有人都能与鬼神沟通，唯有以王为首的少数人独占着这种巫术的权力，握有巫医的专门知识，且这种知识也不是为社会的所有人服务的。

商代各地诸侯或族氏方国，也自有其巫。甲骨文有"巫由"、"巫奂"、"巫如"③ 等，殆兼记其出身族氏名。又有"周以巫"、"冓以巫"、"妥以巫"④ 等，是各地向商王朝致送巫师。巫可致送，则其地位应在当地上层权贵之下，表明巫已作为当时社会一个专门的知识阶层，而服务于贵族阶级，在社会生活和政治权衡场合，常常成为权贵之间进行某种交易的利用对象。

---

① 《太平御览》卷四五九引。

② 《国语·楚语下》。

③ 分别见《合集》20364、20366、5650。

④ 分别见《合集》5654、946、5658。

巫以其握有的特殊知识，得以跨越地缘和时空，身份却不会改变，死后也如此。甲骨文有已故巫师称"东巫"、"北巫"者[①]，为神名，这批带自然神性的人格神，群称为"巫先"、"四巫"[②] 等，仍被视为鬼神世界的一个专门知识阶层。

河北藁城台西商代中期遗址发现的一座墓，墓主约为一 45 岁左右的中年男性，随葬有不少铜、石、骨、陶器，近头部一侧有卜骨 3 块，脚边放着一个长方形漆匣，内装"石砭镰"的医疗用具，生前应是位巫师[③]，与文献说的巫作医可对照。同墓又殉有一 20 岁左右的青年女子，可见墓主生前地位不算太低，但随葬品在同批墓群中却又只能列为中等偏上，说明其应处在当地上层权贵的属下，充当着巫医的专门角色。

巫因鬼神崇拜而产生，巫医不分，是信仰与理性的合一。从原始社会巫"事鬼神祷解以治病"，到巫"多明药性"，到商代有专职的"小疾臣"巫医之设，其中深含着人们在生活实践中所历经的无数次痛苦的失败教训和日积月累的经验认识。为学日益，为道日损，一旦人们从鬼神的幻觉世界回到人气的现实世界，巫医之分也就势在必然。

二　医疗的俗信

上古巫师作医，内含一些合理的医疗术，只是受认识的局限，在行为状态和信仰系统上采取了占卜、致祭、诅咒、祈禳、驱疫等一系列歪曲处理的巫术方式，但其合理的医疗术，乃出于人们长期生活和生产中经验教训的提炼，在一定条件下，会向俗信转化，形成一种传统习惯，在人们的行为上、口头上或心理上保留下来，并直接或间接服务于生活。[④]

据《帝王世纪》记载的传说，远古时有伏牺，"尝味百药，而制九针，以拯夭枉"。又有神农，"尝味草木，宣药疗疾，救夭伤之命"。《淮南子·修务训》中也说，神农"尝百草之滋味，水泉之甘苦，令民知所避就，当此之时，一日而遇七十毒"。《搜神记》卷一则云："神农以赭鞭鞭百草，尽知其平毒寒温之性、臭味所主。"所谓药性滋味，即《本草经·序录》中指出的

---

①　分别见《合集》5662、34157。

②　分别见《合集》21880、34120。

③　河北省文物研究所编：《藁城台西商代遗址》，文物出版社 1985 年版，第 143、147—149 页。

④　参见乌内安《中国民俗学》，辽宁大学出版社 1988 年版，第 240 页。

"药有酸、咸、甘、苦、辛五味，又有寒、热、温、凉四气，及有毒、无毒"。假托圣人味尝百药而制九针的传说，反映了先民曾冒牺牲生命的风险，进行医疗实践的探索及药物的辨识和利用，一些成功经验，很早就被揭去了原先的神秘色彩，作为一种医疗俗信，在人们心理上、行为上发挥着积极作用。

　　商代明确作药用的植物多有发现。河北藁城台西遗址曾于三座房址中，发现不少陶器，分装着许多药用植物果实或种子，有蔷薇科桃属的桃核和去核的桃仁，有同科樱属的郁李和欧李之仁，有李实、枣、草木樨、大麻籽等。据古代药书记载，桃仁是活血化瘀的代表性药物，有止咳逆上气、杀小虫、下瘀血、通经、治腹中结块、通润大便、症瘕邪气等作用，但多食会致腹泻。郁李仁历来专供药用，可通便、泻腹水、治浮肿，能破血润燥。李实可除痼热，其核仁可治面黚黑子。枣能健脾益血，枣核入药，有酸收益肝胆之效。草木樨能清热解毒。大麻籽为润肠通便药，有祛风、活血通经功能。大麻仁酒可治骨髓风毒和大疯癫疾等，但有缓泻作用，不能随便食用。[①] 这类药物分门别类成批出土，正表明药物治病已作为一种医疗俗信，很早就存在于人们的社会生活中。

　　武丁时甲骨文有云：

　　　　甲子卜，㱿，贞王疾齿，惟易。（《合集》10349）
　　　　甲子卜，㱿，贞王疾齿，亡易。（《合集》13643）

两辞对贞。易有治义。[②] 卜问商王武丁患牙病，可否治愈。这反映了当时对齿疾治疗的积极态度。《国语·楚语上》记武丁作书云："若药不瞑眩，厥疾不瘳。"又见《孟子·滕文公上》，乃《尚书·说命》逸篇的佚文。赵岐注云："瞑眩，药攻人疾，先使瞑眩愦乱，乃得瘳愈也。"说的是如果服药后感觉不到头晕目眩的药物反应，病就好不了。别辞又云：

　　　　辛丑卜，自，贞子辟䨼，小疾臣不其忧🔲抑？忧🔲！三月。（《合集》

---

　　① 耿鉴庭、刘亮：《藁城台西商代遗址中出土的植物》，《藁城台西商代遗址》附录三，文物出版社1985年版，第193—196页。

　　② 《孟子·尽心上》"易其田畴。"赵岐注："易，治也。"

21036。图 8—10）

子辟为商王武丁时诸子，霆谓风寒之疾，小疾臣是医官。㗊从舟从目，殆语辞。小疾臣诊疗子辟之病后连连说不会带来忧患。可见商代人对疾病医疗以及药性药力的俗信，还是恪信不疑的。

图 8—10　小疾臣诊疗子辟之疾
（《合集》21036）

除药物外，当时还能进行外科开颅术，安阳后冈 M9 墓一具成年男性头骨上，位于前囟点处有一穿孔，内创缘直径约 8 毫米，外创缘直径约 19 毫米左右，呈喇叭形，斜坡面经人工刮削，表面钝化变得齐整光滑，可判断手术成功，术后存活。[①]

另外，又发明了外针砭术。《山海经·东山经》云："高氏之山，其下多箴石"，郭璞注云："可以为砭针治痈肿者。"《淮南子·说山训》云："医之用针石"，高诱注云："针石所抵，弹人痈痤，出其恶血。"《黄帝内经·素问》云："其病为痈疡，其治宜砭石"，旧注："砭石如玉，可以为针。"《说文》云："砭，以石刺病也。"《盐铁论·申韩》云："下针石而钻肌肤。"《汉书·艺文志》云："箴石汤火所施"，颜师古注："箴，所以刺病也；石谓砭石，即石箴也，古者攻病则有砭。"凡箴石、针石、砭石、石箴、砭针、砭、箴、针等，写法或称法不同，但均指同类性质的针疗器具，盖因取材不一之故。

这种针疗器具，古代有以竹、骨、牙、石等为之者，金属发明后，或又以新材料制之。针的形制不同，疗法也不一样。如所谓九针，有头大末锐的镵针；形如卵形的圆针；锋如黍粟的锃针，刃三隅的锋针；末如剑锋的铍针；圆锐而中身微大的圆利针；尖如蚊虻喙的毫针；锋利身薄的长针；尖挺锋微圆的大针，等等。针对人体不同病征和不同部位，可施用不同的针，如锋针可发痼疾，铍针可取大脓，圆针可按摩体表，圆利针可取暴气，毫针可取痛痹，长针可取远痹。[②] 有学者认为，考古发现的石卵、石刀、石镰、石

---

① 韩康信、陈星灿：《考古发现的中国古代开颅术证据》，《考古》1999 年第 7 期。

② 赵璞珊：《中国古代医学》，中华书局 1983 年版，第 18—19 页。

棒、骨针、骨锥等，在当时人们的日常生活中，当有兼用于医疗目的。如石卵，可火煨水热以温熨患处，近似圆针的性质。石棒可用于叩击体表。有的则类似铍针、锋针，可用于切割痈脓、刺泻瘀血。[①] 商代的针砭医疗器具，考古有发现。河北藁城台西中商遗址，曾出土砭石 3 件，均作拱背凹刃，尖端圆钝，长度在 20 厘米左右，形似镰刀，也称"砭镰"，可用于切破痈脓，排除瘀血。其中一件，出土时装在一只黑色朱彩的带盖扁长方体漆盒内。[②]湖南石门皂市商代遗址，出有一种长约 13 厘米，外表光滑的石棒，据说是用于叩击体表的砭针。[③] 殷墟大司空村一座商墓的人架背下，发现有两件骨锥，呈八字形放置，锥尖对人体，其中一件刺及胸椎骨。[④] 骨锥刺破肌肤而深扎体内，似乎属于针刺治疗失败致死的病例。《盐铁论·轻重》有云："拙医不知脉理之腠，血气之分，妄刺而无益于疾，伤肌肤而已矣。"商代针砭术似仍处于早期探索阶段，疗效还显得不大成熟，人们曾为此付出过惨痛代价。所谓"妄刺"，也可用来形容这种探索过程中出现的事象。

有学者认为，甲骨文殷字写作🦴，本意像一人身腹有疾，另一人手持针刺之；与针疗殷字有关的另一个🦴，像艾木灸疗之意；还有一个🦴，是指按摩体腹。[⑤] 此说有争议。而从有关考古发现资料提供的信息看，商代人们对于疾病的治疗，手术、药物、针灸、按摩数者俱备。商代针砭疗法，还处在盲目信奉的摸索之中，作为深层次的经络学说还没有产生。不过屡屡的失败，并没有使人们因噎废食，通过不断摸索，不断总结，不断进取，也带来了成功的希望，后世中医学上的药物学和针灸医科的出色成就，正是在古往今来人们的前赴后继努力探索中取得的。

然而，必须看到，商代医疗俗信的发展并没有导入与巫术信仰截然对峙的局面，有关医术中不可思议的认识局限，同样蒙有深深的神异色彩，以致与巫术长期相杂糅。

商代巫医交合十分兴盛，上述台西中商遗址，盒装的医疗器具砭镰，与

① 马继兴、周世荣：《考古发掘中所见砭石的初步探讨》，《文物》1978 年第 11 期。

② 马继兴：《台西村商墓中出土的医疗器具砭镰》，《文物》1979 年第 6 期。

③ 周世荣：《湖南石门县皂市发现商殷遗址》，《考古》1962 年第 3 期。

④ 中国社会科学院考古研究所编著：《殷墟发掘报告》（1958—1961），文物出版社 1987 年版，第 258 页。

⑤ 胡厚宣：《论殷人治疗疾病之方法》，《中原文物》1984 年第 4 期。

3块卜用牛胛骨同出一墓。显然，尽管人们通过长期医疗实践所获得的许多可贵的成功经验，已相继作为传统俗信而被继承和发扬，但认识的局限往往落后于理性的探索，况且人们还没有摆脱超自然势力的支配，因而复又使某些合理性经验蒙上了一定的神秘性色彩，反而为巫医行为的施展提供了逆向发展条件。但是当时的传统俗信中的科学成分和经验概括，毕竟是主流所在，人们知"药不瞑眩，厥疾不瘳"，"制九针，以拯夭枉"，面对迷信桎梏而表现出的主动性分辨和取舍，也是态度积极的。

第三节　梦幻与占梦

一　梦兆迷信

梦幻因生理、精神心理或病理诸因素而致，是人体的一种比较特殊的生命活动，通常在人的睡眠过程中发生，为人类精神生活范畴中的一种运动形式。人对梦幻的思索，本质上属于对自身认识的一种"反观"。[①] 这种"反观"，又每为一时代的思维认识所左右。上古时期人们受限于对自身构造及梦景梦象的不解，把梦幻视为人的灵魂的活动，视为神灵鬼魂对做梦者吉凶祸福的示兆，由此产生了梦兆迷信，进而有寻求如何致好梦及根据梦象预测做梦者在未来吉凶善恶的占梦行事。

商代的梦兆迷信与占梦行事，文献中有传闻。《今本竹书纪年》云："汤将奉天命放桀，梦及天而舐之，遂有天下。"《帝王世纪》云："汤思贤，梦见有人负鼎抗（抱）俎对己而笑。寤而占曰：鼎为和味，俎者割截天下，岂有人为吾宰者哉？初，力牧之后曰伊挚，耕于有莘之野。汤闻，以币聘有莘之君，留而不进。汤乃求婚于有莘之君，有莘之君遂嫁女于汤，以挚为媵臣，至亳，乃负鼎抱俎见汤也。"《尚书·说命上》云："高宗梦得说，使百工营求诸野，得诸傅岩。"《国语·楚语上》云："昔殷武丁，能耸其德，至于神明……如是而又使以象梦求四方之贤圣，得傅说以来，升以为公。"《逸周书·程寤》云："文王去商在程，正月既生魄，大姒梦见商之庭产棘，小子发取周庭之梓树乎阙间，梓化为松柏棫柞。寤惊，以告文王，文王乃召太子发占之于明堂，拜吉梦，受商之大命于皇天上帝。"[②]《墨子·非攻下》云：

---

① 参见刘文英：《梦的迷信与梦的探索》，中国社会科学出版社1989年版，第1—11页。

② 《太平御览》卷三九七、五三三引。

"武王践功（阼），梦见三神曰：予既沈渍殷纣于酒德矣，往攻之，予必使汝大堪（戡）之。武王乃攻。"诸如此类商周圣王吉梦与占梦的说法，难以尽信，但多少折射出古人的梦兆迷信。

《汉书·艺文志》云："众占非一，而梦为大。"占梦是以人们的自身体验作为沟通人神、预测吉凶的中介，故较之于其他占卜，占梦更有一种特殊的神秘性和迷惑力。[①]《周礼·春官》"占梦掌其岁时，观天地之会，辨阴阳之气，以日月星辰占六梦之吉凶：一曰正梦（郑氏注：无所感动平安自梦）；二曰噩梦（谓惊愕而梦也）；三曰思梦（觉时所思念之而梦）；四曰寤梦（觉时道之而梦）；五曰喜梦（喜悦而梦）；六曰惧梦（恐惧而梦）。"这是讲利用星占术作为占梦手段，具体到如何附会岁时变化、日月星辰的位置变异及阴阳消长，预占六种梦象梦兆所示人事吉凶，今已不得其详。

甲骨文出土，弥补了此方面的遗憾，可资深入考察殷商时期人们生活中的梦兆迷信与占梦行事。

二 殷人睡眠中的梦景梦象

甲骨文梦字写作𤕷、𤕸，像人倚第而卧，恍兮忽兮魂交梦见之意。[②] 从有关卜辞可以进而考察殷人睡眠过程中所致的梦景梦象，以及与此相关的梦魂观念、梦因、梦兆迷信、占梦释梦和禳梦。

甲骨文所记殷人睡眠过程中的梦景梦象，有梦气候变化云：

……梦雨，亡勹。（《合集》12900）

勹有祸忧义。梦下雨不会遭致祸忧么。有梦见震动云：

□□□，殷，□……隹震……有梦。（《合集》17364 正）

震可能指邑中发生非常事态，也可能指雷震或地动。敦煌遗书《周公解梦

---

① 参见刘文英：《梦的迷信与梦的探索》，中国社会科学出版社 1989 年版，第 9 页。

② 参见丁山：《释𤕷》，中研院史语所《集刊》第 1 本 2 分，1930 年。

书》残卷云："梦见雷震，忧移徙。梦见地动，忧移徙。"[①] 有梦行止云：

> 丙辰卜，穷，贞乙卯㞢丙辰王梦自西。（《合集》17396）
> 王梦北从安，隹……（《合集》795）
> ……梦步……（《合集》17474）

梦中出行方向或西或北，或记步行。有梦见外来者云：

> 贞王梦亡其来……（《合集》17395 正）

来指来使或来艰，即敌情警报。有梦战争征伐云：

> ……（庚戌）㞢辛亥王梦我大敦……（《合集》17375）

敦谓敦伐，记庚戌夜与辛亥日之交的天明前王梦见自己敦伐征讨。有梦见器物或祭品云：

> 辛丑卜，㱿，贞王梦㫃，隹佑。（《合集》6948 正）
> 乙巳卜，穷，贞王梦箙，不隹孽。（《合集》17388）
> □巳卜，□，贞王梦珏，隹□。（《合集》17394）
> 己亥卜，子梦人见（献）子玉，[亡] 至艰。
> 己亥卜，叀今夕爯玉□，若永。用。（《花东》149）
> 乙卯卜，卤十。用。
> 亩梦十。用。（《合集》22294）

做梦者有商王，也有子。㫃谓斿旗。珏，《说文》云："二玉相合为一珏。"箙，一作贞人名，但以"王梦㫃"、"王梦珏"例之，也可能指箭箙。《玉篇》称："箙，盛矢器，藏弩箭为箙。"王梦见斿旗，能得到保佑么。王梦见箭箙、礼玉，是否有灾孽。爯者，举也。艰者，祸孽之意。"若永"，占卜恒语，若者，顺祥休善也，永者，佳美、福佑也。"子梦人见（献）子玉"与

① 见刘文英：《中国古代的梦书》，中华书局 1990 年版，第 30 页。又见《敦煌遗书·伯 3908》。

"叀今夕禼玉□"同卜，意谓子今夕梦见人举献礼玉。此梦不是祸孽而会顺祥佳美，盖视为好兆头。"卤十"与"梦十"同卜，"梦十"读为"梦卤十"，卤为天然盐块，谓梦见盐十块。卤一释由，为人脑袋，大意说梦见用十个人牲的头颅祭祀。① 可备一说。有梦商王在宗庙秉祭器云：

甲戌卜，□，贞有梦，王秉𩫖在中宗，不隹𡇈。八月（《合集》17445）

□戌卜，宁，贞□梦，王秉𩫖。（《合集》17444）

𡇈，一般通释咼，读为祸，裘锡圭从唐兰释"繇"，引《左传》闵公二年"成风闻成季之繇"及杜预注"繇，卦兆之占辞"，谓繇"疑当读为'忧'，'忧'与'繇'古音更相近。《尔雅·释诂》训'繇'为'忧'"。② 𩫖，可能指一种带棘的干状旍旗类器物。《诗·小雅·出车》："旐旗央央。"郑氏笺云："设旐者属之于干旄而建之。"记商王梦境中在中宗之庙秉持𩫖器，不会有祸忧么。有梦见祭祀仪式云：

贞王梦祼，隹𡇈。

王梦祼，不隹𡇈。（《合集》905 正）

祼谓祼酻之酒祭仪式。有梦狩猎云：

贞王梦擒，不隹𡇈。（《合集》17387＋16449）

擒谓狩猎有获。有梦见野兽飞禽云：

梦大虎隹□。（《合集》17456）

□丑卜，贞王梦有死大虎，隹□。（《合集》17392 正）

癸酉卜，王梦豕，隹示咎。（《合集》21380）

① 黄天树：《甲骨文中有关猎首风俗的记载》，《中国文化研究》2005 年夏之卷，北京语言大学出版社 2005 年版。

② 参见裘锡圭：《说"𡇈"》，《古文字论集》，中华书局 1992 年版，第 105 页。

庚子卜，宁，贞王梦白牛，佳囚。(《合集》17393)

乙丑卜，殷，贞甲子⽌乙丑王梦牧石麋，不佳囚佳佑。

贞甲子⽌乙丑王梦牧石麋，不佳囚佳佑。三月。(《合集》376 正)

乙亥，子卜，贞梦龙，佳若。(《合集》21534)

贞王梦有馇狸十，宙十一，不佳羑(祥)。(《合集》17391)

贞……梦集……鸟。(《合集》17455)

梦见大虎、死虎、野猪、白牛、牧石之麋、龙、群狸、鸟，等等。麋即獐子，似鹿而小，无角。佳示咎、佳囚、不佳囚佳佑、佳若、不佳羑，反映了做此类梦，或者引起对未来忧咎祸孽的担心，或则自抱着安然顺若的心态，与《周礼·占梦》区别梦有无所感动平安自梦之正梦、惊愕而梦之噩梦、恐惧而梦之惧梦等，可相对照。

又有梦见生病云：

贞有梦囷飣……(《合集》17468)

己巳卜，贞有梦王⼸，八月。(《合集》17446)

辛亥⽌壬子王亦梦尹⼸有若……于父乙示，余见害在之。(《合集》17375)

壬子卜，宁，贞辛亥王入自夕，王疾有梦，佳害。(卢静斋拓本)[1]

乙未卜，殷，贞王梦蛊，佳囚。

乙未卜，殷，贞王梦蛊，不佳。(《合集》1027 正)

贞王梦疾齿，佳□。(《合集》17385 正)

丁亥卜，争，贞王梦佳齿。(《合集》11006 正)

贞王梦疾齿佳……(《合集》17385 正)

丁巳卜，梦疒耳亦鸣。(《合集》21384)

囷，钟柏生释馗若瘠，即《说文》所云"馗，卻病也"。[2]飣，贪也，恶败之

---

① 引自胡厚宣：《殷人疾病考》，第45辞，《甲骨学商史论丛初集》第三册，成都齐鲁大学国学研究所专刊之一，1944年版。

② 钟柏生：《说"异"兼释与"异"并见诸词》，中研院史语所《集刊》第56本3分，1985年。

义。"有梦匚贪",意谓梦骨疾恶败加剧。彡当释为参字,读如渗,可能指气候失调造成的周身不适,魇梦多汗。蛊,疑即《说文》说的"蛊,腹中虫也。春秋传曰:皿虫为蛊,淫溺之所生也",属于今医学上讲的肠道寄生虫病。[1]梦幻中生的病有骨病、渗疾、蛊、牙病、耳鸣等。有的梦生病还被认为是已故父王示意灾害将至。《周公解梦书》有云:"梦见得病,有喜";"梦见身病者,忧事"。此等观念皆可追溯到殷商时代。

此外,有梦见身边亲属及重臣者:

丙子卜,殻,贞王梦妻,不佳匚。(《合集》17382)

贞王梦妇好,不佳孽。(《合集》17380)

□寅卜,王……梦妇……有日…… (《合集》40639;《英藏》1620)

……殻,贞王梦妾有凵有册,佳匚。(《英藏》1616 正)

贞□梦娥,不佳匚。(《合集》17454)

贞王梦多子匚。(《合集》17383)

王梦子,亡疾。(《合集》17384)

辛巳卜,贞梦亚雀戓余,勿若。(《合集》21623)

记商王梦见妻、妇好、妇妾、娥、子息和重臣亚雀等,担心会否罹受忧咎祸孽。还有梦见祖先及已故者:

王梦父乙。(《合集》17376)

贞王梦兄丁,不佳匚。(《合集》892 正)

辛未卜,殻,贞王梦兄戊何从,不佳匚。四月。(《合集》17378)

贞王梦示并立十示。(《合集》376 反)

……梦,御亳于妣乙及鼎…… (《合集》22145)

丁丑,亏卯梦自祖庚至于父戊。(《合集》22187)

壬戌卜,子梦见邑执父戊。(《合集》22065)

记进入做梦者梦境的,有父乙、兄丁、兄戊、十示、妣乙、祖庚至于父戊等已故先人。殷墟花园庄东地甲骨卜辞有云:

① 参见宋镇豪:《商代的疾患医疗与卫生保健》,《历史研究》2004 年第 2 期。

己卜，子有梦☐☐，亡至莫。

己卜，有至莫。（《花东》403）

壬辰卜，☐癸巳梦丁☐，子用☐，亡至孽。（《花东》493）

亡至莫、有至莫、亡至孽，莫即孽，今艰字，义为祸孽，是问有无灾咎。上揭"壬辰卜，☐癸巳梦"，刘一曼、曹定云认为："☐在本辞中表示时段，'☐癸巳'之时间，应是壬辰日之末尾，它接近癸巳日，但并非癸巳日的时间段。因为：壬辰日做的梦可以在壬辰日占卜；而癸巳日做的梦，就不可能在壬辰日占卜了。"① 确是。"☐癸巳梦"乃指启明前壬辰夕做的梦，离第二天之始癸巳日出之际尚有一段时间，当夜即行占卜，说明做梦者对此梦兆是很忧心的。"有梦☐☐"和"梦丁☐，子用☐"两种梦景梦象，具体所指不详。

综上所述，甲骨卜辞中所记晚商贵族的梦景梦象，有雨晴气候变化之梦，有王邑中的非常事态或雷震地动之梦，有外出、来使、敌情警报及战争征伐之梦，有梦见器物，有梦见在宗庙秉物和参加祭祀，有狩猎之梦，有梦见大虎、死虎、野猪、白牛、麋（獐子）、龙、群狸、鸟等猛兽飞禽，有梦得病，有梦见身边亲属及重臣，有梦到祖先及已故者，等等。

东汉王符《潜夫论·梦列》有梦分十类之说云："凡梦，有直、有象、有精、有想、有人、有感、有时、有反、有病、有性。……先有所梦，后无差忒者，谓之直。比拟相肖，谓之象。凝念注神，谓之精。昼有所思，夜梦其事，乍吉乍凶，善恶不信者，谓之想。贵贱贤愚，男女长少，谓之人。风雨寒暑，谓之感。五行王相，谓之时。阴极即吉，阳极即凶，谓之反。观其所疾，察其所梦，谓之病。心精好恶，于事有验，谓之性。凡此十者，占梦之大略也。"他把梦分为直应之梦、象征之梦、意精之梦、记想之梦、人位之梦、极反之梦、感气之梦、应时之梦、病气之梦、性情之梦等十类。甲骨卜辞中的梦景梦象，大抵也不外乎如此，涉及生理、精神心理、个性体智、病理，或社会与自然、气候与生物诸致梦的内因外因，直观地描述了梦的不同特征，大抵不出社会生存活动中的种种事象，实实在在反射出当时现实生活中贵族阶层的所思所虑所作所为。

---

① 中国社会科学院考古研究所编著：《殷墟花园庄东地甲骨》第6册，云南人民出版社2003年版，第1149页。

三　梦魂与梦因观念

殷人受限于对自身构造及梦景梦象的不解，产生了把梦与鬼魂信仰相系的梦魂观念，视梦因乃出自鬼魂所致。

甲骨文中有云：

庚辰卜，贞多鬼梦，**宙**疾见。

贞多鬼梦，**宙**言见。（《合集》17450）

辛亥卜，**出**，贞王梦有言佳之。（《合集》17410 正）

乙卜，丁有鬼梦，亡**困**。

丁有鬼梦，**貴**在田。　（《花东》113）

子有鬼梦，亡**困**。（《花东》279）

子有鬼梦，亡**困**。

子梦丁，亡**困**。　（《花东》349。图8—11）

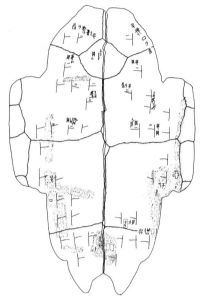

图8—11　子有鬼梦

（《花东》349）

疾、言对文，"言"自然也指某种疾患，可能为疾病昏瞀中的胡言乱语。《论衡·解除篇》说："病人困笃，见鬼之至。"患者在精神恍惚的梦幻中说梦话，被当做多鬼灵魂所为。"王梦有言佳之"，佳之殆佳之孽之意，言者语音也，谓商王说梦话要有忧孽发生。"丁有鬼梦"谓丁做了鬼梦。"子梦丁"与"子有鬼梦"对文，则进入子梦境的丁，被视为鬼魂。别辞云：

……亚，……**妦**……梦父……**困**。（《合集》5682）

甲寅卜，□，贞亚，多鬼梦，不若。（《合集》17447）

贞亚，多鬼梦，亡疾。四月。（《合集》17448）

□未卜，王，贞多鬼梦，亡来媸。（《美国》217）

庚辰卜，贞多鬼梦，不至**困**。

庚辰卜，贞今夕亡**困**。（《合集》17451）

今夕鬼宁。（《合集》24987）

贞今夕王……宁。

贞更鬼。（《合集》24991）

"亚多鬼梦"，胡厚宣释为"亚官之多梦鬼怪"；"多鬼梦"谓"多梦鬼怪"[①]。亚也可能读如恶，意谓恶多鬼致梦。这是直接把梦因与鬼魂信仰相联系，视梦为鬼魂所致，言鬼魂在夜间人睡眠时或致梦相扰于人。不若、亡疾、亡来婧、不至囚，意义相若，盖担心不顺而生祸忧。"今夕鬼宁"是讲鬼魂宁息使人得以安卧。

另外，甲骨文中还有直接把梦因归之于人鬼先祖先妣所致的，如下举卜辞云：

贞王梦不［佳］河咎。（《东莞》25）

王梦不佳咸。（《合集》17372）

贞王梦佳大甲。

贞王梦不佳大甲。（《合集》14199 正）

□申卜，王梦，允大甲降。（《殷缀》9）

己丑卜，殸，贞王梦佳祖乙。

贞王梦不佳祖乙。（《合集》776 正）

乙未卜，梦妣丁咎。不咎。（《合集》21666＋21667）

贞王梦佳妣己。（《合集》17377 正）

戊午卜，宕，贞王梦佳我妣。（《合集》10408 正）

可见，在商代上层贵族统治者的生活观念中，通常还将梦因归之先公河、先王咸（成汤）、大甲、祖乙或妣丁、妣己等先妣所降致。

四　占梦与释梦

殷人出于梦幻迷信，视梦幻为鬼魂对做梦者忧咎祸孽的示兆，每每通过占梦、释梦以预测人事祸忧。

殷人占梦的方式，主要有两种，一种是利用流行的甲骨占卜，"卜以问

---

① 胡厚宣：《殷人占梦考》，《甲骨学商史论丛初集》第三册，成都齐鲁大学国学研究所专刊之一，1944 年版。

疑"，贞问梦兆所示祸忧，如云：

己亥卜，争，贞梦，王亡囚。（《合集》17443）

丙申卜，王，贞余有梦隹囚。永余……（《合集》17440）

梦不隹囚。（《合集》17462）

有梦隹囚。（《合集》17460 正）

戊申卜，㱿，贞王有梦不隹囚。

王有梦隹囚。（《合集》11018 正＋《乙补》2471＋4084；《醉古》307 正）

丙申卜，争，贞王梦不隹囚。

丙申卜，争，贞王梦隹囚。（《合集》10345 正）

壬午卜，王曰贞，有梦。

〔壬〕午卜，王〔曰〕贞，有囚。（《合集》24123）

贞王梦隹之孽。二月。

贞王梦不隹之孽。（《合集》13507）

乙未卜，□，贞王梦孽不隹囚。（《合集》13386）

贞王梦隹有左。

贞王梦不隹有左。王占曰：勿隹有左。（《合集》17397 正反）

贞王梦不隹摧。（《合集》6655 正）

贞王梦不隹壴。（《合集》17417 反）

壬午卜，□，贞王梦隹火（祸）。（《合集》17416）

贞王梦隹㝃。（《合集》17390 正乙）

……争，贞王梦隹斯。（《合集》17389）

贞余有梦，隹皀又蔑。（《怀特》1633）

上揭卜辞中的亡囚、有囚、隹囚、不隹囚、隹之孽、不隹之孽、孽不隹囚、隹有左、不隹有左、不隹摧、不隹壴（艰）、隹火（祸）、隹㝃、隹斯、隹皀又蔑，等等，都是有关梦兆的占卜用语，说明在通常情况下，殷人视梦乃忧咎祸孽将临之征兆。

《周礼·占梦》有把梦大别为正、噩、思、寤、喜、惧等六种类型而占之吉凶，不全视梦为恶梦、凶梦。《周礼·春官·太卜》云："掌三梦之法：一曰致梦，二曰觭梦，三曰咸陟。"是讲夏商周三代不同的致吉梦之法。甲骨文中反映的梦兆迷信，同样也不全视为不吉不祥之梦，有视为吉梦的，如：

> 贞王梦，羡（祥）。其戊申吉。
> 王梦，吉。其隹庚吉。（《合集》14128 反）
> 丙申卜，宁，贞乙卯﹝𡆥﹞丙申王梦自西。王占曰：吉，勿隹𡆥。（《合集》17396）
> 子有梦，隹□吉。（《花东》165）
> 癸﹝卜﹞，子梦，子于吉﹝爰﹞。（《花东》53）

上辞王梦或子梦，均明确指为吉梦之兆。可见，梦分吉梦与凶梦的观念，在殷商时期已经产生。

除了利用甲骨贞卜进行占梦外，另一种占梦方式，是结合梦象进行占梦释梦，如：

> 王占曰：𦥑梦……（《合集》17723）
> 癸丑卜，争，贞旬亡𡆥。王占曰：有祟有梦。甲寅允有来艰。左告曰：有逸刍自温，十人又二。（《合集》137 正）
> 癸酉卜，㱿，贞旬亡𡆥。王二曰：匄。王占曰：𤼈，有祟有梦。五日丁丑，王宾中丁𫞕陷（坠）在庭阜。十月。（《合集》10405 正）
> 王占曰：途若。兹鬼陷（坠）在庭阜。（《合集》7153。图 8—12）

以上是甲骨占卜与分析梦象相结合的占梦辞例，释梦往往采用比较简明的直解法，把梦象直接解释成形式及内容与之大致持同一性的人事。商王亲自在命龟后进行占梦，作出"𦥑梦"或"有祟有梦"的判断。甚至连声惊呼："匄！匄！"要坏事。"王宾中丁𫞕陷（坠）在庭阜"，应是追记梦象。类似之例有"兹鬼陷（坠）在庭阜"（《合集》7153），描绘鬼魂坠降在庭阜的梦象。"庭阜"乃指宫室主殿前高出中庭地面的露台，是王宫的要位，梦见先王或鬼魂坠降于此，自然非同小可，十分惊忧，直解这种梦象为凶兆。这相当《周礼·占梦》说的"惧梦"一类。再如《尚书·说命上》云："（高宗武丁）梦帝赉予良弼，其代予言。乃审厥象，俾以形旁求于天下。说筑傅岩之野，惟肖，爰立作相。"《史记·殷本纪》亦云："武丁夜梦得圣人，名曰说，以

图 8—12　梦鬼魂降落"庭阜"

（《合集》7153、10405 正）

梦见视群臣百吏，皆非也。于是乃使百工营求之野，得说于傅险中……见于武丁，武丁曰是也……举以为相，殷国大治。"也是根据梦象进行占梦，释梦同样采用直解法，揆诸梦中人的形象找到傅说的。周代释梦有其代变，如《诗·小雅·斯干》云："乃占我梦，吉梦维何？维熊维罴，维虺维蛇。大人占之：维熊维罴，男子之祥；维虺维蛇，女子之祥。"梦见猛兽熊与罴，是象征生男的吉祥之梦；梦见虺与蛇，是象征生女的吉祥之梦。《诗·小雅·无羊》云："牧人乃梦，众（蟊）维鱼矣，旐维旟矣。大人占之：众（蟊）维鱼矣，实维丰年；旐维旟矣，室家溱溱。"梦见众多蝗虫变成鱼群，是象征丰年之兆，梦见龟蛇之旐变成鹰隼之旟，是象征家室人丁兴旺之兆。上引《诗经》所咏内容是周人据梦象进行占梦释梦，得到吉梦之兆的占断，但采用的是象征法释梦，把梦象转换成其所象征的人事物象，已比殷人直解释梦法深化了一层。

商王占梦，有时还会召询臣下，如：

> 王梦珏，不隹徝小疾臣。
> ……隹徝小疾臣，告于高妣庚。（《合集》5598 正反。图 8—13）
> 癸巳卜，子梦，昇告，非艰。（《花东》5）

图 8—13　占梦讯之巫医"小疾臣"

（《合集》5598 正反）

徇义为省徇、讯问，记商王武丁梦见礼玉而讯之巫医"小疾臣"，告祭于先公示壬配偶高妣庚。占梦而讯之巫医官，是知当时还没有专职的占梦官。异，人名；子梦而由异告祭以求没有祸孽。《诗·小雅·节正月》云："召彼故老，讯之占梦。"毛传："故老，元老。"也讯之生活经验丰富的长者，其间或有传承性的。

从上述可知，殷人占梦预测人事祸忧，方式主要有甲骨占卜和结合梦象进行占梦释梦两法。当时已有吉梦与凶梦两分的观念。在商王室阶层，王梦有时会循询臣下，但还没有专职的占梦官之设。殷人释梦通常采用比较简明的直解法，与后来周人采用的象征法释梦，正体现了时代观念之间的代变。

五　禳梦行事

殷人又有禳除梦忧的行事。如甲骨文有云：

> 贞王有梦，不佳乎余御𡆥。
> 贞［王有］梦，［佳］乎余御𡆥。（《合集》376 正）
> 癸未卜，王，贞畏梦，余勿御。（《合集》17442）
> ……梦，御亳于妣乙及鼎……（《合集》22145）

上揭辞例中的御均用指禳除梦忧，御忧的目的在于排除其梦对做梦者的心理压抑，冀望现实生活能避祸消灾无疾患。"御亳于妣乙及鼎"，亳谓亳社，外祭地；在亳社向妣乙献祭人牲及鼎。《周礼·春官·占梦》"季冬……乃舍萌于四方，以赠恶梦"，郑氏注："舍读为释。萌，菜始生也。赠，送也。
欲以新善去故恶。"杜子春读萌为明，"明谓殿疫也，谓岁竟逐疫置四方"。
赠恶梦即禳除恶梦，逐恶梦于四方，与殷人在外祭场所亳社禳除梦忧，颇相
类似。

御除梦忧，有时还有杀牲曾梦等祭祀仪式：

> 丙寅卜，其御，佳贾见马于癸子，叀一伐一牛一鬯，曾梦。用。一
> 二　（《花东》29）
> 丙寅，其御，［佳］贾见马于癸子，叀一伐一牛一鬯，曾梦。用。一二
> 丙寅卜，贾马异，弗马。一（《花东》289）

曾梦是禳除恶梦的一种祭仪，盖杀牲以册告。癸子，人名，又名子癸（《花
东》181）。见读如视。杀牲曾梦的"一伐"，可能指贾人视看相中的癸子
之马，又用了一牛和一鬯酒。裘锡圭曾指出，甲骨卜辞中"异"常用为虚
词，只跟否定词"不"、"弗"、"勿—弜"对言；"不"、"弗"是对于事实
或可能性的否定，相当于说"不会"；"勿—弜"是对于意愿的否定，相当
于"不要"；"异"兼有表示可能和愿意两方面的意思。[1] 准此，则上揭
"贾马异，弗马"，可以译为："可能不会用贾人视中的癸子之马"，属于择
马牲之卜。

又有告梦致祭以禳除恶梦的行事，如：

> 戊卜，子梦，𠦪……
> 子梦，𣪩，用牡告又鬯妣庚。
> 妣庚各。（《花东》124）
> 丙申夕卜，子有鬼梦，祼告于妣庚。用。（《花东》352）
> 丙子卜，子梦，祼告妣庚。用。
> 丙子，岁妣庚牡，告梦。
> 子从饮牡，又鬯妣庚，［脱一"告"字］梦。用。（《花东》314。图
> 8—14）
> 丙，岁妣庚牡，权鬯，告梦。（《花东》26）

---

① 裘锡圭：《卜辞"异"字和诗书里的"式"字》，《中国语文学报》1983 年第 1 辑。

有梦，隹王又岁于……亡大雨。
（《合集》31283）

有梦，隹我又岁……（《合集》
31284）

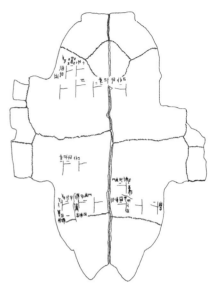

图8—14　杀牲用鬯酒禳除恶梦

（《花东》314）

⿰⿱⿰、⿰同字，正反无别，可能是⿰（《合集》13861）的或体，从广从鬼彗声，彗为扫竹，有扫除义。裘锡圭认为⿰字可隶写为瘑，"是当疾櫂讲的彗的专字"，"直接表示用彗扫去卧床病人的疾病"。[1] 上揭⿰、⿰两字，有扫除恶梦、鬼梦义。告梦致祭的对象通常为致梦的已故先人，如"妣庚咎"之妣庚，祭法或用⿴击、岁（剐割）、告、裸（灌酒祭）、又、权等；祭牲用牡（公牛）、牡（公羊）、马等，酒祭以鬯。鬯是用黍酿制的酒，在晚商又可细分出两类高档酒，一类是专用黑黍酿制，不和入郁金香草，名之秬鬯；另一类是和入郁金香草的香鬯，尤为名贵，称之郁鬯。[2]

由此可知，殷人禳除梦忧，最常见的是举行御祭，祭祀仪式有杀牲册告扫除恶梦之忧，致祭的对象或为被视为致梦者的已故先人，祭法有⿴击与剐割祭牲、告祭、裸酒祭、又（权）祭等。

要之，甲骨卜辞中所记晚商贵族统治者的梦景梦象，实实在在地折射出当时贵族阶层的生活行为和思维行为。殷人出于梦兆的迷信，通过占梦以预测人事祸忧，占梦的方式主要有甲骨占卜和结合梦象进行占梦释梦两种。当时已萌生了吉梦与凶梦的观念，释梦则采用比较简明的直解法。又有御祭册告杀牲裸鬯的禳除恶梦忧的行事。

---

① 　裘锡圭：《殷墟甲骨文"彗"字补说》，《华学》第2辑，中山大学出版社1996年版。

② 　参见宋镇豪：《中国风俗通史·夏商卷》，上海文艺出版社2001年版，第170—173页。

第九章

丧 葬 礼 俗

人类意识生成的依据，皆直接本之生活的实际和主观经验的积累。商代人们思维过程中受限于对生死事象的费解，乃有人死变鬼的俗信。此一俗信的主要内容有三：一是相信人死以后灵魂不灭；二是认为灵魂有超人的能力，生者畏惧它，但也能依赖它；三是按照人的生活和社会关系现实，也想象有一个类似的鬼魂世界。由此而有各种出自观念形态的丧礼、葬俗、祭祀仪式等。①

第一节　丧礼与葬具

古代礼书中有一些关于商代丧葬礼俗的说法，有的可以结合地下考古发现及出土文字资料作一验证。

比如，《礼记·檀弓上》记敛尸致祭云：

> 夏后氏尚黑，大事敛用昏，牲用玄；殷人尚白，大事敛用日中，牲用白。

郑氏注："大事谓丧事也。"孔颖达疏云："大事非止是丧，亦兼诸祭。"夏人尚黑，丧礼敛尸通常在昏黑时举行，用玄（青黝色）牲祭祀。殷人尚白，一般在中午举行，用白牲祭祀。此说有史影依据。《礼记·祭义》云："夏后氏祭其阇，殷人祭其阳。"郑玄注："阇，昏时也。阳，读为雨曰旸之旸，谓日

---

① 参见朱天顺：《中国古代宗教初探》，上海人民出版社 1982 年版，第 181 页。

中时也。夏后氏大事以昏，殷人大事以日中。"《史记·殷本纪》说商汤"朝
会以昼"，昼指日中。甲骨文有云"日中乃往"（《合集》29788）、"中日往"
（《合集》28569），日中前后一整段时间是殷人一天活动的主要时区，可证殷
人"大事敛用日中"是不误的。

　　关于"殷人尚白，牲用白"之说，《礼记·明堂位》有以下类似的说法：

　　　　夏后氏牲尚黑，殷白牡。

讲夏人祭牲尚黑色，殷人祭牲尚白色。殷人尚白牲，甲骨文亦习见，如：

　　　　辛酉卜，宾贞，燎于戵白牛。二月。（《合集》14380）
　　　　贞出于王亥，宙三白牛。（《合集》14724）
　　　　□卯贞，其大御，王自上甲血，用白豰九，下示汎牛。在祖乙宗卜。
（《屯南》2707）
　　　　丁未贞，其大御，王自上甲血，用白豰九，下示汎牛。在父丁宗卜。
（《合集》32330）
　　　　……登牽牛，大乙白牛，叀元……（《合集》27122）
　　　　□□□，殻，翌□午出自大甲白牛。用。（《合集》1423）
　　　　……用白牛祖乙。（《合集》1619）
　　　　丙午卜，宾贞：出于祖乙十白豰。（《合集》1524）
　　　　白牛叀二，有正。
　　　　白牛叀三，有正。大吉。
　　　　叀白牛元，有正。大吉。（《合集》29504）
　　　　□□［卜］，王，［贞翌］乙丑其又升岁于祖乙白牡三。王在╟卜。
（《合集》22904）
　　　　叀白羊用于之，又大雨。
　　　　弜用黄羊，亡雨。（《屯南》2623）
　　　　先皀白豭，宜黑二牛。
　　　　叀白一豕，又凷。
　　　　夕白豕，酌二牢。
　　　　叀小宰、白豭。
　　　　二牢，白豕。（《花东》278。图9—1）

叀白一牛。（《花东》299）

乙巳岁祖乙白羶。（《花东》296）

甲戌岁祖甲牢，幽廌，白豣，权二鬯。

乙亥岁祖乙牢，幽廌，白豣，权二鬯。（《花东》237）

祖甲白豕一，祖乙白豕一，妣庚白豕一。（《花东》309）

庚戌叉（蚤）祭妣庚友白豕一。（《花东》267）

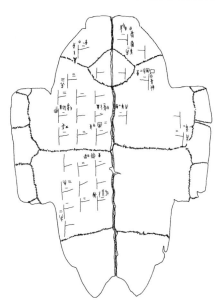

图 9—1　殷人尚牲用白

（《花东》278）

上举祖先祭卜辞，凡白牛、白牡、白羊、白羭、白豕、白豣、白豕、白羶、祭牲毛色尤尚白色。白牡为白色公牛。《说文》"羭，牡豕也"，白羭为白色公猪。白豕、白豣分别指白色雌雄猪。特别是上揭《花东》甲骨卜辞，占卜主体不是商王，只是中上层社会的一般贵族，可知，所谓"殷人尚白，牲用白"或"殷白牡"祭祀礼尚的流行，确实延展覆盖了相当的社会层面。

《礼记·明堂位》还有其他祭品之说：

> 夏后氏祭心，殷祭肝。
> 夏后氏尚明水，殷尚醴。

分别讲夏人祭牲爱用动物之心及明水来祭，殷人爱用动物之肝及醴酒来祭。明水指净水。醴，指用稻米酿制的浊甜酒。孔颖达疏："夏后氏尚质，故用水，殷人稍文，故用醴。"殷人祭尚醴酒，甲骨文有"酒酼"（《合集》1594），酼为用束茅过滤过的醴酒。

《礼记·檀弓上》言殷人丧礼之殡尸云：

> 夏后氏殡于东阶之上，则犹在阼也。殷人殡于两楹之间，则与宾主夹之也。

殡是殮尸待葬。《说文》："楹,柱也。""两楹之间"指厅堂前东西阶的两柱之间。按照古礼的说法,厅堂的东阶为主位,西阶为客位,是平时宾主行礼之处。夏人流行殡尸于东面台阶处,殷人则殡尸于"两楹之间"的丧礼,唐孔颖达疏云,夏人是"以其既死,无所知识,孝子不忍以生礼待之,犹尚阼阶以为主",而殷人是出于"尊之以宾主二事"。

《礼记·檀弓上》又记葬具云:

> 有虞氏瓦棺,夏后氏堲周,殷人棺椁。

瓦棺即陶棺葬,亦即考古发现的瓮棺葬。堲周,郑氏注:"火熟曰堲,烧土冶以周于棺也。"即墓圹挖成后用火烧烤之,后世则有以烧砖筑墓室。堲周的目的可能是为了驱寒暖坑,以便死者能在地下墓圹中温暖长眠。棺椁者,棺是装殮尸体的葬具。《说文》云:"棺,关也,所以掩尸。"文献中又称槥,《说文》云:"槥,棺也,从木亲声。"以死者最亲贴于棺之故。椁大于棺,套在棺外周。《孝经》云:"为之棺椁衣衾二举之",邢昺疏云:"周尸为棺,周棺为椁。"又段玉裁《说文解字注》椁字条注:"以木为之,周于棺,如城之有郭也。"今通称之内棺外椁。所谓"殷人棺椁",据 1958—1961 年殷墟发掘的 302 座墓统计,有棺椁葬具者 194 座,占 64.2%,无葬具者 24 座,占 8%,不明者 84 座,占 27.8%;有葬具墓中,有两座为一椁一棺,或在椁上覆以白地黑线彩绘织物幔帐;有棺者 185 座,其腐朽色以白色、黑灰色居多,有的棺上又涂有朱砂或红、黄、黑三色或红、黑二色相间的彩绘;有编席裹尸者 6 座,用圆木棍作"盖"者 1 座。[①] 是知殷人流行棺椁葬,大体可信。

考古发现的殷商墓室结构,基本可分熟土二层台、生土二层台及无二层台三种。前两种主要见于棺椁墓,均是《礼记·檀弓上》所云"椁周于棺,土周于椁"的实际状态,棺椁墓通常呈现为外椁内棺的葬具配置,椁室平面一般为"井"字或"亚"字形式,用厚木板叠垒而成,有的还以榫头卯合,椁外与墓壁之间填土层层夯实,与椁室上口平,成一台面,即所谓熟土二层台;若墓圹内底生土上直接下挖成台阶式,棺椁置其间,此台阶自为生土二

---

① 中国社会科学院考古研究所编著:《殷墟发掘报告》(1958—1961),文物出版社 1987 年版。

层台。殷商墓葬的椁室内除置木棺外，或又隔出头箱、左右边箱，以放随葬器物，有的墓内还挖有壁龛或耳室。而一般的无棺无椁土坑墓是没有二层台的。

"井"椁式墓可能最早源起东方，大汶口文化时期墓葬已有之，用原木劈削加工，椁底、顶平铺，四壁卧叠，四角交叉咬合，俯视如"井"形。山东泗水尹家城龙山墓葬还发现二椁一棺、一椁一棺者，木椁作榫卯结构，俯视有"井"或"亚"形、"口"形、"口"形三式。① 山东临朐朱封龙山遗址也发现一椁一棺和重椁一棺墓，前者椁呈"口"形，内置木棺和边箱，内外均有红、黑、白、黄、绿等色彩绘；后者内外双椁都呈"井"或"亚"形，其间出有一批非实用陶质明器。② 殷商的井椁式墓显然带有传统的东方葬俗因素，一般属于贵族墓葬，有的上层贵族墓葬还设墓道，有一墓道、二墓道、四墓道者，随等级身份高次而异，二墓道墓大体为王妃、高级朝官或地方诸侯墓，四墓道墓主则为商王或方国君主，当然也有因时因地而不遵此制者。

《礼记·檀弓上》又云：

> 古也墓而不坟。

郑玄注云："墓谓兆域，今之封茔也。古谓殷时也。土之高者曰坟。"是说商代墓而不坟，没有墓上聚土为坟冢的葬俗。《淮南子·齐俗训》说："有虞氏……葬成亩（旧注：田亩而葬）。夏后氏……葬墙，置翣（翣，棺衣饰也）。殷人之礼……葬树松。周人之礼……葬树柏。"此类关于虞夏商周不同葬俗的说法，很难得到证实。所谓商代"墓而不坟"之说，也有重新认识的必要。考古发现商代少数高级贵族墓葬，已建有墓上建筑，同时又起到墓位地面标识的作用，只是尚不普遍而已。山东滕州前掌大商代贵族墓地，即发现建有享堂或庙寝之类建筑的墓葬，如在 M4 一座二墓道大墓的墓口上，筑有一 11×10 米的长方形台基，有排列有序的柱洞以及散水设施，台上所建为一座面阔三间、进深三间坐北朝南的配以南北廊的"四

---

① 山东大学历史系考古教研室编著：《泗水尹家城》，文物出版社 1990 年版。

② 中国社会科学院考古研究所山东工作队：《山东临朐朱封龙山文化墓葬》，《考古》1990 年第 7 期。

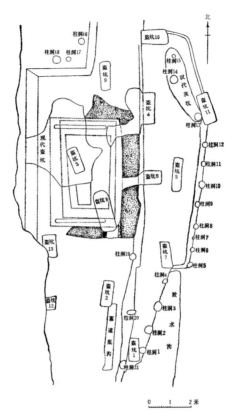

图9—2　滕州前掌大M4墓上建筑立柱残迹

(采自《考古学报》92—3)

阿重屋"式建筑物[1]（图9—2）。殷墟妇好墓的圹口上，也建有一座面阔三间、进深两间"茅茨土阶""台崇三尺"、"四阿重屋"的享堂建筑物。[2] 有的学者还推测，殷墟墓葬已有坟冢。[3] 河南罗山天湖 M41 号墓口，亦有残

---

① 中国社会科学院考古研究所山东工作队：《滕州前掌大商代墓葬》，《考古学报》1992 年第 3 期。又中国社会科学院考古研究所编著：《滕州前掌大墓地》（上册），文物出版社 2005 年版，第 56—60 页。

② 杨鸿勋：《战国中山王陵及兆域图研究》，《建筑考古论文集》，文物出版社 1987 年版，第 137—141 页。

③ 高去寻：《殷代墓葬已有墓冢说》，《台湾大学考古人类学刊》第 41 期，1980 年。又胡方平：《试论中国古代坟丘的起源》，《考古与文物》1993 年第 5 期。

高 30 厘米的坟丘封土遗存。^① 江西新干大洋洲商代大墓，原先也有椭圆形大封土堆。^②

《礼记·檀弓上》言随葬礼器云：

> 夏后氏用明器，示民无知也。殷人用祭器，示民有知也。……夫明器，鬼器也；祭器，人器也。

说是夏人随葬好用非实用的明器，殷人则专门制作随葬礼器。但此说未必完全确切，早在史前就有用不能实用的"明器"代替实用器作随葬品的，如淅川下王岗仰韶二期墓葬，即出土不少陶制明器。^③ 商代墓葬的随葬品，既有实用铜器、陶器等，又有明器性质的铜器、铅器或陶器等，可见殷人未必尽用祭器作随葬品。

《礼记·坊记》有云：

> 殷人吊于圹，周人吊于家。

郑玄注："既葬，哀而哭踊，于是吊之。"圹为墓穴，吊于圹指殷人一种埋葬过程中的致祭礼，与周人吊于家不同。从考古发现看，殷商葬俗有一个特色，即墓圹内底中央每每挖一腰坑，内奠祭犬牲，甚至殉人。如 1969—1977 年殷墟西区发掘的 939 座墓，带腰坑者为 454 座，约占 48.3％。其有葬具者为 710 座，占到 75.6％。故所谓"殷人吊于圹"，是可信的。殷商墓葬腰坑内奠祭犬牲的葬俗，可追溯到仰韶及大汶口文化时期，主要流行于江汉地区和东部滨海地区。如河南淅川下王岗仰韶一期墓葬发现有 5 墓共殉 6 犬，山东大汶口文化时期墓葬用狗殉葬更为多见，上海金山亭林良渚文化遗址也发

---

① 河南省信阳地区文管会、河南省罗山县文化馆：《罗山天湖商周墓地》，《考古学报》1986 年第 2 期。

② 江西省文物考古研究所、江西省博物馆、新干县博物馆编著：《新干商代大墓》，文物出版社 1997 年版，第 1 页。

③ 见河南省文物考古研究所等：《淅川下王岗》，文物出版社 1989 年版，第 66—70 页。

现两墓各殉一犬。[①] 殷人当传承了这种史前的埋葬风习。

值得注意者，殷墟王陵区 1500 号大墓南墓道中段曾发现龙、牛、虎三石兽成对，排成两行，首尾衔接，头北尾南，作匍匐状，朝向墓室（图 9—3）。[②] 或认为"具有引导墓主的灵魂升天的意义"。[③] 但也可能起有镇墓兽的作用。对于深入诠释"殷人吊于圹"当有启迪意义。

图 9—3　侯家庄 1500 号大墓南墓道龙牛虎之石兽队列
（采自《来自碧落与黄泉》）

古代又有葬后迎死者灵魂安放宗庙之礼，称为"虞祭"。《释名》云："祭葬还于殡宫曰虞，谓虞乐安神使还此也。"甲骨文有云：

乙巳卜，其示帝。
乙巳卜，帝日更丁。
乙巳卜，其示□。
乙巳卜，帝日更丁。（《美国》10、11）

---

① 见河南省文物考古研究所等：《淅川下王岗》，文物出版社 1989 年版，第 342—348 页。又参见高广仁、邵望平：《中国史前时代的龟灵与犬牲》，《中国考古学研究》，文物出版社 1986 年版。

② 梁思永、高去寻：《侯家庄第七本·1500 号大墓》，中研院史语所 1974 年版，第 43 页。又中研院史语所：《来自碧落与黄泉》，2002 年，第 60 页。

③ 刘一曼：《略论甲骨文与殷墟文物中的龙》，《2000 濮阳龙文化与现代文明》，中国经济文化出版社 2003 年版。

示者，丧者之神主也。"示帝"、"帝日更丁"的帝，其义当如陈梦家所说："是'措之庙、立之主曰帝'（《礼记·曲礼下》）。"[①] 这是卜问死者神主安放入宗庙是否选定为丁日。1985 年安阳刘家庄殷墓出土玉璋朱书文字残片 17 件，书写有"纛于小史一"、"纛于史公"、"纛于公"、"□于祖□戎一"、"□□祖甲戎〔一〕"等内容，记秉持玉璋礼器祭祀先公先祖[②]。1999 年安阳刘家庄北 M1046 殷墓出土石璋墨书文字 18 件，书有"纛于大子丁"、"纛于死子癸"、"纛于长子癸"、"纛于中子癸"、"纛于三辛"、"纛于亚辛"、"纛于□君乙"、"纛于祖乙"、"纛于祖丁"等，内容也是记秉璋祭已故者[③]。又如 1991 年安阳后冈殷墓 M3 出土六件石柄形器，长 6.6—8.4 厘米，宽 1.24—2.46 厘米，厚 0.4—0.7 厘米，分别朱书"祖甲"、"祖丙"、"祖庚"、"父□"、"父辛"、"父癸"[④]（图 9—4），似具有祖先神主牌的意义。

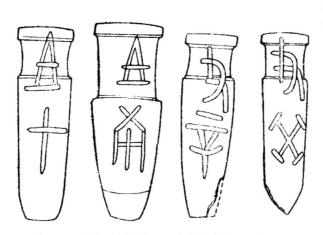

图 9—4　安阳后冈殷墓 M3 朱书祖先神主石柄形器

（《考古》93—10）

---

① 陈梦家：《殷虚卜辞综述》，科学出版社 1956 年版，第 422 页。

② 孟宪武、李贵昌：《殷墟出土的玉璋朱书文字》，《华夏考古》1997 年第 2 期。

③ 中国社会科学院考古研究所安阳工作队：《安阳殷墟刘家庄北 1046 号墓》，《考古学集刊》15，文物出版社 2004 年版。

④ 中国社会科学院考古研究所安阳队：《1991 年安阳后冈殷墓的发掘》，《考古》1993 年第 10 期。又中国社会科学院考古研究所编著：《安阳殷墟出土玉器》，科学出版社 2005 年版，第 21—26 页（原书第 23 页玉石柄形饰朱书"祖丙"两字未释出，第 25 页玉石柄形饰朱书"父辛"误释为"祖辛"）。

《礼记·檀弓下》记葬后迎死者灵魂而设木主之礼云：

> 重，主道也。殷主缀重焉，周主重彻焉。

"重"原指架设棺椁的垫木或覆盖物之类，郑玄注："始死未作主，以'重'主其神也，'重'既虞而埋之，乃后作主。"孔颖达以为："'殷主缀重焉'者，谓殷人始殡，置'重'于庙庭作虞主，讫则缀'重'县（悬）于新死者所殡之庙也。'周主重彻焉'者，谓周人虞而作主，而'重'则彻去而埋之。"说的是殷人作主而缀其"重"，悬于庙中而不即埋，周人则不同，彻去"重"即埋而不悬于庙，正相反。今就殷墟妇好墓考古资料所见，当时似有用玉石雕刻墓主生前形象而埋入墓室者。妇好墓中出土一件圆雕跪坐贵妇玉人形，高 7 厘米，头盘长辫，戴一"缟冠玄武"的"子姓之冠"，衣饰华丽，神态倨傲。此当是妇好生前形象的写照，有充当玉主即时埋入墓的意味。这均可补充文献"殷主缀重"之说。

《礼记·丧服小记》记丧葬哭泣之礼云：

> 报葬者报虞，三月而后卒哭。

郑玄注："报读为赴疾之赴，谓不及期而葬也。既葬即虞；虞，安神也。"报虞是赴葬后安放灵魂于宗庙之礼，丧服三月后哭泣终了。

《礼记·曾子问》有云：

> 夏后氏三年之丧，既殡而致事，殷人既葬而致事，周人卒哭而致事。

郑玄注："致事，还其职位于君。"言夏商周之丧服礼有其不同处，夏人在殡后致事，殷人在既葬后致事，周人卒哭就致事。

擗踊哭泣与"卒哭"的丧礼，在甲骨文中有揭示（图9—5），如：

> 贞𤔲［妇］好于章。（《合集》2668）
> 贞妇好弗其宾，𤔲。（《合集》2644）

贞衣🦴若，亡尤。(《合集》23705)

贞衣🦴若，亡戋 (当为尤字缺刻)。(《英藏》1996)

1　　　　　　　　　　2　　　　　　　　　3

图 9—5　哭丧与宾祭妇好礼

(《合集》2644、2668、2638)

🦴、🦴、🦴为同字异构。🦴，叶玉森谓"🦴象一人擗踊形，从叩，表号谆意，当即古文哭字"[1]，确是。🦴从🦴从叩，像一女蓬头散发擗踊痛哭意，与🦴字从🦴从叩，以及🦴字从🦴从口，义同，一为从双口外移两侧，一为从一口外移一侧，均属于古文字之衍变，🦴像一人蓬头散发形，🦴像一女蓬头散发形，只是性别区分而已。"哭妇好"是悲伤哭泣商王妃妇好之丧。"妇好弗其宾，哭"，参照别辞：

□寅卜，韦，贞宾妇好。

贞弗其宾妇好。(《合集》2638)

贞有来宾妇好。(《合集》2639)

贞妇井亡其宾。(《合集》8185 正)

---

① 叶玉森：《殷契钩沉》，《学衡》第 24 期，1923 年。

以上诸辞的"宾"，疑读如《礼记·檀弓上》"殷人殡于两楹之间"之"殡"，谓殓尸待葬，或读如《释名》"祭葬还于殡宫"之"殡"，则属葬后安放神主于宗庙。也可能读如《礼记·曾子问》"共殡服，则子麻、弁绖、疏衰、菲杖，入自阙，升自西阶"之"殡"，郑玄注："殡服，谓布深衣、苴绖、散带垂，殡时主人所服共之以待其来也"，则指妇好或妇井之丧的生人"殡服"礼。但也可能读如《孔子家语·礼运》"傧鬼神"之傧，《说文》云"傧，导也"，是谓傧祭妇好或妇井之丧礼。然则"妇好弗其宾，哭"，可知妇好丧葬之前或之后，盖进行过哭泣之丧礼。另外，上揭两辞"衣哭"同卜，衣读如卒，类似《礼记·杂记下》说的"士三月而葬，是月也卒哭；大夫三月而葬，五月而卒哭；诸侯五月而葬，七月而卒哭"之"卒哭"。唯商代"卒哭"丧礼究竟情状如何，已不得其详。

此外，《礼记·礼器》有云：

> 夏立尸而卒祭，殷坐尸周旅。

上古时代有以生人代表死者受祭之礼，称之"尸"。《仪礼·士虞礼》"祝迎尸"，郑玄注："尸，主也，孝子之祭，不见亲之形象，心无所系，立尸而主意焉。"后世绘祖先神像或立牌位以祭，殆由此而来。以尸代祭，是古人务实际、讲直观的世态所致。《礼记·曾子问》云："尸必以孙，孙幼，则使人抱之，无孙，则取于同姓可也。"夏代充当"尸"的人，始终得站立接受祭祀，直至仪式结束，而在殷商时代充当"尸"的人，则是跪坐着受祭。商代是否有此等丧祭礼，今已不得而知。

丧葬礼制乃是人们根据社会现实生活而对鬼魂幽冥间生活作出的安排，总与一定社会发展形态相适应。《墨子·节葬下》谓舜之葬，"衣衾三领，谷木之棺，葛以缄之"，禹之葬，"衣衾三领，桐棺三寸，葛以缄之……下毋及泉，上毋通臭"，后之王公大人有丧者，"棺椁必重，葬埋必厚，衣衾必多，文绣必繁，丘陇必巨。存乎匹夫贱人死者，殆竭家室。（存）乎诸侯死者，虚车府，然后金玉珠玑比乎身，纶组节约车马藏乎圹，又必多为屋幕，鼎鼓几梴壶滥，戈剑羽旄齿革，寝而埋之满意。若送从，曰天子杀殉，众者数百，寡者数十；将军大夫杀殉，众者数十，寡者数人"。以此来视商代以前社会丧葬礼制的演绎进程，甚有启示意义。

第二节　含贝玉与握贝

商代有将死者口中含贝玉之类与手中握贝的殓葬习俗。

含贝现象早在黄河、长江流域史前遗址已有发现，尤以东部地区发现比较多，山东胶县三里河龙山墓葬死者口中已有玉琀发现；商代社会也广为流行。[①]河北藁城台西商代遗址 M103 墓主口中含有一贝。河南荥阳胡村晚商墓地 M90墓主口内含有一件小玉戈，M33 墓主口内含海贝 9 枚。[②] 陕西西安老牛坡一商墓，死者口内也有石琀碎片 34 块，墓内无其他随葬品，却有棺，似为普通平民墓。殷墟墓葬中有不少死者口中含贝、珠、管或蝉形、鱼形玉石琀、玉玦、石饰之类，少者一二枚，多者 6 枚，有的手中还握贝或玉石制品，腰部又放置玉石制品。安阳大司空村 1953 年发掘的 165 座殷墓，有 49 座墓主口内含贝，约占这批墓数的 29.7%，还有不少死者手中握贝玉之类，而且大都属于长方形竖穴小型墓。[③] 说明在商代王邑的平民阶层中，含贝玉、握贝已构成一大较为流行的殓葬习俗。

死者口中实以物的殓葬习俗，古称含，也称琀，文献中则有称"饭玉"、"含玉"、"饭含"等，指放入死者口中的珠玉贝谷米之类东西，若以谷米食物，一般称为饭，若以贝玉，一般称琀，但也可混用。

饭含的本意，据《礼记·檀弓下》云：

> 饭用米、贝，弗忍虚也。

《广韵》亦云：

> 琀，送死者口中实，亦作含。

---

①　参见高去寻：《殷礼的含贝握贝》，中研院院刊第 1 辑，1954 年。又郑振香、陈志达：《近年来殷墟新出土的玉器》，《殷墟玉器》，文物出版社 1982 年版。又胡金华：《我国史前及商周时代的"琀"略探》，《远望集》上，陕西人民美术出版社 1998 年版。

②　贾连敏、曾晓敏等：《河南荥阳胡村发现晚商贵族墓地》，《中国文物报》2007 年 1 月 5 日。

③　马德志、周永珍、张云鹏：《一九五三年安阳大司空村发掘报告》，《考古学报》第 9 册，1955年。

《公羊传》文公五年云：

> 含者何？口实也。孝子不忍虚其亲之口，故以米、贝、珠、玉实
> 之，谓之饭含。

何休注云："孝子所以实亲口也，缘生以事死，不忍虚其口。"照此说来，饭
含的本意，在于"缘生以事死"，让死者口中有饭吃，生者有所安慰。商代
平民阶层流行的饭含葬俗，其原初的含义，如果说是出于不虚死者口实，对
于谷米食物倒也比较适合，但于贝玉，则恐还有信仰观念上的更深一层的含
义，口中含玉蝉或玉鱼，不知是否因蝉能蜕化更生，鱼能自由游弋，故亦借
此玉石不朽，冀望于尸体不腐而鬼魂出窍再生。至于手中握贝玉，可能是饭
含的一种补充形式。

《周礼・春官・典瑞》云：

> 大丧，共饭玉、含玉、赠玉。

郑玄注：

> 饭玉，碎玉以杂米也。含玉，柱左右齻及在口中者。《杂记》曰：
> 含者执璧将命，则是璧形而小耳。赠玉，盖璧也。

齻谓两侧牙床。商代饭含是否"碎玉以杂米"，由于谷米易腐，历经地下三
千年，今已难知周详了，所知者，商代的含玉，一般都是些大小在 2 厘米左
右的小件玉石装饰品，器形无定制，许多场合还用贝。台湾故宫博物院藏有
一件商代青铜柶，折体，平刃凹槽（图 9—6）。[1] 日本林巳奈夫认为此柶用
途与日常生活场合用来抉取酒糟的餐具柶有别，是把米注送入死者口中的丧
礼之器。[2] 今按《周礼・玉府》有云：

---

① 台湾故宫博物院联合管理处：《故宫铜器图录》下，台北，1958 年，上 94。

② ［日］林巳奈夫：《殷周时代青铜器の研究——殷周青铜器综览一》，日本东京吉川弘文馆
1984 年版，第 135 页。

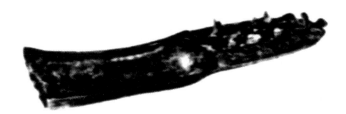

图 9—6　台湾故宫博物院藏商代"楔齿"青铜柶
（采自《殷周时代青铜器の研究——殷周青铜器综览一》）

> 大丧，共含玉，复衣裳，角枕、角柶。

郑玄注：

> 角枕以枕尸。郑司农云：复，招魂也，衣裳生时服，招魂复魄于太庙至四郊。角柶，角匕也；以楔齿。《士丧礼》曰：楔齿用角柶。楔齿者令可饭含。

林巳奈夫所举台湾故宫博物院收藏的商代平刃凹槽青铜柶，与《士丧礼》说的"楔齿用角柶"，可相参照。这似为商代饭含"碎玉以杂米"提供一佐证。

又《礼记·杂记下》云：

> 天子饭九贝，诸侯七，大夫五，士三。

郑玄注：

> 此盖夏时之礼也。周礼天子饭含用玉。

饭含材料用贝，说是"夏时之礼"，并没有什么根据，如果说为"殷时之礼"，倒也符合事实，但九七五三的奇数含贝等级区分，至少在商代饭含的殓葬习俗方面却是不存在的。《说苑·修文》云："天子含实以珠，诸侯以玉，大夫以玑，士以贝，庶人以谷实。"此种带有财富观念的等级制丧葬之礼，显然已经属于后制了。

第三节　墓地设置

《礼记·祭义》:"众生必死,死必归土,此之谓鬼。骨肉毙于下阴为野土。其气发扬于上为昭明。"郑氏注:"阴读为依荫之荫,言人之骨肉荫于地中为土壤。"上古先民的鬼魂信仰观念中,总以为本族成员的善鬼在冥冥之中,与在世者保持着千丝万缕的关系,保佑着本族的平安昌盛,为免使鬼魂流荡飘浮,或遭外鬼的侵害,总好把死者集中埋在邑聚附近土中,形成共同的墓地。

商代社会"度地居民",城邑聚落经济生活形态通常呈现"大杂居、小聚族而居"特征,与此相应,墓地分布也带有分域群系的区划配属特色,墓地性质主要分为贵族集团的宗族或家族墓地和一般的族氏墓地两大类,葬俗显示出多元因素。

商代的贵族墓地和一般族氏墓地,大多均世代沿用。如河南罗山蟒张天湖发现的息国贵族宗族或家族墓地,25座商代墓葬自北而南集中茔在长不过百米,宽近30米的一狭长山坡地,其中10座中型井椁墓布列在墓地中轴线上,维持着"父蹬子肩"的葬俗,北端墓较早,南端墓较晚,其他一些小型土坑墓大致穿插在左右周围。有9座墓共出带"息"字徽识铜器26件,2座中型井椁墓还分别出青铜礼钺1件。[①] 这既保持了鬼魂信仰上的传统性,又突出了社会的崇祖意识和子孙观念,不过其族氏或家族组织内部存在的尊卑等级之分,在墓葬的位置、规模和随葬品多寡方面是有相应的贯彻的。

在贵族墓地方面,商王邑和方国邑的高级权贵墓地,通常都置于邑外围某个地势优越处。如殷墟王陵区位于距洹南小屯宫室区约5里处,隔洹水相望。江西新干大洋洲大墓,位于新干牛头城商代晚期方国邑遗址的西北约10里外。看来高级权贵的宗族或家族墓地,置于邑外数里或10余里范围内,似为当时的常制。

贵族墓地的等级序列和阶层划分,一般都是甚为鲜明的。如山东滕州前掌

---

① 河南省信阳地区文管会、河南省罗山县文化馆:《河南罗山县蟒张商代墓地第一次发掘简报》,《中原文物》1981年第2期。又河南省信阳地区文管会、河南省罗山县文化馆:《罗山蟒张后李商周墓地第二次发掘简报》,《中原文物》1981年第4期。又河南省信阳地区文管会、河南省罗山县文化馆:《罗山蟒张后李商周墓地第三次发掘简报》,《中原文物》1988年第1期。又河南省信阳地区文管会、河南省罗山县文化馆:《罗山天湖商周墓地》,《考古学报》1986年第2期。

大某一方国贵显宗族墓地，中心位置为 3 座中字型两墓道大墓，呈南北中轴线排列，墓内腰坑及二层台上有不少人牲，用大量礼器随葬，墓上建享堂或寝庙；次一等的 15 座甲字型一墓道大墓，序次于中字型大墓左右两侧；还有一批中小型墓错落在大墓周围。[①] 山东益都苏埠屯"亚醜"国墓地，先后发掘大型墓两座，内一座四墓道大墓殉人达 48 具之多，另一座的墓室四角各置武士人头骨一个。还有甲字型或长方形中型墓 4 座，也有殉人，又有一些小型墓错落其间。[②] 大小墓葬的序次，是现实社会组织结构的再现，表明了即使在上层统治集团的宗族或家族内部，也是有其严格的尊卑等级之分和不同的阶级或阶层分化，但在群系组合上，血缘关系的内聚犹仍发挥着作用。

另一类一般族氏墓地，通常与邑聚内居址群连属。商代族氏组织的社会构成相当复杂，并非纯为血缘组织，是一种外观保留着族组织形式的地域性团群，成员来源不一，但其内核则为同出某个姓族的宗族或家族，故这类族氏墓地，通常有小组群的分合和婚姻关系或夫妻同穴、异穴并葬等现象，葬俗呈现多元性，贫葬和富葬两极分化明显，具有封闭和开放的双重特色。

《周礼·春官·墓大夫》有云：

> 令国民族葬而掌其禁令，正其位，掌其度数，使皆有私地域（郑玄注：古者万民墓地同处分其地，使各有区域，得以族葬后兼容）。

商代族氏墓地，其内核组群的"族葬"、"私地域"和葬俗一致性的封闭意识，及其外延"同处分其地"，"葬后兼容"和葬俗多元的开放性，颇与上说相合，显然已在向后世"公共墓地"的性质演变。

殷墟王邑发现的大小墓地，就其性质言，有王陵区、贵族家族墓地、一般族氏组织墓地、普通平民或奴隶葬地等，由于殷墟王邑属于开放人口类型，社会结构基本维持了以族氏、家族或血亲关系为内聚的大小社会生活单元的组织形式，故在王邑总体葬俗的多元形态中，各墓地内又有单元性的"族葬"、"私

---

① 中国社会科学院考古研究所编著：《滕州前掌大墓地》（上册），文物出版社 2005 年版，第 6、524—525 页。

② 山东省博物馆：《山东益都苏埠屯第一号奴隶殉葬墓》，《文物》1972 年第 8 期。又殷之彝：《山东益都苏埠屯墓地和"亚醜"铜器》，《考古学报》1977 年第 2 期。又《中国考古学年鉴》（1987），文物出版社 1988 年版，第 171—172 页。

地域"墓群，而贫葬和富葬的二分现象也是严重的。但有一大可注意事象，凡集群之墓，尽管规格规模或葬品有高低悬殊，葬式葬礼却大体一致。①

商代人们为使本族的鬼魂有共同的归宿，在死尸的丧葬处理上，常维持了较一致的葬俗，死者的葬式也带有特殊含义。

《孔子家语·问礼》云："坐者南向，死者北首，皆从其初也。"《礼记·檀弓下》云："葬于北方北首，三代之达礼也，之幽之故也。"其实"死者北首"、"北方北首"的葬式，未必是"皆从其初"，也未必是三代"达礼"，不同地区，不同族组织，对鬼魂幽冥去处的想象未必相同，本自"之幽"意识的葬式也未必均是"北方北首"。《山海经·海内南经》即云："帝舜葬于阳，帝丹朱葬于阴。"阳南阴北，不必一律。就是至商王朝建立后，有关鬼魂或祖灵信仰观念也未能归于一致。

西安老牛坡商代墓地发现大小 38 座墓葬，内 21 座有殉人，墓主头向大多朝东或稍偏南北。② 河南荥阳胡村晚商墓地发现 58 座墓葬，均为长方形土坑竖穴墓，除一座东西向外，其余都为南北向，每座墓内基本都殉狗，少则 1 条，多则 7 条。③ 河北藁城台西遗址发现商代墓葬 166 座，大致可分头南向和头东向两大组，葬式主要有仰身和俯身葬两种，其中殉人墓约占 7.2%，殉狗墓约占 32.5%，凡人狗同殉墓均为贵族的富葬墓。其他绝大多数墓，均属于随葬品甚少的贫葬墓。④ 看出死者生前社会身份虽分属不同阶级或阶层，群系性的鬼魂"之幽"观念，却仍强烈体现在当地葬俗的一致性方面。

殷墟王邑发现的大小几十处墓地，墓向主要有南北向和东西向两种，头向以向北为主流，向东、向南次之，又有向西者，葬式有仰身直肢、俯身直肢、屈肢葬等。儿童一般用日用陶器为葬具，葬之居址左近，头向北和向东两者最多，向西、向南者较少。⑤ 这说明，殷墟王邑属于开放人口类型，信

① 中国社会科学院考古研究所编著：《殷墟发掘报告》（1958—1961），文物出版社 1987 年版。又中国社会科学院考古研究所安阳工作队：《1969—1977 年殷墟西区墓葬发掘报告》，《考古学报》1979 年第 1 期。

② 西北大学历史系考古专业：《西安老牛坡商代墓地的发掘》，《文物》1988 年第 6 期。

③ 贾连敏、曾晓敏等：《河南荥阳胡村发现晚商贵族墓地》，《中国文物报》2007 年 1 月 5 日。

④ 河北省文物研究所编：《藁城台西商代遗址》，文物出版社 1985 年版。

⑤ 中国社会科学院考古研究所编著：《殷墟发掘报告》（1958—1961），文物出版社 1987 年版。又《1969—1977 年殷墟西区墓葬发掘报告》，《考古学报》1979 年第 1 期。

仰不单一，葬俗亦存在种种差异。

总之，鬼魂的幽冥世界去向，即文献所谓"之幽"意识，是上古先民采取何种葬式的思想要素，此种意识形态的差异，往往决定了墓向头向、仰身、俯身或屈肢葬的不同，其地区性、群体性和族类特征是极为显明的。商代墓地分域组群的埋葬形态，是与当时社会的总体性质相应的，揭示了社会组织的基本框架和深层结构形式，由于作为社会基本主体的族氏组织，内部成员构成比较复杂，故墓地葬俗也就相应显现出封闭和开放的多元因素。

第四节　殷墟王陵区

殷墟王陵区，是商代后期商王的陵墓所在地，地址在安阳洹北侯家庄附近高畅地，海拔 80 米，与洹南小屯宫室区隔河相望。王陵区东西长约 450 米，南北宽约 250 米，占地面积达 11.25 万平方米以上，规划分为东、西两区：西区为大墓区，有四墓道大墓 7 座（M1001、1002、1003、1004、1217、1500、1550），未完成的方形"空大墓"1 座（M1567），一墓道的"甲"字形小型墓 1 座（78AWBM1），及少量小墓。东区北部有四墓道大墓 1 座（M1400），二墓道的"中"字形大墓 3 座（M1129、1443、武官大墓），一墓道的"甲"字形大墓 1 座（84M260）。东区南部则全为祭祀坑[①]（图 9—7）。

殷墟王陵区东、西区 8 座四墓道大墓，深 10 米以上，墓室平面少数为长方形，多数为"亚"字形，面积有达三四百平方米者，若加上墓道平面面积，则足有千平方米以上了。而二墓道的"中"字形墓，墓室面积一般也在40—100 平方米，深七八米上下。一墓道的"甲"字形墓及无墓道的中型墓，墓室面积一般在 10—30 余平方米，深五六米左右。这些墓葬的工程均相当浩大。殷墟为数众多的小型长方形竖穴土坑墓，面积通常只有数平方米，相比于王陵区大墓，可谓差别悬殊，等次森严分明。

据有关考古资料分析，殷墟王陵区大墓的营造程序及埋葬过程，先得定标位，以太阳为准，测方向位置，然后驱使大量人力挖墓室和墓道，墓室口大底小向下收分，呈方斗形，墓底中央挖一腰坑，像 M1001 墓底有 9 个坑，属于特例。腰坑中要埋犬或殉葬执兵器武士，随即筑椁室。先用 30 厘米左

---

① 参见中国社会科学院考古研究所编著：《殷墟的发现与研究》，科学出版社 1994 年版，第100—121 页。

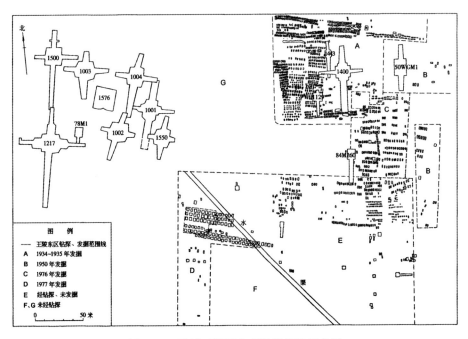

图9—7　殷墟王陵区大墓及祭祀坑示意图

（采自《中国考古学·夏商卷》）

右宽的大木条铺成底板，再在底板四周用大木条叠筑椁室四壁，叠成亚形椁室。在椁室内放置木棺，其间空隙或隔出的头箱和边箱，用横木筑椁室顶板。椁外与墓壁之间填土层层夯实，成一二层台面。台上放随葬礼器、殉人、丧葬仪仗等，再填土夯实。有的大墓在填土中又要举行杀人祭祀的仪式，人头层层填入墓室夯土中，而大量的无头人尸则埋在墓道斜坡或大墓附近的祭祀坑内。有的墓道内还挖长方形小坑，坑内埋人、犬、马等。

　　殷墟王陵区大墓有令人毛骨悚然的人殉人祭现象，反映了严酷的等级制社会奴役之现实。举例说，M1001大墓，墓室上口东西长21.3米，南北宽18.9米，深10.5米，东南西北四条斜坡墓道分别长14.3米、30.7米、11.0米、19.5米，墓室底部有9个小坑，正中1个，四角两两为对有8个，9坑共埋执戈警卫9人，其中8坑还随带警犬。木椁顶部埋11人，可能属于墓主的侍从，有的有棺，有的身上有佩饰，有的自带兵器。墓室上面的东侧有马坑7个，殉马都带有羁饰。椁顶另有30个坑，共殉人68个，有的有棺椁，并自有殉葬人，有的还随葬成组青铜礼器，可知这些人生前身份亦不低。四条墓道内又有大量被砍头的人牲，其中南墓道 59 具，分 8 组排列，俯身北向墓室。墓道填土分组排列人头颅，面朝墓室，南墓道 14 组 42 个，北墓道 6 组 14 个，东墓道 3 组 6 个，西墓道 4 组 11 个。[①] 又如二墓道的武官大墓，虽被盗掘，破坏严重，仍发现墓室腰坑殉一带戈武士，二层台东西两侧有殉葬人，大多有棺椁，且随葬铜礼器、兵器和玉器不等，东侧 17 人似为男性，西侧 24 人似为女性。在墓室填土发现人头骨 34 个。在南墓道内发现 3 坑，品形排列，共埋马 12 匹，近墓室处殉一跪葬人，带有一犬。北墓道发现 4 坑，呈十字花排列，东西北 3 坑共埋马 16 匹，南坑埋两具对蹲人架，1 人执戈，1 人握铜铃。[②] 另外，王陵区还先后发现 1483 座祭祀坑和陪葬墓，祭祀坑分人祭坑、动物坑和器物坑等，人祭坑又分单人全躯葬、多人全躯葬、头躯分离葬、无头躯体葬和人头葬等五类，最多一坑被杀被祭的人牲达 339 人。[③]

　　殷墟王陵区大墓"亚"形椁室，形制比较复杂，建造要比长方形椁室既困难又多费工料，当时何以不避困难之增加，工料之多费而如此去营造，对此学者多有推测。高去寻认为，它并非为了美观，自有一定的含义，应该是当时丧礼的一种制度建筑，象征着贵族社会的一种礼制建筑，即大墓"亚"形椁室可能是古代宗庙明堂建筑的象征，表现了后者最具代表性的亚形特征，殷代的贵族死后，地上的"亚"形建筑是他们的灵魂寄托所，而地下的"亚"形椁室则是他们尸体埋藏的地方。[④] 美国艾兰（Sarah Allan）也认为，这种"亚"形椁室从建筑学上看比较费工，显然具有某种特殊的含义，反映了殷人的宇宙观，"亚"形是殷人心目中的土地之形，当时用"亚"形来划分土地、上界、下界，"亚"形所代表的土地可划分成中央和四方五部分，这一形式也是中庭连四厢的布局，人站立于四个方向的中央，最易取得和谐之感，而死者安睡在亚形椁室的中央，灵

　　① 梁思永、高去寻：《侯家庄第二本·一〇〇一号大墓》，中国考古报告集之三·河南安阳侯家庄殷代墓地，台北中研院史语所 1962 年版。

　　② 中国社会科学院考古研究所编著：《殷墟的发现与研究》，科学出版社 1994 年版，第 108—109 页。

　　③ 同上书，第 112—121 页。

　　④ 高去寻：《殷代大墓的木室及其含义之推测》，中研院史语所《集刊》第 39 本下，1969年。

魂可直接享受供品。[①]

殷墟王陵区大墓，虽经历代多次盗掘，但仍遗留下来许多制作精美华贵、工艺水平娴熟的器物，如 M1001 出土的白色大理石圆雕兽像、白陶器，M1004 出土的牛方鼎、鹿方鼎、白色大理石圆雕贵族人像、石磬、碧玉棒、车器、青铜盔、皮甲，M1400 出土的铜面具，M1500 出土夔龙石雕、石虎、石牛、石俎、石门臼、金叶，武官大墓出土的虎纹石磬、白陶及二层台上陪葬人随葬的成组青铜礼器，传出 84M260 墓的重达 875 公斤的"后母戊"大鼎，等等。对于王陵区四墓道大墓的性质，陈梦家曾作了很好的归纳，他认为属于殷王室的陵墓，理由有七：

（1）墓制规模宏大，椁室亦很大，四面有墓道。

（2）墓内数目众多的杀殉，墓外小墓成群的杀殉葬，足见当时阶级社会对于奴隶的残酷的处理。

（3）大墓 1004 南墓道所出数目以百计的戈、矛和数十个胄，如此殉葬非王室莫属。

（4）大墓 1400 东墓道所出"寝小室盂"，当指王寝中小室所用之盂。

（5）铜器中有体制特别巨大的，有形制很不平常的。

（6）大理石雕刻和白陶为寻常殷墓所罕见。

（7）大量的绿松石饰、牙饰和雕骨，亦为寻常殷墓所少有。[②]

在今来看，殷墟王陵区 10 多座带墓道的大墓，不全是殷王墓，如二墓道的武官大墓、一墓道的 84M260 墓，前者墓主可能是殷王祖庚之妃母己或母癸，后者可能是祖甲之妃母戊，[③] 只有四墓道大墓才符合王陵的规格，墓主身份为殷王。杨锡璋曾对 8 座四墓道大墓和 1 座"空大墓"进行了考古学分期，提出最早的 M1001、1550、1400 号大墓分属殷王武丁、祖庚、祖甲，其次的 M1004、1002（图 9—8）、1500、1217 号大墓分属殷王廪辛、康丁、武乙、文丁，晚后的 M1003 号大墓为帝乙之墓，至于未完成的"空大墓"，

---

① ［美国］艾兰（Sarah Allan）著，汪涛译：《龟之谜——商代神话、祭祀、艺术和宇宙观研究》，四川人民出版社 1992 年版，第 81—117 页。

② 陈梦家：《殷代铜器》，《考古学报》第 7 册，1954 年。

③ 参见宋镇豪：《试论殷墟武官大墓的年代和性质》，《文博》1988 年第 1 期。

本应为殷王帝辛而筑，唯因周武王伐商，帝辛自焚死，遂不能如愿埋入，[①]
成为失落千古的殷陵掌故。

图9—8　墓形保存较好的 M1002 号大墓

（采自《侯家庄第一〇〇二号大墓》）

第五节　宗庙祭祖礼

《礼记·中庸》云：“宗庙之礼，所以祀乎其先也。”商代有将已故先人
的神主安放入宗庙，按相关礼制致祭。祖先祭慎终追远，固然与“殷人先鬼
而后礼”的信仰观念有关，但恐怕与《礼记·祭义》所谓“筑为宫室，设为
宗祧，以别亲疏远迩，教民反古复始，不忘其所由生也”的崇祖意识和祈求
祖先庇佑后嗣的情愫不无联系。唯商代祖先祭的具体仪程，今已难知其详。
甲骨文中有关祖先祭的资料相当丰富，可增加这方面的认识。

商代致祭祖先神主，大致分内祭和外祭两种，内祭者行于宗庙或专门的
祭祀场，外祭者行于四外。如甲骨文云：

庚申卜，于卜（外）𠀠土。
庚申卜，于入（内）𠀠土。（《合集》34189。图9—9）

---

① 参见杨锡璋：《安阳殷墟西北冈大墓的分期及有关问题》，《中原文物》1981年第3期。又杨
锡璋：《殷代墓地制度》，《考古》1983年第10期。

出于卜（外），燎。

弜宣方燎。（《合集》28003）

壬血于室卜（外）。（《花东》236）

癸丑宜鹿，在入（内）。

甲寅在入（内），昆用。

甲寅岁祖甲白豭一，䧹毊一，昆自西
祭。（《花东》170）

癸卯夕岁妣庚黑牝一，在入（内），
陟血。

陟血。用。

己酉夕伐羌一，在入（内），庚戌
宜一牢，發。

己酉夕伐羌一，在入（内）。

庚戌宜一牢，在入（内），發。

庚戌岁妣庚牡一。（《花东》178）

戊寅夕宜牝一，在入（内）。

叀剴人乎先奏，入（内）人迺往。用。

叀入（内）人乎。用。（《花东》252）

图 9—9　外祀土与内祀土
（《合集》34189）

𥎦或作𥎦，别辞云"己亥卜，又羌𥎦"（《安明》2711），义为祀。"卜祀"即
"外祀"，"入祀"即"内祀"。外祭地点无一定，视需要而为，如出于外燎祭
的地点可在宣方，也有在室外血祭。"在入"即在内，指内祭场所。昆借为
登，登荐之义。甲寅在内登祭，西向登荐白豭与毊酒于祖甲。据殷礼，厅堂
的东阶为主位，西阶为客位，在内登自西祭，此内似指祖甲宗庙。癸卯夕、
己酉夕和庚戌日在内剚割一黑牝血、牡牲、牢牲及伐羌进献妣庚以祭，内或
亦指妣庚宗庙。《花东》61 有记"妣庚室"的藏主之室。剴，族名地名，山
东兖州李宫村出土剴氏铜器，[1] 剴地当也在这一带。剴人与入人对文，"剴人
乎先奏"，是呼命剴人先奏舞，相当《周礼·春官·旄人》云"舞夷乐，凡
四方之以舞仕者属焉"，郑氏注："舞夷乐，四夷之乐，亦皆有声歌及舞"。

---

① 郭克煜、孙华铎、梁方建、杨朝明：《索氏器的发现及其重要意义》，《文物》1990 年第 7
期。

"入人洒往"、"入人乎"，则应指前往内祭地的殷人，呼命致祭。

致祭祖先神主，近祖的祭礼通常较远祖繁复而隆重。《商书·高宗肜日》云："典祀丰于昵"，昵指先王近祖庙，谓先王近祖庙的祭礼应该更丰厚而隆重。商王朝祭祖，轻先公旁系，重直系近祖，是其主要特色。祭祖也分内祭、外祭两种，但行之于宗庙的内祭尤为频见。据不完全统计，甲骨文中祭名祭仪约近 200 种左右，按其祭祖性质，基本可分特祭、临时祭、合祭和周祭四类。

特祭即独祭，是特地单独向某一位祖先神主致祭。如：

> 辛亥卜，争，贞今来乙卯侑于咸十牛。（《合集》6943）
> 甲申卜，乙酉侑祖乙三宰曹卅牛。（《合集》1513）
> 贞翌乙丑侑于祖乙。（《合集》8329）
> 丁巳卜，行，贞其侑于小丁一牛。（《合集》22760）
> 甲戌卜，用大牛于祖乙。（《合集》1615）
> 甲戌卜，进燎于祖乙。（《合集》32535）

商王朝特祭通常定在与祖妣名十干相应的甲乙丙丁的十干日内举行。上揭商王朝特祭，辛亥日卜诹来旬乙卯侑祭大乙成汤咸，甲申卜诹乙酉日侑祭祖乙一批牛羊牲，贞问第二天乙丑日侑祭祖乙，丁巳侑小丁，甲戌先一日预卜次日乙亥进燎大牛祭祖乙，祖先十干名与十干祭日均相对应。不啻王室有特祭先祖之礼，在商代社会其他宗族或家族间也有特祭祖先之礼，如：

> 甲申，叀大岁又于祖甲。不用。
> 甲申卜，叀小岁饺于祖甲。用。一羊。
> 甲申卜，岁祖甲牝一。用。
> 乙酉岁祖乙牝一。（《花东》228）
> 甲午岁妣甲死一，又皀。（《花东》261）
> 庚岁妣庚牝一。（《花东》180）
> 己丑岁妣己彘一。（《花东》67）
> 丁丑岁妣丁小宰。（《花东》157）
> 丁卜，酚伐兄丁，卯宰又鬯。（《花东》236）
> 癸酉岁癸子牝，𡏇目御。（《花东》214）
> 癸酉卜，岁子癸豕。用。（《花东》459）

上揭《花东》卜辞的主体是子，是商族分支家族长。甲申大岁祭祖甲，甲申小岁祓祭祖甲，乙酉岁祭祖乙。甲午岁祭妣甲，庚日岁祭妣庚，己丑岁祭妣己，丁丑岁祭妣丁，丁日祭兄丁，癸酉岁祭癸子（子癸），此类岁祭已经相当有规律性，已故男女祖先的十干名与祭日的十干日紧相对应，显然商代特祭祖先神主之礼已构成了一大社会礼俗。

临时祭是随事随地举行的祭祀，没有固定的时日，王室与一般贵族家族皆见。如：

> 贞告戉于上甲、成。（《合集》39492）
> 辛亥卜，出，贞其鼓彡告于唐九牛。一月。（《合集》22749）
> 戊申卜，旅，贞王宾大丁彡禴叙，亡尤。在十一月。（《合集》22762）
> 辛酉卜，彡日父甲。（《明后》2221）
> 甲辰，贞王侑岁于父丁百牛。（《国博》62）
> 戊午卜，殼，贞勿𤔲御于妣庚。（《合集》2461）
> 甲申卜，贞翌乙巳枫，屮于母庚宰。（《合集》2543）
> 庚申御𡉈目癸子，曹伐一人，卯宰。（《花东》226）
> 辛亥卜，子告有口疾妣庚，亡曹。
> 丁未卜，其御自祖甲、祖乙至妣庚，曹二牢，麦（来）自皮鼎酚兴。
> 用。（《花东》149）

致祭上甲与成汤，有事态发生而临时告祭。辛亥日卜以九头牛鼓彡告祭大乙唐，不言在乙日举行；王宾大丁不在丁日。彡日父甲不在甲日。王侑岁于父丁百牛不在丁日而在甲辰。妣庚之祭不在庚日，𤔲御即寻御，谓戊午日卜问再次举行向妣庚祈求御除疾患的祭祀。屮祭母庚，不在庚日，而在甲申次一天乙巳日枫时。庚申御𡉈目疾于癸子，不在癸日而在庚日。辛亥子因口疾而告祭于妣庚。凡此均属于临时祭。丁未自祖甲、祖乙至妣庚而御祭，知临时祭也有合祭多位先祖的，不仅仅限于一位。

合祭是合多位祖先而同时祭之，在致祭神主的次序上可分顺祀和逆祀两种（图9—10）。顺祀是按先公先王的世系顺序先后受祭，也称"从祀"。《春秋》定公八年："从祀先公。"杜预注："从，顺也。"如甲骨文有云：

图 9—10　顺祀和逆祀先公先王

（《合集》32385＋35277＋《甲》2283、《屯南》37）

(1)　□未卜，秦上甲、大乙、大丁、大甲、大庚、大戊、中丁、祖
　　　乙、祖辛、祖丁十示，率牪。（《合集》32385＋35277＋《甲》
　　　2283①）

(2)　乙丑□，秦自大乙至丁祖九示。（《合集》14881）

(3)　庚申卜，酚自上甲一牛至示癸一牛，自大乙九示一牢，柂示一
　　　牛。（《合集》22159）

(4)　庚寅贞，酚升伐自上甲六示三羌三牛，六示二羌二牛，小示一
　　　羌一牛。（《合集》32099）

(5)　己亥贞，卯于大示其十宰，下示五宰，小示三宰。（《屯南》1115）

(6)　庚子卜，争，贞其祀于河，以大示至于多毓。（《安明》91）

(7)　甲戌酚上甲，旬岁祖甲牝一，岁祖乙牝一，岁妣庚羵一。（《花
　　　东》487）

(8)　畱上甲，衜大乙，先大丁，争大甲，□祖乙。（《屯中南》319）

---

①　林胜祥缀合，见《〈殷虚文字甲编〉新缀二十六例》第13组，第七届中国训诂学全国学术研
讨会论文，台北，台湾政治大学中文系，2005年。

上举八事均为顺祀。(1) 上甲元示加上大乙至祖丁九示共十示合祀，中间未列入报乙、报丙、报丁三报和示王、示癸二示共五位先公。(2) 大乙至祖丁九世直系先王合祀。(3) 酒祭上甲至示癸六位直系先公各用一牛，大乙以下九世直系先王各用一牢，柂示应指旁系先王，也同如先公上甲至示癸用一牛，表明了重直系祖王和轻先公及旁系先王的祭祖观念。(4)"上甲六示"，直观地解释，容易理解为上甲至示癸六世先公，但祭祀用了三羌三牛，礼遇高于直系先王一个等次，显然与古代礼制"自仁率亲，等而上之，至于祖，名曰轻；自义率祖，顺而下之，至于祢，名曰重"① 不符。朱凤瀚已疑之，他认为"上甲六示"犹别辞言"自上甲至于大示"(《屯南》1104)，大示是上甲加上大乙、大丁、大甲、大庚、大戊五位冠以"大"称的直系先王神主的专指。② 其下的"六示二羌二牛"，六示是指大戊之后中丁至武丁六世直系；"小示"似应包括(3) 辞的"柂示"，即旁系先王再加上三报二示五位先公，各用一羌一牛。如此则礼次严明。(5) 辞可与 (4) 辞对照，"下示"相当中丁以下直系先王，乃与"大示"对文。(6) 外祭于河，顺祀以大示为首至于多毓的神主。多毓，许进雄谓指"繁衍家族的众男女祖先"③，裘锡圭认为毓似应读为先后之"后"，指"后祖"而言。④ 这里可能是指中丁以下的直系先王，亦即下示，但也可能指下示和柂示即中丁以下直旁系先王的两部分"后祖"神主群。(7) 甲戌酒祭上甲，旬岁祖甲，岁祖乙，岁妣庚，当也是顺祀几位先祖先妣，这由上引《花东》149 "其御自祖甲、祖乙至妣庚"，可以相印证。(8) 顺祀上甲、大乙、大丁、大甲、祖乙五位直系先公先王，还由雈、衛、先、争等五人分别主持这五位祖先的祭祀。

顺祀先公先王，外祭者不多，主要为内祭。如甲骨文有云：

> [丁] 亥卜，在大宗又升伐三羌十小宰，自上甲。
> 己丑卜，在小宗又升岁，自大乙。(《合集》34047)
> 乙亥又升岁在小宗，自上甲。一月。

---

① 《礼记·大传》。

② 朱凤瀚：《论殷墟卜辞中的"大示"及其相关问题》，《古文字研究》第 16 辑，中华书局 1989 年版。

③ 许进雄：《明义士收藏甲骨释文篇》，加拿大多伦多皇家安大略博物馆 1977 年版，第 29 页。

④ 裘锡圭：《甲骨卜辞中所见的逆祀》，《出土文献研究》，文物出版社 1985 年版。

丁丑卜，在小宗有升岁自大乙。（《合集》34046）

上两组卜辞，均是先遍祀上甲以下先公先王，两天后又遍祀大乙以下先王，俨然有序。所异者，前一组的内祭场所是先在大宗的合祭宗庙举行，后又入小宗的合祭宗庙行祭；后一组则均行之于小宗，未变更内祭场所。顺祀除遍祀外，又有以某位神主为主，配以以后世次诸主，如：

甲午贞，大御自上甲六大示，燎六小宰，卯九牛。（《屯南》1138）
甲午贞，大御六大示，燎六小宰，卯卅牛。（《屯南》2361）

"上甲六大示"或"六大示"，即上述上甲加大乙以下五位冠"大"字的直系先王神主群。祭日在甲日，是知大御典祀的主示是上甲，其他五示是为配示。

合祭除顺祀外，又有逆祀，此为裘锡圭所首揭。逆祀是逆先王先公世次自近祖而追溯远祖倒上去致祭，如：

乙丑卜，贞王宾武乙岁，延至于上甲，卯，亡尤。（《合集》35440）
己丑卜，大，贞于五示告：丁、祖乙、祖丁、羌甲、祖辛。（《合集》22911）
自上甲求年。
庚寅卜，逆自毓秦年。（《屯南》37）

自武乙延至于上甲，是乙丑日主祭武乙，而逆配武乙之前至上甲的先王先公。丁至祖辛五示，是逆告武丁以上至祖辛五位直旁系先王。自上甲求年是顺祀；逆自毓求年，则是逆后祖溯至先公上甲而求年成丰收。顺祀、逆祀，在殷商均属于正常的先公先王礼，但《左传》文公二年有云："礼无不顺，祀，国之大事也，而逆之，可谓礼乎？"视逆祀为失礼，按此乃后制，而在商代祭祖礼中是并无此种观念的。

商代祖甲时还盛行一种以彡、翌、祭、壹、劦五大祀典为主干的轮番系统致祭上甲以下先公先王先妣的所谓"周祭"，廪辛康丁时因之，至帝乙帝辛时又有增修。周祭实是独祭与合祭顺祀的结合与规范，是按先公先王先妣的世次、长幼和死亡顺序，依其所名的十干，在相应的祀谱排定日子内，有规律地定日和逐次祭去，受祭者限于有特别资格的人，先王不论直系旁系，就是已立为太子而未及即位的，均得祭之，但先妣则仅限于有子为太子者，后来更限定每世只有一王的配偶可入祀，遍祀一周约需一年时间，又周而复始。[①]

就周祭的祭仪内容而言，彡为鼓乐之祀，翌为舞羽之祀，祭则用肉，壹则用食（黍稷），而劦为合祀，盖合他种祀典统而祀之。与五种祀礼相伴的祭仪，尚有酒、告、祼、岁、伐、禴、奏、御、卯、濩、舁、侑、工典等。

晚商王朝周祭制度的建立，是总前代祖先祭礼之大成，完全围绕商王族祖王包括部分血统关系明确的杰出先公并配列法定先妣王妃而展开的，表明以商王为核心的代表商族贵族统治集团利益的王权政治已有前所未有的强化。繁缛的祖先祭礼，不啻是王权政治的重要组成部分，而且有效发挥着维护商族贵族集团内部团结的精神作用，构成了晚商国家的最高层次祀典。

---

① 参见董作宾：《殷历谱》，中研院史语所 1992 年影印版；陈梦家：《殷虚卜辞综述》，科学出版社 1956 年版；岛邦男：《殷墟卜辞研究》（中译本），台北鼎文书局 1975 年版；许进雄：《殷墟卜辞中五种祭祀的研究》，台湾大学文学院文史丛刊之十六，1968 年；许进雄：《关于五种祭祀》，《明义士收藏甲骨释文篇》之附录，加拿大多伦多皇家安大略博物馆 1977 年版，第 11—17 页；常玉芝：《商代周祭制度》，中国社会科学出版社 1987 年版。

第十章

占卜礼俗

占卜起源于"万物有灵"的原始思想观念与原始宗教信仰范畴中的前兆迷信，先民在与自然世界的交往及生存活动中，往往把一些毫无因果联系的事象的耦合，视为神灵所示征兆，久之乃产生了利用占具（物灵）作为中介，进行人与神灵之间的意识沟通，用来预测未来的吉凶祸害。

《礼记·表记》云："昔三代明王皆事天地之神明，无非卜筮之用。"《史记·龟策列传》云："闻古五帝三王，发动举事，必先决蓍龟。"所谓卜与筮、龟与蓍，凡卜凡龟是指烧灼甲骨视其坼纹兆象判断吉凶，凡筮凡蓍则是指揲蓍草据数列预测休咎，这两者也是中国上古最广泛流行的两种主要占卜法。

商代承前代占卜之绪，占卜方法主要有甲骨占卜、小石子数占与揲蓍草筮占三种形式，尤以龟甲和牛肩胛骨为占具的甲骨占卜最为盛行。然而随着人们实践经验的富积，认识思维的提高，社会观念的嬗递，同时也潜移默化推动着商代占卜由滥而专、由盛而衰的渐变。其中，依据甲骨占卜预测日常生活吉凶祸福，虽在商代是其鼎盛期，唯个中酝酿的变革要素，却也已出现。晚商王朝的甲骨占卜礼制，正潜伏着这一衰落趋势之必然。

第一节 甲骨占卜礼程

甲骨占卜礼程属于意识形态上层建筑范畴，大致与一定社会的历史进程相同步，构成推移时代精神生活的重要内容之一，商代国家礼制的完善和加强，甲骨占卜也旋即被贵族统治集团整合利用。

商代甲骨占卜主体有王室与非王室普通贵族或一般人之别。① 商王室的甲骨占卜礼程，表现在甲骨占卜有制度性、程序性分工，占卜有卜官专管，不由卜者一人包揽，包括卜前甲骨的取用与精细的甲骨整治，卜时的命龟、刻辞、涂饰以及记验，卜后甲骨的归档与后处理等，皆显现出礼仪意义的系统规范。

一　甲骨的取用

商代龟卜与骨卜并行不悖，从前期王邑郑州商城的考古发现看，卜用骨料占大宗者为牛胛骨，其次是龟甲，还有少数鹿、羊、猪、狗胛骨。② 就后期王邑殷墟所见，龟卜以腹甲为多，背甲参用；骨卜以牛肩胛骨最多，羊、鹿肩胛骨参用。又有用牛肋骨、牛距骨、鳖甲、猪肩胛骨、象肩胛骨等占卜者。殷墟苗圃北地还出土人髋骨占卜材料。③ 湖北秭归石门嘴商周遗址则发现有取用鲢鱼或草鱼的鳃盖骨作为占具的。④ 唯商代卜用骨料之大宗，还是取用牛肩胛骨和龟甲。

甲骨占卜，自筹备卜事始，先要解决甲骨何从得之，是为"取用"。《周礼·春官·龟人》有所谓"凡取龟用秋时，攻龟用春时"，秋时取龟，到春时攻龟即杀龟剔去血肉内脏，留其龟壳备用。其次要鉴别种属、大小，是为"辨相"，即《周礼·春官·卜师》所谓"凡卜，辨龟之上下、左右、阴阳，以授命龟者而诏相之"。再次，《周礼·春官·龟人》云："上春衅龟，祭祀先卜。"衅指杀牲祭龟。生龟不能用，必祭而杀之，是为"衅祭"。

据文献说，卜龟的取用有等级区别，"天子龟尺二寸，诸侯八寸，大夫六寸，士民四寸"。⑤ 商代甲骨占卜的主体有王、贵显、一般贵族或平民之

①　陈梦家：《殷虚卜辞综述》，科学出版社 1956 年版，第 19—29 页。

②　河南省文化局文物工作队：《郑州二里岗》，科学出版社 1959 年版，第 37—38 页。又河南文化局文物队第一队：《郑州旮旯王村遗址发掘报告》，《考古学报》1958 年第 3 期。又河南省博物馆：《郑州南关外商代遗址的发掘》，《考古学报》1973 年第 1 期。

③　中国社会科学院考古研究所安阳工作队：《1982—1984 年安阳苗圃北地殷代遗址的发掘》，《考古学报》1991 年第 1 期。

④　吉林大学边疆考古研究中心、湖北省文物考古研究所：《湖北秭归石门嘴遗址发掘》，《考古学报》2004 年第 4 期。

⑤　《太平御览》卷九三一"鳞介部三"引《逸礼》。

分，不同等级不同身份的人使用的卜龟有差别，王卜用的大龟大都属各地的贡品，一般贵族或平民通常取用本地产尺寸较小的龟，尤其是大卜龟，乃是等级、权力、地位的一种标志物。① 反映于殷墟不同地点所出的卜甲，数量和大小都有不同，如小屯宫室区出的卜甲最多，数以万计，大的卜甲也多，其中最大的龟腹甲长 44 厘米、宽 35 厘米，背后有 204 个钻凿（见《合集》14659），出自 YH127 坑。昔伍献文参照英国葛莱（Gray）氏大英博物馆《龟类志》（*Catalogue of Tortoises*），认为此版大龟与今产于马来半岛的龟类是同种。② 国外学者有鉴定此龟属于今缅甸及印度尼西亚一带出产的龟种〔*Geochylene*（Testude）*Emys*〕。③ 殷墟侯家庄南地出土的大龟七版长 27—29 厘米。花园庄东地 H3 甲骨坑，出土卜甲 1500 多版，大甲的数量也不少，最大的卜甲长约 34.5 厘米。除这三个地点外，殷墟九处遗址所出卜甲的总和还不到 600 片，且多是较小的卜甲，至今尚未发现 28 厘米以上的大卜龟。据叶祥奎、刘一曼鉴定，殷墟卜龟的属种绝大多数分别可归龟科花龟属（*Ocadia*）花龟种（*O. sinensis*，简称花龟）和龟科乌龟属（*Chinemys*）乌龟种（*C. reavesii*），归前者的标本较多，后者较少，但个别腹甲不排除有归别的属种的可能，据现今记录，河南只产乌龟而无花龟，殷墟卜龟决不会全都产自安阳本地，大部分应是从外地进贡来的。④

殷墟卜龟的产地分布地域广大，有不同的卜龟属种形态区分。据甲骨文有云：

庚申令彘隹来，彘以龟二，若，令。（《合集》21562）

宑来十、龜百。（《合集》9188 反）

□亥入五十〔龜？〕……帛井乞龜自□七，耳十五。（《合集》9395）

① 刘一曼：《安阳殷墟甲骨出土地及其相关问题》，《考古》1997 年第 5 期。

② 伍献文：《"武丁大龟"之腹甲》（Notes on the Plastron of Testuds Emys Schl. & Mull From the Ruins of Shsng Dynasty at Anyang），《中央研究院动植物研究所集刊》第 14 卷第 1—6 期，1943 年。又提要见《读书通讯》第 79、80 期合刊，1943 年。

③ David N. Keightley：Sources of Shang History：The Oracle Bone Inscriptions of Bronze Age China，附录一，James F. Berry：《商代龟甲的鉴定》，Berkeley/Los Angeles/London：University of California Press，1978，p. 160。

④ 叶祥奎、刘一曼：《河南安阳殷墟花园庄东地出土的龟甲研究》，《考古》2001 年第 8 期。

……贞禽……来，王［占曰：吉］，佳
来。五日［方］允至，以龟：龜八、龜五百
十。四月。王占曰：佳来。（《合集》8996 正
反，8997 同文残辞可互补。图 10—1）

**图 10—1　甲骨文记地方来
贡不同龟种**

（《合集》8996 正反）

以上四辞，涉及龟甲的入贡来源、数量及龟的种
类。辞中的"以"读如"致"，贡纳、致送、征
取、交付之意，义同"入"。"来"亦指入贡之
事。入贡的龟数，或数龟，或数十龟，或百龟至
五百龟不等。"帚井乞龜自□七，耳十五"，乞为
乞求、收取之意，盖指入贡交付的总数五十副龟
版中，有两批若干个，是帚井分别从某与耳二人
处收取来的。可见，殷人已有龟、龜、龜、龜等不
同龟种的形态区分。

甲骨文中又有记卜龟的产地来源以及入贡龟
的数量，如：

……西……龟。一月。（《合集》9001）

周入。（《合集》6649 甲反）

雀入龟五百。（《合集》9774 反）

唐来十。（《丙》56 反）

羌入五。（《合集》13648 反）

竹入十。（《合集》902 反）

叟入百。（《合集》12102 反）

屮来自南以龟。（《乙》6670）

贞龟不其南以。（《合集》8994）

帚好入五十。（《合集》10133 反）

奠来五。（《合集》10345 反）

臣大入一。（《丙》33 反）

上举辞例中卜龟的产地来源，有来自西部地区的。如贡龟的周，地处
黄河上游陕西一带，位于安阳殷墟的西部。"雀入龟五百"，丁山、郑杰祥

均以为雀地在今河南郑州西北郊荥泽附近，即《穆天子传》之"雀梁"①。钟柏生以为雀的地望在今山西西南部或河南省西北角②，即黄河弯道附近。"唐来十"、"羌入五"，两地或在山西中部一带，则大抵是殷西北，广义上讲也可说是西方来龟。《逸周书·王会篇》有云："伊尹受命，于是为四方令曰：……正西……神龟为献。"是知西部的黄河流域中上游地区产龟。又《文选·蜀都赋》注引谯周《异物志》云："涪陵多大龟，其甲可以卜。"则西部长江流域四川地区也产龟。卜龟的产地来源，又有"竹入十"，竹为殷商王朝北方侯国，别辞有称"竹侯"（《合集》3324）。商代竹国即《史记·秦本纪》"齐桓公伐山戎，次於孤竹"，《正义》引《括地志》云："孤竹故城在平州卢龙县十二里，殷时诸侯国也。"其址在今河北卢龙、抚宁县一带。③《本草衍义》云："秦龟即生于秦者，秦地山中多老龟，极大而寿。龟用即非止秦地有，四方皆有之，但取秦地所出大者为胜。今河北独流钓台甚多。"可见不特西部地区产龟，北方也产龟。从考古遗址可以看到，位于殷都北方的河北磁县下七垣遗址，藁城台西商代遗址，邢台地区的商代遗址等，皆有不少卜龟出土，时代可早到中商。这些卜龟很难说不是当地所产。其中邢台处于竹国与中原殷商王朝交通孔道之间。卜龟的产地来源，还有"妻入百"，妻在山东临淄之西北，即孟子去齐宿画之处④，则东方地区亦贡龟。商代东方的山东，滕县安上村遗址、济南大辛庄遗址、江苏邳县四户镇大墩子遗址、铜山丘湾遗址等，也都有龟甲出土。山东济南大辛庄商代遗址出土的卜龟，以小型龟居多，纵长在16厘

---

① 丁山：《甲骨文所见氏族及其制度》，中华书局 1988 年版，第 125 页。郑杰祥：《商代地理概论》，中州古籍出版社 1994 年版，第 221—223 页。

② 钟柏生：《殷商卜辞地理论丛》，台北艺文印书馆 1989 年版，第 187 页。

③ 参见严一萍：《甲骨学》上册，台北艺文印书馆 1978 年版，第 132—136 页。[日] 町田章：《殷周与孤竹国》，《立命馆文学》第 430 至 432 号合《白川静古稀纪念中国史论集》，1981 年。金耀：《亚微罍考释——兼论商代孤竹园》，《社会科学战线》1982 年第 2 期。李学勤：《试论孤竹》，《社会科学战线》1983 年第 2 期。彭邦炯：《从商的竹国论及商代北疆诸氏》，《甲骨文与殷商史》第三辑，上海古籍出版社 1991 年版。

④ 胡厚宣：《殷代封建制度》，《甲骨学商史论丛初编》第一册，成都齐鲁大学国学研究所专刊之一，1944 年版，第 6 页。

米左右，还有更小的^①，但 2003 年出土卜龟，正面残存卜辞 16 条，共有
34 字，兆序数字 2 个，经复原计算，龟原长约有 24 厘米，宽约在 13.5 厘
米上下，自应跻身当地的大龟之列，属于方国族邑内上层权贵采用的卜
龟。^② 卜龟的产地来源，"有来自南以龟"，记贡龟来自南方地区的。据
《禹贡》："九江纳（《夏本纪》作入）锡大龟。"《诗·鲁颂·泮水》云：
"憬彼淮夷，来献其琛。元龟象齿，大赂南金。"是述南方江淮地区来龟。
又《国语·楚语》谓楚国云梦泽产"龟珠角齿"。《今本竹书纪年》谓周厉
王元年"楚人来献龟贝"。《庄子·秋水》云："吾闻楚有神龟。"《史记·
龟策列传》云："神龟出于江水中，庐江郡常岁时生龟，长尺二寸者二十
枚，输之太卜官。"这些文献记载都是讲南方长江流域产龟，而尤以楚地
为盛。而入龟的帚好、奠、臣大等，其领地当在王畿区一带。

可见，当时卜龟的产地分布地域广大，有来之黄河流域东西方地区的，
有来之北方地区的，有来之南方江淮流域的，甚至有南方长江流域更远的海
域输入的，而安阳殷墟周围一带本地产的龟当也不在少数。

至于牛肩胛卜骨的来源，大体选用畜养之牛畜或猎获之野牛，取其骨为
占具，即《淮南子·氾论训》所谓"家人所常畜而易得之物也，故因其便以
尊之"。此外，还有来自他方贡纳。如甲骨文云"旻来牛"（《合集》9178），
是有关旻国进贡牛牲，殷代旻国即后来西周召公所封北京琉璃河之匽都一
带。又有云"禽见（献）百牛"（《合集》102），指牛牲的贡入，此类牛的肩
胛骨皆可用作占卜。牛肩胛骨也自有大小之分，最大的一版，见诸《合集》
33747 片，为一右胛骨，通长 42 厘米、宽 24 厘米。小一点的，如《屯南》
2180 一版，长 32 厘米、宽 18 厘米。牛肩胛骨的大小之别，除取决于牛龄诸
因素外，可能还与种属方面有关，黄牛的肩胛骨狭而长，水牛的肩胛骨骨扇
宽大，这对殷墟卜用牛肩胛骨种属的考订当有启示。

概言之，殷墟卜骨的来源，有猎自野生的，但主要当来之畜养，有着可
靠的来源保障。卜骨来源的多元性颇与卜龟相类似，但卜骨主要产地是在中
原及北方地区。

---

① 徐基：《济南大辛庄遗址出土甲骨的初步研究》，《文物》1995 年第 6 期。又刘嘉玉、徐
基：《大辛庄遗址甲骨特征及其与台西、殷墟甲骨的比较研究》，《殷商文明暨纪念三星堆遗址发现
70 周年国际学术研讨会论文集》，社会科学文献出版社 2003 年版。

② 别详孙亚冰、宋镇豪：《济南大辛庄遗址新出甲骨卜辞探析》，《考古》2004 年第 2 期。

二　甲骨的整治

甲骨的整治，是卜前的准备工作，一称攻治，包括了甲骨的取材、削、锯、切、错、刮、磨、穿孔以及钻凿等道工序。殷墟甲骨的攻治，攻具主要有锯、错、刀、凿、钻等五种。攻治甲骨的目的，是为了避免占卜时的杂乱无章，人为控制甲骨兆坼兆象变化的无序状态。经过攻治的甲骨，就可以施灼呈兆，进行占卜了。

殷商王朝甲骨整治，已成为例行工序，钻凿形态的演变又显示出相应的世代革替特色。特别是甲骨上的兆象显现，人为控制因素极其明显，因钻凿灼手段的谙熟而极为规范，排列有序，组合规整，兆坼大多呈卜字形，纵横有致，卜官"卜以问疑"进行人神间的沟通交流时，有可能将人的意愿和认识所及，通过人为控制兆坼变化，按甲骨占卜的特殊思维模式与甲骨兆象占断，赋予人的主观能动因素，对客观事物的因果表象贯以比较理性的判断解释。

龟腹甲的整治，先锯开背甲和腹甲，再锯去腹甲两旁甲桥边缘上下凸出部分，错磨使之成齐整的弧形，然后去除腹甲表皮的胶质鳞片，刮平去鳞片后下面留有的坼文，以便于显兆和刻辞，最后错其高厚之处，再加刮磨，使全版匀平光润。殷墟苗圃北地出土腹甲，攻治另有一番特色，甲首大多经掏挖，留有宽厚的边缘，甲桥与腹甲相连部分成锐角。YH127坑出土龟腹甲，有在甲桥上钻一小圆孔，可用绳索把多版加工整治好的龟腹甲，穿系在一起，作为待卜的材料，如《合集》12439、9177等。殷墟花园庄东地出土的龟腹甲，也有类似情况，如《花东》421、499。还有在龟腹甲的左右甲桥中部外缘各刻一个半圆缺口，便于绳系而不至滑落，如《花东》42。但又有一些卜甲在占卜后断裂了，当时就在断裂的边缘钻上小孔，用细绳将它们接连起来，便于存放，如《花东》205、215。[①]

龟背甲的整治，从殷墟出土背甲的制成形式看，主要有五式：第一种是从中脊平分对剖为二，较大的背甲往往如此，如《合集》14129正反。第二种是对剖以后，又锯去近中脊处凹凸较甚的部分和首尾两端，使成为鞋底形，并于中间穿孔，较小的背甲往往如此。此种鞋底形穿孔背甲，甲骨学界

---

① 参见刘一曼：《殷墟花园庄东地甲骨坑的发现及主要收获》，《甲骨文发现一百周年学术研讨会论文集》（1898—1998），台湾师范大学国文系、中研院史语所，1998年。

通常称之为"改制背甲"（图
10—2），如《合集》118、3461、
10615、14707等。第三种是近年
殷墟花园庄东地出土的背甲，一
般对剖为二，边缘略加刮磨而已
（《花东》87）。殷墟苗圃北地出
土的背甲，制成形式另有两式：
一种略呈梭形，接近上述第一种
背甲；再一种似刀钺之⊙形，两
端较厚，中部较薄，有明显的锯
磨痕迹，中部穿一圆孔，此式为
苗圃所独见。①

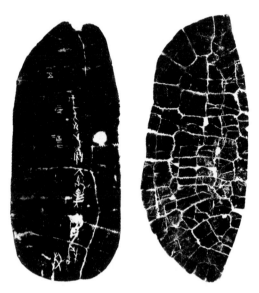

图10—2　安阳出土"改制背甲"

（《合集》118、《花东》87）

　　牛肩胛骨的整治，牛肩胛骨
有左右之别，一头牛可有一副，
位于前肢的最上部。牛肩胛骨取
材后，需要进行脱脂，否则日久发臭。今安阳甲骨制假者，取生胛骨用水煮
以去油脂，文火慢煮，火不可过，过了骨疏而不可用，太小则油脂不去，全
在火候之妙，然后又换清水加入好酱油再煮，据说可使骨色如旧。唯不知商
人是否有脱脂手续，若有，又用何法脱脂？

　　牛肩胛骨形似扇子，故也称"扇子骨"，包括骨臼和骨扇两部分。骨臼
即关节窝部位，俗称"马蹄儿"，臼面成卵形而凹入，臼的一边有一凸起如
瘤的茎块部分，称之臼角，沿此角而下，骨扇反面的一侧有一道凸出的骨
脊，紧靠骨脊的边缘为内缘，与之相对的边缘为外缘，外缘因骨面稍隆起而
比内缘显得厚圆些。凡骨扇无骨脊的一面，是为卜骨的正面。攻治时，先从
骨臼最上面部分起，锯一长向横线，沿此切下，去其一半或三分之一，臼面
成为半月牙形而内凹，使适宜骨扇正面朝上平置，又切除臼角茎块部分，形
成一近乎曲尺形的直角缺口，缺口的横边与竖边之比一般为1∶3，再削去骨
扇反面的骨脊，凡骨理露出粗涩多细孔地方，要进行刮磨处理。骨扇下端边
缘的软骨也要削除，刮磨使其平滑。

　　区分左右牛肩胛骨之法，经整治后的胛骨，骨版平置，削去骨脊的一面

———————————

①　参见刘一曼：《安阳殷墟甲骨出土地及其相关问题》，《考古》1997年第5期。

向下，凡臼角茎块切除而直角缺口在右者，是为右胛骨，在左者则为左胛骨。若辨认未经整治的左右牛胛骨，也可据上法视臼角茎块在左右而定。此外还另有一法，由牛肩胛骨上下两部分作一垂直中线，可以看到左右两边原骨凹度微有不同，左胛骨左边边缘凹度较右边为大，右边较左为直，若面对牛胛骨的正面，凡边缘凹度左边较大者是为左胛骨，反之是为右胛骨。

殷墟范围出土的牛肩胛骨，其攻治情况与卜龟一样，也存在着王室与非王室，或上层权贵与普通贵族及一般平民阶层之间的差别。如花园庄南地出土的卜骨，被切除的臼角不是作直角而是呈锐角，横边与竖边之比不是1：3，而是2：5，即横边比竖边长两倍多。

三　甲骨钻凿形态

甲骨钻凿形态主要是就卜用甲骨的钻凿与燋灼显兆而言。《荀子·王制》云："钻龟陈卦。"甲骨钻凿与甲骨整治一样，也属于卜前的准备工作。《韩非子·饰邪》云："凿龟数策。"是知甲骨的钻凿，是直接为了占卜时施灼易于出现纵横兆坼，制作有一定的规律性。

甲骨占卜自燋灼命龟起才属卜的行为。《周礼·春官》有云，"菙氏掌共燋契，以待卜事"，"凡卜，以明火爇燋，遂龡其焌契，以授卜师"。《士丧礼》有云："楚焞置于燋，在龟东。"燋是引火木炭，焌契与楚焞意同，楚即荆，皆薪名，楚焞为灼龟之术，置于炭火之上，燃以供卜师之用。灼龟时，以荆支燃火，烧所钻之中，以见兆坼。

甲骨钻凿指人工造作的窠槽，通常称圆窠形者为钻，"枣核形"者为凿，钻凿灼形态在殷商有代变。郑州商城出土甲骨的钻凿形态，可分三种情况：第一种是仅施火灼，不见钻凿，以牛、猪骨为多。第二种是先钻后灼，以牛骨为多，龟甲次之。第三种是钻凿后灼，以龟甲为多，其钻有单钻和双联钻，既深且密。[1] 殷墟甲骨的钻凿以施于甲骨背面为常例，最基本的钻凿形态大致有七式，多数为⊃、⊂，也有单钻作⊃或单凿作▮（有所谓长方形凿和"枣核形"凿等）的，少量作◐（圆钻，凿在钻内，如《京人》3228、《合集》39906、《安明》730、《屯南》4314等），有极少数作▮▮（两凿紧靠，

① 河南省文化局文物工作队：《郑州二里岗》，科学出版社1959年版，第37—38页。又河南文化局文物队第一队：《郑州旮旯王村遗址发掘报告》，《考古学报》1958年第3期。又河南省博物馆：《郑州南关外商代遗址的发掘》，《考古学报》1973年第1期。

钻相背，如《合集》23664 胛骨反面左排上数第二组钻凿，又史语所藏无字骨 3·3·0105 左胛骨反面左排上数第 2—4 组钻凿[①]、（大小两凿紧靠，小凿施灼，如《屯南》1002 左第 2 凿）。

凿形总是与甲的中缝或骨的左右两边相平行，从两侧斜切而下，其深处成一直线，但不凿穿骨面，这样在一旦占灼后，甲骨正面相应部位就会显现出直行的兆干。钻则必紧挨着凿，其一部为凿处侵去，不成完圆，钻处的甲骨正面是显横出的兆枝处，钻在凿的左或右，决定着甲骨正面兆枝卜形的走向，若背面的灼钻在左，则正面兆枝向右作卜。通常情况下，钻凿在龟腹甲反面的分布，是以中缝即俗称的"千里路"为准，在左半部者，钻在里侧而居凿之右傍，在右半部者，钻在里侧而居凿之左傍，如此左右对称。背甲的钻凿，左背甲反面是钻居凿左，右背甲反面是钻居凿右。卜甲上的钻或正面的兆枝总是相向"千里路"或同向中脊。有时为了使龟版上的卜兆显现更为清晰，还有用刀加以刻划加深加粗的，如《合集》1100 龟腹甲正面的卜兆即经刻划过。

牛胛骨反面的钻凿分布，左胛骨是钻右凿左，右胛骨是钻左凿右，钻总是同向骨脊，而卜骨正面的兆枝则同向切角即骨扇之内缘一边。右胛骨灼于凿之左，正面兆枝右向作卜，左胛骨则兆枝左向作卜。当然，牛胛骨的钻凿分布，也不全是同向骨脊的，有些卜骨骨扇反面，内缘与外缘的两排钻凿相向而使正面兆枝均指向卜骨的中央。另外，殷墟某些地方出土的甲骨，其钻凿形态也有与上述相异者，如殷墟苗圃北地和花园庄南地发现的卜甲，少数钻、灼是在凿之外侧与中缝相背，而不是相向，卜骨上则钻凿灼排列相向者占了绝大多数。

钻凿的制法，郑州商城所出卜骨，或用钻子钻出，此类青铜钻子有出土[②]。殷墟卜甲骨的钻凿，大都是挖出来的，殷人于钻前，有用刀刻小圈为记，而在凿以前，有先用刀刻双斜文为标记。小屯南地甲骨上的凿[③]，主要是用两种方法制成：一种是用刀挖刻，占绝大多数，这种做法在凿的内壁常常留下很清晰的刀痕。有些长方形凿在挖成后，两侧边缘又用刀挖宽而呈现

---

① 引自严一萍：《甲骨学》上册，台北艺文印书馆 1978 年版，第 564 页，图 10。

② 见陈梦家：《殷虚卜辞综述》，科学出版社 1956 年版，图版伍。

③ 见中国社会科学院考古研究所编著：《小屯南地甲骨》下册第三分册"钻凿"，中华书局 1983 年版，第 1491—1495 页。

一圈凸棱，平面看似为内外两圈，有的则外圈呈鼓腹尖弧形，内圈近似长方形。另一种是轮开槽，底部每见很规则的弧形，并有旋纹，此种凿应是用类似砣轮的小轮子开槽后制成的，但在具体制作方面，有的轮开槽后，不再用刀加工，或仅仅用刀修凿边缘而不加工底部，如此则凿的纵剖面保持了规则的弧形，有的因轮开槽后底部加工特甚，以至已不成弧状。小屯南地甲骨上的钻，也很少用钻子钻成的，钻的制作法有三：（一）用钻子钻，此法施于单独的小圆钻和极少部分凿旁之钻，似取一小圆木棒，以一弓弦绕之，骨上置湿沙，木棒垂直紧压骨上钻处，拉动其弓，木棒在骨面上迅速旋转，即可在骨上钻出壁底皆光滑的圆钻窝。（二）先用轮开槽，再以刀加工，使钻内侧与凿相连接，凡很规整的弧形凿，其凿旁之钻，大多是用此法制成。（三）用刀子挖刻，这种钻的特点是平面不规则，边缘不整齐，壁底交接处折角明显，均留有刀痕。

四　占卜内容的写刻与甲骨后处理

殷人在甲骨占卜前后有将占卜的内容写刻在甲骨上的，写刻方法有毛笔书写和刀笔契刻两类。

毛笔书写有朱书和墨书等，书于卜甲上的，内容有卜辞，如"贞翌丙亡其从雨"（《乙》778），也有签署贡纳龟甲者。而书于卜骨上的，书辞内容如"甲申卜彡乞燎"（《合集》35260）、"牛二，在四月王……"（《合集》41389）等，每与祭祀祖先及用牲有关。[1] 但甲骨文最多的还是刀笔契刻，工具有玉刻刀和青铜刀。[2] 契刻一般无须先毛笔书写打底子，往往信手刻去，显示出刻者的刀笔书法技巧。另也有先书后刻的，如《甲》2280"壬申"的申字末画缺刻，书写笔迹隐约可辨。《乙》5867"丁未卜永"五字，李宗焜指出："刀子刻过之后，笔写的痕迹还在，墨迹笔画明显比刀刻的笔画粗，而且个别笔画笔写的较长，刀刻的较短，这些现象都足以证明这是先写后刻的。"[3]

---

① 参见刘一曼：《试论殷墟甲骨书辞》，《考古》1991年第6期。

② 参见周鸿翔：《殷代刻字刀的推测》，《联合书院学报》第6期，1967—1968年。又赵铨、钟少林、白荣金撰《甲骨文契刻初探》（《考古》1982年第1期），也认为在商代铸铜技术相当发达和青铜刀刻字的条件已完全具备的情况下，玉刀即使曾被使用，当不会作为主要的刻字工具。

③ 李宗焜：《当甲骨遇上考古——导览YH127坑》，中研院史语所2006年版，第70页。

甲骨刻辞又有填色者,涂饰不仅有涂朱、涂墨的,还有刻辞涂紫(《甲》2578)、涂黄(《甲》2800)、涂赭(《甲》2671)等,而以涂朱涂墨占多数,通常是大字填朱而小字填墨。近年殷墟花园庄出土甲骨文,又发现有小字涂朱而稍大字填墨现象。此外,还有刻兆填朱墨色者。甲骨涂饰主要盛行于武丁时,可能出于某种占卜心态,目的对占卜行事资以慎重考验,与特定的宗教信念有关。

殷人于卜用甲骨后的处理,一般采用集中归档存储再瘗埋的办法。如殷墟第13次发掘发现的著名的YH127坑,出土甲骨1.7万余片,"至少记载了武丁朝十五年间的事情"①,此坑开凿初为存谷物之用,后来成为瘗埋甲骨坑,甲骨是一次性倾入,同时发现一具人骨,似为掌管甲骨者,因甲骨已埋,也就殉了职。说明此坑甲骨先曾长期集中归档保存,后才瘗埋掉。1991年殷墟花园庄东地发现的H3一规整长方形坑,是专门为埋甲骨挖的,坑壁有可供上下的脚窝,出土甲骨1583片,彼此叠压得十分紧密,这一坑甲骨卜辞的占卜主体为一个称作"子"的贵族而非商王,是典型的"非王卜辞"。甲骨放置情况,先将一些完整的卜甲竖放于坑角,然后再将大量甲骨倒入坑内,加土掩埋,用夯打实。② 该坑甲骨卜辞的时限,前后约有五六年时间,也是集中归档存储再一次性瘗埋之。2002年夏季小屯东南地出土甲骨600余片,有刻辞者228片,出甲骨较多的有五坑,其中H57,口呈长方形,长1.2米,宽0.85米,深约1.8米,直壁,光滑规整,垫土纯净,甲骨层层叠放,多为完好的大版牛肩胛骨,亦有少量卜龟。此坑"是当时人们有意挖的一个埋藏甲骨的窖穴"。③

殷人甲骨占卜后,通常不立即扔掉,而是有意识集中存储相当一段时间后才瘗埋处理的。《礼记·曲礼上》云:"祭服敝则焚之,龟筴敝则埋之。"郑氏注:"此皆不欲人亵也。"《白虎通》卷七《蓍龟》云:"蓍龟败则埋之何?重之不欲人亵尊者也。"可知瘗埋是为了"不欲人亵",避免招致祸事

---

① 参见魏慈德:《殷墟YH一二七坑甲骨卜辞研究》,台北政治大学博士学位论文,2001年,第271页。

② 刘一曼:《殷墟花园庄东地甲骨坑的发现及主要收获》,《甲骨文发现一百周年学术研讨会论文集》(1898—1998),台湾师范大学国文系、中研院史语所,1998年。

③ 《小屯南地甲骨新发现》,载国家文物局编《2002中国重要考古发现》,文物出版社2003年版,第30—31页。

发生。

应注意者，商代还有"废物利用"卜甲骨的，殷墟出土不少"干支表"骨版就属于废物再用。卜用甲骨的"废物利用"，是理性的产物，比之"龟筴敝则埋之"，是信仰观念的渐变。

总之，殷墟甲骨占卜，其卜前甲骨的取用、锯削刮磨整治、钻凿与签署备用等手续，卜时的命龟、燋灼、占龟、刻兆、刻辞、涂饰，卜后的记验辞、存储、集中瘗埋，等等，形式烦琐，前后一系，有"多卜"（《合集》24144）分司其事，占卜礼程，井然有序。

第二节　甲骨文类别

商代甲骨文，主要指在龟甲兽骨上写刻的文字材料。就殷墟甲骨文的性质类别言，主要有三类：第一类为甲骨卜辞，是甲骨占卜的记录，占甲骨文的大宗。第二类为与占卜有关的记事刻辞，专署甲骨来源、整治及检视签署者等，少量甲骨上的筮占数字卦姑附此。第三类为一些与占卜无关的特殊记事刻辞和一般性记事刻辞。另外，还有表谱和"习刻"之作，数量不多。

一　甲骨卜辞

殷墟甲骨卜辞，是贞人或卜人灼龟命卜过程中，在卜用龟甲和牛肩胛骨上写刻下的占卜记录。学界通常把甲骨卜辞的属性分为所谓"王卜辞"与"非王卜辞"（也有称为"子卜辞"或"子家族卜辞"）两大类，"王卜辞"是指殷商王朝武丁以来（可能有更早的）下至商末各时王作为占卜主体的卜辞，"非王卜辞"则指其他普通贵族家支或一般人作为占卜主体的卜辞。但此定义有一个学术规范性的完善过程，特别是随着一批批甲骨文的地下考古新发现，原先的界说就变得不那么坚实，故此属性的界定也在不断修正中。[①]

讨论甲骨卜辞的属性，可从殷商王朝的占卜制度和商代社会的占卜风习及生活礼俗两大方面进行界说。在殷商王朝的占卜制度层面，甲骨占卜通常

---

① 参见黄天树：《关于非王卜辞的一些问题》，《黄天树古文字论集》，学苑出版社 2006 年版，第 56—81 页。

不由一人贯彻终始，往往由商王和群称为"多卜"的卜官或朝臣"多君"等分别掌持某个占卜环节，甲骨占卜的常态，是由卜官系统司掌，时王也直接参与其间并担当占卜主体。

大凡说来，在殷商王朝占卜制度下，卜官系统以王朝大事及王室事务为占卜内容的卜辞，即所谓"王卜辞"属性所在。

而在商代社会的占卜风习及生活礼俗层面，甲骨占卜是相当普遍盛行的，不但商王族的支裔家族间即所谓"子家族"，抑或异族家支乃至各地方国族落皆然。如山东济南大辛庄遗址①、济宁张山洼遗址②和济阳刘台遗址③出土的晚商甲骨卜辞，以及江西湖口县下石钟山遗址④出土的晚商甲骨文、陕西周原甲骨文⑤，包括全国商代遗址出土的数不胜数的无字卜甲骨等，都是其实证。大量殷墟出土的商王族支裔家族包括若干异族的非卜官系统占卜的卜辞，当即所谓"非王卜辞"属性所指。"非王卜辞"是商代社会占卜风习盛行的产物，尽管所卜主要为家族和家族个人的事类，但因占卜的主人居住在都城，其家族处在殷商王朝的鼻息支配状态之下，有的与王室还有或远或近的亲族关系，或多或少参与殷商王朝的事务，故此类卜辞也每每涉及王事活动或祭祀对象中出现某些先王先妣的名号。

一条完整的殷墟甲骨卜辞，可以包含叙辞、命辞、占辞、验辞、序数（或卜数）、兆辞六部分。但应注意者，序数一般是先于卜辞契刻的，甲骨上常发现有的序数刻后，因占了卜辞位置而被刮去，有的还重刻于别的空处，如《乙》1354，即是序数先刻于卜辞之证。甲骨上的序数虽与卜辞关系密切，但却是独立部分，有序数而无卜辞的甲骨甚多。当灼龟命卜之际，每灼

---

① 山东大学东方考古研究中心、山东省文物考古研究所、济南市考古所：《济南市大辛庄遗址出土商代甲骨文》，《考古》2003 年第 6 期。

② 李德渠：《济宁又见甲骨文》，《中国文物报》2006 年 1 月 11 日。

③ 王尔俊：《山东济阳刘台出土的陶文等商代刻铭》，《考古》1989 年第 6 期。熊建平：《刘台子西周墓地出土卜骨初探》，《文物》1990 年第 5 期。

④ 江西省文物工作队、湖口县石钟山文管所：《江西湖口下石钟山发现商周时代遗址》，《考古》1987 年第 12 期。

⑤ 曹玮编著：《周原甲骨文》，夏商周断代工程丛书，世界图书出版公司北京公司 2002 年版。

一兆，便要刻一序数字，以标明灼龟见兆的次序，故也称兆序。凡兆坼向左者，序数通常刻在卜兆的左上端，反之则刻于右上端，也有刻于纵兆顶端的，刻在下端的极少，而卜辞则是占卜完成后才契刻的。兆序在龟甲上的排列形式，通常情况下是自上而下，一行至数行直下不等，或自内（中缝）向外（边缘），或自外（边缘）向内（中缝）。在胛骨上的序数或卜数，则一般以自下而上排列为多，也有自下而上再折而向下排列的，如《合集》23988、《粹》1328＋《遗珠》948，但不多见。兆辞则是灼龟命卜视兆象定吉凶的简单断语，常常刻在横兆的下侧①。

写刻卜辞，皆有定例，一般而言，卜辞以写刻于甲骨正面卜兆周近者为多，亦即通常所说的"守兆"，也有背面刻辞的。依于兆枝横出指向，凡兆坼向左，卜辞书刻右向逆迎，或兆坼向右，卜辞左向逆迎，称之"迎兆卜辞"。凡顺着兆坼指向，卜辞或右行，或左行，均称之"顺兆卜辞"。但应指出的是，在多数甲骨上，卜辞的书刻是避免侵犯卜兆的，然而有些卜辞却并不回避卜兆，如《合集》5611龟腹甲中部左右前甲对贞的"丙子卜韦贞我受年，丙子卜韦贞我受年"，字体粗大，横跨8组兆坼，即所谓"犯兆"，而且凡被犯之兆坼，大多均被刻过，似乎还有一个共同的现象，即有的兆坼往往不记序数。

甲骨卜辞的叙辞一称前辞，指整条卜辞前面记卜日和贞人名的文辞。命辞一称贞辞，因常以贞字起句之故，乃命龟之辞，是占卜的事类，也是卜辞的中心部分。占辞也称果辞，是视兆坼定吉凶从而决定事情是否可行之判断和预测，属于占卜的结果，它与兆辞有区别，兆辞的构词法每每是固定的，如"一告"、"二告"、"三告"、"小告"、"吉"、"小吉"、"上吉"、"大吉"、"引吉"、"不吉"、"不悟"、"不悟黾"、**"叙犇"**、"兹用"、"兹不用"、"兹毋用"、"用"、"不用"，等等，因有约定俗成的意义乃成为恒语，而占辞有时可直接引用兆辞，却常常是卜人针对占卜事情的未来作出的预测语。验辞是日后事情应验的追记，是对占卜结果的具体事实答复，不是在占卜的当时所刻，故也有称之"追刻卜辞"。试举下例：

丙午卜，**殻**，贞呼师往见右师。王占曰：惟老惟夷途。遘若兹卜，

　　叙辞　　　　　命辞　　　　　　　　占辞

① 参见张秉权：《甲骨文与甲骨学》，国立编译馆1988年版，第165—179页。

惟其匄。二旬有八（六）日象壬申师夕殊死。

验辞

（《合集》17055 正反。图 10—3）

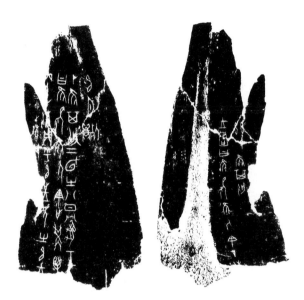

图 10—3　叙、命、占、验辞四要素具备的甲骨卜辞

（《合集》17055 正反）

上例叙辞记卜日为丙午和贞人是殷，命辞记商王命令师往视右师，占辞一般都有"某占曰"一类用语，视兆坼对占卜之事的未来作出预测，此记王判断占卜出现两种兆象：一种示意师会老钝，但途中会顺利平安的；另一种却示意此卜凶险，要坏事。验辞记结果，追记 26 天后的壬申日晚间师遇险丧亡。[①]

　　但必须指出，如此叙辞、命辞、占辞、验辞四者包括序数等都具备的完整卜辞形式，其实并不太多，多数卜辞只记有其中几项，如：

---

　　① 史景成《加拿大安省皇家博物馆所藏一片大胛骨的刻辞考释》（见《中国文字》第 46 册，1972 年）一文指出，此片卜辞的"二旬有八日"，是"二旬有六日"的误刻，《甲》1165 与此同卜，正作"六"；卜日从丙午次日算起，若 28 日则与壬申日不符。

癸亥卜，宂，贞其亡疾。 一 不锴 二三四五六七八九十（《合集》

———————　　———————　　————　　——　　—————————

　　叙辞　　　　命辞　　　序数　兆辞　　　序数

13793 正）

丁卯卜，雨其至于夕。子占曰：其至，亡翌戊。用。 一 （《花东》

———————　　————————　　　　—————————　　　——　——

　　叙辞　　　命辞　　　　　　　占辞　　　　　兆辞　序数

103）

戊午卜，小臣不其�。癸酉 卜甲戌毋�。一二 （《合集》585 正）

———————　　—————————　　　—————————————　　————

　　叙辞　　　命辞　　　　　验辞　　　　　序数

凡叙、命、占、验辞，可以单记其中几项，互有省略。有时一条卜辞可分
开刻于甲骨的正反两面，面背相承，如《怀特》32 腹甲正面卜辞"癸巳
卜，争，贞翌甲午彭彡自上甲至于多毓衣"，命辞衣字后所记月份"十月"
二字，因正面已无空处，故补刻于反面。也有正面刻叙辞、命辞，背面刻
占辞；或正面叙辞，背面命辞；或正面命辞，背面叙辞；或正面命辞，背
面叙辞、占辞；或正面命辞，背面叙辞、占辞、验辞；或正面叙辞、命
辞、占辞，背面刻验辞等。不少卜辞，往往不见验辞，有占辞者也属于少
数，大多数是为叙、命辞形式，如"乙亥卜，今日其昼不雨"（《合集》
33871）、"丙寅，贞方小出"（《合集》6722），更多的卜辞是省去前辞而仅
刻命辞式，如："贞告于妣庚"（《合集》2464 正）、"勿屮于少甲"（《怀特》
38）等。

甲骨文中又有十分稀见的象肩胛骨卜辞。沈阳辽宁博物馆收藏一骨，著
录为《合集》13758 正反（图 10—4），正面有卜辞"己巳卜争贞乍王
舟……"一条，反面有"葬右老娕于□。贞王其往田其雨。己巳卜殻贞彀亡
疾"。属武丁时卜骨。金祥恒曾根据"象肩胛骨略成'三角形'，而牛肩胛骨
则近于'长方形'"的生物骨骼标本特征，指出此骨之大小形状，"骨白部
分特大，骨面略成'三角形'，异于近似长方形之牛肩胛骨"，推断"为象肩
胛骨刻辞"。① 此外，北京国家图书馆也藏有一骨，拓本曾著录于《甲骨缀合
编》32、33，又见《合集》9681，刻有"贞我受年"等辞，反面有 27 组钻

———————————————

① 金祥恒：《甲骨文中的一片象胛骨刻辞》，《大陆杂志》第 69 卷第 4 期，1984 年。

图 10—4　象肩胛卜骨和牛肋骨卜辞

（《合集》13758、31678）

凿，也属武丁时卜骨。据李学勤说："骨片非常厚，最厚处有 0.7 厘米，薄处也有 0.5 厘米，这和常见的牛肩胛骨迥然不同"，"是另一片可能属于象的有字肩胛骨"。[1]

甲骨文中还有少量的牛肋骨卜辞，下举两例：

> 乙丑，贞从受……十月。
> 又土羊。（郑州二里岗牛肋骨卜辞）[2]
> 乙丑卜……
> 弜又。
> 又姚辛祼。

---

① 李学勤：《关于象胛骨卜辞》，《中原文物》2001 年第 4 期。

② 见陈梦家《殷虚卜辞综述》，科学出版社 1956 年版，图版 15 上。

弜又。

其用兹卜。

叀兹卜用。

乙丑卜，叀（此省略"兹卜用"三字）。

丁亥卜，宁，🐚……

叀派令。（正面）

□公岁小宰。（反面）（《合集》31678）

肋骨刻辞几乎包括了甲骨文各个类别，如习刻、仿刻、记事、干支表、卜辞等。上揭肋骨刻辞属于卜辞，尽管表面无钻凿痕，难于施灼见兆，但卜辞辞例宽式与简式穿插自如，运用娴熟，并没有一般习刻者仿刻卜辞时常犯的关键字词往往脱夺或生拉硬凑的通病，且辞例契刻或自下而上，或左右上下呼应，章法规范，一气呵成，鲜然见一事多卜、正反对贞之程式，这是通家所为，仿刻者实难做到也无须如此做法，故与其说是翻版卜辞，不如说是占卜时所刻卜辞，唯其卜法恐与一般甲骨所见钻凿灼兆有所不一样，肋骨之卜似用冷占卜法，恐怕是在施灼见兆之外的一种变通，而卜辞句法却仍自然而然浸染于同时期流行式的影响。

二 与甲骨占卜有关的记事刻辞

记事刻辞专以叙事为旨，其与甲骨卜辞的区别在于句法不以"卜"、"贞"字样领衔，无钻凿相对应，也谈不上"守兆"之类。所谓与占卜有关的记事刻辞，一般落于甲骨不太显部位，专署甲骨卜材的前期准备之事，如卜材的来历、甲骨的贡纳日期与贡纳者、整治及检视签署者等。据此类刻辞在甲骨上的所记部位，大致可析为甲桥、甲尾、中甲、背甲、骨臼、骨面六种记事刻辞，时代以武丁时为多。[①]

1.甲桥刻辞，是刻于龟腹甲两边凸出的甲桥背面或正面的记事文字，所记内容大都是关于该批卜用龟甲的数量、来历及检视签署者。举例如下：

---

① 见胡厚宣：《武丁时五种记事刻辞考》，《甲骨学商史论丛初编》第 3 册，成都齐鲁大学国学研究所专刊之一，1944 年版。又曹锦炎：《中甲刻辞——武丁时代的另一种记事刻辞》，《东南文化》1999 年第 5 期。

雀入二百五十。（右桥）帚羊来。（左桥；《合集》9810 反）

雀入二百五十。（右桥）辛亥。（左桥；《合集》768 反）

画入二，在高。（右桥）争。（左桥；《合集》376 反）

戠入。（右桥）帚尚示十。殻。（左桥；《合集》656 反）

周入四。（左桥；《花东》327 反）

庚入五。（左桥）庚入二。（右桥；《花东》190 反）

吴入十。（右桥；《花东》436 反）

史入。（右桥；《花东》133 反）

奠来五。（右桥）在庙。（左桥；《合集》9658 反）

奠来五。在裏。（右桥；《合集》3458 反）

戋来册。（右桥）帚井［示□］。宁。（左桥；《合集》438 反。图 10—5）

我以千。（右桥）帚井示百。殻。（左桥；《合集》9012 反）

□以自我廿。（右桥；《合集》201 反）

自古乞百册。（右桥；《合集》18899 反）

乞自帚井三。庚戌。（右桥；《合集》9394 反）

叟入乞册。（右桥朱书；《合集》18905 反）

叟乞卅。（右桥；《合集》14208 反）

行取廿五。帚井示。争。（甲桥朱书；《合集》8796 反）

□亥受益䵣……（右桥；《合集》16012 反）

妇井示五。争。（左桥；《合集》2844 反）

大示五。（右桥；《花东》184 反）

大示□。（左桥；《花东》192 反）

图 10—5　甲桥刻辞

（《合集》438 反）

自贾乞。(右桥；《花东》63)

我五。(左桥；《花东》470 反)

朕。(右桥；《花东》367)

亚。(左桥；《花东》500 反)

卅。(右桥；《花东》384 反)

卅。(左桥；《花东》357 反)

万家见一。(右桥；《花东》226)

肇亚十。(右桥；《合集》5685 反)

禽肇廿。(右桥；《合集》19483)

我黾五十。(右桥；《合集》9187)

上辞中的"入"指龟的入贡。"来"有来贡、征自、征取之义。"以"或释挈、氏，致送之义。"乞"有乞求、求取、给予、征收之义。"取"意为收取、收受、纳取。"受"义同"取"。"受盎黾"，盎同黾，与黾是两种不同的龟属，亦见《合集》8996，意思是纳取黾与黾两种卜龟。"示"读如至，有奉献、给予、纳至、来致之义。《合集》656 反版左桥刻辞"帚尚示十殷"几字的外侧被整治时锯切去左小半，《花东》192 反版左桥刻辞的"示"字下部竖划及贡龟数目被钻凿破去，故知此等检视签署的刻辞当刻在卜龟整治施钻凿之前。[1]"见"义为献，"万家见一"，万家进献了一副龟版。"肇"有致送、招致之义。"黾"有进献、贡纳之义。[2]

这类刻辞在甲桥上的分布可分为三类情况：A. 右桥记某人贡入若干龟，左桥则记签署者或地名。B. 右桥记某人贡入若干龟，左桥无刻辞。C. 左右两桥均有刻辞。凡记"入"、"来"、"以"、"乞"、"取"、"受"、"见"、"肇"、"黾"诸辞者常在右桥，左桥为例外，所记人名大都不冠臣、子、妇等称谓。凡记"示"之辞，常在左桥，右桥为例外，且大都冠以"妇某"字。单位词"屯"从未出现在甲桥刻辞中。凡右桥刻辞或左右二桥均有刻辞的，若附记地名的，常记在右桥下端，而签署者则常签在左桥下端，且大都是贞人名。

---

① 刘一曼、曹定云：《论殷墟花园庄东地 H3 的记事刻辞》，《2004 年安阳殷商文明国际学术研讨会论文集》，中国社会科学出版社 2004 年版。又参见赵诚：《甲骨学简明词典》，中华书局 1988 年版，第 320 页。

② 方稚松：《殷墟甲骨文五种记事刻辞研究》，2007 年首都师范大学博士学位论文，第 52—54 页。

凡记某入而不记数字的，其数当为一的省略。成套腹甲的甲桥上相同的记数，乃同一次贡龟数目。甲桥刻辞有朱书者，又有朱书杂契刻者。①

2. 甲尾刻辞，是刻于龟腹甲尾甲正面或反面的记事刻辞，一般都刻于尾右甲，故也称尾右甲刻辞，但也有刻于尾左甲者。甲尾刻辞的主要辞例为"某入"、"某来"、"某"（图 10—6）。如：

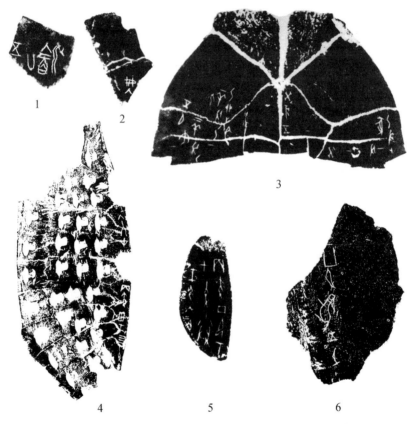

图 10—6　甲尾、中甲、背甲、骨臼、骨面五种记事刻辞

（《合集》9334、9353、19932、17598、1661 臼、《补编》2472）

册入。（尾右甲，《屯南》2768）

---

① 参见张秉权：《甲桥刻辞探微》，《汉学研究》第 2 卷第 2 期，1984 年。又参见张秉权：《甲骨文与甲骨学》，国立编译馆 1988 年版，第 189—193 页。

册入。（尾左甲，《合集》9353）

弜来。（尾右甲，《合集》20053）

疋。（尾右甲，《花东》329 反）

弜入二百廿五。（尾右甲，《合集》9334）

卅。（尾左甲，《花东》462 反）

自匿乞。（尾右甲，《合集》9406 反）

是记某人来贡龟，其辞大多甚简。上举《合集》9334 一例，记弜入贡 250 个龟，是甲尾刻辞仅此一见的最大的纪数。"卅"是记献龟 30 个。甲尾刻辞用"乞"的辞例也是极不多见的。

3. 背甲刻辞，龟的背甲，整治时往往从中缝锯而一剖为左右两个半片，背甲刻辞一般刻于锯缝边缘反面近下方的记事文字，通常作单行直书。如：

我籫……（《京津》264）

乍册……（《合集》1724）

小臣入二（《合集》1823 反）

子商入一。争。（《合集》9218）

我来二。（《合集》9213 反）

偁以……（《合集》5713 反）

妇妌示。殼。（《合集》1336 反）

毚入三。帚竹（?）示十。殼。（《合集》9274 反）

吴入二，在庙。殼。（《合集》14129 反＋《乙补》358＋《乙补》4951；《醉古》169）

我入六十，在□。丙寅，囲示四𡚼。（《合集》17598）

壬午乞自橐十𡚼屮一𡚼。我示廿。［胡 321，即《甲》536（《合集》8473）失收之反版］

大抵也是记某某人来贡龟若干，但辞有繁简，或兼记所在地，或又记某妇或某人献致若干屯，卜人检视签署者等等。值得注意的是，背甲刻辞有两个很特别的数目单位词"𡚼""𡚼"。𡚼字为屯之初文①，读如纯，指束在一起

---

① 于省吾：《甲骨文字释林》，中华书局 1979 年版，第 1 页。

的一对卜骨或一副背甲。《仪礼·少牢馈食礼》"腊一纯而鼎"，郑氏注：
"合升左右胖（牲肉）曰纯"，犹见其义。（指"半背甲"。[1] 背甲刻辞中的
"屯"是指经整治的一剖为左右两个半片的背甲，束在一起称为一"屯"。
不记单位词者，如"我示廿"、"妇妌示"等，在此或是指某人献致的未经
整治的龟背甲。"十屯屮一（"即十副剖为左右两半的半背甲共 20 个再加零
余的半个背甲。

4. 骨臼刻辞，指刻于牛胛骨骨臼上的记事文字。辞例如：

> 丁亥乞自霍十二屯。圂示。敖。（《合集》9409）
>
> 丙寅邑示七屯。敖。壬申入二邕。（《合集》1661 臼）
>
> 癸卯妇井示四屯。殸。自乞匿。（《合集》3286 臼）
>
> 甲寅□见。禽示十屯。（《合集》6768 臼）
>
> 癸亥禽示十屯。耴。（《合集》4070 臼）
>
> 妇㞢示屯。争。中。（《德》40 臼）
>
> 㞢示四屯屮一爿。永。（《合集》17628）
>
> 利示三屯屮一（。宁。（《合集》17611）
>
> 圉入七十。争。（《合集》6505 臼）
>
> 内。亘。（《合集》10347 臼）
>
> 小敖。（《合集》14585 臼）

辞例的格式和内容大都是记某日某人献致若干屯，或兼记该批卜骨的来历、
签署者等，辞亦有繁简，最简者仅记检视签署人，如内、亘、小敖等。骨臼
刻辞有三个特别的数目单位词"屯"、"爿"、"（"。"屯"的出现频率最多，虽
也是一对之义，但在此专指束在一起的左、右牛肩胛骨一副，与背甲刻辞中
的"屯"意义稍有区别。"爿"和"（"是指单块牛肩胛骨。上揭"四屯屮一
爿"、"三屯屮一（"，是言四副或者三副牛肩胛骨外加零一块单的，即分别为
九块及七块牛肩胛骨。

5. 骨面刻辞，是刻于胛骨正面骨扇下方宽薄处或背面近边处的记事刻
辞。辞例如：

---

[1]　陈梦家：《殷虚卜辞综述》，科学出版社 1956 年版，第 18—19 页。

帚井来。(《合集》2763 反)

乙□邑乞自匿五屯。十二月。(《合集》9400)

□□乞自嵒廿屯。小臣中示。兹。(《合集》5574)

……乞廿屯。兇五屯。小［敂］。(《补编》2472)

帚羊示十屯。(《续》6·24·9)

自匿。(《合集》10132 正)

在敦。(《合集》7960 反)

彭。(《合集》23241 反)

骨面刻辞大体也是记某日某人乞自某多少副牛肩胛骨，有时兼记来源地、检视签署者等，其辞各有详略。上揭"帚井来"一例，与甲尾刻辞"某来"类似，是记某人来贡胛骨。《合集》9400 一例兼签署月份者，即便在五种记事刻辞中也是很难得一见的。从骨面刻辞所记致送日期到该卜骨行使占卜的日子，最短的有在当天就使用，长的有隔 60 日以上者。

6. 中甲刻辞，是刻于龟腹甲的中甲右方的记事刻辞，由曹锦炎揭出[①]，如：

免示廿。(《屯南》4516，𠂤组)

癸亥五。(《合集》19932，𠂤组)

癸八十。(《合集》22043，午组)

中甲刻辞仅见于武丁时期"𠂤组""午组"卜龟，数量甚少，"癸亥五"、"癸八十"分别是"癸亥示五"、"癸示八十"的省语，中甲刻辞内容为某人或某日致送的卜龟数。

除上揭六种记事刻辞外，武丁时又有一种"宜纛"记事刻辞，专刻于牛胛骨卜骨的正面扇部下方，有意避开通常刻卜辞的地方，如《合集》390 左牛肩胛骨左下方辞云："癸卯宜于纛，羌三人卯十牛。右。"《合集》388："己未宜于纛，羌三卯十牛。中。"《合集》386："己未宜于纛，羌三人卯十牛。左。"这种刻辞可能是说明卜骨来源于该宜祭的牛牲。胡厚宣曾揭示其特点云："所谓牛胛骨宜纛刻辞者，今发现共九例。末署三左三中三右，皆

---

① 曹锦炎：《中甲刻辞——武丁时代的另一种记事刻辞》，《东南文化》1999 年第 5 期。

以左中右为一组。有人按其七个日期，每日为左中右一组，共排为七组二十一例。"[1] 今按，《合集》389—398 共著录 13 例，所署日期为丁卯、丁酉、丁未、丁□、己未、癸酉、癸巳、癸卯、□寅，计 9 个干支日，应至少有 8—9 组。这类祭祀刻辞署胛骨分右中左，可能与"三卜制"的取用三块一组牛胛骨来源之祭祀行事有关。

　　另外，还有一些与上述六种记事刻辞性质接近的与卜甲骨来源有关的记事刻辞，有的刻于胛骨正面两侧边缘或骨面正反其他部位，有的刻于龟腹甲甲桥上。陈梦家揭出了以下诸例：[2]

　　　　甲申，王至于……三岁羍四……（骨面，《合集》20582，𠂤组）

　　　　己卯，媚子寊入，宜羌十。（骨面，《合集》10405，一期）

　　　　□□，宜于庚宗七羌卯廿牛。（骨面，《合集》334，一期）

　　　　辛□，宜于殷京羌卅卯卅牛。（骨面，《合集》317，一期）

　　　　乙未，又岁于且乙牡卅宰，隹旧岁。（骨面，《合集》22884，二期）

　　　　乙酉，小臣𡧛蕫（觐）。（甲桥刻辞，《合集》28011，三期）

这些骨面记事刻辞大都与指属卜骨来源有关。三期廪辛康丁时甲桥刻辞，例不多见，"小臣𡧛蕫（觐）"，记小臣𡧛检视验收卜龟。

　　除此之外，李学勤又揭出武丁时两种与祭祀有关的记事刻辞，一种都刻在胛骨反面臼角一侧外缘靠下部位，凡左胛骨刻于右缘，右胛骨刻于左缘，辞例可细分为五类：a. "乙未屮升岁且乙"（《合集》1574）、"庚申屮升岁母庚"（《英藏》112）。b. "乙巳屮于且乙屮一牛"（《合集》1523）。c. "且辛翌日"（《合集》1770）、"乙亥肜大乙"（《合集》1262）、"且乙劦"（《合集》10410）。d. "乙卯宜牝，在㘟"（《合集》7814）。e. "自室出"（《合集》12813 反）。另一种均刻于胛骨正面扇部一角，如"甲子子稾靖甗牡三牛……"（《合集》3137、3139 残辞互补）、"壬戌子宷靖牡……"（《合集》3152、3157 残辞互补）。这些记事刻辞都位于牛肩胛骨不施钻凿部位，凡提到的祭牲都是牛，刻辞之骨当就来自此

　　①　胡厚宣致郭沫若信，见郭沫若：《安阳新出土的牛胛骨及其刻辞》，《考古》1972 年第 3 期。

　　②　参见陈梦家：《殷虚卜辞综述》，科学出版社 1956 年版，第 44 页。

牛牲的肩胛骨，仍是说明卜骨来源的记载。[1]

三　其他刻辞

商代还有一些与甲骨占卜不相关的特殊记事刻辞和一般性记事刻辞，如人头骨刻辞、虎骨刻辞、兕骨刻辞、兕头骨或牛头骨刻辞、鹿头骨刻辞、牛距骨刻辞、牛胛骨刻辞、骨符等。另外还有表谱和习刻等。

1. 人头骨刻辞，大抵属于商王朝杀戮敌国酋首献祭先王而在其头骨上刻辞。对于人头骨刻辞的研究，陈梦家认为可表明三事：一是诸邦方的君长为殷战败俘获后常杀之以祭殷先王；二是所杀的方伯的头盖骨上常刻辞记其事；三是所谓"用"即杀之以祭。[2] 据统计，迄今共发现 14 片，现藏地点、辞例及著录情况如下（图 10—7）：

北京国家图书馆藏 7 片：

　　　　……丑用𠙴……義友……（《合集》38762）

　　　　方白用（《合集》38759）

　　　　……又𪔂……（《合集》38761）

　　　　白𡧊（《合集》3435）

　　　　……用……（《殷虚卜辞综述》图版 13·中）

　　　　……白……（《续补》9069）

　　　　……囟……（《续补》9070）

故宫博物院藏明义士旧物 1 片：

　　　　夷方白……且乙伐（《合集》38758）

中国社会科学院历史研究所藏 1 片：

　　　　……𡧄……白……（《合集》38760）

---

[1]　李学勤：《论宾组胛骨的几种记事刻辞》，《英国所藏甲骨集》下编上册，附录，中华书局 1992 年版，第 161—166 页。

[2]　陈梦家：《殷虚卜辞综述》，科学出版社 1956 年版，第 327 页。

上海博物馆藏 1 片：

隹……（《合集》38764）

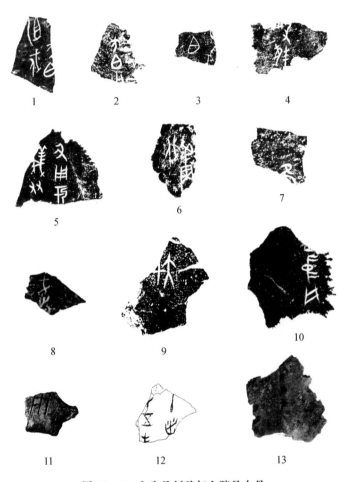

图 10—7　人头骨刻辞与人髋骨卜骨

（1—12.《合集》38758—38764、《甲》3739、《怀特》1914、《东京》972、

《综述》图版 13 中、《合集》40701；13. 人髋骨卜骨《考古学报》91—1）

台北南港中研院史语所藏 1 片：

……武…… （《合集》27741）

日本东京已故河井荃庐原藏 2 片，其中一片今归东京大学东洋文化研究所：

……中凡…… （《东京》972）

河井原藏的另一片下落不明，可能已在 1945 年 3 月 10 日毁于战火[①]：

……卢……戋…… （《合集》38763）

日本千叶县习志野市小仓武之助原藏 1 片，今归东京国立博物馆：

……五封……封尚…… （《日搜》二·180）

加拿大多伦多皇家安大略博物馆藏 1 片：

……大甲…… （《怀特》1914）

人头骨刻辞的文辞均极简明，没有长文，尽管辞例皆不完整，然而从头骨形态及所刻字体粗重且大看，大概每片字数至多十字左右，内容大略是记用俘获的敌国方伯君长献祭祖先，所杀方伯的头盖骨上几乎无一例外刻下其人名，如"夷方伯"、"伯矞"、"卢"等，有时还记了受祭的殷先王如"大甲"、"且乙"等。由此而言，人头骨刻辞的性质，完全是为了祭礼，是刻辞以报先人，不是留给活人看的，也非着重在纪念，而在旌扬先祖之佑之功，其人头骨无—完整，皆为碎小片，可能在献祭之际即已打碎。

在人头骨刻辞外，1984 年秋殷墟苗圃北地还发现了极为少见的人髋骨卜骨，出土于 84H19 灰坑，属于殷墟文化一期，共 6 片，骨上有凿、钻、灼

[①]　参见松丸道雄撰，宋镇豪中译本：《日本收藏的殷墟出土甲骨》，《人文杂志》1988 年第 9 期。

痕，凿分长方形凿和“枣核形”凿两式，但无刻辞[①]，所用之人的身份不详，性质很难说与人头骨刻辞一样，因人髋骨用为卜骨，而人头骨则并非属于卜用之骨，两者意义显然是不同的。

2. 虎骨刻辞。加拿大怀履光旧藏虎骨雕花骨柶刻辞一条，为虎的右上膊骨，是殷墟出土唯一的一例虎骨刻辞，照片著录于怀氏所著《中国古代的骨文化》[②]，现归加拿大多伦多皇家安大略博物馆，收入《合集》37848 正反，拓本见《怀特》1915，辞云：

> 辛酉，王田于鸡麓，获大𩁹（霸）虎，在十月，佳王三祀劦日。

作两行直书右行。鸡麓，田猎地名。为帝乙三年十月辛酉猎获猛虎，专门用虎骨制成宴飨场合的进食餐具柶，又在骨上刻辞铭纪。

3. 兕骨刻辞。如（图 10—8）：

> 壬午，王田于麦麓，获商戠兕，王易（赐）宰丰，寑小𩰫兄，在五月，隹王六祀肜日。（《补编》11299）
>
> 壬午，王田于麦麓，获……宰丰，寑小𩰫祝……（《补编》11300）
>
> 壬午，王迍于𦣞𢊁（塞），征田于麦麓，获兕，亚易（赐）……（2005M11 出土绿松石镶嵌刻辞骨片[③]）
>
> 甲申，王易（赐）小臣𤔲，王曰：用。隹王用𤜷。（新出绿松石镶嵌刻辞髆骨）

前三件骨片刻辞似属同一记事。第一、二例为著名的雕花嵌绿松石“宰丰骨柶”刻辞，骨作相对之形，盖取自同一兕骨制成一对柶。刻辞性质与上面的虎骨刻辞类似。昔丁山推测：“柶的原料，不是一般牛马骨骼，而必用犀牛

---

① 中国社会科学院考古研究所安阳队：《1982—1984 年安阳苗圃北地殷代遗址的发掘》，《考古学报》1991 年第 1 期。

② William Charles White：Bone Culture of Ancient China，the University of Toronto Press，1945，PI. XV.

③ 刘忠伏、孔德铭：《安阳殷墟殷代大墓及车马坑》，《2005 中国重要考古发现》，文物出版社 2006 年版，第 60 页。

肋骨以解食物之毒的。"①"商戠兕"指斑纹赤黄色兕。近孙亚冰以"寝小猏兕"作一句读，兄读如祝，是言王赐宰丰，寝小猏祝之。②记帝乙六年五月肜祭的壬午日，商王在麦麓狩猎获猛兕，赏赐宰丰，特用兕骨制成餐具梱，铭功纪异。第三例骨片似属兕的长肋骨，从刻辞知商王先曾列陈于臺塵的要地，因田猎而延入麦麓，赏赐出场人物还有亚官。此三例记事正可互补。第四例记事刻辞刻于一坚实沉甸甸的整治光溜的大关节窝上，记商王赐小臣用"肤"，字从夫亦声，当读如髆若膊，《说文》："髆，肩甲也，从骨尃声。"也可能是膊的初文，《释名·释形体》："膝头曰膊；膊，团也，因形团而名之也。""肤"盖指此异兽之大髆骨关节部位而言。

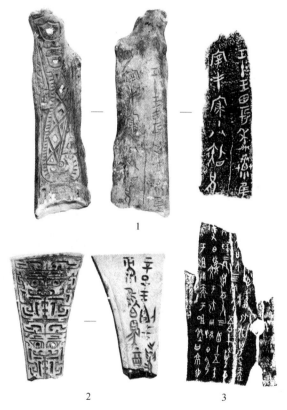

图 10—8 雕花骨刻辞和牛胛骨记事刻辞

（《补编》11300 正反、11301 正反、《合集》36481）

---

① 丁山：《商周史料考证》，中华书局 1988 年版，第 179 页。

② 孙亚冰：《骨柶刻辞新释》，《周秦伦理文化与现代道德价值国际学术研讨会论文集》，陕西人民出版社 2008 年版。

此外，《补编》11301 一件雕花骨柶刻辞：

> 辛巳，王即武丁，纍□□麓，获白兕。丁酉……

此例意义与上面两例同，但猎获的是白兕，此骨柶不知是否为白兕之骨，惜未见有过鉴定。

4. 兕头骨刻辞。如：

> ……歼惊麓，获白兕，叙歼……在二月，隹王十祀彡日，王来正盂方
> 白。（《合集》37398）

残存两行，直书左行。刻辞性质亦与虎骨刻辞同，旌纪帝乙十年二月征伐盂方伯途中猎获白兕之事。一说此为牛头骨刻辞。

5. 鹿头骨刻辞。今所知有两例：

> 戊戌，王蒿田……文武丁祊……王来正……（《合集》36534）
> 己亥，王田歼繞……在九月，隹王十……（《合集》37743）

两例或三行，或两行，均直书左行，都是帝乙征伐敌对方国途中猎获野鹿的记事刻辞。

6. 牛距骨刻辞。如（图 10—9）：

> 王曰：即大乙，纍于白麓，屠
> 宰丰。（《合集》35501）

1936 年春第 13 次发掘出土于殷墟小屯乙五基址之西 H6 深坑，骨的上下歧出凸面皆被人工锯平，经杨钟健鉴定，为牛（*Bos exiguus Mats*）的一块左距

图 10—9　牛距骨刻辞、骨符与祀谱

（《合集》35501、20505、35406）

骨（astragalus）。① 刻辞文例自上而下，由右而左分三行排列，为宰丰记商王之言，事关则祭先王大乙。

7. 牛胛骨记事刻辞。《合集》36481 著录一块帝乙时残牛胛骨记事刻辞，反面为六旬干支表之下半段，正面记事云：

> ……小臣墙比伐，禽危美……人廿人四，而千五百七十，𩥄百……两（四），车二两，盾②百八十三，函五十，矢……又伯𢦔于大乙，用雔伯印〔于大丁，用□□于大甲〕……〔用〕𩥄于祖乙，用美于祖丁。堕日：京，易（赐）……

刻辞的文例格式亦为自上而下，由右而左，直行书，同于中国后世传统书写格式。残存五行，上段残缺。胡厚宣推测："由反面六十干支推算起来，全文约长一百五十至二百字左右。"③ 这是征伐危方俘获几个伯长及大批战马、战车、箭函盾矢等战利品而向先王献祭战俘的旌功庆典记事。

8. 骨符。如：

> 庚戌，王令伐旅帚。五月。（《合集》20505）

原骨藏上海博物馆，刻辞行款为五行，直书右行，每行两字，与前面几种刻辞直书左行的文例格式不同。帚读作归。濮茅左称之为"骨符"，描述其骨"呈矩形，长 40 毫米，宽 24 毫米，骨三边被锯，另一面是凿的垂直断面，骨背凿经钻灼。骨符正面左侧，上下二角各有一个直径为 5 毫米的圆孔"，是从牛胛骨上截取下的，从原物右边断痕看，当还有尺寸相同的右半块。他认为骨版的特殊形式含有独具的意义，即性质属于"占卜军令的骨版"，可能右半在王，左半在受命者。④ 如这一说法成立，则是迄今唯一所见最早的军事信符。

---

① 高去寻：《殷虚出土的牛距骨刻辞》，《田野考古报告》第 4 册，1948 年。

② 盾字，裘锡圭释橹之初字，假借为卤，引《说文》："橹，大盾也。"见《说"掤函"——兼释甲骨文"橹"字》，《华学》第 1 期，中山大学出版社 1995 年版。

③ 胡厚宣：《中国奴隶社会的人殉和人祭》（下篇），《文物》1974 年第 8 期。

④ 见濮茅左：《商代的骨符》，《第三届国际中国古文字学研讨会论文集》，香港中文大学 1997 年版。

上述八种记事刻辞，年代皆属于帝乙时期，都不关乎卜事，除末一种外，均非刻于卜用甲骨上，系出于纪念或颁述在当时被视为具有重大军政意义的事件，且不少是刻辞于相关兽骨上旌功铭纪，作为特殊性的信物凭符、纪念物品或献祭品。

9. 鹿角器刻辞。见《甲》3942，残留"亚雀"二字。屈万里云："此辞残存二字，俨如图案画。而细审之，乃'亚雀'两字也。如此刻画，殆若今世所谓美术字者，殊足珍异。"[1]

10. 骨器刻辞。刻于骨笄、骨匕、骨刀等上。侯家庄 M1001 号大墓出土骨笄，顶端刻有"昌入二"[2]，记昌入贡二笄。同墓又出土四件骨匕，其上均刻有"大牛"二字，盖记此等饮食餐具的制作材料取自大牛之骨。《明》685著录一骨刀刻辞"五"。小屯出土骨器刻辞有"三"、族氏徽识"𠙶"之类[3]，大抵是记骨器之件数、骨料来历或所有者。

下面，再来看其他两种甲骨刻辞。

第一种是表谱刻辞。起备览查阅之用。表谱刻辞的载体，有的独自刻于一骨一甲上，有的刻在已卜用过的甲骨或废弃骨料上，也有的夹杂在甲骨卜辞之间，而后两者往往属于习刻或仿刻之作。表谱刻辞主要有以下三类：

1. "干支表"。商代流行十干十二支的所谓干支纪日，组合次序自甲子至癸亥共六十干支，"干支表"有一旬式（《合集》38079，一甲十日作一行刻）、二旬式（《英藏》2571，二甲二旬二行）、三旬式（《英藏》2570，三甲三十日三行）、四旬式（《英藏》2569，四甲四十日四行）、五旬式（《续补》1·99·1，甲戌、甲申、甲午、甲辰、甲寅五旬五行，但甲戌旬只刻了甲戌、乙亥、丙子三日，不全）、六旬式（《合集》37986，六甲六十日六行）和二旬或三旬周而复始式（《合集》38007，甲子、甲戌、甲申三旬三复共九行九十日）等，排列行式有直行的，也有横行的，有仅只一行的，也有多行的，各式皆有，当以六行六甲为正常行款。商代干支纪日之用至繁，故有多数之干支表存在，作为备忘日历之用。但有些干支表，似乎是习契者所为。

2. "祀谱"。内容非关占卜，专记殷商王朝"周祭"先王先妣之祀序，

---

① 屈万里：《殷虚文字甲编考释》，台北中研院史语所 1961 年版，第 499 页。

② 梁思永、高去寻：《侯家庄第二本·1001 号大墓》，台北中研院史语所 1962 年版，图版175·19 中。

③ 引自胡厚宣：《五十年甲骨文发现的总结》，商务印书馆 1951 年版，第 73 页注六十。

具有谱牒备览的作用。如《合集》35406"甲戌翌上甲、乙亥翌匚乙、丙子翌匚丙、〔丁丑翌〕匚丁、壬午翌示壬、癸未翌示癸、〔乙酉翌大乙、丁亥翌〕大丁、甲午翌〔大甲、丙申翌外丙、庚子翌〕大庚……翌……"、《合集》39455"甲寅上甲翌、乙卯匚乙翌、丙申……"

3."家谱刻辞"。著名的有"兒家世系谱",刻于一大牛胛骨上,见《英藏》2674:"兒先且曰吹,吹子曰妷,妷子曰燕,燕子曰雒,雒子曰壹,壹弟曰啓,壹子曰丧,丧子曰养,养子曰洪,洪子曰御,御弟曰妫,御子曰欤,欤子曰商。"作十三行书,记兒先祖从吹起的十一代世次子孙之名。但该片真伪,存有争议。《合集》14925"□子曰□……□子曰□",似为家谱刻辞残片。

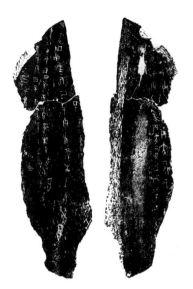

图 10—10　习刻干支表

（《粹》1468）

第二种是"习刻"。为生手在甲骨上练习契刻或临摹之作。郭沫若曾发现《粹》1468（《合集》18946）一版习刻干支表（图10—10），"内容乃将甲子至癸酉之十日,刻而又刻者。中第四行,字细而精美整齐,盖先生刻之以为范本。其余歪斜刺劣者,盖学刻者所为。此与今世儿童习字之法无殊,足征三千年前教育状况,甚有意味。又学刻者诸行中,亦间有精美之字,与范本无殊者,盖亦先生从旁执刀为之"。[①]

习刻一般都是利用废弃骨料或卜用过的甲骨,习刻的文字内容无有一定,凡卜辞、记事、干支表等均有。如《合集》27042,原是一大牛胛骨,正反都有文字,正面十五组卜辞伴着卜兆,贞人是何,其余近三十段文字密布于正反版,都是初学者仿刻何的习作。习刻之作通常是字体歪斜不正,大小失调,书体浮薄,结构松散,文不成句,行款紊乱,奏刀歪弱,通版章法更无从谈起。当然,并非所有习刻都是如此,习刻甲骨大体可归纳为习字之刻、习辞之刻和示范之刻三类[②],上述习刻的通病,主要见于习字之刻一类,

---

① 郭沫若:《殷契粹编考释》,科学出版社1965年版,第734页,又见第10—11页序文。

② 参见刘一曼:《殷墟兽骨刻辞初探》,《殷墟博物苑苑刊》创刊号,1989年。

为初学者练习之作。但若是习辞之刻，则稍有不同，因此等练习，主要在于仿刻卜辞，常以现成卜辞作为蓝本。如《花东》205属于习辞之刻，奏刀比较稚拙，字体大小不均，辞例乃仿自《花东》349，后者行款老到，刀法熟练。习辞之刻尽管有时行款杂乱，书法稚嫩，而文不成句之弊病却难看到，习刻人已非初学者，不是仅仅停留在模仿蓝本，还能贯以自己所掌握的契刻技法和一定的卜辞文法知识。至于示范之刻，字体都较精美，通常都混杂在习刻文字或仿刻卜辞的字行间，有范刻字词、范刻卜辞等。

第三节　甲骨占卜法

据殷墟出土甲骨文材料，知殷商王朝统治者面临生老病死、出入征伐、立邑任官、田猎农作、天象气候变幻、婚姻嫁娶、祀神祭祖等，事无巨细，每以甲骨占卜进行预测，问吉凶，占祸福，决犹豫，定嫌疑，贞卜事情的可行性，又有相应的卜官建制，由此逐渐形成一套甲骨占卜法，举凡大要者有三：曰一事多卜，曰习卜，曰三卜制。[①]

一　一事多卜

殷商统治者有在同版甲骨上反复贞卜某一事情，此类卜法，称之为"一事多卜"。如：

> 来甲午虫伐上甲十。
> 来甲午虫伐上甲八。（《合集》904正）
> 甲辰卜，俦，贞今日其雨。一二三四五
> 甲辰卜，俦，贞今日不其雨。一二三　二告　四五
> 贞翌乙巳不其雨。一二三四　（《合集》12051正）
> 辛卯卜，内，贞王虫乍祸。一二三四五六七八　二告
> 辛卯卜，争，贞王亡乍祸。一二三　（《合集》536）
> 丁巳卜，疠，贞祼于祖乙告王囲。
> 贞勿肃祼于祖乙告囲。

---

① 参见宋镇豪：《殷代"习卜"和有关占卜制度的研究》，《中国史研究》1987年第4期。又《论古代甲骨占卜的"三卜制"》，《殷墟博物苑苑刊》创刊号，1989年。

丁巳卜，殼，贞告囹于祖乙勿⇟岁裸。

勿⇟裸祖乙。（《丙》91）

壬申卜，至日。一二三四五六七八九十十一

壬申卜，弜至日。一二三四五六七八九十十一（《合集》22046）

上揭卜辞均属一事多卜之例。"来甲午侑伐上甲十—来甲午侑伐上甲八"，以及《合集》12051 正，连续多次正反卜问今日甲辰和翌日和次日丁巳是否下雨，皆卜于同日，属于"同事异问"。"其"与"不其"，"⇟（有）"与"亡"，肯定与否定，同时从正反两个方面卜问同一件事情的可行可否于同版，则属于"正反对贞"。"至日—弜至日"，"弜"，也是否定词，意识是"不要"。又上揭《合集》536 贞人为内、争，《丙》91 贞人为宁、殼，皆属于同日同事正反对贞，贞人两两为对，是为"同文异史对贞"之例。

上揭卜辞中一二三四之类的"序数"，是指灼龟时的占卜次序，也是殷人反反复复向神灵祈求启示而进行一事多卜以释疑难的崇信心理使然。① 胡厚宣指出，同版序数有一事而卜至十八次之多的，但十次以上的序数，"因恐合文占地较多，故十之后仍由一起也"。② 当然也有极少数例外，上举《合集》22046 一版龟腹甲上左右对贞二辞，序数"一二三四五六七八九十十一"，"十一"作合书，并非十次以上又从"一"数起。还有必要指出，同块甲骨上序占卜次序的这类"序数"，与后文述同事卜用多骨，每一甲骨上各自署统一数目字的所谓"卜数"（一称"套数"），即同次卜用了若干块甲骨所属的第几块基数，性质不一样，这是须加分别的。龟腹甲上序数的排列，一般是自上而下，自内而外，牛胛骨上则以自下而上为多。同版的一事多卜，由此序数的标明而立知，同版卜辞，往往有一两句式较详，起总叙作用，其余则用简式，有时虽同事异问，辞有不同亦得而序。

这类见诸同版的一事多卜，正反对贞，同事异问，异史同卜，大都占卜于同日同时，目的在于利用甲骨为中介，充分进行人神间的沟通交流，以使人的意愿为神所细察，求得神的容纳和保佑，无疑比单纯的"不违卜筮"观念进了一大步。

---

① 参见张秉权：《甲骨文与甲骨学》，国立编译馆 1988 年版，第 165—238 页。

② 胡厚宣：《卜辞同文例》，中研院史语所《集刊》第九本，1947 年。

二 习卜

商代的甲骨占卜之法，卜人除了反复卜问某事外，往往还有异日异时因袭前事，再次正反对贞，同事异问，一事多卜，如：

> 庚申卜，王，贞获缶。一
> 庚申卜，王，贞雀弗其获缶。一
> 癸亥卜，設，贞翌乙丑多臣戈缶。一二
> 翌乙丑多臣弗其戈缶。一二（《合集》6834）

不同日子在同版甲骨上占卜同一事情，井然有序。这类通见于晚商王朝各期的因袭前事而继续占卜的礼制，殷人专名之为"习卜"（图10—11）。

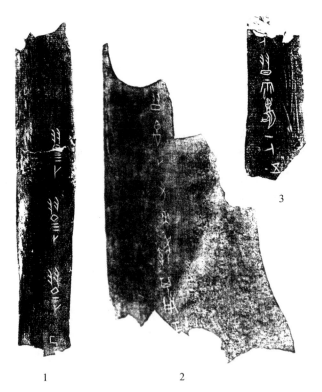

3

1　　　　　　　2

图10—11 甲骨文"习卜"

（《合集》31674、26979、31669）

甲骨文明言"习卜"的辞例有以下一些：

(1) 癸未卜，习一卜。

习二卜。（《合集》31672）

(2) 习一卜，五于……（《合集》31675）

(3) 习一卜。（《合集》31671）

(4) 习二卜，册至。（《爱米》50）

(5) ……己酓。

习二卜。

……用卜。（《合集》31673）

(6) 己［□卜，习一卜。］

习二卜。

习三卜。

习四卜。（《合集》31674）

(7) 习……

二牢。

□牢。（《安明》1773）

(8) 叀癸酓。

弜曹。

其曹。

习……（《怀特》1393）

(9) 习兹卜，王其多，戊申。（《合集》31667）

(10) ……习龟卜，又来执，其用，［王受又。］（《合集》26979）

(11) □□卜，习龟一卜，五……（《合集》31669）

(12) □□卜，习龟一卜，五……（《合集》31670）

(13) 叀习……。兹用。（《合集》39441）

"习卜"也有称为"习一卜"、"习四卜"、"习兹卜"、"习龟卜"、"习龟一卜"等，此类用语大都出现在命辞中，习者，袭也，重也，因也，习卜是后因前的占卜。文献亦见，《尚书·金滕》云"乃卜三龟，一习吉"；《大禹谟》云"卜不习吉"；孔疏云"习是后因前"。习卜无非是因袭前事的重卜，总有其特殊原因，殷商王朝于所卜事情不必即日实施，有可能卜而得吉，但临时又发生一些变故，于行事不利，如气候恶劣、疾患流行、战争猝起、人事周折、准备不足等突发性事变，乃不得不再度占卜。但也可能前卜不太理想，与人的意愿有违，唯其事又势在必行，故再三占卜，以求保持人神之间的深入沟通，从而达到人的意愿与神的意志的统一性。习卜或改卜，自有其变异原因，前卜得吉抑或不吉，均可再行重卜，然所卜事情则以"后因前"的因袭关系为特征。

甲骨文言"习一卜"是续前一卜的重卜，至"习四卜"是第五轮占卜，"习兹卜"是专就先前一事数贞中的某一卜再行占卜，其占卜时间都是前后"又开"的。习卜一般是在原先卜用的甲骨上施行，三番五次的因袭占卜，其实并没有增用新甲骨，当然也偶有另外起用新甲骨的，如先前用龟，后又改用骨卜，牛胛骨上所见"习龟卜"、"习𪔀一卜"者，大抵属于此类情况。

有一版龟腹甲卜辞云：

> 庚寅，贞🔲，晵。
> 壬辰，晵。
> 丁戌（酉？），贞晵。
> 戊戌卜，贞𥄡卜。（《乙》4810＋《北图》5251＋5232＋5237）[1]

裘锡圭指出，晵、𥄡是习的异体。[2] 丁戌或是丁酉的误刻。庚寅、壬辰、丁酉、戊戌日的"习"分别指因袭此前占卜的再贞。又如：

> 甲辰卜，亘，贞今三月光乎来。王占曰：其乎来，迄至隹乙。旬有二日乙卯允有来自光，以羌刍五十。小告。
> 王🔲占。光卜曰：不吉，有求（咎），兹乎来。（《合集》94 正反）
> 贞王🔲勿告于示。（《合集》14894）

---

① 曾毅公：《论甲骨缀合》，《华学》第 4 辑，紫禁城出版社 2000 年版，第 33 页。又蔡哲茂：《〈殷虚文字乙编〉4810 号考释》，《第十四届中国文字学全国学术研讨会论文集》，台湾中山大学中国文学系，2003 年。

② 裘锡圭：《殷墟甲骨文"彗"字补说》，《华学》第 2 辑，中山大学出版社 1996 年版。

　　　　庚戌，贞耒禾于示壬。

　　　　癸丑，贞⚡耒禾于河。（《合集》33286）

⚡、⚡乃寻字，许进雄谓有继续、再次之意。[1] 在此训重，《左传》哀公十二年"乃不寻盟"，杜预注："寻，重也。"[2] 王⚡占，是袭甲辰日贞问"光乎来"的再行重占。癸丑⚡耒禾，是袭三天前庚戌耒禾的重贞。这均是"习卜"之实例。

　　习卜的要核，表现在不同时间因袭前事而继续占卜该事或该事的后继，无非为了使甲骨占卜兆象获得更理想的结果，更适应事情的可变性，也是殷商王朝出于应变复杂事态而力图在占卜场合发挥其主观能动因素的努力所致。

三　三卜制

　　殷商王朝的甲骨占卜，每每一事多贞，通常利用一块乃至数块甲骨同时贞卜一事，每块甲骨上分别署以一二三四五之类的数字，同一甲骨上的数目字则相同，这些纪数字的性质，与标明灼龟见兆次序的"序数"是不一样的，是为"卜数"（也称"套数"），用来表明同次卜用的甲骨数以及属于第几块卜甲骨。

　　甲骨上有明记"一卜"乃至"六卜"的用语，就是针对卜用多骨或卜用多龟而言的。现搜汇于下：

　　言"一卜"者2条，属一期：

　　　　（1）……王占曰：隹一卜……（《合集》17669）

　　　　（2）壬申卜，王，〔贞〕用一卜，弜萧，辛卯橐⚡至。十月。（《合集》21401）

　　言"二卜"者7条，均属一期：

---

① 参见许进雄：《明义士收藏甲骨释文篇》，加拿大多伦多皇家安大略博物馆1977年版，第79页。

② 参见钟柏生：《释"駶"——附释"寻"字在卜辞中的一种用法》，《中国文字》新26期，台北艺文印书馆2000年版。又李学勤：《续释"寻"字》，《故宫博物院院刊》2000年第6期。

(3) □□卜，王……兹二卜……乎勿……人。四月。（《合集》17671；21402 重出）

(4) ……贞二卜……占曰：角……（《合集》17672）

(5) ……占曰：二卜……不……（《合集》17670）

(6) ……二卜……𠁥……（《合集》28002）

(7) ……二卜，令……夫……（《怀特》465）

(8) 乙卜，贞二卜有求（咎），佳见，今又心魅，亡忧。（《花东》102）

(9) 丙卜，用二卜，曶五宰妣庚。（《花东》183）

言"三卜"者 23 条，分属一至四期：

(10) 戊寅卜，贞三卜用，血三羊曶伐廿鼍卅牢卅及二邖于妣庚。三（《合集》22231）

(11) 乙卯卜，宁，贞三卜，王往𠂤于陮京，若。六月。（《合集》8039）

(12) 乙未卜，王，贞三卜，豕执鲨。（《合集》5330＋10494）

(13) ……示……三卜。（《合集》22521）

(14) □子卜，□，贞三卜……丙允……王占曰……（《合集》21403）

(15) □□卜，□，〔贞〕三卜……占曰……执……上吉。（《续存》下 381）

(16) □□□，□，贞三卜……雀以……（《合集》9034）

(17) ……贞三卜。（《合集》17673；《合集》21404 重出）

(18) ……贞三卜，余忧。（《英藏》1608）

以上 9 条属一期。

(19) 甲戌卜，大，贞勿萧，用三卜。（《合集》25020）

以上 1 条属二期。

（20）甲辰卜，狄，贞𢀱弜三卜。叙𢼸。（《合集》30757）

（21）其用三卜。（《合集》31677＋《戬》42·10）

（22）癸亥卜，出，贞旬三，亡忧。（《缀续》422即《京》3573＋
《合集》26601；旬三后漏刻卜字）

以上3条属三期。

（23）丙辰卜，贞余用卜三。（《合集》22123）

（24）癸卯，歷，贞旬，三〔卜，亡忧〕。

（25）癸亥，歷，贞旬，三卜，亡忧。（《怀特》1622）

（26）癸丑，歷，贞旬，三卜，亡忧。

（27）癸亥，歷，贞旬，三卜，亡忧。

（28）癸酉，歷，贞旬，三卜，亡忧。（《怀特》1621）

（29）癸亥，歷，贞旬，三卜，亡忧。

（30）癸酉，歷，贞旬，三卜，亡忧。（《合集》32826＋41501；《缀
续》532）

以上8条属歷组，有一期和四期两说。

（31）戊戌，三卜。（《屯南》2504）

（32）〔兹〕三卜，亡若。（《合集》31676）

以上2条属三四期。

言"四卜"者3条，前两条正反对贞，为同一龟腹甲之左右首甲，唯残
缺而不相接合。均属一期：

（33）丁巳卜，王，贞四卜，乎比𢀲方。允获。（《合集》20451）

（34）丁巳卜，王，贞四卜，弗其获，𢀲方。（《天理》305）

（35）丁巳卜，扶，贞四卜，其执侯暨……咸若。（《英补》32）

言"五卜"者3条，均属一期：

　　（36）五卜。（《合集》22075）

　　（37）五卜。（《甲》268，《合集》20926）

　　（38）此夕五卜。（楞斋藏骨[①]）

言"六卜"者1条，属一期：

　　（39）戊子卜，用六卜。（《合集》22046）

　　这类明记"一卜"至"六卜"的用语，都是出现在贞辞或占辞之中，与前述"习卜"可出现在占辞中亦略有差异；第（10）条贞辞言"三卜"，与骨上卜数"三"一致；（24）—（30）为三版牛胛骨，同版卜日前后旬相袭，而贞辞均一式"三卜"；（33）—（34）两条，正反对贞而是一式"四卜"；有时还强调是否是"用一卜"或"用三卜"云云，即占辞中尤注重于与先前同卜的某第几骨贞卜兆象的相袭关系。可见这类用语，内涵并不关涉同块甲骨上序占卜次序的一至十之类的所谓"序数"，应与卜用几骨的卜法制度有关。上揭（20）"甲辰卜，狄，贞弜三卜"，原片为一完整龟腹甲，见《甲》3915，屈万里谓"弜三卜"意思是"不须三次卜问"[②]，但同版恰恰另有甲辰日狄贞四辞，其中三辞分别序以一、二、三，显然至少已有三次卜问而不是"不须三次卜问"，可知屈氏之说是难以成立的。值得注意的是，此片为殷墟第九次发掘从侯家庄灰坑 HS20 出土，同坑出大龟腹甲六版，背甲一块，皆狄所贞，出土时七甲黏在一起，大龟腹甲六版为三的倍数，似乎暗示了贞辞"弜三卜"内寓的占卜事象，即"弜三卜"用语当也与同卜之用骨数及先前贞卜兆象的相袭关系有关。

　　从上揭 39 条卜辞看，言"三卜"者有 23 条，约占总数 58.97％，其中一期 9 条，三四期 13 条，显示出后期加强的趋势。五期虽没有，但五期甲骨上所见的最高卜数几乎都一律没有超过"三"的，显然"卜用三骨"在五期早已制度化而没有必要再作强调。而言"四卜"、"五卜"、"六卜"者总共

---

　　① 引自刘渊临：《殷虚"骨简"及其有关问题》，中研院史语所《集刊》第 39 本上册，1969年，图一一·2。

　　② 屈万里：《殷虚文字甲编考释》，台北中研院史语所 1961 年版，第 491 页。

才7条，约占总数 17.95%，远远低于"三卜"之数，且都见于一期。综合说来，殷商王朝甲骨占卜每每一事多卜，通常同日同事卜用多块甲骨，所用甲骨数，一期武丁时或"四卜"、"五卜"、"六卜"不一，但以"三卜"为多，武丁以后，"三卜"成为例行卜法程式。

从殷墟卜甲骨的实例来看，武丁时同日同事卜用龟腹甲数最多有至五龟一套者，牛肩胛卜骨则最多有至九块一套者。如《合集》6482—6486 记"辛酉卜，殻，贞王比沚䵼"，卜用五龟，五龟署一至五的"卜数"。《合集》6860—6863 记"丁卯卜，殻，贞王敦缶于羁"，其中两骨残存"卜数"分别为第七和第九卜。殷墟花园庄东地 H3 坑出土武丁时"子"家族甲骨文，据魏慈德对有关"同文例"成套卜辞所作的统计，"卜用二龟"至少十三组，"卜用三龟"至少有九组。[①] 可见，殷商武丁以来，无论王室还是贵族家支的甲骨占卜，都已经呈现向卜用三骨或卜用三龟的卜法制度演化，渐成常制。

下面来看"三卜制"的实例：

A. 己亥卜，争，贞王勿立中。一（《欧美亚》200）

   己亥卜，争，贞王勿立中。二（《合集》7367）

   己亥卜，争，贞王勿立中。三（《合集》7368）

B. 辛未卜，丁隹好令比［白］或伐卲？一（《花东》237）

   辛未卜，丁［隹］子令比白或伐卲？一

   辛未卜，丁隹多王臣令比白或伐卲？一（《花东》275+517，蒋玉斌缀合）

   辛未卜，白或再册，隹丁自征卲？一

   辛未卜，丁弗其比白或伐卲？一（《花东》449）

C. 庚申卜，囗，囗来丁亥寇寝，屮楓岁羌卅卯十〔牛〕。十二月。（《合集》319）

   庚申卜，大，贞来丁亥寇寝，屮楓岁羌卅卯十牛。十二月。二（《合集》22548）

   囗囗囗，囗，囗〔来丁〕亥其寇寝，宰。十二月。（《合集》13573）

D. 壬戌卜，用侯屯自上甲十示。一

---

① 魏慈德：《殷墟花园庄东地甲骨卜辞研究》，自刊本，2006 年，第 132 页。

　　　　壬戌卜，乙丑用侯屯。一

　　　　癸亥卜，乙丑用侯屯。一

　　　　癸亥卜，乙丑易日。一　（《合集》32187）

　　　　壬戌卜，于五示用屯，二

　　　　壬戌卜，用屯乙丑。二

　　　　癸亥卜，用屯乙丑。二

　　　　甲子卜，乙丑易日。允。二　（《屯南》2534）

　　　　壬戌卜，用侯屯自上甲十示。三

　　　　壬戌卜，于五示用侯屯。三

　　　　癸亥卜，乙丑易日。三　（《合集》32189）

　　A、B组属一期，C组属二期，D组属四期，均为卜用三骨，各骨上的卜辞大致同文，各组除B组外，卜骨上记卜数一、二、三，分别表示第一、二、三块卜骨。《花东》的B组，卜龟所记兆序均是一，属于序数而非卜数，显示了"子"家族卜辞稍不同于王室卜辞的卜法特色。应注意者，D组三骨，同卜一事、同事多卜而又异日"习卜"，表明了"三卜制"与"习卜"的有机联系，即所谓成套卜辞，未必同文，比如说，同日同卜和异日的"习卜"，或顾及祭日的天气变化等等因素，可反复从不同角度就同事进行卜问，但可在原骨上施卜，卜数因袭。显然"三卜制"的确立，也同时带动了"习卜"更趋规范和制度化，反过来，"习卜"之制则亦推动着"三卜制"向占卜礼制的深层次运作，两者相辅相成，相得益彰。

　　"三卜制"的确立，是与殷商王朝卜官建制相应的。甲骨文云：

　　　　……右卜……　（一期，《京津》2539）

　　　　……王裸……非，左卜有求（咎）……　（一期，《合集》15836）

　　　　庚申卜，旅，贞叀元卜用。在三月。（二期，《合集》23390）

　　　　己酉卜，大，贞叀右卜用。（二期，《合集》25019）

　　　　丁卯卜，王。

　　　　丁卯卜，行，贞叀右用。在十一月。

　　　　叀左。（二期，《合集》24351）

　　　　庚子卜，行，贞叀右用。在八月。

　　　　□□□，行，□□左……　（二期，《合集》25045）

习元卜。(三期,《合集》31675)

右卜。(三期,《合集》28974)

······入商。左卜占曰:弜入商。甲申盉夕至,宁,用三大牢。

贞其宁盉于帝五丯臣,于日告。

宁于滴。(三期,《屯南》930)

丁卯,右卜,兄不岁用。(四期,《合集》41496)

就已见甲骨文资料言,一期缺"元卜"而有"右卜"和"左卜",二期缺"左卜"而有"元卜"和"右卜"(图10—12),但上揭《合集》24351,丁卯日王卜与右、左三辞三位一体,正构成"三卜制"形态。元卜、右卜、左卜,乃分指三卜的三块甲骨,所谓"元卜用"、"右卜用"、"右用"、"左卜有求(咎)"、"宙右"、"宙左",或因三人同时占之,故亦指人,设职以称而有"左卜占曰"之类。元者,首也,有首位第一之义,甲骨文中每以"王占"居首要位置,则元卜非王者莫属。又殷人有"尚右"意识,其言左右,也大多是先右后左,右居左上,则右卜应为第二卜,左卜为第三卜。《礼记·礼运》云:"王前巫而后史,卜筮瞽侑,皆在左右,王中心无为也以守至正。"殷商王朝的甲骨占卜形态,大概也是王者的元卜居中,右卜和左卜两卜官分居两侧为配角。所谓"习元卜",是后续王者元卜的再贞,为"三卜制"和习卜结合形态。

"三卜制"在具体实施时,比较规范的形式是卜用三骨,每一卜由一人贯彻始终,但大多数场合往往由商王和右、左卜分别主持每一卜的某个主要占卜环节,尚有一些神职人员为辅助,群称为"多卜"(《合集》24144),有时朝臣"多君"(《合集》24132)也会参与占卜。《周礼·春官》有"大卜掌三兆之法(兆者,灼龟发于火,其形可占者)";大史,"大祭祀,与执事(大卜之属)卜日";卜师,"辨龟之上下左右阴阳,以授命龟者";"菙氏掌共燋契";"占人掌占龟,以视吉凶"。大概商代的命龟、钻凿、燋灼、占坼、辨兆象、记效验乃至卜辞的契刻等,各有其人分司其事。《礼记·玉藻》云:"卜人定龟,史定墨(兆广),君定体(兆象)。"《周礼·占人》云:"凡卜筮,君占体,大夫占色(兆气),史占墨,卜人占坼(兆璺)。"这种君(包括大夫)、史、卜三位一体的占卜形态,当源出晚商王朝的"三卜制"。晚商甲骨占卜有不少"三卜制"的变通例子,王与多卜或多君出现在同一卜辞中,分司贞辞、占辞或记验等各个占卜环节。如:

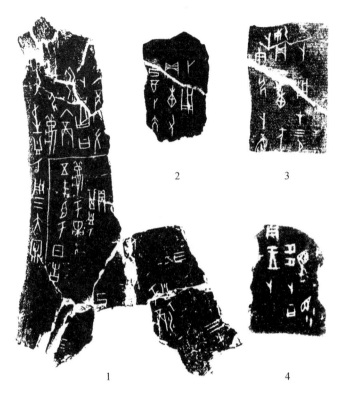

图10—12　左卜、右卜、元卜和多卜

（《屯南》930、《合集》25019、23390、24144）

(1) 癸丑卜，争，贞旬亡忧。王占曰：有求（咎），有梦。甲寅允有来艰。左告曰：有逸刍自温，十人又二。（《合集》137 正）

(2) 王其?，不遘雨。右曰：帝。（《合集》30111）

(3) 己亥□，□，贞王……悔。右占□：兹隹祖辛鸣。（《合集》27253）

(4) 丁酉卜，王，贞勿死。扶曰：不其死。（《外》240）

(5) 乙亥卜，自贞。王曰：有孕，妁。扶曰：妁。（《合集》21072）

(6) 丁亥卜，大贞。卜曰：其出，汎彳岁自上甲，王气……（《英藏》1924）

(7) ……乙巳王……飨。卜曰……王占曰……（《合集》24117）

(8) 丙寅卜，矣贞。卜竹曰：其侑于丁宰。王曰：弜畴。翌丁卯率。若。

己巳卜，㠯贞。𡧧曰：入。王曰：入。允入。（《合集》23805）

（9）丁酉卜，㠯贞。多君曰：来𡧧以羍。王曰：余其禀。从王。十
　　月（《合集》24134）

（10）□子，王卜……多卜曰：……若𡧧……（《合集》24144）

（11）癸亥卜，大、即，［贞］王其田禽。（《合集》24451）

（12）庚午卜，出贞。王、吴曰：何先賈齐。何。（《英藏》1994）

上揭（1）贞人争、王占、左告三位一体；（2）、（3）贞人与右占；（4）王贞
与扶占；（5）自命龟，王问疑，卜人扶辨兆决疑；（6）贞人大与卜人"异史
同贞"；（7）卜人问疑，王辨兆决疑；（8）㠯贞，卜竹及𡧧问疑，王辨兆决
疑；（9）㠯命龟，多君问疑，王辨兆决疑；（10）王占卜问疑，多卜占断；
（11）由大、即两位贞人"同文异史共贞"；（12）出贞，王、吴占断。可见
每卜未必由一人贯彻始终，这正与《周礼》君（包括大夫）、史、卜三位一
体的占卜形态接近。

《国语·周语上》云："人三为众。""三卜制"通过元卜、右卜、左卜
三位一体的占卜，寓意于人间与神域的全面沟通。《公羊传》僖公三十一
年云："三卜，礼也。"何休注："三卜，吉凶必有相奇者可以决疑，故求
吉必三卜。"殷商王朝"三卜制"的形成，也意在构建代表整个统治集团
政治利益的占卜礼制，"王卜"、"王占"是处于重要位置上的，如上举
（1）贞人争卜问旬有无祸忧，王占断说"有咎"，左卜以有逃逸刍奴十二
人来证实王占。（4）王贞勿死，卜人扶占，呼应说不会死。（5）自贞，王
与卜人扶占意见一致。（9）丁酉日㠯贞，多君占有送致羍人来，王占云
"让我据禀报见"，结果是听从王的。说明贞人和卜人的贞卜占断与王卜、
王占是紧相呼应的。有时卜人与王的意见也会不一致，如上举（8）十月
丙寅这天由贞人㠯卜问，卜人竹占断说"用宰祭祀丁"，而王占断的意见说
"不能这样筹划"，两种意见相左，贞人㠯折中说"到丁卯日举行"，结果
王表示同意。同版己巳日还是由㠯贞问，卜人𡧧占断说"入"，王占也说
"入"，最后果然顺利率行。显然，晚商王朝的甲骨占卜，卜人的占断通常
是配合着王卜或王占，有意维护着神的旨意和人王尊严之间的统一性，商
王的权威在占卜场合也得到有效体现。

殷商王朝"三卜制"的确立，右卜和左卜两大卜官系统，有可能形成朝

中各自握有相当权势的两大支系，在王权政治中扮演其各自的政治角色，并以其卜法知识的专属和神职的世替，尾大不掉而累续为占卜上的两系。另外，晚商有"史"，原本也属神职官，亦分右、左，甲骨文有"癸卯卜，□吉，右史死。不其吉，右史其死。"（《花东》373）五期帝乙时有官署名之"大史寮"（《合集》36423），知此时的"史"官已经由神职官向世俗书记官移位。《左传》成公六年引《商书》云："三人占，从二人。"《洪范》云："立时人作卜筮，三人占则从二人之言。"又云："龟筮共违于人，用静吉，用作凶。"右卜和左卜两大卜官系统，对殷商王权体制和贵族政治生活是具有某些影响力的。

"三卜制"是建立在信奉神灵和服从人王的社会政治制度基础上的，是借宗教崇拜的信仰以树立对人王的服从。"三卜制"有可能把人王摆到与神灵同等重要的位置，但其占卜后效如何，却又取决于人王实际生活历练和治理国家的政治才能，取决于人王如何巧妙运用甲骨占卜的特殊思维模式，对客观事物的因果表象作出比较合理的判断推测，当然这也必然伴随着某些风险，因为错误的预测，有可能影响到王权的稳固，损伤人王的威信。事实上殷商卜官集团也在采取种种弥补措施，设法掩饰或冲淡商王在占断中的错误预测。美国吉德炜教授即已注意到武丁时不少卜辞不记占辞和验辞，有些虽有验辞，却既不证实也不否定王的占辞，有些验辞只是对王占作出补充修正或进行闪烁其词的答复，以期维护商王在占卜上的魅力，及至后来几王的占卜，更远不如武丁时代真实，操纵玩弄的痕迹极为明显。[①] 说明随着殷商占卜礼制的确立和王权政治制度的深化，传统的"卜以问疑"、"不违卜筮"的神圣观念已遭到冲击和动摇，甲骨占卜也日趋公式化且呈衰落之势。

第四节　小石子数占与筮占风习

商代社会还流行着两种占卜风习，一种是手续简单的小石子数占法，另一种是筮占法。

小石子数占法是利用彩色小石子进行数占，具体卜法今已不详。在殷墟

---

① 吉德炜：《中国正史之渊源：商王占卜是否一贯正确?》，《古文字研究》第 13 辑，中华书局 1986 年版。

时期平民墓葬中有所见，历年发现约略有十余例，如殷墟西区 M93 墓出土 28 粒小石子；安阳郭家庄 M97：14 墓主头端二层台上发现 68 粒，其中白 51 粒、黑 14 粒、赭 3 粒；另一座小型商墓 M53，墓主足部二层台上有一堆四色小石子，分别为红 10 粒、黄 10 粒、白 9 粒、绿 9 粒，共 38 粒。[①] 可知小石子数占的风习主要流行于商代民间社会。

筮占法其实也属于数占之一类。《左传》僖公十五年云："龟，象也；筮，数也。"《史记·龟策列传》云："撞策定数，灼龟观兆。"《论衡·卜筮》云："蓍神龟灵，兆数报应。"筮占法不同于以兆象变化断吉凶的甲骨占卜，是据揲蓍草所得数字变化定休咎祸福，盖源起原始社会简单的数学运算法，后变为占卜手段。筮占与八卦同出一源，于省吾说，八卦原初属于一种八索占卜法，卜者在占卜时手持八条牛毛编成的绳索，抛之于地以预卜吉凶，这应是出自原始游牧氏族部落的数占法。[②]

《周礼·春官》云："太卜掌三易之法，一曰连山，二曰归藏，三曰周易。"《帝王世纪》有谓："庖牺氏作八卦，神农之为六十四卦，黄帝尧舜引而伸之，分为二易，至夏人因炎帝曰连山，殷人因黄帝曰归藏，文王广六十四卦，著九、六之爻，谓之周易。"《连山》、《归藏》、《周易》是三部古老的筮占汇集，前两部已佚，唯《周易》流传至今。1993 年湖北江陵王家台 15 号秦墓出土竹简，发现两种《归藏》抄本的残简文字，现择录几则与殷商有关的内容，如下：[③]

> 六一六一六一。豨曰：昔者殷王贞卜其邦，尚毋有咎，而支占巫咸。咸占之曰：不吉。豨其席，投之谿。豨在北为犯……（213）
>
> 一一六一六六。渐曰：昔者殷王贞卜其邦，尚毋有咎，而支占巫咸。咸占之曰：不吉不渐於……（335）

---

① 中国社会科学院考古研究所安阳工作队：《1969—1977 年殷墟西区墓葬发掘报告》，《考古学报》1979 年第 1 期。中国社会科学院考古研究所编著：《安阳殷墟郭家庄商代墓葬》（1982—1992 年考古发掘报告），中国大百科全书出版社 1998 年版，第 58 页。又孟宪武：《商代筮卦的几组文物》，《安阳殷墟考古研究》，中州古籍出版社 2004 年版，第 87—90 页。

② 于省吾：《伏羲氏与八卦的关系》，《纪念顾颉刚学术论文集》上册，巴蜀书社 1990 年版。

③ 王明钦：《王家台秦墓竹简概述》，《新出简帛研究》，文物出版社 2004 年版，第 30—32 页。又参见王明钦：《〈归藏〉与夏启的传说》，《华学》第 3 辑，紫禁城出版社 1998 年版。

六一六六一一。节曰：昔者武王卜伐殷，而攴占老考。老考占曰：吉□。（194）

涉及殷商人物巫咸等。《连山》、《归藏》主要本之夏商周三代的筮占材料。《世本》有商大戊时"巫咸作筮"之说，恐怕不是向壁虚造。

古代筮占数列符号，在传世器物上及考古出土品上已发现不少，出土地点分布于河南、陕西、山东、湖北等省，最早可追溯到新石器时代晚期，下至战国秦汉之际，尤以殷商、西周时期为多。从殷商筮占材料看，当时似已萌发类似于《周易》的奇阳（一）偶阴（--）的阴阳数术观念，其三个数列的所谓三爻和六个数列的六爻卦画形，颇可与《周易》相应卦画、卦名参照，殷商的筮占数列符号主要见诸日用陶器、陶范、磨石、铜戈、铜礼器、骨器和卜甲骨等之上。[①] 如殷墟历年出土刻有筮数的陶片、陶范和磨石有19例34组（图10—13），录于下并与《周易》卦名相比照：

　　　　一七八六六七（震下巽上，益）
　　　　六一七（兑）（GT406④：6）
　　　　六六七六六八（坤下震上，豫）
　　　　六六七六七五（兑下震上，归妹）（GT409④：6）
　　　　六六七六六八（坤下震上，豫）（PNM80）
　　　　五七六八七一（兑下巽上，中孚）
　　　　一七六七八六（艮下巽上，渐）（《邺中片羽》二上47）[②]
　　　　五八七（离）（2001AGH23：3）
　　　　八六一六六六（坤下震上，豫）（2000AGT14④：1）
　　　　一一六六一六（坎下巽上，涣）

---

　　① 参见张政烺：《试释周初青铜器铭文中的易卦》，《考古学报》1980 年第 4 期。又《殷墟甲骨文中所见的一种筮卦》，《文史》第二十四辑，中华书局 1985 年版。张亚初、刘雨：《从商周八卦数字符号谈筮法的几个问题》，《考古》1981 年第 2 期。曹定云：《殷墟四盘磨"易卦"卜骨研究》，《考古》1989 年第 7 期。冯时：《殷墟"易卦"卜甲探索》，《周易研究》第 2 期，1998 年。

　　② 参见刘一曼：《殷墟陶文研究》，《庆祝苏秉琦考古五十五年论文集》，文物出版社 1989 年版。郑振香：《陶文与符号》，《殷墟的发现与研究》，科学出版社 1994 年版，第 252—253 页。

六一一六八五（震下兑上，随）（2000AGT14③：16）

□□七六七六

□□六六六七（2000AGM5049）①

一五一一六六（艮下乾上，遯）（H214：1）②

六六六六（坤下坤上，坤）（铜戈 10 件，内部正反均有，共 20 组）③

图 10—13　殷墟历年出土筮数陶文

（GT406④：6、GT409④：6、PNM80、2000AGT14③：16）

值得注意者，殷商陶片上的筮占数列，有不少是以两两成组出现，有三爻、四爻和六爻三种形式。此外，山东平阴朱家桥殷代遗址④，在一块红陶罐肩部残片上，也刻有一组筮占数列"一八八六一一"（兑下艮上，损）。

殷墟卜甲骨上也发现一些刻有筮数的材料，共见 7 片 16 条，今制与《周易》卦名相参照表如下：

①　中国社会科学院考古研究所安阳工作队：《2000—2001 年安阳孝民屯东南殷代铸铜遗址发掘报告》，《考古学报》2006 年第 3 期。

②　殷墟孝民屯考古队：《河南安阳市孝民屯商代铸铜遗址 2003—2004 年的发掘》，《考古》2007 年第 1 期。

③　孟宪武：《商代筮卦的几组文物》，《安阳殷墟考古研究》，中州古籍出版社 2003 年版，第 87—88 页。

④　中国科学院考古研究所山东发掘队：《山东平阴朱家桥殷代遗址》，《考古》1961 年第 2 期，图九：8。

甲骨材料	分期	卜辞与筮数释文	占卜形态	卦画形	《周易》卦名参考 单卦名	《周易》卦名参考 重卦名或互体卦名	资料出处
牛胛骨	一	上甲。 六六六。		䷁	坤		《外》448
牛胛骨	三	……衰，亡戋。吉。 六七七六。		䷛	巽下兑上	大过	《合集》29074
牛胛骨	三	……矢…… 十六五。①		☳	震		《屯南》4352
牛胛骨	三—四	六六六六八七。 七七七八六七。 八八六七六七。	正面中间一组将先刻的一个"六"字覆盖。反面三排钻凿，每排五个，中间一排未灼，上下两排均施灼，正面显兆坼	䷗ ䷘ ䷣	震下坤上 震下乾上 离下坤上	复 无妄 明夷	2009年8月22日安阳徐家桥北地市体育学校出土（承岳洪彬相告）
牛胛骨	三—四	七五七六六六曰魁。 七八七六七六曰隗。 八六六五八七。	有凿灼10组。同坑出牛胛骨三块	䷋ ䷿ ䷣	坤下乾上 坎下离上 离下坤上	否 未济 明夷	殷墟四盘磨SP11出土，《中国考古学报》1951—5，图版肆壹：1
牛胛骨	三—四	一一六一五。 六八八八六六， 九七七。	反面有钻凿、灼、正面显兆坼	䷼ ䷁	兑下巽上 坤下坤上 乾	中孚 坤	《华夏考古》97—2，p.34，图八
龟腹甲	五	阜九，阜六。 七七六七六六。贞吉。 六七八九六八。 六七一六七九。 友，八八八八。	有钻凿、灼、兆坼93组	䷴ ䷦ ䷹ ䷁	老阳老阴 艮下巽上 艮下坎上 兑下兑上 坤下坤上	渐 蹇 兑 坤	《考古》1989—1，图版捌

① 原释"八七六五"，据曹定云目验原片，"八"是骨纹，此从曹说，见《新发现的殷周"易卦"及其意义》，《考古与文物》1994年第1期。

　　上表所示，商代卜甲骨上出现的筮占数字，已知有一、五、六、七、八、九、十，筮数形式有三爻一组、四爻一组、五爻一组、六爻一组四种。三爻者称单卦，类似《周易》的经卦；六爻者称重卦，类似《周易》的别卦；四爻一组及五爻一组的属互体卦范畴。[①] 三爻的单卦及四爻的互体卦以一、三、四期为多，以后又推演出五爻的互体卦及六爻的重卦，晚期主要形式为六爻，也有三爻。

　　殷商卜骨上的筮占数字，有的自记卦名，这为考订殷墟卜甲骨和陶片上的筮占数列的属性提供了重要依据。如殷墟四盘磨 SP11 出土卜骨"七五七六六六曰魁。七八七六七六曰隗"（图 10—14）。张政烺指出，这"可能是一部筮书的篇首，被习刻的人刻在这里。魁和隗当为卦名……按照古人的习惯，魁和隗列居篇首就有可能成为这部筮书的书名"，并引《礼记·礼运》孔子云："我欲观殷道，是故之宋而不足徵也，吾得'坤乾'焉"，郑玄注："宋，殷之后，得殷阴阳之书也，其书存者有《归藏》"，以证《魁隗》当是《帝王世纪》所谓"炎帝一曰魁隗氏"，"至夏人因炎帝曰《连山》"的"三易"之一种《连山》的异名，犹《归藏》亦称《坤乾》，《周易》也称《乾坤》。[②]

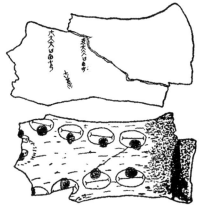

图 10—14　殷墟四盘磨 SP11 出土卜骨记卦名的筮占数列

　　①　参见蔡运章：《筮数易卦研究》，中国第三届西周文明国际学术研讨会论文，1996 年。又《论甲骨金文中的互体卦》，《第三届国际中国古文字学研讨会论文集》，香港中文大学 1997 年版。

　　②　张政烺：《试释周初青铜器铭文中的易卦》，《考古学报》1980 年第 4 期。

　　殷商四爻一组的互体卦，张政烺认为："互体说重视'中爻'，初爻、上爻可置之不论，专从二、三、四、五爻下功夫，把四个爻当作一个卦"，四爻的互体卦，可释为初、二、三和二、三、四两组，相应位置的数字各组成一个单卦，合成一个重卦。[①] 六爻一组的重卦，郑若葵指出，其易卦的爻变均是在上卦相同的条件下，下卦各爻皆可变，变卦既可将奇数变偶数（阳变阴），偶数变奇数（阴变阳），也可奇数变奇数（阳变阳），偶数变偶数（阴变阴），均比《周易》显得原始而灵活。[②] 表明殷商的数占未必属于《周易》系统。再者，卜龟中甲部位所刻"阜九、阜六"的爻数（图10—15），相似于《周易》所谓"阳爻为九，阴爻为六"，即老阳、老阴或大阳、大阴之义，可对《帝王世纪》说的"文王广六十四卦，著九、六之爻"作出解释，说明周文王演《周易》，是取商人筮占而有所变宜，有所演绎，有所规范，并非周文王所创。

图 10—15　殷墟易卦卜甲

（据《考古》89—1）

　　上表五期卜龟上的"八八八八八"是一组＝＝＝＝＝的五列平行短线符号，肖楠认为"它既不是数卦，又非《周易》中的阳爻与阴爻"，"与《太玄》中某些具有若干平行短线的首有某些相似之处"，可能属于当时存在的另一种数占法，疑与《太玄》有渊源关系。[③] 汉扬雄序《太玄》云："《太玄》于三易，实依《连山》而作也。"扬雄《太玄经》著录的一种上古数占法，称"卦"为"首"，"首"的基本符号是"—"、"－－"、"－－－"，每"首"由四个这样的

---

　　① 张政烺：《易辨——近几年根据考古材料探讨周易问题的综述》，《周易讨论会论文集》，湖北人民出版社1985年版。又载《中国哲学》第14辑，人民出版社1988年版。

　　② 郑若葵：《安阳苗圃北地新发现的殷代刻数石器及相关问题》，《文物》1986年第2期。

　　③ 肖楠：《安阳殷墟发现"易卦"卜甲》，《考古》1989年第1期。

符号组成方、州、部、家"四位"，全经八十一首皆由"四位"组成而没有例外。这组平行短线符号有五位，若按五爻互体卦的通例求之，其在《周易》则为坤卦☷。但这组五位之卦，也可能是商代存在的另一种筮占易。

应指出者，这些记有筮数的骨料均是卜用的甲骨，有的还兼记卜辞，反映了卜与筮的结合。殷墟甲骨上的筮数应是卜前揲筮或卜后揲筮的结果，与甲骨占卜的关系是参照的联系，甲骨占卜和揲蓍筮占之间不存在相互因袭的关系，有时可以把它们各自占卜的结果互相参照，但不能把揲蓍筮占的结果袭为甲骨占卜的结果，或把甲骨占卜的结果袭为揲蓍筮占的结果。甲骨上记筮数，不在于强调卜法的不同，而在于强调占卜事项的同一性。

《礼记·曲礼上》有云："卜筮不相袭。"郑玄注："卜不吉则又筮，筮不吉则又卜，是渎龟策。"似古代卜筮并用时，是有若干忌讳的。《周礼·春官·筮人》："凡国之大事，先筮而后卜。"郑玄注："当用卜者先筮之，即事有渐也，于筮之凶，则止不卜。"说的是龟卜与筮占并用时，若先筮后卜，筮占必须逢吉，才能继之以卜，若筮占不吉，再卜就是亵渎龟策。但若先卜后筮，似无此忌。如《左传》僖公四年记晋献公欲娶骊姬，"卜之，不吉；筮之，吉"，卜人说："筮短龟长，不如从长"。可见卜不吉仍可继以筮，但一般要服从于甲骨占卜的结果。这种忌讳应出自重龟轻筮观念。《仪礼·士丧礼》唐代贾公彦疏即说："龟重，威仪多；筮轻，威仪少。"唐代孔颖达疏《礼记·曲礼上》，在分析卜和筮两种不同占卜法的关系时，指出了占卜中的两大忌讳："一则大事、小事各有所施，不得因龟卜小事，因著筮大事也；二则筮不吉，不可复卜，卜不吉，不可复筮也。"这对于考察殷商的卜法制度有启示。上表有的卜骨上记有"吉"的兆辞，与筮占相对照，知殷商时代已产生了"卜吉则筮"或"筮吉则卜"的占卜礼制。

殷商陶片和铜戈上的筮占数列以两两成组出现为多，但卜甲骨上筮占数列则以三个数列一组较多，其中两块牛肩胛卜骨和一版卜龟上均刻了三个重卦，还有一块牛肩胛卜骨上刻了两个重卦及一个单卦，这与《曲礼上》说的"卜筮不过三"暗合。特别是殷墟四盘磨出土的一例，同坑共出三块牛肩胛骨，另一例卜龟上的三个重卦，据肖楠说，字体和契刻风格不同，可能出自三人之手。说明随着殷商卜筮并用的出现，甲骨"三卜制"也相应被卜筮三人占形式采纳。

　　殷商王朝渐趋僵化的甲骨占卜制度，当其吸收进流行于中下层社会的筮占法，无疑增添了一定的活力。《洪范》述殷礼有"立时人作卜筮，三人占则从二人之言"。这种卜筮形式的出现，有利于巩固统治集团政治利益，维护神的旨意和统治者尊严之间的统一性。由于殷墟出土陶片、磨石、陶范、铜戈、铜礼器及卜甲骨上的筮占数列，有的早到商王武丁及廪辛、康丁时期，甚至更早，皆远远早于商纣王时期的周文王演《周易》，也难用《周易》去加以诠释，自应属于《周易》之外殷商所固有的筮占易卦。